L'oceano delle storie

32

DELLO STESSO AUTORE:

Anarchia

Il ritorno di un re

Koh-i-Nur

(con Anita Anand)

Nove vite

William Dalrymple

LA VIA DELL'ORO

COME L'INDIA ANTICA HA TRASFORMATO IL MONDO

Traduzione di Svevo D'Onofrio

ADELPHI EDIZIONI

TITOLO ORIGINALE:
The Golden Road
How Ancient India transformed the World

WWW.ADELPHI.IT

ISBN 978-88-459-4035-4

Anno				Edizione						
2028	2027	2026	2025	1	2	3	4	5	6	7

INDICE

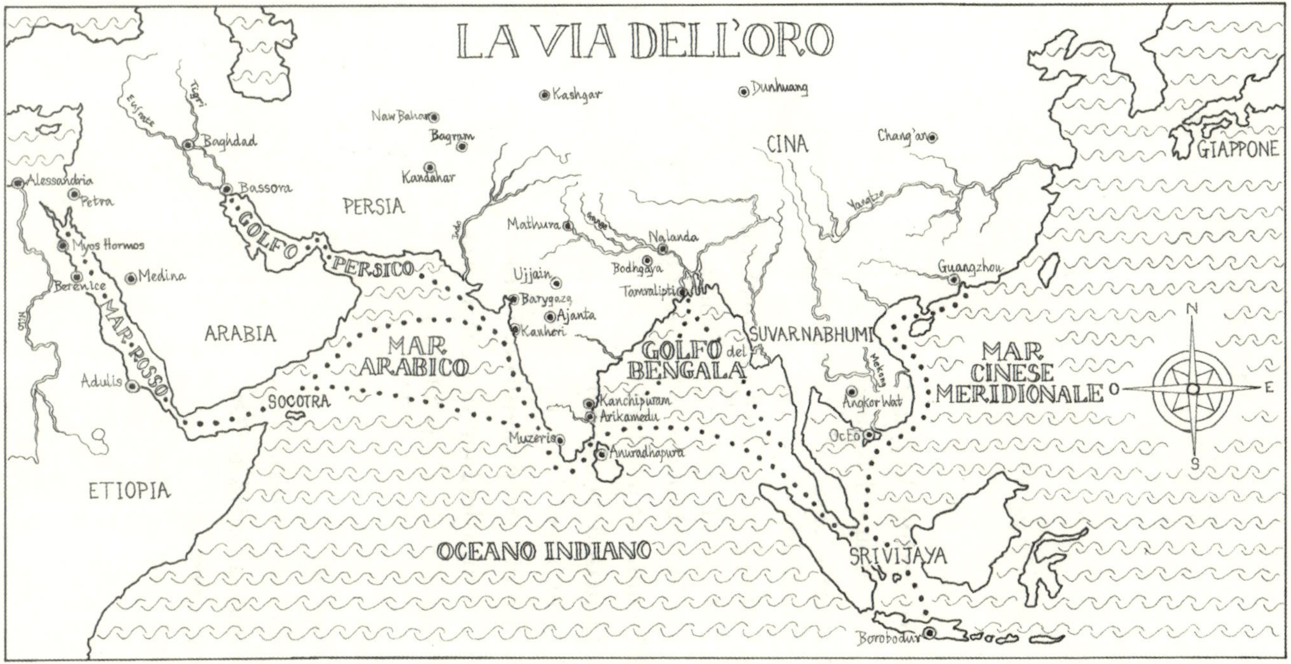
LA VIA DELL'ORO
Kashgar
Dunhuang
Naw Bahar
Bagram
Kandahar
Tigri
Eufrate
Baghdad
Bassora
CINA
Chang'an
GIAPPONE
Alessandria
Petra
PERSIA
Yangtze
Mathura
Nalanda
Myos Hormos
Medina
Berenice
Nilo
GOLFO
PERSICO
Ujjain
Bodhgaya
Tamralipti
Guangzhou
Barygaza
Ajanta
Kanheri
ARABIA
MAR ROSSO
MAR
ARABICO
GOLFO del
BENGALA
SUVARNABHUMI
Mekong
MAR
CINESE
MERIDIONALE
N
O
E
S
Adulis
SOCOTRA
Kanchipuram
Arikamedu
Angkor Wat
Muzeris
Anuradhapura
Oc Eo
ETIOPIA
OCEANO INDIANO
SRIVIJAYA
Borobodur

LA VIA DELL'ORO

COME L'INDIA ANTICA HA TRASFORMATO IL MONDO

Per Rob e Anna,
e in memoria del mio compianto amico
e stimato collega, Bruce Wannell

INTRODUZIONE

L'INDOSFERA

« Le genti di terre lontane, di usanze differenti, » scrisse un monaco buddhista cinese all'inizio del VII secolo d.C. « generalmente affermano che l'India è il Paese che ammirano di più ».[1]

Xuanzang, uno dei più illustri studiosi, viaggiatori e traduttori cinesi, scrisse queste parole al termine di un epico pellegrinaggio via terra, durato diciassette anni e lungo oltre diecimila chilometri, che lo aveva condotto fino ai principali centri di insegnamento dell'India. Il resoconto del suo viaggio, intitolato *Memorie sulle terre occidentali dei Grandi Tang*, mette in luce come il mondo da lui attraversato, da Chang'an, nella Cina occidentale, fino a Kanchipuram, nell'India meridionale, fosse in gran parte dominato dalle idee, le arti, le scienze, le lingue e le religioni dell'India. Xuanzang nutriva una particolare venerazione per le antiche università monastiche indiane, come Nalanda, dove studiavano decine di migliaia di monaci eruditi. A suo avviso, quegli istituti rappresentavano i più grandi centri di conoscenza e apprendimento del mondo, l'equivalente indiano della grande Biblioteca di Alessandria.

Le lezioni a Nalanda si tenevano ogni giorno in cento aule diverse, racconta Xuanzang, « e gli allievi studiavano con zelo, senza sprecare un solo istante ».[2] Il visitatore descrive le aule, il grande stupa o tumulo reliquiario, i cinque templi e i trecento appartamenti e dormitori che ospitavano i diecimila monaci e studiosi di calibro internazionale che vi risiedevano.[3] Gli studenti non si limitavano a leggere i testi delle diverse scuole del buddhismo, ma studiavano anche i Veda – le sacre scritture dell'induismo – oltre alla logica, la grammatica sanscrita, la filosofia, la medicina, la metafisica, la divinazione, la matematica, l'astronomia, la letteratura e la magia. « I monaci di Nalanda, che si contano a migliaia, sono uomini di capacità e talento straordinari » scriveva Xuanzang. « Grande è la loro fama ai nostri tempi ... La durata del giorno non basta per affrontare e risolvere tutte le profonde questioni che essi sollevano. Dalla mattina alla sera si dedicano alla discussione; i giovani e gli anziani si aiutano a vicenda ».[4]

Xuanzang descrive in particolare i fasti della biblioteca di Nalanda, che considerava il più grande deposito di sapere al mondo. Alta nove piani, era suddivisa in tre sezioni: il *Ratnadadhi* o « Mare di Gioielli », il *Ratnasagara* o « Oceano di Gioielli » e il *Ratnaranjaka* o « Delizia di Gioielli ». Qualsiasi manoscritto poteva essere preso in prestito, ma le regole di Nalanda stabilivano che dovesse essere rimesso in un'apposita nicchia nelle celle dei monaci, allineate lungo la corte centrale dalla caratteristica pianta quadrata.[5] Qui Xuanzang trascorse cinque anni immerso nello studio, ricopiando i manoscritti sanscriti che desiderava portare con sé in patria. Quei manoscritti, successivamente copiati e tradotti più e più volte, furono poi trasmessi ai monasteri di Cina, Corea e Giappone.

Durante gran parte del Basso Medioevo e dell'Età moderna, l'India fu profondamente influenzata da elementi culturali provenienti dall'esterno dei suoi confini. In seguito all'istituzione di una serie di sultanati islamici tra il XII e il XIII secolo, il persiano divenne la lingua ufficiale del governo in gran parte del Subcontinente e i modelli culturali persiani – nell'arte, nell'abbigliamento, nel galateo – si affermarono persino nelle corti indù dell'India meridionale. Successivamente, nel XIX secolo, con l'ascesa della

Compagnia delle Indie Orientali e dell'Impero britannico, l'inglese sostituì progressivamente il persiano e l'India entrò a far parte dell'anglosfera. Per progredire socialmente divenne indispensabile padroneggiare l'inglese e gli indiani che aspiravano a farsi strada dovettero rinunciare, o relegare in secondo piano, aspetti rilevanti della propria cultura, trasformandosi in « Sahib bruni » anglofoni, ovvero in « mimi », come li definì V.S. Naipaul. Col tempo, naturalmente, gli indiani finirono per eccellere in entrambe le lingue: così come Bedil Dehlavi divenne uno dei più celebrati poeti in persiano nell'Asia Centrale del XVII secolo, allo stesso modo numerosi scrittori indiani, da Tagore a Rushdie allo stesso Naipaul, si affermarono come protagonisti assoluti della letteratura inglese del XX secolo.

Eppure, nel millennio e mezzo precedente, dal 250 a.C. al 1200 d.C. circa, l'India era stata una fiera esportatrice della propria variegata civiltà, fino a creare intorno a sé un impero delle idee – una vera e propria « indosfera » – dove la sua influenza culturale risultava predominante. In questo periodo, il resto dell'Asia fu il destinatario consenziente e persino entusiasta di un colossale trasferimento di *soft power* indiano, in ambiti come la religione, l'arte, la musica, la danza, la tessitura, la tecnologia, l'astronomia, la matematica, la medicina, la mitologia, la lingua e la letteratura.

Il sanscrito era stato esclusivamente una lingua sacra per almeno un millennio prima dell'èra volgare, ma a un certo punto, tra il I secolo a.C. e il I secolo d.C., fu reinventato come lingua letteraria e politica. Ciò innescò una radicale trasformazione del suo impiego e portò la cultura letteraria sanscrita a diffondersi rapidamente dall'Afghanistan fino a Giava. Come ha evidenziato Sheldon Pollock, il sanscrito, « la lingua degli dèi nel mondo degli uomini », divenne in breve tempo la lingua franca di gran parte dell'Asia, lasciando tracce indelebili anche sulla toponomastica, da Balkh (in sanscrito, Bahlika) a Singapore (in sanscrito, Simhapura). Il nome « Giava », ad esempio, deriva dal sanscrito Yavadvipa, che significa « l'isola a forma di chicco d'orzo ». Le élite del Sud-Est asiatico assimilarono così profondamente la cultura sanscrita da giungere a ribattezzare città e colonie ispirandosi ai luoghi più celebri della mitologia indiana.[6] Ancora oggi, l'antica capitale della Thailandia porta il nome di Ayutthaya, in onore di Ayodhya, la capitale dell'eroe Rama nel grande poema epico del *Ramayana*, mentre la compagnia aerea di bandiera dell'Indonesia si chiama Garuda, dal nome della cavalcatura del dio Vishnu. E, diffondendosi, il sanscrito portava con sé l'intero patrimonio della letteratura, delle arti e delle scienze indiane.

Dall'India non giungevano soltanto figure pionieristiche di mercanti, astronomi e astrologi, scienziati e matematici, medici e scultori, ma anche santi, monaci e missionari appartenenti a diversi filoni di pensiero religioso: l'induismo (o *sanatana dharma*, come alcuni preferiscono chiamarlo), nelle sue declinazioni vedica, shivaita e vishnuita, e il buddhismo delle tradizioni theravada, mahayana e tantrica.

Questi differenti universi religiosi talora si mescolavano e si fondevano, altre volte entravano in competizione e, occasionalmente, si scontravano. Tuttavia, nel loro complesso, finirono col dominare il Sudasia, l'Asia Centrale, l'Indocina e l'Estremo Oriente. Al giorno d'oggi, più di metà della popolazione mondiale vive in aree in cui le idee religiose e culturali indiane sono, o sono state, preponderanti, e dove un tempo le divinità indiane dominavano l'immaginazione e le aspirazioni di uomini e donne. Al tempo stesso, l'influenza intellettuale dell'India si è estesa verso occidente, consegnandoci non solo nozioni matematiche cruciali, come lo zero, ma anche la forma stessa dei numeri che tuttora utilizziamo – probabilmente la cosa più simile a una lingua universale che l'umanità abbia mai posseduto.

Le conoscenze, i saperi e le intuizioni religiose dell'India antica sono una parte fondante del nostro mondo. Al pari dell'antica Grecia, l'India ha saputo fornire risposte coerenti e profonde alle grandi domande dell'esistenza: che cos'è il mondo, come funziona, perché siamo qui e in che modo dobbiamo vivere le nostre vite. E ciò che la Grecia fu prima per Roma, poi per il resto del mondo mediterraneo ed europeo, l'India lo è stata per il Sud-Est asiatico, l'Asia Centrale e persino la Cina, irradiando e propagando le sue filosofie, le sue idee politiche, le sue forme architettoniche nell'intero continente, non con la forza delle armi ma per pura attrazione ed emulazione culturale. In ambito scientifico, astronomico e matematico, l'India è stata maestra del mondo arabo e, per suo tramite, dell'Europa mediterranea.

Questo ampio spettro di antiche influenze indiane è sempre stato lì, nascosto in bella vista: nel buddhismo di Sri Lanka, Tibet, Cina, Corea e Giappone, nei toponimi della Birmania e della Thailandia, negli affreschi e nelle sculture del *Ramayana* e del *Mahabharata* in Laos e Cambogia, nelle divinità, nei rituali e nei templi indù di Bali. Eppure, per qualche ragione, la Via dell'Oro che collega e intreccia tutte queste regioni e idee e tradizioni diverse in una singola unità culturale, una vasta indosfera che si estende dal Mar Rosso al Pacifico, non è mai stata riconosciuta come tale e, fino a oggi, non ha neppure ricevuto un nome.[7]

Grazie ai venti del monsone asiatico, l'India si trova al centro di una vasta rete di rotte marittime e commerciali navigabili.

Ogni estate, il riscaldamento dell'altopiano tibetano genera un'area di bassa pressione che attira i venti freschi e umidi dal Golfo del Bengala. Ogni inverno, al contrario, venti freddi e secchi spirano dalle nevi dell'Himalaya verso i caldi mari circostanti. La penisola indiana è situata nel mezzo di questo vortice di venti che soffiano in una direzione per sei mesi all'anno e si invertono nei sei mesi successivi. La regolarità e la prevedibilità di questo fenomeno naturale danno origine ai monsoni, che per millenni hanno consentito ai marinai indiani di spiegare le vele e lanciarsi negli oceani circostanti, per poi rientrare in sicurezza quando i venti si invertivano.[8]

Gli antichi mercanti indiani sfruttavano le vie marittime dell'Asia monsonica per viaggiare in due direzioni. Molti si dirigevano a ovest, approfittando dei venti invernali, fino alle coste orientali dell'Africa e ai prosperi regni dell'Etiopia. Qui si trovavano dinanzi a una scelta: seguire il ramo settentrionale, che attraverso il Golfo Persico conduceva in Iran e in Mesopotamia, oppure il ramo meridionale, che attraverso il Golfo di Aden li portava nel Mar Rosso e in Egitto. I mercanti diretti a ovest arrivavano con gli alisei all'inizio dell'estate e tornavano in India con il monsone estivo in agosto. Con i venti a favore, la navigazione dalla bocca del Mar Rosso al Gujarat richiedeva appena quaranta giorni. Tuttavia, perdere i venti poteva prolungare il viaggio di andata e ritorno fino a un anno, costringendo i mercanti a una lunga vacanza forzata in riva al Nilo.[9] Il percorso terrestre equivalente, attraverso l'Afghanistan con carovane di cammelli, richiedeva almeno il triplo del tempo.[10]

Per circa tre secoli, a partire dalla battaglia di Azio del 31 a.C. e dalla successiva integrazione dell'Egitto nel sistema imperiale romano, le principali arterie commerciali tra Oriente e Occidente non furono le rotte terrestri, spesso sbarrate dal conflitto tra Roma e i Parti, bensì la Via dell'Oro dei mari aperti, che solcava le turbolente acque del Mar Rosso e dell'Oceano Indiano.

Come osservò Kaludayin, un monaco buddhista contemporaneo del Buddha, ciò che spingeva gli uomini a sfidare quelle onde infide non era altro che il richiamo dell'oro e la brama di ricchezze.[11] Su quelle acque transitavano carichi su carichi di merci d'esportazione indiane, mentre, nel senso opposto, l'oro di Roma si riversava nelle tasche indiane. Nel I secolo d.C., l'austero comandante navale romano Plinio il Vecchio descriveva l'India come «la sentina dei metalli più preziosi al mondo ... Non v'è anno in cui non dreni al nostro impero almeno cinquantacinque milioni di sesterzi ... Attraverso un'operazione di questa complessità e un viaggio in terre così lontane si ottiene che una nostra matrona possa sfoggiare in pubblico vestiti trasparenti ... Così l'India ci si fa più vicina: per avidità, e per il decadente bisogno delle donne di seguire la moda».[12]

Secondo il geografo greco Strabone, di poco anteriore a Plinio, il controllo romano dell'Egitto fece rapidamente sestuplicare il numero di navi dirette in India rispetto al periodo tolemaico: « Quando Gallio era prefetto dell'Egitto, risalii insieme a lui il Nilo fino a Siene e ai confini dell'Etiopia » scrive Strabone. Lì « venni a sapere che fino a centoventi navi salpavano ogni anno da Myos Hormos verso l'India, mentre in precedenza, sotto i Tolomei, solo in pochi osavano intraprendere il viaggio e trafficare in mercanzie indiane ».[13] Alcuni storici dell'economia stimano che l'entità dei commerci col Mar Rosso in questo periodo fosse tale che i dazi doganali imposti dai funzionari romani sulle merci provenienti dalla regione rappresentavano, da soli, circa un terzo del fabbisogno economico necessario all'Impero per amministrare tutte le sue conquiste e mantenere le sue legioni, dalla Scozia ai confini della Persia e dal Sahara alle rive del Reno e del Danubio.[14]

Questa prima fase di traffici intensi durò circa un secolo, per poi stabilizzarsi su un ritmo leggermente ridotto che si protrasse per altri trecento anni. Tuttavia, con la caduta dell'Impero romano d'Occidente e il progressivo deterioramento della vita urbana in gran parte dell'Europa settentrionale e occidentale all'inizio del V secolo, seguito dalle guerre incessanti tra Bisanzio e la Persia nel VI secolo, il commercio subì un drastico rallentamento. Il porto di Myos Hormos sul Mar Rosso entrò in declino già nel IV secolo, mentre il suo rivale, Berenice, fu abbandonato intorno al 550, forse a causa di un'epidemia di peste giustinianea.[15]

Con il crollo delle forniture occidentali di oro verso l'India nel IV e V secolo, il commercio marittimo indiano subì un significativo riallineamento. Poiché l'oro non arrivava più in grandi quantità da Roma, i mercanti indiani, spesso organizzati in gilde commerciali di recente formazione, iniziarono a cercarlo sulle interminabili linee costiere e sulle isole di Suvarnabhumi, le « Terre dell'Oro ».[16]

Nell'area che comprende gli odierni Sri Lanka, Myanmar, Malesia, Thailandia, Laos, Vietnam e Cambogia stavano vedendo la luce nuovi centri urbani, dove i mercanti indiani si recavano ad ogni monsone estivo portando carichi di perline, tessuti, prodotti in metallo e altri manufatti indiani, che scambiavano con spezie, oro, canfora, resina e altre materie prime locali. Già nel V secolo era aperta un'importante rotta marittima che, attraverso lo Stretto di Malacca, collegava comodamente gli oceani meridionale e orientale, consentendo ai mercanti indiani di raggiungere velocemente la Cina.[17]

Oggi, in un mondo diviso da confini nazionali, tendiamo a considerare la Cambogia come un luogo assai lontano dall'India. Tuttavia, nel mondo antico e medioevale, il mare non separava, ma univa; e con il monsone estivo che spirava a favore, sospingendo le imbarcazioni sempre più a est, i viaggi su lunghe distanze erano non solo possibili, ma sorprendentemente rapidi. A mano a mano che il ramo occidentale della Via dell'Oro si chiudeva, il fiorente ramo orientale iniziò a sostituirlo in importanza. I venti monsonici avvicinarono sempre più le due sponde del Golfo del Bengala, fondendole in un'unica entità culturale e geografica all'interno dell'indosfera.

Nel I secolo d.C., il viaggio dalla città portuale di Tamralipti, nel Bengala, allo Sri Lanka su una nave mercantile richiedeva appena due settimane; da lì, il tragitto verso Sumatra durava circa tre settimane, mentre la traversata fino a Guangzhou, in Cina, si completava in meno di un mese. Grazie ai monsoni, sarebbe stato molto più rapido veleggiare dall'India meridionale fino a Giava, al delta del Mekong o alla foce dello Yangtze piuttosto che viaggiare via terra, ad esempio, fino a Ujjain, nell'India centrale, o in Kashmir.

Le grandi epopee indiane descrivono Suvarnabhumi – la costa orientale del Golfo del Bengala – come un El Dorado dove chiunque poteva fare fortuna. Anche il *Ramayana* menziona Suvarnadvipa, ossia le « Isole dell'Oro », e i sette regni delle « isole d'oro e d'argento » oltre lo Sri Lanka – l'arcipelago indonesiano – con le sue favolose miniere traboccanti di ricchezze. « Lì, » afferma Sugriva, il re delle scimmie « i metalli preziosi vengono estratti dalla terra con la facilità con cui altrove si estrae l'argilla ».[18]

Si moltiplicano le evidenze archeologiche che attestano come i mercanti indiani portassero con sé persino artigiani specializzati per raffinare e lavorare sul posto l'oro acquistato a Sumatra, nel Borneo, nella penisola malese e in Thailandia. Nell'antico sito templare di Krabi, in Thailandia, gli archeologi hanno recentemente scoperto una pietra di paragone per orafi che presenta la più antica iscrizione in tamil del Sud-Est asiatico. Incisa in caratteri brahmi tamil risalenti ai primi secoli d.C., l'iscrizione proclama che l'oggetto apparteneva a un certo « Perumpatan », il « Grande Orafo ». Nelle vicinanze sono state rinvenute monete d'oro raffiguranti un toro sul dritto e una nave a due alberi sul rovescio.[19] Sempre in Thailandia, la recente scoperta di uno stampo per gioielli risalente al III secolo a.C., insieme a quattro sottili fogli d'oro circolari in uno stile distintamente indiano, suggerisce che i gioiellieri indiani fossero attivi nella regione già in epoca maurya.[20]

Gli artigiani indiani si stabilivano a Suvarnabhumi perché, molto semplicemente, l'oro vi abbondava ovunque. Era un mondo di immensa ricchezza. Durante gli scavi nel sito di Oc Eo, nel delta del Mekong, una delle prime città commerciali del Sud-Est asiatico, gli archeologi francesi hanno portato alla luce un'abbagliante quantità di gioielli e ornamenti in oro: anelli intarsiati, placche incise, medaglioni con il simbolo del *triratna* (« tre gioielli »), orecchini a forma di arco, grani a dodici facce, ornamenti a forma di fior di loto e persino serpenti d'oro. Nel corso di poche stagioni di scavo sono stati rinvenuti milletrecento oggetti d'oro. Piccole gocce d'oro trovate in numerose fosse attestano che la lavorazione del metallo avveniva direttamente in loco. Più gli archeologi scavavano, più si rendevano conto di avere riscoperto le Terre dell'Oro.[21]

Un po' alla volta, i legami con l'India trasformarono il Sud-Est asiatico, integrandolo nel mondo sanscrito. La regione iniziò ad adottare e adattare a proprio uso divinità, religioni, sistemi di scrittura, epopee, drammi, forme architettoniche e modi di pensare ed enumerare il mondo distintamente indiani. Anche i toponimi locali furono modellati su originali situati sull'altra sponda del Golfo del Bengala. Non vennero semplicemente accolti gli dèi indiani: il paesaggio stesso fu reimmaginato. I fiumi sacri dell'India, l'apocalittico campo di battaglia del *Mahabharata*, i grandiosi palazzi del *Ramayana* furono idealmente ricreati a migliaia di chilometri di distanza, tra le risaie del Mekong e i vulcani di Giava.

Entro il VI o VII secolo d.C., in altre parole, il Sud-Est asiatico divenne parte integrante dell'indosfera.

Questo libro intende mettere in luce il ruolo spesso misconosciuto dell'India nel mondo antico e altomedioevale, sia come fulcro economico e pilastro del commercio internazionale, sia come fucina di civiltà e motore di trasmissione culturale, pienamente alla pari e sullo stesso livello della Cina.

Nel corso di oltre un millennio le religioni, le filosofie e le scienze indiane si irradiarono in ogni direzione all'interno dell'indosfera, come i raggi cangianti di un sole sanscrito, penetrando fin negli angoli più remoti e impensati del mondo circostante. Questo volume racconta la storia della diffusione delle idee indiane più trasformative, dapprima in Asia e poi nel resto del mondo, concentrandosi su tre sistemi di pensiero che emersero quando l'India era il punto focale di una vasta sfera d'influenza che si estendeva dall'Afghanistan al Giappone, e le cui onde lambivano persino le lontane sponde del Mediterraneo.

La Via dell'Oro indaga innanzitutto la nascita nel V secolo a.C. del buddhismo, un movimento in genere non violento e relativamente egualitario che vide la luce in un'epoca di grande fermento filosofico. Il buddhismo sorse, almeno in parte, come reazione sia all'induismo vedico originario, con la sua rigida gerarchia castale e i suoi continui sacrifici animali, sia alle severe pratiche ascetiche dei monaci jaina. Il libro ripercorre la rapida ascesa del buddhismo sotto l'imperatore Ashoka, che ne favorì l'affermazione come religione panindiana e inviò missionari in tutto il mondo per propagare il *dharma* – la via del dovere e della moralità. Segue quindi la diffusione del buddhismo in Tibet e in Cina, Paesi di cui trasformò profondamente la cultura, la vita e il pensiero, un processo che culminò con la sua elevazione a religione di corte grazie all'influenza della formidabile Wu Zetian, la prima e unica donna a essersi fregiata del titolo di «imperatore» della Cina. Oggi, nonostante le difficoltà della sua storia recente, la Cina vanta ancora il maggior numero di buddhisti praticanti al mondo.

Dalla corte cinese, il buddhismo proseguì la sua rapida espansione verso oriente, diventando la religione maggioritaria in Corea e portando con sé un ricco bagaglio di idee di origine indiana, che spaziavano dalle arti marziali alla meditazione. Le dottrine buddhiste dello Zen (dal sanscrito *dhyana*, «meditazione») fiorirono dapprima in Corea, per poi propagarsi ancora più a est, nel Giappone del periodo Asuka (593-710). Qui, col tempo, diverranno il fondamento filosofico di espressioni culturali tra loro assai diverse, dall'haiku alla raffinata pittura a inchiostro e acqua dei paesaggi giapponesi, fino all'arte della scherma praticata dai samurai.[22]

I capitoli successivi descrivono come, nello stesso periodo, le élite dominanti del Sud-Est asiatico si convertirono quasi unanimemente al culto degli dèi indù, mentre il buddhismo trovò un seguito prima tra i mercanti e poi tra le classi popolari, al punto che il buddhismo theravada è ancora oggi la religione maggioritaria in gran parte della regione. In tutto il Sud-Est asiatico, che fino ad allora aveva visto prevalere una varietà di lingue sinitiche, thai e tibeto-birmane, le élite adottarono il sanscrito, un idioma indoeuropeo affatto diverso, quale lingua franca delle proprie corti.

L'influenza delle divinità e delle religioni indiane, insieme al vasto apparato intellettuale, culturale e linguistico che le accompagnava, finì con l'estendersi in gran parte dell'Asia, dall'Afghanistan a ovest fino al Giappone a est, da Sumatra a sud fino alla Siberia a nord. Per quasi duemila anni, le religioni indiane hanno dominato il discorso religioso, teologico, filosofico, culturale, economico e politico del continente asiatico.

Questo processo culminò con la costruzione di Borobudur, sull'isola di Giava, la più imponente e filosoficamente complessa struttura buddhista al mondo, e con la realizzazione del più grande tempio induista mai edificato, che sorge non in India, ma ad Angkor Wat, in Cambogia. Quest'ultimo occupa un'area di oltre duecento ettari ed è circondato da un vasto complesso palaziale, da laghi ornamentali e dai quartieri della capitale khmer, così vasta da risultare visibile persino dallo spazio. Angkor non è solo il più grande tra i templi induisti, ma anche la struttura religiosa più spettacolare del pianeta: la sola area racchiusa dal fossato è quattro volte più estesa della Città del Vaticano.

Nel XII secolo, l'Impero khmer era al suo apice e si estendeva su gran parte della regione, esercitando, con diversi gradi di autorità, il controllo sugli odierni Cambogia, Vietnam, Thailandia e Laos. In quest'epoca di massimo splendore, esso copriva probabilmente un'area più vasta di qualsiasi altro impero indù, corrispondente a quasi tutta l'Indocina, mentre il Subcontinente indiano restava frammentato in un mosaico di regni e principati rivali. In quel periodo, superava di gran lunga anche il suo unico rivale cristiano, l'Impero bizantino.

Gli Khmer erano maestri di ingegneria idraulica. Intorno ad Angkor si estendeva, per centinaia di chilometri, una fitta rete di villaggi immersi in un mosaico di campi coltivati, canali e bacini artificiali progettati per regolare le piene monsoniche e garantire la coltivazione del riso in sommersione. Questa imponente infrastruttura sosteneva una popolazione che superava abbondantemente il milione di abitanti. Il maestoso complesso templare che sorgeva al centro di Angkor rappresentava un salto senza precedenti rispetto a qualsiasi altra struttura dell'Asia meridionale, sia per dimensioni sia per innovazioni stilistiche. Eppure, era saldamente radicato nelle forme architettoniche, nelle concezioni religiose e nelle narrazioni mitologiche di origine indiana.

Tutto questo risulta ancora più sorprendente se si considera la posizione geografica della Cambogia, prossima alla Cina, con una numerosa comunità cinese residente e un costante afflusso di giunche cinesi che la raggiungevano risalendo il Mekong. Eppure, i re khmer datavano il proprio lignaggio non a Confucio o ad altri mitici antenati cinesi, bensì a un indiano di nome Kaundinya. Inoltre, i sistemi filosofici e religiosi cinesi, come il taoismo e il confucianesimo, non riuscirono mai ad attecchire in Cambogia, dove invece prevalsero l'induismo e il buddhismo. Quest'ultimo rimane, ancora oggi, la religione dominante non solo in Cambogia, ma in gran parte del Sud-Est asiatico.[23]

Tuttavia, è forse per le sue idee scientifiche più che spirituali che l'India si è distinta nel modo più eclatante. Solo il mondo greco era in grado di competere con l'India come fucina di innovazioni matematiche e astronomiche. All'epoca del grande matematico Aryabhata (476-550 d.C.) gli astronomi indiani avevano già correttamente avanzato l'ipotesi di una Terra sferica che ruota sul proprio asse, sviluppato il sistema numerico posizionale in base dieci e calcolato la durata dell'anno solare con una precisione fino al settimo decimale. « Mi sono tuffato nel vasto oceano delle teorie astronomiche, vere e false, » scrisse Aryabhata « e con la barca del mio intelletto ho riportato alla luce il prezioso gioiello sommerso dell'autentica conoscenza ».[24]

Gli ultimi capitoli del libro raccontano come la matematica indiana – inclusi le cifre che utilizziamo tuttora, il sistema decimale, l'algebra, la trigonometria e gli algoritmi –, insieme a numerose scoperte astronomiche, sia giunta per la prima volta dall'India a Baghdad in epoca abbaside, verso la fine dell'VIII secolo. Protagonisti di questa trasmissione culturale furono i Barmecidi, una famiglia di abati buddhisti ereditari provenienti dall'Afghanistan, che conoscevano il sanscrito ma si erano convertiti all'islam e servivano gli Abbasidi in qualità di visir.

Il padre del primo visir barmecide di Baghdad, Khalid ibn Barmak, aveva studiato la matematica indiana nel Kashmir, all'epoca uno dei principali centri di insegnamento del Subcontinente. A Baghdad, i saperi indiani si fusero proficuamente con quelli dell'antica Grecia. Fu il figlio di Khalid a inviare emissari in India con il compito di apprendere i segreti della medicina indiana e di studiare matematica e astronomia presso il grande osservatorio di Ujjain.

Entrambe le missioni riportarono a Baghdad studiosi indiani, che diedero avvio al movimento di traduzione in arabo dei classici scientifici sanscriti. Questo processo introdusse nella capitale della giovane civiltà islamica non solo i metodi indiani di guarigione e di osservazione degli astri, ma anche un'innovazione rivoluzionaria destinata a cambiare per sempre la storia della matematica: lo zero.

Da Baghdad queste idee si propagarono in tutto il mondo islamico. Cinquecento anni dopo, nel 1205, il pisano Leonardo Bonacci, noto come «Fibonacci», tornò dall'Algeria in Italia insieme al padre. Cresciuto in un emporio pisano a Béjaïa (Bugia), Fibonacci aveva imparato l'arabo e studiato la matematica araba. All'età di trentadue anni compose il *Liber abaci*, o «Libro del calcolo», che introdusse per la prima volta in Europa l'uso di quelli che sarebbero stati chiamati «numeri arabi», gettando così le basi per la rivoluzione commerciale che finanziò il Rinascimento e, col diffondersi di queste idee verso nord, l'ascesa economica dell'Europa stessa.

Tuttavia, quei numeri non avevano origini arabe. Come Fibonacci e i suoi maestri arabi sapevano bene, erano indiani. «Quando mio padre, scrivano pubblico presso la dogana di Bugia, fu incaricato di dirigerla, essendo io ancora fanciullo mi fece andare presso di lui» scrive Fibonacci nell'introduzione del suo *Liber abaci*.

> Essendosi reso conto dell'utilità e dei vantaggi che me ne sarebbero venuti, volle che vi rimanessi per un certo tempo a studiare l'abaco e su di esso venissi istruito.
>
> Ivi fui introdotto a un mirabile insegnamento per mezzo delle nove figure degli Indi ... Con queste nove figure, e con il segno 0 che gli arabi chiamano zephir [*al-sifr*], si può scrivere qualsiasi numero ... La conoscenza di tale arte molto mi piacque rispetto alle altre ... Pertanto, applicandomi con attenzione a questo metodo ... mi sforzai di comporre questo libro nel modo più chiaro possibile, perché coloro che cercano il sapere vengano istruiti in questo metodo perfetto, e in futuro la razza latina non risulti carente di conoscenze matematiche.[25]

Le forme originarie di queste «nove figure degli Indi» erano state tracciate per la prima volta nel Bihar (India), nella scrittura brahmi, durante il regno dell'imperatore Ashoka, nel III secolo a.C. È un retaggio che gli europei hanno in gran parte cancellato dalla loro memoria nei secoli recenti, ma che farebbero bene a sottrarre all'oblio.

Se l'effetto trasformativo dell'India sulle religioni e le civiltà circostanti è stato così cruciale nella storia del mondo, perché dell'eccezionale portata della sua influenza non si ha una conoscenza migliore e più ampia? Alcuni potrebbero sostenere che si tratti di un portato del colonialismo e, più nello specifico, dell'indologia vittoriana, che a partire dall'epoca di Macaulay (1800-1859) ha sistematicamente sminuito, travisato e screditato la storia, la cultura, la scienza e i saperi indiani. Ammettere che l'India fosse già una grande civiltà, cosmopolita e raffinata, avrebbe messo in seria discussione la presunta missione civilizzatrice della Gran Bretagna vittoriana. Come si sarebbe potuta legittimare l'idea di portare la civiltà in una parte del mondo che per millenni era già stata altamente civilizzata e che, per di più, aveva proiettato la propria influenza sull'intero continente asiatico ben prima dell'avvento del cristianesimo?

In parte, questo misconoscimento potrebbe derivare anche dall'attuale compartimentazione del sapere accademico, che suddivide lo studio di questa storia in discipline separate, ciascuna focalizzata su una regione specifica e gelosamente custodita da comunità differenti di studiosi, con distinte specializzazioni d'area, che partecipano a conferenze diverse e i cui reperti sono custoditi in settori museali differenti.

I numerosi monumenti e opere d'arte buddhisti disseminati tra l'Afghanistan e il deserto del Taklamakan, in Cina, sono solitamente considerati come la prima tappa della diffusione del buddhismo in Asia. Al contrario, la propagazione della cultura, della letteratura e della religione indiane, e specialmente indù, verso il Sud-Est asiatico è generalmente studiata nel contesto del processo di sanscritizzazione dell'Indocina.

Infine, la storia straordinaria e poco nota di come la matematica indiana abbia dato al mondo i numeri che ancora oggi utilizziamo rimane perlopiù relegata ai dipartimenti universitari di arabo o, al massimo, di storia della scienza, poiché queste nozioni raggiunsero l'Occidente attraverso la Baghdad abbaside. Tuttavia, studiare la diffusione dell'influenza indiana in questo periodo come se fosse avvenuta attraverso tre processi essenzialmente distinti rischia di offuscare una vicenda ancor più straordinaria e di sminuire il ruolo centrale dell'India come grande motore di civiltà.

Un ulteriore motivo per cui l'eccezionale e feconda diffusione dell'antica civiltà indiana in tutta l'Asia rimane poco conosciuta risiede nelle oscillazioni delle mode accademiche. La generazione degli storici coloniali francesi degli anni Trenta e Quaranta interpretava il ruolo dell'India nell'antico Sud-Est asiatico come una missione civilizzatrice, non dissimile da quella che la Francia stessa stava perseguendo nel medesimo periodo.

« Madre di saggezza, » scrisse l'archeologo ed epigrafista Sylvain Lévi « l'India donò la propria mitologia ai suoi vicini, che provvidero a insegnarla al mondo intero. Madre di diritto e di filosofia, diede a tre quarti dell'Asia un dio, una religione, una dottrina, un'arte. Portò la sua lingua sacra, la sua letteratura, le sue istituzioni fino in Indonesia, ai confini del mondo conosciuto ». E aggiunse: « Essa ha il diritto di rivendicare, nella storia universale, il rango che l'ignoranza le ha per troppo tempo negato e di trovare posto tra le grandi nazioni, epitome e simbolo dello spirito dell'umanità ». Anche George Coedès, collega di Lévi, espresse concetti analoghi, sostenendo che « l'espansione della civiltà indiana verso l'Est ... è uno degli eventi più straordinari della storia del mondo e ha deciso il destino di buona parte dell'umanità ». I grandi monumenti indù e buddhisti del Sud-Est asiatico, pur presentando alcune differenze rispetto ai loro omologhi indiani, restavano comunque « puri prodotti del genio indiano, il cui significato profondo è evidente solo agli occhi dell'indianista ».[26]

Le idee di Lévi e Coedès trovarono terreno fertile in un'intera generazione di intellettuali indiani, in gran parte bengalesi, molti dei quali si erano formati a Parigi. Nel 1926 questi storici nazionalisti fondarono quella che chiamarono la « Società della Grande India per lo studio della cultura indiana in Asia Orientale, Sudorientale e Centrale ». Rabindranath Tagore, il celebre poeta e premio Nobel, fu invitato a ricoprire il ruolo di *purodha* o « guida spirituale » della Società. Fu istituita anche una rivista, che proseguì le pubblicazioni fino al 1958.[27]

Tra i suoi membri contributori figuravano molti dei più eminenti storici indiani dell'epoca. Tuttavia il loro lavoro, che riprendeva i pregiudizi dei loro maestri coloniali francesi, interpretava l'influenza della cultura indiana in termini di « antiche colonie indù nell'Estremo Oriente », come R.C. Majumdar intitolò un suo libro del 1944 – all'apice della lotta per l'indipendenza indiana –, nel quale parlava di « una civiltà inferiore » soggiogata e colonizzata da « una civiltà superiore ».[28] Majumdar sosteneva che i sovrani indù avessero conquistato, colonizzato e governato il Sud-Est asiatico con viva gioia delle popolazioni locali, le quali « da allora in poi ... si sottomisero volentieri ai loro padroni stranieri e ne adottarono i modi, i costumi, le lingue e la religione. Si mescolarono politicamente agli elementi indiani, e tra le due razze si verificò una piena fusione culturale ».[29] Majumdar, naturalmente, scriveva molto prima che emergesse il concetto di *soft power*.[30] Nel primo bollettino della Società, Kailas Nag spinse questa interpretazione ancora oltre, parlando di una « nobile dinamica di imperialismo culturale dell'India » che « presto le valse un dominio inalienabile sul vasto continente, dal Tibet alla Cina, alla Corea e al Giappone, da un lato, e dalla Birmania all'Indocina, a Giava e all'Indonesia, dall'altro ».[31]

Tra alcuni di questi studiosi si nota anche una certa tendenza ad attribuire all'India, in un modo o nell'altro, quasi tutti i grandi progressi scientifici e matematici del mondo, un vezzo che si trasmise anche ai profani della vasta diaspora indiana e che ispirò le iperboli del famoso sketch di Sanjeev Bhaskar, nella serie TV *Goodness Gracious Me*: Il cristianesimo? Indiano! Leonardo da Vinci? Indiano! La famiglia reale? Indiana!

Nel secondo dopoguerra, all'apice della decolonizzazione, si assistette a un dietrofront storiografico. Gli storici post-coloniali delle nuove nazioni del Sud-Est asiatico, recentemente affrancate dal giogo coloniale, iniziarono a respingere la nozione che i periodi formativi della loro storia fossero stati il risultato di un antico colonialismo indiano. Rigettarono con fermezza la narrazione secondo cui i loro antenati sarebbero stati dei selvaggi ai quali avventurieri indiani armati di spada e zelanti missionari brahmanici avrebbero portato la civiltà. Né vollero accettare l'idea che le loro terre natali fossero semplicemente un'estensione dell'Akhand Bharat, la «Grande India».

Sottolinearono, a ragione, che non vi erano prove di un'attività militare indiana su larga scala nel Sud-Est asiatico prima delle incursioni dei Chola nell'XI secolo. L'idea che fossero esistite delle antiche «colonie indù» era, a loro avviso, un miraggio che proiettava arbitrariamente sulla sfera politica e militare un'influenza che, in realtà, era stata prevalentemente economica e culturale. Dimostrarono inoltre che, sul piano amministrativo, il Sud-Est asiatico non era mai stato parte dell'India prima dell'epoca chola, smentendo così le affermazioni degli storici nazionalisti, ferventi sostenitori della «Grande India».

Nei settant'anni successivi, gli studiosi del Sud-Est asiatico si adoperarono non solo per respingere la nozione di «colonie indù», ma anche per rifiutare il concetto stesso di «indianizzazione». Questo termine divenne quasi tabù nei dipartimenti universitari della regione, da usarsi solo se corredato di virgolette e aggettivi qualificativi.

La nuova generazione di archeologi e storici dell'arte post-coloniali, attivi in Paesi come il Vietnam e la Cambogia, si affrettò a ridimensionare la nozione di colonialismo indiano, preferendo invece mostrare i ritrovamenti che rivelavano influenze indiane come esempi di «acculturazione» reciproca, di «convergenza» culturale, di scambi paritari tra l'India e il Sud-Est asiatico.[32] Molti storici occidentali che operavano nella regione accolsero e amplificarono queste riserve. Nel frattempo, l'orientamento marxista prevalente tra gli storici indiani, almeno fino a tempi recenti, ha portato a una scarsa attenzione verso le tematiche religiose e artistiche, sicché vi è stata poca o nessuna opposizione a queste interpretazioni da parte dell'accademia indiana.

Questa nuova generazione di archeologi sostenne che le élite del Sud-Est asiatico non si limitarono ad adottare passivamente le influenze indiane, ma le reinterpretarono in modo selettivo e creativo, trasformandole e adattandole costantemente. Le sculture di Angkor Wat, ad esempio, pur essendo di matrice induista, sarebbero state realizzate in uno stile khmer del tutto distinto. Peraltro, i monumenti eretti a Giava e in Cambogia erano significativamente più grandi di qualsiasi edificio analogo nell'India medioevale.

Vi furono, inoltre, diversi casi in cui idee induiste o buddhiste nate nel Sud-Est asiatico ritornarono in India, arricchite e trasformate dal lavorio dei teologi e degli artisti della regione. Questo fenomeno può essere paragonato al cosiddetto « effetto pizza ... un piatto napoletano che ebbe successo e fu riadattato negli Stati Uniti, per poi essere esportato in tutto il mondo e, infine, reimportato in Italia ». Un parallelo contemporaneo potrebbe essere lo yoga, una pratica indiana che ha prosperato a livello globale dopo essere stata introdotta in Occidente. Qui sono sorte nuove varianti, come lo *hot yoga* (« yoga al caldo ») o il *goat yoga* (« yoga con le capre »), che non hanno paralleli in India. Anzi, la maggior parte del cosiddetto « yoga » moderno si riduce a un insieme di esercizi fisici completamente estraneo al contesto religioso e filosofico indiano e che mantiene solo un tenue legame con l'antica pratica originaria.[34] Questo fenomeno conta precedenti storici, come ad esempio il buddhismo mahayana, che sviluppò forme autonome di devozione divenute immensamente popolari in Cina e Tibet ma senza mai riuscire a imporsi in India, suo Paese d'origine.

Tuttavia, è innegabile che il flusso culturale fosse in gran parte a senso unico: sebbene l'India abbia adottato a suo tempo alcune invenzioni cinesi, come la carta e la polvere da sparo, non esistono iscrizioni in lingua khmer nel Tamil Nadu, né forme architettoniche indonesiane nel

Bengala, né culti di divinità malesi nel Gujarat. Le uniche iscrizioni originarie del Sud-Est asiatico rinvenute in India sono in sanscrito e riportano le donazioni destinate all'università monastica di Nalanda, spesso per dotare di alloggi gli studiosi stranieri. Al contrario, furono le religioni, le lingue e le forme artistiche e architettoniche indiane a essere in uso da Angkor Wat ad Ayutthaya, per quanto sottilmente modificate e trasformate nel loro tragitto.

Tutto ciò contrasta nettamente con la ben più ristretta «sinosfera», che includeva essenzialmente solo la Corea, il Vietnam settentrionale e il Giappone. Questo limite derivava, in parte, dalle difficoltà imposte dal sistema di scrittura cinese, che restringeva l'accesso alla lingua, alla letteratura e alla civiltà cinesi oltre i confini della Cina stessa.

La centralità del Subcontinente indiano come uno dei due poli economici e culturali dell'Asia antica, e dei suoi porti come i principali snodi degli scambi marittimi tra Oriente e Occidente, è stata in parte offuscata dalla nozione affascinante ma sinocentrica della «Via della Seta», una rotta commerciale terrestre che fin dall'antichità avrebbe attraversato l'Asia intera, collegando la Cina alle sponde orientali del Mediterraneo.

Pur essendo oggi ampiamente diffusa, l'idea di una Via della Seta era del tutto ignota nell'antichità e nel Medioevo: non esiste alcun documento antico, né cinese né occidentale, che ne faccia menzione. Fu invece concepita nel 1877 da un geografo prussiano, il barone von Richthofen, il quale, durante un rilevamento geologico in Cina, fu incaricato di ideare un percorso ferroviario che collegasse Berlino a Pechino, con l'obiettivo di favorire la creazione di colonie e infrastrutture tedesche nella regione.[35] Richthofen definì tale rotta *die Seidenstraßen*, «le Vie della Seta» – la prima occorrenza del termine.[36]

L'espressione «Via della Seta» appare per la prima volta

in inglese solo nel 1938, nel titolo di un celebre libro dell'esploratore svedese Sven Hedin. Da allora, ha catturato l'immaginazione collettiva, e la «riapertura» della Via della Seta è stata annunciata dal presidente cinese Xi Jinping nell'ambito della sua «Belt and Road Initiative». In questo modo, la nozione è stata di fatto cooptata e sfruttata come strumento della politica estera della Cina, almeno in parte per dissimulare la proiezione internazionale del suo potere economico e militare. Ormai il concetto è stato elevato al rango di un fatto incontestabile.[37]

Seguendo l'impostazione di Richthofen, le mappe della Via della Seta, che collegava via terra Oriente e Occidente, il Mediterraneo e il Mar Cinese Meridionale, presentano spesso una piccola freccia rivolta verso sud, da Kashgar in direzione dell'Himalaya, con la dicitura: «Verso l'India». Tali mappe intendono suggerire che la vera attività economica si svolgesse principalmente tra la Cina e l'Europa occidentale, relegando l'India al ruolo di osservatrice quasi passiva o, al massimo, di beneficiaria fortuita della prosperità generata dalla principale arteria del commercio intercontinentale, che correva molto più a nord.

La realtà era ben diversa. Sebbene le rotte commerciali terrestri attraverso l'Iran rivestissero un'importanza indiscutibile sotto il dominio mongolo, il cui impero nel XIII secolo si estendeva dal Mediterraneo all'Oceano Pacifico, lo stesso non si può affermare per l'epoca classica e altomedioevale. In realtà, l'Impero romano e la Cina avevano solo una vaga idea dell'esistenza reciproca. Benché consapevoli l'uno dell'altra, non furono quasi mai in contatto diretto.

Il più antico riferimento nelle fonti cinesi a un tentativo di inviare un'ambasceria a «Da Qin», solitamente identificata con Roma, risale appena al 97 d.C., ma la missione non riuscì a raggiungere la destinazione.[38] Come riportato in una guida romana al commercio nell'Oceano Indiano: «Oltre questa regione, nel punto più settentrionale, dove il mare termina ai confini del mondo conosciuto, sorge una vastissima città nell'entroterra chiamata Thina [Cina], da cui la seta grezza, filata e tessuta è trasportata via terra attraverso la Battriana [l'odierno Afghanistan] fino a Barygaza [nell'attuale Gujarat] e lungo il fiume Gange fino a Limyrike [Kerala]. Non è facile raggiungere questa Thina».[39]

In realtà, le merci cinesi giungevano a Roma unicamente come complemento esotico del suo fiorente commercio con l'India, e transitavano attraverso i porti indiani.[40] A partire dall'epoca di Augusto (r. 27 a.C. - 14 d.C.) e per diversi secoli, infatti, Roma e l'India intrattennero una vivace partnership commerciale, con centinaia di grandi navi mercantili che solcavano ogni anno le rotte marittime tra le due regioni. I manuali commerciali romani attestano una conoscenza reale, concreta e persino approfondita dei porti indiani, in particolare quelli situati lungo la costa occidentale, con descrizioni dettagliate che rivelano chiaramente esperienze di prima mano e osservazioni dirette. Se mai Roma e la Cina si incontrarono, ciò avvenne sulle banchine, nei porti e nei bazar dell'India costiera.

Al contrario, la Via della Seta era pressoché inesistente nell'antichità, almeno così come Richthofen l'aveva immaginata. Sebbene le merci circolassero da un luogo all'altro nell'ambito di un commercio locale o regionale, e alcuni beni finissero per percorrere anche lunghe distanze, non esistette mai, in nessun momento della storia, un'unica via commerciale terrestre che collegasse stabilmente Oriente e Occidente, il Mar Cinese e il Mediterraneo. Inoltre, prima del dominio mongolo nel XIII secolo non vi fu mai un libero movimento di beni tra la Cina e l'Occidente. Neppure Marco Polo, la figura oggi più comunemente associata alla cosiddetta Via della Seta, utilizza mai questo termine, pur essendo vissuto nell'epoca in cui attraversare lo sconfinato Impero mongolo era diventato relativamente più agevole.[41]

Persino la seta, la più famosa merce d'esportazione cinese, raggiungeva i territori romani solo in modo indiretto, spesso via mare, attraverso l'India, dove era effettivamente prodotta gran parte dei tessuti in seta destinati all'Occidente.[42] Ancora al tempo di Augusto, gli autori romani conoscevano perlopiù solo la seta grezza prodotta sull'isola di Cos. Sia Virgilio sia Seneca, attivi nella prima metà del I secolo d.C., dichiaravano con sicurezza che la seta cresceva sugli alberi.[43] Ciò sembra indicare che l'importanza attribuita alla seta nel mondo classico sia stata probabilmente sovrastimata.

La seta non fu mai il principale bene di importazione orientale. Al contrario, il suo valore fu costantemente superato da quello delle merci provenienti dall'India, tra cui pepe, spezie, avorio, cotone, gemme, teak e legno di sandalo. Quando Alarico, re dei visigoti, assediò Roma nel 408 d.C. e le impose un riscatto, le sue richieste furono significative: oltre a cinquemila libbre d'oro, non chiese seta, ma tremila libbre di pepe nero indiano.[44]

Anche per questo motivo in Cina sono state rinvenute solo poche monete romane – un pugno di ritrovamenti isolati e un unico tesoro monetale, di datazione incerta: sedici monete raffiguranti diversi imperatori, da Tiberio ad Aureliano.[45] Al contrario, in India gli archeologi hanno scoperto, sin dal XVIII secolo, decine di migliaia di monete romane. Furono gli agenti commerciali della Compagnia delle Indie Orientali a Madras, infatti, a riferire per primi il ritrovamento di «cinque carichi da *coolie*» di monete d'oro romane, oltre a «svariate migliaia» di monete d'argento.[46] Questo fenomeno è evidente soprattutto in Kerala e Tamil Nadu, dove tesori simili, perlopiù risalenti al I secolo d.C., l'epoca d'oro degli scambi commerciali con il Mar Rosso, continuano a riemergere ogni anno.[47] È probabile che i musei indiani custodiscano oggi più monete romane di qualsiasi altro Paese al di fuori dei confini dell'Impero romano.[48] Tutto questo oro costituiva il fondamento economico del potere culturale dell'India antica.

In seguito, con il crollo del commercio romano provocato dal blocco persiano e dalla caduta del Mar Rosso sotto il controllo arabo, i mercanti indiani trovarono nel Sud-Est asiatico una nuova fonte di oro. Fu solo nel XIII secolo, quando le devastazioni causate dalle invasioni mongole sconvolsero le antiche rotte commerciali, che la Via dell'Oro iniziò a sgretolarsi. Contemporaneamente, una frontiera ostile isolò l'India dalle vie terrestri, ora unificate sotto un solo dominio che si estendeva dal Mar Cinese al Mediterraneo.

Al posto delle rotte marittime basate sul commercio indiano, sostenute dai venti monsonici annuali che garantivano un rapido scambio delle merci in entrambe le direzioni, si sviluppò una nuova rete commerciale terrestre, che trasportava beni attraverso i deserti e le oasi dell'Asia Centrale. Nel 1271, grazie alla Pax Mongolica, Marco Polo e i suoi zii poterono, forse per la prima volta, viaggiare da Gerusalemme a Xanadu con un unico salvacondotto, contribuendo così all'apertura di una nuova via commerciale terrestre, diretta e priva di barriere.

Era la rete di rotte commerciali transcontinentali che in seguito sarebbero state definite *die Seidenstraßen.*

A differenza dell'India, la Cina ha dimostrato grande abilità nel promuovere la narrazione secondo cui il Paese sarebbe sempre stato il fulcro del continente asiatico.

Attraverso una rilettura della storia in chiave marcatamente nazionalista e sinocentrica, essa ha idealizzato l'attività mercantile lungo le Vie della Seta, presentandola come una rete di pacifici scambi globali incentrati sulla Cina stessa, raffigurata come il principale motore economico del commercio mondiale.[49] Con il lancio della «Belt and Road Initiative» da parte di Xi Jinping, accompagnato dalla promessa di investimenti per un trilione di dollari in prestiti infrastrutturali, questa narrazione ha assunto una forte connotazione politica, alimentando ampi dibattiti sulla «Belt and Road» come una «Nuova Via della Seta».[50] L'India ha fatto ben poco per contrastare questa visione, malgrado alcuni timidi tentativi di rappresentare i suoi legami commerciali con il Medio Oriente attraverso la metafora di una «Via del Cotone» o, più di recente, mediante il concetto di «Corridoio Economico India-Medio Oriente-Europa», o IMEC.[51]

La realtà storica, tuttavia, è ben diversa. Si potrebbe sostenere con certezza che, nel periodo cruciale tra la fine dell'antichità e l'inizio del Medioevo, il vero fulcro culturale e intellettuale dell'Asia fosse l'India, che influenzò profondamente e trasformò il corso della vita religiosa, artistica e culturale delle regioni circostanti, inclusa la Cina stessa. È per questo che Xuanzang e molti altri come lui misero a rischio la propria vita per affrontare il pericoloso viaggio verso quella che, all'epoca, rappresentava l'equivalente di una Harvard o un MIT dell'Asia: la grande università buddhista di Nalanda.

A differenza della Cina, l'India antica non fu quasi mai politicamente unita.[52] Nel VII secolo d.C., quando Xuanzang raggiunse Jalalabad, che considerava il confine geografico dell'India, osservò di essere entrato in una terra sacra, le « Cinque Indie », suddivisa in « oltre settanta » regni distinti.[53] Tuttavia, nonostante la frammentazione politica, l'idea dell'India come un'entità culturale, religiosa e geografica unitaria era chiaramente invalsa sin dai tempi più remoti.

Xuanzang non era il solo a possedere una chiara comprensione dei confini geografici di quella terra diversificata che chiamava India: già nel V secolo d.C. il suo predecessore, il monaco cinese Faxian, la concepiva in modo simile, come un Paese « di forma triangolare, ampio a nord e stretto a sud ».[54] Prima ancora, lo storico Strabone riferiva che Alessandro Magno conversò con alcuni *sadhu*, secondo i quali la loro patria si estendeva « dalla foce dell'Indo a ovest fino alla foce del Gange a est, dalla foce del Gange fino all'estremità meridionale dell'India e, da lì, nuovamente fino alla foce dell'Indo ».[55] Il *Mahabharata*, che era in corso di composizione all'incirca nello stesso periodo, ne dava una definizione ancora più concisa: « La terra a nord dei mari e a sud dell'Himalaya è chiamata Bharata, poiché vi abitano i discendenti del re Bharata ».[56]

Questa India, o Bharat, comunque la si definisca, è stata una delle due grandi superpotenze intellettuali e filosofiche dell'Asia antica, pienamente alla pari con la Cina nel più ampio contesto globale. Essa ha plasmato il modo di pensare e di esprimersi di un'ampia porzione dell'umanità, incidendo in modo significativo sul corso della storia mondiale. Per oltre mille anni ha rappresentato un giardino rigoglioso i cui semi, una volta piantati altrove, sono fioriti in forme nuove, ricche e inaspettate.

Comprendere come tutto ciò sia avvenuto è l'obiettivo di questo libro.

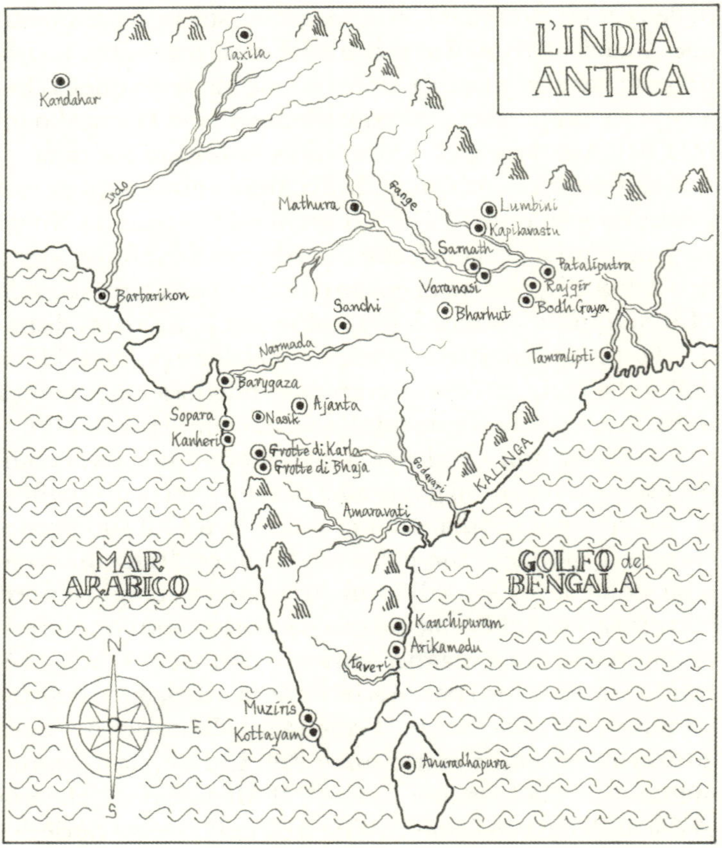
L'INDIA ANTICA
Taxila
Kandahar
Indo
Mathura
Gange
Lumbini
Kapilavastu
Sarnath
Pataliputra
Varanasi
Rajgir
Bodh Gaya
Bharhut
Barbarikon
Sanchi
Narmada
Tamralipti
Barygaza
Ajanta
Sopara
Nasik
Kanheri
Grotte di Karla
Grotte di Bhaja
Godavari
KALINGA
Amaravati
MAR ARABICO
GOLFO del BENGALA
Kanchipuram
Arikamedu
Kaveri
Muziris
Kottayam
Anuradhapura
N
O
E
S

1
UN TURBINE DI QUIETE

All'inizio dell'estate del 1819 una compagnia di cacciatori britannici marciava nel folto della giungla nei dintorni di Aurangabad, nel Deccan, quando la tigre che stava braccando scomparve in un profondo burrone.

Alla guida del gruppo c'era il capitano John Smith, un giovane ufficiale di cavalleria di Madras. Incitando i suoi compagni a seguirlo, Smith si mise sulle tracce della tigre, calandosi lungo la ripida scarpata semicircolare di basalto e attraversando a balzi l'alveo roccioso del fiume Waghur. Da lì si fece lentamente strada attraverso la fitta boscaglia sull'altro lato dell'impervio anfiteatro roccioso. A metà della salita, si arrestò bruscamente.[1]

Le impronte conducevano direttamente a un'apertura nella parete rocciosa. Ma era chiaro che quella cavità non era un antro naturale né una grotta scavata dal fiume. Nonostante l'erba alta, i rampicanti invasivi, le piante di pepe e il denso sottobosco spinoso, Smith si rese conto di trovarsi dinanzi a una facciata artificiale, intagliata direttamente nella roccia. Il versante irregolare della scarpata era stato meticolosamente scolpito in un portico perfettamente delineato. Era chiaramente un'opera di grande raffinatezza, ed era altrettanto chiaro che fosse stata abbandonata per secoli.

Pochi minuti dopo, il gruppo si inoltrò cautamente all'interno. Smith reggeva una torcia improvvisata di legno ed erba secca, mentre i suoi compagni impugnavano saldamente i loro moschetti. Si ritrovarono in una vasta sala, lunga circa trenta metri e larga dodici, interamente scavata nella viva roccia. Su entrambi i lati, trentanove colonne ottagonali si susseguivano in perfetto ordine. Nell'abside in fondo alla sala si ergeva la cupola circolare di uno stupa buddhista, ricavato, come tutto il resto, nella solida pietra della montagna.

Nella semioscurità, gli ufficiali scorsero i contorni sbiaditi di antichi affreschi. Sulle colonne erano raffigurati monaci in piedi su loti blu, con aureole bianche e tuniche arancioni, mentre sui muri di roccia erano dipinti elaborati pannelli ricchi di scene affollate, come se una pergamena miniata fosse stata srotolata lungo la parete dell'abside. Alla luce tremolante della torcia, gli ufficiali intravvidero quelle che descrissero in seguito come «figure con parrucche ricciute». Calpestando un vecchio scheletro umano e altri detriti trascinati nella caverna da generazioni di predatori e animali spazzini, avanzarono un passo alla volta fino a raggiungere una colonna all'estremità della sala, accanto allo stupa. Lì, Smith estrasse il suo coltello da caccia e incise sul corpo di un essere celeste le parole: «JOHN SMITH, 28° CAVALLERIA, 28 APRILE 1819».[2]

Nei decenni successivi, prima altre compagnie di cacciatori, poi gruppi di archeologi e di indologi seguirono le orme di Smith attraverso la giungla dei Ghati occidentali fino ad Ajanta, a mano a mano che si diffondeva la notizia dell'esistenza, in quel remoto angolo dell'India, di trenta grotte che nel loro complesso costituivano una delle meraviglie del mondo antico. Due di esse – la Grotta 9 e la Grotta 10 – furono presto riconosciute come alcune tra le stanze artificiali più antiche e meglio conservate dell'Asia. Basandosi su evidenze paleografiche, gli studiosi ritengono che furono scavate tra il 90 e il 70 a.C., dunque diverse generazioni prima che Augusto iniziasse a ricostruire Roma.

Sui muri delle grotte di Ajanta si trovano alcune tra le più antiche e straordinarie pitture dell'arte buddhista. La maggior parte risale al V secolo d.C., un'Età dell'Oro della pittura indiana altrimenti perduta. Insieme agli affreschi di Pompei ed Ercolano e ai raffinati murali della Villa di Livia e della Domus Aurea di Nerone a Roma, i dipinti di Ajanta offrono forse la più completa raffigurazione della vita di corte giuntaci dal mondo antico.[3]

Gli affreschi di Ajanta narrano storie buddhiste attraverso immagini di suprema grazia ed eleganza. A differenza della più stilizzata miniatura indiana delle epoche successive, qui gli artisti sfruttarono la prospettiva e lo scorcio per rappresentare con maestria scene di vita cortese, di rinuncia ascetica, di caccia, di battaglie e di incontri erotici che debbono essere annoverate tra i massimi capolavori artistici mai realizzati dall'umanità. Tra le opere più affascinanti spiccano due straordinarie immagini che raffigurano probabilmente i bodhisattva della compassione, Avalokiteshvara e Vajrapani, esseri che, seppur prossimi all'Illuminazione, scelgono consapevolmente di ritardare la propria liberazione per aiutare coloro che ancora arrancano sullo stesso cammino. Questi esseri, dotati di una bellezza, un'eleganza e una misericordia soprannaturali, sono rappresentati con gli occhi socchiusi, in pose introspettive, come sospesi sulla soglia dell'Illuminazione, immersi in quello che Stella Kramrisch, la grande storica dell'arte indiana, ha definito poeticamente « un turbine di quiete ».[4]

Ancora oggi, i colori di questi affreschi risplendono di un'intensità stupefacente: verde lucertola, giallo topazio, blu loto.

Nel 2014 i lavori di restauro nella Grotta 10 di Ajanta hanno portato alla luce nuovi straordinari frammenti di antichissimi affreschi buddhisti, databili alla fine del I secolo a.C. – ben cinque secoli prima dei celebri dipinti della Grotta 1. Oggi sappiamo che la Grotta 10 custodisce un tesoro inestimabile, rimasto a lungo non identificato e poco studiato: i più antichi dipinti superstiti raffiguranti le storie dei Jataka, ossia le vite precedenti del Buddha.[5]

Una scena particolarmente ben conservata ritrae un gruppo di re e di divinità intenti a venerare un albero della Bodhi e uno stupa. Questa immagine illustra il primo sermone del Buddha a Sarnath, con l'albero al posto del Salvatore. In questa prima fase dell'arte buddhista la raffigurazione diretta del Buddha era ritenuta inaccettabile, perciò i suoi seguaci lo rappresentavano mediante simboli, come un turbante o un trono vuoto. Attraverso composizioni pittoriche come queste, introducevano i non buddhisti alla complessa cosmologia e alla ricca mitologia della nuova fede.

Questo particolare affresco, il più antico mai scoperto, illustrava la vita e gli insegnamenti di un giovane principe, Siddhartha Gautama, figlio di un re che nel V secolo a.C. governava il piccolo regno di Kapilavastu, al confine tra l'India e il Nepal.[6] All'età di ventinove anni, Siddhartha rinunciò al regno e divenne uno *shramana*, «uno che si sforza», un riformatore spirituale consacrato alla ricerca di una soluzione all'eterno problema della sofferenza umana. Quand'era ancora in vita gli fu attribuito il titolo di Shakyamuni, il «Saggio del clan Shakya». Oggi è universalmente noto come il Buddha.

Le dottrine del Buddha erano state a lungo dimenticate in gran parte dell'India quando Ajanta fu riscoperta. Persino il fatto che fosse stato di origine indiana era stato rimosso dalla memoria collettiva della sua terra natia. Eppure, Siddhartha era profondamente radicato nel contesto religioso e filosofico del V secolo a.C., un'epoca di rapidi cambiamenti, smarrimento sociale, crisi spirituale e fermento intellettuale nell'intera Eurasia. Fu in questa temperie che emersero non solo le nuove concezioni religiose del Buddha e di Mahavira in India, ma anche il pensiero di Confucio in Cina e di Socrate in Grecia. Le innovazioni tecnologiche, in special modo l'aratro in ferro e armi più efficaci, avevano trasformato radicalmente i modi di vita, spingendo molte società a passare da un'esistenza nomade e pastorale ad una agricola e stanziale e favorendo lo sviluppo delle città, l'espansione del commercio e la formazione di strutture sociali fortemente stratificate.[7]

I sacrifici del fuoco, pilastro dell'antico induismo vedico, risalente a oltre mille anni prima della nascita del Buddha, erano concepiti per una società nomade e tribale. Tuttavia, con il rapido sviluppo dell'urbanizzazione, questi riti iniziarono a cedere il passo a cerimonie sempre più elaborate e dispendiose, che talvolta prevedevano il massacro di un gran numero di animali. Sembra che molte persone aspirassero a superare i sacrifici cruenti in favore di una pratica religiosa fondata sull'etica e sulla rettitudine. Allo stesso modo, il progressivo irrigidimento del sistema castale e della nozione di purità rituale generò un profondo malcontento sociale. In risposta a queste trasformazioni, emersero molti nuovi sistemi di credenze: alcuni storici stimano che in questo periodo siano apparse fino a sessantasei fedi eterodosse. Peraltro, non vi sono prove che l'induismo brahmanico fosse riuscito a imporsi come la cultura religiosa dominante nella regione in cui visse il Buddha storico.[8] Al contrario, il mondo del Buddha era popolato da yogin e santoni itineranti che predicavano una strabiliante varietà di cammini religiosi non convenzionali.

Uno di questi era l'austera via dell'ascetismo estremo, dell'autodisciplina e della mortificazione di sé propugnata da Mahavira (599-529 a.C.), un altro aristocratico disincantato dell'India del Nord, vissuto probabilmente poco prima del Buddha. Il percorso spirituale di Mahavira potrebbe anzi aver ispirato il giovane Siddhartha. All'età di trent'anni, Mahavira rinunciò al mondo per fondare un sistema religioso non violento, che col tempo crebbe fino a diventare la fede jainista. Come un monaco jaina spiega a un gruppo di brahmani ostili in uno dei più antichi testi sacri di questo credo, il sacrificio più importante per i jaina non consiste in un rito liturgico, ma nell'offerta del proprio corpo. « L'austerità è il mio fuoco sacrificale, » dichiara il monaco « e la mia vita è il luogo in cui questo fuoco viene acceso. Lo sforzo mentale e fisico sono il mio mestolo per l'oblazione, il mio corpo è il letame che funge da combustibile, le mie azioni sono la legna. Io offro un'oblazione lodata dai saggi veggenti, che consiste nell'autocontrollo, nello sforzo e nella calma interiore ».[9]

In un primo momento, le idee di Mahavira esercitarono

una forte attrattiva sul principe Siddhartha. Secondo la tradizione buddhista, durante la giovinezza il Buddha fu protetto dalle brutture del mondo da un padre apprensivo che gli impediva di uscire dal palazzo. Tuttavia, quando il principe, con l'aiuto di un servo fedele, si avventurò di nascosto all'esterno, si imbatté per la prima volta nella sofferenza, la vecchiaia, la malattia e la morte. Questo incontro tardivo con il dolore umano lo sconvolse nel profondo. Turbato e subitamente disilluso dalla sua vita ricca e privilegiata, Siddhartha abbandonò il regno paterno e la moglie incinta e intraprese una ricerca solitaria per comprendere le radici della sofferenza e trovare il modo di superarla.

Come molti altri a quell'epoca, il Buddha rinunciò ai legami mondani e si ritirò nella natura selvaggia, adottando il modo di vita degli asceti itineranti sotto la guida di diversi maestri. Da principio, sperimentò la via dell'ascetismo estremo e della penitenza rigorosa, un percorso simile a quello di Mahavira. «Il mio corpo si fece estremamente magro» racconterà il Buddha in un resoconto relativamente antico della sua vita. «Quando pensavo di toccare la pelle del mio stomaco, in realtà afferravo la mia spina dorsale».[10]

Tuttavia, l'ascetismo non offriva una risposta: conduceva soltanto a ulteriore sofferenza. Alla fine, il Buddha abbandonò la rigida negazione di sé ed elaborò una propria soluzione al problema, che chiamò il Sentiero di Mezzo: una via di moderazione tra gli estremi dell'ascetismo e della gratificazione sensuale, della mondanità e dell'austerità. Mediante una ferrea disciplina fisica e psichica conseguì il controllo assoluto sulla mente e sul corpo, e all'età di trentacinque anni, seduto sotto un sacro albero di pipal, dopo aver meditato senza muoversi per quarantanove giorni conseguì infine l'Illuminazione – e con essa la libertà dalla brama, dall'odio e dall'illusione. Si rese conto che quel momento di *bodhi*, o «risveglio» (termine da cui la religione prese il nome), non derivava dalla mortificazione del corpo, ma dall'aver compreso il modo per estinguere il desiderio.

Nei suoi sermoni, il Buddha spiegava che la forza generata dalle azioni compiute – il *karman* –, alimentate dal desiderio e dagli attaccamenti, vincolava il loro autore all'eterno ciclo delle rinascite, o *samsara.* Un antico testo buddhista, il *Vinaya Pitaka,* tramanda le parole con cui il Buddha chiarì queste nozioni a un suo nuovo discepolo, di nome Sona:

> In precedenza, quando eri un capofamiglia, eri bravo a suonare il liuto?
> Sì, Signore.
> Quando le corde del liuto erano troppo tese, era melodioso e adatto a suonare?
> Certamente no, Signore.
> E quando erano allentate, il liuto era melodioso e adatto a suonare?
> No, Signore.
> Ma quando le corde non erano né troppo tese né troppo allentate, bensì accordate su un tono equilibrato, era il tuo liuto melodioso e adatto a suonare?
> Sì, Signore.
> Proprio così, Sona, è il *dharma* che io propongo.[11]

Dopo quella rivelazione, il Buddha vagò per l'India settentrionale predicando le sue dottrine fondamentali: tutto è impermanente, e il desiderio conduce solo a piaceri effimeri. Il mondo materiale, diceva, è in ultima analisi un'illusione, un sogno da cui prima o poi tutti debbono destarsi. I piaceri dei sensi «sono simili a un uomo che sogni una splendida dimora, circondata da giardini incantevoli e piena di lussuose delizie. Al risveglio, tutto svanisce. Le distinzioni tra ricco e povero, aristocratico e popolano, non sono che un sogno».[12] Il Buddha insegnava anche la sua soluzione a questo problema: il *dharma,* il sentiero morale che conduce alla cessazione del desiderio e, con esso, della sofferenza. Espresse questo messaggio di inconsueta chiarezza e semplicità emotiva non nell'arcano sanscrito dei brahmani, bensì in pracrito, il vernacolo della gente comune.

La dottrina del Buddha era al contempo una filosofia, un'ideologia e un metodo, un percorso spirituale concreto, fondato sull'addestramento mentale e sulla disciplina, che, come assicurava ai suoi seguaci, li avrebbe liberati dalla sofferenza insita nell'esistenza. Il Buddha mise in discussione l'autorità dei brahmani, negando che i Veda, le scritture fondative di quello che sarebbe poi stato chiamato induismo, fossero una fonte divina e infallibile di verità spirituale, e ne respinse i rituali come mezzi di salvezza. Rigettò persino l'approccio intellettualistico dei testi indù più recenti, come le Upanishad.[13] Il suo messaggio si basava invece sull'amore, la gentilezza, la compassione, il distacco e la non violenza, accompagnati da un'intensa pratica meditativa e da una profonda ricerca interiore.

Era accessibile a tutti e non richiedeva né interventi sacerdotali né riti o sacrifici; esigeva soltanto fiducia nelle verità esposte dal Buddha, nel suo *dharma*, e nella comunità monastica che aveva fondato per preservare e diffondere il suo messaggio. Percorrendo il suo stesso cammino, affermò, chiunque avrebbe potuto liberarsi dal ciclo delle rinascite e dai vincoli del *samsara*, diventando a sua volta un Illuminato o Risvegliato e conseguendo l'estinzione della sofferenza, il *nirvana*, un termine che indica letteralmente « una fiamma spenta dal vento ».[14]

In nessun altro luogo il mondo del Buddha prende vita in modo più spettacolare che ad Ajanta, la sua più antica espressione pittorica giunta fino a noi. Gli affreschi ci proiettano in un'epoca remota così straordinariamente vivida che ancora oggi, persino in riproduzione, le immagini della vita del Buddha sanno togliere il fiato. Qui ci ritroviamo faccia a faccia con un monaco dallo sguardo vigile che potrebbe aver preso parte a uno dei primi concili che plasmarono la fede buddhista, o con un guerriero indiano che potrebbe aver combattuto in una delle battaglie per le sacre reliquie del Buddha.

I volti delle figure di Ajanta sono così prodigiosamente realistici e vitali, così schiette le loro espressioni, che si ha l'impressione di trovarsi di fronte a ritratti di individui realmente esistiti, ancora rischiarati dalla fiamma di una vita eterna. Non vi è traccia dell'idealizzazione e della trascendenza che caratterizzano le raffigurazioni posteriori dei bodhisattva. Invece, vi è qualcosa di profondamente ipnotico nello sguardo penetrante di questi antichi volti buddhisti, muti e spesso incerti. Le loro espressioni fugaci, sospese nel tempo, sembrano quasi stupite, come fossero state colte di sorpresa dalla decisione del re di Varanasi di scoccare una freccia, o dalla maestosità del grande elefante che emerge dal folto degli alberi.

Dal ciclo pittorico, che affronta temi come la giustizia, la pace e la non violenza, traspare a volte una profonda tristezza. Una scena raffigura una guerra scoppiata per le reliquie del Buddha, un evento che contrasta nettamente con le dottrine del Maestro. A questa seguono tre episodi tratti dai Jataka, tutti incentrati sull'uccisione ingiusta di un innocente. Nella prima scena, la moglie devota di un re è falsamente accusata di avere cercato di assassinarlo; nella seconda, un ragazzo è colpito da una freccia mentre si reca nella foresta a prendere l'acqua per i suoi genitori; nell'ultima, un nobile re degli elefanti viene ucciso dai bracconieri per le sue zanne.[15] L'osservatore si trova a scrutare queste figure nel tentativo di cogliere qualche indizio degli sconvolgimenti di cui furono testimoni o degli strani eventi a cui dovettero assistere nell'India antica. Ma questi delicati volti indiani, così aperti e umani, così colmi di malinconia, ci fissano con un'intensità tale da costringerci a distogliere lo sguardo.

Il tratto più sconcertante delle persone raffigurate in questi affreschi è quanto ci appaiano familiari. A duemila anni dalla loro realizzazione, questi volti comunicano con estrema immediatezza il carattere di ciascun soggetto: la sentinella vigile, il re colto nell'eccitazione della caccia, il figlio obbediente che va a procurarsi l'acqua. Così attuali sono le loro fattezze, così riconoscibili le emozioni che affiorano dalle loro labbra, che bisogna rammentare a sé stessi come queste figure non appartengano al nostro mondo, ma ritraggano una realtà cortese e silvestre, fatta di cacciatori e di prede, di monaci e di devoti buddhisti, scomparsa da queste colline più di due millenni or sono.

Tuttavia, la sorpresa più grande è forse il fatto che il mondo rappresentato negli affreschi di Ajanta solo di rado evoca il solitario sacrificio di sé o la rigorosa rinuncia ascetica – un monaco rasato, vestito di arancione, assorto in meditazione; un eremita in cerca della salvezza nel buio di una grotta scavata nella roccia; un gruppo di anziani devoti, intenti ad ascoltare le parole del loro maestro. Questo ci aspetteremmo da un affresco buddhista. Stupiscono, invece, le scene che ritraggono un ambiente palaziale, opulento e multiculturale, colmo di ricchezze, piaceri e bellezza, animato da cortigiane ornate di gioielli che ascoltano musica, da ombrosi pergolati, da tutte le gioie della giovinezza.

Sorprende che ad Ajanta il Buddha non sia raffigurato in un contesto monastico, bensì nell'ambiente regale in cui crebbe. Qui, tra principi affascinanti e nobili a torso nudo, principesse ornate di tiare di gelsomini *raat ki rani*, o «Regina della notte», languono d'amore su altalene e divani, mentre danzatrici dai seni abbondanti e dai fianchi slanciati, vestite in abiti diafani, con gioielli e cinture luccicanti, si esibiscono accanto a laghetti di fiori di loto, ondeggiando al ritmo di una musica inaudibile, facendo tintinnare i *ghungru* delle loro cavigliere. Queste dame di corte indossano poco più che le loro gemme – spinelli e occhi di gatto di crisoberillo – e tengono in mano solo scacciamosche in oro brunito ed ebano imporporato. Rubini scintillanti color sangue di pavone risaltano vividamente contro la loro pelle scura.

È evidente che gli artisti di Ajanta non trovavano affatto insolito l'accostamento di monaci e ballerine, asceti e principesse. Negli affreschi non vi sono né pannelli né barriere, a parte i limiti fisici della grotta stessa, e gli artisti passano con naturalezza dall'antro dell'eremita ai giardini del palazzo e viceversa, senza suggerire alcuna separazione essenziale tra i due mondi.

Gli affreschi presentano inoltre una sorprendente varietà di figure di provenienza internazionale. Tra la folla si possono distinguere molti stranieri: persiani, parti, sciti, etiopi, egiziani, persino greci e romani, tutti riconoscibili dai loro abiti, tuniche, acconciature, carnagioni e calici caratteristici. Persino i pigmenti utilizzati nelle pitture rivelano contatti internazionali: il magnifico blu, ad esempio, era ricavato da lapislazzuli importati dal Badakhshan. Ajanta sorgeva evidentemente al centro di un mondo profondamente globalizzato.[16]

Le più antiche grotte di Ajanta riportano iscrizioni che rivelano come lo scavo dell'intero complesso sia stato reso possibile grazie a numerosi piccoli contributi, provenienti non solo da monaci e monache, ma anche da gilde di mercanti e artigiani locali. Gli affreschi documentano che, all'epoca di Ajanta, l'India non era un'isola di indianità ripiegata su sé stessa, bensì una società cosmopolita ed eccezionalmente urbana, animata da mercanti provenienti da ogni angolo del pianeta. Spesso erano proprio i commercianti a finanziare queste opere, come il ricco mercante Ghanamadada, il quale – stando a un'iscrizione – elargì i fondi per la Grotta 12. In una certa misura, gli affreschi potrebbero anche riflettere i gusti dei mercanti, il che spiegherebbe la quasi totale assenza di ascetismo o monachesimo nei dipinti.

Ciò che appare evidente, in ogni caso, è che il messaggio del Buddha non era riservato a una singola casta, classe o tribù. Era un messaggio universale e, come le religioni missionarie che sarebbero giunte in seguito, era destinato a diffondersi fino ai confini della terra.

Come si spiega che le idee di un oscuro asceta indiano abbiano intrapreso questo straordinario viaggio intorno al mondo?

Nei primi duecento anni dalla sua nascita, tra il V e il III secolo a.C., il buddhismo lascia pochissime tracce nel repertorio archeologico. Di questo periodo non sopravvivono né testi né iscrizioni. Solo una manciata di antichi siti buddhisti mostra segni di una limitata occupazione,[17] e anche questi si trovano quasi esclusivamente in un'area circoscritta dalle pianure dell'India nord-orientale e del Nepal, a ridosso delle rive del Gange, dove il Buddha visse e predicò.

Uno di questi siti è il monastero di Rajgir, la « Montagna del Re », a un centinaio di chilometri da Patna. Secondo la tradizione, sarebbe stato costruito dal medico Jivaka durante la vita del Buddha. Le sue sale rettangolari in pietra grezza, oggi fatiscenti, sono state datate dagli archeologi al V secolo a.C. Vi sono poi due piccoli stupa molto antichi: uno a Vaishali, capitale del potente clan Licchavi, e l'altro a Lumbini, luogo di nascita del Buddha. Qui gli archeologi hanno portato alla luce un piccolo tumulo funerario d'argilla, di forma discoidale, che fu scavato intorno alla metà del III secolo a.C., probabilmente per estrarne le reliquie, e deve pertanto risalire a un'epoca anteriore. Dello stesso periodo è anche una struttura in legno che circonda una piccola corte all'interno del Tempio di Maya Devi, identificato con il boschetto dove, sempre secondo la tradizione, sarebbe nato il Buddha.[18]

L'uomo che ordinò lo scavo di questo antico stupa per prelevare le reliquie del Buddha è il primo indiano di cui ci sia giunta testimonianza diretta attraverso le sue stesse parole, incise su pietra nella più antica scrittura indiana decifrabile: l'imperatore Ashoka, figura tra le più straordinarie della storia dell'India. Fu anche colui che più di tutti contribuì a trasformare il buddhismo, fino ad allora un culto relativamente circoscritto e persino locale, in una delle grandi religioni universali.[19]

La dinastia di Ashoka, i Maurya, entra nella storia in seguito all'invasione del Punjab da parte di Alessandro Magno nel IV secolo a.C., quando il conquistatore macedone, dopo aver incendiato Persepoli, inseguì l'ultimo imperatore achemenide, Dario III, fino alle più remote satrapie dell'Impero persiano, situate negli odierni Afghanistan e Pakistan.

Nell'estate del 327 a.C., quando il vittorioso Alessandro giunse alle rive dell'Indo, il re di Taxila prese la saggia decisione di non opporsi ai greci. Invece, andò incontro ad Alessandro nello Swat e lo accompagnò attraverso foreste di rododendri e di clematidi alpine fino alle mura della sua città. Qui, per la prima volta, le truppe di Alessandro poterono riposare e ammirare il paesaggio indiano. Agli occhi dei greci, abituati allo splendore di Atene, Babilonia, Susa e Menfi egizia, gli edifici di Taxila apparvero modesti: le abitazioni, costruite con argilla e pietra grezza, erano disposte senza alcun ordine o pianificazione urbanistica.

Ciò che invece li colpì fu la popolazione locale. « Fisicamente, gli indiani sono magri » scrisse Nearco, ammiraglio di Alessandro.

Sono alti e di corporatura assai più esile rispetto agli altri uomini ... Indossano orecchini d'avorio (perlomeno i ricchi) e si tingono la barba in colori diversi: alcuni di un bianco candido, altri di blu scuro, rosso, porpora e persino verde ... Portano una tunica e un mantello gettato intorno alle spalle; un altro lo avvolgono intorno al capo. Tutti, eccetto i più umili, in estate si proteggono con parasoli.[20]

Altri, invece, non indossavano nulla. A pochi chilometri da Taxila, i greci si imbatterono in quindici gimnosofisti («sapienti nudi»), sant'uomini indiani completamente nudi e immobili. I greci li identificarono come «brahmani e *shramana*» (vale a dire, sacerdoti indù e asceti, probabilmente buddhisti o jainisti digambara). I gimnosofisti risero dei mantelli e degli stivali alti dei greci, e li invitarono a spogliarsi se desideravano parlare con loro.[21] «Ma il calore del sole era così insopportabile» annotò uno degli uomini di Alessandro «che nessuno avrebbe potuto camminare scalzo, specialmente a mezzogiorno».

Perciò i greci rimasero vestiti, e il guru più anziano li interrogò su Socrate, Pitagora e Diogene. Uno dei sant'uomini «tenne un discorso in cui asserì che "il miglior insegnamento è quello che rimuove dall'anima il piacere e il dolore"», un'affermazione dal chiaro tenore buddhista.[22] Più tardi i guru, ancora nudi, cenarono alla tavola di Alessandro. «Mangiarono in piedi,» scrisse un testimone «in equilibrio su una gamba sola». Uno dei gimnosofisti più noti, che i greci chiamavano Calano, seguì l'esercito macedone, e alcuni tra i soldati di Alessandro divennero suoi discepoli. Ammalatosi gravemente a Babilonia nel 323 a.C., Calano decise di porre fine alla sua vita gettandosi su una pira funeraria rituale. Affrontò la morte con assoluta compostezza, lasciando sbigottiti i greci che vi assistettero.[23]

Un altro soldato di Alessandro potrebbe avere introdotto le idee del buddhismo nel Peloponneso. Il filosofo scettico e poeta Pirrone di Elide (ca 360-270 a.C.) accompagnò Alessandro in India e, secondo il suo biografo Diogene Laerzio (III secolo d.C.), fu profondamente influenzato «dalle dottrine dei gimnosofisti».

Al suo ritorno in Grecia, Pirrone adottò uno stile di vita austero e itinerante, caratterizzato dalla solitudine e dal rifiuto di quelle che considerava le vane seduzioni dei piaceri dei sensi. Ai suoi seguaci insegnava che l'unico modo per sfuggire alla sofferenza e all'infelicità era imparare a controllare il desiderio, rigettando le passioni e coltivando invece l'equanimità, l'atarassia e la sospensione del giudizio. Abbracciò una prospettiva agnostica e, secondo alcune testimonianze, praticò una forma primitiva di yoga, rimanendo «immobile nella stessa posizione per tutto il giorno». Tale pratica, affermò, conduceva a «uno stato mentale indisturbato», contrassegnato da profonda calma, pace e «tranquillità interiore ed esteriore», e a una vita «libera dalla sofferenza».[24]

Secondo Plutarco (46-120 d.C.), prolifico storico e filosofo greco, all'epoca del suo incontro con i gimnosofisti Alessandro si trovò al cospetto anche di un giovane guerriero indiano la cui famiglia avrebbe contribuito ben più di Pirrone a diffondere il buddhismo, e su una scala immensamente più vasta. Chandragupta Maurya era un rifugiato politico del Magadha, l'attuale Bihar, nel Nord dell'India. Si trovava a Taxila per completare i suoi studi in quello che era allora un grande centro di insegnamento, patria del grammatico sanscrito Panini e dello scienziato politico Kautilya.[25] Plutarco riferisce che «Sandrocotto [il nome greco di Chandragupta], quand'era ancora un bambino, vide Alessandro e, secondo quanto si racconta, in seguito era solito dire che per poco Alessandro non aveva conquistato il potere in India, poiché il re del luogo era odiato e disprezzato per le sue umili origini e la sua malvagità». Fonti jainiste posteriori affermano che Chandragupta idolatrava il Macedone, si unì al suo esercito e decise successivamente di emularne le conquiste.[26]

Prima di lasciare l'India, Alessandro combatté un'ultima grande battaglia lungo il fiume Idaspe. Se le fonti jainiste sono attendibili, Chandragupta potrebbe aver lottato al fianco dei greci. L'avversario di Alessandro era Poro, re del Punjab, alla testa di un esercito che vantava un folto contingente di elefanti da guerra. In una cruenta battaglia combattuta sotto un violento scroscio monsonico, Alessandro sconfisse il raja. Nonostante le gravi ferite, Poro rimase seduto sul suo elefante, spronando i suoi uomini a continuare la lotta. Quando fu infine catturato, si rifiutò di inchinarsi davanti ad Alessandro e, interrogato su come desiderasse essere trattato, rispose semplicemente: « Come un re ».[27]

Colpito dal coraggio e dalla dignità con cui Poro affrontò la sconfitta, Alessandro lo reinsediò al potere come suo delegato. Quella battaglia dovette avere per lui un significato particolare, tanto che fece coniare una serie di monete commemorative in oro e argento, raffiguranti sul dritto il suo volto e sul rovescio un'immagine di sé a cavallo mentre attacca l'elefante di Poro.

Alessandro rimase sbalordito e affascinato dalla straordinaria prosperità dell'India e dal gran numero di città ben organizzate che accolsero le sue truppe durante la loro avanzata verso sud-est.[28] Tuttavia, giunti sulle rive del Jhelum, i suoi soldati – stremati, fradici, afflitti dalla nostalgia e logorati dalla distanza da casa – si rifiutarono di proseguire. Alessandro fu costretto a fare dietrofront, e non fece mai più ritorno in India.[29]

Il vuoto di potere lasciato dalla partenza di Alessandro spinse il giovane Chandragupta Maurya (r. ca 320-297 a.C.) a prendere in mano la situazione. A tempo debito, riuscì a rovesciare i re Nanda che governavano l'India settentrionale e a fondare un nuovo impero, che inglobava gran parte dei territori indiani precedentemente sotto il dominio dei persiani di Persepoli e, dopo, dei greci macedoni.

Intorno al 320 a.C., Chandragupta aveva ormai sconfitto i suoi rivali indiani e consolidato il suo dominio sulla pianura gangetica. Successivamente, ottenne le province nordoccidentali dell'India dal successore di Alessandro, Seleuco, uno dei compagni originali del Macedone, che aveva comandato la fanteria nella battaglia dell'Idaspe; i due uomini potrebbero quindi in quell'occasione aver combattuto fianco a fianco. Chandragupta acquisì quei territori in cambio di cinquecento (dei suoi novemila) elefanti da guerra e di un'alleanza sancita dal matrimonio tra uno dei suoi figli e la figlia di Seleuco.[30] Aggiunse anche un cesto di afrodisiaci indiani, affermando che avrebbero reso i greci « arrapati come uccelli ».[31] L'alleanza proseguì fino alla generazione seguente. In uno scambio successivo, Chandragupta chiese ad Antioco, il figlio per metà battriano di Seleuco, di inviargli vino dolce, fichi secchi e un sofista. Antioco accettò di spedirgli il vino e i fichi, ma rispose che « le leggi greche gli proibivano di mandare un sofista ».[32]

Dopo che Chandragupta abdicò nel 297 a.C. per diventare un monaco jainista, il figlio Bindusara mantenne buone relazioni con i suoi vicini greci.[33] Fu il nipote di Chandragupta, Ashoka, a riprendere l'espansione dell'impero, estendendolo fino all'attuale Afghanistan. Ashoka è ricordato nelle fonti buddhiste come colui che contribuì a diffondere il buddhismo ben oltre i confini dell'India.[34]

Sotto il regno di Ashoka, l'Impero maurya si espanse fino a diventare il più esteso nella storia dell'India, mentre la sua capitale, Pataliputra, l'odierna Patna, divenne probabilmente la città più grande del mondo. Secondo il resoconto di Megastene, un ambasciatore greco che visitò l'India poco prima della nascita di Ashoka, la città copriva già un'area di ventisei chilometri quadrati ed era circondata da trentaquattro chilometri di mura, interrotte da sessantaquattro porte e cinquecentosettanta torri. Questo rendeva Pataliputra circa due volte più vasta dell'antica Roma, tre volte più grande di Alessandria e undici volte più estesa di Atene, con una popolazione stimata intorno ai duecentomila abitanti.

Pataliputra era una città profondamente cosmopolita e manteneva stretti rapporti diplomatici, militari e culturali con il vicino Impero seleucide, che si estendeva dalla Battriana alla Persia e all'Anatolia, con i cui sovrani di stirpe greca la dinastia Maurya si era persino imparentata.[35] Il giovane Ashoka fu inviato come viceré a Taxila, una città che ospitava ancora una folta popolazione greca, rimasta isolata in India a seguito della morte improvvisa di Alessandro a Babilonia.

Intorno al 261 a.C., circa duecentocinquant'anni dopo la morte del Buddha, i domini di Ashoka si estendevano, con diversi gradi di autorità, da Kandahar fino al Deccan. Fu allora che Ashoka decise di muovere guerra al suo rivale più temibile: il regno del Kalinga, situato nell'odierno Orissa, lungo la prospera costa orientale dell'India. La lunga e sanguinosa campagna per sottomettere il Kalinga si concluse con un trionfo militare e consentì ad Ashoka di esercitare il controllo su un'area del Subcontinente indiano più vasta di chiunque altro fino al dominio coloniale britannico. Tuttavia, la vittoria comportò anche massacri e devastazioni raccapriccianti.[36]

Paradossalmente per un uomo il cui nome significa « senza afflizione », Ashoka fu tormentato da un profondo senso di colpa per il dolore, la miseria e la desolazione che aveva causato. È possibile che avesse già mostrato il suo favore verso i buddhisti del suo regno; ma non gli parve più sufficiente, e il suo interesse per le dottrine del Buddha si fece più profondo.[37] Si recò in pellegrinaggio nei luoghi legati alla vita del Buddha e decise di lasciarsi guidare dalla sua fede buddhista nelle decisioni politiche, facendo della propagazione del buddhismo il fulcro del suo governo. « Sono trascorsi oltre due anni e mezzo da quando sono diventato un devoto buddhista, » scrisse Ashoka « ma non ero zelante. Da più di un anno, però, mi sono avvicinato al Sangha [la comunità monastica buddhista], e ora sono diventato molto più fervente e impegnato ».[38]

Gli editti che Ashoka fece incidere su rocce e pilastri in tutto il suo impero, una sorta di primitivo sistema di comunicazione pubblica, riportano le sue motivazioni. Durante la guerra del Kalinga, scrisse,

> centocinquantamila persone furono deportate, centomila furono uccise e molte volte quel numero perirono...
>
> Dopo aver conquistato il Kalinga, il Prediletto degli Dei [Ashoka] provò rimorso, poiché, quando un Paese indipendente viene assoggettato, massacri, morte e deportazioni causano immensa angoscia: tutti subiscono violenze, uccisioni, separazione dai pro-

pri cari. Persino coloro che hanno la ventura di salvarsi e il cui amore non è stato intaccato [dagli effetti disumanizzanti della guerra] soffrono per le disgrazie che colpiscono i loro amici, colleghi e parenti. Questa [sofferenza] è condivisa da tutti gli uomini ed è ritenuta profondamente dolorosa [dall'imperatore]. Oggi, se anche una millesima parte di coloro che morirono durante l'annessione del Kalinga dovesse patire in modo simile, un peso insostenibile graverebbe su di lui. Questo editto del *dharma* è stato inciso affinché i miei figli o futuri nipoti non pensino a conquistare nuovi territori ... Riflettano invece sul fatto che la sola vera conquista è quella compiuta attraverso il *dharma*.[39]

Ogni singolo aspetto di queste iscrizioni – le più antiche dichiarazioni scritte in prima persona nella storia dell'India – è eccezionale. Fino a che Ashoka non fece incidere il suo primo editto su roccia, nessuna iscrizione o testo buddhista era giunto a noi nella forma originale. Da quel momento, invece, vediamo un vero e proprio fiume di parole riversarsi sulle grotte e sui massi dell'India settentrionale, da Kandahar al Deccan, offrendoci per la prima volta l'immagine di un sovrano con una personalità pienamente definita e sfaccettata.[40] Le iscrizioni di Ashoka ci permettono, come ha ben detto un storico, di « sbirciare oltre le palizzate » del suo palazzo a Pataliputra e di osservare da vicino le consultazioni che vi si svolgevano.[41]

Queste iscrizioni straordinarie evidenziano l'unicità di Ashoka, il primo re della storia a presentarsi non come un potente sovrano, ma come un filosofo illuminato, umano e compassionevole. Egli afferma persino di essere a disposizione dei suoi sudditi « in qualsiasi momento, ovunque ».[42] Anche solo come attestazione personale di dolore, rimorso e pentimento, o come confessione di una conversione religiosa, le iscrizioni sarebbero già stupefacenti. È difficile pensare ad altri sovrani vittoriosi della storia che abbiano espresso qualcosa di simile – è raro, persino oggi, trovare un politico abbastanza forte da dire: « Mi dispiace ». La rinuncia emotiva di Ashoka alla guerra e il suo profondo rammarico per la sofferenza causata si pongono in netto contrasto con le dichiarazioni di tutti i sovrani coevi.

Anche Dario, il gran re degli Achemenidi, ad esempio,

governava un impero tollerante e multiconfessionale e, come Ashoka, fece incidere iscrizioni plurilingui per commemorare le sue conquiste – anzi, è probabile che Ashoka abbia tratto ispirazione proprio da esse. Tuttavia, nell'affermare pubblicamente la propria regalità, Dario si vanta apertamente della sua forza e del suo potere. Celebra con orgoglio l'uccisione dei suoi nemici, arrivando persino a ritrarre i ribelli con le mani legate dietro la schiena e una corda intorno al collo, e sé stesso in trionfo, con il piede piantato su un prigioniero prostrato. Tutto questo, a sua volta, appare relativamente mite se paragonato alle sculture degli antichi assiri, che decoravano le loro sale da ricevimento con bassorilievi raffiguranti la morte, la tortura e l'impalamento di massa dei nemici sconfitti, la distruzione delle loro città e la riduzione in schiavitù dei loro abitanti.

Ashoka, invece, rifugge tanto dal sangue quanto dalla vanità. Non menziona mai le dimensioni del suo impero, la sua ricchezza, il suo potere. Al contrario, con una voce sincera e intensamente personale, si presenta come un sovrano gentile e caritatevole, ansioso di diffondere i princìpi della non violenza, del rispetto, della moralità e della tolleranza.[43]

Secondo una tradizione riportata nel *Dipavamsa*, un antico testo singalese, la conversione di Ashoka al buddhismo sarebbe avvenuta in seguito a un incontro con un giovane monaco buddhista che chiedeva l'elemosina nelle strade di Pataliputra.

Ashoka, da tempo alla ricerca del senso della vita, era rimasto insoddisfatto dalle risposte fornite dai santi che aveva convocato a palazzo. Fu allora che incontrò Nigrodha, descritto come « un bel giovane d'aspetto serafico, che incede lungo la strada come un elefante, senza timore, soffuso da un'aura di serenità ». Secondo questa fonte, furono l'imperturbabilità e il placido carisma di Nigrodha, oltre alla forza della sua predicazione, a persuadere Ashoka a diventare un discepolo laico del Buddha e a promuovere il buddhismo in tutto il regno.[44]

Ai suoi contemporanei, le idee di Ashoka dovettero apparire insolitamente radicali, persino rivoluzionarie; di certo cambiarono profondamente il corso della storia del buddhismo, almeno quanto la conversione dell'imperatore Costantino avrebbe cambiato quello del cristianesimo. All'inizio del regno di Ashoka, il buddhismo era ancora solo uno tra i numerosi sistemi religiosi dissidenti ed eterodossi che sfidavano il monopolio dei brahmani vedici e i loro riti fondati sui sacrifici animali. Nel 250 a.C., tuttavia, dopo la campagna del Kalinga, Ashoka si assunse l'onere di diffondere i princìpi del buddhismo in tutto il mondo. Per la piccola comunità buddhista, e in particolare per il Sangha, il suo nucleo monastico, l'appassionato patrocinio del più potente sovrano del Sudasia costituì un cambiamento epocale.

Dopo aver abbracciato il *dharma*, Ashoka scelse di rivolgersi direttamente ai suoi sudditi, con sorprendente sincerità e con parole proprie. Come dichiara francamente in uno dei suoi primi editti su roccia: « Io sono [ora] apertamente buddhista ».[45] Poiché desiderava che i suoi sudditi riesaminassero le loro idee religiose, Ashoka fece collocare numerose copie delle sue iscrizioni in tutti i suoi domini: sulle cime delle colline, lungo le rive dei fiumi, nei luoghi di pellegrinaggio e nei siti di fiere e festival religiosi.[46] Ashoka incoraggiava la pratica della compassione e la riflessione sull'etica personale, senza però imporre l'adesione né al buddhismo né alla propria « religione civile » – la sua visione personale e idiosincratica di ciò che il *dharma* implicava per la vita pubblica; verso la fine della sua vita, infatti, Ashoka sembra aver privilegiato questa sua personale interpretazione del *dharma* rispetto alla dottrina buddhista tradizionale.[47] Tuttavia, continuò a garantire il suo appoggio anche ai brahmani e alle altre fedi, come registra nelle sue iscrizioni, invitando alla tolleranza nei confronti delle idee altrui. Ashoka vi delinea un'ideale di società civile in cui ogni setta discute e dibatte rispettosamente con le altre, e raccomanda di badare alle proprie parole, affinché né il lodare la propria setta né il biasimare le sette altrui avvengano in momenti inappropriati; e ci si esprima sempre con moderazione ... Le sette altrui debbono essere onorate in ogni occasione. Agendo in questo modo, si promuove la propria setta e si reca beneficio alle sette altrui. Agendo diversamente, si nuoce alla propria setta e si fa un torto alle sette altrui. Infatti, chi loda la propria setta o biasima le sette altrui per mettere in buona luce la propria, in realtà la danneggia. È cosa buona riunirsi, affinché tutti possano ascoltare e apprezzare le reciproche dottrine.[48]

Ashoka esorta il suo popolo a seguire il sentiero della moralità, della non violenza e della moderazione – in altre parole, alla conquista di sé stessi. Tuttavia, pur promuovendo la tolleranza e il pluralismo, afferma chiaramente di considerare il buddhismo la via migliore per realizzare tale obiettivo. « Non soltanto le persone di alto rango possono conseguire questo scopo » scrive. « No, anche la gente comune può raggiungerlo, se si impegna a farlo ».[49]

Per intraprendere la sua nuova missione, Ashoka attraversò i suoi domini per duecentocinquantasei notti, promulgando editti e propagando la nuova fede. Per favorire la diffusione delle sue idee, migliorò le vie di comunicazione all'interno del suo impero: le iscrizioni menzionano la manutenzione delle strade reali, che si estendevano da Taxila (presso l'odierna Islamabad, in Pakistan) a Tamralipti (vicino all'attuale Calcutta, nel Bengala Occidentale), da dove le navi salpavano non solo per lo Sri Lanka, ma anche per il Sud-Est asiatico e l'Indonesia. Al suo ritorno nella capitale di Pataliputra, Ashoka vi avrebbe organizzato il Terzo concilio buddhista. In quell'occasione avrebbe ordinato di aprire gli otto stupa originali contenenti i resti del Buddha e di ripartirne il contenuto in monumenti sparsi in tutto il mondo. Secondo la posteriore leggenda buddhista, Ashoka avrebbe fatto edificare ben ottantaquattromila stupa, dentro e fuori i confini del suo regno.[50] L'erezione di questi sacrari consolidò a tal punto la memoria di Ashoka come *cakravartin* (alla lettera, « [il re] che fa girare la ruota [della legge] » – ossia un sovrano universale) che molti ambiziosi monarchi successivi ne avrebbero seguito l'esempio.[51]

Insieme alle reliquie, Ashoka inviò dei missionari o, meglio, dei «ministri del *dharma*», agenti imperiali incaricati di viaggiare in tutte le direzioni: a est, verso la Birmania e Suvarnabhumi, le Terre dell'Oro che punteggiano gli oceani del Sud-Est asiatico; a nord, verso i nomadi delle steppe dell'Asia Centrale; e a nord-ovest, verso il mosaico di Stati ellenistici – seleucidi e tolemaici – che, dopo la morte di Alessandro, si erano costituiti tra l'Afghanistan e Cirene, sulla costa africana del Mediterraneo.

«I miei inviati» scrive Ashoka «sono attivi in tutte le sette per insegnare il *dharma*, accrescere l'interesse per il *dharma* e promuovere il benessere e la felicità di coloro che sono devoti al *dharma* tra i Greci, i Kamboja, i Gandahara, i Rishthika, i Pitinika e gli altri popoli occidentali».[52] Vi sono indizi che almeno un sovrano greco adottò il linguaggio di Ashoka: un'iscrizione attribuita a un re greco posteriore, Antioco di Commagene, che regnò sull'Anatolia orientale, sembra infatti contenere un'eco degli editti su roccia di Ashoka.[53]

A sud, presso la corte del suo alleato Devanampiya Tissa, raja dello Sri Lanka, Ashoka inviò suo figlio e sua figlia. Si narra che i due sovrani fossero già allora «amici intimi, uniti da un affetto sincero», e vi sono evidenze archeologiche che il buddhismo avesse già messo radici nel Sud dell'isola prima dell'arrivo degli inviati di Ashoka.[54] Insieme ai suoi figli, Ashoka inviò anche la clavicola e la ciotola del Buddha e un germoglio dell'albero della Bodhi di Bodh Gaya, sotto il quale il Buddha aveva conseguito l'Illuminazione.[55] Secondo la tradizione, il figlio di Ashoka, Mahinda, predicò per ventisei giorni in un parco reale fuori dalla porta sud della capitale Anuradhapura. Una vasta folla si radunò per ascoltarlo e molti si convertirono.[56] Stando al *Dipavamsa*, Ashoka inviò a Tissa anche altri doni, che furono impiegati in una cerimonia buddhista di ri-incoronazione, accompagnati da un messaggio in cui lo esortava a «prendere rifugio nel Buddha come io ho preso rifugio nel Buddha». Nel 250 a.C. Tissa si convertì formalmente al buddhismo, donò il parco ai monaci del Sangha perché vi costruissero un grande monastero e fece erigere un enorme stupa per custodire le preziose reliquie ricevute.

In breve tempo, monasteri rupestri iniziarono a spuntare in tutta l'isola, ricavati in ripari naturali nella roccia o scolpiti nei versanti delle falesie.[57] I primi monasteri buddhisti furono fondati ad Anuradhapura nel Nord dell'isola, a Tissamaharama nel Sud, e a Rajagala, un sito solo recentemente riscoperto e studiato, in cima a una montagna al centro dell'isola, dove un'antica iscrizione in brahmi afferma che le reliquie di Mahinda furono deposte all'interno di un basso stupa.[58] Probabilmente fu ad Anuradhapura, la più grande città del Sudasia dopo Pataliputra, che gli insegnamenti del Buddha vennero scritti per la prima volta, intorno al 50 a.C., su foglie di palma.[59]

Fino a quel momento, l'India aveva assimilato almeno alcune delle sue idee religiose e artistiche dai popoli che vi erano immigrati. I greci, ad esempio, avevano lasciato un'impronta duratura sulle arti del Nord per diversi secoli, mentre i pilastri e i capitelli raffiguranti il bue gibbuto eretti da Ashoka, per esempio nel suo palazzo di Pataliputra, rivelano una chiara influenza delle forme persiane, forse introdotte in India da scultori in fuga dall'incendio di Persepoli appiccato da Alessandro.[60] Questi prestiti diretti dal repertorio persiano si mescolano alla già ricca fantasmagoria mitologica delle arti associate ad Ashoka: grifoni con becco d'aquila e ringhianti leoni alati persiani che ingaggiano battaglia contro bestie fantastiche nate nei più reconditi recessi dell'immaginazione indiana, mentre i *makara* – creature ibride in parte coccodrillo, in parte tigre, in parte pesce – e altre entità sconosciute alla zoologia serrano le fauci e agitano le corna contro tori alati che sembrano essere giunti in volo dall'Iran.

Tuttavia, la direzione di tali influenze si sarebbe presto invertita. Ora che le nuove dottrine del Buddha avevano di fatto abolito i tabù brahmanici contro la navigazione marittima, il buddhismo era pronto a lanciarsi al di fuori dei confini dell'India. Nei mille anni successivi, sarebbero state le idee indiane – quei semi che Ashoka per primo aveva sparso ai quattro venti – a germogliare nel resto dell'Asia e oltre, intrecciandosi e talvolta fondendosi con le concezioni di altre civiltà.[61]

Ciononostante, negli anni successivi alla morte di Ashoka il buddhismo fu di rado promosso da sovrani e quasi mai imposto con la forza. Paradossalmente per una religione che esaltava la povertà e la rinuncia, esso si diffuse intorno al mondo grazie ai ricchi mercanti che lo portarono con sé sulle rotte dei loro commerci.

È probabile che il Buddha avesse inizialmente concepito la vita monastica come un'esistenza itinerante, sul modello del pensatore errante che lui stesso aveva incarnato. « Non potete percorrere il sentiero, » disse « a meno che non diventiate il sentiero stesso ... Andate, monaci, predicate la Nobile Dottrina ... Che nessuno di voi segua la stessa direzione di un altro ».[62]

Tuttavia, già nel I secolo a.C., con la costruzione dei primi grandi monasteri rupestri nelle montagne dell'altipiano del Deccan, nell'India centrale, i monaci buddhisti iniziarono a lasciare la strada per adottare uno stile di vita più stanziale nelle loro celle. Fu così che prese forma una nuova istituzione: il *vihara,* o « monastero ».[63]

Come nel ciclo annuale dell'agricoltore indiano, era il monsone a dettare il ritmo delle attività. Le piogge abbondanti rendevano impraticabili i viaggi e, per evitare che i suoi monaci rischiassero di annegare nelle acque alluvionali, il Buddha permise loro di ritirarsi durante la stagione delle piogge. In questi periodi, i *bhikkhu* – o « mendicanti », come il Buddha definiva i suoi seguaci – erano autorizzati a radunarsi su terreni sopraelevati e vivere in capanne di legno e fango, oppure in grotte naturali sui pendii dell'Himalaya o dei Ghati occidentali. Fu appunto in quei rifugi che, col tempo, sorsero i primi grandi monasteri buddhisti.[64]

Oggi, benché poco visitati e spesso trascurati, oltre un migliaio di antichi monasteri scavati nella roccia costellano ancora i Ghati e dominano le coste dell'India occidentale.[65] Uno dei *vihara* buddhisti più antichi e meglio conservati al mondo è la grande sala di Bhaja, scavata nel fianco di una scarpata in una remota catena d'alta quota nei Ghati occidentali.[66] Situata a ovest della città di Pune, in un'area selvaggia del Deccan, la grotta risale agli inizi del II secolo a.C. Aperta verso l'esterno da un lato e accessibile attraverso un magnifico arco a ferro di cavallo alto nove metri, la sala conserva mirabilmente intatte le antiche travi in legno della volta, che ricordano la chiglia rovesciata di un'arca primordiale incagliata nel soffitto roccioso della grotta. Le solide travi in teak della struttura continuano a scandire il gioco di luci e ombre della sala con la stessa nettezza manichea di duemila anni fa.

Questo stupefacente capolavoro dell'antica architettura rupestre buddhista, non meno spettacolare di Petra, costituisce un prototipo dei monasteri rupestri che, con la diffusione del buddhismo, si sarebbero poi estesi oltre l'Himalaya fino all'Afghanistan, alla Cina e al Giappone, oppure lungo le rotte marittime verso lo Sri Lanka, la Birmania, la Thailandia, la Cambogia e il resto del Sud-Est asiatico. Le radici di questo straordinario sviluppo si annidano tra le aspre creste e le cime frastagliate del Deccan, apparentemente dimenticate da tutti.

Questa sala fu anche uno dei primissimi spazi concepiti per il culto comunitario in tutta l'Asia. Realizzata nel contesto di un mutamento epocale nella pratica religiosa, essa offriva uno spazio per una nuova forma di venerazione collettiva buddhista rivolta allo stupa, ormai venerato come incarnazione vivente del Buddha e fulcro della fede e della devozione. Lo stupa, infatti, con la sua forma austera ed essenziale, custodiva spesso quelle che le epigrafi descrivono come le « reliquie del Beato Shakyamuni, dotate di vita ... permeate di moralità ... saggezza, liberazione, conoscenza e visione ». In questa sala, i monaci si riunivano per salmodiare e invocare la benedizione di quella che percepivano come la viva presenza del Buddha. Analogamente, generazioni successive di cristiani avrebbero visto nel tabernacolo, collocato nello stesso luogo, al termine dell'abside, il ricettacolo della reale presenza di Cristo.[67]

Bhaja di solito è definita un tempio rupestre, ma in realtà si presenta più come una scultura su scala monumentale: un intero complesso di edifici monastici scavati nella roccia viva e ornati da elaborate decorazioni *trompe-l'oeil.* Finestre intagliate, archi ciechi e file di modanature traforate si alternano a balconi con ringhiere di bambù, da cui uomini e donne seminudi si affacciano abbracciati per contemplare la valle sottostante dalla terrazza del loro antico appartamento, quasi fossero sorpresi dalla presenza di un visitatore. Queste sculture raffigurano edifici in legno a più piani oggi scomparsi, le cui tracce materiali si sono disfatte diversi millenni or sono.[68]

E questo è, in un certo senso, il punto: come recita un'iscrizione, queste sale, o *caitya,* furono concepite per durare un *kalpa* – un'intera èra cosmica. Vennero costruite, se non per l'eternità, almeno per la posterità, come « una scalinata verso la città della liberazione ».[69] Una dedica incisa in un altro complesso rupestre del Deccan getta luce sulle motivazioni dei mecenati che ne finanziarono la realizzazione: « Avendo compreso che la vita, la giovinezza, la ricchezza e la felicità sono transitorie, » recita l'iscrizione, Varahadeva, primo ministro del grande re Harisena « realizzò questa dimora affinché fosse occupata dai migliori tra gli asceti. Assomiglia ai palazzi rivestiti di luce del Signore degli Dei. Finché il sole splenderà, possa questa grotta immacolata essere goduta! Anche un solo fiore offerto in questo luogo può elargire la liberazione e il frutto che è il paradiso. Il saggio mostrerà riverenza ».[70]

Accanto al *caitya* principale si trova un *vihara,* destinato in origine alle discussioni comunitarie e ai dibattiti teologici, mentre poco oltre si incontrano gli alloggi dei monaci. Una grotta il cui soffitto è ancora annerito dalla fuliggine era probabilmente utilizzata come cucina; i pasti venivano consumati lì accanto, su una lunga piattaforma di pietra al centro di quello che sembra chiaramente il refettorio. Più avanti si susseguono le austere celle del dormitorio, ciascuna dotata di due letti in pietra, corredati da cuscini anch'essi in pietra. In ogni cella sono scolpiti uno scaffale per i testi sacri, un gancio per appendere gli abiti monastici e una nicchia per la lampada a olio. Si ha l'impressione che i monaci se ne siano appena andati e che, armati solo di una stuoia arrotolata, potrebbero tornare in qualsiasi momento.

Alla fine della serie di sale e di celle si erge il profilo frastagliato di una grotta naturale che custodisce quattordici stupa circolari risalenti al III secolo a.C., alcuni dei quali contengono le ceneri dei santi e degli abati che edificarono il monastero. In fondo alla grotta si sviluppa un magnifico fregio dei mondi celesti, animato da una turbinante, irrequieta energia.

Queste sculture, da alcuni ritenute le più antiche rappresentazioni superstiti in pietra delle divinità indù, raffigurano probabilmente il dio del sole, Surya, sul suo carro trainato da quattro cavalli, con due attendenti femminili e una scorta di guardie armate, mentre calpesta le spire del demone delle tenebre. Accanto a lui si erge una figura regale ornata di ghirlande, in sella a un elefante riccamente bardato: si tratta probabilmente del dio Indra sulla sua cavalcatura, Airavata. Con un sincretismo tipicamente indiano, il buddhismo antico accolse e addirittura contribuì a plasmare molte delle prime raffigurazioni dei grandi dèi vedici, la cui immagine, fino ad allora, era stata ritenuta troppo sacra per essere ritratta. Inoltre, il buddhismo primitivo diede una rappresentazione scultorea anche ai culti popolari che coesistevano accanto agli dèi vedici, specialmente nelle aree rurali dell'entroterra. La venerazione dei serpenti *naga* e i culti della fertilità rivolti alle *yakshi*, spiriti femminili degli alberi, percorrono sottotraccia l'arte e la letteratura buddhiste primitive, intrecciandosi armoniosamente con le immagini ispirate alla filosofia del Buddha.[71]

Queste prime sculture buddhiste segnano una rottura netta con le tradizioni dell'antico induismo vedico, che fino a quel momento si era espresso prevalentemente attraverso materiali deperibili, come il legno, o in modalità rigorosamente aniconiche. Prima dell'epoca di Ashoka, pare che gli indiani non avessero mai scolpito statue in pietra, né eretto templi in pietra, né costruito palazzi in pietra. Ciò lascia pensare che le immagini religiose fossero realizzate in materiali effimeri, o che non avessero grande rilevanza, oppure che fossero addirittura vietate dai princìpi religiosi delle prime culture indiane.

A partire dall'epoca di Ashoka, tuttavia, le sculture monumentali in pietra iniziarono a diffondersi in tutta l'India, trovando spazio nelle pratiche di diverse religioni, sette e culti: buddhisti, jainisti, ajivika, devoti dei *naga* e adoratori degli *yaksha*, così come tra gli adepti dei culti eroici incentrati su Vasudeva e suo figlio Samkarshana. Questi ultimi, probabilmente originari della regione di Mathura, si sarebbero presto evoluti nel culto di Krishna e dell'intero pantheon del devozionalismo vishnuita indù, pur rappresentando inizialmente una realtà affatto distinta dallo spirito e dagli inni religiosi associati ai sacrifici del fuoco del brahmanesimo vedico. Queste prime immagini devozionali erano talvolta scolpite a tutto tondo, talvolta incise sulle pareti o sulle balaustre degli spazi sacri – gli stessi luoghi in cui queste due forme di culto si incontrarono e si integrarono.

Le fondamenta dei primi templi absidati – cioè a terminazione semicircolare – iniziano ad apparire in pietra con frequenza crescente a partire dalla metà del II secolo a.C. Alcuni di essi presentano pilastri decorati e mostrano una tale sicurezza architettonica e iconografica da suggerire che prototipi in legno, oggi scomparsi, fossero già ampiamente diffusi in quel periodo. Tuttavia, i templi e le sculture in pietra associati all'induismo si rivelano da principio estremamente elusivi rispetto all'immensa produzione artistica di matrice buddhista.[72]

Queste antiche immagini riservano molte sorprese. L'arte buddhista primitiva si distingue radicalmente da quella del buddhismo puro e filosoficamente astratto oggi ammirata in tutto il mondo, dominata dalla figura familiare del Buddha immerso nella meditazione. Al contrario, la prima arte buddhista è aniconica, ma è tanto vivace, affollata e caotica quanto quella successiva è statica, muta e permeata da un quieto raccoglimento.

Una delle ragioni di tale differenza è che l'arte dei primi monasteri buddhisti è pervasa della cosmologia degli antichi culti animisti preesistenti all'arrivo della nuova dottrina. I primi monaci buddhisti credevano di abitare in un paesaggio spiritualmente carico, animato da potenti divinità e spiriti del luogo – noti come *yaksha* se maschili, *yakshi* se femminili – che risiedevano negli alberi, nelle pietre e nei corsi d'acqua intorno ai monasteri. Questi spiriti incarnavano le forze della natura e si manifestavano a proprio piacimento.

Non ci sono giunte sacre scritture associate a questi culti, e tutto ciò che sappiamo su di essi proviene dalle testimonianze dei loro rivali buddhisti, che ne assimilarono e riadattarono le divinità. Secondo l'*Atanatiya sutta*, ad esempio, gli spiriti della natura «infestano i recessi solitari e remoti della foresta ... dove spirano le brezze dei pascoli, nascosti agli uomini, adatti alla meditazione».[73] Si credeva che questi spiriti fossero in grado di attaccare o di proteggere, di sedurre e di possedere i loro vicini monaci, a seconda di come questi ultimi li nutrivano e li propiziavano. Erano parte integrante di un paesaggio abitato da fantasmi che ululavano nei campi di cremazione e da insidiose e seducenti *yakshi* che si dondolavano dai rami degli alberi.[74]

Se le *yakshi* sono associate principalmente agli alberi, i *naga* sono creature degli abissi. Erano legati alla pioggia, ai fiumi, ai laghi e agli oceani, dove si credeva che custodissero immensi tesori sotterranei.[75] Tutti questi spiriti, re serpenti e semidei dimorano in un mondo naturale raffigurato con grande esuberanza, in cui le oche danzano nell'intrico di liane della giungla, gli uccelli cantano (e talvolta parlano), gli elefanti incedono pesantemente nella foresta e file di minuscole formiche risalgono le foglie dei banani. Qui, il confine biologico tra la dimensione umana e quella naturale appare fortemente sfumato.

In tutta quest'arte arcaica emerge con chiarezza l'intuizione buddhista che considera il mondo vegetale e quello animale intimamente legati all'umanità attraverso il grande ciclo della reincarnazione. Una trascurata regina degli elefanti, raffigurata nei primi affreschi delle grotte di Ajanta, potrebbe rinascere come regina di Varanasi, pur rimanendo essenzialmente sé stessa. Gli animali sono quindi rappresentati con la cura e il rispetto riservati agli esseri umani. D'altronde, in un mondo in cui gli alberi possono ospitare spiriti e le acque pullulano di esseri senzienti, una vita etica richiede di muoversi con leggerezza su questa terra, preservando la purezza delle acque e proteggendo la vita di alberi e animali.

Le celle e le sale dei monaci buddhisti di Bhaja avevano già duecento anni di storia quando Gesù di Nazareth condusse i suoi primi discepoli sulle colline della Giudea. Queste strutture precedono anche quasi tutti i testi scritti del buddhismo giunti fino a noi; ciò che ne sappiamo deriva unicamente dalle iscrizioni in pracrito e in sanscrito ibrido incise sulle pareti rocciose della grotta dai monaci, dai loro mecenati e dai devoti.

Queste iscrizioni sono alquanto sorprendenti, poiché rivelano che, già nel I secolo a.C., i grandi monasteri buddhisti dell'India e dell'Afghanistan godevano di una ricchezza paragonabile a quella dei monasteri europei del Medioevo. Molti di essi disponevano di zecche, mulini ad acqua, frantoi e vaste tenute agricole, alcune delle quali coltivate da schiavi.[76] L'immagine dei monaci e delle monache buddhisti come asceti rinuncianti sembra essere stata, già allora, più un ideale che una realtà concreta del monachesimo indiano. Nel Deccan, i monasteri coltivavano, lavoravano ed esportavano il cotone, oltre a gestire attività minerarie.[77] Arrivavano persino a concedere prestiti a interesse per autofinanziarsi, diventando così le prime istituzioni bancarie dell'Asia meridionale. Un antico testo buddhista attribuisce al Buddha stesso l'affermazione per cui «i lasciti destinati al Buddha, al Dharma e al Sangha debbono essere prestati a interesse» e richiedono un contratto scritto, datato e autenticato da testimoni.[78] Grazie agli stretti legami con le corporazioni mercantili, i monasteri divennero beneficiari attivi delle crescenti reti commerciali dell'Asia meridionale e centrale.[79]

Il I secolo a.C. fu un periodo di eccezionale crescita urbana e di intensa espansione dei commerci internazionali. Questi primi monasteri buddhisti, per quanto oggi possano apparire isolati, sorgevano originariamente lungo le principali vie commerciali dell'epoca. Le valli che essi dominano erano un tempo percorse da carovane cariche di beni di lusso – ebano, teak, legno di sandalo, avorio, cotone e seta indiani, pepe e cannella – dirette verso la costa.

Il Buddha, in effetti, appare sorprendentemente pragmatico riguardo all'accumulo di ricchezze, che considerava un male necessario, almeno fino al conseguimento del *nirvana.*[80] Secondo la tradizione, i primi devoti laici del Buddha furono due mercanti, che gli offrirono ciotole di pappa e miele dopo che ebbe conseguito l'Illuminazione. Inoltre, i racconti dei Jataka, che narrano le vite passate del Buddha, includono molte storie di mercanti naufragati o di commercianti itineranti in difficoltà, nelle quali i mercanti sono invariabilmente rappresentati come eroi: uomini altruisti e intrepidi che hanno intrapreso lunghi e pericolosi viaggi per il bene altrui. Le prime raccolte di biografie buddhiste comprendono anche storie di monaci che, prima di prendere i voti, erano stati mercanti, e che vengono lodati per il loro acume negli affari quanto per la loro saggezza spirituale.[81] Alcuni antichi testi buddhisti riportano persino i tassi di cambio delle valute.[82]

Per i buddhisti, inoltre, la ricchezza poteva essere presa come un segno di buon *karman*, il frutto positivo delle buone azioni e delle donazioni fatte in vite precedenti, mentre la povertà era spesso vista come un indicatore di fallimento morale. Ancora, il concetto di debito ricorre di frequente nelle storie dei Jataka come una metafora degli ostacoli spirituali. Parallelamente, sostenere il *dharma* del Buddha e i suoi monasteri con donazioni era considerato un mezzo per accrescere sia la propria ricchezza materiale e spirituale sia il proprio prestigio, e conduceva il donatore « oltre gli oceani della sofferenza » in questa vita quanto nelle successive.[83]

Il buddhismo esercitò un forte ascendente sulle classi

mercantili dell'India antica e prosperò nel contesto urbano a esse legato. In parte, ne adottò persino il linguaggio: in alcuni testi buddhisti, il Buddha è descritto come un «capo carovana» che guida i suoi seguaci «oltre i deserti di sabbia della rinascita».[84] In un racconto su una sua vita precedente, il Buddha è addirittura descritto come un «mercante di lungo corso» che fa provviste e si avventura sul Grande Oceano.[85]

I mercanti buddhisti erano incoraggiati a invocare il loro salvatore per ottenere protezione durante i viaggi via terra e via mare, e il buddhismo, nella sua arte e letteratura, si presentava attivamente come il custode dei commerci.[86] La più antica raffigurazione di un navigante in difficoltà si trova sulla balaustra dello stupa del monastero di Bharhut, nell'India centrale, che risale al II secolo a.C., e mostra una creatura marina sul punto di inghiottire una barca. Un racconto dei Jataka in cui un bodhisattva salva un mercante naufragato dalle grinfie di voraci demonesse *yakshi* è rappresentato in diverse sculture. Ad Ajanta, un affresco immortala un monaco che plana dal cielo come una sorta di Superman buddhista, con le vesti svolazzanti, per soccorrere un confratello marinaio sballottato da una tempesta.[87]

Tutto questo contrasta nettamente con l'induismo brahmanico coevo, le cui leggi – almeno in teoria – vietavano i viaggi per mare e proibivano di interagire o consumare i pasti con gli stranieri, ritenuti impuri. Un Dharmasutra, o codice legale, dichiara esplicitamente che «fare viaggi per mare» e «scambiare ogni genere di merci» sono peccati punibili con la perdita dello status castale. *Le Leggi di Manu* e alcuni Purana contengono ingiunzioni e minacce simili. Alcuni antichi codici legali indù collocavano persino i mercanti nella stessa categoria degli ubriachi, dei sadici e dei lebbrosi.[88]

La stretta connessione tra i mercanti e il movimento monastico buddhista emerge chiaramente dalle iscrizioni rinvenute nei più antichi luoghi di pellegrinaggio buddhisti, dove, come ad Ajanta, generose donazioni da parte di gilde mercantili e artigiane finanziarono gran parte dei lavori.[89]

Un pilastro finemente scolpito del portale dello stupa buddhista di Sanchi, nel Madhya Pradesh, riferisce di essere stato donato dalla locale Gilda degli intagliatori d'avorio.[90] Analogamente, le centonove grotte costiere di Kanheri – oggi inglobate dai sobborghi di Bombay a seguito di opere di bonifica, ma originariamente situate sull'isola di Salsette – contengono diverse rappresentazioni scultoree di Avalokiteshvara nel suo ruolo di protettore dagli Otto Pericoli che minacciano i viaggiatori, e in particolare di salvatore di mercanti e marinai in difficoltà. Come afferma un *sutra* buddhista: « Se uno dovesse piombare nel terribile oceano, dimora di *naga*, mostri marini e demoni, non deve far altro che pensare ad Avalokiteshvara, e non annegherà ».[91] Cosma Indicopleuste, un mercante che proveniva dall'Egitto bizantino, descrive il vicino porto di Kalyan come un importante snodo per l'esportazione del cotone e di altre stoffe indiane dirette ad Alessandria, alcune delle quali venivano tessute da monache buddhiste. Stoffe identiche a quelle raffigurate negli affreschi di Ajanta sono state ritrovate in scavi archeologici condotti lungo la costa egiziana del Mar Rosso.[92]

Queste grotte furono realizzate grazie a una raccolta fondi collettiva organizzata dagli stessi monaci e sostenuta da una varietà di donatori, come indicano le iscrizioni incise su ciascun pilastro. Tra i finanziatori figuravano un mercante di cavalli, un fabbro, un medico, una casalinga, un intagliatore d'avorio, alcuni lapidari della vicina città di Sopara, un orafo e diversi ricchi capitani di mare.[93] Uno di essi, un devoto buddhista originario del Bengala, lasciò un'iscrizione che attesta la sua visita e il donativo offerto per lo scavo di una sala di meditazione e per l'abbigliamento dei monaci. Le immagini scelte per adornare le grotte, qui come in altri luoghi del mondo buddhista coevo, riflettono soprattutto le aspirazioni e le paure dei donatori e si concentrano sulla capacità dei bodhisattva di salvare i mercanti dai loro incubi peggiori: schiavitù, naufragi, belve feroci e mostri marini. Erano tutti pericoli dalla cui morsa Avalokiteshvara e la sua consorte, Tara, erano ritenuti salvatori efficaci.[94]

Sulla costa orientale si riscontra una situazione analoga: uno dei benefattori del monastero litoraneo di Ghantasala, nell'Andhra, si definisce un *mahanavika*, «grande capitano di mare», e figlio di un prospero risicoltore e proprietario terriero del posto. Era un'epoca in cui alcuni dei figli che tradizionalmente avrebbero seguito le orme del padre, dedicandosi all'agricoltura, sceglievano invece di lasciare casa per solcare i mari come mercanti o marinai.

I monasteri fungevano da vere e proprie enclave urbane nelle campagne, dove offrivano ai più ricchi agricoltori buddhisti l'opportunità di prendere in prestito denaro dai monaci per investirlo in viaggi commerciali intrapresi dai loro familiari. Al ritorno da queste spedizioni finanziate con crediti monastici, i mercanti di successo ricompensavano i monaci con generose donazioni, espressione della loro devozione. I bianchi stupa eretti sulle colline fungevano anche da punti di riferimento, segnalando i luoghi dove i fiumi sfociavano in mare in prossimità dei porti fluviali e le carovane provenienti dall'entroterra venivano a scaricare le proprie merci. L'influenza e la ricchezza dei *mahanavika* dell'Andhra sono testimoniate da un sigillo d'oro appartenuto a uno di questi capitani di mare buddhisti, rinvenuto sulla remota costa occidentale della Thailandia peninsulare.[95]

A Karla, presso Pune, i legami internazionali del monastero emergono con particolare evidenza. In una magnifica basilica scavata nella roccia grande quanto una cattedrale, sei colonne furono donate da uomini che si definivano «Yavana»: stranieri convertiti al buddhismo, forse mercanti di lingua greca provenienti dalla Battriana o dall'Egitto romano, che avevano adottato nomi buddhisti.[96] Un'altra colonna fu donata da Bhutupala, un ricco banchiere di Vejayanti che potrebbe aver finanziato le spedizioni che portarono in India questi Yavana. A Nasik, invece, un intero monastero e tre cisterne furono finanziati da tre generazioni di una famiglia di Yavana insediatisi nelle vicinanze.[97]

Gli Yavana, «la cui prosperità non veniva mai meno» e che portavano «vino fresco e profumato», compaiono con sorprendente regolarità anche nell'antica poesia tamil. La loro presenza è ulteriormente confermata dal ritrovamento di monete romane e altri beni di lusso occidentali in numerosi siti monastici.[98] Un'iscrizione menziona una donazione attribuita a certi «Raumaka», un termine che alcuni studiosi interpretano come una resa deccana di «romani».[99] Non sorprende, dunque, che molti siti buddhisti abbiano restituito tesori di monete romane, persino in località lontane dalle coste frequentate dai marinai provenienti dall'Egitto romano.[100]

Il fiorente commercio indo-mediterraneo portò grande prosperità alle coste dell'India. L'approdo annuale di flotte mercantili romane cariche di oro e argento da scambiare con i beni di lusso offerti nei porti indiani trasformò profondamente l'economia della regione. Un singolo tesoro recentemente scoperto in una duna di sabbia a Kottayam, nel Kerala, ad esempio, consisteva di un grande recipiente d'ottone che conteneva ottomila aurei d'oro, per un valore di circa ottocentomila sesterzi imperiali – una vera e propria fortuna.[101] Il recipiente potrebbe essere stato sepolto da un equipaggio romano che non riuscì a tornare a recuperarlo. Se questa cifra rappresenta il controvalore di un tipico viaggio lungo la Via dell'Oro per l'India, allora non sarebbero servite troppe navi romane per esportare annualmente verso il Subcontinente enormi quantità di metalli preziosi.[102] I profitti generati da questo commercio furono la linfa vitale dei primi insediamenti buddhisti che, già intorno al I secolo a.C., punteggiavano ormai l'intera costa indiana.

È naturale, quindi, che gli stranieri, specialmente quelli di fede buddhista, fossero accolti a braccia aperte in questi monasteri e appaiano così spesso nei loro affreschi: la ricchezza che generavano e riversavano su queste comunità fu uno dei principali motori della crescita e della prosperità del movimento monastico buddhista in India.[103] I monaci, a loro volta, ebbero un ruolo cruciale nella diffusione delle idee religiose del Buddha, originariamente sviluppate nell'entroterra indiano tra l'Himalaya e il Gange, verso un mondo immensamente più vasto: a ovest, oltre il Mar Rosso fino ad Alessandria; a sud, nello Sri Lanka; e a est, dal Bengala, l'Orissa e la costa dell'Andhra fino a Suvarnabhumi, le Terre dell'Oro, che comprendevano Birmania, Thailandia, Giava, Sumatra, Cambogia e Vietnam.[104]

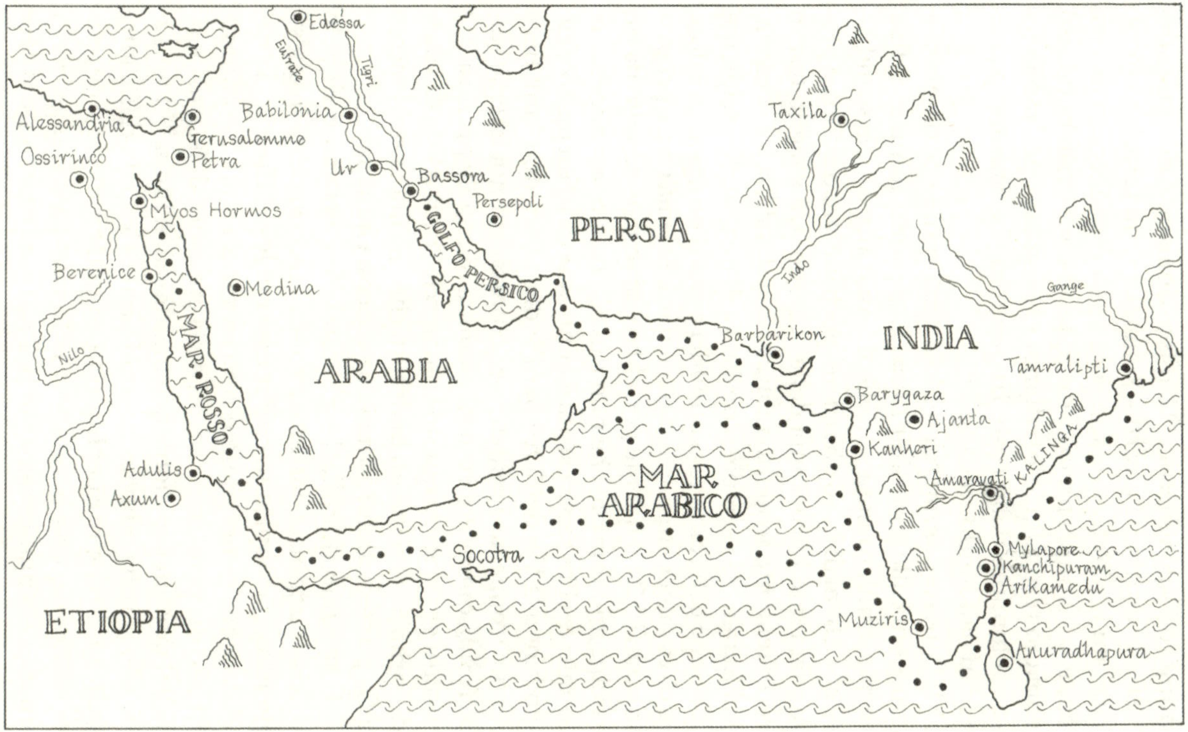
Edessa
Eufrate
Tigri
Alessandria
Gerusalemme
Babilonia
Ossirinco
Petra
Ur
Bassora
Persepoli
Myos Hormos
PERSIA
Taxila
GOLFO PERSICO
Berenice
Medina
Indo
Gange
MAR ROSSO
Nilo
ARABIA
Barbarikon
INDIA
Tamralipti
Barygaza
Ajanta
Kanheri
KALINGA
Adulis
Axum
MAR ARABICO
Amaravati
Socotra
Mylapore
Kanchipuram
Arikamedu
ETIOPIA
Muziris
Anuradhapura

2

INDIA: « LA SENTINA DEI METALLI PIÙ PREZIOSI AL MONDO »

Nel marzo 2022 un gruppo di archeologi impegnato negli scavi di un tempio della dea egizia Iside recentemente scoperto a Berenice, sulle rive del Mar Rosso, ha portato alla luce una serie di reperti straordinari.

Oggi Berenice è un luogo tetro e desolato. Sotto un cielo azzurro pallido, gli aridi e polverosi uadi del deserto orientale sfociano sulle sponde ventose del Mar Rosso. Vi è ben poco da vedere: sebbene il sito conservi le fondamenta di alcune strutture un tempo imponenti – un paio di templi, una distilleria di aromi ed eleganti terme romane –, i resti murari emergono a stento oltre il livello delle dune di sabbia che avanzano. Eppure queste modeste rovine, facilmente trascurabili da chi percorra in auto la costa del Mar Rosso, furono per generazioni il principale punto d'approdo dei mercanti indiani diretti verso l'Impero romano, un luogo in cui si potevano accumulare ricchezze inimmaginabili.

I reperti emersi dal magazzino del tempio di Iside includevano la testa e il torso di un magnifico Buddha, il primo mai scoperto a ovest dell'Afghanistan. Scolpito nel pregiato marmo proconnesio, proveniente dall'isola di Marmara al largo della costa turca, il Buddha presenta uno stile che combina elementi indo-gandharici, palmireni ed egitto-romani. I raggi che si irradiano da ogni lato lo rendono simile a una divinità solare romana, come Sol o Mitra.[1] Dalle sue caratteristiche formali e da quelli che descrivono come i riccioli « a tortellino » incisi sulla testa del Buddha, gli archeologi ipotizzano che l'opera sia stata realizzata in una bottega di Alessandria nel II secolo d.C. È probabile che fosse stata commissionata da un ricco capitano di mare indiano buddhista in segno di gratitudine per essere approdato sano e salvo nell'Impero romano. La sua collocazione in un tempio di Iside potrebbe non essere casuale: un papiro egizio dell'epoca, infatti, si riferisce a Iside come la madre del Buddha.[2]

Nei magazzini del tempio di Iside è stata rinvenuta anche una lapide commemorativa dedicata a una trinità di antiche divinità proto-indù, tra cui Vasudeva, raffigurato con mazza e disco, che si sarebbe presto evoluto nella più nota figura di Krishna; insieme a lui erano venerati Balarama, rappresentato con il suo aratro, e la dea Ekanamsha. Un altro reperto significativo è un'iscrizione bilingue, in greco e sanscrito, datata al III secolo d.C. e commissionata da un devoto buddhista del Gujarat: « Nel sesto anno del re Filippo [l'imperatore romano Filippo l'Arabo, nel 249 d.C.] lo *kshatriya* [guerriero] Vasula donò questa immagine per il benessere e la felicità di tutti gli esseri ».[3]

Dalle sabbie di Berenice sono emerse ceramiche provenienti dalla Spagna, incenso e resina dall'Arabia meridionale, perline dal Vietnam e da Giava, statue di divinità palmirene e cedri dal Libano. Tra i ritrovamenti figurano anche lettere, autorizzazioni e bolle doganali da Alessandria. Tuttavia, i reperti più numerosi – « tonnellate », a detta degli archeologi – sono di origine indiana: gemme e perle, stuoie e cesti intrecciati, teak del Kerala, persino ossa e teschi di elefanti e scimmie indiane – nello specifico, macachi rhesus e bonnet. Di fatto, per diverso tempo da questo tratto sabbioso del deserto egiziano è emerso un flusso costante di reperti riconducibili alla comunità mercantile indiana. Berenice ha restituito anche numerosi frammenti di tessuto di cotone, che gli archeologi attribuiscono a varietà coltivate nel Gujarat e nel delta dell'Indo.[4] Un graffito su ceramica in brahmi tamil fu inciso da un visitatore tamil che si definiva « il capo

Korran», mentre iscrizioni in pracrito attestano la presenza di altri mercanti provenienti dall'India meridionale. Depositi di riso, *dal*, noci di cocco, coriandolo e tamarindo indicano che questi mercanti preferivano la propria cucina speziata a quella egiziana, una predilezione che persiste ancora oggi tra i loro discendenti.[5] Nelle vicinanze sono state rinvenute enormi anfore del peso di quasi dieci chili, contenenti diverse migliaia di grani di pepe nero importati dall'India.

Sin da quando i primi resoconti sulle incredibili meraviglie e ricchezze dell'India giunsero in Europa dopo le conquiste di Alessandro Magno nel IV secolo a.C., gli europei hanno fantasticato sulla prosperità di questa terra. Qui, secondo Erodoto e i geografi greci, l'oro veniva estratto da formiche giganti e custodito da grifoni, mentre le gemme preziose giacevano a terra come sassi. Quando i due mondi entrarono gradualmente in contatto diretto e regolare attraverso i porti del Mar Rosso, nel I secolo a.C., i romani divennero consumatori voraci dei beni di lusso indiani, in particolare delle spezie provenienti dall'India meridionale. I mercanti indiani, da parte loro, erano ben lieti di assecondare le loro brame, con notevoli profitti.

Le evidenze archeologiche che attestano le strette relazioni tra l'India antica e l'Egitto romano diventano sempre più numerose. Ai reperti indiani rinvenuti a Berenice fanno da contraltare testimonianze altrettanto significative della presenza commerciale romana emerse in vari siti indiani, in particolare nei recenti scavi presso il villaggio di Pattinam, nel Kerala, considerato il probabile sito dell'antica Muziris – l'equivalente indiano di Berenice.[6] Di conseguenza, la scala e l'importanza di questi scambi commerciali sono attualmente oggetto di una profonda revisione da parte di studiosi operanti su entrambe le sponde dell'Oceano Indiano. Secondo alcune stime recenti, i dazi doganali derivanti dal commercio con l'India potrebbero aver generato fino a un terzo delle entrate complessive del Tesoro romano.[7] Una delle fonti di questa sorprendente valutazione è un singolo documento papiraceo, di origine incerta, che sarebbe stato rinvenuto in un'antica discarica egizia.

I rifiuti gettati dagli abitanti dell'antica città egiziana di

Ossirinco – la « Città dei pesci dal naso aguzzo » – hanno restituito per oltre un secolo una straordinaria serie di scoperte letterarie. Tra queste si annoverano testi inediti di erotismo lesbico attribuiti a Saffo, frammenti dei protocristiani *Detti di Gesù* e persino brani di un nuovo Vangelo, quello dell'apostolo Tommaso. Le discariche furono portate all'attenzione del mondo nel 1895, quando gli archeologi britannici Bernard Grenfell e Arthur Hunt vennero a sapere che l'area aveva iniziato a restituire un numero eccezionale di frammenti papiracei.

Tuttavia, quel che i due studiosi scoprirono visitando il sito superò le loro più audaci aspettative. « I papiri si trovavano, di norma, non lontano dalla superficie » scrisse Grenfell l'anno successivo in « Journal of the Egypt Exploration Fund ». « In un punto in particolare bastava smuovere il terreno con lo stivale per rivelare uno strato di papiri... ». Nel solo primo anno di scavo, i due archeologi portarono alla luce frammenti di drammi perduti di Eschilo e Sofocle, il più antico papiro allora conosciuto del Vangelo di Matteo e una pagina di un apocrifo del Nuovo Testamento ignoto fino ad allora, gli *Atti di Paolo e Tecla.* Scoprirono inoltre un gran numero di documenti storici, tra cui il resoconto di una conversazione tra l'imperatore Marco Aurelio e un magistrato alessandrino, e un intero archivio di corrispondenza amministrativa e documenti finanziari. La quantità dei testi rinvenuti era tale che molti sono stati adeguatamente studiati solo in tempi recenti.[8]

Un singolo frammento papiraceo, oggi conservato a Vienna e, secondo alcuni studiosi, proveniente dalle discariche di Ossirinco, si rivelò essere un contratto di prestito corredato da una valutazione doganale, redatti secondo il modello standard adottato dagli importatori alessandrini per questo tipo di transazioni.[9] Il prestito era stato stipulato da un imprenditore egitto-romano di Alessandria per l'acquisto di beni da un mercante indiano di Muziris, nel lontano Kerala. Il documento riportava dettagli precisi su un carico che era stato inviato direttamente a Berenice dall'India a bordo di un vascello chiamato *Hermapollon.* A colpire gli storici fu il valore sorprendente dei beni descritti. Sembra che tutto ciò che proveniva dall'India in quel periodo acquisisse un costo insolitamente elevato una volta giunto nel mondo romano.

Il carico includeva quasi quattro tonnellate di avorio del valore stimato di sette milioni di sesterzi, in un'epoca in cui un soldato dell'esercito romano percepiva un salario annuo di circa ottocento sesterzi, mentre un aspirante senatore della nobiltà romana doveva dimostrare di possedere un patrimonio di un milione di sesterzi per potersi candidare.[10] La spedizione comprendeva anche ottanta casse di nardo, un olio aromatico estremamente prezioso e ricercato, ricavato dall'omonima pianta himalayana e largamente utilizzato nella produzione di profumi; la sostanza è brevemente menzionata nel Vangelo di Giovanni, dove Marta, sorella di Lazzaro, la utilizza per ungere i piedi di Gesù, asciugandoli poi con i suoi capelli.[11] Vi erano inoltre una partita di gusci di tartaruga e tre quintali e mezzo di tessuti indiani, probabilmente cotone, considerato all'epoca un prodotto di lusso tanto pregiato quanto la seta. Il valore complessivo dell'intero carico, del peso di centocinquanta tonnellate, è stato stimato in centotrentun talenti, «abbastanza per acquistare quasi mille ettari delle migliori terre agricole in Egitto» o «una tenuta di pregio nell'Italia centrale».[12]

Una singola nave mercantile, come l'*Hermapollon*, era in grado di trasportare diversi carichi di tale ingombro, ciascuno dei quali rappresentava una piccola fortuna.[13] Non sorprende, quindi, che Plinio il Vecchio (23-79 d.C.), il franco comandante navale dell'Italia del Nord, riferisse che a bordo delle navi dirette in India venivano imbarcati gruppi di arcieri per proteggere i mercanti dagli attacchi dei pirati. Anche il Papiro di Muziris tiene conto dei costi legati a questa forma di sicurezza privata. Un singolo carico di tale valore poteva trasformare i mercanti coinvolti in alcuni tra gli uomini più facoltosi dell'impero.

E non è tutto. Stando a quanto riportato nel papiro, il dazio di importazione per un carico del valore di quasi nove milioni di sesterzi ammontava a oltre due milioni di sesterzi. Sulla base di questi dati e di altre bolle doganali dell'epoca, gli studiosi hanno calcolato che, nel I secolo d.C., le importazioni dall'India in Egitto superavano complessivamente il valore di un miliardo di sesterzi all'anno, generando per le autorità fiscali dell'Impero romano un gettito di almeno duecentosettanta milioni di sesterzi. Tali entrate superavano di gran lunga i tributi imposti a interi Paesi assoggettati: Giulio Cesare, ad esempio, aveva chiesto un tributo di quaranta milioni di sesterzi dopo la conquista della Gallia, mentre la difesa del *limes* renano, affidata a otto legioni, comportava un costo annuo di ottantotto milioni di sesterzi.[15]

Il commercio marittimo lungo la Via dell'Oro tra Roma e l'India rappresentava un'operazione di proporzioni straordinarie: pericolosa e complessa, ma estremamente redditizia sia per i mercanti che gestivano il traffico, sia per lo Stato romano che lo tassava.[16] Le implicazioni dell'eccezionale portata di questi scambi marittimi a partire dal I secolo sono immense. Appare oggi sempre più evidente che gli storici, nell'analizzare le antiche vie commerciali, abbiano focalizzato la loro attenzione sul luogo sbagliato.

Era l'India, non la Cina, il principale partner commerciale dell'Impero romano. Inoltre, il trasporto marittimo era chiaramente il metodo più rapido, economico e sicuro per spostare persone e merci nel mondo premoderno, con costi pari a un quinto rispetto al trasporto terrestre equivalente. Le rotte marittime, che superavano agevolmente confini politici e barriere topografiche, furono sempre più importanti e proficue delle lente vie carovaniere. Le navi, infatti, potevano trasportare carichi enormemente superiori – spesso di diverse centinaia di tonnellate – e viaggiare molto più velocemente rispetto ai convogli di asini o cammelli. Ancora, il trasporto via mare consentiva di aggirare zone di guerra, instabilità politica e imboscate.

In altri termini, la Via dell'Oro, l'arteria principale del commercio antico tra Oriente e Occidente, si sviluppava soprattutto nei mari aperti, sulle acque turbolente del Mar Rosso e dell'Oceano Indiano, anziché via terra, attraverso una Persia spesso in guerra con Roma.

Esistono tracce di pionieristici mercanti indiani che intrapresero notevoli spedizioni commerciali già in epoca preistorica, nel settimo millennio a.C., allorché i lapislazzuli provenienti dall'Afghanistan cominciano a comparire in perline trovate nel Nord della Siria.[17]

Tavolette d'argilla sumere databili alla fine del secondo millennio a.C. contengono numerosi riferimenti al lapislazzuli, impiegato come metafora per descrivere il colore del cielo, di alcuni fiori e persino delle barbe degli uomini. Inoltre, perline di calcedonio intagliate provenienti dal Gujarat e risalenti allo stesso periodo sono state rinvenute nelle tombe reali di Ur, nell'attuale Iraq. I testi sumerici menzionano una ricchissima città mercantile a oriente, di nome Aratta, descritta come una sorta di El Dorado primordiale, che molti studiosi identificano con una delle città della civiltà vallinda; lo stesso nome compare anche in antiche fonti sanscrite.[18]

Già nel 2500 a.C. il teak dal Malabar, il marmo rosso e l'avorio dall'India giungevano fino a Ur e alle nascenti città-stato della Mesopotamia e del Golfo Persico. Sebbene alcuni di questi beni potessero essere trasportati via terra – attraverso una rete commerciale in cui passavano di mano in mano tra mercanti –, i carichi più gravosi e ingombranti, come i tronchi d'albero e i grandi blocchi di pietra, erano movimentati con maggiore facilità via mare. Con ogni probabilità, questi materiali preziosi venivano inizialmente trasportati su zattere lungo il corso dell'Indo, quindi trasferiti sulle più capienti imbarcazioni di Melukhkha – il termine con cui si ritiene che gli abitanti della civiltà vallinda designassero sé stessi. Le medesime imbarcazioni raggiungevano regolarmente il Golfo Persico durante il regno di Sargon di Akkad, nell'odierno Iraq, intorno al 2300 a.C.[19] Il ritrovamento di stoviglie, ornamenti in conchiglia e giocattoli caratteristici della valle dell'Indo in presunti siti «coloniali» melukhkha in Mesopotamia indica che i mercanti vallindi viaggiavano accompagnati da donne e bambini. Sembra che alcuni di loro portassero con sé persino bufali d'acqua e bovini zebù, per assicurarsi il latte fresco. Inoltre, i giochi da tavolo e i dadi di tipo vallindo ritrovati in queste aree suggeriscono come questi mercanti intraprendenti trovassero il modo di intrattenersi durante i lunghi e roventi pomeriggi estivi della Mesopotamia.[20]

Ulteriori prove di una primitiva diaspora commerciale indiana sono disseminate in tutto il Medio Oriente. Una tavoletta cuneiforme menziona un intero villaggio di indiani melukhkha stabilitisi nell'attuale Iraq, mentre un'altra fa riferimento a una donna indiana che gestiva una taverna. Vi è persino un documento legale che riporta la vicenda di un melukhkha ubriaco che fu multato di dieci lingotti d'argento per aver rotto un dente a un uomo durante una rissa.[21] Gli indiani, inoltre, praticavano il culto nei templi locali. Un mercante melukhkha donò un pezzo di agata al tempio di Larsa, mentre un suo compatriota offrì un trono di legno, un'ascia di lapislazzuli e una sedia gestatoria al dio Tishpak nel suo tempio nella Mesopotamia centrale.[22] Intorno al 2000 a.C. i mercanti della valle dell'Indo erano così numerosi in Babilonia da rendere necessaria la presenza di almeno un interprete specializzato nella loro lingua. Shulgi, re di Ur, si vantava addirittura di saper parlare la lingua di Melukhkha.[23] A conferma di tutto ciò, tracce di DNA indiano sono state rinvenute in un sorprendente numero di ossa di questo periodo riportate alla luce in Mesopotamia.[24]

Un millennio più tardi, gli indiani iniziarono a viaggiare oltre la Terra tra i due fiumi. I grani di pepe indiano rinvenuti nel naso mummificato del faraone Ramses II, morto nel 1213 a.C., arrivarono probabilmente attraverso la rotta del Mar Rosso, così come i diamanti indiani che si ritiene siano stati impiegati per tagliare le pietre delle piramidi.[25] Le perline, la seta e le spezie indiane giunsero ancora più lontano, fino all'isola di Samo, nell'Egeo, dove sono state rinvenute tracce di cannella.[26]

I marinai indiani della costa orientale intrattenevano rapporti commerciali con le loro controparti del Sud-Est asiatico già nel secondo millennio a.C., come testimoniano le specie vegetali coltivate dagli agricoltori del Sud-Est asiatico, che iniziano a comparire nei reperti archeologici del Subcontinente. La noce di areca e la palma da cocco furono introdotte nella regione probabilmente in questo periodo, insieme ad altre colture originarie del Sud-Est asiatico che in seguito sarebbero state considerate tipicamente indiane, come lo zenzero, la cannella, il legno di sandalo, le banane e il riso.[27] Anche polli e maiali domesticati potrebbero essere stati importati dall'Indocina.[28]

Dal IV secolo a.C. vi sono prove che i mercanti indiani avessero già istituito una regolare rete commerciale marittima che si estendeva dalla costa orientale dell'India e dal Golfo del Bengala fino alle piccole ma prospere città-stato e ai porti cosmopoliti che avevano iniziato ad apparire a Giava, in Indonesia, in Malesia, in Thailandia e nel Mar Cinese Meridionale. Tra i prodotti ricercati dai primi mercanti indiani figuravano oro, spezie, sandalo, aloe e resine aromatiche come la canfora, oltre a pepe e stagno. I toponimi sanscriti, come Takkola («Mercato del cardamomo»), Karpuradvipa («Isola della canfora») e Narikeladvipa («Isola delle palme da cocco»), offrono indizi sugli altri beni che attiravano i mercanti indiani verso questi porti. In cambio, essi trasportavano i molti prodotti indiani che gli archeologi moderni hanno rinvenuto nei più antichi siti della regione: perline di vetro, ciotole di bronzo, pietre preziose lavorate in semplici gioielli, come ornamenti in corniola, oppure scolpiti in minuscole figurine di tigri o di leoni realizzate in cristallo di rocca traslucido. Risalgono allo stesso periodo le prime prove della presenza di artigiani del vetro indiani, che avevano allestito laboratori sull'istmo di Kra, il punto più stretto della penisola malese.[29]

Alla stessa epoca risalgono anche le prime testimonianze di navigatori provenienti dal Mediterraneo in rotta verso l'India. Nel 510 a.C. un capitano di nome Scilace di Carianda, sull'attuale costa turca, fu incaricato dal gran re persiano Dario di navigare lungo il fiume Kabul fino alla foce dell'Indo, e da lì, seguendo la costa, di attraversare il Mar Arabico e il Mar Rosso fino all'Egitto.[30]

Lungo questa stessa rotta furono trasportate le pietre preziose indiane, in particolare berilli e rubini, impiegate per adornare le splendide sale pubbliche del maestoso palazzo achemenide di Persepoli. Uno storico greco del III secolo a.C. descrisse come «i platani e i viticci dorati sotto i quali i re persiani solevano sedere per condurre i loro affari» fossero decorati con «grappoli di smeraldi e rubini indiani». Alcune di queste gemme potrebbero essere state doni che gli ambasciatori indiani offrivano regolarmente ai re persiani. Lo stesso cronista greco raccontò di avere visto mahout indiani cavalcare gli elefanti del gran re, mentre altri osservatori notarono la presenza di maghi, intrattenitori e cuochi indiani all'interno dei sontuosi palazzi persiani.

Un racconto dei Jataka buddhisti risalente a questo periodo narra di mercanti indiani che stupiscono gli abitanti di Babilonia con un pavone danzante. Un altro testo buddhista antico parla delle vaste reti commerciali dei mercanti indiani, che si estendevano dalle Terre dell'Oro del Sud-Est asiatico fino al «Paese dei lontani greci [e] ad Alessandria [d'Egitto]».[31] Fu probabilmente grazie a questa rete commerciale che nel I secolo a.C. un artigiano partico, intento a scolpire una statuetta raffigurante una dea babilonese, utilizzò rubini birmani per rendere i suoi occhi più vibranti e vitali.[32]

Intorno al III secolo a.C. i Tolomei, successori di Alessandro Magno in Egitto, istituirono i porti di Berenice e Myos Hormos, inizialmente per facilitare l'importazione di elefanti da guerra. Fu allora che, per la prima volta, i viaggi regolari lungo il Mar Rosso da e verso l'India divennero praticabili.[33] Una stele funeraria buddhista oggi perduta, rinvenuta ad Alessandria e risalente all'epoca tolemaica, potrebbe aver raffigurato simboli buddhisti come il *triratna* e il *dharmachakra*, la «Ruota della Legge».[34] Nel II secolo a.C. Callisseno di Rodi riferiva di avere osservato, durante una processione ad Alessandria, donne, bovini e cani indiani, oltre a carri colmi di gemme di provenienza indiana.[35]

Secondo il geografo greco Strabone, il primo europeo a tentare di instaurare rapporti commerciali regolari con l'India fu un mercante alessandrino chiamato Eudosso di Cizico. Eudosso era un imprenditore greco tolemaico che entrò in affari con un marinaio indiano naufragato sulle coste del Mar Rosso. Dopo aver riportato a casa il suo nuovo amico intorno al 118 a.C. in cambio di preziose indicazioni di viaggio, Eudosso intraprese altri due viaggi verso il Sudasia, facendo ritorno con grandi quantità di aromi, spezie e beni di lusso.

Fu visto per l'ultima volta mentre scompariva oltre le Colonne d'Ercole, l'odierno Stretto di Gibilterra, con una nave carica di giovani cantori e danzatrici, nel tentativo di circumnavigare l'Africa e raggiungere l'India attraverso le Canarie. Di lui non si ebbe più notizia.[36]

I viaggi da e verso l'India divennero più rapidi quando i marinai impararono a sfruttare i monsoni per attraversare i mari aperti, un'impresa che gli autori occidentali attribuiscono per la prima volta a un capitano greco di nome Ippalo, nel I secolo a.C.[37] Tuttavia, l'epoca d'oro del commercio indo-mediterraneo iniziò con la sconfitta delle flotte di Cleopatra e Marco Antonio da parte del futuro imperatore Augusto, il 2 settembre del 31 a.C., nella decisiva battaglia navale di Azio.

I tragici suicidi di Antonio e Cleopatra, avvenuti l'anno successivo ad Alessandria, e la definitiva annessione dell'Egitto all'Impero romano garantirono a Roma il pieno controllo dei ricchi porti del Mar Rosso. Questo dominio permise a vaste flotte mercantili di solcare i mari tra i due mondi sfruttando i venti stagionali, mettendo finalmente a diretto contatto i mercanti indiani e romani. Strabone riferisce che il controllo romano sull'Egitto sestuplicò i traffici marittimi verso l'India rispetto all'epoca tolemaica: «In precedenza, non più di venti navi si avventuravano ogni anno nel Golfo Arabico, mentre ora vi vengono inviate abitualmente grandi flotte». E aggiunge che da un solo porto salpavano annualmente per l'India centoventi navi.[38] Le nuove rotte marittime portarono inoltre a Roma almeno tre ambascerie indiane, due delle quali provenienti dal sempre più prospero Sud del Subcontinente, ormai saldamente integrato nella rete commerciale romana.[39]

L'India antica vantava una consolidata tradizione cantieristica, capace già nel II secolo a.C. di costruire robuste imbarcazioni oceaniche. Le navi più imponenti erano dotate di due timoni e tre alberi con vele quadre, potevano trasportare fino a mille passeggeri o tremila anfore ed erano perfettamente in grado di affrontare il viaggio di andata e ritorno verso il Mar Rosso o il Mar Cinese Meridionale.[40] Navi di questa stazza sono raffigurate negli affreschi di Ajanta e minuziosamente descritte nei racconti buddhisti dei Jataka.[41]

A partire da questo periodo si trovano riferimenti alla presenza di indiani tra il pubblico degli spettacoli e dei giochi di Alessandria, oltre a notizie su un raja indiano che avrebbe visitato il grande porto mediterraneo a fini turistici e commerciali, e che avrebbe persino posseduto una residenza in città.[42] Alessandria divenne il fulcro di questa rete di scambi, attraverso la quale le merci in arrivo dall'India e dal Mar Rosso venivano riesportate nel Mediterraneo fino a Roma e oltre.

Furono mercanti come questi che, a partire dal I secolo d.C., introdussero in Egitto i numerosi beni di lusso indiani richiesti in tutto l'Impero: diamanti (il cui valore superava quello dell'oro), rubini, ametiste e onici; calcedonio a bande nere e sardonica color cremisi; ebano, teak, sandalo e corallo rosso sangue; zanne d'elefante, gusci di tartaruga, cotone indiano, seta cinese e altri tessuti pregiati. Tra le merci figuravano anche selle e, verso la fine del periodo romano, un'innovazione asiatica: le staffe.[43] Le tariffe doganali di Alessandria menzionano altri beni d'importazione sudasiatici molto ricercati ma difficilmente rilevabili dagli archeologi, come « arazzi dipinti », « farmaci indiani », « capelli indiani » ed « eunuchi indiani ».[44]

Nessuno di questi beni era economico, ma pochi raggiungevano il costo esorbitante di alcuni oggetti particolarmente lussuosi. Plinio riferisce, ad esempio, di una ricca matrona romana che spese centocinquantamila sesterzi per un mestolo di cristallo di rocca indiano, o dell'ancor più sontuosa parure di smeraldi e perle indiane del valore di quaranta milioni di sesterzi indossata da Lollia Paolina, moglie di Caligola, tra i capelli, attorno al collo e persino sulle scarpe. Era così desiderosa di ostentarne il costo stratosferico che portava con sé le ricevute per mostrarle a chiunque glielo chiedesse.[45]

Attraverso i loro porti nel Mar Rosso i romani importavano dall'India anche oggetti come specchi, scatole e mobili intagliati in avorio. Risale a questo periodo una celeberrima statuetta eburnea raffigurante una voluttuosa cortigiana o una *yakshi.* La figurina, quasi nuda ad eccezione della cinta che sorregge un drappo trasparente, dei bracciali e dei *ghungru* da danzatrice, sfoggia un'espressione ammiccante.[46] Affiancata da due ancelle, porta lunghi capelli elaboratamente intrecciati e decorati con gioielli. In origine faceva parte di una sedia intagliata o del manico di uno specchio. Fu ritrovata tra le rovine di Pompei, dove esisteva una bottega specializzata nella vendita di scatole, tavolette e mobili in avorio: situata nei pressi della Porta Marina, apparteneva a un certo Furius, *faber et negotiator eborarius,* «artigiano e venditore di avorio».[47]

Questi non erano gli unici beni esotici molto ricercati. Roma importava anche un folto numero di animali selvaggi destinati ai combattimenti nel Colosseo e in altre arene: tigri, leopardi, pantere e, di tanto in tanto, un indomabile rinoceronte. Le navi che percorrevano la rotta del Mar Rosso erano insolitamente grandi, soprattutto quelle adibite al trasporto degli elefanti, che richiedevano ormeggi assai più ampi rispetto alle navi impiegate sulle rotte mediterranee.[48]

Gli indiani trasportavano ancora diverse quantità di incenso e spezie: noce moscata, chiodi di garofano e una pianta simile alla cannella, chiamata *malabathrum,* le cui foglie venivano pressate per ricavarne un profumo. Più di tutto, però, gli indiani esportavano enormi quantità di pepe, che sono state ritrovate a Berenice, in anfore di terracotta oblunghe del peso di circa dieci chili.[49]

Una fortuna accumulata grazie al commercio del pepe potrebbe essere all'origine di un magnifico mosaico del IV secolo che adorna l'abside della lussuosa villa romana di

Piazza Armerina, in Sicilia. Il mosaico raffigura una dea dall'aspetto indiano, forse una *yakshi*, verosimilmente copiata da un originale indiano, affiancata da un elefante e una tigre. La figura regge una zanna d'elefante come fosse una cornucopia ed è attorniata da viti di pepe nero e da un albero che probabilmente rappresenta un agarwood aromatico. Come le sue controparti indiane dell'epoca, la dea indossa un abito diafano, forse in mussola indiana – esattamente il tipo di abbigliamento succinto che Plinio biasimava. Potrebbe trattarsi di una personificazione dell'India, posta in primo piano nella villa di un mercante che aveva fatto fortuna commerciando con il Subcontinente. Più a nord, nell'Italia peninsulare, una lapide scolpita che raffigura un cammello carico di anfore di vino è un ulteriore esempio delle ricchezze derivanti dal commercio indiano. L'oggetto sembra essere associato alla famiglia dei Peticii, importanti esportatori di vino, i cui graffiti sono stati scoperti in un riparo roccioso lungo la strada che attraversa il deserto e collega il Nilo al porto di Berenice.

Tale era l'entità degli scambi commerciali nelle due direzioni che le merci indiane non raggiungevano solo l'élite romana in Italia e in Sicilia, ma anche la gente comune all'estremità dell'Impero – come Gambax, figlio di Tappo, un soldato ausiliario romano di stanza a Vindolanda, un remoto avamposto situato in Northumbria, lungo il Vallo di Adriano. La sua tavoletta scrittoria riporta un modesto ordine di pepe indiano del valore di due denari, probabilmente destinato a insaporire il suo indigesto rancio romano-bretone e a sollevargli il morale mentre sbirciava sconsolato oltre il parapetto del vallo verso i Pitti – guerrieri nudi e dipinti, armati di lancia – o gli ancor più selvaggi Caledoni, che dalle loro foreste e paludi lanciavano insulti incomprensibili all'indirizzo dei soldati romani.[50]

Verso la fine del I secolo d.C. il pepe indiano era diffuso quasi quanto oggi. L'ottanta per cento delle quattrocentosettantotto ricette incluse nel ricettario romano di Apicio includeva il pepe, che compare regolarmente persino nella sezione dedicata ai dolci. Rimaneva, però, una prelibatezza costosa. Marziale, il poeta latino del I secolo d.C. originario della Spagna, lamentava che la quantità di pepe impiegata dal suo cuoco per preparargli il cinghiale selvatico avrebbe finito per ridurlo sul lastrico.[51] I termini sanscriti e tamil per zucchero, zenzero, pepe, sandalo, berillo, cotone e indaco passarono tutti al latino e, tramite esso, alle lingue europee moderne. «Pepe» e «zenzero», ad esempio, sono prestiti dal tamil: *pipali* e *singabera*, rispettivamente.[52]

Chi comandava le imbarcazioni che trasportavano questi beni di lusso verso l'Occidente?

Se la maggior parte del commercio col Mar Rosso fosse gestita da armatori egiziani oppure indiani rimane una questione aperta. Già nel I secolo d.C. molte delle navi che salpavano dai porti egiziani del Mar Rosso erano cargo oceanici di proprietà di uomini d'affari, finanzieri e mercanti greco-egiziani di Alessandria. Alcuni di loro si identificavano come ebrei, e almeno due erano vedove benestanti. Tuttavia, vi sono indizi evidenti che molti dei marinai impiegati su questa rotta fossero indiani, esperti nella complessa arte della navigazione monsonica. Anzi, emergono sempre più prove che fossero proprio gli indiani, e non gli egitto-romani, a dominare le reti commerciali dell'Oceano Indiano, non solo come marinai ma anche come mercanti e intermediari.[53] Lo suggeriscono i graffiti lasciati da mercanti e capitani dell'epoca scoperti di recente nelle grotte di Hoq, sull'isola di Socotra, situata al centro del Mar Rosso, a metà strada tra la Somalia e lo Yemen.

All'apice del commercio indo-romano, sembra che Socotra svolgesse un ruolo cruciale sia come stazione di rifornimento, sia come fonte del «sangue di drago», una resina rossa di cinabro indiano. Nel corso dei secoli, numerosi mercanti sostarono sull'isola per approvvigionarsi e incisero i propri nomi sulle pareti e sulle stalagmiti delle grotte in diverse lingue, tra cui persiano, aramaico palmireno, etiopico antico, arabo e nabateo. Tuttavia, la maggior parte dei graffiti è stata lasciata da indiani, principalmente gujarati di Barygaza (l'attuale Bharuch). Su duecentodiciannove iscrizioni risalenti al periodo compreso tra il II e il V secolo d.C., ben centonovantadue furono incise in brahmi, una in battriano e una in kharoshthi – tutti sistemi di scrittura indiani. In confronto, si incontrano solo due iscrizioni in greco e nessuna in latino.

Questi graffiti recano nomi chiaramente e inequivocabilmente indiani – «Vishnu, figlio del mercante Ganja», «Skandabhuti, il capitano di mare» e il lapidario «Bhadra è arrivato» – e suggeriscono la presenza di individui provenienti da diversi strati della società indiana, come *kshatriya* (guerrieri e governanti) e *vaishya* (agricoltori e mercanti). Oltre ai nomi, si trovano raffigurazioni di stupa, tridenti shivaiti, svastiche, croci cristiane siriache e disegni di grandi navi indiane a tre alberi, oltre a preghiere a Krishna e Radha, invocazioni al Buddha e il simbolo del *triratna* inciso da un monaco buddhista di passaggio.[54] Il nome stesso dell'isola, Socotra, sembrerebbe derivare dal sanscrito Sukhadharadvipa, ovvero l'«Isola beata».

A prescindere da chi possedesse le navi o manovrasse le cime, è certo che il commercio tra l'India e Roma crebbe in maniera esponenziale a partire dal I secolo d.C., quando i mercanti compresero l'enorme potenziale di profitto che esso prometteva. Plinio riferisce che i beni comprati in India potevano essere rivenduti nell'Impero romano a un prezzo cento volte superiore a quello d'acquisto.[55] Questo commercio generò immense ricchezze per gli esportatori indiani, ma destò anche preoccupazioni tra coloro che avevano a cuore la salute dell'economia romana. Già ai tempi di Nerone si osservò una costante emorragia di oro occidentale verso l'India.

Il morigerato Plinio era particolarmente furioso per il crescente drenaggio di oro romano verso le tasche indiane. Non apprezzava il sapore del pepe e non riusciva a spiegarsi perché fosse così richiesto a tavola. «È sorprendente che l'uso del pepe sia diventato così popolare» annotò specialmente se si considera che, in altre sostanze che utilizziamo, ciò che ci attrae è talvolta la dolcezza, talvolta l'aspetto; mentre il pepe non ha nulla che lo accomuni a un frutto o a una bacca. La sua unica qualità è una certa piccantezza, eppure è per questo che lo importiamo addirittura dall'India! Chi, mi domando, lo ha provato per primo come alimento?[56]

Plinio era altrettanto critico sulle gemme, e sosteneva che l'India ne fosse il principale esportatore. Nella sua *Naturalis historia* definiva l'India «la sentina dei metalli più preziosi al mondo ... Non v'è anno in cui non dreni al nostro impero almeno cinquantacinque milioni di sesterzi».[57]

Tacito, quasi contemporaneo di Plinio, esprimeva una lamentela simile: «In cambio di vesti promiscue e di gioielli, la nostra ricchezza è trasferita a paesi estranei e ostili». A riprova di tali preoccupazioni, due dinastie del Sud dell'India, i Pandya e i Chera, inviarono ambascerie a Roma per discutere il problema della bilancia dei pagamenti e l'incapacità dei romani di saldare i debiti con l'India. È probabile che i legati si adoperassero anche per ottenere privilegi commerciali nei porti romani del Mar Rosso.[58] Nel 70 d.C. l'imperatore Vespasiano, allarmato dall'enorme fuga di oro verso oriente, impose un divieto temporaneo all'esportazione del prezioso metallo.[59]

Se per Roma l'emorragia di oro rappresentava un problema, tale afflusso di ricchezze non faceva che accrescere la già grande prosperità dell'India. Un antico poema epico tamil, il *Cilappatikaram* o «La storia della cavigliera», celebra con orgoglio i fiorenti porti del delta del Kaveri,

pieni di celeri e robusti cavalli giunti via nave, di sacchi di pepe nero trasportati fino alla costa su carri trainati da animali, di gemme e di oro provenienti dalle montagne settentrionali, di sandalo e aloe dalle colline occidentali, di perle dai mari meridionali, di corallo dai mari orientali, di oro da Giava, di leccornie dallo Sri Lanka e di beni preziosi dalla Malesia. Nei nostri porti abbondavano le merci rare e quelle comuni.

I viali erano colmi di prodotti costosi e introvabili; lungo le rive, le barche erano ormeggiate come tanti cavalli imbrigliati ...

> Nella rada, le bandiere svolazzanti sui pennoni delle navi le facevano assomigliare a elefanti bardati. In città risiedevano numerosi mercanti che importavano beni preziosi e meravigliosi da terre d'oltremare trasportandole su grandi navi, oppure via terra su carri ... Sul lungomare si poteva ammirare lo spettacolo suggestivo dei mucchi di merci accatastate e delle navi alla fonda con il loro carico ... Nell'area delle banchine sorgevano i quartieri degli occidentali, i cui beni sgargianti erano assai richiesti. I mercanti stranieri, che avevano lasciato le loro terre natali per cercare fortuna qui, affrontando i mari oscuri sui loro vascelli, risiedevano nei pressi delle banchine.[60]

Queste suggestive descrizioni letterarie hanno trovato ampio riscontro negli scavi archeologici. A metà degli anni Quaranta, quando Sir Mortimer Wheeler riportò alla luce il porto tamil di Arikamedu, l'antica Poduke nel Tamil Nadu, scoprì una quantità straordinaria di reperti romani: calici di vetro provenienti dall'Egitto, cinquecentoquaranta anfore dall'Italia e dal Mediterraneo orientale, vasellame dalla Francia meridionale, recipienti di *garum* (una salsa di pesce) e di olio d'oliva dalla Spagna. Questo lo indusse a ipotizzare che il sito fosse una colonia commerciale romana.

Scavi successivi condotti in epoca post-coloniale hanno restituito un quadro più articolato. Riesaminando le evidenze archeologiche a settant'anni dai lavori di Wheeler, nuovi studi hanno concluso che egli avesse sovrastimato il ruolo dei romani. I reperti romani, infatti, sono risultati in quantità nettamente inferiore rispetto a quelli tamil locali. Ciò che Wheeler aveva interpretato come una colonia commerciale romana si è rivelata, con ogni probabilità, un grande porto tamil, animato da ricchi e intraprendenti produttori, spedizionieri e mercanti indiani, che accoglieva all'occasione, tra i suoi visitatori, una flotta annuale di mercanti romani, oltre a commercianti provenienti dall'Etiopia e dalla Persia.[61] Peraltro, i contatti con il mondo mediterraneo precedevano di gran lunga l'arrivo dei romani: sono stati rinvenuti infatti numerosi reperti di epoca tolemaica, tra i quali anfore contenenti vino di Rodi e delle isole greche.[62] Tra le industrie che fiorivano a Poduke ve n'era una che metteva assieme le competenze mediterranee e indiane per produrre manufatti a basso costo destinati all'esportazione, come camei semilavorati, falsi cristalli di berillo in vetro e lampade di terracotta.[63]

Vi era inoltre una forte competizione da parte delle altre potenze economiche e navali della regione, ovvero i persiani sasanidi e gli etiopi axumiti, come testimonia un prezioso resoconto romano sulla navigazione in queste acque, il *Periplo del Mar Eritreo*. Questo manuale per mercanti, scritto nel I secolo d.C. da un anonimo marinaio greco-egiziano di Alessandria, evidenzia come i commercianti romani si trovassero a fronteggiare un'agguerrita concorrenza, in particolare da parte dei persiani.[64]

Tutto questo è splendidamente illustrato in uno dei più magnifici siti buddhisti antichi della costa sud-orientale dell'India: lo stupa di Amaravati. Qui i monaci beneficiavano del sostegno economico dei mercanti che da diversi Paesi affluivano al vicino porto di Dharanikota, un vivace e prospero snodo per l'esportazione del cotone.[65] La varietà delle loro provenienze è rappresentata nelle superbe sculture dello stupa di Amaravati, risalenti al IV secolo d.C., che illustrano episodi tratti dai Jataka. Tra queste, spiccano le immagini di eleganti ambasciatori africani di carnagione scura, vestiti con tuniche aderenti – probabilmente emissari della corte etiope di Axum, raffigurati nell'atto di inchinarsi rispettosamente davanti al raja e di offrirgli ricchi doni e casse colme dei loro prodotti, mentre le donne del palazzo si affollano eccitate intorno a loro. A conferma dei legami tra l'India e l'Etiopia, di recente è stato rinvenuto in un monastero dell'acrocoro etiopico un ricco tesoretto di monete kushana coniate da un sovrano indiano del I secolo d.C.[66]

Sebbene Arikamedu non fosse la colonia commerciale romana immaginata da Wheeler, gli scavi condotti sia a Poduke/Arikamedu sia a Pattanam/Muziris, la sua controparte sulla costa del Kerala, hanno ampiamente confermato l'importanza e l'entità del commercio tra Roma e l'India meridionale in questo periodo. Entrambi i siti hanno restituito un gran numero di anfore romane: a Pattanam, in particolare, ne sono stati rinvenuti di recente seimila frammenti che provenivano dall'Italia e dalla Siria, oltre a milleseicento cocci di vetro romano e a numerosi altri reperti di origine mediterranea, come ceramiche egitto-romane di età imperiale, pezzi di tessuti provenienti dall'Egitto, pedine da gioco romane, argenteria e persino statue.[67] Questi ritrovamenti corroborano l'osservazione di Tolomeo, il celebre geografo alessandrino del II secolo d.C., per il quale il porto oggi scomparso di Muziris era « pieno di navi greche ».[68]

Come spesso accade, idee e filosofie viaggiavano al seguito dei mercanti, del loro oro e delle loro merci.

Gli scavi di Berenice rivelano che monaci buddhisti e devoti indù si imbarcavano verso i porti egiziani, dove gli artigiani locali dimostravano una chiara comprensione dei princìpi di base dell'iconografia indiana e sapevano incidere con abilità la brahmi in un sanscrito impeccabile. Tuttavia, le testimonianze di interazioni culturali feconde e di conversioni religiose sono piuttosto limitate. Oltre alle menzioni di patroni Yavana nei monasteri buddhisti in India, vi sono riferimenti letterari a fedeli buddhisti in Egitto e Palestina. Il ricordo di una delle missioni inviate da Ashoka in Egitto potrebbe essersi conservato nella storia in demotico *La favola della rondine e del mare*, che narra di un principe di nome Auski che scrive al Faraone dall'Oriente e che presenta notevoli analogie con il racconto *I pivieri*, tratto dal *Panchatantra* sanscrito. Curiosamente, un contabile citato in uno dei papiri di Ossirinco, nel Medio Egitto, porta il nome Ashoka.[69] Alcune delle favole di Esopo sembrano derivare dalle storie buddhiste dei Jataka, così come il celebre testo proto-cristiano *La storia di Barlaam e Ioasaf*.[70]

Alcuni studiosi hanno ipotizzato che il movimento monastico buddhista che fiorì in India a partire dal III secolo a.C. possa avere esercitato una certa influenza sia sulla setta ebraica degli Esseni, attiva nei deserti della Giudea, a nord del Mar Rosso, sia sui monaci cristiani che avrebbero dominato i deserti del Medio Oriente in epoca tardo-antica. L'Egitto, il punto di approdo degli indiani diretti in Occidente, fu d'altronde il luogo di nascita del monachesimo cristiano. Sant'Antonio, tradizionalmente ritenuto il primo monaco cristiano e il fondatore del movimento monastico, nacque ad Alessandria. Quando iniziò il suo ritiro nel deserto, scelse una grotta nei pressi del Mar Rosso, non molto tempo dopo che il Buddha di Berenice era stato installato nel tempio di Iside, situato più a sud lungo la costa. Sia Alessandria sia le rive del Mar Rosso erano aree in cui la presenza di monaci buddhisti non era poi tanto insolita: da un'iscrizione sappiamo che Ashoka inviò i suoi missionari fino a Cirene, nell'odierna Libia, intorno al 250 a.C. Alla luce di questi fatti, i legami tra i due movimenti monastici non sembrano poi così improbabili.[71] L'idea di un Diavolo, assente nel primo giudaismo, potrebbe derivare anch'essa da concetti propri della cosmologia buddhista o manichea.

D'altro canto, così come il buddhismo potrebbe aver attecchito debolmente in Egitto, vi sono prove di una presenza delle religioni mediterranee in India. Un esempio di rilievo è il tempio di Augusto a Muziris, nel Kerala, chiaramente rappresentato nella *Tabula Peutingeriana*, una mappa risalente al 300 d.C. che include anche l'India, nota grazie a una copia medioevale oggi conservata nella Biblioteca Vaticana.[72] Inoltre, nel moderno Kerala esiste una comunità cristiana autoctona la quale sostiene fermamente che l'apostolo Tommaso, il discepolo di Gesù noto per il suo scetticismo riguardo alla resurrezione – «Se io non vedo nelle sue mani il segno dei chiodi, e se non metto il mio dito nel segno dei chiodi e la mia mano nel suo costato, io non crederò» –, sia giunto in India dalla Palestina nel I secolo d.C. e abbia battezzato i loro antenati. Non è una tradizione recente, bensì una credenza radicata nella locale comunità cristiana almeno da quando fu messa per iscritto negli *Atti di Tommaso*, un testo gnostico cristiano redatto a Edessa, nell'odierna Turchia orientale, intorno al 250 d.C.[73]

Secondo questa tradizione, san Tommaso sarebbe stato il gemello di Gesù, come suggerisce il suo nome: il siriaco

Te'oma, infatti, significa « gemello », così come il suo equivalente greco, Didimo. Proprio come suo fratello, Tommaso poteva essere un falegname della Galilea. Dopo la morte di Gesù, gli apostoli avrebbero tirato a sorte la destinazione delle loro missioni, e a Tommaso sarebbe toccata l'India. La prospettiva lo inorridì: « Io sono ebreo, » avrebbe esclamato « come posso recarmi tra gli indiani a predicare la verità? ». Stando agli *Atti di Tommaso*, il Cristo risorto gli apparve « di notte in una visione » e gli ordinò di partire. « Il Salvatore gli disse: Non temere, Tommaso. Va' in India e predica la parola, perché la mia grazia è con te ». Ma Tommaso continuava a opporre resistenza: « Mandami ovunque tu voglia, Signore, ma ti prego, non tra gli indiani ». Gesù, tuttavia, non era in vena di essere contraddetto, nemmeno dal suo gemello. Vendette il riluttante apostolo come schiavo a un inviato di « Gondofare, re degli indiani », che voleva sfruttare le sue abilità di falegname per costruirsi un palazzo. Così, Tommaso fu spedito in India via Socotra.[74] Gli *Atti* lasciano intendere che il commercio di schiavi fosse una pratica comune sulle rotte tra Roma e l'India. Il testo menziona anche « una schiava ebrea » che, durante un banchetto nuziale, faceva parte dell'intrattenimento musicale.[75]

Secondo la tradizione, Tommaso sarebbe giunto in India nel 52 d.C., in un'epoca in cui un sovrano di nome Gondofare regnava effettivamente da Taxila. Se davvero un falegname ebreo chiamato Tommaso arrivò in India, probabilmente fu visto come uno dei tanti artigiani Yavana menzionati di frequente nell'antica poesia Sangam in lingua tamil. La tradizione indo-cristiana afferma che Tommaso avrebbe fondato sette chiese nel Sud dell'India prima di essere martirizzato nel 68 d.C. a Mylapore, nei pressi dell'odierna Chennai, per mano di « brahmani gelosi ».[76]

Che vi sia o no un fondamento storico nelle leggende su san Tommaso, è certo che missionari cristiani furono presenti nell'India meridionale sin dall'antichità. I primi storici della Chiesa, Eusebio di Cesarea (260-339 d.C.) e Girolamo (ca 342-420 d.C.), entrambi attivi in Palestina, riferiscono che nel 180 d.C. una delegazione di cristiani indiani si recò ad Alessandria per chiedere l'invio di un vescovo. Il patriarca mandò loro un maestro, il filosofo stoico Panteno, il quale, sbarcato in India, vi trovò una fiorente comunità cristiana. Un secolo più tardi, un altro missionario proveniente dal Levante, il vescovo Davide di Bassora, fu inviato a servire tra i cristiani d'India. La memoria di viaggio di un siriaco nestoriano, *Topografia cristiana di Cosma Indicopleuste,* scritta a metà del VI secolo durante il regno dell'imperatore Giustiniano, documenta comunità cristiane ben radicate lungo la costa del Kerala (Male), nei pressi di Mumbai (Kalliena) e nello Sri Lanka (Dioskourides). Cosma riferisce anche che tali comunità erano amministrate da sacerdoti della Chiesa d'Oriente sasanide, seguaci del credo nestoriano al quale lui stesso apparteneva.[77]

La leggenda secondo cui la comunità cristiana indiana fu fondata da san Tommaso si diffuse rapidamente nel mondo cristiano. Nel IV secolo, in Mesopotamia, sant'Efrem compose inni sul viaggio dell'apostolo in India.[78] Intorno al 400 d.C. Gaudenzio di Brescia dichiarò in un sermone che la sua chiesa custodiva reliquie di san Tommaso, martirizzato in India. E nel 594 d.C. il cronista Gregorio di Tours incontrò un monaco greco, un certo Teodoro, il quale gli riferì di aver conosciuto in India alcuni cristiani che gli avevano parlato del viaggio missionario di san Tommaso e gliene avevano mostrato la tomba, insieme alla chiesa monastica annessa, descritta come «straordinariamente grande». Gli riferì anche di un monastero locale che custodiva una «fiamma eterna», che ancora ardeva nel sito del martirio dell'apostolo.[79] Nei secoli successivi, quasi tutti i viaggiatori occidentali che si recarono nel Sud dell'India, da Marco Polo ai primi conquistatori portoghesi, riportarono questa storia.

La leggenda di san Tommaso ispirò persino il primo viaggio documentato di un inglese in India: secondo la *Cronaca anglosassone,* nell'883 re Alfredo il Grande inviò il vescovo Sigehelm di Sherborne «presso san Tommaso in India». Anni dopo, Sigehelm fece ritorno con «pietre preziose ed essenze odorose di quel Paese». Guglielmo di Malmesbury, un cronista del XII secolo, riferì che le «gemme dallo splendore esotico» riportate da Sigehelm erano ancora visibili a Sherborne quattrocento anni dopo.[80]

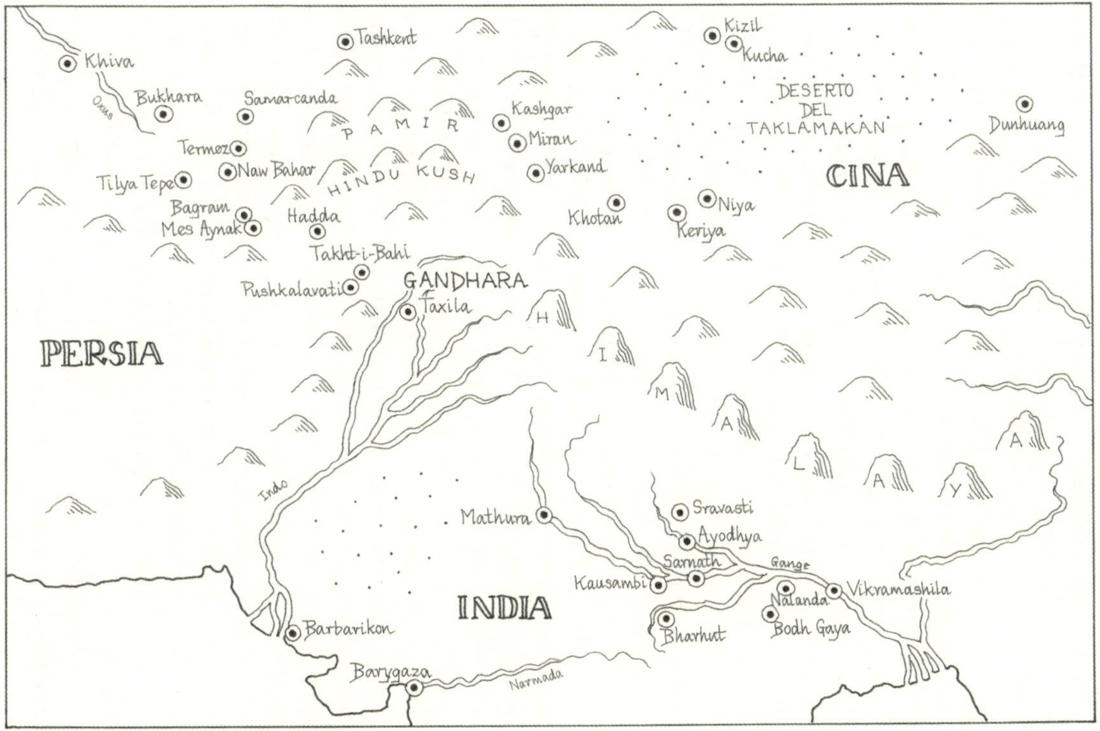
Khiva
Oxus
Bukhara
Samarcanda
Tashkent
Termez
Naw Bahar
Tilya Tepe
Bagram
Mes Aynak
Hadda
P A M I R
HINDU KUSH
Takht-i-Bahi
Pushkalavati
GANDHARA
Taxila
Kashgar
Miran
Yarkand
Khotan
Keriya
Niya
Kizil
Kucha
DESERTO
DEL
TAKLAMAKAN
Dunhuang
CINA
PERSIA
H I M A L A Y A
Indo
Mathura
Sravasti
Ayodhya
Sarnath
Gange
Kausambi
Nalanda
Vikramashila
Bodh Gaya
Bharhut
INDIA
Barbarikon
Barygaza
Narmada

3

IL GRANDE RE, RE DEI RE, FIGLIO DI DIO

In un terso e luminoso mattino di primavera, poco prima che l'Afghanistan tornasse sotto il controllo dei talebani, mi unii a un gruppo di archeologi francesi in partenza da Kabul.

All'inizio attraversammo verdi distese di campi d'orzo non ancora maturo e una serie di complessi fortificati in mattoni crudi, ciascuno protetto da una cortina di pioppi alti e slanciati. Era aprile, e le pendici dei monti in lontananza erano ancora solcate da lingue di neve.

Dopo un'ora di viaggio ci addentrammo nelle terre desolate del Logar, dove lasciammo la strada principale e imboccammo una pista fangosa. Superammo una serie di posti di blocco dell'esercito afghano, presidiati da giovani reclute in mimetiche logore che ci fecero segno di proseguire. Quindi ci inoltrammo su una ripida salita, attraverso colline color cammello che si innalzavano gradualmente fino a un desolato altopiano innevato d'alta quota. Superata una cresta, apparvero alla nostra vista i resti fatiscenti del monastero buddhista di Mes Aynak, che sbucavano dai cumuli di neve intorno a noi. Le rovine si stagliavano contro il candore dei campi innevati, i loro profili affilati erosi da duemila anni di piogge invernali.

Mes Aynak è un sito remoto, persino per gli standard afghani. Le grotte del fondovalle furono utilizzate da Osama bin Laden per addestrare gli uomini che compirono gli attentati dell'11 settembre. Anni dopo, mentre gli scavi archeologici erano in pieno svolgimento, i torvi talebani erano tornati e avevano iniziato a disseminare la strada di micidiali ordigni esplosivi improvvisati, esigendo il pagamento di un pizzo in cambio di protezione. Eppure, gli archeologi proseguivano imperterriti il loro lavoro, consapevoli dell'importanza storica del sito e dell'incombente minaccia della sua distruzione. Il pericolo, tuttavia, non proveniva dai talebani, ma dalla compagnia mineraria statale cinese che aveva acquistato la valle dal governo afghano e progettava di trasformarla nella seconda miniera di rame a cielo aperto più grande al mondo.

Affacciato sulle pendici desolate del Koh Baba Wali, il monastero di Mes Aynak apparteneva a un mondo del tutto diverso rispetto ai templi costieri di Berenice. Eppure, molti dei reperti riportati alla luce dagli archeologi nei due siti risultavano sorprendentemente simili. Anche in questo luogo, audaci e ambiziosi mercanti indiani avevano svolto un ruolo pionieristico in un periodo cruciale di diffusione culturale e civile. Sostenuta dai proventi della miniera di rame, gestita e probabilmente sfruttata a scopo di lucro dai monaci stessi, l'enclave buddhista di Mes Aynak si affermò come un centro importante della cultura indiana antica, da cui le idee, le religioni, l'arte, la filosofia e i saperi indiani si irradiarono oltre l'Hindu Kush.

Durante gli scavi, i ricercatori rinvennero tre distinti monasteri e due imponenti stupa, ciascuno alto nove metri e affiancato da colonne corinzie in stile romano. Schiere di fragili Buddha in stucco, privi della testa, meditavano nella posizione del loto rivolti verso gli stupa, mentre su un lato fu trovata una statua reclinata del Buddha Shakyamuni lunga otto metri.

Le file di piccole cappelle affacciate sullo stupa custodivano statue in legno e argilla, ancora dipinte di rosso e così ben conservate da far sembrare che a Mes Aynak la terra avesse perduto la capacità di decomporre la materia. In una delle cappelle, un asceta brahmanico dai capelli arruffati e dalla barba a punta fronteggiava una donna dagli occhi sgranati, con la scriminatura centrale, avvolta in un sari rosso, con uno scialle blu che le scivolava dalla spalla lasciando intravedere una fila di piccoli medaglioni d'oro che le scintillavano intorno al collo. In un'altra cappella vi era un'immagine dello spirito della natura Pancika, divoratore di bambini, che il Buddha convertì alla propria fede e che divenne il santo patrono dei bambini e della fertilità. Alcune statue raffiguravano scene tratte dalla vita del Buddha, altre erano ispirate alle sue vite precedenti narrate nei Jataka, altre ancora a racconti popolari sugli *yaksha.* Tutte queste storie, originariamente concepite lungo le rive del Gange e della Yamuna, prendevano ora una forma concreta in legno, pietra e terracotta a diverse centinaia di chilometri più a nord.[1] Tra i numerosi resti buddhisti si ergeva una singola cappella dedicata alla dea indù Durga, che i monaci del luogo veneravano apparentemente con una devozione pari a quella riservata ai loro stupa.[2]

Gli oggetti rinvenuti a Mes Aynak rappresentano non solo una straordinaria testimonianza della forte presenza indiana in una regione che per gran parte della sua storia è stata associata piuttosto al mondo persiano e islamico, ma anche un indizio dell'importanza di questo sito come tappa intermedia di uno dei processi di trasmissione culturale più significativi e sorprendenti della storia.

Nei primi secoli d.C., infatti, Mes Aynak fu una stazione di sosta cruciale per le solitarie carovane di mercanti indiani e missionari buddhisti che, risalendo il corso dell'Indo, attraversavano le impervie montagne dell'Hindu Kush in direzione della Cina. Questo ne fece un importante snodo per la diffusione della religione, della cultura e della filosofia indiane verso nord. Allo stesso tempo, Mes Aynak rappresentava un gradito rifugio per gli esausti monaci cinesi che viaggiavano nella direzione opposta, nel tratto finale del loro lungo pellegrinaggio verso i luoghi santi del buddhismo in India. Molti di essi si dirigevano verso le grandi università monastiche buddhiste di Taxila e, più tardi, di Vikramashila e di Nalanda – quest'ultima celebre per la sua immensa biblioteca, la più fornita a est di Alessandria.

Com'è possibile che un sito apparentemente così isolato, ai margini dell'Hindu Kush, sia riuscito ad accumulare le risorse necessarie per diventare un grande polo culturale e formativo?

La risposta è legata all'ascesa di una misteriosa dinastia che diede vita a uno dei grandi imperi dell'antichità, ma che rimane tra le più enigmatiche e meno conosciute. Se questa dinastia produsse una propria letteratura scritta, nulla ne è sopravvissuto. Nemmeno la storiografia indiana vi fa riferimento, ad eccezione di tre nomi propri preservati in una singola cronaca del Kashmir.[3] Tutto ciò che ne sappiamo proviene da ritrovamenti casuali: monete, iscrizioni e sculture, relativamente abbondanti, oltre ai rari resti di fortificazioni, santuari in rovina e le occasionali, criptiche allusioni nella corrispondenza dei suoi vicini cinesi.[4]

I Kushana in origine erano un popolo di pastori nomadi indoeuropei che si spostavano tra le oasi desertiche dell'Asia centro-orientale. Gli antichi imperi cinesi li conoscevano inizialmente come Yuezhi. I loro autoritratti su monete e sculture li raffigurano come uomini di corporatura robusta, all'apparenza di ceppo iranico. Sono mostrati in piedi, in atteggiamento assertivo, con i gomiti in fuori, gli occhi spalancati, i baffi arricciati, le barbe folte e irregolari e i nasi pronunciati. Indossano lunghi caftani cintati, larghi pantaloni *shalwar* in stile partico e stivali imbottiti da equitazione alti fino al ginocchio.[5]

Intorno al 160 a.C. gli Yuezhi/Kushana migrarono verso sud, forse a causa dell'espansione dell'Impero cinese Han, e si stabilirono nell'odierno Afghanistan. Qui finirono col sopraffare gli ultimi greci di Battriana, i discendenti dei macedoni che erano rimasti bloccati nella regione dopo la prematura morte di Alessandro Magno e la disgregazione del suo impero. Secondo uno storico cinese, gli Yuezhi saccheggiarono le città greche, ma si premurarono di lasciare intatti i sistemi di irrigazione, appropriandosi dei loro fertili campi.[6] Sconfissero anche altri gruppi di nomadi invasori, di cui rimangono solo effimere tracce nella stratigrafia archeologica: gli Shaka, o Indo-sciti, e gli Indo-parti.

Un primo sguardo al mondo dei Kushana in questa fase iniziale ci è offerto dai ricchi tumuli funerari di Tilya Tepe, la « Collina d'oro », nell'Afghanistan settentrionale.[7] Uno di questi tumuli commemorava un capotribù o un principe, sepolto insieme a diverse consorti, probabilmente le sue regine. Una presentava un cranio deformato alla nascita, e tutte potrebbero essere state uccise alla morte del capo. Le donne si distinguono per le immense ricchezze esibite: una straordinaria varietà di raffinati gioielli nello stile dei nomadi sciti, placche e fibbie per stivali ornate con motivi di carri trainati da draghi, e ancora corone d'oro e foderi di pugnali in oro e lapislazzuli. Questi ultimi sono decorati con motivi tribali potenti e selvaggi, pantere feroci e draghi rampanti, attorcigliati nell'atto di mordere. Alcuni di essi ruotano attorno a figure umane definite dagli archeologi « Signore dei draghi », « Signore dei cavalli divini » e « Signora degli animali ». Questi raffinati manufatti evocano chiaramente l'universo guerriero dei nomadi delle steppe.[8]

Oltre a questi oggetti, una delle regine, riccamente abbigliata, sfoggiava ornamenti di chiara ispirazione greca. Nella mano stringeva una moneta partica con un'iscrizione in greco, e indossava orecchini a foggia di Eros alato. Sul suo anello d'oro era inciso il volto di un giovane Apollo, mentre al collo portava due fermagli raffiguranti Arianna e il trionfo di Dioniso. Accanto a lei c'era una fialetta contenente un profumo mediterraneo. Dalla sua corona pendevano dischi d'oro, e sul petto le brillava una minuscola immagine alata di Afrodite seminuda, fluttuante in una nuvola di lustrini d'oro. In bocca le era stata posta una moneta d'argento con un'iscrizione in greco, contromarcata con la testa di un re indo-greco – un dettaglio che richiama probabilmente l'usanza greca di lasciare un obolo al traghettatore Caronte affinché trasportasse l'anima oltre lo Stige. La deduzione più ovvia è che, prima della morte, la principessa avesse richiesto una sepoltura che riflettesse il suo retaggio greco.[9]

Le altre sepolture presenti nel sito hanno restituito costosi oggetti d'importazione cinesi, persiani achemenidi e romani, oltre a raffigurazioni di dee greche, come Atena e Arianna, e di cupidi a dorso di delfino. Questi reperti offrono un'immagine radicalmente diversa rispetto agli ornamenti animali di matrice scitica che decoravano il capo, e suggeriscono che i Kushana, in questa fase, avessero abbandonato lo stile di vita nomade per diventare un popolo stanziale, integrato nel commercio internazionale. Tradiscono inoltre il loro interesse per la raffinatezza urbana e le idee artistiche, religiose e filosofiche provenienti dalla Grecia, da Roma e dalla Persia, che essi fondevano con quelle di origine indiana.[10]

Col passare del tempo, i Kushana si lasciarono definitivamente alle spalle le loro radici tribali scitiche e nomadiche e adottarono diversi aspetti dell'ellenismo stanziale dei loro predecessori greci di Battriana, le cui monete iniziarono presto a imitare. Al tempo stesso, i Kushana si ispirarono anche alle tradizioni dei Parti, che allora dominavano le pianure della Persia orientale.[11] In tal modo, finirono con l'abbracciare un pantheon insolitamente ampio, come testimoniano le loro monete che raffigurano più di trenta divinità provenienti dalle diverse tradizioni religiose presenti nei loro domini. E a misura che i Kushana si espandevano verso sud, il loro culto pubblico si orientava sempre più verso le divinità, le religioni e le filosofie dell'India.[12]

Paradossalmente, l'ascesa del buddhismo indiano in Asia Centrale sembra essere iniziata proprio nel momento in cui gli eserciti kushana marciavano verso sud in direzione dell'India. Le conquiste dei Kushana, infatti, anziché isolare il Subcontinente, aprirono i passi un tempo invalicabili dell'Hindu Kush, permettendo ai monaci buddhisti di attraversarli nella direzione opposta e, col tempo, di costruire cappelle, stupa e monasteri, convertendo gradualmente le popolazioni locali alla propria fede. Alla fine, sarà proprio il patrocinio kushana del buddhismo a consentirgli di diffondersi in tutta l'Asia Centrale e fino in Cina.[13]

Secondo la tradizione, il buddhismo fu introdotto in Asia Centrale da Trapusha e Bhallika, i due mercanti che per primi offrirono del cibo al Buddha dopo la sua Illuminazione. A prescindere dalla veridicità storica di questa notizia, probabilmente il buddhismo era già presente in Afghanistan e in Kashmir nella metà del III secolo a.C., quando Ashoka inviò nella regione i suoi missionari. Inizialmente, però, non parve riscuotere grande interesse, ed era solo uno tra i molti sistemi religiosi presenti nell'area. I greci che controllavano la Battriana prima dell'arrivo dei Kushana continuarono in larga misura a venerare le proprie divinità ellenistiche, che avrebbero costituito un elemento centrale della loro identità di diaspora. Solo pochi di loro si sarebbero convertiti al buddhismo.[14] Tra questi, intorno al 150 a.C., vi era il «meridarca Teodoto», la cui adesione alla filosofia del «Signore Shakyamuni» è attestata da un'iscrizione su un reliquiario buddhista rinvenuto nelle brulle montagne del Bajaur, al confine tra gli odierni Afghanistan e Pakistan.[15]

Vi fu poi un re di nome Menandro, o Milinda, che governava l'area di Peshawar intorno al 75 a.C., i cui dibattiti filosofici con un monaco buddhista di nome Nagasena sono registrati in un antico testo buddhista intitolato *Milindapanha*, «Le domande di Milinda»[16] Nelle più antiche versioni del testo, Menandro, profondamente colpito dai ragionamenti di Nagasena, gli dona una veste preziosa e ordina la distribuzione di ottocento pasti alla comunità del monaco. Come spesso avviene, la narrazione si arricchì col passare del tempo: nelle versioni successive, Menandro rinuncia pubblicamente al trono, abbraccia il buddhismo e diventa, come Ashoka prima di lui, un devoto laico del Buddha.[17]

A parte questi due sovrani, vi sono pochissime tracce di interazione tra i greci e i loro sudditi buddhisti. Le monete indo-greche e battriane raffigurano quasi esclusivamente divinità greche, soprattutto Ercole, Atena e Zeus, e non includono mai simboli buddhisti. Inoltre, non ci sono giunte traduzioni in greco di testi buddhisti.

Fu solo con la conquista dei passi dell'Hindu Kush da parte dei Kushana tra il I e il II secolo d.C. e la conseguente intensificazione degli scambi commerciali attraverso le montagne, tra il Tagikistan e il porto fluviale di Barbarikon, presso l'odierna Karachi, che i mercanti buddhisti indiani iniziarono a stabilirsi nella regione in numero significativo.[18] La loro fede trovò un terreno particolarmente fertile nel Gandhara, sui monti e nelle valli intorno a Peshawar e nell'area del passo Khyber, dove le grigie acque di fusione dei fiumi Swat e Kabul si riversano nell'Indo. Sembra che molti monaci e mercanti raggiungessero la zona via fiume, un viaggio meno rischioso e meno costoso del relativo percorso terrestre. Quasi tutti i monasteri che fondarono, infatti, sorsero lungo le sponde dell'Indo o dei suoi affluenti.[19]

In questo periodo, l'attività dei buddhisti kushana si concentrava probabilmente intorno alla grande città universitaria di Taxila, che, secondo parecchi racconti dei Jataka, era divenuta un polo di studi buddhisti avanzati.[20] La crescente prosperità della regione rese possibile il finanziamento e la fondazione di importanti monasteri buddhisti a Mes Aynak, a Hadda presso Jalalabad, a Naw Bahar vicino a Balkh e a Takht-i-Bahi nei dintorni di Peshawar.

Col tempo, Kabul sarebbe stata circondata da non meno di quaranta monasteri e stupa buddhisti. Un visitatore posteriore ne descrisse uno con toni di profonda meraviglia. La sua bellezza, scrisse, era pari a quella della primavera: « Il pavimento era d'onice, le pareti di marmo purissimo; la porta era forgiata in oro modellato, e il pavimento era d'argento massiccio. Ovunque si posasse lo sguardo, erano raffigurate stelle ... Nel vestibolo, su un magnifico trono tempestato di gemme, sedeva un idolo d'oro, lucente come la luna ».[21]

Il condottiero che consolidò il controllo kushana sull'Afghanistan fu Kujula Kadphises (r. ca 40-90 d.C.). Egli appare inizialmente come un giovane principe alla corte del sovrano indo-partico Gondofare, il monarca che, secondo gli *Atti di Tommaso*, avrebbe invitato l'apostolo in India.[22] Alla morte di Gondofare, Kujula Kadphises unificò la confederazione kushana e si impadronì delle ricche terre tra Kabul e Peshawar, eliminando vari principi kushana rivali.[23]

Le sue conquiste spalancarono ai successivi re kushana la strada del Sud, verso le ricche pianure dell'India. Sin dall'inizio del suo regno, l'influenza indiana appare chiara: probabilmente fu proprio Kujula Kadphises a coniare la prima moneta con un'iscrizione buddhista, che in alfabeto greco e in kharoshthi recitava *satyadharmasthita*, « saldo nella vera legge ». Forse sotto l'influenza dei suoi sudditi indiani, o nel contesto di una campagna per guadagnarne il favore, ovvero semplicemente per dotare di una nuova iconografia un dio che già venerava, Kujula fece imprimere su alcune delle sue monete quelle che sembrano essere le più antiche raffigurazioni di Shiva, rappresentato accanto al suo toro Nandi e con una brocca da asceta in mano. Il dio impugna un tridente: secondo alcuni studiosi, potrebbe derivare dall'iconografia greca di Ercole o Poseidone, come compaiono sulle monete greco-battriane anteriori. Le monete di Kujula evidenziano anche la sua consapevolezza dell'importanza del commercio transcontinentale: egli introdusse infatti una nuova serie monetaria modellata sul denario d'argento di Augusto. Il peso e dunque il valore pressoché identico delle monete romane e kushana era finalizzato probabilmente a facilitare gli scambi tra i due imperi.[24]

Alla morte di Kujula Kadphises, all'età di oltre ottant'anni,[25] gli subentrò il figlio Vima Takhto (r. ca 90-102 d.C.). Vima proseguì la campagna di conquista verso sud-est, spingendosi in profondità nel territorio indiano fino ad annettere al suo impero anche Mathura, una città di primaria importanza economica, artistica e culturale situata a sud dell'odierna Delhi. Arricchitasi grazie ai profitti del commercio del cotone, Mathura divenne uno dei primi centri religiosi dell'India, costellato di sontuosi monumenti dedicati a una pluralità di dèi e di tradizioni spirituali.[26] Celebrata già nel *Mahabharata* come luogo di nascita di Krishna e patria del suo clan, gli Yadava,[27] Mathura conserva ancora testimonianze del dominio kushana, come la colossale statua acefala di Vima, raffigurato maestosamente assiso su un trono leonino.[28]

Sotto Vima Kadphises (r. ca 102-127 d.C.), figlio di Vima Takhto, la devozione reale per il crescente culto di Shiva si fece ancora più evidente, sebbene il sovrano continuasse a patrocinare anche il buddhismo: un antico manoscritto lo menziona come benefattore di un monastero nel Gandhara.[29] Nel santuario di famiglia che fece erigere a Mathura, con il quale elevò la propria dinastia a uno status quasi divino secondo il modello persiano, un'iscrizione celebra Vima come «saldo nella vera legge; a lui, per la sua devozione, Shiva conferì il regno».[30] Le sue monete lo rappresentano mentre compie un sacrificio presso un altare, con le fiamme che gli divampano dalla testa e dalle spalle, come nell'iconografia del dio Mitra; sul rovescio appare l'immagine nuda di uno Shiva itifallico, raffigurato con il suo tridente-ascia da battaglia, una pelle di animale drappeggiata sul braccio sinistro e una brocca d'acqua nella mano destra. Qui l'iscrizione recita in modo inequivocabile: «Il devoto adoratore di Shiva, Maheshvara, il Signore di tutto il mondo, il grande Signore».[31]

Allo stesso modo, all'estremità settentrionale del suo impero Vima Kadphises commissionò un'immagine di Shiva e della sua consorte Parvati nel vestibolo di un santuario a Dilberjin, nel Nord dell'Afghanistan, riorientando la devozione dai Dioscuri greci, precedentemente venerati in quel luogo, ed estendendo il culto delle divinità indù ben oltre le loro tradizionali zone di diffusione.[32] La conquista di territori indiani consentì pertanto un'imponente trasfusione culturale, religiosa e iconografica verso nord, oltre l'Afghanistan e fino alla Battriana. Alcune idee e pratiche religiose indiane si propagarono ancora più lontano, raggiungendo gli attuali Uzbekistan, Tagikistan e

Xinjiang.[33] Nel III secolo d.C. si hanno riferimenti a un monastero noto come Dramilavihara, ovvero «Monastero tamil», nell'antica Termez, nell'odierno Uzbekistan meridionale.[34]

Fu ancora Vima Kadphises a compiere il passo decisivo di rafforzare ulteriormente i rapporti con Roma, in particolare con l'Egitto romano, che era già direttamente collegato via mare con il prospero porto di Barbarikon, sulla foce dell'Indo. Nel 107 d.C. Vima inviò ambasciatori all'imperatore Traiano a Roma. I suoi emissari sono raffigurati sulla Colonna Traiana, vestiti con turbanti e pantaloni, mentre partecipano alle celebrazioni – durate centoventitré giorni – della vittoria di Traiano sui Daci. Altri ambasciatori «indiani» furono ricevuti a Roma e a Bisanzio durante i regni di Giuliano (361-363) e di Giustiniano (527-565).[35] Dopo la promessa dei romani di pagare i beni dei Kushana in oro, Vima iniziò a coniare monete ispirate agli aurei augustei, probabilmente ottenute fondendo esemplari originali romani. Erano le prime monete d'oro mai coniate in India e, con un peso di quasi otto grammi – di poco superiore a quello dell'aureo romano –, riflettevano il crescente surplus commerciale dei Kushana con il mondo mediterraneo, nonché il consistente afflusso di oro romano nelle loro casse.[36]

Dai porti kushana come Barbarikon cominciò a transitare una gran quantità di beni di lusso occidentali, tra cui oro e vino romani, provenienti da Alessandria e dai porti del Mar Rosso; da lì risalivano l'Indo e raggiungevano le capitali settentrionali dei Kushana, come Taxila, Pushkalavati presso Peshawar, e Bagram, nelle pianure a nord di Kabul. A Pushkalavati è stata rinvenuta un'intera cantina vinicola colma di anfore romane, curiosamente situata accanto a un santuario buddhista.[37]

Insieme ai beni di lusso giunsero nuove idee e nuovi dèi. Divinità tolemaiche ed egitto-romane come Serapide, il principale dio di Alessandria, iniziano ad apparire sulle monete kushana in questo periodo, a riprova dei solidi legami commerciali con l'Egitto attraverso il Mar Rosso.[38] Nella statuaria dell'epoca emerge anche Iside nutrice, trasformata nella *yakshi* buddhista Hariti.[39] La testimonianza più straordinaria della prosperità e dei gusti sempre più raffinati e cosmopoliti generati dai commerci internazionali proviene però da due camere murate, probabilmente utilizzate da un mercante come magazzino, risalenti al periodo compreso tra il 50 e il 125 d.C. Questi ambienti insospettati furono scoperti da archeologi francesi tra il 1936 e il 1940, vicino a quella che sarebbe poi diventata la base militare statunitense dell'aeroporto di Bagram.

In queste stanze vennero rinvenute raffinate placche d'avorio, statuette e arredi intagliati in uno stile che ricorda la scultura di Sanchi, nell'India centrale. Le scene raffigurano ambienti aristocratici con cortigiane, danzatrici, musici e dee della fertilità seminude e civettuole sotto archi ornamentali. Tra i reperti vi erano anche frammenti di elaborate stoviglie laccate originarie della Cina Han. Ma i ritrovamenti più spettacolari provenivano dall'Egitto romano. Tra questi spiccano figurine in bronzo di Arpocrate, una divinità egizia di età tolemaica, figlio di Iside e Horus, rappresentato con una lunga veste e un dito sulle labbra, e magnifici oggetti in vetro colorato, tra cui raffinate fiale da profumo a forma di pesce, coppe e caraffe in vetro soffiato, brocche piriformi e boccali del più intenso porpora.[40]

I reperti più stupefacenti sono i calici di vetro intagliato, decorati con vivide immagini di pesca, caccia e raccolta di datteri, oltre a una rara rappresentazione del faro di Alessandria, sormontato dalla colossale statua di Poseidone col tridente.[41] Altri calici raffigurano gladiatori romani e una scena di battaglia tratta dalla vita di Alessandro Magno.[42] Davvero notevole è una splendida coppa realizzata in porfido rosso imperiale, la pietra più preziosa del mondo romano: estratta esclusivamente dalla cava del Mons Porphyrites, in Egitto, era generalmente riservata alla realizzazione dei ritratti e dei sarcofagi imperiali.[43]

Il tesoro di Bagram costituisce una preziosa testimonianza del crescente potere d'acquisto dell'élite kushana nel I secolo d.C., una prosperità alimentata dalla straordinaria espansione dei commerci internazionali sotto questa dinastia e dal suo nuovo ruolo di snodo dell'economia globale. L'aristocrazia kushana, ormai interamente convertita al buddhismo, impiegò questa ricchezza per finanziare la costruzione di monasteri monumentali, caratterizzati da grandi stupa a base quadrata, sormontati da eleganti cupole e circondati da colonne corinzie che ricordavano quelle di Roma.

In questi luoghi l'élite kushana patrocinò la letteratura buddhista e la realizzazione di superbe sculture sempre più colossali, che ne riflettevano i gusti cosmopoliti. Statue dorate, gioielli, sete e incensi offerti ai monaci dai devoti pellegrini si accumulavano nei nuovi complessi religiosi buddhisti, conferendo loro un'aura di perennità e magnificenza. Questo sostegno incoraggiò ulteriormente i mercanti carovanieri buddhisti, che potevano intraprendere le loro spedizioni con la certezza di trovare un rifugio sicuro nei monasteri fortificati che ora punteggiavano le rotte commerciali. I monasteri, dal canto loro, si arricchivano offrendo servizi ai mercanti: fornivano provviste, traducevano documenti e concedevano prestiti. Le grotte situate lungo le vie carovaniere venivano ampliate continuamente per accogliere una comunità monastica in rapida espansione.[44]

Con l'intensificarsi degli scambi con Roma, che attraversavano i nuovi porti kushana e risalivano i fiumi fino alle valli del Karakorum, le idee religiose indiane, sia buddhiste sia induiste, iniziarono a tradursi in sculture ibride, sempre più influenzate dall'arte classica, grazie all'afflusso di una vasta gamma di oggetti decorativi romani.[45]

Questo fenomeno raggiunse la sua massima espressione nella regione del Gandhara.

Fu in questo periodo, sotto il patrocinio dei Kushana, che il Buddha venne raffigurato per la prima volta in forma umana su scala monumentale, segnando un cambiamento epocale che avrebbe trasformato per sempre l'arte buddhista.

Prima dell'arrivo dei Kushana, il Buddha non era quasi mai rappresentato direttamente, ma solo in forma aniconica attraverso simboli della sua presenza universalmente riconosciuti: un trono vuoto, un albero, un turbante, un pilastro fiammeggiante o un paio di impronte. Era come se si considerasse infausto e irrispettoso rinchiuderlo di nuovo in una forma umana, dopo che si era faticosamente emancipato dal suo involucro mortale. Tale approccio simbolico caratterizza le prime fasi dei più antichi siti buddhisti, come Bodh Gaya, Mathura, Bharhut e Sanchi.

All'inizio del I secolo d.C. la situazione mutò radicalmente, e in breve tempo un gran numero di immagini del Buddha iniziò a essere scolpito sia quale oggetto di devozione per i fedeli buddhisti, sia quale fonte di merito spirituale per i committenti. La transizione verso un'arte religiosa iconica e figurativa si verificò nella stessa regione che aveva recentemente adottato l'uso pubblico delle immagini dei re kushana su monete e sculture. Tuttavia, il luogo e le modalità di questo sviluppo restano ancora oggetto di un acceso dibattito tra gli studiosi.[46]

È del tutto possibile, persino probabile, che tale evoluzione abbia avuto origine nel centro religioso di Mathura, da sempre fucina di innovazioni.[47] Era qui che il culto degli *yaksha* aveva già trovato espressione in imponenti sculture a tutto tondo in pietra, che iniziano ad apparire intorno al III secolo a.C. Una delle più spettacolari è il grande *yaksha* di Parkham, nei pressi di Mathura, datato al 275 a.C. e da alcuni ritenuto la più antica statua a tutto tondo dell'arte religiosa indiana. Come altri *yaksha* dell'epoca, la figura ricorda un possente e corpulento lottatore o un pasciuto buttafuori di nightclub e tiene in mano attributi di ricchezza (come sacchi di monete), salute (in questo caso, una fiala di medicinale) e protezione (spade o mazze). Questi *yaksha*, alcuni dei quali superano i due metri e mezzo di altezza, sono immagini di forza e potenza straordinarie.[48]

Con l'ascesa del buddhismo, gli *yaksha* attraversano i confini religiosi e vengono reclutati come guardiani delle porte nei templi buddhisti – spiriti della natura domati e integrati nel buddhismo quali custodi di monasteri e stupa. Le iscrizioni celebrano il trionfo dei buddhisti nel convertire queste temibili entità in protettori del *dharma.*[49]

Poche generazioni dopo, questi *yaksha* fungono da modello per i primi Buddha stanti, scolpiti a Mathura in arenaria rossa screziata. Conosciamo persino i nomi dei monaci che li commissionarono, grazie alle iscrizioni che li identificano come i pionieri di questa innovazione. «La dotta monaca Buddhamitra e [il suo maestro,] il monaco Bhikshu Bala, esperto nei tre Pitaka [sacre scritture]» incisero i propri nomi su tre diverse immagini del Buddha realizzate a Mathura intorno al 130 d.C. e poi distribuite alle comunità buddhiste di altrettanti notevoli luoghi di pellegrinaggio della piana gangetica: Sarnath, Kaushambi e Shravasti, «dove il Buddha soleva camminare, durante le sue passeggiate ... al fine di alleviare la sofferenza». Bhikshu Bala annota anche di aver sostenuto personalmente tutte le spese e di aver successivamente dotato una delle statue di un parasole in pietra. Trent'anni dopo, la nipote della monaca Buddhamitra, un'altra monaca di nome Dhanavati, commissionò un quarto Buddha, che «fece installare» a Mathura. Queste iscrizioni ci offrono uno straordinario spaccato della ristretta cerchia di figure chiave che potrebbero essere state direttamente responsabili di una delle innovazioni più rilevanti e radicali nella storia dell'arte buddhista.

I primi Buddha stanti realizzati da Bala e Buddhamitra sono chiaramente modellati sulle immagini dei monumentali *yaksha* e dei re guerrieri dell'epoca. Come i loro predecessori, queste statue sono imponenti – più di tre metri d'altezza – e presentano tutte un fisico robusto e muscoloso. Condividono con i corpulenti *yaksha* tratti distintivi quali gli occhi spalancati, le spalle larghe, le braccia vigorose, i ventri gonfi da lottatori di sumo e il torace ampio e possente. Si differenziano nettamente dalle immagini successive del Buddha meditante a cui siamo abituati, più delicato, con le gambe incrociate e gli occhi bassi. Tuttavia, presentano già alcune caratteristiche che diverranno iconiche dell'arte buddhista, come gli abiti aderenti che lasciano scoperta la spalla destra.[50]

Sebbene Mathura possa legittimamente rivendicare il ruolo di culla delle prime statue a tutto tondo del Buddha in India, vi sono indizi che suggeriscono come il contatto con la statuaria romana d'importazione abbia invece ispirato lo sviluppo dell'immagine del Buddha più a nord, nella regione del Gandhara. Tale processo si intensificò dopo la conquista dell'Egitto da parte di Augusto e l'arrivo della flotta mercantile del Mar Rosso nel porto di Barbarikon, sulla foce dell'Indo.

È fuor di dubbio che la più antica rappresentazione iconica del Buddha in forma umana mai scoperta provenga dall'Afghanistan ellenistico, non da Mathura. Tra i reperti delle sepolture kushana di Tilya Tepe è stato infatti rinvenuto un medaglione d'oro raffigurante il Buddha con le fattezze di un uomo barbuto, simile a Zeus o Ercole, mentre spinge una ruota a otto raggi. L'iscrizione in kharoshthi che accompagna l'immagine rimanda al primo sermone del Buddha e recita: *dharmachakrapravartako*, « Colui che mette in moto la Ruota della Legge ». Quest'immagine assai antica, databile tra il I secolo a.C. e il I d.C., è unica nel suo genere. La sua iconografia non trova paralleli diretti nell'arte buddhista successiva.[51]

Dopo la battaglia di Azio del 31 a.C., che aprì la rotta commerciale monsonica tra l'Egitto romano e l'India, gli artisti buddhisti del Gandhara iniziarono a produrre opere d'arte fortemente influenzate dall'estetica romana. Tra queste spicca il magnifico reliquiario di Bimaran, probabilmente opera di un gioielliere di Pushkalavati, la « Città del loto », vicino all'odierna Peshawar, fabbricato intorno al 20 d.C. Questo confanetto, alto appena sette centimetri, è interamente realizzato in oro massiccio e incastonato di granati scintillanti. Vi compaiono i più antichi esempi noti del classico Buddha del Gandhara, raffigurato in abiti monastici con drappeggi di ispirazione ellenistica e con i capelli acconciati nello stile greco-romano, chiaramente modellati sulla figura di Apollo. Questa antichissima immagine del Buddha è ritratta sotto un porticato con archi a sesto acuto e affiancata dalle divinità indù Indra e Brahma, entrambe vestite con toga e turbante, rivolte verso il Salvatore con le mani giunte in segno di preghiera e adorazione.[52] Sotto altri archi compaiono alcune tra le prime raffigurazioni dei bodhisattva, caratterizzati da lunghi capelli che ricadono fluenti da un grande chignon.[53]

È possibile, ovviamente, che l'immagine del Buddha si sia sviluppata simultaneamente a Mathura e nel Gandhara.[54] In ogni caso, queste nuove forme iconiche riscossero un grande successo sia tra i devoti sia tra i mecenati e si diffusero rapidamente in tutta la regione, con un fiorire di spettacolari rappresentazioni di Buddha e bodhisattva in entrambi gli stili. Queste opere integravano anche elementi tratti dall'arte di altre culture – dall'Egitto romano a Palmira, fino alla Persia ellenizzata –, dando vita a una straordinaria sintesi di tradizioni artistiche. Tuttavia, risalta con particolare chiarezza l'influenza romana sulle idee indiane e sulla loro espressione artistica.[55]

Gli archeologi e gli storici dell'arte britannici di epoca coloniale tendevano a interpretare l'iconografia classica del Gandhara come un'eredità dei successori di Alessandro Magno, i greci di Battriana. Questa ipotesi, tuttavia, non trova riscontro nella cronologia dell'arte gandharica: le prime opere d'arte della regione, databili intorno al 50 d.C., sono posteriori di circa due secoli alla caduta degli ultimi bastioni battriani, avvenuta nel 150 a.C. Inoltre, le più antiche sculture gandhariche databili con certezza sono anche le meno greche nell'aspetto.

Nonostante l'arte del Gandhara affondi le proprie radici nella ricca tradizione artistica dell'India buddhista, e benché la tecnica narrativa delle vite del Buddha costituisca un'innovazione originale e locale piuttosto che un elemento importato, è evidente che lo stile adottato dagli scultori gandharici riflette maggiormente le tendenze della statuaria romana, e in particolare quella egitto-romana del I-II secolo d.C., piuttosto che modelli greci risalenti a duecento anni prima.[56]

Sembra che tali tendenze siano giunte nel Gandhara tramite i beni di lusso d'importazione, come quelli rinvenuti a Bagram, e forse anche grazie alla presenza di scultori itineranti che provenivano dai margini orientali dell'Impero romano. Le locali imitazioni dell'arte classica, infatti, raramente travisano i loro modelli occidentali, e gli scultori dimostrano una grande familiarità con le norme stilistiche dell'arte greco-romana. Questi maestri seppero reinterpretare brillantemente i canoni classici, adattandoli al culto buddhista e fondendoli creativamente con i motivi e le immagini della tradizione indiana. Ciò avvalora l'ipotesi che artisti romani abbiano operato nel Gandhara durante la fase formativa di questa tradizione artistica buddhista, collaborando e condividendo il proprio sapere con gli artigiani locali.[57] È parimenti possibile che questi scultori itineranti provenissero da contesti pagani greco-romano-egiziani e che fuggissero dalla cristianizzazione dell'Egitto e dalle persecuzioni sempre più violente contro tutti i pagani e gli eretici cristiani.[58]

Le prime immagini che mostrano chiare influenze romane sono le bande narrative che cingono i più antichi stupa del Gandhara. Questi rilievi narrano episodi della vita del Buddha storico e sono spesso impreziositi da elementi iconografici di ispirazione romana: capitelli corinzi, scene dionisiache con musica, danza e gozzoviglie, divinità acquatiche, creature mitologiche come mostri marini metà uomo e metà drago e persino un cavallo di Troia. Le scene di lutto che accompagnano le illustrazioni della morte del Buddha si distinguono per il loro carattere profondamente classico, con una rappresentazione realistica del dolore straziante provato dai suoi seguaci.

Questi prestiti mediterranei si fanno più evidenti con il passare del tempo. Una statua di Hadda raffigurante Vajrapani, il protettore del Buddha, sembra ricalcare l'iconografia di Ercole, ma impugna un fulmine al posto della clava. La dea della fertilità Hariti assume le fattezze di Fortuna, con tanto di cornucopia dell'abbondanza, mentre il suo consorte Pancika appare come una versione gandharica di Mercurio. Nell'aria si libra un Garuda trasformato in un'aquila romana, mentre le immagini di Apollo e Dafne, di Venere ed Eros, di cariatidi, tritoni, centauri, cupidi con ghirlande e persino di putti e cherubini sembrano tratte direttamente da un sarcofago romano o paleocristiano.

Oltre a produrre le celebri sculture buddhiste del Gandhara, l'Afghanistan e l'Asia Centrale si affermarono anche come centri di produzione artistica induista. Sebbene di queste opere sopravvivano solo frammenti, molte di esse sono di una bellezza straordinaria, come l'immagine di Oesho/Shiva del III secolo, attualmente conservata al Metropolitan Museum di New York. Il dio, con quattro braccia, tre teste e un evidente terzo occhio sulla fronte, indossa una pelle animale e un abito trasparente stretto in vita, e regge un tridente. Nel raffinato stile multiculturale affermatosi durante il regno kushana, l'iconografia tradizionale indiana si fonde qui con la composizione iranica e il naturalismo greco-romano, dando origine a un linguaggio artistico inedito e suggestivo.[59]

Verso la fine del I secolo d.C. una forma radicalmente nuova di buddhismo iniziò a diffondersi tra le montagne del Gandhara, la stessa regione che stava sviluppando i magnifici Buddha in stile romano.

Nelle sue prime fasi, il buddhismo si presentava come una religione piuttosto astratta e austera, che prometteva unicamente un viaggio verso l'oblio del *nirvana* – un traguardo riservato a pochi eletti e raggiungibile solo dopo innumerevoli vite di sforzi. Sembra, tuttavia, che i devoti laici – i mercanti e gli artigiani che costituivano il grosso della comunità buddhista – anelassero a una via spirituale più accessibile, concreta e appagante. Il nuovo buddhismo Mahayana, o del «Grande veicolo», che molti studiosi ritengono oggi essere sorto in territorio kushana, rappresentava la risposta alle loro aspirazioni. Esso offriva la salvezza a tutti gli esseri senzienti, affermando che ognuno possedeva il potenziale per conseguire l'Illuminazione e la piena buddhità.[60]

Secondo il nuovo corpus di scritture buddhiste mahayana, che si forma in questo periodo, i credenti potevano attraversare più rapidamente l'oceano della sofferenza e accelerare il proprio cammino verso l'Illuminazione invocando l'intercessione di una schiera di bodhisattva compassionevoli. Questi esseri illuminati abitavano le Terre Pure, o Paradisi, nei quali potevano posticipare – ma non rigettare – il raggiungimento della piena buddhità.[61]

L'Illuminazione poteva essere conseguita più celermente anche attraverso un'intensa devozione, la recitazione di mantra segreti e l'accumulo di merito mediante donazioni. Il *Sutra del loto*, un testo mahayana redatto intorno al 100 d.C., fornisce precise indicazioni sulle sostanze più gradite ai monasteri. Diamanti e smeraldi, oltre ai cosiddetti «sette gioielli» – oro, argento, perle, corallo rosso, cristallo, agata e lapislazzuli –, erano considerati offerte particolarmente meritorie.[62] Il concetto risultava facilmente comprensibile ai ricchi mercanti dell'Asia Centrale: attraverso le loro pie donazioni ai monasteri e alla comunità buddhista, essi potevano non solo comprarsi la salvezza, ma anche accumulare il *karman* positivo necessario a garantirsi un passaggio sicuro sulle vie carovaniere, la prosperità e una buona rinascita.

I buddhisti mahayana abbracciavano l'idea di una pluralità di Buddha e consideravano il Buddha storico, Gautama Shakyamuni, soltanto uno tra i molti illuminati. Credevano che Shakyamuni fosse stato preceduto da infiniti Buddha, e che molti altri ne sarebbero apparsi in seguito. Il *Sutra del loto* menziona spesso un bodhisattva di particolare rilievo: Maitreya, il Buddha futuro.[63] Con la progressiva diffusione di questo testo nelle regioni nord-occidentali, la nozione di Maitreya come il salvatore si fuse con il culto del dio indo-persiano Mitra, che in epoca kushana manteneva ancora un forte radicamento in Asia Centrale.

Due brillanti fratelli buddhisti di casta brahmanica originari del Gandhara, Asanga (ca 320-390) e Vasubandhu, svolsero un ruolo cruciale nell'evoluzione del culto di Maitreya, che avrebbe rivoluzionato il buddhismo durante la sua diffusione verso nord e verso est, fino in Cina. Nati a Purushapura, l'odierna Peshawar, erano entrambi dotati di un talento, un intelletto e un'immaginazione fuori dal comune. Abbandonata la casa natale in giovane età per dedicarsi alla vita monastica e filosofica tra le remote montagne del Karakorum, dopo lunghi anni di meditazione solitaria e digiuno, ricevettero entrambi una serie di straordinarie rivelazioni.

Si racconta che Asanga abbia trascorso dodici anni in solitudine sulle vette montuose, immerso nella meditazione e pregando con fervore per ottenere la visione del grande Buddha futuro, il bodhisattva Maitreya, dimorante nell'idilliaco cielo di Tushita. Alla fine, scoraggiato dall'insuccesso, Asanga si arrese. Mentre scendeva dalla montagna, tuttavia, si imbatté in un cane malato di scabbia che giaceva sofferente lungo la strada. Sopraffatto dalla compassione, si fermò ad aiutarlo. Con sua grande sorpresa, il cane si trasformò in Maitreya. Solo allora Asanga comprese che il bodhisattva era sempre stato presente, ma che poteva essere visto solo attraverso gli occhi della compassione.

Il bodhisattva condusse Asanga nel cielo di Tushita e acconsentì a iniziarlo agli insegnamenti più segreti del Mahayana. Fu proprio lì, riferisce Asanga, e dalle labbra stesse del grande bodhisattva futuro, che egli ricevette le dottrine esoteriche del Mahayana, in particolare i nuovi princìpi dello Yogacara. Asanga li metterà per iscritto nei cinque testi essenziali dello Yogacara, tra cui il celebre *Ornamento per le chiare realizzazioni.*[64]

Tornato al suo monastero nei pressi di Peshawar, Asanga organizzò le rivelazioni che aveva ricevuto nella *Yogacarabhumi*, il «Trattato sui livelli della pratica dello yoga». Quest'opera, che delineava i vari stadi del percorso mahayana verso la buddhità, divenne uno dei testi fondamentali della grande università di Nalanda. Asanga sosteneva che il suo sistema poteva insegnare al praticante a trascendere le distorsioni della coscienza ordinaria, permettendo ai maestri realizzati dello Yogacara di percepire il mondo nella sua realtà ultima: come un vuoto da cui ogni senso del sé era svanito – la suprema e «perfetta» verità, esperibile unicamente dai bodhisattva liberati.[65] Nei secoli seguenti, questo trattato, avvolto da un'aura leggendaria, avrebbe attirato schiere di monaci buddhisti che, come il celebre Xuanzang, si recavano in India alla ricerca di manoscritti da tradurre in cinese.

Nel frattempo, suo fratello Vasubandhu compilò l'altrettanto venerato *Tesoro dell'Abhidharma*, ritenuto la più raffinata sistematizzazione della dottrina mahayana sulla natura di Maya, o «illusione». Quest'opera diede origine a un'intera scuola di pensiero buddhista di grande astrattezza, che attinse a piene mani alla filosofia greca e fiorì soprattutto tra i monaci eruditi dell'università di Taxila, un tempo governata dai greci di Battriana.

Ancor prima che Asanga ricevesse le sue visioni, spettacolari sculture in scisto nero raffiguranti il futuro Buddha Maitreya iniziarono ad apparire nei monasteri del Gandhara, dando così una forma tangibile alle più astratte e complesse idee del Mahayana. Nell'arte del Gandhara, il salvatore Maitreya appare come un giovane e affascinante principe kushana o un nobile sontuosamente vestito, con un corpo ideale, privo di imperfezioni umane. Il futuro Buddha è rappresentato perlopiù in piedi o nell'atto di meditare, predicare o digiunare. Porta lunghi baffi cerati e capelli ondulati, oliati e raccolti a cercine nello stile ellenistico, mentre un alone circolare incornicia il suo volto perfetto.[66] È adornato da gioielli elaborati: collari, orecchini, collane e amuleti a cartiglio che ricadono sul suo petto scolpito. Calza sandali preziosi e ingioiellati e indossa uno *himation* greco pesantemente drappeggiato, simile a una toga, ma nella mano sinistra regge la brocca d'acqua degli asceti o dei brahmani. La sua espressione rivela al contempo orgoglio e umiltà, potere e dolcezza, regalità e ascetismo. La sua fisicità è impressionante: la muscolatura sembra fremere sotto le pieghe diafane della veste. Il Buddha si erge in tutta la sua altezza o è raffigurato seduto, con gli occhi socchiusi e le gambe incrociate, in una posa di languido rilassamento. La fronte alta e liscia è impreziosita dall'*urna*, un segno circolare considerato di buon auspicio. Il volto è pieno e rotondo, il naso piccolo e dritto, le labbra ferme e fiere.

Questi salvatori, di singolare bellezza ed eleganza, sono raffigurati come modelli di autocontrollo e disciplina spirituale, ma riescono comunque a irradiare empatia e compassione. Colti al crocevia tra *karman* e Illuminazione, tra questo mondo di sofferenza e il cielo di Tushita, attendono il momento in cui gli insegnamenti del Buddha saranno dimenticati e lui rinascerà in una famiglia reale in India. Inoltre, a differenza del Buddha storico, che ha raggiunto il *nirvana* lasciando solo il suo esempio da imitare, Maitreya rimane sempre direttamente accessibile ai devoti che si rivolgono alla sua immagine in preghiera affinché li protegga dai pericoli e, da ultimo, li guidi fuori dal ciclo delle rinascite.

La stessa figura del Buddha stante, avvolta in uno *himation* greco, appare su alcune monete coniate dal più grande dei sovrani kushana, Kanishka (r. ca 127-150 d.C.). Il suo regno rappresentò l'apice del potere kushana, con un territorio che si estendeva dall'Uzbekistan ad Allahabad/Prayagraj, nell'India settentrionale. Kanishka sconfisse i Parti e inviò un'ambasceria all'imperatore Antonino Pio a Roma.[67] La sua statua a Mathura, oggi acefala, presenta un'iscrizione che lo definisce «Kaisara [Cesare?], il grande re, re dei re, figlio di dio», e lo ritrae come un guerriero di straordinaria potenza, con cintura e stivali di feltro imbottiti, una mano sul pomo della spada e una grossa mazza nell'altra. L'orlo del suo rigido caftano è bordato di perle.[68]

Sul rovescio di una delle monete di Kanishka è raffigurato un Buddha stante, con grandi baffi e una lunga toga dalle pieghe elegantemente disposte. Con la mano alzata compie il gesto della protezione dalla paura. In basso, un'iscrizione in caratteri adattati dal greco recita semplicemente: «BODDO». Questa moneta è la più antica al mondo a rappresentare il Buddha.[69]

È probabile che sia stata coniata per celebrare il più significativo atto di mecenatismo buddhista di Kanishka: la costruzione del celebre stupa di Peshawar, la cui imponente cupola era due volte più grande di quella del Pantheon di Roma. In alternativa, potrebbe aver commemorato l'inaugurazione del Quarto concilio buddhista nel Kashmir, un evento che, secondo la tradizione buddhista, Kanishka avrebbe promosso, consolidando così il ruolo centrale della regione nel mondo buddhista. Kanishka è ricordato dai buddhisti come un grande campione del Sangha, al punto da essere paragonato ad Ashoka. Tuttavia, le iscrizioni e le monete dello stesso Kanishka rivelano che il sovrano avrebbe riservato una devozione particolare alla dea persiana dell'amore, Nana, e lo raffigurano regolarmente mentre offre sacrifici sugli altari del fuoco zoroastriani.[70] Inoltre, la figura che nelle emissioni monetarie di Kanishka ricorda Shiva con il suo toro Nandi è stata identificata con Oesho, il dio iranico del vento. In questo crocevia di culture che si intrecciavano e di pantheon divini in continua evoluzione, popoli diversi riconoscevano e veneravano senza dubbio divinità differenti nelle medesime immagini.[71]

Analogamente, l'immaginario della dea iranica Nana in groppa al suo leone, alla quale Kanishka appare particolarmente legato, si trasferì alla dea indù Durga Simhavahini, tuttora molto amata in India e sempre raffigurata sul suo leone ruggente. Questa dea è oggetto di particolare venerazione nel Bengala, specialmente in occasione dello spettacolare festival annuale della Durga Puja, che negli ultimi tempi è diventato una sorta di celebrazione della bengalesità.[72] L'iconografia della dea a dorso di leone vanta una tradizione millenaria, le cui origini risalgono ai sigilli di Ur III (ca 2100 a.C.), che così raffigurano Ishtar/Inanna. In India, questa immagine appare per la prima volta sulle monete kushana emesse dal successore di Kanishka, Huveska (r. dal 150 d.C.), e nelle sculture di Mathura dello stesso periodo.[73]

Durante i primi secoli d.C., con il buddhismo ormai saldamente radicato nel Gandhara e nel Kashmir, i missionari buddhisti indiani iniziarono a utilizzare queste regioni come basi per diffondere la loro religione verso nord. Approfittando della pace e della stabilità garantite dal dominio kushana, portarono il messaggio del Buddha dai monasteri dell'attuale Afghanistan lungo le rotte commerciali che costeggiavano le aride distese del deserto del Taklamakan, fino ai più remoti avamposti kushana, come Kashgar e Kucha, nell'odierno Xinjiang.

In questo modo, essi stabilirono per la prima volta una presenza lungo le vie terrestri che collegavano l'India e l'Asia Centrale alla Cina e all'Estremo Oriente.[74]

A partire dalla metà del III secolo d.C., monasteri rupestri ispirati ai modelli di Bhaja e Ajanta, molti dei quali con spettacolari capolavori dell'arte monastica buddhista, iniziarono a sorgere nelle grotte che costellavano i versanti rocciosi ai margini del deserto e nei pressi delle città-oasi del bacino del Tarim. In questa regione i monaci scavarono e intagliarono nella roccia viva stanze per la meditazione, realizzando alcuni dei più antichi monasteri buddhisti dell'odierna Cina ed estendendo ulteriormente verso nord-est la sfera di influenza della cultura indiana.[75]

In quest'epoca, le città-oasi situate lungo i margini del deserto del Taklamakan conobbero un rapido sviluppo, favorito da un significativo aumento della produzione agricola e dall'introduzione di ambiziosi progetti di irrigazione e di nuove tecniche di coltivazione.[76] Di conseguenza, la popolazione aumentò, i commerci si ampliarono e la crescente prosperità creò per la prima volta le condizioni necessarie per sostenere il buddhismo monastico. All'inizio del IV secolo, non meno di diecimila monaci risiedevano nei duecentotrentasei templi rupestri di Kizil e Kucha, sul margine settentrionale del deserto.

Scultori e pittori, molti dei quali provenivano certamente dal Gandhara e dall'Afghanistan, furono incaricati di adornare le grotte appena scavate con statue e affreschi raffiguranti scene tratte dai Jataka e dalla *Vita del Buddha.* Tra i monasteri più antichi si distingue quello di Miran, sul margine meridionale del Taklamakan, nel Xinjiang. Fondato tra il 350 e il 400 d.C., il monastero sorge a poca distanza dal luogo in cui recentemente sono stati rinvenuti alcuni tra i più antichi frammenti superstiti del testo del *Mahabharata.* Le pareti di Miran furono decorate da un artista che si firmava Tita/Titus, un nome che suggerisce una possibile origine romana. La sua opera, di forte impronta classica, rielaborava l'iconografia kushana del Gandhara per illustrare le vite del Buddha e altri episodi tratti dalle scritture buddhiste. Tuttavia, Titus ornava i margini con putti che sorreggevano festoni e ghirlande, impiegando tecniche ritrattistiche di evidente matrice romana. La sua maestria nell'arte classica traspare chiaramente da ogni pennellata. Ancora più intrigante è il fatto che i grandi occhi luminosi dei suoi soggetti ricordino le opere realizzate nei monasteri copti del deserto egiziano nello stesso periodo.[77]

Poco tempo dopo, altri pittori anonimi si misero all'opera nel monastero rupestre di Kizil, presso Kucha, la più grande delle città-oasi a nord del Taklamakan. Le grotte rupestri si coprirono in breve tempo di affreschi fantastici raffiguranti visioni selvagge e surreali, ispirate, da un lato, all'ambiente arido e ultraterreno che circondava i monasteri del deserto, e, dall'altro, alle tecniche dello yoga esoterico e alle rigorose pratiche ascetiche dei monaci che vi risiedevano.

Alcuni di questi sant'uomini compaiono negli affreschi come sciamani, sospesi nell'atto di levitare, con il bastone e la ciotola ancora stretti tra le mani. Altri si raccolgono intorno all'immagine di un Buddha volante, dai cui fianchi, spalle e piedi si sprigionano raggi e fiamme. Si scorgono musici celesti alati e creature straordinarie: alcune appartengono al nostro mondo, come i bizzarri elefanti blu o gli stormi di oche bianche che si librano attorno a una falce di luna; molte altre, invece, provengono dall'aldilà: spiriti famelici, *asura* – potenti demoni – e figure contorte, tormentate dalle pene dell'inferno. Vi sono anche monaci assorti in meditazione, intenti a contemplare scheletri bianchi o teschi dai denti digrignanti, profondamente immersi nella riflessione sull'illusorietà della vita.[78]

Eppure, malgrado la stravaganza mistica e ultraterrena di queste immagini, Kizil, insieme alla vicina città-oasi di Kucha, era un rinomato centro di alta formazione buddhista. Le caverne furono realizzate durante la vita del celebre monaco traduttore Kumarajiva, definito da uno storico come «il sant'Agostino della Cina tardo-antica, la cui vita è narrata in non meno di tre biografie coeve».[79]

Kumarajiva (344-413), brillante e prolifico traduttore di origini per metà indiane, volse dal sanscrito al cinese testi complessi del buddhismo mahayana, come il *Sutra del loto,* con una chiarezza e una precisione mai viste prima. Col tempo questo monaco bilingue divenne il più influente traduttore, interprete e divulgatore di testi buddhisti in cinese, nonché uno dei più celebri missionari indiani in Cina. La sua opera fu determinante per la diffusione del buddhismo in Cina.[80]

Kumarajiva era il figlio di un ministro indiano di casta brahmanica, probabilmente originario del Gandhara, la cui famiglia aveva servito la corte di Kucha per generazioni. Sua madre, una giovane principessa di quella ricca oasi, era la sorella del re che aveva ottenuto l'indipendenza dopo la caduta dell'Impero kushana. Kumarajiva nacque in un periodo di profonda influenza indiana sull'Asia Centrale e crebbe padroneggiando sia il gandhari – una forma di pracrito indiano – sia il cuceo (o tocario B), la più orientale delle lingue indoeuropee.

La madre di Kumarajiva dovette essere una donna straordinaria: brillante, indipendente e volitiva. Scrive Huijiao, amico e biografo di Kumarajiva:

Il re aveva una sorella minore di appena vent'anni, celebre per la prontezza di spirito e per la capacità di mandare a memoria tutto ciò che vedeva o udiva. Sul corpo aveva una voglia rossa, segno che avrebbe dato alla luce un figlio saggio. Molti principi di regni lontani avevano chiesto la sua mano, ma lei li aveva rifiutati tutti. Quando incontrò il giovane ministro Kumarayana, decise di sposarlo e lo costrinse ad accettare. Da quell'unione nacque Kumarajiva. Durante la gravidanza, la madre sentì la propria mente farsi ancora più acuta.

Nel grande tempio buddhista di Cakir usavano riunirsi molti monaci rinomati e illuminati. Venuta a conoscenza di ciò, la principessa, insieme alle dame di corte e a varie monache virtuose, fece offerte e organizzò banchetti in loro onore e ne ascoltò con devozione le prediche sul *dharma*. Sebbene non avesse mai studiato, la madre di Kumarajiva divenne improvvisamente fluente nella lingua indiana [il sanscrito]. Tutti erano ammirati della sua abilità, poiché era in grado di rispondere esaurientemente anche alle domande più difficili.[81]

Poco dopo la nascita di Kumarajiva, la principessa, profondamente turbata dalla caducità dell'esistenza dopo aver visto alcune ossa in un cimitero, dichiarò la propria intenzione di diventare una monaca buddhista:

Durante un'escursione fuori città, la principessa si imbatté in resti umani sparpagliati tra le tombe. In quell'istante, comprese chiaramente la radice della sofferenza e formulò il voto solenne di farsi monaca. Iniziò a rifiutare cibo e bevande fino a quando non le fosse stato rasato il capo. Dopo sei giorni e sei notti di digiuno, era così debole da far temere che non avrebbe superato la notte. Preoccupato per la sua vita, il marito acconsentì alla richiesta. Tuttavia, la principessa continuò a rifiutare ogni alimento, pretendendo che le venissero prima tagliati i capelli. Solo dopo che il marito ordinò di raderle la chioma, accettò di mangiare e di bere qualcosa. Il mattino seguente ricevette i precetti monastici e si dedicò con particolare fervore alla pratica della meditazione, perfezionandone le tecniche senza un attimo di tregua.[82]

Quando Kumarajiva aveva sette anni, sua madre prese i voti e si recò con il figlio oltre l'Indo, nel Gandhara e nel Kashmir, per studiare i sacri testi buddhisti sotto la guida del più celebre maestro kashmiro, Bandhudatta, membro della famiglia reale del Gandhara.[83]

Il giovane Kumarajiva imparò rapidamente il sanscrito, rivelando una memoria prodigiosa che gli permise di memorizzare i *sutra* già in tenera età. Durante il periodo di studio in Kashmir, Kumarajiva confutò con successo gli argomenti di alcuni teologi buddhisti, che da principio non lo avevano preso sul serio a causa della sua giovane età.

Completati gli studi, madre e figlio si trasferirono a Kashgar, dove rimasero un anno. Durante questo periodo, Kumarajiva proseguì la sua formazione, studiando il buddhismo dei Nikaya, i quattro Veda, le cinque scienze, gli Shastra e i Purana, oltre a discipline come l'astronomia, la matematica e le scienze occulte. Una volta che Kumarajiva si fu ambientato nel nuovo contesto, la madre intraprese un pellegrinaggio verso i luoghi santi del buddhismo in India. I due non si sarebbero mai più rivisti.

Fu a Kashgar, dopo la partenza della madre, che Kumarajiva scoprì per la prima volta la letteratura mahayana – rimanendone profondamente affascinato –, inizialmente grazie all'insegnamento di un ex principe dello Yarkand divenuto docente di filosofia mahayana. Fu colpito in particolare dalle sofisticate speculazioni filosofiche del monaco indiano Nagarjuna (II secolo d.C.) e dalla sua concezione della *shunyata*, definita come « il sinonimo di ciò che non ha causa, che è al di là del pensiero e dell'intelletto, che non è prodotto, che non è nato, che è privo di misura ».[84] Dopo l'iniziazione a questa scuola, Kumarajiva ammise che, quando studiava i testi buddhisti tradizionali, si sentiva « come un uomo ignaro dell'oro che consideri straordinaria una semplice pietra ». Convertitosi formalmente al Mahayana, tornò a Kucha per predicare la nuova dottrina sotto il patrocinio del re suo zio.

Nella biblioteca di Kucha, Kumarajiva scoprì testi mahayana di grande rilievo. I suoi biografi narrano diverse storie sui tentativi compiuti dai demoni per distrarlo dai suoi studi:

Quando Kumarajiva tentò per la prima volta di studiare le scritture, Papiyas (il Diavolo) apparve e fece scomparire le parole, lasciando al loro posto solo tavolette vuote. Kumarajiva comprese che si trattava di un inganno di Papiyas e giurò di intensificare i suoi sforzi. Solo quando Papiyas scomparve, le parole riapparvero, permettendogli di proseguire nello studio e nella recitazione dei *sutra*. In seguito, Kumarajiva udì una voce nell'aria che gli diceva: « Sei un uomo intelligente. A che ti serve leggere tutto questo? ». Ma lui rispose: « Diavolo! È ora che tu te ne vada ». Kumarajiva rimase a Kucha per due anni, durante i quali recitò instancabilmente i *sutra* e gli Shastra mahayana, giungendo a comprendere appieno i loro significati più profondi.[85]

A vent'anni, Kumarajiva ricevette infine l'ordinazione monastica nel palazzo reale.

Affascinato dalle sottigliezze del Mahayana, il monaco decise di convertire il suo antico maestro, Bandhudatta, invitandolo a Kucha dal Kashmir per un confronto su tali dottrine. « Bandhudatta gli chiese: "Cos'hai trovato di così straordinario nelle dottrine del Mahayana da spingerti a diventarne seguace?". Kumarajiva rispose: "Le [dottrine del] Mahayana sono così profonde e illuminanti che, al loro confronto, tutti gli altri insegnamenti mi paiono insignificanti" ».[86]

Kumarajiva illustrò allora a Bandhudatta i più profondi insegnamenti del Mahayana, soffermandosi in particolare sul concetto di *shunyata*, la teoria della Vacuità, secondo cui tutti i fenomeni sono vuoti e questa condizione costituisce la realtà ultima. Bandhudatta, tuttavia, liquidò tale dottrina come un mero « parlare a vuoto ».[87] Poi, per illustrare il punto, raccontò una storia che suona come una versione primitiva di *I vestiti nuovi dell'imperatore*:

Un folle chiese a un tessitore di tessere il filo più sottile possibile. Il tessitore accettò e produsse un filo sottile come un atomo, ma il folle si lamentò che era ancora troppo grosso. Il tessitore fece un secondo tentativo, ma non riuscì comunque a soddisfare il folle. Al terzo tentativo, esasperato, il tessitore indicò l'aria e dichiarò: « Ecco il tuo filo ». Quando il folle protestò di non riuscire a vederlo, il tessitore replicò che il filo era talmente sottile da risultare invisibile all'occhio umano. Finalmente soddisfatto, il folle ricompensò il tessitore e fece dono al re del filo invisibile.

In realtà, spiegò Bandhudatta, non c'era alcun filo, proprio come, a suo dire, non c'era sostanza nella dottrina della *shunyata.* Tuttavia, Kumarajiva riuscì infine a convertirlo al Mahayana.[88]

Kumarajiva visse in un periodo di grande instabilità politica in Cina, noto come l'epoca dei Sedici Regni. Nel 384 d.C., quando Kumarajiva aveva circa quarant'anni, Kucha fu improvvisamente attaccata e saccheggiata dalle truppe di un signore della guerra di nome Lu Guang. Kumarajiva fu catturato e trasportato con tutto il bottino nella capitale del generale, situata nel Gansu, dove apprese rapidamente il cinese. Sebbene Kumarajiva fosse un monaco e avesse fatto voto di castità, il generale lo riteneva troppo brillante e carismatico per non avere figli. Sulle prime, Kumarajiva cercò di resistere, ma il generale lo fece ubriacare e lo persuase a trascorrere la notte con una bellissima cortigiana. Quello fu il primo di una serie di incontri che portarono Kumarajiva a generare dei gemelli, violando così tutti i codici monastici.[89]

Diciassette anni dopo, nel 401, Kumarajiva fu catturato una seconda volta e condotto nella capitale cinese, Chang'an, per volere dell'imperatore Yao Xing. Fortunatamente, trovò nell'imperatore un mecenate devoto, che non soltanto lo venerava come un grande *acharya,* o maestro, ma comprendeva pienamente il valore del suo straordinario talento linguistico.[90]

L'imperatore era preoccupato per la carenza nel suo Paese di devoti buddhisti abbastanza competenti nel sanscrito da saper leggere i testi originali con la necessaria sicurezza e sottigliezza. Le traduzioni disponibili erano spesso imprecise e inadeguate: sanscrito e cinese, d'altronde, appartenevano a famiglie linguistiche completamente diverse, e trasporre concetti così astratti da una lingua all'altra risultava assai complesso. Kumarajiva condivideva pienamente le sue preoccupazioni e, stando alla tradizione, osservò che leggere i *sutra* in una traduzione mediocre era come mangiare del riso masticato da qualcun altro. Lamentò amaramente che la capitale Chang'an era un deserto intellettuale, priva di biblioteche buddhiste decenti e con pochissimi studiosi del *dharma*. « Qui, nella terra di Qin, » protestò « mi sento come un uccello con le ali tarpate ».[91]

L'imperatore affidò dunque a Kumarajiva la direzione di un ufficio dedicato alla traduzione di testi buddhisti e convocò migliaia di monaci traduttori e teologi di talento da tutta la Cina e dall'Asia Centrale per affiancarlo nell'impresa. Tra loro vi erano il suo amico kashmiro Dharmamitra, a sua volta originario di Kucha, e molti ex studenti del Mahayana che provenivano da Kashgar. Il più eminente maestro mahayana dell'epoca, Huiyuan, contribuì all'impresa con le sue riflessioni esposte in un lungo carteggio con Kumarajiva, divenuto poi un testo classico del Mahayana. A tutti gli studiosi vennero forniti materiali scrittori, oltre a una schiera di aiutanti e copisti.[92]

In questo modo si formò un eccezionale gruppo di studiosi, che adottò un metodo di lavoro rigorosamente strutturato. Le attività comprendevano dibattiti su questioni dottrinali e teologiche, il confronto delle traduzioni obsolete e difettose con gli originali sanscriti e l'espunzione di termini e concetti taoisti estranei al contenuto autentico dei testi buddhisti. Oltre che per il lavoro di traduzione, Kumarajiva divenne famoso per il suo insegnamento di tecniche avanzate di meditazione.

Per tredici anni, fino alla sua morte nel 413, Kumarajiva e i suoi colleghi traduttori lavorarono senza posa, producendo un corpus di circa trecento traduzioni. Sono opere che si distinguono per quantità e qualità: sono di una scorrevolezza e di una leggibilità eccezionali, affatto prive degli eccessivi tecnicismi che spesso appesantiscono la teologia speculativa buddhista. Kumarajiva si prese la libertà di ritoccare le parti che sarebbero risultate prolisse a un pubblico cinese, mantenendo intatte le idee essenziali dei testi – un approccio che gli attirò le critiche dei monaci più pedanti e puritani, i quali ironizzarono sulla libertà delle sue traduzioni associandola al suo presunto libertinismo.[93] La versione del *Sutra del loto* realizzata da Kumarajiva è tuttora ampiamente letta in Cina ed è preferita da molti buddhisti alle rese posteriori, forse più accurate ma meno fluide.

Grazie a queste traduzioni, il buddhismo iniziò a diffondersi in tutti gli strati della società cinese, guadagnando una notevole popolarità presso la corte imperiale. Le condizioni erano ormai mature perché il buddhismo conquistasse la Cina.

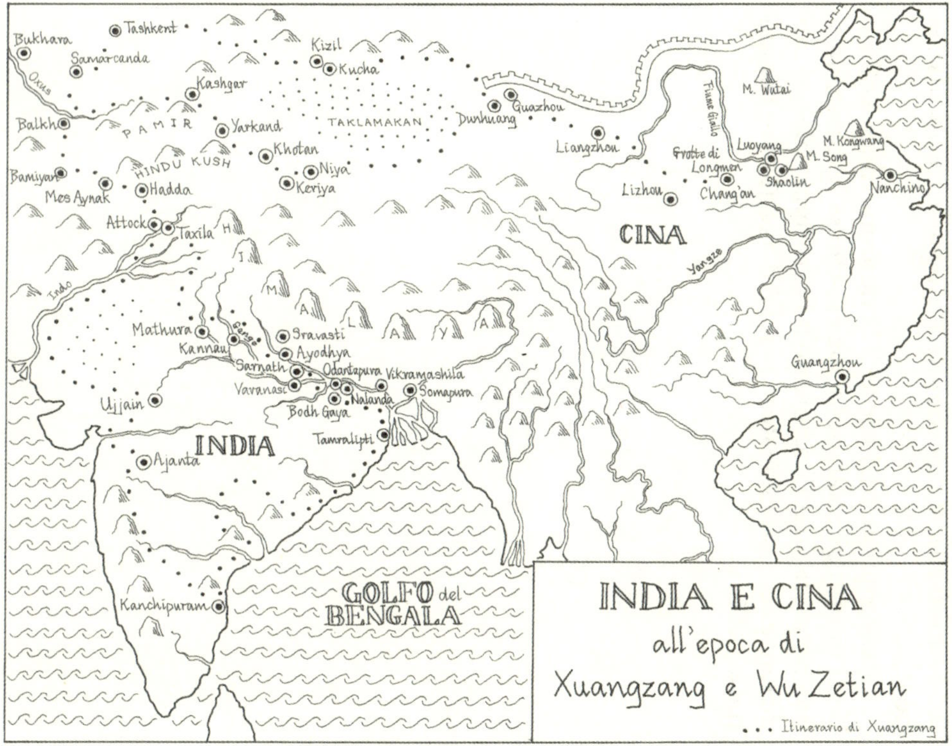

INDIA E CINA
all'epoca di
Xuangzang e Wu Zetian
... Itinerario di Xuangzang
Bukhara
Samarcanda
Tashkent
Oxus
Balkh
Bamiyan
Mes Aynak
Hadda
PAMIR
HINDU KUSH
Kashgar
Yarkand
Khotan
Niya
Keriya
Kizil
Kucha
TAKLAMAKAN
Dunhuang
Guazhou
Liangzhou
Lizhou
Fiume Giallo
Grotte di Longmen
Chang'an
Luoyang
Shaolin
M. Song
M. Kongwang
M. Wutai
Nanchino
CINA
Yangze
Guangzhou
Attock
Taxila
Indo
H I M A L A Y A
Mathura
Kannauj
Gange
Sravasti
Ayodhya
Sarnath
Varanasi
Odantapura
Vikramashila
Nalanda
Bodh Gaya
Somapura
Tamralipti
Ujjain
INDIA
Ajanta
Kanchipuram
GOLFO del BENGALA

4

IL MARE DI GIOIELLI: ESPLORANDO LA GRANDE BIBLIOTECA DI NALANDA

Sul finire dell'autunno del 629 d.C., Xuanzan, un uomo alto e robusto di ventinove anni, partì a piedi dalla città murata di Chang'an, la capitale della Cina. Era diretto a occidente, verso le distese inospitali del deserto del Taklamakan e più lontano ancora – così almeno sperava –, oltre le vette del Pamir.

Per molti aspetti quel viaggiatore non avrebbe potuto scegliere un momento peggiore per affrontare un'impresa così ambiziosa. Il Paese era ancora scosso dalla guerra civile e le strade, non più sorvegliate, pullulavano di ladri e briganti. A tutto questo si aggiungeva il divieto imposto ai cittadini di lasciare i confini nazionali: le nuove autorità Tang miravano a impedire che la popolazione si unisse ai gruppi di ribelli che si annidavano lungo le frontiere occidentali. Ma il viaggiatore non era un ribelle; al contrario, era un monaco colto e raffinato, iniziato a uno degli ordini più filosofici del buddhismo mahayana.

Xuanzang desiderava attingere direttamente alla fonte della tradizione religiosa cui aveva dedicato la vita. In particolare, aspirava a iscriversi alla celebre università monastica buddhista di Nalanda, in India, per approfondire lo studio dei manoscritti conservati nella più grande biblioteca buddhista al mondo. Tuttavia, Nalanda si trovava a cinquemila chilometri a sud-ovest di Chang'an, e il viaggio per raggiungerla era estremamente pericoloso. L'impresa divenne ancora più complicata a causa del rifiuto delle autorità Tang di concedere a Xuanzang un permesso di viaggio.

Non solo Xuanzang visse in un periodo di grandi sconvolgimenti, ma quell'anno fu segnato anche da una grave carestia. Se le autorità o i briganti non lo avessero fermato, sarebbe stata la fame a farlo.[1] Il monaco, però, era avvezzo a correre rischi. Sebbene provenisse da una famiglia altolocata di studiosi e funzionari confuciani – il bisnonno era stato governatore dello Shandong e il nonno era il direttore del Collegio Imperiale di Pechino, incarichi per i quali l'imperatore aveva ricompensato la famiglia con i proventi fiscali di un'intera città –, il destino volle che Xuanzang vivesse in un'epoca di aspri conflitti tra due grandi dinastie: i Sui, ormai in declino, e i Tang, ancora lontani dal prendere il potere.[2]

Suo padre, che le fonti descrivono come « un uomo brillante e raffinato, dagli occhi vivaci, che amava vestirsi alla maniera dei dotti confuciani », reagì alla disintegrazione del suo mondo rifugiandosi nei classici. « Prevedendo la caduta dei Sui, si rinchiuse nel suo studio circondato dai libri. Sebbene gli offrissero molti incarichi prestigiosi, li rifiutò tutti ostinatamente ».[3]

Dopo la sua morte, due dei suoi figli scelsero di farsi monaci buddhisti, nella speranza di coltivare dentro di sé quella pace che il mondo esterno non garantiva. Tuttavia, la violenza endemica non lasciava vie di fuga. Nel 618, all'età di tredici anni, Xuanzang e suo fratello maggiore furono costretti a mettersi in salvo fuggendo nei campi lungo il Fiume Giallo quando il loro monastero di Luoyang fu minacciato. In quel periodo, secondo Huili, amico e biografo di Xuanzang, « la casata dei Sui perse il potere e il Paese sprofondò nel caos ».

La capitale imperiale divenne un covo di briganti come Zhe il Bandito, mentre il territorio tra i fiumi Giallo e Luo si trasformò in un rifugio per uomini spietati come sciacalli e lupi. La civiltà collassò, e la comunità buddhista fu dispersa. Scheletri sbiancati costellavano gli incroci delle strade, la regione si svuotò e dai focolari delle case non si alzava più un filo di fumo.[4]

Xuanzang era profondamente turbato. Non soltanto la società si disgregava davanti ai suoi occhi: egli temeva che anche la tradizione buddhista – il fulcro della sua vita e del suo studio – fosse gravemente corrotta. Si rendeva conto che i testi su cui si basava erano colmi di errori e incongruenze. « Confrontando le edizioni delle sacre scritture, » scrive Huili « notò che presentavano numerose differenze, talora sottili, talora evidenti, al punto che non sapeva più quale teoria seguire ». Malgrado il rischio di viaggiare in un Paese in fiamme, Xuanzang peregrinò da un monastero all'altro alla ricerca di maestri buddhisti capaci di sciogliere i suoi dilemmi, ma non trovò nessuno in grado di offrirgli risposte soddisfacenti. Il suo bisogno di « approfondire ulteriormente gli studi e risolvere le contraddizioni » si faceva sempre più pressante. « Decise quindi di recarsi in Occidente, in India, per dissipare i suoi dubbi ».[5]

Aveva sentito dire che l'università monastica di Nalanda custodiva le collezioni più ricche e complete dei testi della tradizione nota come Yogacara (« Pratica dello yoga »), un sentiero spirituale tracciato per la prima volta dal monaco gandharico Asanga, il quale avrebbe ricevuto tali insegnamenti direttamente dal bodhisattva Maitreya. Asanga sosteneva che la nostra esperienza del mondo non fosse altro che un'illusione, una creazione ingannevole generata dalla nostra stessa coscienza. Xuanzang considerava gli scritti della scuola di Asanga il culmine del pensiero buddhista e credeva che lo Yogacara custodisse i segreti più autentici e profondi della tradizione mahayana. In particolare, Xuanzang desiderava ardentemente trovare un manoscritto specifico: la *Yogacarabhumi*, il « Trattato sui livelli della pratica dello yoga » – un'opera che aveva cercato per tutta la sua vita adulta.

Xuanzang aveva inoltre sentito dire che a Nalanda il supremo maestro dello Yogacara, uno studioso di centosei anni noto come il Venerabile Shilabhadra, continuava a insegnare e ad accogliere nuovi discepoli, nonostante l'età avanzata. Ignorando i numerosi pericoli, Xuanzang decise di partire per l'India, consapevole che, secoli prima, altri monaci cinesi come Faxian erano riusciti a compiere lo stesso viaggio e a tornare vivi, lasciando persino brevi resoconti delle loro avventure. «Poiché la strada era lunga e impervia» annotò Xuanzang

> la trasmissione [del buddhismo in Cina] era ancora incompleta ... Pregando in cuor mio di ottenere protezione spirituale, decisi di lasciare la mia terra natale e di affrontare il regno delle diecimila morti. Quando mi trovavo a ricalcare le orme del Buddha, rendevo omaggio alla [presenza] numinosa che aveva lasciato dietro di sé. Quando incontravo persone dedite alla propagazione del *dharma*, cercavo di assorbirne il genuino insegnamento. Quando attraversavo un luogo nuovo, mi stupivo di ciò che non avevo mai veduto prima. Quando mi imbattevo in una parola nuova, gioivo di ciò che non avevo mai udito prima. Così facendo, esaurii le risorse della mia vita per trascrivere i testi che mancavano in patria.[6]

I vari resoconti dei sedici anni di viaggi di Xuanzang lasciati, oltre che da lui, dal suo biografo Huili e dai suoi numerosi seguaci e corrispondenti fanno emergere un intero mondo altrimenti avvolto nell'ombra e nell'ambiguità archeologica. Non soltanto possiamo attingere a un profluvio di lettere autentiche scambiate tra Xuanzang e i suoi dotti corrispondenti, ma abbiamo anche il diario di viaggio dello stesso Xuanzang, le *Memorie sulle terre occidentali dei Grandi Tang*, il più completo ragguaglio sull'Asia Centrale e sull'India nel VII secolo mai realizzato, redatto con estrema cura da un intellettuale scettico e insolitamente scrupoloso. «Per quanto arduo fosse verificare accuratamente ogni cosa,» dichiara Xuanzang in un poscritto «non ho mai fatto ricorso a congetture».[7] Ancora più degna di nota è la biografia di Huili, composta da oltre ottantamila caratteri, iniziata durante gli ultimi anni di vita del maestro e completata dopo la sua morte – la più esaustiva biografia giunta fino a noi dalla Cina premoderna.[8]

Queste diverse fonti gettano luce sulle basi intellettuali e spirituali delle idee indiane che, attraversando montagne e deserti, trasformarono il modo di vivere e di pensare del popolo cinese. Fu uno dei più straordinari episodi di scambio culturale e filosofico della storia mondiale. Nel corso del primo autentico incontro tra la Cina e una civiltà di pari levatura, il buddhismo non solo rivoluzionò profondamente il Paese, innescando una metamorfosi radicale nelle arti, nella storia, nella società e nella cultura, sia a livello popolare sia presso la corte imperiale, ma subì a sua volta una trasformazione altrettanto profonda sotto l'influenza della civiltà cinese.[9]

Nessuno sa con certezza quando il buddhismo giunse per la prima volta in Cina. Xuanzang stesso credeva che vi fosse arrivato in seguito «a un sogno dell'imperatore della dinastia Han». Secondo la leggenda, l'imperatore Ming (r. 58-75 d.C.) ebbe la visione di una figura dorata con un'aureola splendente come il sole. Perplesso, consultò i suoi consiglieri su quella strana apparizione, ed essi gli rivelarono l'esistenza, a occidente, di una divinità chiamata Buddha. «Così,» annota Xuanzang «l'imperatore inviò degli emissari in Occidente, e il Giusto Dharma fu trasmesso».[10]

Secondo la tradizione, i primi a portare il *dharma* buddhista in Cina furono due monaci indiani, che giunsero nella capitale Luoyang trasportando le loro scritture sulla groppa di un cavallo bianco. I monaci avrebbero ricopiato i testi, realizzato un'immagine del Buddha in posizione eretta e costruito il primo monastero buddhista in Cina, noto come il Monastero del Cavallo Bianco. Dopo il ritorno dei missionari in India, l'imperatore fece produrre repliche della statua, che collocò nel suo palazzo, sulla Terrazza della Brezza Rinfrescante. Si narra che l'imperatore venerasse devotamente quelle immagini insieme alla famiglia e alla sua corte. Purtroppo, però, sono leggende prive di riscontri nelle fonti storiche, che invece offrono una versione assai diversa degli eventi.[11]

I più antichi riferimenti al buddhismo in Cina associano questa religione esclusivamente agli stranieri: mercanti, rifugiati, diplomatici, missionari e ostaggi. Dopo alcuni accenni alla presenza di monaci e fedeli buddhisti nella capitale Luoyang nel I secolo d.C., a partire dal II secolo i buddhisti iniziano ad apparire regolarmente negli scritti dei funzionari cinesi. Con il passare del tempo, questi documenti rivelano una conoscenza, una familiarità e una curiosità crescenti nei confronti della nuova fede.[12] Intorno al 130 d.C., ad esempio, un funzionario menziona i monaci buddhisti in una poesia dedicata alla bellezza delle danzatrici della capitale. «Scalciando via le pantofole vermiglie tra vassoi e coppe ricolme, agitavano con grazia le maniche fluenti» scrisse. «I loro volti perfetti, le vesti sontuose, irradiavano bellezza. Con occhi incantevoli lanciavano sguardi ammalianti sulla compagnia. Una sola occhiata avrebbe fatto capitolare un'intera città. Neppure il più inflessibile dei monaci buddhisti avrebbe saputo sottrarsi al loro incanto».[13]

All'incirca nello stesso periodo, le scritture buddhiste iniziarono a essere tradotte a Luoyang sotto il patrocinio degli imperatori Huan (r. 146-168) e Ling (r. 168-189), dei quali era nota la predilezione per «vesti straniere, arazzi stranieri, letti stranieri, sedie straniere, cibo straniero, arpe straniere, flauti stranieri e danze straniere».[14] Fra i primi traduttori si distinse An Shigao, un principe partico che, dopo essersi fatto monaco, giunse in Cina nel 148 d.C. portando con sé nuove conoscenze in astronomia, medicina e meditazione buddhiste. An Shigao riunì intorno a sé un gruppo di collaboratori e nel corso di vent'anni tradusse in cinese una trentina di testi buddhisti theravada.[15]

Nel 191 d.C. troviamo un riferimento a un funzionario cinese che fece erigere un grande tempio buddhista nel Jiangsu, presso il porto meridionale di Lianyungang. Lo dotò di «statue di bronzo dorato, di foggia umana, vestite di prezioso broccato». Per celebrare il compleanno del Buddha organizzò un grande banchetto, al quale sembra partecipassero diecimila persone. Molti dei presenti abbracciarono poi la fede buddhista.[16]

Le più antiche immagini buddhiste superstiti in Cina si trovano nei pressi di questo tempio, scolpite su massi intorno al monte Kongwang. In totale vi sopravvivono centocinque raffigurazioni del Buddha: alcune lo ritraggono in posizione eretta e presentano una marcata somiglianza con il BODDO della moneta del re kushana Kanishka, un'altra, presumibilmente commissionata da mercanti buddhisti kushana giunti sulle coste cinesi per commerciare, ritrae un donatore in abiti kushana.[17] Tuttavia, come in molte delle prime raffigurazioni buddhiste nelle tombe e nelle ceramiche cinesi, l'immagine del Buddha si affianca a figure taoiste, come la Regina Madre d'Occidente, con il suo giardino incantato, e il Re Padre d'Oriente. Questo suggerisce che il Buddha sia stato assimilato in un primo momento nel pantheon taoista, adottato per esprimere credenze non buddhiste o persino frainteso – il che è evidente in particolare nelle tombe Han, dove appare come una divinità straniera che dispensa l'immortalità alle anime dei defunti.[18]

Durante tutto il II secolo il buddhismo rimase una fede minoritaria legata a una diaspora di stranieri facoltosi, giunti via mare oppure via terra attraverso l'Asia Centrale, che portarono con sé la propria religione e ottennero il permesso di stabilirsi nel Regno di Mezzo. Fra la popolazione Han prevalente, sulle prime il buddhismo sembra aver riscosso scarso seguito: risultava eccessivamente estraneo, e i sistemi filosofici autoctoni erano troppo ben radicati e consolidati per consentire alla nuova religione di prendere piede.

Nel Sudasia e in Indocina, il commercio e la prosperità crescenti crearono le condizioni ideali per una rapida diffusione del buddhismo. In Cina, al contrario, furono la guerra e le devastazioni a fungere da catalizzatore. La caduta della dinastia Han nel 220 d.C., seguita da una serie di calamità naturali – carestie, pestilenze, invasioni di locuste e inondazioni –, interruppe la continuità della civiltà cinese classica, minando certezze consolidate e incrinando la fiducia in sé stessa dell'élite confuciana, al punto da scalfire il tradizionale senso di superiorità culturale dei cinesi.

In seguito all'abdicazione dell'ultimo imperatore Han, la Cina si disgregò e fu invasa dagli Unni e da altri popoli nomadi delle steppe.[19] La popolazione Han, inclusi i membri superstiti della famiglia imperiale e l'élite di corte, si riversò in massa dal Nord al Sud. Un mercante sogdiano così descriveva il caos ai suoi colleghi a Samarcanda: « Gli stessi Unni che fino a ieri erano vassalli dell'imperatore hanno rovesciato l'impero. L'ultimo imperatore è fuggito da Luoyang per via della carestia, e il suo palazzo e la città fortificata sono stati dati alle fiamme ... Luoyang non esiste più! Riferirvi ogni dettaglio di quel che è avvenuto in Cina sarebbe troppo doloroso ».[20]

Paradossalmente, il declino e la frammentazione dell'impero offrirono al buddhismo un'opportunità unica di radicarsi in Cina, screditando l'ordinamento confuciano preesistente e creando un vuoto in cui nuove idee poterono attecchire e svilupparsi. I membri disillusi della vecchia classe dei letterati-burocrati iniziarono a cercare nuovi modi per dare significato alle proprie vite. Delusi dall'ordine costituito, molti abbracciarono la nuova fede straniera, che offriva inoltre la prospettiva concreta di una rinascita dopo la morte, un conforto non da poco in un'epoca segnata da un drastico abbassamento della vita media a causa dei continui disordini del IV secolo. Così come il collasso del mondo classico e il sacco di Roma da parte dei Goti nel V secolo d.C. sollevarono interrogativi ai quali il cristianesimo parve dare risposte, allo stesso modo la disintegrazione dell'Impero Han spalancò le porte all'affermazione del buddhismo in Cina.[21]

Nonostante le guerre e l'instabilità politica, i monaci buddhisti indiani continuavano ad arrivare in Cina in numero sempre maggiore. Alcuni, come Kumarajiva, percorrevano le vie terrestri attraverso l'India settentrionale, il Kashmir e l'Asia Centrale. Molti altri giungevano via mare, spesso sostando nelle fiorenti e raffinate comunità buddhiste di Giava e Sumatra. I monaci locali godevano di grande prestigio in virtù dei poteri magici che asserivano di possedere, come la capacità di evocare la pioggia, compiere esorcismi e vaticini, guarire, predire il futuro e conoscere eventi lontani. Si credeva che il carisma di questi santi taumaturghi potesse garantire la vittoria in battaglia, curare le malattie e persino lenire i sensi di colpa che talora rimordevano i capi dei nomadi razziatori.[22]

Mediante la loro opera missionaria, il pensiero, le pratiche, l'arte e l'immaginario buddhisti non soltanto si integrarono nel panorama culturale cinese fino a competere con il taoismo e il confucianesimo, ma iniziarono a esercitare un'influenza profondamente trasformativa sulla vita intellettuale del Paese, permeandone il pensiero, l'arte e la musica in ogni aspetto. Inoltre, le nozioni indiane in astronomia, matematica e medicina cominciarono a condizionare lo studio del cielo, l'analisi dei moti planetari e delle loro influenze e la comprensione del funzionamento del corpo umano. Le biblioteche cinesi si arricchirono di manoscritti esoterici, come *Farmaci raccomandati dai vari rishi delle regioni occidentali* e *Ricette importanti raccolte da famosi medici dei Paesi brahmanici*.[23]

Al tempo stesso, gli architetti cinesi rielaborarono e innalzarono la struttura a cupola dello stupa indiano, dando origine alle pagode a più piani che sarebbero diventate un elemento distintivo del paesaggio cinese. Scultori e artisti, dal canto loro, fusero le idee delle due tradizioni, introducendo in Cina l'arte figurativa e i primi esempi di scultura e pittura su rotolo sino-buddhiste.[24] Nelle loro opere, volti cinesi soffusi di compassione furono innestati su figure che comunicavano con i devoti attraverso il linguaggio delle *mudra*, gli antichi gesti della danza indiana. La tradizione tipicamente indiana della recitazione episodica per immagini influenzò la struttura narrativa della letteratura e del teatro cinesi, e i modi musicali indiani trovarono spazio nella musica cinese.[25]

In breve tempo, le dottrine e le idee esoteriche del buddhismo permearono ogni strato della società cinese. In particolare, le tradizionali concezioni di tempo e spazio, dell'aldilà, dei paradisi e degli inferni mutarono radicalmente con l'introduzione del buddhismo e del ricco bagaglio di idee, concetti e presupposti indiani che ne costituivano il fondamento filosofico, contribuendo a plasmare la visione buddhista dell'universo.

A poco a poco, l'Asia meridionale si trovò a occupare una posizione unica nell'ordine mondiale cinese. La disseminazione delle dottrine buddhiste e le rappresentazioni idealizzate dell'India che si diffusero in Cina contribuirono a ridefinire il Subcontinente indiano come la terra santa del buddhismo: un luogo unico, esterno al Regno di Mezzo ma rispettato sul piano culturale e spirituale come una civiltà di pari dignità rispetto alla Cina. Questo processo gettò le basi per una colossale trasformazione culturale.[26]

Nel V secolo la Cina era divisa tra Nord e Sud. Nel 386 il khan Tuoba Gui guidò la sua tribù turca oltre la Grande Muraglia, stabilendosi nello Shanxi e fondando la dinastia straniera dei Wei Settentrionali nel cuore della Cina del Nord. I suoi successori furono convertiti al buddhismo da un monaco cinese, e la nuova religione si diffuse rapidamente fra i turchi.

Il regno dei Wei Settentrionali fu il primo a elevare il buddhismo a religione di Stato dopo la caduta dell'Impero kushana. Negli anni successivi i turchi assoggettarono numerosi popoli confinanti, consolidando il proprio potere e unificando gran parte della Cina settentrionale. Fecero persino delle antiche città Han di Chang'an e Luoyang le proprie capitali. Ben presto, gli imperatori Wei iniziarono a costruire templi in onore dei propri antenati, ad adottare i riti confuciani, a ripristinare una burocrazia sul modello Han e, in generale, a conformarsi agli usi e alle tradizioni cinesi.

Promossero con fervore il buddhismo mahayana, ma lo sottoposero a un processo di sinizzazione. Nelle prime fasi del loro regno, i Wei Settentrionali scolpirono le grotte di Yungang nei pressi della loro prima capitale, Datong, e costruirono un centinaio di monasteri. Migliaia di monaci eruditi e di artigiani si trasferirono nel Nord-Ovest per beneficiare del patrocinio e della protezione offerti dalla dinastia. Più tardi, i Wei Settentrionali realizzarono le ancor più imponenti grotte di Longmen presso la loro seconda capitale, Luoyang, dotandole di un migliaio di monasteri buddhisti.[27]

Nelle monumentali statue del Buddha scolpite dai Wei Settentrionali nei complessi di Yungang e Longmen, dalle linee slanciate e armoniose, ogni distinzione tra il salvatore buddhista e l'imperatore regnante è deliberatamente sfumata. Il Buddha è rappresentato con tratti somatici turchi, ma indossa abiti imperiali cinesi anziché la consueta tunica indiana. L'intento dei committenti era quello di fondere simbolicamente l'autorità del Buddha con quella dell'imperatore Wei, che esercitava il potere sia temporale sia spirituale, legittimando l'idea che il sovrano e il Buddha Cosmico fossero un tutt'uno. Queste sculture colossali, le prime del loro genere, combinavano elementi ellenistici, iranici, indiani e cinesi, e ispirarono i celebri Buddha di Bamiyan, in Afghanistan, eretti qualche generazione dopo da una dinastia turca buddhista rivale.[28]

I sovrani della Cina del Nord e quelli del Sud divennero ferventi sostenitori della fede buddhista. Donavano terre ai monasteri e offrivano persino le proprie residenze di campagna ai monaci, trasformandole in eremi e luoghi di ritiro spirituale. Un monaco cinese riferisce che all'apice della dinastia Wei Settentrionale si contavano 47 « grandi monasteri di Stato », oltre a 839 fondati da membri della famiglia reale o della nobiltà e fino a 30.000 costruiti da comuni cittadini. Anche nel Sud il buddhismo prosperava, sebbene in misura più contenuta: secondo lo stesso cronista, a sud dello Yangtze si contavano 2846 monasteri e 82.700 monaci.[29]

Tuttavia, questa situazione era destinata a cambiare. Nel VI secolo il Sud fu unificato da un altro devoto monarca buddhista, l'imperatore Wu della dinastia Liang (r. 502-549). Wu sfruttò scaltramente i riti e la magia buddhisti, le leggende associate al re Ashoka e il concetto indiano di *chakravartin raja*, « il re che fa girare la ruota [della legge] », per legittimare la propria ascesa al trono. Uomo colto, poeta e fondatore di università, accolse i missionari buddhisti indiani e promosse la riproduzione delle loro opere d'arte portatili. Il suo generoso patrocinio di monaci e monasteri e il suo impegno nella ricerca di reliquie, nella costruzione di stupa e nella diffusione del vegetarianismo divennero leggendari.[30]

Conosciuto negli ultimi anni del suo regno come l'Imperatore Bodhisattva, Wu proibì i sacrifici animali e ridusse drasticamente il numero delle esecuzioni capitali. Celebre per le sue dimostrazioni pubbliche di pietà buddhista, in un'occasione si « offrì » letteralmente come schiavo a un tempio buddhista, costringendo poi i suoi ministri a « riscattarlo ». Nel 504, in occasione del compleanno del Buddha, obbligò la sua famiglia, i nobili di corte e tutti i funzionari a rinunciare al taoismo e a convertirsi al *dharma* buddhista.

Durante il regno di Wu, secondo una leggenda posteriore, sarebbe arrivato in Cina dal Sud dell'India un monaco buddhista di nome Bodhidharma. Talora identificato con un principe pallava di Kanchipuram, a sud-ovest di Chennai, Bodhidharma sarebbe giunto alla corte imperiale portando con sé i nuovi insegnamenti del buddhismo Chan e le arti marziali indiane. L'udienza, tuttavia, non ebbe successo. Durante una brusca apparizione a palazzo, l'eccentrico Bodhidharma, allora presumibilmente centocinquantenne, dichiarò davanti alla corte che le generose donazioni imperiali alle istituzioni buddhiste erano mere illusioni e non avevano generato alcun merito spirituale. Poi, indignato, il monaco guerriero lasciò il palazzo e si diresse verso la Cina settentrionale, attraversando, secondo la leggenda, il fiume Yangtze su un'esile canna.

Lì Bodhidharma si sarebbe ritirato in una piccola grotta sul monte Song, sopra il nuovo monastero Shaolin, dove avrebbe perfezionato antiche tecniche indiane di autodifesa yogica contro gli animali selvatici, prima di immergersi per nove anni in una meditazione silenziosa e immobile, rivolto verso una parete. Rimase così fermo che la sua ombra si sarebbe impressa sul muro, dove, almeno secondo i fedeli, fu visibile per secoli. Alla fine, Bodhidharma lasciò il suo rifugio per divenire il padre fondatore del buddhismo Zen in Cina.[31]

Nell'arte Zen, Bodhidharma è raffigurato come un grosso e possente monaco guerriero indiano avvolto in un mantello rosso, con barba e capelli lunghi, sopracciglia folte e un'espressione arcigna. Gli insegnamenti marziali da lui trasmessi, che includono l'uso della « canna di Bodhidharma », un bastone con un'impugnatura a T e una punta metallica all'estremità inferiore, furono scrupolosamente tramandati dai suoi seguaci nel celebre monastero Shaolin. Queste tecniche combinavano lo stile di combattimento indiano con il *gongfu* cinese, e col tempo diedero vita al kung fu che conosciamo oggi.

L'intransigenza degli insegnamenti di Bodhidharma gli procurò sia discepoli fedeli sia potenti avversari, e si diceva che alla fine fosse stato avvelenato da due monaci rivali. Tuttavia, poco tempo dopo la sua presunta morte, un emissario cinese di ritorno dall'India riferì sbigottito di averlo visto vagare solo e scalzo, ma con una scarpa in mano, sull'altopiano del Pamir. Quando la tomba di Bodhidharma fu aperta, risultò vuota, a eccezione dell'altra scarpa.

Questo episodio alimentò la diffusa credenza che Bodhidharma fosse immortale, che il suo decesso fosse stato solo una messinscena e che chiunque desiderasse apprendere le arti marziali indiane potesse evocarlo all'istante attraverso un'intensa meditazione.[32]

Nel 580-581 d.C. il generale Yang Jian – il futuro imperatore Wen (r. 581-604) – ascese al trono del Nord, ordinò l'esecuzione di cinquantanove membri della famiglia del suo predecessore e proclamò l'inizio della dinastia Sui. Aristocratico del Nord, di corporatura imponente e dal carattere risoluto, Yang Jian proveniva da una famiglia che aveva abilmente intrecciato alleanze matrimoniali con i turchi invasori. Era asceso rapidamente nei ranghi militari e aveva preso il potere grazie a una combinazione di forza, spietatezza, tenacia e una buona dose di fortuna.[33]

Ben presto iniziò a formare un esercito senza precedenti, forte di mezzo milione di uomini, e a costruire granai, canali e strade per consentirne lo spostamento rapido e in massa. Parallelamente, creò una vasta flotta fluviale, dotata di alcune delle imbarcazioni più formidabili della storia navale cinese: le navi da guerra Drago Giallo, colossi a cinque ponti che superavano i trenta metri sopra la linea di galleggiamento. Ciascun ponte pullulava di oblò per balestrieri, e le navi disponevano di sei bracci mobili, lunghi quindici metri, progettati per frantumare le imbarcazioni nemiche.

Nel 589, ultimati i meticolosi preparativi, l'imperatore lanciò la sua flotta lungo lo Yangtze e attraverso la Gola delle Streghe, scatenando un massiccio assalto anfibio su otto fronti contro il regno del Sud. La campagna ebbe uno straordinario successo: nel giro di poche settimane, Yang Jian catturò l'imperatore rivale e riunificò l'intero Paese per la prima volta dalla caduta della dinastia Han, avvenuta più di trecento anni addietro.[34]

In ragione della sua spietatezza e del suo talento per la guerra offensiva, l'imperatore Wen potrebbe sembrare un improbabile seguace della pacifica via buddhista. Tuttavia, si distinse come uno dei più accesi sostenitori del *dharma* nella storia cinese. Nato in un tempio buddhista e cresciuto da una monaca, come primo atto ufficiale dopo la sua ascesa al trono ordinò la costruzione di un monastero buddhista ai piedi di ciascuna delle cinque montagne sacre della Cina. Nello stesso anno decretò l'edificazione di altri cinque monasteri in altrettante località legate alla nuova dinastia regnante. Revocò le restrizioni imposte alla comunità buddhista, autorizzando la realizzazione di nuovi monasteri in tutto il Paese e la ristrutturazione di quelli esistenti. Ogni famiglia fu chiamata a contribuire economicamente alla fusione di immagini sacre e alla copiatura di testi buddhisti.[35] Nel 583 il monaco buddhista indiano Narendrayashas realizzò una serie di traduzioni dal sanscrito, nelle quali sosteneva che l'imperatore Wen fosse in realtà un bodhisattva incarnato.

Non passò molto tempo prima che l'imperatore Wen dichiarasse che il Buddha gli aveva personalmente affidato il compito di riunire e governare la Cina, e attribuisse i suoi successi militari ai poteri magici derivanti dal buddhismo. «Con la forza armata di un re *chakravartin,*» scrisse «diffondiamo gli ideali dell'Illuminato per eccellenza. Con cento vittorie in cento battaglie, promuoviamo la pratica delle dieci virtù buddhiste. Pertanto, consideriamo le armi da guerra al pari di offerte d'incenso e fiori presentate al Buddha, e i campi di questo mondo come eternamente identici alla Terra del Buddha».[36]

Il nuovo imperatore riconobbe nel buddhismo un'ideologia capace di sanare il Paese e ricomporre le fratture acuite da tre secoli di divisione. Tuttavia, tra il Nord e il Sud non correva buon sangue, specialmente dopo le brutali violenze della recente conquista. I meridionali consideravano i settentrionali dei semibarbari e paragonavano la loro poesia al «latrare di cani e ragliare di asini». I settentrionali, dal canto loro, ritenevano i meridionali patetici, effeminati e smidollati.[37] Nel tentativo di unificare le due parti del suo regno a lungo separate, l'imperatore avviò la costruzione di canali e vie navigabili e istituì un'amministrazione unica per il Nord e il Sud. Allo stesso tempo, seguendo l'esempio di Ashoka, distribuì reliquie buddhiste in tutto il regno, creando così una sorta di rete di protezione spirituale a complemento delle difese temporali che andava erigendo.[38]

In tre distinte occasioni il nuovo imperatore inviò gruppi di trenta monaci «ben versati nel *dharma* e abili nel proselitismo», ciascuno affiancato da due assistenti e da un funzionario laico, con il compito di distribuire reliquie buddhiste in tutte le prefetture e di costruire stupa per custodirle. Una volta completato ogni stupa, veniva proclamato un giorno di festa, durante il quale si celebrava un banchetto per la sua consacrazione. L'imperatore incaricò persino uno storico di corte di documentare i miracoli – apparizioni di luci soprannaturali, guarigioni inspiegabili – che avrebbero accompagnato la distribuzione delle reliquie. Alla fine del suo regno, pare che l'imperatore Wen avesse autorizzato l'ordinazione di 230.000 monaci e monache, la costruzione di 3792 monasteri, la ricopiatura di

132.086 rotoli di *sutra* e la realizzazione di 106.580 immagini sacre.[39]

Il buddhismo era ormai diventato un elemento onnipervasivo della vita a tutti i livelli della società cinese. Santuari e monasteri buddhisti costellavano il territorio, mentre i pinnacoli dorati di templi e pagode dominavano il profilo delle città. Era impossibile attraversare la Cina senza imbattersi in monaci dagli abiti grigi, in viaggio verso un nuovo stupa. Il rintocco delle campane dei templi e il salmodiare dei *sutra* riempivano l'aria ovunque.

La vita religiosa buddhista, incentrata sulla preghiera e sulla meditazione, era divenuta una scelta comune per chi desiderava ritirarsi dal mondo. I conventi, alcuni dei quali di straordinaria bellezza, divennero rifugi per vedove aristocratiche e per cortigiane di principi defunti. Nel frattempo, il buddhismo popolare si era diffuso negli innumerevoli bazar della Cina rurale, e una rete di grotte e santuari buddhisti iniziò ad attirare pii pellegrini in tutto l'entroterra.[40]

Ben presto anche i monaci indiani cominciarono a intraprendere il pellegrinaggio verso le montagne sacre, i templi e gli stupa della Cina, attratti dalla fama crescente delle loro qualità miracolose, che si spargeva ovunque nel mondo buddhista. Ad esempio, la Grotta dei Diamanti sul monte Wutai, nello Shanxi, divenne nota come la dimora del bodhisattva Manjushri e, a partire dal VI secolo, iniziò ad accogliere un flusso continuo di devoti non solo dalla Cina, ma anche dall'estero: alcuni pellegrini affrontavano il viaggio dal Kashmir, altri giungevano addirittura da Bodh Gaya, il luogo dell'Illuminazione del Buddha. Il Regno di Mezzo si stava lentamente trasformando in un'estensione della terra santa buddhista indiana.[41]

Se i monaci buddhisti indiani erano sempre più frequenti e rispettati sulle strade delle due capitali cinesi di Chang'an e Luoyang, i monaci cinesi divennero una presenza altrettanto abituale in Asia Centrale e in India, in particolare nei centri di pellegrinaggio e insegnamento buddhisti come Naw Bahar, presso Balkh, e nelle celebri università monastiche del Bihar: Vikramashila, Odantapura, Somapura e la più grande di tutte, Nalanda.[42] Quest'ultima, allora al suo apice, era l'indiscusso centro intellettuale del buddhismo mahayana.

Nonostante l'inizio promettente, tuttavia, la dinastia Sui durò soltanto due generazioni. Quando iniziò a crollare, nei primi anni del VII secolo, appena due decenni dopo la sua ascesa, il suo posto fu usurpato dai Tang, una nuova dinastia fondata dal generale ribelle Li Yuan e consolidata da suo figlio, che avrebbe assunto il nome imperiale di Taizong. Uno dei primi editti del nuovo imperatore, emanato poco dopo la conquista di Chang'an per arginare il banditismo, ordinò la chiusura delle frontiere occidentali e stabilì che chiunque le varcasse sarebbe stato considerato un nemico dello Stato.

Tra coloro che ne subirono le conseguenze vi era il dotto monaco buddhista Xuanzang.

Quando la sua richiesta di un permesso di viaggio fu respinta, Xuanzang lasciò di nascosto Chang'an alle prime luci dell'alba per iniziare il lungo e faticoso cammino verso occidente.

Dopo aver percorso ottocento chilometri a piedi, raggiunse Liangzhou, dove tentò di acquistare un cavallo, ma fu notato dalla polizia locale mentre contrattava nel bazar. Il governatore lo fece arrestare e gli intimò di tornare indietro. Ignorando l'ordine, Xuanzang si allontanò nuovamente prima dell'alba, lasciando in segreto la città per proseguire il viaggio. In risposta, le autorità Tang emisero contro il monaco un formale mandato di cattura, costringendolo a viaggiare di notte e a nascondersi durante il giorno per evitare l'arresto.

Raggiunta Guazhou, sul margine orientale del bacino del Tarim, Xuanzang si trovò di fronte a un'immensa distesa desertica che si estendeva per oltre un milione di chilometri quadrati. Qui lo attendeva una nuova sfida: le rare sorgenti erano presidiate da torri di guardia. Percorrendo a cavallo le sabbie desolate del deserto, senza una guida, affidandosi unicamente a una pista contrassegnata da « scheletri e letame », Xuanzang riuscì a trovare la prima sorgente:

> Temendo di essere avvistato dalle sentinelle, si nascose in un fosso sabbioso, restando immobile fino al calar della notte. Quindi si avvicinò al lato occidentale della torre, dove scorse dell'acqua. Si chinò per bere e lavarsi le mani, ma mentre riempiva nuovamente la borraccia, una freccia sibilò nell'aria, sfiorandogli il ginocchio. Un istante dopo, ne seguì un'altra. Rendendosi conto di essere stato scoperto, esclamò ad alta voce: « Sono un monaco della capitale! Non tirate! ».[43]

Il capitano della torre di guardia, un devoto buddhista, sfidando l'ordine di arrestare Xuanzang decise di aiutarlo. Gli offrì del cibo, riempì la sua borraccia e gli diede focacce di grano per il viaggio. Gli indicò dove trovare sorgenti incustodite e lo accompagnò personalmente nel primo tratto del cammino:

> Oltre quel punto c'era il deserto di Moheyan, che si estendeva per ottocento *li* [circa quattrocento chilometri]. Nessun uccello solcava il cielo, nessuna bestia vagava sulla terra; non vi erano né acqua né erba. Ora il Maestro aveva solo la sua ombra per compagna di viaggio, e non poteva far altro che recitare incessantemente il nome del bodhisattva Avalokiteshvara ... Dopo aver percorso più di cento *li*, perse l'orientamento e non riuscì a trovare la Sorgente del Cavallo Selvaggio. Cercò di bere dalla borraccia, ma le mani ormai fiacche la lasciarono cadere, e l'acqua che avrebbe dovuto sostenerlo nel viaggio si disperse in un istante ... Per quattro giorni e cinque notti non ebbe nemmeno una goccia per inumidirsi la gola; bocca e stomaco gli si inaridirono completamente.[44]

Fu il suo cavallo a salvarlo. « All'improvviso cambiò direzione e si rifiutò di tornare indietro, per quanta forza egli applicasse alle redini ... Dopo qualche *li*, il Maestro scorse un pascolo e [poco oltre] uno stagno d'acqua dolce e limpida ».[45]

Xuanzang si ritrovò nella regione dei piccoli regni-oasi buddhisti che fiancheggiavano il deserto. Per alcune centinaia di chilometri, il cammino diventò più agevole: venne accolto e assistito da una comunità buddhista dopo l'altra e, in diverse occasioni, fu persino invitato a corte e onorato dai sovrani delle città-oasi: « Il re, preceduto e seguito dai suoi attendenti che reggevano torce accese, gli andò personalmente incontro. Lo fece accomodare dietro una preziosa tenda, allestita in un padiglione a più piani nella corte interna. Lo venerò e lo interrogò con grande cordialità sul suo viaggio ».[46]

Ancora oltre, però, si ergeva il Pamir.

> Le montagne erano pericolosamente scoscese e così alte che sembravano toccare il cielo. Sin dall'alba dei tempi erano coperte da ghiaccio e neve che, accumulandosi, avevano formato ghiacciai perenni, che non si scioglievano neppure in primavera o in estate. Una nebbia gelida si mescolava alle nuvole e, alzando lo sguardo, non si scorgeva altro che un'immensa distesa bianca senza confini. Frane e valanghe sbarravano continuamente il cammino, rendendo difficile avanzare sui ripidi sentieri montani. Un vortice incessante di nevischio faceva tremare dal freddo persino chi indossasse calzature doppie e pesanti pellicce. Non vi era un solo angolo asciutto dove fermarsi a riposare o a mangiare. Non restava che cucinare appendendo la pignatta e coricarsi direttamente sul ghiaccio ... Il sentiero che si snodava tra le montagne era lungo e pericoloso, ma così stretto da consentire il passaggio a una sola persona per volta.[47]

Xuanzang continuò l'arduo viaggio attraverso i passi dell'Asia Centrale, fermandosi prima a Samarcanda, che allora era un importante centro zoroastriano, e poi a Balkh. Qui sorgeva uno dei più grandi centri di insegnamento buddhisti dell'epoca, Naw Bahar, il « Nuovo Monastero ». Xuanzang vi si trattenne per alcune settimane, dedicandosi allo studio dei testi sanscriti conservati nella sua celebre biblioteca, la più ricca dell'Asia Centrale. Nella tappa successiva, a Bamiyan, Xuanzang lasciò la prima descrizione superstite dei celebri Buddha giganti, allora recentemente scolpiti, che svettavano al centro di un vivace complesso monastico buddhista. Questo ospitava dieci monasteri e diverse migliaia di monaci, che lo accolsero con grande calore e lo portarono a visitare e venerare tutti i luoghi sacri. A nord-est della città reale, ai piedi di una collina, si ergeva una statua in pietra del Buddha in posizione eretta, alta cinquanta metri. A est della statua si trovava un monastero, e a est di questo sorgeva un'imponente statua in bronzo del Buddha Shakyamuni, anch'essa in posizione eretta, alta trenta metri. All'interno del monastero, invece, vi era un'immagine del Buddha in posizione reclinata, lunga trecento metri, raffigurato nella postura dell'ingresso nel *nirvana*. Tutte queste immagini erano splendidamente decorate.[48]

Ma, mentre proseguiva il suo cammino verso il Gandhara, un tempo uno dei principali centri intellettuali del mondo buddhista, patria di Asanga, Vasubandhu e di molti tra i più profondi pensatori delle tradizioni Mahayana e Yogacara, Xuanzang iniziò a rendersi conto, con sorpresa e delusione, che quanto più si avvicinava alla terra d'origine del buddhismo in India, tanto più i luoghi sacri buddhisti apparivano diroccati e fatiscenti. Molti di essi versavano in uno stato di totale abbandono ed erano «soffocati dalle erbacce», mentre di alcuni dei monasteri più grandi non restavano che fondamenta sgretolate, «rovesciate e distrutte». Più avanzava, più constatava che ormai era l'induismo brahmanico, e non il buddhismo, la fede più fiorente. «Vi sono circa cento templi dedicati ai *deva*, dove risiedono vari non buddhisti» annotò in riferimento a un sito sacro del Gandhara. «I monasteri sono ormai in desolazione e il numero dei monaci è diminuito».[49]

Xuanzang attribuì la distruzione dei monasteri buddhisti a un sovrano in particolare: Mihirakula, il capo degli Unni Bianchi, morto nel 542 d.C., circa un secolo prima che il monaco intraprendesse il suo pellegrinaggio. Lo descrisse come il più spietato nemico del buddhismo, sostenendo che avesse promulgato un decreto per distruggere tutti i monasteri buddhisti in India e «sovvertire la legge del Buddha». Stando al resoconto di Xuanzang, Mihirakula avrebbe abbattuto milleseicento monasteri nel solo Gandhara e avrebbe ucciso o venduto come schiavi novemila monaci.[50]

Vi erano tuttavia anche altre cause, meno evidenti, del declino della fede tanto cara a Xuanzang. Dopo la caduta della dinastia Maurya, il buddhismo aveva progressivamente perso la sua posizione privilegiata come religione favorita dei sovrani dell'India settentrionale.[51] L'ascesa della dinastia imperiale dei Gupta, intimamente legata al brahmanesimo, aveva dato impulso allo sviluppo e alla diffusione di un nuovo tipo di induismo basato su princìpi che avrebbero trovato la loro forma definitiva nelle sacre scritture dei Purana e che trasferivano il fulcro della pratica religiosa dai sacrifici vedici, officiati su altari temporanei di mattoni, all'adorazione di immagini finemente scolpite.[52] L'accento si spostò sulla devozione personale e intensa verso divinità tangibili, soprattutto Shiva, Vishnu e Devi, la Grande Dea. Negli antichi rituali vedici le preghiere venivano indirizzate agli dèi nel cielo; ora, invece, la divinità veniva accolta e venerata sulla terra. I brahmani invitavano gli dèi a incarnarsi negli idoli, che erano poi installati in templi di pietra permanenti in cui i devoti potevano recarsi per ricevere il *darshan* – incontrare lo sguardo del dio – e offrire doni e preghiere, o *puja*.

Questa innovazione si rivelò estremamente popolare tra i comuni fedeli, e congeniale ai sovrani e ai signori della guerra, per i quali la retorica puranica, che esaltava la regalità guerriera, risultava molto più attraente rispetto al pacifismo incruento del buddhismo.[53] Inoltre, questa evoluzione coincise con un'epoca in cui, nel Gandhara e nell'India centrale, i monaci del Sangha buddhista tendevano sempre più a ritirarsi entro le mura dei propri monasteri e a mostrare un interesse limitato verso le necessità spirituali dei fedeli laici. Il risultato fu una graduale migrazione di devoti e pellegrini dal buddhismo verso il nuovo induismo, accompagnata da un costante declino del patrocinio regale ai monasteri buddhisti e al Sangha.[54]

Il buddhismo in India sarebbe sopravvissuto per diversi secoli, soprattutto nel Nord e nell'Est del Subcontinente, nelle fiorenti e culturalmente vivaci regioni di confine come il Bengala, il Bihar, l'Orissa e il Kashmir, così come lungo le coste meridionali. Via via, divenne però una religione minoritaria, sempre più eclissata dall'ascesa dell'induismo.[55] In molte aree dell'India, come Xuanzang poté osservare avvicinandosi al cuore della piana gangetica, i siti di pellegrinaggio buddhisti erano abbandonati o occupati da comunità induiste o jainiste. Solamente ai margini geografici del Sudasia il buddhismo continuava ad avere il sostegno dei sovrani e della maggioranza della popolazione.[56]

Quando Xuanzang varcò il confine dell'India nei pressi del monastero frontaliero di Hadda, a ovest di Jalalabad, il pericolo rappresentato da ladri e banditi si fece ancora più pressante.

Per maggiore sicurezza, il monaco decise di unirsi a una carovana di mercanti, ma fu comunque assalito e derubato mentre attraversava il Jammu. Xuanzang riuscì a fuggire col favore delle tenebre e a dare l'allarme, perdendo così soltanto i suoi averi.

Tutti piangevano disperatamente, tranne il Maestro, che sorrideva senza mostrare alcun segno di afflizione. I suoi compagni di viaggio gli chiesero: « Ci hanno derubato di tutti gli abiti e del denaro per il viaggio, ci è rimasta soltanto la vita. Come puoi essere di buon umore? ». Il Maestro rispose: « La vita è il bene più prezioso. Finché la conserviamo, non vi è nulla di cui preoccuparsi. Tra il Cielo e la Terra, il tesoro più grande è la vita stessa. Poiché la possediamo ancora, non abbiamo perso il vero tesoro. Non c'è motivo di rattristarsi per cose effimere come abiti e denaro ».[57]

Tuttavia, problemi ben più gravi erano in agguato. Una volta giunto nelle pianure, Xuanzang si imbarcò su un naviglio per discendere il Gange insieme ad altri ottanta passeggeri.

Dopo avere percorso circa cento *li*, giunsero in un tratto del fiume dove folti e rigogliosi boschi di alberi di ashoka ricoprivano entrambe le rive. All'improvviso, dalla vegetazione emerse una dozzina di barche di pirati, che si diressero verso di loro remando controcorrente. I passeggeri del naviglio furono presi dal panico e, nella confusione, alcuni si gettarono nel fiume. I pirati costrinsero la nave ad attraccare, ordinarono ai prigionieri di spogliarsi e li perquisirono in cerca di gemme e gioielli. Devoti della dea Durga, i pirati erano soliti offrirle in sacrificio ogni autunno un uomo bello e virtuoso per ottenere la sua benedizione. Notando che il Maestro era alto e avvenente, si scambiarono sguardi compiaciuti e mormorarono tra loro: « La stagione del sacrificio [*durga puja*] è vicina ... Non sarebbe forse propizio offrire costui in sacrificio? ».

I pirati cominciarono a erigere un altare sacrificale in una radura nel bosco, ricoperta di fiori. Xuanzang, senza mostrare alcun segno di timore, si preparò ad affrontare la morte e chiese il permesso di recitare le ultime preghiere. Poi si immerse in meditazione, visualizzando il Buddha Maitreya, e pregò di poter rinascere nel cielo di Tushita, dove sperava di ricevere i testi dello Yogacara che lo avevano condotto fino in India. Profondamente assorto nella sua trance meditativa, era completamente ignaro di ciò che accadeva intorno a lui.

Tutti i suoi compagni di viaggio piangevano, levando alti lamenti. A un tratto, dai quattro angoli dell'orizzonte si levò un vento nero e impetuoso, che sradicò gli alberi e sollevò dense nubi di sabbia. Le onde del fiume si ingrossarono, rovesciando le barche. Presi dal terrore, i pirati si rivolsero ai viaggiatori: « Chi è questo monaco e da dove viene? ». Quelli risposero: « È un monaco cinese in cerca del *dharma*. Se lo ucciderete, vi macchierete di un peccato imperdonabile. Questa tempesta è un segno dell'ira divina. Vi esortiamo a pentirvi immediatamente ». Atterriti, i pirati si prostrarono l'uno dopo l'altro davanti al Maestro, implorando perdono con profondo rimorso. Xuanzang, tuttavia, era ignaro della loro presenza. Solo quando lo toccarono, aprì gli occhi e [inconsapevole di quanto fosse accaduto] chiese loro: « È giunto il momento? ».[58]

Dopo sei lunghi anni di viaggio, Xuanzang si stava ormai avvicinando alla sua meta. Per di più, stava percorrendo le stesse strade calcate dal Buddha. Ogni giorno si trovava a passare per i luoghi sacri del buddhismo di cui aveva letto sin dall'infanzia: Shravasti, teatro del grande miracolo in cui il Buddha si era moltiplicato per apparire simultaneamente nei vari regni terrestri e celesti; Sarnath, dove aveva pronunciato il Primo Sermone; le rovine di Patna, l'antica Pataliputra, dove Ashoka si era convertito al buddhismo; Kapilavastu, dove la regina Maya aveva dato alla luce il Buddha – sebbene la sua camera da letto fosse ora « deserta e in rovina »; Bodh Gaya, il luogo della sua Illuminazione, dove Xuanzang constatò allibito che l'imponente albero sotto cui il Buddha aveva meditato non esisteva più, poiché « re malvagi lo avevano abbattuto e distrutto; oggi l'albero misura solo quindici metri d'altezza ».[59]

Dieci giorni dopo il suo arrivo a Bodh Gaya, quattro monaci in delegazione vennero a trovarlo. Provenivano da Nalanda e avevano saputo che un eminente studioso buddhista era giunto dalla lontana Cina per studiare presso di loro. Erano lì, dissero, per scortarlo dal Venerabile Shilabhadra, che attendeva il suo arrivo.

Quando Xuanzang giunse alla grande università monastica di Nalanda, dopo sei anni di avventure, fu accolto da una folla di duecento monaci e mille devoti laici, che gli andarono incontro « recando stendardi, baldacchini, fiori e [bruciatori di] incenso ». Una tale accoglienza era un onore raro, poiché Nalanda era nota per la sua selettività, paragonabile a quella di un moderno college di Oxbridge o dell'Ivy League. L'istituzione non ammetteva nella sua confraternita gli aspiranti studiosi senza prima sottoporli a un esame rigoroso. « Ai più è precluso l'ingresso » scrisse Xuanzang con una punta di orgoglio. « La maggior parte di coloro che, provenienti dalle regioni e dai Paesi più diversi, aspirano ad accedere a questo monastero per partecipare alle discussioni, viene respinta dopo un esame preliminare condotto dal portiere. Solo gli studiosi più brillanti, dotati di una profonda conoscenza delle cose antiche e moderne, vi sono ammessi ».[60]

Persino Xuanzang, il più acclamato studioso cinese del suo tempo, varcò i sacri portali di Nalanda in ginocchio.

Seguendo i riti locali, si accostò al Venerabile Shilabhadra «con la massima reverenza, avanzando carponi, baciò i piedi del maestro e si prostrò in segno di omaggio».[61] Quando alzò lo sguardo, tuttavia, notò che Shilabhadra stava piangendo. L'anziano maestro chiamò quindi suo nipote, il monaco Buddhabhadra, perché rivelasse il motivo di tanta commozione.

Tre anni prima, spiegò Buddhabhadra, durante un periodo di digiuno, Shilabhadra aveva avuto la visione di «tre esseri celestiali. Il primo aveva il colore dell'oro, il secondo del lapislazzuli e il terzo dell'argento». I tre si rivelarono essere i bodhisattva Avalokiteshvara, Manjushri e Maitreya, e pronunciarono una profezia: «Un monaco cinese, devoto al grande Dharma e desideroso di apprendere, verrà a cercarti. Attendi il suo arrivo e poi istruiscilo».[62]

All'udire che il suo pellegrinaggio era stato predetto dallo stesso bodhisattva Manjushri, Xuanzang fu sopraffatto dall'emozione. Nulla lo aveva preparato a un'accoglienza simile, e tanto meno si aspettava l'imponenza e lo splendore del più grande e rinomato monastero buddhista del suo tempo. «Dal momento che l'intero complesso era stato costruito dai re di diverse dinastie successive,» annotò «gli edifici erano stati realizzati dai carpentieri più abili, impiegando strumenti rari come i ceselli ricurvi. Questo conferiva al complesso un aspetto magnifico». La descrizione più dettagliata, tuttavia, ci è stata tramandata dal suo biografo, Huili:

> Sei re edificarono altrettanti monasteri nello stesso luogo, uno dopo l'altro, e da ultimo un recinto di mattoni li racchiuse in un unico complesso con un ingresso comune. Le corti erano separate e suddivise in otto dipartimenti. Eleganti terrazze si innalzavano come stelle nel firmamento, e padiglioni di giada a più piani svettavano maestosi come cime montuose. I templi emergevano tra le nebbie, e i santuari parevano librarsi al di sopra delle nubi rosate. Brezze e vapori si levavano dai portali e dalle finestre, mentre il sole e la luna si alternavano a illuminare le gronde dei palazzi. Ruscelli di acqua cristallina, punteggiati di loti blu e ninfee, gorgogliavano nei cortili. All'interno del recin-

to, gli alberi di sandalo erano in piena fioritura, mentre all'esterno si estendeva un fitto boschetto di manghi.

Le stanze dei monaci, distribuite nei vari dipartimenti, si articolavano su quattro piani. Le travi di colmo erano intagliate con piccoli draghi, mentre quelle laterali erano dipinte nei colori dell'arcobaleno. I montanti verdi creavano un armonioso contrasto con i pilastri cremisi. Le colonne frontali e le ringhiere erano ornate da incisioni raffinate e rilievi scolpiti. I basamenti erano realizzati in giada e le estremità delle travi rifinite con motivi ornamentali. Le creste dei tetti si slanciavano verso il cielo, scintillando alla luce del sole, mentre dalle corde tese tra i cornicioni pendevano sete variopinte. Fra le migliaia di monasteri dell'India, questo era senza dubbio il più magnifico e sublime.[63]

Xuanzang si addentrò nel cuore del *mahavihara*, o «grande monastero», dove, colmo di emozione, eseguì la circumambulazione della biblioteca dei *sutra*, una struttura circolare simile a uno stupa, situata al centro del complesso.[64] Quindi visitò le aule di lezione, gli stupa, i cinque templi e le varie corti che ospitavano i trecento appartamenti individuali destinati ai diecimila monaci e studiosi residenti.[65] A Nalanda non si studiavano solo i testi delle varie scuole del buddhismo mahayana e nikaya, ma anche i Veda, la logica, la grammatica sanscrita, la filosofia, la medicina, la metafisica, la divinazione, la matematica, l'astronomia, la letteratura e persino la magia.[66]

«I monaci di Nalanda, che si contano a migliaia, sono uomini di capacità e talento straordinari» scrisse Xuanzang. «Grande è la loro fama ai nostri tempi. Le regole del convento sono severe e tutti i monaci sono tenuti a osservarle ... La durata del giorno non basta per affrontare e risolvere tutte le profonde questioni che essi sollevano. Dalla mattina alla sera si dedicano alla discussione; i giovani e gli anziani si aiutano a vicenda».[67] Le lezioni si tenevano ogni giorno in cento aule diverse «e gli allievi studiavano con zelo, senza sprecare un solo istante. Tutti i monaci che vi risiedevano erano uomini virtuosi e l'atmosfera del monastero era naturalmente solenne e dignitosa».[68]

Gestire un'istituzione delle dimensioni di Nalanda comportava notevoli sfide logistiche. L'arrivo di Xuanzang in

India coincise con l'instaurazione di un vasto impero nel Nord del Paese sotto il re Harsha, un sovrano straordinario e dall'intelletto vivace, di origini mercantili relativamente umili. Suo padre aveva combattuto con successo contro gli Unni, ricacciandoli dal Paese, e il regno di Harsha si estendeva ora dal Bengala fino all'Indo. Il suo dominio riportò nella regione pace, prosperità e un governo centralizzato, per la prima volta dalla caduta dei Gupta e dall'inizio delle invasioni unne, circa un secolo prima.[69]

Sebbene Harsha fosse di fede induista e avesse appena istituito un precursore del grande festival della Kumbh Mela sulle rive del Gange, fu tuttavia un generoso mecenate del buddhismo, in particolare dei monaci di Nalanda, ai quali donò una monumentale statua in ottone e assegnò una dotazione di oltre cento villaggi.[70] Approvvigionare i monaci eruditi era compito dei capi di queste comunità. Duecento famiglie di ciascun villaggio erano incaricate di rifornirli quotidianamente di carri colmi di riso, latte e burro. Xuanzang registra che, in qualità di ospite d'onore, riceveva ogni giorno, gratuitamente, venti foglie di betel, noci di areca e noce moscata, oltre a trenta grammi di incenso pregiato, quasi mezzo chilo di riso e una quantità illimitata di burro e latte. Per agevolare i suoi spostamenti, gli vennero messi a disposizione due servitori e un elefante.[71]

Studenti e docenti venivano da ogni angolo del mondo buddhista per studiare nel più grande centro di insegnamento del tempo. Conosciamo i nomi di monaci che giunsero a Nalanda, oltre che dalla Cina, dal Nepal, dal Tibet, dallo Sri Lanka, da Sumatra e persino dalla Corea.[72] Di fatto, poco dopo la visita di Xuanzang un intero collegio monastico fu costruito e finanziato dai « Signori delle Montagne », ossia i re Shailendra della remota Indonesia, ferventi buddhisti. A loro si dovette verosimilmente anche la costruzione di Borobudur, il più grande tempio buddhista mai realizzato, che si erge ancora oggi, quasi intatto, negli altopiani orientali di Giava. Un pellegrino cinese di epoca di poco posteriore racconta dell'istituzione di un collegio cinese all'interno del monastero.[73] Fu probabilmente per influenza di Nalanda che iscrizioni in *siddhamatrika* – un sistema di scrittura originario di quest'area, nel Nord-Est dell'India – sono state rinvenute fino in Cina e in Giappone. Uno studioso ha persino suggerito che « Nalanda fosse il centro culturale che dettava il paradigma religioso ed estetico dominante nell'intero mondo buddhista tra l'VIII e il XIII secolo ». Il monastero svolse un ruolo cruciale anche nella diffusione del buddhismo esoterico in Tibet.[74]

La principale attrazione di Nalanda, sita al centro del complesso, era la biblioteca. Secondo il monaco tibetano Taranatha, vissuto in epoca successiva, l'archivio di *sutra* del monastero – probabilmente la più grande biblioteca al mondo dopo la distruzione di quella di Alessandria – era noto come *Dharmaganja*, « Tesoro del *dharma* ». L'edificio, alto nove piani, era suddiviso in tre sezioni: il *Ratnadadhi* o « Mare di Gioielli », il *Ratnasagara* o « Oceano di Gioielli » e il *Ratnaranjaka* o « Delizia di Gioielli ». Qualsiasi manoscritto poteva essere preso in prestito, ma le regole di Nalanda stabilivano che dovesse essere rimesso in un'apposita nicchia nelle celle dei monaci, allineate lungo la corte centrale dalla caratteristica pianta quadrata.[75]

Fu qui che Xuanzang studiò sotto la guida del « grande studioso e incomparabile metafisico » Shilabhadra. Durante tre anni di intensi studi, Shilabhadra svelò a Xuanzang i misteri della filosofia mistica dello Yogacara. In cambio, secondo il sistema in uso a Nalanda, gli allievi erano tenuti a prendersi cura dei loro guru, massaggiandoli, piegando i loro abiti e pulendo le loro celle.

A Nalanda vigeva un regime meticoloso, concepito per favorire una vita di studio e di preghiera. Gli orologi ad acqua scandivano il tempo, mentre il suono dei gong annunciava i momenti riservati alla meditazione e all'apprendimento. Ogni mattina, Xuanzang veniva svegliato nella sua cella di tre metri per tre, situata accanto al chiostro centrale, dal rintocco del grande tamburo. All'esterno c'erano le vasche per le abluzioni mattutine, dopodiché Xuanzang partecipava alle lezioni come uditore e, a volte, come insegnante.[76]

Ogni sera, dopo il servizio cantato, Xuanzang rimaneva sveglio fino a tardi per ricopiare i manoscritti sanscriti che

1. Il bodhisattva Avalokiteshvara, dalla Grotta 1 di Ajanta, ca 475 d.C. È un essere dalla bellezza e dalla compassione sovrumane, raffigurato con gli occhi socchiusi, come sospeso sulla soglia dell'Illuminazione.

2. Quattro volti di recente riportati alla luce, appartenenti al più antico ciclo di affreschi buddhisti conosciuto, dalla Grotta 10 di Ajanta, ca 100 a.C. I dipinti illustrano lo *Shyama Jataka*, che narra la storia di Shyama, un virtuoso abitante della foresta colpito a morte dalla freccia avvelenata del re di Varanasi, ma riportato in vita per insegnare al sovrano il *dharma*.

3. Il celebre capitello leonino di Ashoka a Sarnath, ca 250 a.C.

4. Ashoka inviò suo figlio Mahinda e sua figlia Sanghamitta presso il raja dello Sri Lanka, suo alleato. Mahinda predicò per ventisei giorni in un parco reale nei pressi della capitale, Anuradhapura, attirando folle immense. Nel 250 a.C. il raja si convertì al buddhismo. Monasteri buddhisti furono fondati ad Anuradhapura nel Nord dell'isola (in basso a destra), a Tissamaharama nel Sud (in basso a sinistra), e

nel sito recentemente scavato di Rajagala, sulla cima di una montagna al centro dell'isola, dove un'iscrizione in brahmi attesta che le reliquie di Mahinda furono deposte in un basso stupa (in alto a sinistra).
Dopo la distruzione di Anuradhapura per mano dei Chola nel 993 d.C., la capitale fu trasferita a Polonnaruwa (in alto a destra).

5. Oltre un migliaio di antichi monasteri rupestri costellano ancora oggi i Ghati occidentali. Uno dei monasteri buddhisti più antichi e meglio conservati al mondo è la grande sala di Bhaja, vicino a Pune (in basso a destra). Accessibile attraverso un magnifico arco a ferro di cavallo alto nove metri, la sala conserva mirabilmente intatte le antiche travi in legno della volta, che ricordano la chiglia rovesciata di un'arca primordiale

incagliata nel soffitto roccioso della grotta (in basso a sinistra). I capitelli delle vicine grotte di Bedsa mostrano l'influenza dell'antica scultura persiana, con cavalieri inturbantati che montano animali esotici (in alto a sinistra). A Karla, presso Pune, in una magnifica basilica scavata nella roccia, grande quanto una cattedrale, sei colonne furono donate da uomini che si definivano «Yavana», stranieri convertiti al buddhismo.

6. Le rotte commerciali attraverso il Mar Rosso e il Mar Arabico collegavano le coste dell'India con il mondo romano. Tra le merci scambiate nelle due direzioni vi erano una figurina scolpita in avorio indiano ritraente una cortigiana imbronciata, rinvenuta tra le ceneri di Pompei (prima figura da destra), e calici alessandrini di vetro intagliato, decorati con vivide scene di pesca, caccia e combattimenti tra gladiatori (seconda figura da destra). Rilievi di Amaravati suggeriscono che tra i viaggiatori che vi giunsero per commerciare e stipulare trattati diplomatici vi fossero anche etiopi provenienti da Axum e Adulis (le due figure a sinistra).

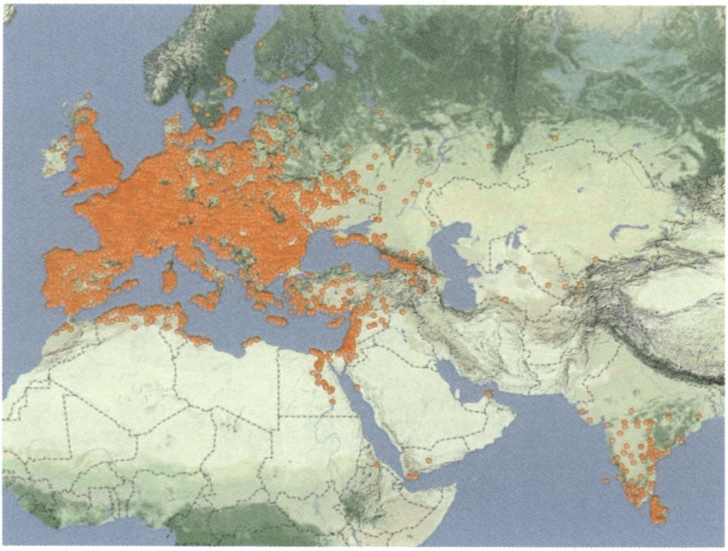

7. La realtà del commercio tra Oriente e Occidente in epoca classica. La mappa mostra l'ubicazione dei tesori monetali romani: nessuno è stato rinvenuto a est dei Pamir o dell'Oxus. Si osserva invece una notevole concentrazione di oro romano lungo le coste dell'India e dello Sri Lanka, nonché a Aden e nei porti del Mar Rosso.

8. Un magnifico Buddha – il primo mai scoperto a ovest dell'Afghanistan – rinvenuto nel 2022 a Berenice, sulla costa del Mar Rosso, in Egitto. Scolpito nel pregiato marmo proconnesio, combina elementi stilistici indo-gandharici, egitto-romani e palmireni. Dallo stile dell'intaglio, gli archeologi che lo hanno scoperto ritengono che la scultura sia stata realizzata in una bottega di Alessandria nel II secolo d.C.

9. Una fortuna accumulata grazie al commercio del pepe potrebbe essere all'origine di un magnifico mosaico del IV secolo che adorna l'abside della lussuosa villa romana di Piazza Armerina, in Sicilia. Il mosaico raffigura una dea dalle sembianze indiane, probabilmente ispirata a un originale indiano, affiancata da un elefante e da una tigre e circondata da viti di pepe nero. L'opera illustra le principali merci d'esportazione dell'India verso il mondo romano: il pepe (che cresce sulle viti dietro la dea), l'avorio, le sete trasparenti e gli animali esotici destinati ai giochi circensi.

10. Il Buddha digiunante, oggi conservato al Museo di Lahore, ca 400 d.C., è forse la più straordinaria – e senza dubbio la più impressionante – tra tutte le sculture del Gandhara.

11. Il monastero di Miran, situato sul margine meridionale del deserto del Taklamakan, nello Xinjiang, venne fondato intorno al 400 d.C. Le sue pareti furono decorate da un pittore che si firmava Tita, o Titus, forse un esule egitto-romano. Gli occhi grandi e luminosi dei suoi soggetti richiamano le raffigurazioni nei monasteri copti del deserto egiziano dello stesso periodo, e diversi pannelli mostrano evidenti affinità iconografiche con l'arte copta, come nel caso di questo papiro che rappresenta Cristo e i suoi discepoli (in basso).

12. L'arte del Gandhara era profondamente radicata nell'arte del primo buddhismo indiano, ma reca anche l'impronta dello stile scultoreo romano e, in particolare, egitto-romano del I e II secolo d.C. Queste mode furono probabilmente introdotte nel Gandhara attraverso beni di lusso importati, come quelli rinvenuti a Bagram, ma forse anche per mezzo di scultori itineranti. Le scene della vita del Buddha scolpite nel Gandhara sono spesso accompagnate da motivi iconografici romani: capitelli corinzi e scene dionisiache di musica, danza e gozzoviglie. Anche la scultura kushana di Mathura riflette influenze egitto-romane, lo si può vedere nella raffigurazione del giovane Rishyashringa (in basso a destra) – la cui storia è narrata sia nei Jataka buddhisti, sia nel *Mahabharata* –, che mostra l'influsso dell'iconografia di Arpocrate, divinità egizia di età tolemaica.

13. Hadda, nei pressi di Jalalabad, fu uno dei principali centri della tarda arte del Gandhara, il cui stile, realizzato soprattutto in terracotta dipinta e dorata, ma anche in gesso, si distingue per la raffinata eleganza e la delicatezza delle forme.

14. Gli scavi di Mes Aynak, nella provincia di Logar, presso Kabul, hanno restituito un ricco patrimonio di sculture di epoca kushana. Sostenuta dai proventi della miniera di rame gestita dai monaci a scopo di lucro, questa enclave buddhista divenne un importante snodo commerciale e culturale. Da questo luogo, idee, religioni, arte, filosofia e saperi dell'India antica si irradiarono oltre l'Hindu Kush.

15. Le monete ellenistiche dei greci di Battriana, come questa di Demetrio I (ca 222-180 a.C.), furono seguite da quelle dei Kushana, che riflettono il loro interesse per molteplici divinità e sistemi religiosi indiani (figura a sinistra). Le monete di Kujula Kadphises (r. ca 40-90 d.C.) offrono alcune delle più antiche rappresentazioni di una figura identificabile con Shiva, ritratto accanto al toro Nandi e con il tridente in mano (seconda figura da sinistra). Sul rovescio di una moneta emessa da Kanishka (r. ca 127-150 d.C.) compare invece l'immagine eretta di un Buddha dai folti baffi, con la mano alzata nel gesto della protezione dalla paura. Sotto la figura, un'iscrizione in caratteri di derivazione greca recita semplicemente: BODDO. Si tratta della prima moneta al mondo a rappresentare il Buddha (figura a destra).

16. Le grotte rupestri di Kizil, nello Xinjiang, Cina occidentale, sono ricche di affreschi fantastici e di visioni surreali. Vi compaiono sant'uomini ritratti come sciamani in levitazione, con bastone e ciotola ancora stretti tra le mani. Altri si raccolgono intorno all'immagine di un Buddha volante, dai cui fianchi, spalle e piedi si sprigionano lingue di fuoco. Oltre a questi vi sono strane creature, come elefanti blu o stormi di oche bianche che si librano attorno a una falce di luna.

intendeva portare con sé in Cina. Nei cinque anni che trascorse nel monastero, accumulò una collezione significativa di rari testi indiani.

Xuanzang ormai considerava Shilabhadra come il suo maestro e Nalanda la sua alma mater; ma tale era la sua determinazione ad accedere alla totalità del sapere buddhista in India che si rifiutò di lasciare la regione prima di aver visitato tutti i più importanti luoghi di pellegrinaggio e di aver cercato altri maestri che potessero aver preservato parti fondamentali della tradizione buddhista.

Dopo cinque anni a Nalanda, Xuanzang intraprese un viaggio circolare attraverso il Subcontinente, che lo condusse fino al grande centro buddhista di Kanchipuram, nel Tamil Nadu. Qui i rifugiati singalesi lo persuasero a modificare il suo itinerario, rinunciando a visitare i maestri yogacara dello Sri Lanka, allora sconvolto da una violenta guerra civile. Xuanzang decise allora di risalire la costa occidentale, facendo tappa nel celebre monastero di Ajanta. Nel 641 tornò a Nalanda, dove trascorse altri due anni affinando la sua conoscenza della grammatica sanscrita e dissipando gli ultimi dubbi sullo Yogacara. Fu allora che ebbe una visione del bodhisattva Manjushri, il quale lo mise in guardia: alla morte di re Harsha, l'India settentrionale sarebbe precipitata nel caos della guerra civile e Nalanda sarebbe stata attaccata e ridotta in cenere. Era giunto il momento di ripartire, lo ammonì il bodhisattva.

Nel 643, dopo oltre un decennio trascorso in India, Xuanzang intraprese un'ultima spedizione, dirigendosi a est, fino ai monasteri del Bengala, prima di annunciare finalmente la sua intenzione di tornare in Cina. « Ho visitato e venerato le sacre vestigia della nostra religione, » dichiarò « e ho ascoltato le profonde esposizioni delle diverse scuole. Ho avuto l'onore di partecipare alle lezioni sullo Shastra della *Yogacarabhumi*, che hanno sciolto le mie ultime perplessità. La mia mente è colma di gioia e il mio soggiorno qui è stato sommamente fruttuoso. Desidero ora tornare in patria per tradurre e spiegare ad altri quanto ho appreso».[77]

I colleghi di Xuanzang a Nalanda erano sconcertati. «L'India è la terra natale del Buddha» replicarono

> e sebbene egli abbia lasciato questo mondo, innumerevoli sono i segni della sua presenza. Quale gioia potrebbe eguagliare quella di visitare i luoghi sacri uno dopo l'altro, venerare il Buddha e cantare le sue lodi? Perché, dunque, desideri partire dopo aver viaggiato così a lungo? Peraltro, la Cina è una terra di *mleccha*, di barbari irrilevanti. È per questo che il Buddha non nacque lì. La mentalità della sua gente è ristretta, e profonda è la sua rozzezza; perciò, né i santi né i saggi vi si recano. Il clima è freddo e il territorio impervio. Pensaci bene.[78]

Ma Xuanzang aveva già preso la decisione. Prima di partire, partecipò a un dibattito organizzato dal grande re Harsha, allora al culmine del suo potere. I due si erano già incontrati. Durante il loro primo colloquio, Harsha aveva interrogato Xuanzang in modo approfondito sulla Cina e sul suo sovrano, sorprendendo il monaco con la sua cognizione degli affari al di là dell'Himalaya. Questo secondo incontro sembra aver dato avvio a un'importante iniziativa diplomatica: negli anni successivi, numerose ambasciate fecero la spola tra Kannauj e Chang'an, trasportando carovane di doni diplomatici. Tra questi vi era un prezioso germoglio dell'albero della Bodhi di Bodh Gaya, che Harsha inviò in dono all'imperatore Taizong, insieme a una piccola biblioteca di testi medici e astronomici buddhisti.[79]

Durante il dibattito seguito all'udienza con il re, il monaco si distinse affrontando sia un filosofo ateo, sia monaci buddhisti theravada, che accusavano i colleghi mahayana di Nalanda di essere degli eretici, chiusi in una torre d'avorio e convinti che tutto sia un'illusione – o «un fiore nel cielo», secondo la metafora indiana. Stando al resoconto di Huili, l'eloquenza di Xuanzang sconfisse tutti gli avversari, smascherandone le contraddizioni di fronte al re.[80]

L'anno successivo, Xuanzang iniziò finalmente il pericoloso viaggio di ritorno, che durò circa due anni, portando con sé un prezioso carico di antichi testi buddhisti fino ad allora sconosciuti in Cina. Erano trascorsi sedici anni dalla sua partenza da Chang'an. Lo stile del suo ritorno si rivelò assai diverso rispetto a quello della sua partenza. Un sovrano locale fornì i fondi necessari a garantire la sicurezza della spedizione in Asia Centrale. La carovana ora includeva seicentocinquantasette libri rilegati in cinquecentoventi astucci, oltre a una vasta collezione di statue e reliquie, ciascuna destinata a diventare un santuario a sé stante in Cina. Xuanzang trasportava inoltre una ricca raccolta di germogli, talee e semi. Per gestire un simile carico, il monaco aveva oltre cento portatori, guardie, settantadue cavalli e altri animali da soma, e viaggiava su un elefante donatogli da re Harsha, che lo aveva ricompensato anche con una borsa piena di denaro e quattro funzionari muniti di lettere diplomatiche destinate ai sovrani delle regioni che avrebbe attraversato, in cui richiedeva libero transito e cavalli freschi.[81]

Un unico incidente turbò il viaggio di ritorno. Giunto in riva all'Indo, Xuanzang perse alcuni dei suoi manoscritti più preziosi quando una tempesta monsonica si abbatté sulla carovana mentre si accingeva ad attraversare il fiume, probabilmente nei pressi di Attock. Sebbene il monaco riuscisse a mettersi in salvo in groppa al suo elefante, un turbine impetuoso si alzò al passaggio delle barche che trasportavano i manoscritti, rovesciando le più piccole. I barcaioli si salvarono, ma la corrente trascinò via cinquanta testi inestimabili, oltre a numerosi contenitori di semi. Xuanzang fu sconvolto dalla perdita, e per parecchi anni scrisse lettere ai suoi amici in India nel vano tentativo di recuperare i manoscritti smarriti.[82]

Verso la fine del 644, quando la carovana raggiunse la città-oasi buddhista di Khotan, sul margine meridionale del deserto del Taklamakan, Xuanzang si premurò di scrivere all'imperatore Taizong, scusandosi di avere lasciato il Paese senza autorizzazione, ma elencando tutti i suoi conseguimenti e lasciando intendere che il suo sapere sarebbe potuto tornare assai utile al sovrano.

Ho compiuto un viaggio di oltre cinquantamila *li* e, nonostante le mille differenze di usanze e di costumi che ho osservato e gli innumerevoli pericoli che ho affrontato, per grazia del Cielo sono tornato illeso, e ora rendo omaggio all'imperatore Tang con il corpo intatto e la mente serena per avere adempiuto i miei voti. Ho venerato l'albero della Bodhi, contemplato tracce mai osservate prima, ascoltato parole sacre mai udite prima e assistito a prodigi spirituali che superano tutte le meraviglie della natura.[83]

Ma Xuanzang non aveva motivo di preoccuparsi. La risposta giunse al monastero in cui si trovava. « Siamo estremamente lieti di apprendere che il maestro sta facendo ritorno dopo aver cercato la Via in terre straniere » scriveva l'imperatore.

Che venga a farci visita al più presto. Porti con sé quei monaci stranieri che conoscono la lingua sanscrita e comprendono i significati delle scritture. Abbiamo già avvisato le autorità di Kustana [Khotan] e di altri Paesi, chiedendo loro di scortare il maestro affinché non gli manchino portatori e cavalli. Inoltre, abbiamo disposto che il governatore di Dunhuang accolga il maestro nel deserto e che il governatore di Shanshan lo riceva presso il fiume Jumo.[84]

All'alba dell'8 febbraio 645 d.C. migliaia di persone e intere comunità di monaci e monache si schierarono lungo le strade per accogliere Xuanzang al suo ritorno nella capitale che aveva lasciato furtivamente sedici anni prima. Inizialmente fu scortato al monastero di Hongfu e, quindici giorni dopo, il 23 febbraio, gli fu concessa un'udienza con l'imperatore Taizong in persona, nel palazzo imperiale di Luoyang.[85]

I buddhisti non avevano sempre goduto di grande popolarità o favore a corte, soprattutto a causa della concorrenza di taoisti e confuciani. Appena vent'anni prima, il Grande Astrologo e sacerdote taoista Fu Yi aveva presentato una petizione in cui chiedeva la repressione della religione del « barbaro Buddha »:

> [Prima di lui] non esistevano divinità barbare tra i mari di smeraldo ... [ma dopo l'introduzione del buddhismo] i barbari malvagi prosperarono e si moltiplicarono. Il popolo prestò ascolto al parlare dissoluto di questi barbari malvagi, distorto come il gracidio delle rane, e così facendo smarrì le radici del confucianesimo ... Frotte di monaci barbari abbagliano gli occhi e le orecchie del popolo ignaro ... Nelle regioni occidentali, i barbari nascono dal fango. Per questo, naturalmente, venerano pagode e statue fatte di fango e argilla.[86]

Atteggiamenti come questo non erano affatto rari. Tuttavia, durante l'assenza di Xuanzang, il nuovo imperatore Taizong aveva consolidato il potere della dinastia Tang anche grazie al sostegno dei monaci guerrieri buddhisti di Shaolin. In segno di gratitudine, in occasione della sua investitura invitò i monaci buddhisti a celebrare nel palazzo imperiale una cerimonia della durata di sette giorni, nel corso della quale furono ordinati tremila monaci. Sebbene negli anni successivi non dimostrasse per il buddhismo lo stesso entusiasmo, Taizong accolse Xuanzang come un eroe, recandosi personalmente ai margini della città per dargli il benvenuto con una grande fanfara.[87]

Nei mesi successivi, l'imperatore interrogò a fondo Xuanzang sui suoi viaggi, informandosi sul clima, i prodotti e i costumi dell'India, e arrivando persino a proporgli di entrare nel governo. Xuanzang declinò l'offerta con diplomazia, osservando che gli mancava la formazione confuciana richiesta ai funzionari statali.[88] Si ritirò invece a Chang'an, dove si stabilì in un monastero reale e, su richiesta dell'imperatore, iniziò a redigere il suo celebre resoconto di viaggio, le *Memorie sulle terre occidentali dei Grandi Tang*, che si affermò rapidamente come il principale testo di riferimento cinese sulla conoscenza dell'India. L'opera affascinò Taizong a tal punto che l'imperatore diede avvio a una serie di missioni diplomatiche in India, con finalità sia spirituali sia politiche. Gli inviati cinesi non solo omaggiarono Nalanda con doni imperiali, ma intrattennero colloqui con i sovrani indiani su come contenere l'espansione dell'Impero tibetano. Le missioni riportarono in Cina anche la tecnologia indiana per l'estrazione dello zucchero di canna.[89]

Nel frattempo, Xuanzang istituì nel suo monastero un Centro per la traduzione dei *sutra*, dotato di una squadra di collaboratori reclutati grazie al patrocinio dell'imperatore: dodici versificatori, nove stilisti, un filologo e uno specialista in lingue e letterature indiane. Ottenne inoltre dall'imperatore l'autorizzazione a costruire una Torre delle scritture sanscrite, ispirata a quella di Nalanda, per custodire i manoscritti che aveva riportato dall'India. Il risultato fu la grande Pagoda dell'Oca Selvatica, una spettacolare biblioteca di *sutra* alta settanta metri che ancora oggi svetta nel centro di Xi'an.[90] L'imperatore ordinò che a Xuanzang fosse garantita tutta l'assistenza finanziaria di cui avesse avuto bisogno.

Negli ultimi anni della sua vita, Xuanzang fu nominato abate del monastero di Chang'an e svolse un ruolo decisivo nell'introduzione del buddhismo nella vita della corte cinese.[91] A sostenerlo in questo processo fu un'alleata del tutto inattesa: una modesta concubina di quinto rango, da poco entrata nell'harem imperiale e che, al momento del ritorno di Xuanzang, aveva già catturato l'attenzione dell'imperatore Taizong.

All'epoca, nessuno avrebbe potuto immaginarlo, ma quella concubina, destinata a diventare l'imperatrice Wu Zetian, avrebbe trasformato radicalmente sia il destino di Xuanzang, sia la posizione del buddhismo in Cina. La loro alleanza avrebbe consacrato il buddhismo come religione di Stato, garantendogli un'influenza senza precedenti presso la corte imperiale e avvicinando il pensiero indiano e quello cinese come mai in passato. L'India non avrebbe più esercitato un simile ascendente nel cuore stesso del mondo cinese.

5
LA QUINTA CONCUBINA

Nel 624 d.C., a un mercante di legnami delle montagne del Sichuan, nel Sud-Ovest della Cina, nacque una bambina. In casa la chiamavano affettuosamente Huagu, ossia «Ragazza in fiore».

Così come la mitologia greca attribuiva a Elena di Troia un'origine divina per giustificarne la straordinaria bellezza, le leggende del Sichuan incorporarono elementi soprannaturali nel racconto del concepimento di Huagu, al fine di spiegare l'aura unica e incomparabile che avrebbe circondato Wu Zetian – l'unica donna, in tremila anni di storia cinese, a fregiarsi del titolo di «imperatore» della Cina anziché di semplice «imperatrice» consorte.[1]

Stando alle storie che ancora oggi si tramandano sulle montagne intorno a Lizhou, la madre di Wu Zetian, la dama Yang (579-670 d.C.), stava navigando sul fiume Jialing quando un drago nero emerse improvvisamente dalle acque. Yang perse i sensi e, rinvenuta, raccontò di aver avuto una visione in cui faceva ardentemente l'amore con il drago. Nove mesi dopo, diede alla luce una semidea: la figlia di un drago celeste disceso sulla terra. La futura imperatrice non soltanto approvò questa versione mitica della sua nascita, ma si adoperò per diffonderla. Ancora oggi, nel vicino tempio di Huangze, una statua di Wu Zetian continua a essere venerata come una divinità.[2]

Al di là della leggenda, la bambina era la figlia di Wu Shiyue (577-635 d.C.), un ricco e ambizioso mercante di legnami di origini aristocratiche. La futura imperatrice nacque relativamente tardi nella vita del padre: Wu Shiyue aveva una cinquantina d'anni ed era già un imprenditore affermato, oltre che governatore di due province. Ma Wu Shiyue non era solo ricco: era anche un politico scaltro, capace di prevedere con lucidità il corso degli affari di Stato. Aveva spronato i Tang a insorgere contro la vacillante dinastia Sui, guadagnandosi poi la reputazione di leale sostenitore della nuova dinastia durante la guerra civile che ne seguì. Mise a disposizione delle forze Tang le sue ingenti risorse finanziarie e contribuì personalmente alla conquista della capitale. Dopo il trionfo dei Tang, fu ricompensato con la carica di presidente del Consiglio dei lavori pubblici e il titolo di duca di Ying.

Nel 620 l'imperatore gli concesse in seconda moglie una nobildonna, la dama Yang, cugina del deposto imperatore Sui. Dal loro matrimonio nacquero tre figlie; la seconda, Wu Zetian, venne al mondo nel 624. Le ragazze seguirono il padre nei suoi vari incarichi ufficiali. Entrambi i genitori erano devoti buddhisti. Sopravvivono ancora le iscrizioni commissionate dalla coppia per le immagini che donarono a vari templi buddhisti, oltre a una stele sormontata da un drago che documenta il loro sostegno a un complesso di grotte buddhiste nei pressi di Lizhou.[3]

Wu Shiyue morì quando Wu Zetian aveva soltanto dieci anni, lasciando la moglie vedova e le figlie sole e prive di protezione. Tuttavia, la fama della straordinaria bellezza della Ragazza in fiore si diffuse rapidamente. In segno di riconoscimento per la lealtà del padre, la bambina fu invitata a corte e, a soli tredici anni, entrò nell'harem imperiale.[4]

L'orfana di provincia ricevette il modesto titolo di concubina di quinto rango, con l'appellativo di Cairen, o « Talentuosa ». I suoi compiti consistevano nel gestire il guardaroba imperiale come vestitrice dell'anziano imperatore e nel tenere l'inventario della biancheria. Pare che la giovane attirasse presto l'attenzione dell'imperatore malato, che le diede il soprannome di « Incantevole signorina Wu ». Tuttavia, non vi sono prove che Wu Zetian abbia mai condiviso il letto di Taizong, sebbene ciò fosse certamente una possibilità per le donne assegnate alla camera imperiale.[5]

È invece certo che l'Incantevole signorina Wu instaurò un rapporto stretto, e probabilmente intimo, con il principe ereditario, Gaozong. Questo avvenne durante la malattia terminale di Taizong, quando l'erede al trono si trasferì a palazzo per assistere il padre morente.[6] Un poeta di corte a lei ostile, che in seguito divenne suo accanito oppositore, la accusò di « aver sfruttato il cambio d'abito per entrare al servizio » del principe ereditario mentre l'imperatore era ancora in vita.[7] Intrattenere una relazione con una delle donne del padre sarebbe stato considerato gravemente inappropriato e avrebbe comportato rischi enormi, sia per il principe sia per la concubina. Se tale accusa fosse fondata, costituirebbe una delle prime prove dell'ambizione, della determinazione e della temerarietà della giovane dama di compagnia.[8]

Fu probabilmente in questo frangente che Wu Zetian incontrò per la prima volta il monaco Xuanzang, il cui rapporto con Taizong divenne particolarmente stretto negli ultimi mesi di vita dell'imperatore. Taizong era sempre stato un militare pragmatico e non aveva mai dimostrato alcun interesse per le questioni religiose o filosofiche. Il generoso patrocinio che aveva concesso ai taoisti di corte sembra essere stato motivato più dalla sua presunta discendenza dal saggio Laozi, fondatore di quella tradizione, che da un'autentica convinzione religiosa.[9]

Nella primavera del 648, tuttavia, con il peggiorare delle sue condizioni fisiche in seguito a quello che fu probabilmente un ictus, l'imperatore si ritirò nel Palazzo del Fiore di Giada, tra le montagne a nord di Chang'an, e vi convocò anche Xuanzang. Mentre l'imperatore giaceva infermo, i due discussero di religione e dei testi che il monaco aveva riportato dall'India e stava ora traducendo. Xuanzang affascinò Taizong con i suoi racconti di viaggio e con le vivide descrizioni della meravigliosa civiltà, in parte buddhista, che aveva osservato in India. Taizong chiese copie delle sue traduzioni e, dopo averle lette, espresse il suo rimpianto per non aver avuto l'opportunità di dedicarsi allo studio del buddhismo come avrebbe desiderato, a causa degli innumerevoli impegni politici e militari.

Negli ultimi sei mesi di vita, l'imperatore accettò formalmente Xuanzang come suo mentore spirituale, rammaricandosi di non aver preso quella decisione in precedenza. Si offrì persino di scrivere la prefazione alle traduzioni del monaco, e si diceva che stesse valutando di accordare ai monaci buddhisti la priorità sui taoisti nelle cerimonie di corte. La biografia di Xuanzang racconta che, in quel periodo, il monaco riusciva a dedicarsi al lavoro di traduzione solo dopo il tramonto, perché le sue giornate erano interamente occupate dalle lunghe discussioni con l'imperatore su argomenti di natura metafisica.[10]

Ad assistere l'imperatore vi era anche un medico brahmano, recentemente giunto da Kannauj con una delegazione cinese di ritorno dall'India. Sebbene affermasse di avere duecento anni e di conoscere il segreto degli elisir di lunga vita, le sue pozioni a base di mercurio ed erbe parvero piuttosto accelerare il declino di Taizong.[11] Nel sesto mese del 649 le condizioni dell'imperatore peggiorarono all'improvviso. Xuanzang si trasferì a palazzo e, durante l'agonia di Taizong, rimase costantemente al suo fianco, recitando i suoi mantra. Tuttavia, nonostante le preghiere e il potere delle venerate reliquie buddhiste portate da Xuanzang, la salute dell'imperatore continuò a deteriorarsi. Taizong si spense prima della fine del mese.[12]

La morte di Taizong fu un duro colpo sia per Xuanzang che per Wu Zetian.

Per Xuanzang, essa giunse prima che il monaco riuscisse a ottenere dall'imperatore un consenso di principio a favorire i buddhisti rispetto ai loro rivali taoisti a corte. Per

Wu Zetian, invece, la scomparsa dell'imperatore rappresentava una minaccia esistenziale. Secondo la tradizione, tutte le concubine senza figli dell'imperatore defunto dovevano essere allontanate dal palazzo e confinate in un convento, dove avrebbero trascorso il resto della vita in preghiera e meditazione. L'usanza prevedeva che si rasassero i capelli e sostituissero gli abiti di seta delle concubine imperiali con le ruvide tonache di iuta delle monache buddhiste. Questa prospettiva, naturalmente, era tutt'altro che allettante per la giovane Wu Zetian, che aveva appena ventiquattro anni.[13]

Nel primo anniversario della morte di Taizong, il nuovo imperatore Gaozong si recò in visita al tempio e trovò Wu affranta e in lacrime nell'annesso convento. Disperata, la giovane si appellò al suo (probabile) ex amante, implorandolo di sottrarla a quella vita di penitenza. Gli dedicò anche una poesia:

Poso lo sguardo sul tuo disco di giada e i miei pensieri si smarriscono,
mentre, sopraffatta dall'angoscia, separata e sola,
mi struggo per il mio Sovrano.
Se non credi a questa interminabile litania di lacrime,
apri il mio baule e guarda la mia veste scarlatta intrisa di pianto.[14]

Gaozong, che già nutriva un'intensa passione per Wu Zetian, non ebbe bisogno di sentire altro. Di lì a poco, Wu fece ritorno a palazzo come concubina di secondo rango e col titolo di «Dama dal Contegno Luminoso». Le versioni sul modo in cui avvenne esattamente il suo rientro differiscono tra loro. Secondo una fonte, esso fu facilitato dall'imperatrice Wang, la quale, recentemente ingelositasi di un'altra concubina di Gaozong, desiderava rimpiazzarla con una giovane che fosse più malleabile e dipendente dal suo favore. Se questa ricostruzione è corretta, si trattò di un clamoroso errore di valutazione, di cui si sarebbe presto pentita: nel tentativo di placare la propria gelosia, infatti, l'imperatrice Wang «aveva liberato una tigre sulla montagna».[15]

È difficile ricostruire con precisione la vita di Wu Zetian, poiché le biografie che lei stessa commissionò furono deliberatamente distrutte dopo la sua morte, mentre le posteriori fonti confuciane sul suo regno mostrano una forte ostilità nei suoi confronti. Dopo la sua caduta, divenne il bersaglio di una feroce campagna diffamatoria orchestrata dagli storici dell'élite confuciana tornati al potere. Queste cronache la associano a una varietà di crimini atroci e la dipingono come una figura di inaudita crudeltà e rancore, soprattutto durante la sua scalata al potere. Oggi, discernere la verità dalle dicerie e dalle mere calunnie è quasi impossibile. Tuttavia, i contorni generali della vicenda sono chiari: Wu Zetian fu senza dubbio una donna straordinariamente perspicace, intelligente e risoluta. Al tempo stesso, era anche manipolatrice, spietata e sempre più sanguinaria man mano che si avvicinava al potere assoluto. Nella sua ascesa, si lasciò alle spalle un cimitero di vittime, molte delle quali recavano i segni di indicibili torture.[16]

Grazie in parte all'influenza dell'imperatrice Wang, consorte di Gaozong, Wu Zetian riuscì a tornare nella stanza del giovane imperatore, affermandosi rapidamente come una presenza fissa nel suo letto. Verso la fine del 652 gli aveva già dato due dei loro sei figli. Per il primo, chiese a Xuanzang di pregare per un parto sicuro e di invocare su di lei e sul nascituro la divina protezione. In cambio, Wu Zetian gli donò una stola di seta e gli chiese di scegliere il nome del bambino. Xuanzang optò per «Principe della Luce del Buddha» e accettò di occuparsi della cura spirituale e dell'istruzione del ragazzo.[17]

Wu Zetian lanciò quindi una campagna per screditare sia l'orgogliosa e impopolare imperatrice Wang sia l'ex concubina favorita, Xiao. Si narra che avesse corrotto servitori e concubine affinché spiassero le due donne, per poi denigrarle di fronte a un imperatore sempre più infatuato di lei. Secondo alcune fonti, arrivò persino a soffocare la propria figlia neonata per incastrare l'imperatrice sterile, che si deliziava nel giocare con la bimba.[18] In ogni caso, nel giro di pochi mesi l'imperatrice e la concubina rivale furono deposte, private del loro rango e confinate nelle loro stanze. La bara del padre dell'imperatrice fu dissotterrata e fatta a pezzi, mentre i suoi familiari furono giustiziati o costretti all'esilio.[19]

Wu fu elevata al rango di consorte principale, ma questo ancora non le bastava. Iniziò a esercitare pressioni per farsi proclamare imperatrice al posto della dama Wang, nonostante la strenua opposizione dei ministri. Le venne contestato il fatto che suo padre fosse un modesto mercante di legnami e che, essendo stata una concubina di Taizong, il suo legame col figlio di quest'ultimo risultasse legalmente incestuoso, con il rischio di macchiare la reputazione dell'imperatore agli occhi della posterità. In circostanze normali, anche una sola di queste obiezioni avrebbe costituito un ostacolo insormontabile all'ascesa di Wu Zetian al trono. Tuttavia, la coppia imperiale non tollerava dissensi. Il diciannovesimo giorno del decimo mese del 655, Wu l'ebbe vinta e fu ufficialmente incoronata imperatrice all'età di trentun anni.[20] Il primo giorno dell'anno successivo, Wu consolidò ulteriormente la propria posizione facendo nominare erede al trono il figlio.

L'imperatrice celebrò l'investitura presiedendo a un banchetto vegetariano per cinquemila monaci buddhisti. Xuanzang, che vedeva nell'imperatrice una paladina del buddhismo, persuase il nuovo imperatore a erigere una stele commemorativa per l'occasione e ne stilò personalmente il testo. La stele fu trasportata lungo le strade della capitale in una grande processione guidata dal celebre e ormai anziano monaco viaggiatore, sotto lo sguardo di una folla che, secondo le cronache, avrebbe raggiunto il milione di persone.[21]

Il 16 novembre 655 la nuova imperatrice passò all'azione contro le sue antiche rivali. Entrambe furono condannate a morte con l'accusa di aver assassinato la sua bambina e di aver ordito un complotto per avvelenare e uccidere l'imperatore ricorrendo alla magia nera – un'accusa che, già all'epoca, fu giudicata palesemente infondata. Alla lettura della sentenza, l'ex imperatrice si inchinò ripetutamente, esclamando: « Lunga vita a Sua Maestà ». L'ex prima concubina, invece, reagì in modo meno composto. Lanciò feroci imprecazioni contro Wu e aggiunse: « Wu è una volpe infida e la causa della mia rovina. Io prego di rinascere come un gatto nelle mie vite future, e lei come un topo, così da poterle squarciare la gola vita dopo vita». L'imperatrice decretò che, da quel momento in poi, non vi fossero più gatti in nessuno dei suoi palazzi.[22]

La pena prevista per la stregoneria era di una crudeltà agghiacciante. Le due donne furono dapprima brutalmente percosse dai carnefici, poi subirono l'amputazione di mani e piedi. Infine, vennero legate e immerse in una botte di vino riempita a metà. La nuova imperatrice esclamò giubilante: « Ora queste streghe possono sbronzarsi fino al midollo ». Dopo diversi giorni di agonia, le due sventurate spirarono; i loro corpi furono decapitati e smembrati.

L'imperatore Gaozong, debole e remissivo, assistette impotente alla scena, incapace di opporsi alla determinazione della nuova imperatrice. Piangeva apertamente per la sua prima moglie, ma il timore gli impedì di intervenire per salvarla.[23] Sembra che persino l'imperatrice Wu abbia provato un certo rimorso, al punto da affrettare il trasferimento della corte a Luoyang per sottrarsi alle visioni spettrali delle sue vittime reali, che si diceva le apparissero ogni notte nel palazzo di Chang'an – uno sbalorditivo antecedente Tang degli incubi di Lady Macbeth.[24]

Alla fine del 659 cinque ministri che avevano tentato di ostacolare l'ascesa al potere di Wu erano già stati relegati in disgrazia nelle province, mentre uno, il primo consigliere, si era tolto la vita. Da quel momento, le epurazioni ministeriali divennero una pratica consueta. Dei quarantasei grandi ministri che prestarono servizio tra il 684 e il 693, la metà trovò la morte per suicidio o esecuzione, mentre tre quarti videro le loro carriere bruscamente interrotte con la violenza o l'esilio. Alla fine del suo regno, Wu aveva rimosso con la forza almeno l'ottanta per cento dei suoi grandi ministri. « Il parlare franco era evitato » annotò un contemporaneo. « Nessuno osava opporsi alla volontà imperiale o protestare apertamente. Per quasi vent'anni le cose andarono così ».[25]

Dopo essersi insediata stabilmente sul trono, l'imperatrice adottò da principio un profilo relativamente basso, facendo di tutto per apparire umile, modesta e devota al marito.[26] Evitava di mostrarsi in pubblico durante le udienze imperiali e non avanzò pretese per l'assegnazione di prestigiosi incarichi ai propri familiari. Preferiva agire dietro le quinte, esercitando la sua influenza in modo discreto. Tuttavia, la situazione mutò drasticamente nell'ottobre 660, quando Gaozong fu colpito da un grave ictus che lo rese disabile e parzialmente cieco. La giovane imperatrice si affermò subito come reggente di fatto.[27]

Mentre Gaozong lamentava capogiri e disorientamento e spesso doveva restare a letto, Wu Zetian prese in mano le redini del governo. Iniziò a partecipare alle udienze pubbliche, in un primo momento celata dietro una tenda, consigliando il marito e prendendo decisioni insieme a lui. Era un accordo senza precedenti.[28] Come osservò uno storico di corte poco tempo dopo:

> Da quel momento in poi, ogni volta che l'imperatore attendeva agli affari di Stato, l'imperatrice tirava una tenda [e ascoltava] dietro di lui. Non vi era questione di governo, grande o piccola, che sfuggisse alle orecchie di Wu. Il potere effettivo dell'impero passò interamente nelle sue mani; era lei a stabilire ricompense e punizioni, a decidere della vita e della morte. L'imperatore si limitava a restare con le mani conserte e nulla più. A corte e nel Paese, la coppia era chiamata i « Due Saggi ».[29]

Negli anni successivi all'ictus, l'imperatore mostrò un interesse crescente per il taoismo, motivato in parte dalla speranza di trovare nei rimedi taoisti una cura per i suoi malanni, magari sotto forma di un elisir di lunga vita. Nel frattempo, Wu Zetian iniziò a impiegare le risorse imperiali per promuovere il buddhismo, ispirandosi all'esempio del suo antenato materno, l'imperatore Wen della dinastia Sui. Inizialmente rivolse il suo mecenatismo al tempio di Famen a Chang'an, che custodiva la venerata reliquia del dito del Buddha, per il quale commissionò un'immagine di Ashoka con le fattezze di suo marito Gaozong.[30]

Nel 705, alla fine del regno di Wu Zetian, nella sola Chang'an si contavano oltre centocinquanta maestosi monasteri e conventi buddhisti. Ciascuno di essi vantava edifici sontuosi, eleganti padiglioni e cortili ombreggiati, tutti decorati dai più grandi artisti e architetti dell'epoca. Come scrisse un funzionario confuciano: « I templi di oggi superano persino i palazzi imperiali per magnificenza, incarnando l'apice dello sfarzo, dello splendore, dell'arte e del gusto ».[31] Luoyang non era da meno come centro del monachesimo buddhista. Grazie al patrocinio di Wu, molti monasteri accumularono vasti possedimenti terrieri, traendo profitto non solo dai prodotti agricoli ma anche da attività imprenditoriali, come la gestione di frantoi, mulini e persino banchi dei pegni.[32]

L'imperatrice commissionò l'edificazione di un'elaborata grotta dedicata a Maya, la madre del Buddha, nel fiorente sito di pellegrinaggio del monte Wutai, nello Shanxi. Si credeva che quel luogo fosse la dimora di Manjushri, il bodhisattva della Saggezza, e l'imperatrice finanziò anche il restauro dei templi preesistenti nella zona.[33] Un pellegrino giapponese di epoca successiva, il monaco Ennin, osservò che cinque delle immagini esoteriche del Buddha conservate nel monastero di Jinge, sul monte Wutai, erano modellate su originali di Nalanda. È probabile che si trattasse proprio delle statue portate in Cina da Xuanzang.[34]

Wu Zetian promosse anche nuovi e ambiziosi progetti di scavo nel complesso di grotte buddhiste di Dunhuang, ai margini del deserto del Taklamakan, secondo il modello indiano. Ancora più grandiosi furono i lavori commissionati a Longmen, nei pressi della capitale Chang'an. Durante il suo regno, nelle maestose falesie di arenaria di Longmen furono scolpite più di trecentottanta immagini imponenti, tutte realizzate e affrescate nel nuovo stile Tang, che combinava il vigore espressivo con un naturalismo raffinato e sensuale. Questo stile, influenzato dalle innovazioni indiane delle dinastie Gupta e Pala, trovò piena espressione sotto il patrocinio dell'imperatrice. Il suo generoso mecenatismo alimentò un'epoca di creatività senza precedenti nell'arte buddhista cinese.[35]

La sua commissione più grandiosa fu una spettacolare

scultura, alta diciassette metri, raffigurante il Buddha Vairocana, Signore dell'universo e Principio primordiale di tutto ciò che esiste. La statua è tra le più antiche immagini superstiti di questa divinità, fino ad allora sconosciuta in Cina e introdotta tramite i testi buddhisti tantrici che Xuanzang riportò da Nalanda. È possibile anzi che Xuanzang avesse con sé anche i bozzetti iconografici che servirono da riferimento per la realizzazione di quest'opera.[36]

L'immagine domina l'anfiteatro roccioso del tempio di Fengxian, che si affaccia sul fiume Yi al centro del complesso di Longmen. Evidenti sono le analogie tra la posizione di Vairocana nell'universo buddhista, dove domina su tutti gli altri Buddha, e il ruolo sempre più centrale di Wu Zetian presso la corte Tang in quel periodo. Al pari dell'imperatrice, il colossale Buddha è raffigurato in una posa distaccata, regale e dignitosa, ornato di gioielli, avvolto in abiti sontuosi e raffinati e circondato da una corte celeste di bodhisattva, guardiani protettori e figure dotate di armi temibili. Il volto del Buddha, di una bellezza singolarmente femminile, con sopracciglia arcuate, occhi a mandorla socchiusi e labbra piene e sensuali, potrebbe persino rappresentare un immenso ritratto della stessa Wu Zetian.[37]

Mentre la colossale scultura del Buddha Vairocana prendeva forma, Xuanzang si avvicinava al termine della sua vita. Fin dal suo ritorno dall'India, aveva dedicato ogni sua energia alla traduzione dei testi buddhisti esoterici che aveva riportato da Nalanda, convinto che contenessero la chiave della salvezza e il potere di portare l'Illuminazione a un'umanità sofferente. Quando sentì le sue forze affievolirsi, anziché rallentare intensificò il suo ritmo di lavoro. Ancora alloggiato nel Palazzo del Fiore di Giada, tra le montagne vicino alla nuova capitale Luoyang, e ormai libero dagli impegni di corte e dagli incarichi amministrativi del passato, si immerse con rinnovata determinazione in testi sempre più esoterici e complessi. Tra il 660 e il 670 Xuanzang e la sua squadra tradussero non meno di seicentosettanta fascicoli (rotoli) di testo, con una media annuale davvero alta.

Poco dopo aver portato a termine la traduzione del *Grande sutra della perfezione della saggezza*, notoriamente lungo e complicato, Xuanzang annunciò ai suoi discepoli di non essere più in grado di proseguire. Posò il pennello da calligrafia, deciso a dedicare il poco tempo che gli restava a «praticare la meditazione, chiarire la mia mente e placarne i marosi, controllare la scimmia indomita delle mie emozioni e frenare l'elefante impetuoso della mia volontà».[38] A quel punto, le sue traduzioni di settantaquattro testi buddhisti riempivano oltre milletrecento rotoli, una produzione pari a circa tre volte quella del suo illustre predecessore, Kumarajiva. Eppure, Xuanzang era dolorosamente consapevole di possedere ancora numerosi rotoli esoterici di Nalanda che non era mai riuscito a tradurre.[39]

Nel gennaio 664 il monaco, ormai anziano, inciampò mentre attraversava un canale di scolo dietro casa sua, e si ruppe una gamba. Dovendo restare a letto, fece un'ultima apparizione pubblica, durante la quale pronunciò un sermone in cui esortava i suoi discepoli a invocare il bodhisattva Maitreya e affidarsi alla sua protezione.[40] Si confessò per l'ultima volta e fece voto di rinascere nel cielo di Tushita, quindi donò le sue tonache e tutti i suoi beni terreni. Spirò il 5 febbraio 664, poco dopo la mezzanotte. I suoi discepoli raccontarono di aver visto quattro aurore infuocate attraversare il firmamento nell'attimo della sua morte.

Poco dopo, Daoxuan, uno dei traduttori della squadra di Xuanzang, scrisse questa nota sul suo maestro:

Ho ascoltato le parole di Xuanzang e osservato le sue azioni: egli si è sempre dimostrato all'altezza della sua reputazione. La sua straordinaria energia durava dal mattino alla sera. Organizzava con cura il suo tempo in funzione del lavoro da svolgere, ed era diligente e instancabile nell'applicare la mente al servizio del Dharma. Non parlava né di fama né di profitto. Nelle sue azioni eliminava il superfluo, sfruttava appieno le opportunità e penetrava al cuore delle questioni. Non era né arrogante né ossequioso, ma agiva sempre in sintonia con il momento. Le sue parole erano profonde e i suoi discorsi dissipavano i dubbi degli uditori. Non è stato soltanto un eroe di virtù della nostra generazione, ma anche un generale del Dharma al servizio della tradizione buddhista.[41]

Negli anni successivi, la salute dell'imperatore Gaozong continuò ad aggravarsi. Ben presto non fu più in grado di montare a cavallo e, come Xuanzang prima di lui, fu costretto a ritirarsi a letto.[42] Nel frattempo, Wu Zetian rafforzava sempre più la propria posizione. Già nel 674 aveva assunto il titolo di « Imperatrice Celeste », elevandosi al di sopra di tutte le imperatrici precedenti. Nello stesso periodo creò una propria base di potere amministrativo: un gruppo fidato di intellettuali, o un vero e proprio governo ombra, composto da letterati ambiziosi, noti come gli Studiosi della Porta Settentrionale. Tra gli altri compiti, questi funzionari appositamente selezionati trascorrevano le giornate redigendo trattati politici e formulando provvedimenti destinati specificamente a rafforzare l'autorità senza pari dell'Imperatrice Celeste.[43]

Wu Zetian annunciò inoltre – ufficialmente per ordine del marito – che il clero buddhista avrebbe goduto di pari dignità rispetto ai taoisti, il primo passo verso il suo vero obiettivo di elevare il buddhismo a religione di Stato.[44] Tuttavia, fu solo dopo la morte di Gaozong, alla fine del 683, che Wu Zetian adottò le misure necessarie a impadronirsi del trono a pieno titolo, assicurandosi il sostegno dei buddhisti come contrappeso ai misogini confuciani di corte, ostili all'idea che una donna potesse essere degna di governare la Cina.[45]

Da principio, l'imperatrice intendeva governare attraverso il suo primogenito, l'ex Principe della Luce del Buddha. Tuttavia, quando questi e sua moglie manifestarono una volontà propria, l'imperatrice non esitò a deporli dopo appena due mesi di regno. Convocò l'intera corte, accusò l'imperatore di propositi sediziosi e ordinò alle guardie di rimuoverlo. Marito e moglie furono rapidamente condannati all'esilio interno. Al suo posto, Wu Zetian insediò il fratello ventiduenne del principe, affetto da un disturbo del linguaggio che gli impediva quasi di parlare. Il nuovo imperatore, Ruizong, gravemente disabile, fu di fatto confinato a palazzo, lontano dagli appartamenti di Stato. Escluso dalle attività ordinarie della corte, gli venne persino negata una cerimonia di incoronazione.[46]

Nel 684 l'establishment confuciano passò al contrattacco, fomentando una vasta ribellione contro il governo dell'imperatrice. Un funzionario infuriato inveì contro di lei, con più ardore che accuratezza, affermando:

> La donna, Wu, che ha usurpato il trono con la frode, è di natura ostinata e inflessibile e di origini affatto oscure. In passato servì Taizong con il proprio corpo; poi, approfittando di un momento in cui [Gaozong] si cambiava d'abito, si rese colpevole di fornicazione con lui. In seguito seminò scompiglio a palazzo e, celando la sua relazione con il defunto imperatore, tramò in segreto per diventare la favorita del nuovo sovrano. Orchestrò la rovina della legittima imperatrice [la dama Wang] e trascinò il nostro imperatore nell'incesto. Uccise sua sorella, ammazzò suo fratello, assassinò il suo Signore e avvelenò la sua stessa madre.
>
> Possiede il cuore di un serpente e l'indole di un lupo. Dèi e uomini l'hanno ripudiata, cielo e terra non le offrono rifugio. Ha nutrito nel suo animo malvagio ambizioni di dominio sullo Stato; ha confinato in un passaggio secondario il figlio prediletto del nostro imperatore e ha innalzato i suoi famelici parenti a posizioni di prestigio e di potere. La terra sulla tomba dell'imperatore non si è ancora asciugata, eppure dov'è il suo figlio adulto? Guardate il mondo di oggi: quale famiglia detiene l'impero?[47]

Nonostante la guida del celebre generale Tang, Li Jingye, la rivolta fu repressa nel sangue in meno di tre mesi, poiché l'imperatrice mobilitò trecentomila soldati. I capi ribelli furono tutti catturati, torturati e giustiziati.

All'età di cinquantotto anni, e con i suoi nemici ormai annientati, l'Imperatrice Celeste ritenne giunto il momento di governare in nome proprio. Per consolidare la sua posizione, si circondò di consiglieri buddhisti, che manipolarono scientemente antiche profezie per rafforzare la fragile legittimità del suo potere. Il principale ostacolo ai suoi piani era rappresentato dalla filosofia confuciana, che affermava in modo esplicito l'inferiorità delle donne rispetto agli uomini. Confucio stesso si vantava di evitare qualsiasi associazione con «donne, servitori e persone di basso rango».[48] Le donne erano ritenute inadatte alla vita pubblica, men che meno a governare l'impero. La soluzione di Wu Zetian fu tanto semplice quanto audace: emarginare i confuciani facendosi riconoscere come una bodhisattva incarnata – a tutti gli effetti, una divinità buddhista. In quanto tale, Wu era al di sopra di ogni possibile critica e la sua volontà era espressione della Legge Celeste. Ciò implicava che il Mandato del Cielo fosse passato all'Imperatrice Wu non attraverso il matrimonio con la dinastia regnante, né tramite gli intrighi politici e le spietate epurazioni dei suoi rivali, ma per un diritto divino onnipotente ed eterno. Fu allora che nacque il mito secondo cui sarebbe stata generata da un dio.[49]

Per avvalorare questa narrazione, Wu Zetian si avvalse dei testi esoterici buddhisti che Xuanzang aveva riportato dall'India. Reclutò un gruppo di studiosi buddhisti, molti dei quali appena giunti dal Subcontinente, incaricandoli di esaminare i testi alla ricerca di antiche profezie che dimostrassero come la sua ascesa al potere non fosse frutto di megalomania femminile, bensì parte essenziale di un disegno divino per l'umanità.

La sua intronizzazione fu ulteriormente prefigurata da profezie e confermata da oracoli, dalla scoperta miracolosa di sacre reliquie buddhiste e da altri segni e prodigi celesti. Wu Zetian, offrendo generose ricompense a chiunque segnalasse tali fenomeni, si assicurò che numerosi presagi venissero debitamente registrati e, come scrisse un cronista, «la gente da ogni angolo dell'impero faceva a gara per informarla di auspici favorevoli». Ben presto, l'entourage dell'imperatrice si trovò a trascrivere resoconti su «pietre divine propizie», gazze bianche, volatili a tre zampe e galline che misteriosamente cambiavano sesso trasformandosi in galli. Si diceva che una fenice si fosse posata sul tetto del palazzo e che un corvo rosso con «piume vermiglie su un corpo color cinabro», simbolo di prosperità, fosse stato avvistato nella sala delle udienze. Poco dopo, si diffuse la voce che un intero stormo di uccelli rossi avesse attraversato in volo la sala. I funzionari che denunciavano tali presagi come frodi o palesi falsificazioni venivano immediatamente degradati e relegati in province remote.[50]

Intorno al 690 un gruppo di dieci monaci buddhisti, perlopiù provenienti dall'India, giunse a palazzo portando con sé il manoscritto che l'imperatrice aveva tanto atteso. Si trattava di un commento appena redatto su un antico testo mahayana, il *Sutra della grande nuvola*, che si credeva scritto dal Buddha in persona. Questo nuovo commento proclamava che il *Sutra* identificava chiaramente «la Divina e Augustissima» imperatrice con Maitreya, il grande Buddha futuro e la guida spirituale di Xuanzang, disceso sulla terra per governare tutte le creature senzienti.[51]

Il trentasettesimo capitolo del *Sutra* descriveva una Devi, o dea, di nome Vimalaprabha, la Pura e Radiosa Signora Celeste, una discepola del Buddha che aveva scelto di mantenere la propria identità femminile sulla terra per fornire aiuto a tutti gli esseri viventi. Il Buddha stesso avrebbe profetizzato che, settecento anni dopo la sua nascita, Vimalaprabha sarebbe tornata, per volere di Yama, dio della morte, a governare la terra, reincarnandosi in una principessa. Costei avrebbe portato benedizioni all'umanità intera e sarebbe stata amata da tutti per la sua straordinaria bellezza. Inoltre, sarebbe stata riconosciuta dal mondo intero come *chakravartin* o sovrano universale. Il *Sutra* preconizzava che, in questo modo, ella avrebbe esteso il proprio dominio su tutto il continente di Jambudvipa, che includeva sia la Cina sia l'India, senza fatica e senza conflitti. Sotto il suo regno, Jambudvipa sarebbe diventato un paradiso terrestre, un'utopia in cui tutti si sarebbero prostrati dinanzi a lei. In questa incarnazione, ella avrebbe infine raggiunto la buddhità sotto forma di Maitreya:

> La profezia della Devi proclama che ella governerà la terra nel corpo di una donna ... Invierò la Devi con verghe d'oro per punire tutti gli uomini arroganti e recalcitranti che si opporran-

no a lei ... ed ella otterrà un quarto del regno del *chakravartin*. I raccolti saranno abbondanti, la gioia sarà illimitata. Il popolo prospererà, libero dalla desolazione e dalla malattia, da preoccupazioni, paure e calamità...

Una volta ricevuto il vero potere, la donna dominerà il mondo ... Nessuno potrà resisterle o opporsi, e i sovrani delle terre confinanti verranno tutti a renderle omaggio, riconoscendola come legittima erede al trono imperiale. Quando avrà intrapreso la Via del Dharma, il mondo, sbigottito, si sottometterà a lei ... Innalzerà meravigliosi stendardi e parasole di stoffe multicolori, e ovunque compirà atti di venerazione sprigionando il profumo del legno di sandalo ... In una generazione futura, quando innumerevoli *kalpa* saranno trascorsi, questa regina diventerà un Buddha ... un signore senza pari ... padrone degli dèi e degli uomini, risvegliato, onorato dal mondo intero.[52]

Certo, il testo presentava qualche piccolo inconveniente, non ultimo il fatto che la profezia affermava in modo chiaro che il Buddha sarebbe rinato non nella Cina settentrionale, ma nell'India meridionale. Inoltre, i tempi erano decisamente sfasati, poiché dalla morte del Buddha erano trascorsi più di mille anni. Ma chi si sarebbe soffermato su simili inezie, quando tutto il resto della profezia si attagliava così splendidamente? I monaci, guidati dal Maestro Huaiyi – «un uomo di forza e statura straordinarie», di recente nominato abate del Monastero del Cavallo Bianco e sospettato di essere il nuovo amante dell'imperatrice –, furono riccamente ricompensati per la loro innovativa interpretazione. Ricevettero la veste purpurea e furono immediatamente arruolati al servizio imperiale.[53]

Ad attenderli c'erano molti altri nuovi arrivati dall'India, tra cui scienziati, guaritori, ipnotisti, farmacisti e un astronomo dal nome benaugurante di Gautama Siddhartha, che fu prontamente nominato nuovo astronomo reale.[54] Se la filosofia cinese e le consuetudini di corte ostacolavano l'ascesa della nuova imperatrice Wu, sarebbe stato necessario sostituirle con usanze e dottrine religiose indiane d'importazione. Copie del *Sutra* e del relativo commento furono distribuite in tutte le città e i monasteri dell'impero. Nuovi centri buddhisti furono istituiti in ogni prefettura, così come nelle due capitali, con il preciso scopo di studiare e celebrare il testo. In ognuno di questi centri dovevano essere regolarmente impartite lezioni sul *Sutra.*[55]

Infine, il 21 settembre 690, con una proclamazione dalla cima della Porta Zetian a Luoyang, Wu Zetian giunse al culmine della sua lunga e meticolosa campagna. L'imperatrice non si limitò a deporre il figlio, l'imperatore fantoccio, ma abolì la dinastia Tang e fondò la propria, che chiamò Zhou in memoria di un'epoca felice della storia cinese antica. Al tempo stesso, il buddhismo fu dichiarato religione di Stato, mentre il clero taoista venne retrocesso a un rango inferiore. Da quel momento, tutte le cerimonie di Stato avrebbero incluso rituali buddhisti: la recitazione di *sutra,* mantra e incantesimi, banchetti vegetariani per il clero buddhista e donazioni a templi e monasteri. Seguendo gli editti di Ashoka, la macellazione degli animali e la pesca furono proibiti. L'imperatrice introdusse anche un nuovo calendario Zhou, in sostituzione di quello Tang, e una nuova serie di caratteri da integrare nel sistema di scrittura esistente.[56]

Da quel momento in poi, Wu Zetian avrebbe assunto il titolo di «Imperatrice Chakravartin Wu della Dinastia Zhou, Divino Sovrano della Ruota d'Oro della Legge». Nel 695 aggiunse un ulteriore titolo ufficiale: l'«Incomparabile Maitreya». In questo modo, l'ex quinta concubina divenne oggetto di venerazione pubblica non solo come «Sovrano Universale», ma anche come «Futuro Buddha».[57]

Poco dopo, per completare l'opera, tutti i principi superstiti della Casa dei Tang furono arrestati nel corso di una sola notte e immediatamente giustiziati.[58]

L'apoteosi del trionfo di Wu Zetian fu la costruzione della Città Celeste del bodhisattva Maitreya a Luoyang. Al centro di questo vasto complesso si ergeva un Mingtang, o «Sala della Luce», un maestoso edificio associato tradizionalmente alla longevità e all'immortalità, simbolo architettonico di un governo virtuoso che opera in sintonia con la natura e il macrocosmo.

Ogni dettaglio fu pianificato con largo anticipo e i lavori preliminari iniziarono già nel 685, ben cinque anni prima che l'imperatrice prendesse il potere assoluto. Sebbene il Mingtang affondasse le radici nella tradizione cinese e si basasse sul *Libro dei riti* confuciano, quello commissionato da Wu Zetian si distingueva nettamente da tutti i suoi predecessori. Progettato dal maestro buddhista Huaiyi, presunto amante dell'imperatrice, l'edificio era a forma di *yantra* – un diagramma geometrico tantrico – o di *mandala*, una configurazione simbolica usata per creare uno spazio sacro. Era una vera e propria città nella città, intrisa di idee messianiche ed esoteriche buddhiste e connotata da elementi rari e insoliti. La sua funzione principale era glorificare l'imperatrice nella forma del bodhisattva Maitreya.[59]

Il Maestro Huaiyi basò il suo Mingtang sulle descrizioni della magica città di Maitreya contenute in un testo buddhista apocrifo del VI secolo, il *Sutra dell'attestazione*. Questo testo annunciava che un giorno Maitreya sarebbe disceso dal cielo di Tushita in una città magnifica, ricca di padiglioni decorati e dominata da una splendida torre, «una Città della Trasmutazione con un bianco pilastro d'argento in alto e un'iscrizione per le innumerevoli generazioni in basso. La Devi vestirà abiti celesti, appenderà campane d'oro sul pilastro e inviterà i discepoli del Buddha a entrare tutti assieme nella Città».[60] Sebbene il testo affermasse che solo i predestinati sarebbero stati ammessi in città, l'imperatrice ordinò a Huaiyi di realizzarne nel centro di Luoyang una replica fisica che chiunque avrebbe potuto visitare.[61]

Al centro del complesso vi erano i tre edifici principali, disposti lungo un asse nord-sud, che costituivano il cuore del Mingtang. L'edificio centrale era costituito da una coppia di torri sacre: una maestosa torre di legno, sormontata da una seconda leggermente più piccola. A nord era situato l'edificio universitario, circondato da un fossato circolare, mentre a sud c'era la Sala del Governo del Mingtang, un imponente edificio a tre piani: i primi due, a pianta quadrata, rappresentavano la terra, mentre il piano superiore, a pianta circolare, simboleggiava il cielo. Sul tetto, a oltre novanta metri d'altezza, nove draghi sostenevano un bacile sopra il quale troneggiava una fenice placcata in oro, alta sei metri, raffigurata nell'atto di spiccare il volo.

La torre « Perforatrice del Firmamento », nota anche come Tiantang o « Sala del Cielo », era ancora più impressionante e, all'epoca, costituiva la struttura artificiale più alta al mondo. Si trattava di una pagoda ottagonale in legno a cinque piani, che custodiva una colossale statua laccata del Buddha Maitreya alta quasi duecentosettanta metri. La sola testa ne misurava quarantacinque. Le dimensioni della statua erano tali che « diverse decine di uomini potevano stare in piedi sulle sue dita ». La torre rappresentava la Terra Pura in cui Maitreya avrebbe dimorato prima di incarnarsi nella persona dell'imperatrice.

La torre più piccola era chiamata Dayi, o il « Grande Regolatore », ed era di fatto una « Casa del Calendario » concepita per l'esecuzione di calcoli astronomici. Al piano terra erano dipinte rappresentazioni simboliche delle quattro stagioni e dei dodici mesi dell'anno, ognuna nei colori appropriati. Al centro dell'edificio si trovava una gigantesca sfera armillare, utilizzata per lo studio dei moti celesti. Accanto, un artigiano del distretto di Haizhou aveva installato quello che potrebbe essere il più antico orologio meccanico ad acqua del mondo, dotato di una « Ruota per Segnalare le Dodici Ore » che, secondo le cronache, operava « senza il minimo errore ». L'orologio includeva una serie di dodici statue automatizzate degli dèi delle ore, una grande campana, tamburi e altri marchingegni stupefacenti: « Quando la ruota raggiungeva la posizione sud, la porta Wu (meridionale) si apriva e ne usciva una testa di cavallo ».[62]

L'orologio era collegato alla sommità della torre d'osservazione, un ambiente pieno di strumenti di misurazione e dispositivi astronomici, compreso un modello mobile dell'universo i cui globi celesti erano azionati ad acqua. Alcuni osservatori dell'epoca si riferiscono a questa struttura come al «Divino Palazzo degli Innumerevoli Simulacri Stellari».[63]

Nel 695, infine, per celebrare l'istituzione della nuova dinastia Zhou, l'imperatrice fece erigere nelle vicinanze quello che chiamò Tianshu, o «Asse del Cielo»: un pilastro ottagonale buddhista in metallo, alto trenta metri, sormontato da «un quartetto di uomini-drago che sollevano una perla di fuoco raggiante» in bronzo lucidato e dalla «figura di un essere divino che regge una ciotola». Sulla sua superficie erano incisi i nomi dei vassalli e dei principi tributari vicini, un monito del potere ineguagliato dell'imperatrice Wu come *chakravartin* conquistatrice del mondo. L'Asse del Cielo fu progettato da un architetto indiano, realizzato sotto la supervisione di un capomastro coreano e finanziato dai sovrani tributari dell'Asia Centrale.[64]

Per celebrare l'Erezione dell'Asse, il compimento del suo grandioso progetto, l'imperatrice ricevette «una delegazione di re indiani», in perfetta sintonia con le profezie.[65] Quindi offrì un sontuoso banchetto vegetariano. Durante i festeggiamenti, monaci provenienti dall'India e dal Gandhara presentarono all'imperatrice un nuovo *sutra* profetico, il *Sutra della pioggia di gioielli*, definito da uno storico «un falso spudorato». Questo testo annunciava un'altra presunta profezia secondo la quale il Buddha sarebbe rinato in un corpo femminile per ripristinare il *dharma*.[66] Nel corso delle celebrazioni, gli ospiti furono invitati a comporre versi in onore del nuovo pilastro scintillante. Il testo vincitore fu la «Poesia rispettosamente composta per l'imperatrice al banchetto celebrativo per i funzionari cinesi e non cinesi, in occasione del completamento dell'Asse del Cielo» di Li Jiao:

A occidente esso illumina i solchi dei carri fino ai monti Yan;
a settentrione il suo merito è proclamato fino allo Stato di Yan.

Quale migliore occasione per riunire le diecimila nazioni
e decantare questo grande traguardo dinanzi alle nove porte imperiali?

Per lucentezza rivaleggia con i due lumi celesti
che penetrano la foschia purpurea dal sommo etereo del cielo.

La rugiada si posa sul baldacchino degli immortali,
mentre il sublime pilastro sorregge il firmamento.

Montagne di dense nubi s'innalzano dalla sua vetta,
e la perla appesa al cielo rifulge come un immenso sole.

La fama dell'imperatrice riecheggia nel mondo attraverso *kalpa* innumeri;
il suo *karman* è fisso in eterno, finché i mari saranno campi di riso.

Con gioia la accogliamo come la reincarnazione [di Maitreya],
in un'èra che eguaglia gli anni gloriosi dei saggi sovrani dell'antichità.[67]

I monaci e gli studiosi buddhisti che appoggiarono quello che, di fatto, fu un colpo di stato del buddhismo tantrico contro l'élite confuciana cinese costituivano una cerchia singolare e per molti versi brillante, e svolgevano un ruolo di primo piano presso la corte dell'imperatrice Wu. Alcuni erano di origine indiana, molti altri avevano studiato nelle università del Subcontinente.

La prova più evidente dell'influenza indiana nel golpe orchestrato da Wu Zetian si legge in una dedica preservata nel colophon di un manoscritto del *Sutra della grande nuvola* rinvenuto nella celebre biblioteca di Dunhuang, ai margini del deserto del Taklamakan. Il colophon riporta i nomi dei monaci che collaborarono alla traduzione del *Sutra* sotto la guida del Maestro Huaiyi, l'uomo incaricato di progettare il Mingtang. Tutti si erano in sostanza offerti come propagandisti della nuova imperatrice, fornendo una giustificazione divina per conferire legittimità al suo regime al di fuori della tradizione confuciana.

Fra le trenta persone menzionate nel colophon, nove erano monaci originari del Sudasia. Consapevoli dell'inarrestabile declino del buddhismo in India, dove l'induismo stava vivendo una straordinaria fase di rinascita a sue spese, questi monaci sembravano determinati a trasformare la Cina in un regno sacro, facendone il nuovo fulcro del mondo buddhista.[68]

Il più illustre fra loro fu probabilmente Bodhiruci, monaco originario dell'India meridionale e studioso del Mahayana con un talento per gli incantamenti. Wu Zetian lo accolse calorosamente, gli offrì un alloggio presso il monastero reale di Foshouji e gli affidò l'incarico di completare la traduzione di centoventi rotoli in sanscrito e pracrito rimasta incompiuta alla morte di Xuanzang. Stando al colophon di Dunhuang, Bodhiruci fu il principale interprete del *Sutra della grande nuvola*, insieme a un altro monaco noto ai cinesi come Fanmo (il suo nome indiano non ci è pervenuto) e descritto come «un inviato del re dell'India centrale». Fu Bodhiruci a proclamare ufficialmente l'imperatrice come *chakravartin.*[69]

Tra gli altri indiani che assursero alla fama in questo periodo spicca il celebre Gautama Siddhartha, supervisore dell'Ufficio di Astronomia tra il 665 e il 698. Il suo compito consisteva nel regolare il calendario ufficiale usato dal governo e nell'interpretare i presagi astrali e altri fenomeni celesti per conto dell'imperatrice. Di conseguenza, era incaricato anche della compilazione delle tavole astronomiche necessarie per prevedere con esattezza eventi celesti cruciali – come le eclissi solari e lunari – attorno ai quali venivano organizzati i riti religiosi e magici di Stato.

Gautama fu il primo di tre generazioni della sua famiglia a ricoprire quell'incarico, e durante quel periodo i suoi figli e nipoti contrassero matrimoni con funzionari di alto rango. Gli fu anche affidato il compito di eseguire le letture dei sofisticati strumenti planetari installati nel Mingtang. Per adempiere a tali mansioni, Gautama dovette attingere alle profonde conoscenze sanscrite nei campi della matematica, dell'astronomia e dell'astrologia, discipline per le quali gli indiani erano già rinomati non soltanto in Cina, ma anche nel nascente mondo islamico.

Gautama redasse un ampio compendio di presagi stellari intitolato *Canone di divinazione dei Grandi Tang*, basato sugli scritti del poliedrico astronomo indiano Varahamihira di Ujjain (505-587). La sua fama, però, era legata soprattutto alla traduzione cinese di uno dei più importanti trattati astronomici indiani, *I nove pianeti*, un'opera apprezzata per l'accuratezza con cui consentiva di prevedere le eclissi e per le fondamentali innovazioni matematiche indiane che conteneva, allora sconosciute in Cina, come l'uso di un punto per rappresentare lo zero e una tavola dei seni. La famiglia di Gautama non fu l'unica a dare origine a una dinastia di astronomi indiani impiegati presso l'Ufficio di Astronomia in questo periodo: documenti dell'epoca attestano la presenza di altre due famiglie brahmaniche di astronomi attive nella capitale, i Kumara e i Kashyapa.[70]

Il più avventuroso tra i consiglieri e confidenti buddhisti dell'imperatrice Wu fu il monaco Yijing. Come Xuanzang, Yijing era un irrequieto viaggiatore che aveva corso grossi rischi per studiare ai piedi dei maestri buddhisti indiani di Nalanda. Tuttavia, il mondo era radicalmente cambiato rispetto ai tempi in cui Xuanzang aveva dovuto lasciare la Cina di nascosto e affrontare le frecce delle guardie di frontiera e gli insidiosi deserti del Taklamakan per raggiungere le grandi università del Subcontinente. Nel 671, quando Yijing intraprese il suo viaggio verso l'India, i traffici commerciali tra i due mondi erano ormai così frequenti e consolidati che il monaco poté imbarcarsi su una nave persiana diretta in Bengala, con una sola sosta lungo il percorso.

Per di più, tale sosta – l'isola di Sumatra, all'epoca centro nevralgico del neonato impero marittimo buddhista di Srivijaya – era anch'essa un importante polo di insegnamento buddhista, situato a soli venti giorni di navigazione dal porto cinese di Guangzhou. Nel libro di viaggi che compose a imitazione del suo maestro Xuanzang, Yijing osserva che non era più necessario recarsi fino in India per apprendere il sanscrito. Le scuole monastiche di Srivijaya erano ormai così avanzate che vi si poteva studiare qualunque disciplina senza dover affrontare le acque agitate e infestate dai pirati del Golfo del Bengala.

Giunto in India nel porto bengalese di Tamralipti, sulle rive del fiume Hugli, presso l'odierna Calcutta, Yijing si imbatté per caso in un altro discepolo di Xuanzang. Decise così di trascorrere il primo anno al suo fianco per dedicarsi allo studio del sanscrito, prima di intraprendere il pellegrinaggio verso i luoghi santi del buddhismo e, da ultimo, raggiungere la grande università monastica di Nalanda. Qui rimase per dieci anni, dal 675 al 685, approfondendo in particolare lo studio delle regole monastiche del Vinaya, che riteneva gravemente corrotte in Cina. Yijing racconta che, in quel periodo, vi erano almeno altri cinquanta monaci cinesi che studiavano a Nalanda.[71]

Nel 691, in previsione del suo ritorno in patria, Yijing inviò un altro monaco cinese a Luoyang con due raccolte delle sue opere e alcune traduzioni, come omaggio alla nuova imperatrice. L'anno seguente, Yijing fece infine ritorno in Cina, dopo ventiquattro anni trascorsi all'estero alla ricerca di reliquie e manoscritti buddhisti. Portò con sé una biblioteca di quattrocento testi allora sconosciuti in Cina e trecento reliquie sacre. Lasciò Sumatra intorno al 693, e due anni dopo raggiunse Luoyang, dove fu accolto trionfalmente. L'imperatrice Wu si recò di persona alle porte della città per dargli il benvenuto.[72]

Nel 695, l'anno cruciale dell'ascesa di Wu al potere supremo, Yijing non esitò a ricambiare gli onori ricevuti, sfruttando la propria autorità per avallare la proclamata divinità dell'imperatrice. A tal fine, autenticò una tavoletta di giada sulla quale erano incisi dei segni misteriosi e che sarebbe stata « rinvenuta » in uno scrigno. Avvalendosi della sua presunta padronanza delle lingue esotiche, Yijing dichiarò che la tavoletta costituiva un'altra miracolosa profezia divina del regno di Wu.

Yijing fu quindi assegnato al monastero imperiale di Foshouji, dove si mise al lavoro, insieme a Bodhiruci, per portare avanti il programma di traduzioni. Negli anni successivi, completò la traduzione di altri sessantun testi dello Yogacara. L'imperatrice assistette personalmente alle sue lezioni sui testi che il monaco andava traducendo, e scrisse persino una prefazione, nella quale dichiarava: « Sin dalla giovinezza ho venerato l'insegnamento del Buddha Shakyamuni e molto presto ho desiderato prendere rifugio nelle Tre Gemme ».[73] Wu sostenne gli studiosi di Yijing anche nella realizzazione di un nuovo catalogo del Canone buddhista e nella compilazione di un dizionario sanscrito-cinese, che raccoglieva oltre mille prestiti lessicali buddhisti con il loro significato preciso.[74]

Alla fine del regno di Wu, la più grande biblioteca della Cina, l'Istituto per il Progresso della Letteratura di Chang'an, o Hongwenguan, si era ampliata fino a contenere duecentomila fascicoli copiati a mano, superando per dimensioni persino le principali biblioteche di Bisanzio. Chang'an aveva ormai acquisito una reputazione internazionale come centro di studi buddhisti a pieno titolo.

Monaci e studiosi provenienti da tutto il mondo buddhista, in particolare dal Giappone e dalla Corea, affluivano in gran numero per accedere alle sue collezioni, che includevano « *sutra,* opere letterarie, incantamenti, raccolte di prosa, poemi, oroscopi, testi divinatori e letteratura clandestina, tutti ricopiati su carta di pregio e conservati in eleganti scaffalature cinesi ». Grazie ai loro sforzi, collezioni complete del Canone buddhista furono trasmesse in Corea, quindi in Giappone. Nel cuore della biblioteca sorgeva il celebre « deposito rotante » ottagonale, inventato appositamente per custodire i *sutra.* Esistono anche indizi di bibliolatria – un vero e proprio culto dei libri –, come emerge dal *Sutra del loto,* che fu tradotto due volte a Chang'an intorno a questo periodo.[75]

Non tutti i membri della ristretta cerchia buddhista dell'imperatrice erano indiani: diversi maestri provenivano dall'Asia Centrale. L'imperatrice in persona invitò il Venerabile Shikshananda a venire dal Khotan con una copia di un raro testo mahayana che le interessava, l'*Avatamsaka sutra.* Mentre il monaco traduceva il testo sacro, Wu gli sedeva accanto, « una presenza che non deve aver agevolato il suo lavoro filologico ».[76] Si narra persino che si fosse offerta di aiutarlo come copista.[77] L'imperatrice mostrò inoltre un'attenzione costante per i successori Zen di

Bodhidharma presso il celebre centro monastico di arti marziali di Shaolin: quando il Patriarca Zen giunse a palazzo, Wu si inginocchiò davanti a lui e partecipò alle sue lezioni sulla filosofia dell'intuizione.[78]

Verso la fine del suo regno, l'imperatrice estese il proprio patrocinio al brillante monaco e studioso Zen di origine centroasiatica Fazang, che in gioventù aveva offerto in sacrificio al Buddha un dito bruciandolo su una fiamma. « Quando lui parlava, una luce emanava dalla sua bocca, » riporta una fonte « e la terra tremava ». L'imperatrice, che riponeva grande fiducia nei suoi poteri, lo chiamava spesso nella capitale per invocare la pioggia, compiere incantesimi e, in un'occasione, supplicare le forze celesti di respingere un'incursione di nomadi: « Si udirono rulli di tamburi celesti e Guanyin, il bodhisattva della Misericordia, apparve in cielo, alla testa di un vasto esercito di soldati divini che si materializzarono per combattere i predoni. La visione gettò i nomadi nel panico ».[79]

Gli indiani, i centroasiatici e i monaci cinesi formatisi nelle università buddhiste dell'India costituivano il fulcro del grandioso progetto dell'imperatrice Wu: creare una nuova « Terra Pura », un Eden buddhista, in un Paese che fino ad allora era stato interamente dominato dalla tradizione confuciana.

Nel corso di quel processo, essi diedero vita a un vero e proprio Rinascimento indiano nel cuore della Cina. A corte, la poesia sanscrita esercitava un forte ascendente sui poeti imperiali, mentre i pittori cinesi attingevano a piene mani ai modelli indiani per raffigurare il Buddha. Persino l'arredamento cinese subì il fascino dei precedenti indiani: prima dell'avvento del buddhismo, i cinesi si sedevano su stuoie; ora, seguendo l'esempio dei monaci indiani, iniziarono a utilizzare sgabelli.

Allo stesso tempo, la dieta cinese fu modificata dall'introduzione dello zucchero, portato dai missionari buddhisti indiani. Furono importati anche incensi, farmaci, aromi e testi medici. Dalla Cina partivano ambascerie dirette in India alla ricerca dei più celebri scienziati, astronomi e astrologi, affinché prestassero assitenza nei complessi calcoli calendariali, nonché di ipnotisti e guaritori, che asserivano di conoscere i mantra e le formule di longevità – tutti segreti universalmente ritenuti parte integrante della tradizione indiana.[80]

Fu il punto culminante dell'influenza indiana in Cina, un vertice che non sarebbe mai più stato raggiunto.

Malgrado i numerosi presagi che celebravano il potere dell'imperatrice come il compimento di un'utopia a lungo attesa, né il Mingtang né il regno di Wu Zetian conobbero un lieto fine.

Una notte del 696, appena un anno dopo l'erezione dell'Asse del Cielo, un incendio divampò nella Torre Maitreya. Le fiamme si propagarono rapidamente attraverso i suoi cinque piani, avvolgendo l'intero complesso della Sala della Luce e illuminando a giorno Luoyang. Al sorgere del sole, il Mingtang era ridotto in cenere.

Alcuni sostennero che l'incendio fosse scoppiato accidentalmente a causa di un braciere rovesciato. I detrattori dell'imperatrice, tuttavia, insinuarono che il complesso fosse stato deliberatamente distrutto dal suo stesso architetto, il monaco Huaiyi, accecato dalla gelosia dopo aver scoperto che Wu si era presa un nuovo amante, il medico imperiale Shen Nanqiu. Poco tempo dopo, almeno secondo gli storici confuciani posteriori, Wu fece uccidere Huaiyi. Dopo essere stato immobilizzato da « alcune delle più forti e robuste donne di palazzo », il monaco fu legato a un albero, « picchiato e poi strangolato a morte ... Il suo corpo fu caricato su un comune carretto e restituito al Monastero del Cavallo Bianco ».[81]

Negli anni successivi, un'imperatrice Wu ormai esausta cominciò infine a mostrare i segni dell'età. Nel 699, durante un pellegrinaggio, si ammalò gravemente. L'anno successivo bevve un elisir taoista di lunga vita, un preparato che, secondo le fonti, aveva richiesto tre anni di lavorazione ed era costato quasi quanto il Mingtang. Dichiarò di sentirsi ringiovanita, ma continuò a trascorrere sempre più tempo ritirata nel suo palazzo sui monti dello Shanxi, a cento chilometri da Luoyang. L'amministrazione venne affidata ai suoi favoriti dell'epoca, i famigerati fratelli Zhang, due libertini invisi a tutti, noti per il talento musicale, le vesti sfarzose e l'uso smodato del trucco. Per la prima volta nella sua lunga vita, Wu sembrava aver perso la sua brama di potere.[82]

Fu in questo periodo che l'imperatrice Wu, ormai settantacinquenne e malata, ordinò di nascondere una tavoletta d'oro di trentacinque centimetri in un anfratto sulla cima del picco centrale del monte Song. Riscoperta da un contadino nel 1982, la tavoletta era concepita per assolverla dai suoi peccati e rifletteva la sua crescente consapevolezza delle conseguenze spirituali delle gesta brutali che aveva compiuto durante il suo regno. L'iscrizione riporta le sue preghiere « ai Tre Ministri e alle Nove Gemme della Natura, affinché redimano la sua indole peccaminosa e rimuovano il suo nome dal registro dei peccatori passibili di punizione ». Il testo riferisce che la tavoletta fu portata sul monte Song dallo stesso sacerdote taoista che aveva preparato l'elisir di lunga vita.[83]

Forse nel tentativo di espiare ulteriormente i suoi peccati, Wu patrocinò la realizzazione di un altro Buddha gigante sulle pendici sovrastanti il Monastero del Cavallo Bianco, nei pressi di Luoyang, e restaurò con grande sfarzo, ampliandola, la Pagoda dell'Oca Selvatica, originariamente voluta da Xuanzang. Infine, fece erigere un ultimo imponente monumento, la Torre dei Sette Gioielli, o Qibao, adorna di sculture esoteriche buddhiste caratterizzate da un estremo realismo.[84]

Nel 699, ormai sempre più debole, l'imperatrice convocò tutti i suoi figli e li fece giurare solennemente di vivere in armonia fra loro dopo la sua morte. Due anni più tardi, li riunì di nuovo perché giurassero di rispettare la successione, o meglio la restaurazione, del deposto principe ereditario, Li Xian, figlioccio di Xuanzang, conosciuto in passato come il Principe della Luce del Buddha. Infine richiamò l'ex imperatore dal suo esilio in provincia, affinché vivesse con lei nella capitale.

Dopo più di un decennio di estraneazione, i due si ritrovarono in un giorno d'inverno sulla strada tra Chang'an e Luoyang. Sotto una tormenta di neve, Li Xian si prostrò al suolo e sfiorò i piedi di sua madre.[85]

Correva voce che l'imperatrice stesse finalmente valutando di abdicare; ma se questa era realmente la sua intenzione, il principe ereditario agì prima di lei: nel 705, mentre Wu era prostrata da un accesso della sua malattia, Li Xian orchestrò un colpo di stato nel cuore della notte. L'imperatrice si destò di soprassalto e, guardando fuori dalla sua camera da letto, scorse una fitta folla di persone illuminate dalle torce, tra cui cinquecento membri scelti della Guardia imperiale, gli Yulin. Si alzò e uscì in camicia da notte, furiosa e spettinata, per redarguirli. Al centro del cortile giacevano i corpi senza testa dei suoi due favoriti, i fratelli Zhang.

« Che cos'è questo trambusto? » domandò adirata.

I cospiratori risposero docilmente che i fratelli Zhang avevano tramato una rivolta ed erano stati giustiziati prima che potessero agire.

A quel punto, l'imperatrice scorse il figlio che, tremante, saltellava nervosamente da un piede all'altro in fondo alla calca.

« Dunque ci sei anche tu! » esclamò con disprezzo. « Bene, i due ragazzi sono stati uccisi. Ora potete tornare tutti da dove siete venuti! ».

Detto ciò, si voltò e tornò subito a letto. Il mattino seguente abdicò formalmente in favore del principe ereditario.[86] Tuttavia, malgrado il sangue freddo dimostrato durante il colpo di stato, l'imperatrice non si riprese mai dallo shock della sua deposizione. Negli ultimi mesi di vita divenne una presenza spettrale sulla scena politica. Morì poco dopo, il 16 dicembre, nella quiete del suo palazzo preferito, lo Shang Yang, all'età di ottantun anni – sessantasette anni dopo essere arrivata a palazzo come concubina di quinto rango. Aveva retto le redini del potere per mezzo secolo.[87]

L'imperatrice fu sepolta nell'elegante tomba che aveva fatto erigere per suo marito Gaozong, ma la sua lapide rimase vuota, un monumento privo degli epitaffi, le iscrizioni o gli encomi riservati a tutti i suoi predecessori. Il suo, al contrario, era una sorta di *tabula rasa.* Recava solo l'immagine scolpita di uno struzzo, accompagnato da draghi e ostriche e sorvegliato da una fila di cavalli celesti alati. Sembrava voler invitare le future generazioni di storici a formulare autonomamente il proprio giudizio su un regno assolutamente unico.[88]

Wu condusse una vita straordinaria, ma per la sua epoca aveva infranto troppe regole. Quasi subito, gli storici confuciani si adoperarono per cancellare il ricordo delle sue imprese, redigendo lunghi resoconti dei suoi peccati e crimini sanguinari, fino a trasformarla in una figura caricaturale e unidimensionale, tanto sadica quanto lasciva. Maschi e patriarcali, quegli storici descrissero il suo regno come una grave deviazione dalla norma, un esperimento di governo al femminile che non avrebbe dovuto in alcun modo ripetersi.[89]

Il buddhismo non avrebbe mai più goduto del livello di patrocinio imperiale che gli fu concesso durante il regno dell'imperatrice Wu. Mai più le culture dell'India e della Cina sarebbero state così strettamente intrecciate. Tuttavia, sebbene nei decenni successivi gli scambi e il dialogo tra le due civiltà si affievolissero rispetto alle vette raggiunte sotto Wu, molto di ciò che in quegli anni fu costruito perdurò per secoli. Oggi la Cina ospita ancora la più grande comunità buddhista del pianeta. In questo senso, la visione dell'imperatrice e della sua cerchia si realizzò pienamente: la Cina divenne davvero il nuovo fulcro del mondo buddhista.

Negli ultimi anni, il numero di pellegrini cinesi, in particolare taiwanesi, che visitano i luoghi sacri buddhisti in India ha raggiunto livelli senza precedenti. A Bodh Gaya, i pellegrini provenienti dalla Cina e da Taiwan superano oggi, per numero, quelli di tutti gli altri Paesi messi assieme.

Al loro arrivo, vengono accolti da una grande statua di Xuanzang, raffigurato mentre cammina con uno zaino colmo di rotoli, un piccolo memoriale di un'epoca spesso dimenticata, in cui i cinesi guardavano all'India in cerca di guida e ispirazione.

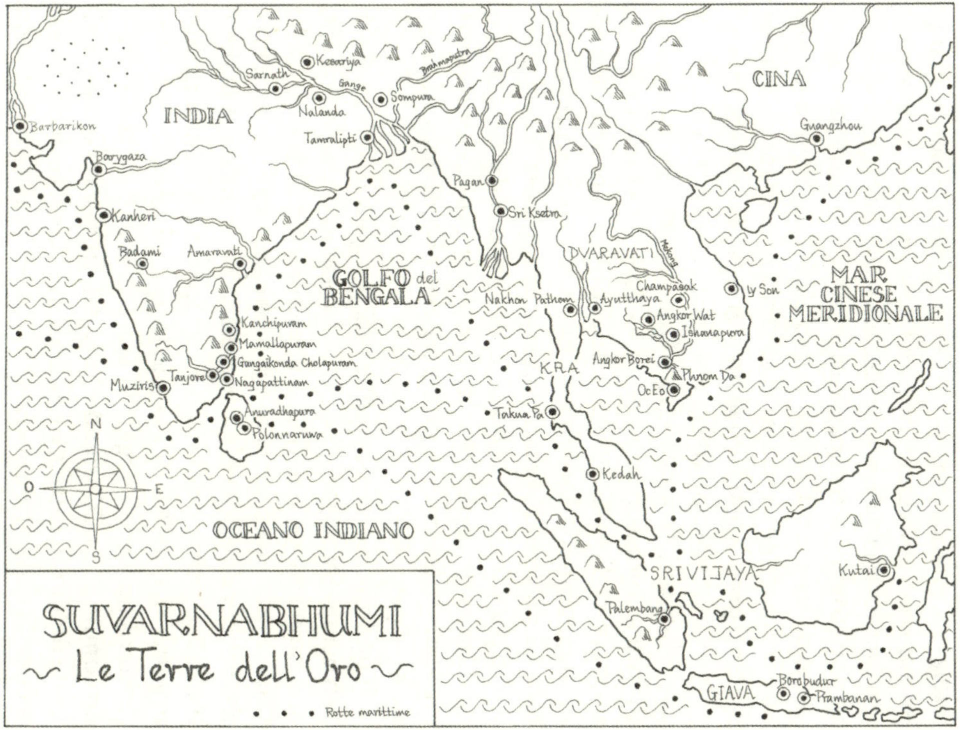
SUVARNABHUMI
~ Le Terre dell'Oro ~
Rotte marittime
INDIA
CINA
GOLFO del BENGALA
MAR CINESE MERIDIONALE
OCEANO INDIANO
DVARAVATI
KRA
SRIVIJAYA
GIAVA
Barbarikon
Barygaza
Kanheri
Badami
Amaravati
Sarnath
Kesariya
Nalanda
Gange
Brahmaputra
Sompura
Tamralipti
Pagan
Sri Ksetra
Kanchipuram
Mamallapuram
Gangaikonda Cholapuram
Tanjore
Nagapattinam
Muziris
Anuradhapura
Polonnaruwa
Nakhon Pathom
Ayutthaya
Mekong
Champasak
Angkor Wat
Ishanapura
Angkor Borei
Phnom Da
Oc Eo
Ly Son
Guangzhou
Takua Pa
Kedah
Palembang
Kutai
Borobudur
Prambanan
N
S
E
O

6

LA DIASPORA DEGLI DÈI

La grotta di Adi Varaha sorge in posizione un po' arretrata rispetto all'antica linea del porto di Mamallapuram, sulla costa orientale dell'India. Qui un tempo le imbarcazioni dirette a Giava e nel Sud-Est asiatico venivano caricate prima di salpare per Suvarnabhumi, le Terre dell'Oro.

Oggi la grotta si trova al di fuori del parco archeologico che custodisce la maggior parte dei monumenti della città. Sebbene sia tuttora un tempio attivo, il sito è generalmente chiuso, e ottenere la chiave dal brahmano custode, che è spesso assente, può rivelarsi un'impresa complessa. Lo sforzo, tuttavia, è ampiamente ripagato, perché al suo interno è conservato quello che è forse il più antico ritratto scultoreo intatto di un sovrano indiano. È un'opportunità unica per contemplare il volto di colui che governava questo porto all'epoca in cui le grandi flotte mercantili tamil solcavano i mari verso oriente sulla Via dell'Oro.

La statua a grandezza naturale di Mahendravarman Pallava, scolpita direttamente nella roccia della grotta, è un'opera di straordinaria precisione esecutiva e potenza espressiva. Raffigura un uomo alto e imponente, dalle spalle larghe, scalzo e a petto nudo, ma con una vita sottile e atletica. Il sovrano indossa un copricapo, una *dhoti* avvolta intorno ai fianchi e lunghi orecchini. Sembra essere stato colto nel bel mezzo di un aneddoto, con il dito puntato fuori scena e un sorriso appena accennato sulle labbra. Il suo volto è accattivante e divertito, con occhi grandi, un naso prominente e labbra piene. La sua mano sinistra si posa sul polso della giovane e sinuosa regina che gli sta timidamente accanto, anch'ella a petto nudo, mentre una seconda, bellissima regina, adorna di orecchini pendenti, sta deferente alla sinistra di quest'ultima. Entrambe sono raffigurate con la testa lievemente piegata verso il sovrano, come se lo stessero ascoltando. Le loro figure, di intensa sensualità, hanno gambe slanciate e cavigliere scintillanti che spuntano sotto i veli di seta trasparente.[1]

Mahendravarman Pallava, vissuto tra il 571 e il 630 d.C., fu il terzo monarca della grande dinastia Pallava, che governò gran parte dell'India sud-orientale tra il III e il IX secolo, e fu probabilmente il più creativo tra i sovrani della dinastia. Assunse titoli quali «Il Curioso», «La Tigre» e «Matto di Piacere», che riflettono la sua natura eccentrica e idiosincratica, e fu un autentico genio enciclopedico. Poeta eclettico e innovativo, appassionato di giochi di parole e rinomato musicista, nelle sue iscrizioni si dilunga con gusto sui tecnicismi delle tradizioni musicali carnatiche dell'India meridionale e sulle loro particolari estetiche. Si vantava di essere un intenditore dei piaceri e dell'alcol, definendosi in un'iscrizione «Quello dell'Ebbrezza Alcolica». Fu anche un grande mecenate delle arti.[2]

Mahendravarman è l'autore di due trattati sulla pittura e la musica dell'India meridionale, purtroppo perduti, nonché di almeno due opere teatrali giunte sino a noi, brevi farse dell'assurdo che ricordano i drammi di Samuel Beckett. Una di queste, una satira breve e cinica di una modernità sorprendente, intitolata *Il gioco degli ubriachi*, segue la vicenda di un devoto shivaita ubriacone e della sua amante, una cortigiana altrettanto beona, che litigano con un decadente monaco buddhista per il possesso di un teschio. Quest'ultimo, utilizzato dal devoto come coppa e ciotola per l'elemosina, era stato dimenticato in una bettola di Kanchipuram. Il monaco buddhista, nostalgico della vita agiata del suo monastero, rimpiange le magnifiche pietanze e bevande di cui godeva, e lamenta di non poter accedere alla versione integrale e non censurata degli insegnamenti del Buddha, che secondo lui gli garantirebbero anche i piaceri delle donne. Un santone di una setta shivaita rivale, anch'egli intenzionato a portarsi a letto la cortigiana, si erge a giudice della disputa. La questione si risolve, tuttavia, quando un pazzo di passaggio fa notare che il teschio conteso è appena stato portato via da un cane randagio.[3]

L'altra commedia ha un tono simile e un analogo senso dell'umorismo: un celebre santone e asceta si ritrova a scambiare l'anima con una bellissima cortigiana a causa di un errore di Yama, il dio della morte. Ciascun personaggio finisce per parlare attraverso la bocca dell'altro, causando confusione tra i clienti della cortigiana e i discepoli dell'asceta. L'autore si diletta a esplorare scambi d'identità, giochi di parole e intricati doppi sensi. Le due farse, che mettono alla berlina tanto i buddhisti quanto le varie correnti shivaite, sono rappresentate ancora oggi nel Sud dell'India, a milletrecento anni dalla loro composizione, in forma di drammi danzati.[4]

Sotto il governo di Mahendravarman Pallava, il Tamil Nadu conobbe un rinascimento creativo, intellettuale e artistico. L'attività accademica prosperò non solo nei monasteri buddhisti, ma anche nelle istituzioni indù dedicate alle scienze vediche, note come *ghatika.* La più importante, nella capitale Kanchipuram, beneficiava di generosi finanziamenti reali.[5]

Tutt'intorno a Kanchipuram, massi e pareti rocciose cominciarono a essere scolpiti in magnifici templi rupestri e santuari, ornati da raffinate sculture. Tra queste spicca una delle più antiche raffigurazioni conosciute del celebre Shiva Nataraja o « Signore della Danza », che piroetta trionfante dopo aver sconfitto i demoni dell'ignoranza e delle tenebre, mentre su un diverso piano di lettura – le ciocche aggrovigliate e fluttuanti, avvolto da un'aura infuocata – il dio danza per distruggere il mondo e riportarlo poi all'esistenza, preservato e rigenerato.[6]

Il primo dei numerosi templi rupestri voluti da Mahendravarman sorge non lontano dai macigni dell'imponente complesso fortificato di Gingi, a circa centosessanta chilometri a sud-ovest di Mamallapuram, situato ai piedi di un singolo sperone di granito che domina una grande vasca d'acqua. Nella roccia è stata scavata una grotta, che a sua volta si apre su tre santuari ormai vuoti. L'intero complesso è sorvegliato da due colossali sculture raffiguranti guerrieri pallava dall'aspetto minaccioso, con enormi mazze e capelli incolti e arruffati.[7]

Il semplice tempio rupestre di Mandagapattu presenta un'iscrizione in cui Mahendravarman Pallava afferma di aver creato una dimora per la trinità dei grandi dèi indù – Brahma, Vishnu e Shiva – «senza l'uso di mattoni, legname, metalli o malta».[8] La frase è comunemente intesa come un'indicazione del fatto che egli fu il primo sovrano del Tamil Nadu a impiegare la pietra come materiale da costruzione, anziché legno, bambù e mattoni, introducendo nella prospera regione costiera del Coromandel la tradizione dell'architettura rupestre già da tempo fiorente nei santuari buddhisti dei Ghati occidentali.[9]

Verosimilmente, Mahendravarman fu anche il primo re pallava ad abbracciare il nuovo induismo dei Purana.[10] Fu convertito dal jainismo allo shivaismo dal celebre santo e poeta Appar, e fu durante il suo regno che fiorirono i movimenti estatici della *bhakti*, il devozionalismo shivaita e vishnuita, sotto la guida dei poeti-santi tamil.

Questi popolari mistici conducevano folle di fedeli in estasi da un santuario all'altro, intonando appassionati canti sul loro anelito per Shiva, Vishnu o le altre incarnazioni del loro dio, invocato di volta in volta come figlio, amico, schiavo o amante. A differenza della tradizione brahmanica, i santi della *bhakti* componevano in tamil anziché in sanscrito. I loro inni trasponevano la struggente passione per il divino nel linguaggio dell'amore umano, eternamente sospeso tra unione e separazione. Questi canti, così colmi di dolore e di desiderio inappagato, sono ancora oggi in grado di parlare a chiunque abbia mai sofferto per amore. Il linguaggio fortemente sensuale della giovane santa Andal, ad esempio, risulta sorprendentemente esplicito, perfino secondo i parametri odierni:

La mia vita sarà risparmiata
soltanto se lui verrà
a passare una notte con me.
Se entrerà dentro di me
fino a lasciare
l'impronta della sua pasta di zafferano
sui miei seni,
rimestandomi, frullandomi, sconvolgendomi dentro,
cogliendo il mio frutto maturo,
spargendo il nettare,
mentre il mio corpo e il mio sangue
fioriscono in un lampo.[11]

Furono questi santi, uomini e donne, ad avviare il processo di diffusione di questa forma popolare di devozione induista nell'estremità meridionale della penisola indiana, che sin dai tempi di Ashoka era stata dominata dai più austeri buddhismo e jainismo e, prima ancora, dal culto dei megaliti e degli eroi guerrieri. Secondo Xuanzang, Kanchipuram, la capitale pallava, ai suoi tempi era ancora uno dei principali centri buddhisti dell'India, con migliaia di monaci e una reputazione accademica seconda solo a quella di Nalanda.[12]

Ora invece Kanchipuram andava rapidamente affermandosi come un importante polo dello shivaismo, e gli inni dei santi tamil si scagliano spesso contro i monaci buddhisti e jainisti, descritti come ipocriti, degenerati ed estranei alla cultura tamil.[13] Il santo fanciullo Sambandar si distingueva per la veemenza e dedicava spesso l'ultimo verso dei suoi canti, generalmente il decimo, alla denuncia dei buddhisti e, più ancora, dei jainisti.[14]

La nuova tradizione della *bhakti* non esigeva la rinuncia al mondo, alla maniera di jainisti e buddhisti, né imponeva l'esecuzione dei sacrifici del fuoco prescritti dai Veda. Al contrario, affermava che un'intensa devozione e *puja* appassionate potessero ugualmente condurre alla salvezza, attraverso un cammino accessibile a quasi tutti. Sebbene gli dèi fossero universali e trascendessero lo spazio e il tempo, infatti, la *bhakti* insegnava che erano particolarmente presenti nei luoghi santi, e soprattutto negli idoli dei templi. Di conseguenza, il momento culminante del culto divenne il *darshan*: la contemplazione della bellezza dell'immagine divina, l'incontro con lo sguardo di Dio.

> Il nostro Signore è qui,
> vive dentro di me.
> E abbiamo finito
> di nascere e morire,
> di crescere e calare
> come la luna –
>
> abbiamo finito
> di sapere
> e non sapere
> come la luce del giorno e il buio della notte.[15]

Fu per placare questo anelito religioso che Mahendravarman Pallava iniziò a costellare il suo regno di templi rupestri e di immagini finemente scolpite degli dèi, le più antiche giunte fino a noi dal Sud dell'India. Potrebbe essere stato anche il primo sovrano a promuovere la fusione del bronzo, una tecnica che, col tempo, diverrà la forma d'arte più caratteristica dell'India meridionale. Squisitamente equilibrate e flessuose, queste divinità in bronzo, assorte e ritualizzate, si ergono mute sui loro piedistalli, ma con le mani comunicano affettuosamente con i loro devoti nella silenziosa lingua franca dei gesti – o *mudra* –[16] della danza dell'India meridionale, promettendo benedizione, protezione e, soprattutto, matrimonio, fertilità e fecondità.

Gli dèi pallava sono intensamente fisici e straordinariamente belli: la loro sensualità è percepita come parte integrante della loro perfezione. In queste statue, carnalità e spiritualità non si contrappongono, ma si fondono in un'unica realtà, in cui il sensuale è un elemento essenziale del sacro.

Erano divinità che la gente poteva desiderare, di cui si poteva innamorare; e a molti devoti accadeva davvero.

Narasimhavarman (r. 630-668 d.C.), figlio di Mahendravarman Pallava, noto come Mamalla o il « Grande lottatore », fu il sovrano che avviò la trasformazione del regno dei Pallava in una grande potenza mercantile, allo scopo di dominare i redditizi traffici d'oltremare con le Terre dell'Oro a oriente, nel momento in cui il baricentro del commercio indiano iniziava a spostarsi da ovest verso est. Fu in questo periodo che il loro porto di Mamallapuram, a sud di Chennai, divenne il punto di partenza per molti indiani diretti nel Sud-Est asiatico e, per un certo tempo, forse il più grande emporio marittimo dell'Asia monsonica.[17]

Il tempio rupestre di Adi Varaha, che custodisce il ritratto di Mahendravarman, fu scavato nel contesto degli sforzi di suo figlio per trasformare il porto di Mamallapuram, a lui intitolato, in uno dei principali centri mondiali del commercio e delle arti. Narasimhavarman, capace generale che si fregiava di titoli quali « Coraggioso come un Leone », « Freccia Feroce » e « Dotato delle Qualità di un Elefante », fece ampliare e dragare la baia di Mamallapuram per consentire l'approdo di grandi imbarcazioni militari e commerciali. Da quel porto lanciò due spedizioni militari contro lo Sri Lanka e, di lì a poco, flotte di navi mercantili iniziarono a salpare per il Sud-Est asiatico. Un poema dell'VIII secolo riferisce che « le navi all'ancora, curve fino al punto di rottura, erano colme di ricchezze, di elefanti dalle grandi proboscidi e di gemme delle nove varietà ».[18]

Le magnifiche sculture di Mamallapuram, che un tempo si affacciavano direttamente sulla rada, risalgono al regno di Mamalla e sono annoverate tra le più straordinarie creazioni di tutta l'arte indiana. Il rilievo che le accoglie copre un'intera parete rocciosa. Sulla destra, due maestosi elefanti fanno oscillare le proboscidi; accanto a loro siede una famiglia di scimmie a grandezza naturale; poco distante pascolano dei cervi, e una mucca viene munta mentre lecca il suo vitello. Queste immagini animali si alternano a eroi guerrieri sovrumani, saggi barbuti e asceti in meditazione. In alto, una moltitudine di dèi e dee, ninfe celesti e spiriti degli alberi, *naga* e *nagini* si libra a mezz'aria. L'esecuzione emana una spensierata levità: risuona un flauto, qualcuno danza, e donne dai seni sodi si scatenano con i loro compagni. Per certi aspetti, è una Bollywood ante litteram.

Ma questa leggerezza è ingannevole. Come tutta l'arte pallava, si trattava di un'opera profondamente vagliata, di grande raffinatezza, ricca di doppi sensi e di elegante ambiguità. Era anche un capolavoro di innovazione tecnica: l'acqua piovana veniva convogliata in modo che, in occasioni speciali – forse l'arrivo di una flotta o la visita di un ambasciatore –, l'apertura di una chiusa faceva precipitare un fiume attraverso la faglia centrale del rilievo, inondando i re *naga* e le creature acquatiche nella sua piena. Allo stesso modo, i templi sulla spiaggia erano collocati in modo che le onde lambissero la base di alcuni santuari, purificando ritualmente le immagini sacre, come se la natura stessa partecipasse al culto divino.

Le sculture di Mamallapuram hanno attirato visitatori sin dalla loro realizzazione, all'apice del regno di Mamalla. Tra i resoconti di coloro che si recarono ad ammirarle spicca quello di Dandin, il « Portatore del Bastone », il più celebre poeta di corte dei Pallava.

Nonostante oggi sia poco letto e pressoché sconosciuto al di fuori del ristretto circolo di chi padroneggia il sanscrito letterario, Dandin (665-720) fu uno dei giganti della letteratura sanscrita e il protagonista assoluto della scena intellettuale e letteraria del suo tempo. Le sue opere furono elogiate come « uno scrigno di puro nettare, la cui distesa è uno specchio ingioiellato per lo svago di Sarasvati », la dea della musica, del sapere e della poesia.[19] Nato un anno dopo la morte di Xuanzang, Dandin ricoprì molti ruoli: fu critico e intenditore, studioso e teorico letterario, oltre che poeta apprezzato, drammaturgo virtuoso e spirito libero. È ricordato anche come l'autore del primo romanzo di formazione della storia, il *Dashakumaracharita* o « Le gesta dei dieci principi», un precursore sudindiano del romanzo *Sulla strada* di Jack Kerouac (1957).[20]

Il libro si compone di dieci autobiografie fittizie, scritte in una prosa sontuosa, con «parole che sembrano danzare». È anche uno dei primi testi in prosa della letteratura d'arte sanscrita. Focoso, irriverente e ricco di umorismo, il romanzo celebra la brama giovanile di viaggi e di avventure, raccontando di risse, furti, omicidi, seduzioni, succhiotti e ogni sorta di esperimenti amorosi e sessuali.[21] Questi episodi riflettono probabilmente le esperienze personali di Dandin, il quale, da ragazzo, rimasto orfano, povero e senza casa dopo il saccheggio della capitale pallava da parte dei Chalukya di Badami nel 670, vagabondò per dodici anni nel Subcontinente.

Dandin ebbe la ventura di vivere in un frangente straordinario, che vide i Pallava passare in breve tempo da quella cocente sconfitta per mano dei loro rivali a una serie di vittorie spettacolari che li portò a dominare l'intera estremità meridionale dell'India. All'età di circa venticinque anni, Dandin fece trionfalmente ritorno alla corte pallava «dopo aver girovagato in altre regioni, vissuto tra studiosi eminenti e acquisito un'erudizione impeccabile, dimostrata con successo nelle assemblee dei più rispettati brahmani e *kshatriya*».[22] Poté quindi vedere la capitale pallava di Kanchipuram risorgere dalle proprie ceneri, i suoi templi ricostruiti e ampliati, la sua corte arricchita da un flusso senza precedenti di scambi commerciali con le Terre dell'Oro e con la prospera Cina dell'imperatrice Wu Zetian.

Al ritorno presso la corte pallava, Dandin compose il *Kavyadarsha*, «Lo specchio della poesia», una summa della critica letteraria sanscrita, ritenuto una delle opere più influenti del suo genere, secondo soltanto alla *Poetica* di Aristotele.[23] Scrisse anche uno dei più apprezzati poemi sanscriti, *La bella di Avanti*. Entrambe queste opere furono lette non solo in tutta l'India, ma, col tempo, anche nel Sud-Est asiatico e in Cina – in quel nuovo mondo parzialmente indianizzato che il mercantilismo dei Pallava stava gradualmente dischiudendo. Perché, come sempre accade, ovunque giungesse il commercio, idee e arti gli tenevano dietro.[24]

La vita di Dandin coincise con un periodo eccezionale nella storia culturale dell'Asia. Come ha osservato il sanscritista Sheldon Pollock, «in tutto il Sud-Est asiatico, continentale e marittimo, popoli che parlavano lingue del tutto diverse, come le mon-khmer e le maleo-polinesiane, e appartenevano a universi culturali assai differenti, adottarono improvvisamente, ampiamente e durevolmente una nuova lingua, il sanscrito – e con essa la nuova visione politica e la nuova estetica letteraria che le erano legate in modo indissolubile».[25]

Di conseguenza, i poemi epici e altri testi indiani cominciarono a essere letti, copiati e recitati da un capo all'altro dell'indosfera, che si estendeva ora fino al Sud-Est asiatico e oltre. Opere teatrali e danze indiane venivano eseguite al suono della musica tradizionale indiana, mentre rilievi ispirati alle grandi epopee indiane, come il *Ramayana* e il *Mahabharata*, iniziavano a essere scolpiti su templi situati a migliaia di chilometri dal Subcontinente. Col passare del tempo, Dandin divenne uno degli autori più letti dell'indosfera e le sue concezioni poetiche plasmarono i gusti e ispirarono gli scrittori dal Kashmir a Chang'an. Nella piana gangetica, il cuore dell'India, Dandin fu integrato nel curriculum delle università di Nalanda e Vikramashila, dove le sue opere attrassero numerosi commentari.

Oltre i confini dell'India, gli scritti di Dandin lasciarono una scia di manoscritti su carta e su foglie di palma dalle vette del Tibet alle pagode di Pagan, dai monasteri della Thailandia alle giungle di Bali, dalle isole dell'Indonesia ai monasteri rupestri del Taklamakan e dalle steppe della Mongolia ai salotti letterari della Cina Tang, dove contribuirono a dare impulso a un nuovo stile di corte. E insieme alle opere di Dandin giunsero anche i raffinati classici sanscriti da lui citati nel *Kavyadarsha*, come *Il nuvolo messaggero* di Kalidasa, che ispirò un sottogenere di «poemi del messaggero» in Tibet e Sri Lanka, e il *Raghuvamsha* dello stesso autore, ampiamente imitata fino a Giava e a Bali.[26]

È dall'introduzione di *La bella di Avanti* di Dandin che apprendiamo i dettagli del suo viaggio fino al litorale di Mamallapuram. Il poeta era stato invitato da Lalitalaya, il capo scultore e architetto dei Pallava, a ispezionare il suo lavoro. Lalitalaya aveva appena finito di restaurare un idolo di Vishnu disteso, situato «là dove l'acqua del mare si levava in alte onde azzurre lambendone il corpo».[27]

È probabile che si trattasse dell'idolo tuttora visibile presso il Tempio della Spiaggia, il quale, allora come oggi, si affacciava sul mare, sebbene dopo lo tsunami del 2004 la struttura sia protetta dalla forza delle onde da un imponente frangiflutti. Il compito di Lalitalaya era consistito nel riparare la scultura di Vishnu originariamente realizzata da suo padre, il celebre Mandhatar, «che superò gli Yavana [i greci] nell'arte» ed era considerato il più grande artista del suo tempo. Quasi un Leonardo tamil, Mandhatar era noto anche per le sue stupefacenti invenzioni, che includevano un automa – un uomo meccanico capace di pronunciare le parole «ho fame» in tamil – e un «albero dei desideri».[28]

I due amici, Dandin e Lalitalaya, partirono da Kanchipuram insieme a un gruppo di conoscenti, tutti personaggi illustri del Sud dell'India, tra cui un paio di scrittori, alcuni intellettuali in visita dal Kerala e il figlio di un generale dell'esercito pallava, noto come il «Grande lottatore».

Oggi Kanchipuram viene progressivamente inghiottita dall'espansione della periferia di Chennai, i cui sobborghi si estendono fin quasi alla costa, dove Mamallapuram è divenuta una rinomata località balneare, assai ambita dall'industria cinematografica tamil come set per le scene musicali. Tuttavia, quando visitai questo luogo per la prima volta a metà degli anni Ottanta, Mamallapuram era poco più che un villaggio, abitato da una dinastia di scultori discendenti di coloro che avevano lavorato per i Pallava. A quel tempo era facile trasporre mentalmente il viaggio di Dandin su quel paesaggio ancora rurale.

I villaggi lungo la strada per Kanchipuram ricordavano quelli descritti nelle storie di R.K. Narayan: piccoli e sonnolenti, con bancarelle colme di sacchi di peperoncini rossi essiccati e caschi di banane verdi appena raccolte. Donne avvolte in sari di seta dai colori vivaci camminavano in fila lungo le strade, i fiori di gelsomino tra i capelli. Gli abitanti lasciavano il grano appena mietuto sulla strada affinché venisse trebbiato dal passaggio delle automobili. Il bestiame, robusto e dal manto bianco, aveva lunghe corna dipinte di rosso. Proseguendo tra nugoli di libellule bronzee e laghi popolati da cicogne migratrici, attraverso risaie di un verde brillante interrotte da barriere frangivento di borassi, raggiungemmo la pianura costiera.

Avvicinandoci a Mamallapuram, apparvero alla vista strane distese di massi argentati dall'aspetto ultraterreno, che luccicavano come gigantesche perle di mercurio pietrificato. All'improvviso, le rovine disseminate nel paesaggio divennero più numerose: torri di guardia e fortezze di frontiera abbandonate, ma attive e popolate all'epoca di Dandin, spuntavano ora in mezzo alle risaie. Scalinate, pozzi e muri avvolti da rampicanti si snodavano su colline di macerie frastagliate, vestigia di antichi e vivaci centri abitati.

Più avanti si stagliava la lucida parete di roccia, interamente coperta dalla scultura più raffinata dell'India meridionale, e poco oltre si aprivano la spiaggia e l'immensa distesa scura del mare. Da un lato, ai tempi di Dandin, sorgeva il palazzo del re, oggi scomparso, « le cui fondamenta erano lambite dalle onde giocose dell'oceano »; dall'altro, svettava « un tempio maestoso, tutto bianco, contro il cui basamento si infrangevano i flutti tumultuosi ».[29] Questo santuario sul litorale era la meta del viaggio di Dandin.

« Dopo aver attraversato spiagge disseminate di frammenti di perle e boschetti profumati di aloe, mango, betel, cocco e altre essenze » scrisse Dandin

> con gli occhi colmi di stupore, contemplai il Beato [la scultura di Vishnu appena restaurata]. Sul suo corpo, scurito da una ghirlanda di loti blu in fiore, si abbattevano le onde salmastre del mare. Il dio era trasportato dal grande serpente Shesha, dai cui mille cappucci spalancati si irradiava una corona di sguardi ramati ... Chinai il capo, e mi parve che i miei peccati fossero

spazzati via dalle gocce d'acqua dell'oceano, purificate dal contatto con il corpo del dio. Alla fine, con occhio attento, esaminai la forma divina.

Era il momento della verità. Gli amici avrebbero notato il punto in cui Lalitalaya aveva riparato la scultura? Il suo intervento sarebbe stato giudicato « degno di cotanta opera d'arte »? Vi fu un momento di tensione, ma tutto si risolse per il meglio:

> Incapace di distinguere dove [lo scultore] avesse riattaccato la mano spezzata, lo guardai negli occhi e dissi: « Un trionfo supremo dell'arte scultorea, ora tristemente caduta in declino! Ma dimmi, qual è la mano che hai riattaccato? ». Il grande artista [Lalitalaya], improvvisamente sollevato dal peso dell'ansia, congiunse le mani in segno di riverenza, si inchinò e disse: « Con queste parole hai reso completa la mia vita! ».[30]

Molte delle sculture descritte da Dandin nel VII secolo sono tuttora visibili lungo la battigia. In una grotta, la dea Durga si lancia impetuosa in battaglia sul suo leone ruggente, brandendo la spada e l'arco, per affrontare il demone bufalo cornuto Mahishasura, che si ritrae come un minotauro sconfitto, la gigantesca clava ormai inerte al suo fianco. Di fronte a questa, un'altra scena raffigura Vishnu immerso nel sonno cosmico, protetto dai cappucci del cobra Shesha, mentre Lakshmi tenta di risvegliarlo affinché annienti i malvagi *asura* Madhu e Kaitabha. Entrambi i temi e le composizioni sarebbero presto divenuti popolari nei templi indù di tutto il Sud-Est asiatico.

Come Dandin intuì, queste sculture sono capolavori straordinari, specchio della raffinatezza della corte pallava nel momento del suo massimo splendore. Vi si scorgono anche cenni dello stesso eclettico umorismo che pervade le opere di Dandin. Alla base del rilievo principale, una piccola scena raffigura una storia tratta dal *Panchatantra*, quella del gatto che viveva lungo il Gange e predicava ai topolini locali la sua Illuminazione, la sua dieta vegetariana e le sue grandi doti di misericordia – per poi approfittare della loro credulità e mangiarseli. Nella scultura, il gatto è raffigurato eretto sulle zampe posteriori, nella posa di un asceta digiunante, mentre i devoti topolini si raccolgono ai suoi piedi in estatica adorazione.

Osservando con maggiore attenzione, però, emerge il raffinato gioco letterario orchestrato dagli scultori pallava. Molti dei personaggi rappresentati nei rilievi di Mamallapuram sembrano illustrare l'episodio del *Mahabharata* in cui l'eroe Arjuna affronta lunghi anni di penitenza per ricevere da Shiva i segreti di Pashupata, la grande arma apocalittica degli dèi. Tuttavia, la scena è scolpita in modo tale da poter essere letta anche nell'altra direzione, come la celebre storia della Discesa del Gange dal cielo alla terra attraverso le ciocche arruffate di Shiva, simbolo dell'Himalaya. L'interpretazione è affidata alla sensibilità dell'osservatore: un enigma concettuale affine a quelli che Mahendravarman Pallava amava inserire nei suoi drammi e che Dandin coltivava nelle sue opere in versi e in prosa.[31]

Questo rilievo, oggi conosciuto come la Penitenza di Arjuna, sorgeva un tempo in riva al mare, ai piedi del palazzo dei Pallava, quasi a rappresentare un manifesto pubblico della raffinatezza culturale della loro corte. Sebbene oggi si trovi leggermente arretrato rispetto alla costa, in origine si affacciava direttamente sul fronte del porto. Proprio come il faro di Alessandria segnava l'ingresso a quel celebre porto, così questo rilievo, visibile anche dalle navi in mare aperto e affiancato dalle guglie gemelle del Tempio della Spiaggia con il suo Vishnu disteso, lambito dalle onde, costituiva il primo, suggestivo spettacolo che accoglieva i mercanti, gli studiosi e i pellegrini del Sud-Est asiatico, in viaggio verso la terra santa delle religioni che stavano rapidamente trasformando il loro mondo.

L'apogeo del dominio Pallava non vide solo un eccezionale risveglio culturale, ma anche una straordinaria ripresa economica, caratterizzata da mercati dinamici e città fiorenti dopo un lungo periodo di declino della vita urbana.[32]

Questo successo fu in parte alimentato da una rinascita delle aree rurali, favorita dai sistemi di irrigazione e dai canali realizzati nell'ambito del programma di opere pubbliche promosso dai sovrani Pallava. Inoltre, la fondazione di templi in tutto il regno, e il patrocinio regale che li finanziava, portarono alla nascita di numerose e vivaci cittadine, favorendo il risorgere della vita urbana. Tuttavia, il principale motore della ritrovata prosperità fu l'impetuoso incremento del commercio internazionale, stimolato dalle nuove e fiorenti città-stato del Sud-Est asiatico. Convogliando gran parte di questi traffici verso Mamallapuram, i Pallava si assicurarono il ruolo di principali beneficiari di questa espansione commerciale con l'Oriente.[33]

All'inizio del V secolo d.C., mentre i Pallava estendevano il loro dominio da Kanchipuram e dal delta del Kaveri al resto del Tamil Nadu, i commerci con Roma e Bisanzio, già drasticamente ridotti rispetto ai tempi di Augusto, subirono un tracollo. L'Impero romano, infatti, si stava disfacendo sotto il peso delle tensioni interne, delle congiure di palazzo e di una serie di massicce invasioni dai fronti del Reno e del Caucaso.

La caduta dell'Impero romano d'Occidente e il declino della vita urbana in gran parte dell'Europa settentrionale e occidentale furono seguiti dalle incessanti guerre tra Bisanzio e la Persia nel VI secolo. Questi conflitti iniziarono con il parziale successo dell'embargo persiano sul commercio romano con l'India, che l'imperatore bizantino Giustiniano tentò invano di spezzare. Il porto di Myos Hormos sul Mar Rosso versava già in un irreversibile degrado nel IV secolo, mentre il suo primo rivale, Berenice, venne abbandonato intorno al 550 dopo una serie di devastanti incursioni dei temibili nomadi del deserto che i bizantini chiamavano blemmi.[34] Le conseguenze di questa contrazione dei commerci si riflettono nella scomparsa, a partire da questo periodo, dei preziosi granati indiani e singalesi dalla gioielleria della Francia merovingia. Per la prima volta dopo diversi secoli, le merci indiane smisero di raggiungere l'Europa mediterranea.[35]

Successivamente, le devastazioni seguite alle conquiste arabo-islamiche del VII secolo, culminate con la presa e il saccheggio dell'Egitto nel 640 d.C., causarono ulteriori interruzioni dei commerci. Col tempo, gli arabi avrebbero riattivato le rotte marittime, e con la fondazione di Quseir, il nuovo porto islamico sul Mar Rosso, l'Egitto sarebbe ridiventato un importante terminale per i traffici con l'India. Tuttavia, per circa due secoli, le rotte commerciali con l'Occidente rimasero inattive.[36] Con la decadenza e la progressiva scomparsa delle flotte commerciali romane, il ruolo di Roma come principale partner commerciale dei porti indiani fu parzialmente assunto dai persiani sasanidi e dagli etiopi axumiti, due imperi all'apice della loro potenza.[37] Le navi persiane dirette in Cina, infatti, rivestono un ruolo di primo piano nei racconti di viaggio dei monaci buddhisti che volevano imbarcarsi verso oriente.[38]

Tuttavia questi traffici, seppur significativi, non potevano compensare l'eccezionale afflusso d'oro che aveva interessato l'India durante il periodo di massimo splendore del commercio romano attraverso il Mar Rosso. Nel V secolo, quando la fornitura di oro mediterraneo iniziò a diminuire, il commercio indiano d'oltremare si riorientò progressivamente verso est. Se l'oro non arrivava più in abbondanza da Roma, i mercanti indiani, gestiti e organizzati da una serie di gilde commerciali di recente fondazione, se lo sarebbero dovuto procurare lungo le interminabili linee costiere e le isole di Suvarnabhumi.[39]

Man mano che la Via dell'Oro occidentale si chiudeva, il suo ramo orientale acquisiva un'importanza sempre maggiore, spingendo vaste flotte di mercanti indiani a salpare verso est.

Nello stesso periodo in cui Mahendravarman Pallava rilanciava l'economia della costa tamil, un'analoga alchimia di urbanizzazione e formazione statale nel Sud-Est asiatico ampliava e arricchiva i porti situati sulle coste orientali del Golfo del Bengala, rendendo le traversate verso est da Mamallapuram più agevoli e più redditizie.[40]

Lungo le coste e i principali sistemi fluviali degli attuali Sri Lanka, Myanmar, Malesia, Thailandia, Laos, Vietnam e Cambogia si svilupparono nuovi centri urbani. Nell'odierna Thailandia, ad esempio, il porto fluviale di Nakhon Pathom, che misurava 3,7 per 1,9 chilometri, vantava già un fossato, canali che attraversavano la città e oltre cento edifici con fondamenta in mattoni.[41] Destinazioni come queste attiravano i mercanti dell'India meridionale e orientale, che salpavano con ogni monsone estivo trasportando tessuti, prodotti metallici e varie manifatture indiane da scambiare con spezie, canfora, resina e altre materie prime locali. Tuttavia, il nome Suvarnabhumi sottolinea l'attrazione particolare esercitata sugli indiani dai ricchi giacimenti auriferi di Sumatra e Sarawak e dalle piccole miniere d'oro sparse nella penisola continentale.[42] Nel V secolo era già attiva una rotta marittima diretta attraverso lo Stretto di Malacca, che collegava con facilità l'Oceano Indiano al Pacifico. Sul fronte indiano, gran parte di questo commercio sembrava svolgersi sotto l'egida delle sempre più floride gilde commerciali.[43]

Tali traversate erano sempre state un elemento fisso delle storie dei Jataka buddhisti.[44] Una di queste narra del principe Polajanaka, che intraprese il viaggio verso Suvarnabhumi per accumulare il denaro necessario a riconquistare il trono del padre, usurpato dal fratello malvagio. «Dammi la metà dei tuoi beni,» dice alla madre «e io andrò a Suvarnabhumi e là otterrò grandi ricchezze». La madre, però, lo mette in guardia: «Il mare è pieno di insidie e offre poche speranze di successo». Infatti la flotta del principe viene travolta da una tempesta. «Il mare si fece sempre più grosso» e «la nave iniziò ad affondare in mezzo all'oceano mentre i membri dell'equipaggio piangevano, si lamentavano e invocavano ciascuno i propri dèi».

Mentre la nave si inabissa e i marinai « diventano cibo per pesci e tartarughe, e l'acqua tutt'attorno si tinge di sangue », il principe rimane saldo accanto all'albero maestro. Alla fine, viene salvato da un intervento miracoloso di Manimekhala, la dea del mare, particolarmente venerata dai Pallava di Kanchipuram, che elogia il coraggio del principe:

Tu, che con audacia affronti questo mare sconfinato e selvaggio,
senza arretrare dinanzi al compito assegnato, spingendoti là
dove il dovere ti chiama,
prosegui verso la meta che il tuo cuore ti indica,
nessun ostacolo né impedimento ti fermerà.[45]

Sembra essere stato questo lo spirito che attirava i primi mercanti sempre più a est.

Eppure, nonostante la ricca letteratura devota dedicata a Suvarnabhumi nei Jataka e nelle epopee come il *Ramayana*, le religioni dell'India tardarono a unirsi alla lista dei « beni d'esportazione » sudasiatici; e quando finalmente riuscirono a stabilire una presenza nel Sud-Est asiatico, il buddhismo precedette di poco l'induismo.

In Myanmar, ad esempio, si riscontrano tracce di influenze tecniche indiane già dal II secolo a.C. in ambiti come i sistemi idraulici e irrigui, la fusione del ferro e persino le proporzioni dei mattoni. I sistemi di scrittura indiani iniziarono a essere adottati più tardi, dal III secolo d.C.[46] Tuttavia, è solo dal IV secolo che emergono testimonianze certe di un'ampia adozione del buddhismo, mentre le prove della presenza di monasteri risalgono a un'epoca ancora successiva. Nel V secolo, nella città Pyu di Sri Ksetra furono realizzate le più antiche iscrizioni superstiti in lingua pali: venti fogli d'oro incisi con formule buddhiste, ritrovati nella camera delle reliquie di una pagoda-stupa.[47]

Una situazione analoga si osserva in Thailandia, dove frammenti di ceramica indiana sono stati rinvenuti in antichi insediamenti commerciali risalenti al I secolo d.C., mentre i *linga* di Shiva, le immagini di Vishnu e le statue a tutto tondo del Buddha, splendidamente scolpite nello stile di

Amaravati, si incontrano solo a partire dal IV secolo d.C.[48] Poco dopo, fanno la loro apparizione i *dharmachakra* scolpiti, le «Ruote della Legge» buddhiste, simbolo distintivo del misterioso regno indianizzante di Dvaravati, che per circa quattrocento anni controllò parte della Thailandia centrale. Queste immagini, installate su alti pilastri, sembrano ispirate a colonne analoghe erette nell'India settentrionale durante il periodo Gupta a Sarnath, il parco dei cervi in cui il Buddha pronunciò il suo primo sermone. Tuttavia, mentre in India è stata ritrovata solo una manciata di queste immagini, a Dvaravati esse furono scolpite in abbondanza, con oltre quaranta esemplari rinvenuti fino ad oggi.[49]

La fioritura degli scambi con il Sud-Est asiatico provocò a sua volta profondi cambiamenti nelle nuove città portuali che andavano sorgendo oltre lo Sri Lanka. È nei primi porti del delta del Mekong che sono stati ritrovati i più antichi resti architettonici di rilievo del Sud-Est asiatico continentale, tra le rovine delle prime grandi città degli odierni Vietnam e Cambogia. In queste vaste lagune d'acqua dolce giacciono sommerse le vestigia di un'antica rete di avamposti commerciali che si estende oggi a cavallo dei moderni confini nazionali.

Durante la stagione delle piogge, i canali esondano con tale abbondanza da sommergere completamente il mosaico delle risaie, lasciando emergere dalle acque soltanto le guglie dei templi buddhisti e le cime dei filari di pioppi che fiancheggiano i corsi d'acqua. Le colline più elevate si innalzano come isole coniche dalla distesa alluvionale e, se le si osserva da lontano mentre si arriva su una barca da pesca, ricordano i dorsi lisci e curvi di elefanti al bagno. Sulle loro sommità, al di sopra della fitta volta arborea, si ergono le torri di alcuni tra i templi più antichi della regione – quasi fossero stati trascinati fin lassù dalle inondazioni monsoniche.

Sul lato vietnamita del confine sorgono le rovine dell'antica città portuale di Oc Eo. Sul lato cambogiano, due piccoli rilievi che spuntano dalla laguna, collegati a Oc Eo da un'estesa rete di canali, sono ciò che rimane degli antichi avamposti commerciali e siti templari khmer di Angkor Borei e Phnom Da.

Gli scavi hanno svelato l'assetto urbanistico di queste due vaste città commerciali del delta, entrambe caratterizzate da piante geometriche ortogonali ispirate a modelli indiani. A Oc Eo, che fiorì tra il 100 e il 300 d.C., sono state rinvenute antiche monete indiane mescolate a monete romane risalenti all'epoca di Antonino Pio. Vi sono tracce di un'organizzazione centralizzata per la gestione di grandi gruppi di lavoratori, come dimostra la realizzazione di ambiziose opere pubbliche. Tra queste, spiccano le cospicue mura in mattoni e i fossati che circondano sia Angkor Borei, la città più antica, estesa su circa trecento ettari, sia Oc Eo, leggermente posteriore, le cui fortificazioni cingono un'area di quattrocentocinquanta ettari, con quattro bastioni e cinque fossati paralleli. Secondo gli archeologi, tali resti testimoniano l'adozione precoce di concetti e modelli urbanistici indiani da parte dei sovrani del Sud-Est asiatico. Questi furono i modesti inizi di uno dei processi di scambio e di dialogo culturale più significativi della storia mondiale: l'espansione dell'indosfera su entrambe le sponde del Golfo del Bengala.[50]

La laguna che separa i porti di Oc Eo e Angkor Borei divenne, a partire dai primi secoli d.C., il terminale della rotta commerciale marittima che, partendo da Berenice e dai porti romani del Mar Rosso, attraversava l'India per giungere in Oriente. Oggetti di lusso romani sono stati rinvenuti in siti preistorici disseminati nel Golfo del Siam e lungo lo Stretto di Malacca, mentre alcune perline di vetro romane sono arrivate fino in Corea.[51] Tuttavia, sembra che tali beni non vi fossero stati portati dai romani stessi, ma da intermediari indiani insediati nelle lagune del delta del Mekong. I mercanti indiani non si limitavano a vendere i propri ornamenti e gioielli, ma trasportavano anche numerosi manufatti romani, come lampade in bronzo e persino abili contraffazioni di intagli romani, prodotte nel Tamil Nadu e in Kerala. Queste imitazioni, a quanto pare, venivano spacciate per autentiche nel Sud-Est asiatico, come avviene oggi con le finte borse Louis Vuitton e Gucci vendute nei bazar della regione.[52]

I cinesi chiamavano questa città-stato Funan, mentre gli indiani la conoscevano come Vyadhapura. Non sappiamo che nome le attribuissero i suoi abitanti. Un inviato della corte cinese che visitò il Funan nel III secolo d.C. ci ha lasciato il primo resoconto diretto di tale nascente realtà mercantile. « Questo luogo è noto per le preziose rarità che vi arrivano da terre lontane, » scrisse Xue Zong « tra cui perle, incenso, zanne d'elefante, corna di rinoceronte, gusci di tartaruga, coralli, lapislazzuli, pappagalli, martin pescatori, pavoni: tesori rari e abbondanti, capaci di appagare qualsiasi desiderio ». L'area divenne celebre presso le corti cinesi quale fonte di merci prodigiose, introvabili in patria, come il pregiato legno di aloe: « È qualcosa di ultraterreno, degno degli dèi ... Accendi un bastoncino, e l'intera casa si riempie di una fragranza che permane per tre giorni ».[53] Ne emerge l'immagine di una fiorente città portuale, dove le genti dell'entroterra boscoso si recavano a scambiare i propri beni. Nella laguna le attendevano imbarcazioni provenienti dall'India, dalla Persia e da Paesi ancor più lontani, cariche di mercanti desiderosi di acquistare ed esportare le loro merci. I re del Funan accumularono cospicue ricchezze fungendo da intermediari tra questi mondi.[54]

I canali che solcano la laguna tra Angkor Borei a Oc Eo si irradiano con precisione geometrica attraverso le vaste distese d'acqua, collegando gli empori commerciali ai primi siti sacri. Questi ultimi sorgevano in prevalenza sulle dolci colline vulcaniche che si innalzano dalle pianure alluvionali inondate dai monsoni. Reso prospero dai traffici commerciali, il regno khmer del Funan estese il proprio dominio sull'intera regione del Mekong. In un'antica cronaca cinese, il *Libro dei Liang*, si legge: « [il re del Funan] impiegò l'esercito per sottomettere i regni confinanti, che si riconobbero come suoi vassalli. Quindi ordinò la costruzione di grandi navi e, attraversato il Golfo del Siam, attaccò altri dieci regni ».[55]

Su entrambe le sponde del Golfo del Bengala, il commercio fu il motore che alimentò la crescita economica, mentre il controllo dei traffici innescò lo sviluppo politico, favorendo la nascita di queste prime città-stato costiere.[56] Nonostante i numerosi scavi, nei livelli preistorici e protostorici del Subcontinente non sono state rinvenute merci provenienti dal Sud-Est asiatico o dalla Cina. Ciò suggerisce che fossero i mercanti indiani a compiere la maggior parte dei viaggi. Tuttavia, considerando che i più antichi relitti scoperti nelle acque del Sud-Est asiatico appartenevano a imbarcazioni di costruzione locale, è probabile che alcuni di questi mercanti viaggiassero da un'isola all'altra o da un porto all'altro su navi malesi o indonesiane. Queste imbarcazioni, spesso di dimensioni colossali, furono l'elemento che più colpì gli inviati cinesi. « Le più grandi superano i cinquanta metri di lunghezza » scrisse un ambasciatore cinese già nel III secolo d.C. « e possono trasportare da seicento a settecento persone, oltre a un carico di circa seicento tonnellate ».[57]

I rapporti redatti dall'emissario cinese Kang Tai confermano questi dati e presentano uno scorcio di quello che egli descrive come uno Stato insolitamente cosmopolita, i cui abitanti indossavano ornamenti d'oro e avevano già iniziato a fondere le usanze indiane con quelle locali. Kang Tai riferisce all'imperatore i primi timidi segni della diffusione del buddhismo e dell'induismo nel regno e racconta dei suoi incontri con gli inviati di re indiani, giunti con un dono di quattro cavalli centroasiatici. Riporta inoltre che il popolo del Funan

> vive in città fortificate e in palazzi, e le loro case sono costruite su palafitte di legno [per far fronte alle inondazioni monsoniche annuali delle acque del delta] ... Sono dediti all'agricoltura: in un anno, seminano e raccolgono per tre [ovvero, una piantatura fornisce raccolti per tre anni prima di dover essere ripetuta] ... Le tasse vengono pagate in oro, argento, perle e profumi ... Vi sono libri e depositi archivistici, e la loro scrittura presenta caratteri simili a quelli degli Hu.[58]

Il sistema di scrittura menzionato da Kang Tai era basato su una forma della brahmi dell'India meridionale. Già nel III secolo, infatti, varianti sudindiane di questa scrittura erano ampiamente utilizzate nel Sud-Est asiatico, da principio per incidere i nomi dei proprietari su anelli, sigilli, talismani e frammenti di ceramica; solo più tardi per le iscrizioni ufficiali su pietra.[59]

Tra i ritrovamenti di Oc Eo e Angkor Borei emergono reperti che gettano luce sugli esordi della straordinaria rivoluzione innescata dall'espansione del commercio indiano: l'adozione su vasta scala di religioni, lingue, arte e cultura indiane nell'intero Sud-Est asiatico. Secondo gli archeologi francesi fu proprio qui, nei primi porti sul Mekong, che ebbe inizio questa cruciale trasformazione.

Negli strati inferiori degli scavi, gli archeologi hanno rinvenuto numerosi manufatti d'importazione indiani, ma, almeno all'inizio, nessuna traccia delle religioni indiane. Tra i reperti figurano frammenti di terracotta con iscrizioni in brahmi, un pugnale di ferro proveniente dall'India meridionale e perle di vetro indiane, oltre a intagli romani e monete sasanidi. In seguito, negli strati intermedi più prossimi alla superficie, compaiono le prime semplici immagini lignee del Buddha, miracolosamente ben conservate nonostante l'ambiente saturo d'acqua. Queste figure risalgono all'inizio del III secolo d.C., ben ottocento anni dopo la morte del Buddha.[60] Da ultimo, in uno strato databile alla fine del III secolo d.C. emerge un enorme *linga* di Shiva dal sorprendente realismo anatomico: sembra ispirarsi a modelli sudindiani, e specificamente pallava, raffiguranti il mito in cui Shiva afferma la propria supremazia come creatore dell'universo apparendo ai suoi rivali, Brahma e Vishnu, nella forma di un pilastro di fuoco, qui rappresentato dal volto del dio scolpito sul fusto del *linga*.[61] Questo è stato rinvenuto all'interno di una disposizione di ceppi bruciati e nel contesto di un edificio rettangolare con verande e terrazze in mattoni. Gli archeologi francesi che hanno condotto gli scavi a Oc Eo ritengono che si tratti delle fondamenta e delle colonne di un antico tempio in legno: la più antica struttura indù conosciuta nella regione.[62]

Questi ritrovamenti documentano le fasi iniziali del progressivo processo di espansione della sfera di influenza della cultura indiana, che sarebbe culminata, molti secoli più tardi, negli stupa monumentali di Borobudur e nelle imponenti torri a quinconce di Angkor Wat.[63]

A partire dal V secolo compaiono le prime testimonianze testuali della presenza di monaci missionari buddhisti indiani che sostavano nella regione durante i loro viaggi tra l'India e la Cina.

Uno dei primi fu Gunavarman, un ex principe del Kashmir che, « non avendo timore di viaggiare », si recò nello Sri Lanka e da lì salpò per Giava nel 422 d.C. con due navi cariche di monache singalesi. Proseguì poi il suo pellegrinaggio missionario fino a Guangzhou e alla corte imperiale cinese. Durante il viaggio, Gunavarman convertì al buddhismo la famiglia reale giavanese grazie alle « meravigliose fragranze che emanava durante la meditazione » e a « una creatura simile a un drago che ascese al cielo in sua presenza ».[64]

Intorno al 500 d.C., un marinaio bengalese noto come « il grande capitano di mare Buddhagupta » fece erigere a Kedah, nella penisola malese, una stele commemorativa di grandi dimensioni, recante l'immagine di uno stupa e un'iscrizione celebrativa nell'alfabeto grantha pallava dell'India meridionale.[65] Verso il 650 d.C., nella Thailandia centrale, fu scolpito un bassorilievo rupestre raffigurante il Buddha nell'atto di predicare dinanzi a un pubblico composto dagli dèi Shiva e Vishnu. Il Buddha appare più alto e imponente delle due divinità indù, le quali, tuttavia, assumono atteggiamenti non devozionali ma regali, con espressioni attente anziché deferenti. Accanto a loro, un santone indù si inginocchia in segno di adorazione. Sia il concetto che l'iconografia di questo rilievo non trovano paralleli in India.[66]

Questa libera mescolanza di induismo e buddhismo diventa una caratteristica distintiva della religione del Sud-Est asiatico a partire da questo periodo. Come osserva un resoconto cinese: « Tutti studiano gli scritti dei brahmani e nutrono una profonda devozione per la legge del Buddha ». Il Buddha e le divinità indù convivevano armoniosamente, spesso fondendosi con pratiche religiose locali come il culto degli antenati, i riti di fertilità, la venerazione di *naga* e *yakshi*, e altre forme di devozione rivolte agli spiriti.[67]

Nel V secolo, accanto ai primi *linga* di Shiva rinvenuti a Oc Eo compaiono piccole figurine di Vishnu, caratterizzate da una corporatura bassa e tozza, quattro braccia, un copricapo conico simile a un fez, un sorriso angelico e una conchiglia in mano. Si incontrano anche figurine della dea indù Durga, raffigurata mentre si erge vittoriosa sulla testa mozzata di un bufalo.[68] Queste statuine portatili, di piccole dimensioni, iniziarono a essere prodotte su larga scala nel delta del Mekong, tanto in pietra quanto in bronzo. La lavorazione del bronzo avveniva mediante la tecnica della cera persa, la stessa adottata dai Pallava sotto il regno di Mahendravarman.[69] Questi idoli potrebbero essere stati originariamente utilizzati quali divinità guardiane (o « santi patroni ») da intrepidi mercanti indiani, ma divennero presto popolari anche tra gli Khmer del Funan, come attestano le centinaia di ritrovamenti nei vari siti archeologici del delta.

Fin dal principio, le statuine realizzate in Cambogia presentano tratti anatomici e fisionomici distintamente khmer e si differenziano stilisticamente dai loro modelli indiani. La lunga gonna della *dhoti* tamil presente nelle versioni indiane, ad esempio, viene rapidamente sostituita dal tipico drappo khmer, assai più corto.[70] Questo dettaglio rivela che, sin dagli albori dell'arte « indianizzata » del Sud-Est asiatico, gli artisti locali e i loro committenti erano in grado di selezionare consapevolmente quali elementi dei modelli indiani adottare, adattare o scartare del tutto.[71]

La scultura monumentale su larga scala seguì a stretto giro la produzione dei piccoli idoli votivi. La collina boscosa di Phnom Da, che si erge direttamente sulle rive del delta del Mekong ed è collegata a Oc Eo tramite lunghi canali rettilinei che attraversano la laguna, ospita alcuni tra i più antichi santuari del Sud-Est asiatico dedicati a Vishnu. Qui è stata rinvenuta una colossale statua di Krishna, raffigurato con le mani alzate mentre regge sopra di sé la massa del monte Govardhana, in una posa di tensione dinamica che il grande storico dell'arte Ananda Coomaraswamy ha definito «una miracolosa concentrazione di energia». L'opera richiama da vicino un'immagine simile scolpita a Mamallapuram.[72]

Come a Mamallapuram, inoltre, anche qui le immagini erano installate in una grotta affacciata su un grande porto di mare, punto terminale di una rotta commerciale internazionale. Oggi si ritiene probabile che la statua di Krishna sia stata eretta nel luogo venerato come il sito del mito fondativo khmer, ossia il punto in cui, secondo la tradizione, il brahmano Kaundinya, appena giunto dall'India, avrebbe incontrato e sposato Mera, la locale principessa *naga* (di questo mito si parlerà più avanti). Attraverso la costruzione di un grande tempio dedicato a Krishna, «Phnom Da diventa un nuovo monte Govardhana, e probabilmente, per estensione, il fiume Mekong diventa il fiume sacro Yamuna», estendendo così simbolicamente la geografia sacra dell'India al Sud-Est asiatico.[73]

Quasi a conferma di ciò, nei dintorni di Phnom Da, distribuite intorno ai due picchi della montagna, sono state rinvenute molte altre statue di Vishnu nelle sue diverse incarnazioni, tutte di grandi dimensioni e ugualmente intrise di forza, potere e vitalità. La più maestosa tra queste è oggi uno dei capolavori conservati al Museo Nazionale di Phnom Penh. Si tratta di un Vishnu a otto braccia, splendente, a torso nudo e dal corpo muscoloso, raffigurato in una posa regale, in un *sarong* khmer. Nelle mani regge i simboli del suo potere e le sue armi divine: il fuoco, uno scettro, una pelle di antilope, una mazza, un piedistallo spezzato, un ciuffo d'erba, una saetta e una brocca contenente il nettare dell'immortalità.[74]

Sempre intorno al 600 d.C., iscrizioni khmer attestano le prime «recitazioni quotidiane ininterrotte» del *Ramayana* e del *Mahabharata*, insieme a donazioni di manoscritti del *Ramayana* e dei Purana. Quasi simultaneamente, a migliaia di chilometri di distanza, sulla sponda opposta dell'Oceano Indiano, Mahendravarman Pallava promuoveva un'iniziativa analoga nel Tamil Nadu.[75]

Templi in pietra simili, che un tempo ospitavano questi magnifici idoli, compaiono nello stesso periodo sulle rive di Mamallapuram, nel regno dei Pallava, e lungo le coste del Sud-Est asiatico. Dopo i primi edifici sacri del delta del Mekong, il più antico complesso templare induista della regione sembra essere quello situato sull'altopiano di Dieng, al centro dell'isola di Giava. In questo luogo, un tempo sede di una «città sacerdotale» brahmanica, furono eretti, tra il 675 e il 725, circa quattrocento templi e santuari in stile pallava, immersi in uno scenario spettacolare all'interno della caldera di un vulcano ancora attivo.

Le torri dei templi, oggi come allora, si ergono tra i pennacchi di vapore sulfureo che si sprigionano dai geyser circostanti. Spesso avvolte in una suggestiva foschia, sorgono accanto a pozze di fango ribollente e sorgenti minerali, il cui vapore si mescola alle dense coltri di nubi che risalgono rapide i pendii ricoperti di bambù, per poi inoltrarsi nelle foreste di teak e mogano. Questo sito ultraterreno, ancora oggi noto localmente come il «Luogo degli antenati divinizzati», è stato a lungo associato, nella Giava preinduista, al culto degli antenati e all'apparizione di spiriti invisibili;[76] a partire dal VII secolo, però, divenne una dimora anche per le divinità indù. Interpretare i molteplici livelli di significato impliciti in questa trasformazione e comprendere come il complesso venisse percepito e inteso dalle popolazioni indigene di Giava non è cosa semplice. Tuttavia, è chiaro che esse non abbandonarono le proprie credenze precedenti, ma intrecciarono piuttosto l'antico con il nuovo.[77]

Questo sincretismo si riflette nei templi in pietra eretti

all'interno della caldera vulcanica e ispirati ai più recenti modelli sudindiani. Per la maggior parte presentano uno stile sorprendentemente simile a quello del Tempio della Spiaggia di Mamallapuram, con le stesse raffigurazioni di santi e divinità venerati nel regno pallava, come il saggio Agastya, celebrato per aver introdotto la fede induista nel Sud dravidico.[78] Tuttavia, non si tratta di semplici copie. Sebbene molte idee e motivi architettonici pallava riappaiano a grande distanza dalla loro terra d'origine, nessuno dei santuari dell'altopiano di Dieng è una replica diretta di un solo tempio indiano, e molti elementi, come i portali elegantemente slanciati, sono propri della tradizione giavanese. Inoltre, la maggior parte dei piani superiori di questi templi presenta angoli rialzati, probabilmente ispirati a prototipi lignei giavanesi, che ricordano le gronde ricurve dell'architettura cinese.[79]

Tutto ciò contrasta nettamente con il modo in cui, ad esempio, i templi dorici si diffusero in Sicilia durante il periodo ellenistico, ovverosia seguendo rigorosamente le formule e gli ordini architettonici inventati nella Grecia continentale fin dal VI secolo a.C. È probabile che i templi giavanesi siano stati influenzati sia da una conoscenza diretta dei modelli pallava da parte dei maestri muratori e dall'uso di manuali indiani sulle arti pratiche (*shilpa*) e sull'architettura (*vastu*), sia dalle tradizioni dei costruttori e degli artigiani locali. Entrambi i fattori sarebbero stati essenziali per la trasmissione del sapere dall'India al Sud-Est asiatico e per la sua concretizzazione in ambito locale.[80]

Nel 782 d.C. il grande monastero mahayana di Abhayagiri, nello Sri Lanka, inaugurò una sede a Giava, seguendo una logica simile a quella di una grande multinazionale odierna che apra una filiale in una nuova capitale. Il monastero, che riprende molte delle caratteristiche architettoniche del suo modello singalese, come le peculiari piattaforme di meditazione, fu costruito in una posizione di rilievo sulle terrazze della stessa collina su cui sorgeva il palazzo reale degli Shailendra, nei pressi dell'attuale Yogyakarta.[81] Un secolo dopo, un principe in esilio della dinastia Shailendra ripagò il debito culturale della sua famiglia nei confronti del buddhismo indiano, istituendo e finanziando lautamente un collegio monastico a Nalanda.[82]

I monsoni del ramo orientale della Via dell'Oro avvicinavano sempre più le due sponde dell'Oceano Indiano, trasformandole in un'unica entità culturale e geografica all'interno della più ampia indosfera. Le due rive del Golfo del Bengala condividevano climi simili, coltivavano gli stessi raccolti e facevano del riso il proprio alimento base. Su entrambe, gli elefanti venivano allevati per il lavoro, il trasporto e la guerra, i bufali venivano sacrificati ritualmente e gli elementi naturali del paesaggio – montagne, grotte, sorgenti e fiumi – erano considerati sacri, così come era diffusa la credenza popolare nelle divinità degli alberi e dei serpenti. Su entrambe le sponde del Golfo del Bengala, l'urbanizzazione fu favorita dal culto degli dèi e dagli insegnamenti del Buddha, nonché dalla necessità di costruire templi sontuosi che fungessero da centri cerimoniali per le nuove città.

Sotto molti aspetti, l'India non terminava più nel Tamil Nadu, ma si estendeva ora fino alla sponda opposta del Golfo del Bengala. Le due coste dell'oceano formavano un'unità marittima integrata, un'indosfera legata da una cultura comune e da una sola lingua sacra: una lega sanscrita dell'Asia monsonica. Su entrambe le sponde erano chiaramente in corso trasformazioni culturali e religiose parallele. Qui, all'estremità orientale della Via dell'Oro, le acque battute dai monsoni del Golfo del Bengala non dividevano ma, al contrario, collegavano e univano.[83]

7
NELLE TERRE DELL'ORO

Fu il vorticare degli uccelli marini a rivelare la posizione del relitto.

Volteggiavano sopra quel punto, tuffandosi avidamente per catturare i pesci che vi si erano radunati in densi banchi. Questi, a loro volta, guizzavano fra le travi sporgenti del relitto. I pescatori locali conoscevano bene quei segnali e avvisarono i sommozzatori.[1]

Ma solo nel 1997, quando una messe improvvisa di ceramiche antiche iniziò ad apparire nei negozi d'antiquariato di Singapore, le autorità vennero a conoscenza della scoperta. L'insolita profondità del relitto – settantacinque metri – fece sì che la gran parte dei reperti rimanesse dov'era fino all'intervento della marina, che sequestrò il bottino, arrestò i sommozzatori e chiamò al loro posto gli archeologi subacquei.[2]

Adagiato sul fondale marino nei pressi del giacimento petrolifero di Intan, nel Mar di Giava, giaceva il relitto ormai dimenticato e quasi perfettamente conservato di una nave mercantile quadrialbero lunga trenta metri e con una stazza di trecento tonnellate. La nave incrociava a meno di duecentocinquanta chilometri dalla costa di Giava, quando, agli inizi del X secolo, forse a causa di una violenta tempesta monsonica, si spezzò e andò a fondo con tutto il suo equipaggio. Per più di mille anni, l'imbarcazione e il suo carico sono rimasti abbandonati sul fondo del Mar di Giava.

Allo scoccare del nuovo millennio, i sommozzatori impegnati nel recupero avevano riportato in superficie tutto ciò che rimaneva dell'inestimabile carico della nave. Uno degli archeologi descrisse il ritrovamento come semplicemente « sbalorditivo ». La nave trasportava un ingente carico di armi in acciaio indiano e di terminali in ottone bengalesi a forma di testa di leone. Un'immersione dopo l'altra, i subacquei recuperarono molte altre mercanzie: bottiglie provenienti dalla Thailandia, vetro dal Medio Oriente e una grossa quantità di pregiate ceramiche cinesi, tra cui costose porcellane bianche e ventimila vasi in gres, oltre a un lotto di lingotti d'argento cinesi, ciascuno recante la dicitura: « Argento di alta qualità, certificato dal funzionario Chen Xun ». Numerosi cardini appartenenti a casse di legno ormai dissolte fanno pensare che il carico più prezioso potesse essere costituito da tessuti: cotone indiano o seta cinese, forse entrambi.[3] Vi era persino una bussola nautica, un'innovazione tecnologica d'avanguardia nel X secolo.

Quel che lasciò gli archeologi a bocca aperta fu il grado di corrispondenza tra i reperti e il mondo materiale raffigurato nei pannelli scolpiti delle gallerie del vicino sito di pellegrinaggio di Borobudur, a Giava. Iniziato intorno al 760 e completato circa settant'anni dopo, nell'830 d.C., Borobudur è senza alcun dubbio il più grande e sofisticato monumento buddhista mai realizzato: una piramide a gradoni in forma di *mandala* che traspone in pietra, su scala monumentale, una serie di complesse nozioni buddhiste di natura altamente esoterica. Nelle sue gallerie, a illustrazione di tali nozioni, si dispiegano vari livelli di sculture buddhiste finemente scolpite.

Il relitto di Intan appare intimamente legato al sofisticato ambiente cortese che creò questo monumento straordinario. Dal fondale marino sono riemersi orecchini, pendenti e perline identici a quelli indossati dalle dame di corte giavanesi nelle sculture di Borobudur, e persino specchietti in bronzo simili a quelli che esse adoperavano per pettinarsi e truccarsi. Fra i ritrovamenti figuravano anche pesi in oro, realizzati e impiegati dai gioiellieri per misurare le costose materie prime, rinvenuti accanto alle loro raffinate creazioni.[4]

C'erano porte intagliate in avorio e in legno provenienti dal Bengala e destinate a un tempio del Sud-Est asiatico, oltre a una ricca varietà di strumenti rituali buddhisti, molti dei quali apparentemente fusi a Sumatra per essere esportati: statuette in bronzo buddhiste, stampi per santuari portatili e maschere raffiguranti Kala, il demone del tempo; lance, recipienti e campane cerimoniali; e un assortimento di scettri rituali buddhisti chiamati *vajra*, «saette», utilizzati dai monaci tantrici sia come armi magiche sia come simboli di potere.

Il relitto offre uno spaccato del mondo del Golfo del Bengala nell'Alto Medioevo, quasi congelato nel tempo. Qui, a migliaia di chilometri dal Subcontinente, le idee, le filosofie e le arti indiane stavano fiorendo in forme stravaganti e innovative, e su una scala immensamente più ampia rispetto alla loro terra d'origine, allora politicamente frammentata. In questo periodo, infatti, i nuovi imperi del Sud-Est asiatico, arricchiti dal florido commercio delle spezie e dell'oro, avevano ammassato le risorse necessarie per sviluppare le idee indiane con un'opulenza che superava quella dei regni relativamente piccoli che si dividevano l'India all'epoca.[5]

La maggior parte dei reperti recuperati dal relitto di Intan era di origine indiana e buddhista e apparentemente destinata alle isole di Giava e Sumatra, allora a maggioranza buddhista e dominate dal misterioso impero marittimo di Srivijaya, «Vittoria della Fortuna», governato dall'altrettanto enigmatica dinastia Shailendra. Sebbene la storia di questa talassocrazia sia sfuggente, e ciò che se ne conosce sia a malapena accennato nelle poche iscrizioni superstiti, Sumatra e Giava costituivano chiaramente uno dei principali centri spirituali del mondo buddhista e un'importante meta di pellegrinaggio che, all'epoca del naufragio, attirava commercianti e devoti da regioni lontane come il Gujarat e la Cina.[6]

Fra tutti i buddhisti indiani che riuscirono a compiere il viaggio dal Sudasia alle coste del Mar Cinese Meridionale cavalcando i marosi del Golfo del Bengala, nessuno lasciò un'impressione più profonda del maestro tantrico di nome Vajrabodhi (671-741).

Vajrabodhi fu un principe pallava che rappresenta in un certo senso la risposta dell'India meridionale a Merlino: un monaco buddhista taumaturgo, custode di testi segreti, dotato di un sapere e di un carisma straordinari. Affermava di poter causare acquazzoni grazie a magici draghi della pioggia e di conoscere mantra e incantesimi in grado di annientare gli eserciti nemici e persino di riportare i morti in vita. Con la crescente affermazione dell'induismo in India, i santi buddhisti dovevano offrire di più ai propri patroni se volevano competere con i brahmani ormai dominanti. Grazie alle sue stravaganti pretese di poteri straordinari, la figura imponente e temibile di Vajrabodhi – aggrappato al suo *vajra* come a una verga magica – fu in primo piano nel nuovo movimento del buddhismo tantrico. Era un uomo che aveva molto da offrire ai re guerrieri e agli imperatori del suo tempo, i quali ben presto iniziarono a contendersi i suoi favori.

Il principe Vajrabodhi nacque nel 671 d.C.; apparteneva a un ramo buddhista della dinastia Pallava.[7] A soli nove anni fu inviato a studiare presso l'università di Nalanda. In seguito fece ritorno e trascorse il periodo tra il 701 e il 708 nell'India meridionale, dove fu iniziato ai testi tantrici, alle formule e ai rituali yogici segreti, che, secondo la tradizione, gli sarebbero stati rivelati in uno « stupa di ferro » situato in un luogo imprecisato del Tamil Nadu: « Non vi era nulla del tesoro dei misteri del Buddha che egli non padroneggiasse ».[8]

Vajrabodhi divenne particolarmente celebre per la sua maestria nella creazione dei *mandala*: configurazioni magiche, allineamenti esoterici e diagrammi cosmici, realizzati con sabbia colorata o dipinti, che, attraverso specifici rituali, potevano essere trasfigurati per iniziare gli adepti agli stadi superiori della potenza spirituale. Questi *mandala* consentivano all'adepto, tra le altre cose, di risvegliare gli dèi e di invocare e visualizzare entità soprannaturali, bodhisattva e divinità irate, che il maestro tantrico poteva poi impiegare per scopi magici. A Vajrabodhi si attribuiva in particolare il potere di evocare a piacimento il più potente e sapiente dei bodhisattva, Vairocana, il Buddha Cosmico. In questo modo, egli era in grado di compiere prodigi e miracoli straordinari, capaci di offrire protezione e prosperità ai sovrani giusti e di garantire l'assoggettamento dei loro nemici interni ed esterni, umani, divini o demoniaci.

Nel 708 Vajrabodhi fu convocato a Kanchipuram dai suoi cugini regnanti della dinastia Pallava per porre fine a una devastante siccità che durava da tre anni. Dopo aver evocato un monsone fuori stagione, carico della «dolce benedizione della pioggia, che riempì di gioia il re e i suoi ministri», Vajrabodhi fu ospitato per tre anni nei monasteri di Kanchipuram, «in un tempio costruito appositamente per Sua Reverenza», in segno di gratitudine.

Nel 711 Vajrabodhi sarebbe stato inviato da Narasimhavarman III, il nuovo sovrano di Kanchipuram, alla corte dell'imperatore Tang, come una sorta di ambasciatore pallava.[9] Consapevole dell'ascendente che i poteri tantrici del monaco esercitavano sui suoi contemporanei, il re pallava decise di sfruttare a proprio vantaggio le prodigiose capacità del cugino. Narasimhavarman giudicò Vajrabodhi l'unico uomo dotato dell'autorità, del carisma e della fama necessari per negoziare un'alleanza militare con i Tang, al fine di contrastare due nuove minacce emerse da poco all'orizzonte. A ovest, gli eserciti arabi omayyadi avevano appena conquistato il Sindh e conducevano profonde incursioni in India. A nord, l'Impero tibetano, in rapida ascesa, aveva iniziato a saccheggiare le pianure indiane partendo dalle sue roccaforti himalayane.[10]

Nel tentativo di ingraziarsi l'imperatore Tang, Narasimhavarman ordinò la costruzione di una pagoda e di uno stupa buddhisti in suo onore nel nuovo porto di Nagapattinam, invitando poi l'imperatore a sceglierne i nomi. Insieme a Vajrabodhi, inoltre, mandò come emissario anche il suo generale più illustre, un uomo noto nelle fonti cinesi come Mizhunna.[11]

« Ormai hai completato i tuoi studi » disse il re a Vajrabodhi. « Recati nel Regno di Mezzo e rendi omaggio al bodhisattva Manjushri [il cui santuario sul monte Wutai era divenuto un importante luogo di pellegrinaggio buddhista]. Va' a diffondere gli insegnamenti e a salvare tutti gli esseri viventi ». Inviò anche ricchi doni, tra cui « una copia in sanscrito dei *sutra*, una sedia adorna di sette materiali preziosi, un bracciale d'oro, orecchini incastonati di gemme, un'armatura, canfora del Borneo e una selezione di spezie e aromi ».[12]

Accompagnata da una scorta reale, l'ambasceria pallava guidata da Vajrabodhi raggiunse il porto di Nagapattinam, dove si imbarcò alla volta dello Sri Lanka. Qui, il re locale – un vassallo dei Pallava, la cui dinastia era stata insediata sul trono grazie al loro sostegno militare – accolse Vajrabodhi con ghirlande di fiori profumati. Più tardi, il monaco fece un pellegrinaggio al Picco di Adamo, dove si venerava l'impronta del Buddha:

> Quella montagna era infestata da bestie feroci, leoni, serpenti velenosi, uomini selvaggi e demoni *rakshasa*. Venti oscuri e una nebbia impenetrabile proteggono costantemente i rari tesori sulla sua vetta. Scalare la montagna è impossibile senza rendere omaggio ai luoghi sacri. Sua Reverenza bruciò dell'incenso ai piedi della montagna e si prostrò in preghiera ... Il cielo si rischiarò, la nebbia si dissolse e le bestie feroci si nascosero. Durante l'ascesa, svoltarono verso nord-ovest, esplorando valli, tenendosi alle liane e afferrandosi ai rampicanti ... C'era una sorgente che non conteneva altro che lapislazzuli, oro, argento, gemme e fiori di loto blu. Trovarono grotte dove un tempo i monaci avevano coltivato la Via. Per sette giorni continuarono a

salire, e solo allora raggiunsero la vetta ... Lì, nascosta sulla cima di una roccia, era l'impronta del piede destro del Buddha.[13]

Una volta ridisceso, Vajrabodhi si recò presso il grande monastero mahayana di Abhayagiri, situato nella capitale Anuradhapura, dove venerò la reliquia del dente del Buddha e ottenne copie di molti potenti testi esoterici buddhisti, che trascrisse e portò con sé nel proseguimento del suo viaggio.[14]

La sua tappa successiva, nel 717 d.C., fu Sumatra, allora il fulcro dell'impero marittimo di Srivijaya. Questa potente talassocrazia, una confederazione di signori del mare del Sud-Est asiatico, aveva il suo centro a Palembang, un prospero porto fluviale costruito su palafitte che emergevano dalle acque del fiume Musi, nel cuore della giungla.

A partire dal V secolo, i signori del mare di Srivijaya presero il controllo dello Stretto di Malacca, instaurando una rete di porti e protettorati in tutta la regione. Si legavano al loro *raja* attraverso rituali magici, tra cui la libagione di acqua su un'enorme scultura raffigurante un temibile *naga*. L'acqua consacrata veniva poi bevuta, mentre i signori del mare pronunciavano un giuramento di fedeltà in base al quale le loro viscere sarebbero marcite in caso di tradimento. Qualora, invece, fossero rimasti leali, avrebbero ricevuto non soltanto una formula segreta per la liberazione buddhista della loro anima, ma anche una promessa solenne: « Non sarete inghiottiti [dai serpenti] con le vostre mogli e i vostri figli ».[15] Un contesto del genere costituiva l'ambiente ideale per il successo di Vajrabodhi.

All'inizio dell'VIII secolo Srivijaya iniziò a eclissare Funan, l'influente porto sul delta del Mekong, affermandosi come la principale potenza del Sud-Est asiatico. Era ormai una delle maggiori fonti di profumi, spezie, resine e altri beni esotici sia per la corte pallava sia per quella Tang.[16] La ricca capitale di Srivijaya, Palembang, la « Venezia di Sumatra », era già la tappa preferita dei viaggiatori che navigavano tra i due regni.

Fu qui che Yijing, il monaco prediletto dell'imperatrice Wu Zetian, decise di soggiornare per alcuni mesi durante il suo viaggio di ritorno in Cina dopo avere completato gli studi a Nalanda. Nelle sue memorie spiegava ai confratelli che, se desideravano approfondire il sanscrito o le più recenti dottrine buddhiste, non era più necessario intraprendere il lungo pellegrinaggio verso i sacri siti dell'India: i molti e prestigiosi monasteri buddhisti di Srivijaya, situati sulla vicina sponda del Mar Cinese Meridionale, erano altrettanto adeguati. «Vi dimorano più di mille monaci buddhisti, il cui spirito è interamente dedito allo studio e alle opere meritorie» scrisse Yijing. «Essi studiano tutti gli argomenti possibili, come in India. Le regole e le cerimonie sono identiche. Se un monaco cinese desidera recarsi in India per ascoltare e apprendere le leggi del Buddha, farà bene a trattenersi prima a Fo-che [Palembang] per un anno o due, al fine di imparare come comportarsi. Poi potrà proseguire il suo viaggio per l'India».[17]

Nel 718, in un monastero buddhista di Giava, Vajrabodhi incontrò per la prima volta il suo futuro discepolo, Amoghavajra (705-774), il nipote tredicenne di un mercante originario, a seconda delle biografie, di Samarcanda o dello Sri Lanka. Col tempo, Amoghavajra sarebbe diventato, insieme al maestro, uno dei monaci più influenti dell'Asia.

I due si avvicinarono molto, e Vajrabodhi iniziò il giovane al primo dei vari ordini tantrici di potenziamento, nei quali Amoghavajra avrebbe presto raggiunto i livelli più alti.[18]

Nel 719 i due monaci si imbarcarono per la Cina, ottenendo un passaggio a bordo di una flotta di trentacinque navi persiane che «erano giunte per commerciare pietre preziose ... ciascuna delle quali trasportava più di cinque o seicento persone». Su di loro, però, si abbatté il disastro.

« Mentre procedevamo in convoglio nel bel mezzo del grande oceano, ci imbattemmo in un tifone » scrisse Vajrabodhi.

Tutte le navi furono scosse violentemente, e l'imbarcazione su cui mi trovavo rischiò di essere inghiottita dalle onde. A quel tempo, tenevo sempre con me i due testi sacri che trasportavo, così da poter compiere le offerte necessarie ... Ridestai la mia mente in meditazione e compii il rito [tantrico] per stornare le sventure. Il tifone si placò all'istante, e per un raggio di quattrocento metri intorno alla nave l'acqua rimase immobile ... Un po' alla volta guadagnammo la riva.[19]

Dopo avere finalmente raggiunto Guangzhou, Vajrabodhi e Amoghavajra si misero in cammino verso Chang'an, dove l'imperatrice Wu Zetian aveva accumulato un vero e proprio tesoro di saperi buddhisti.[20] Nella capitale, uno dei doni diplomatici di Vajrabodhi, un pappagallo parlante, destò grande meraviglia; tuttavia, il monaco aveva in serbo doni ancor più straordinari. Al cospetto del nuovo imperatore Tang, Xuanzong – nipote di Wu Zetian –, Vajrabodhi diede nuovamente prova delle sue abilità magiche evocando la pioggia, il talento che in passato gli aveva conquistato il favore della corte pallava. « Sin dalla prima luna di quell'anno non era piovuto per cinque mesi » scrisse uno storico.

Le preghiere rivolte ai sacri templi delle montagne e dei fiumi non avevano prodotto alcun risultato, sicché l'imperatore ordinò a Vajrabodhi di erigere un altare e invocare la pioggia. Subito si levarono i venti di nord-ovest, [così impetuosi] da sollevare le tegole dai tetti e sradicare gli alberi. Dalle nubi si riversò un diluvio. Ovunque la gente era sbigottita. Nel soffitto sopra l'altare si formò un'apertura, e una pioggia torrenziale inondò la sala. Il mattino seguente, nella capitale, persone di ogni ceto riferirono che Vajrabodhi aveva catturato un drago, che era poi volato via attraverso il tetto. Ogni giorno, migliaia di curiosi accorrevano per vederne il luogo esatto.

Negli anni seguenti, Vajrabodhi e Amoghavajra entrarono a far parte della cerchia di monaci buddhisti tantrici che si era originariamente formata a Chang'an intorno all'imperatrice Wu Zetian e che godeva ora del patrocinio del suo successore. Col tempo, si distinsero come due dei più prolifici scrittori e traduttori della storia buddhista. Introdussero alla corte cinese nuove idee indiane provenienti da Nalanda, Kanchipuram e Sri Lanka, che spaziavano dalla cosmologia alla reincarnazione, dalla farmacologia all'astronomia, dall'astrologia oroscopica alla magia rituale, fino ai calcoli calendariali e alle predizioni planetarie.[21] Costruirono templi e allestirono altari sia nella capitale sia sul monte Wutai, dove officiarono riti tantrici a beneficio dell'impero grazie a una nuova e potentissima forma di yoga tantrico, lo Yoga della Corona di Diamante, al quale Vajrabodhi e Amoghavajra iniziarono discepoli in tutta la Cina.[22]

Nel frattempo, i testi, le statue e i dipinti che i due monaci avevano portato con sé o realizzato personalmente lasciarono un'impronta sottile sul corso stesso della storia dell'arte: una marcata influenza iconografica e artistica pallava è stata riscontrata negli affreschi del complesso di grotte buddhiste di Dunhuang, situato al confine tra i deserti del Gobi e del Taklamakan. Inoltre, una serie di bronzi giavanesi presenta una somiglianza sorprendente con un'insolita raffigurazione a dodici braccia del bodhisattva Avalokiteshvara, risalente all'VIII secolo e proveniente da Nalanda, che potrebbe essere stata modellata su una figurina portata a Giava da Vajrabodhi stesso. Tra le sue molte doti, Vajrabodhi era anche un artista e pittore di talento e trasmise con dedizione ai propri discepoli le esoteriche forme artistiche e iconografiche della tradizione pallava.[23]

Vajrabodhi morì in Cina nel 741. Dopo la scomparsa del maestro, Amoghavajra fece ritorno in India e nello Sri Lanka per accedere a nuovi testi esoterici, che riportò con sé al suo rientro in Cina. Nel suo testamento, Amoghavajra lasciò un breve resoconto della sua vita: «Abbandonai la mia casa da bambino» scrisse

> e affidandomi al Maestro [Vajrabodhi], cercai testi indiani per oltre vent'anni. Studiai con diligenza giorno e notte, ricevetti con umiltà i suoi consigli e accettai la Legge dello Yoga espressa in

quattromila versi. Ahimè, alla fine il Maestro si ammalò e la sua vita giunse al termine. Rimasi senza guida. Su chi potevo fare affidamento? Così intrapresi il lungo viaggio verso l'India, attraversando il mare insidioso, studiando lo yoga ovunque e rendendo personalmente omaggio alle reliquie del Saggio. In India ottenni il Sigillo del Tesoro della Legge, racchiuso in diecimila versi, che al mio ritorno trasmisi nella terra dell'imperatore, realizzando conversioni. Così ho servito come maestro per tre generazioni di imperatori. A questi Signori degli Uomini ho conferito in modo esaustivo lo yoga segreto e ho trasmesso il sigillo della Legge.[24]

Oltre a iniziare ai misteri tantrici diversi imperatori cinesi e le loro corti, Amoghavajra mise a frutto le sue abilità, ora potenziate, per proteggere l'ordine imperiale e sconfiggere i nemici dei Tang in un'epoca segnata da disordini e rivolte:

Fu emanato un editto per convocare Amoghavajra a corte, poiché la città di Anxi era cinta d'assedio dalle truppe nemiche delle cinque nazioni...

Amoghavajra disse: «Vostra Maestà porti con sé un bruciatore d'incenso nel luogo ove celebrerò il rito, e preghi il Re Celeste del Nord affinché invii truppe divine per salvarli». L'imperatore entrò senza indugio nell'area rituale e pregò. Prima che Amoghavajra avesse recitato per due volte sette volte le parole segrete, l'imperatore vide all'improvviso due o trecento figure celesti, cinte in armature d'oro...

Nel quarto mese di quell'anno giunse da Anxi un memoriale che narrava come [nello stesso giorno in cui Amoghavajra aveva officiato il rituale] a nord-est della città fossero apparse scure nubi e una coltre di nebbia. Attraverso la foschia si intravidero figure alte tre metri ... tutte coperte da armature dorate. Al calar del sole, si udirono rulli di tamburi e grida tonanti ... La terra tremò senza posa per tre giorni ... Le truppe delle cinque nazioni, colte da terrore, si ritirarono ... Inoltre, ratti dorati rosicchiarono le corde di archi e balestre e distrussero le loro armi, rendendole inutilizzabili.[25]

Vajrabodhi e Amoghavajra sono da tempo riconosciuti come i monaci più potenti e influenti della loro epoca. Tuttavia, solo di recente nuovi scavi e ricerche approfondite hanno rivelato che il loro lascito più straordinario era rimasto nascosto in piena vista.

Oggi appare infatti sempre più probabile che la pianta della più grande struttura buddhista mai costruita – il gigantesco *mandala* tridimensionale di Borobudur, con il suo simbolismo legato ai *chakra* yogici, alla numerologia e ai complessi cosmogrammi tantrici – fosse ispirato direttamente ai testi che i due maestri tantrici avevano portato con sé dall'India.

Eretto sulla sommità di una collina tra due fiumi, il monumento si configura come una piramide a gradoni a forma di *mandala* articolata su tre livelli. Il primo è composto da una base piramidale con cinque terrazze quadrate concentriche, dalle quali si innalza un tronco di cono dotato di tre piattaforme circolari di dimensioni decrescenti, simbolo delle sacre pendici del monte Meru; l'ultimo livello è infine coronato da uno stupa. L'intera struttura è costituita da quasi due milioni di blocchi di pietra.[26] Cinquecentoquattro statue del Buddha e dei bodhisattva scrutano in direzione dei punti cardinali, immerse in una profonda meditazione, interiormente assorte mentre si librano sulla soglia dell'Illuminazione. Sotto e intorno a loro, circa tremila pannelli narrativi istruiscono i devoti sull'essenza del desiderio, della sofferenza, del *karman*, della rinascita, e sull'etica del *dharma*.[27]

La storia di Borobudur è da sempre avvolta nel mistero. Sorprende che non vi sia alcun grande complesso templare o palaziale associato al monumento. È opinione comune che la sua costruzione vada attribuita ai re buddhisti della dinastia Shailendra, i « Signori delle Montagne », ma le prove a sostegno di tale ipotesi sono scarse, riducendosi a una sola iscrizione superstite: datata all'842, registra una donazione di terre a un santuario buddhista non specificato da parte di una principessa Shailendra. Di recente, tuttavia, scavi archeologici condotti nei pressi di Borobudur hanno portato alla luce, a meno di cento metri dal tempio, un frammento di iscrizione recante una *dharani* (un mantra o incantesimo buddhista) nella quale si invoca una manifestazione terrifica del bodhisattva Vajrapani. Questa scoperta evidenzia il forte legame col movimento buddhista esoterico Vajrayana introdotto da Amoghavajra e Vajrabodhi.[28] È plausibile che l'architetto di Borobudur fosse uno dei loro discepoli tantrici giavanesi, forse il monaco noto alle biografie cinesi con il nome di Bianhong.[29]

Le scarse informazioni che possediamo su di lui provengono dagli scritti di Huiguo (746-805), uno degli allievi di Amoghavajra, che fu maestro non solo di Bianhong ma anche di Kukai, figura eminente nella storia del buddhismo giapponese e principale artefice della trasmissione del tantrismo esoterico in Giappone. Secondo il suo biografo, Bianhong era in procinto di partire da Giava verso l'India per essere iniziato a un lignaggio tantrico, quando venne a sapere che Amoghavajra era in Cina e vi istruiva i devoti:

Bianhong, un monaco del Paese di Heling [Giava], praticava lo yoga [esoterico] nella sua terra natale e aveva raggiunto un certo grado di potere spirituale. Quando seppe che le dottrine del Mandala della Matrice della Grande Compassione di Vairocana erano custodite nell'India meridionale, provò un ardente desiderio di studiarle e si mise in viaggio.

Strada facendo, incontrò un uomo dall'aria enigmatica che gli chiese: «Dove sei diretto?». Egli rispose: «Ho udito che i grandi insegnamenti della Matrice si trovano nell'India meridionale. Nel profondo del mio cuore anelo a studiarli, ed è perciò che ho intrapreso questo viaggio». L'uomo replicò: «Quegli insegnamenti sono stati portati e trasmessi nella terra dei Grandi Tang dall'*acarya* Amoghavajra. Il suo discepolo, l'*acarya* Huiguo, è attualmente a Chang'an e li sta impartendo. Se ti recherai lì, potrai riceverli; altrimenti, sarà difficile ottenerli».

Pronunciate queste parole, l'uomo svanì, rivelando così la sua natura divina. Bianhong tornò subito indietro e si diresse verso la terra dei Grandi Tang. Alla fine, incontrò Sua Reverenza [Huiguo] e gli espose con cura il motivo della sua visita, offrendogli una fiaschetta per l'iniziazione decorata con sette gemme, una ciotola di bronzo, tre conchiglie e pregiate essenze aromatiche. Sua Reverenza celebrò per lui una [cerimonia di] iniziazione e gli trasmise i profondi insegnamenti della Matrice.[30]

A tempo debito, Bianhong divenne un'autorità nel campo dei *mandala*, al punto da comporre un'opera intitolata *Manuale rituale per l'iniziazione al Grande Mandala.*[31] La teoria attualmente più accreditata per spiegare l'arcano e complesso simbolismo buddhista di Borobudur vuole che Bianhong, dopo essere tornato a Giava dalla Cina, abbia portato con sé i *mandala* segreti sviluppati dal suo lignaggio tantrico nella Kanchipuram pallava e che abbia concepito Borobudur come una rappresentazione tridimensionale di uno di essi, usando come guida gli scritti di Vajrabodhi.[32] L'idea di erigere uno stupa la cui potenza fosse amplificata da un *mandala* tridimensionale costruito intorno a esso era già stata sperimentata nei pressi di Nalanda, con lo stupa di Kesariya, nel Bihar, e con l'imponente stupa di Paharpur, presso il Somapura Mahavihara, in Bangladesh, un monumentale stupa cruciforme che fu probabilmente il precursore diretto dell'ancor più vasta e intricata struttura di Borobudur.[33]

Entrambi i monumenti sono concepiti in modo che il pellegrino si immerga nel *mandala* perdendosi nel suo labirinto. Camminando lungo le gallerie e compiendo la circumambulazione di ciascuna terrazza, egli assimila gli insegnamenti scolpiti nei pannelli posti su entrambi i lati. In altri termini, non si tratterebbe tanto di un luogo di culto o di meditazione, quanto di un programma di addestramento tantrico ideato per assistere il pellegrino nel suo cammino verso lo stato di bodhisattva.[34] Bianhong potrebbe avere tratto le idee fondamentali da Kesariya o Paharpur, per poi svilupparle e ampliarle fino a creare il più complesso e potente monumento buddhista mai realizzato.[35]

Inoltre, la pianta di Borobudur sembra tradurre in pietra un cosmogramma, una rappresentazione dell'universo propria del buddhismo mahayana. La sua esatta identificazione resta oggetto di ampi dibattiti: potrebbe trattarsi dei Tre Regni, o delle Sei (o Dieci) Perfezioni, oppure di un sermone sulla Natura della Causalità.[36] Quel che è certo è che le illustrazioni scolpite dei testi sono disposte in una sequenza meticolosamente concepita, che conduce i pellegrini attraverso gradi di astrazione crescenti fino a un climax sapientemente orchestrato. Proseguendo nel cammino, il pellegrino attiva ritualmente il potere del *mandala* e accede a livelli di consapevolezza sempre più elevati con ogni nuova tappa del monumento.

Questa teoria è corroborata dalla singolare scelta delle sculture che adornano le gallerie di Borobudur. Qui, quasi perfettamente conservati, si possono ammirare quattro livelli successivi di immagini, studiate per istruire i pellegrini che ne percorrono i corridoi. Queste spaziano da scene di vita di corte nei palazzi reali a favole di animali e racconti morali ambientati in antiche giungle. Le sculture offrono uno scorcio vivido e arguto sulla vita quotidiana nella Giava del IX secolo: dame di corte e saggi canuti intenti a praticare l'ascesi nella foresta; tamburini, danzatori e musicanti; pappagalli appollaiati sui colmi dei tetti e scimmie tra le fronde degli alberi; abitazioni su palafitte e mercanti e marinai a bordo delle navi a più alberi dell'epoca, dotate di stabilizzatori laterali e vele latine. Alcune delle immagini più elaborate e, per certi versi, più insolite si incontrano là dove lo scultore ha tentato di trasporre in pietra concetti filosofici complessi. Un esempio emblematico è quello del bodhisattva della Meditazione, raffigurato mentre vola attraverso l'aria, a simboleggiare il voto secondo cui la sua ricerca della realtà ultima terminerà solo « quando lo spazio stesso giungerà alla fine ».[37]

Le storie riprodotte nelle gallerie di Borobudur sono perlopiù tratte dalla mitologia buddhista e accompagnano i pellegrini dalle visioni infernali scolpite alla base del monumento fino alle scene della *Vita del Buddha*, raffigurato mentre cerca faticosamente il senso di questo mondo imperfetto. Il livello successivo presenta alcuni racconti meno noti mutuati dai Jataka. Tuttavia, non meno di quattrocentosessanta pannelli, inclusi quelli posti sui livelli superiori della piramide, sono ispirati a un testo buddhista indiano molto meno conosciuto, il *Gandavyuha* o « La struttura [del mondo paragonata a] una bolla ».[38] Quest'opera racconta i viaggi di Sudhana, un principe pellegrino indotto a mettersi in cammino dal bodhisattva Manjushri, la cui esistenza si trasforma in una lunga sequenza di avventure, paragonabili a un'*Odissea* buddhista.[39]

Nella scena finale della sua storia, Sudhana conclude la sua ricerca incontrando il bodhisattva, che lo innalza al di sopra del ciclo delle rinascite. « Ho conseguito l'illuminazione e la liberazione grazie a una superiore conoscenza delle arti » afferma, mentre le sue illusioni si dissolvono e la vera natura della realtà gli si rivela all'improvviso. « Ho varcato la soglia della sapienza trascendente chiamata la Sfera della Totalità ».[40]

Qui, in cima al monumento, i pannelli narrativi si interrompono bruscamente. Il pellegrino emerge a questo punto dal tortuoso labirinto del *mandala* sulla piattaforma esterna più elevata, circondata da settantadue piccoli stupa cavi e traforati. All'interno di ciascuno di essi c'è il vuoto – la meta ultima del pellegrinaggio verso l'Illuminazione, a cui l'architetto ha condotto il pellegrino – e, al centro, l'immagine di un Buddha meditante. Soltanto allora il pellegrino può infine contemplare ciò che fino a quel momento gli era stato nascosto: il paesaggio idillico, verde e lussureggiante di Giava si dischiude all'improvviso davanti ai suoi occhi, come un'epifania che sancisce il termine del suo cammino.

La letteratura buddhista indiana trovò così la sua più monumentale espressione artistica lontano dalle coste dell'India.[41] Il vasto complesso di Borobudur, uno dei massimi conseguimenti culturali dell'umanità, segna il momento in cui l'architettura del Sud-Est asiatico raggiunse la piena maturità. Non soltanto eclissò qualsiasi monumento buddhista precedentemente eretto in India, ma ispirò anche la nascita di un'intera e straordinaria tradizione di piramidi a gradoni in Cambogia.

Questo processo culminerà a suo tempo con la costruzione di quello che è non solo il più grande e magnifico tempio indù mai edificato, ma anche la più vasta struttura religiosa di qualsiasi tipo mai realizzata al mondo: Angkor Wat.

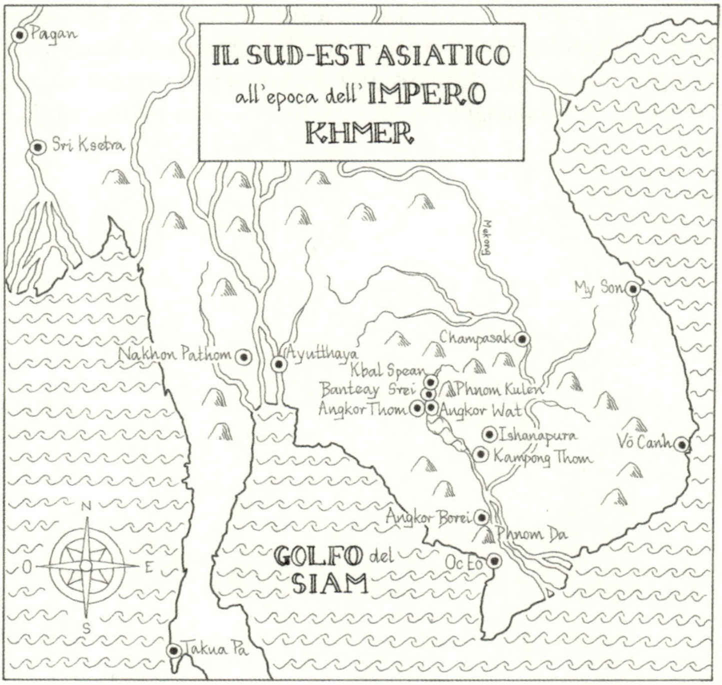
IL SUD-EST ASIATICO
all'epoca dell' IMPERO
KHMER
Pagan
Sri Ksetra
Mekong
My Son
Champasak
Nakhon Pathom
Ayutthaya
Kbal Spean
Banteay Srei
Phnom Kulen
Angkor Thom
Angkor Wat
Ishanapura
Vô Canh
Kampong Thom
Angkor Borei
Phnom Da
N
O
E
S
GOLFO del
SIAM
Oc Eo
Takua Pa

8
« COLUI CHE È PROTETTO DAL SOLE »

Nel Nord-Ovest della Cambogia, oltre le acque del Grande Lago, una fila di montagne azzurre si eleva all'improvviso dalle fertili pianure di riso maturo, che si estendono fino alle rive del Mekong. Dapprima, questi rilievi si ergono bruscamente dalla distesa pianeggiante; poi, altrettanto repentinamente, culminano in un lungo altopiano di arenaria, che sembra quasi sospeso come per miracolo al di sopra delle basse nuvole invernali.

Sono le alture di Phnom Kulen, le « Montagne dei litchi ». Per i cambogiani, queste suggestive colline rappresentano un luogo santo, la culla non solo del grande Impero di Angkor, ma anche dei fiumi sacri che ne alimentano le pianure e ne lambiscono i templi più venerati.

Qui, nell'802 d.C., appena due anni dopo l'annuncio di Carlo Magno della nascita del Sacro Romano Impero in Italia, un altro giovane guerriero, il principe khmer Jayavarman II, celebrò una cerimonia simile a Phnom Kulen, inaugurando un altro impero destinato a mutare il corso della storia. Quest'ultimo, però, ebbe un'importanza persino maggiore rispetto a quello fondato a San Pietro.[1]

L'Impero di Angkor – dal sanscrito *nagara*, ovvero « Città reale » – avrebbe fatto apparire piccolo e provinciale il fragile regno di Carlo Magno. I re khmer governavano quella che all'epoca era una regione assai più prospera e sofisticata, amministravano una popolazione molto più numerosa, vivevano in città più vaste e lasciarono ai posteri monumenti ben più grandiosi. Basti pensare che l'area racchiusa dal fossato di un solo tempio khmer, quello di Angkor Wat, è quattro volte più estesa dell'intera Città del Vaticano. A differenza del precario Stato fondato da Carlo Magno, rapidamente frammentatosi sotto i suoi immediati successori, gli Khmer di Angkor governarono per diversi secoli un vasto impero che, nel XII secolo, era probabilmente il più ricco e potente del mondo.

Il principe Jayavarman trascorse la giovinezza come ostaggio a Giava, dove potrebbe avere assistito all'avvio della costruzione del grande stupa a forma di *mandala* di Borobudur.[2] Jayavarman, tuttavia, non era buddhista. Un'iscrizione posteriore lo descrive come un devoto indù, che venerava Shiva quale sua divinità personale. La stessa iscrizione narra che, intorno ai vent'anni, riuscì a fuggire da Giava e nel 770 d.C. era già rientrato dall'esilio nella natia Cambogia. Qui rifiutò il buddhismo praticato dai suoi vicini e rivali e proclamò la sua indipendenza.[3]

Una delle decisioni più rilevanti di Jayavarman II fu quella di fondare, sulla sommità di Phnom Kulen, una nuova città che chiamò Mahendraparvata, dal leggendario picco sacro indù del monte Mahendra, il « Sovrano tra le montagne ».[4] Lì celebrò una cerimonia magica, una versione indù dei rituali tantrici che Vajrabodhi aveva offerto ai sovrani buddhisti, con l'obiettivo di « impedire a Giava di controllare la sacra Cambogia ». Quindi intraprese una serie di campagne militari e forgiò una rete di alleanze mediante matrimoni e concessioni terriere, unificando le varie regioni del Sud-Est asiatico e gettando le basi di un vasto impero.[5]

Durante un regno che proseguì per quarantotto anni, Jayavarman II conquistò tutti gli Stati che, da allora, furono conosciuti come Kambujadesha, o Cambogia. Questo evento fu reso solenne attraverso l'installazione rituale di un simbolo sacro del potere statale, noto come Devaraja – probabilmente un grande *linga* portatile, o forse una statua di Shiva –, che Jayavarman dedicò a Shiva nel suo aspetto di Signore delle Montagne. Il Devaraja divenne al tempo stesso un simbolo nazionale, una religione di Stato e un emblema della protezione divina. Contestualmente, Jayavarman si proclamò sovrano supremo e rappresentante di Shiva sulla terra. In seguito, il Devaraja sarebbe stato trasferito in ogni nuova capitale da ogni re successivo della dinastia.[6]

Un'iscrizione superstite riferisce che i confini del regno di Jayavarman II si estendevano « fino alla Cina, a Champa [l'attuale Vietnam], all'oceano e alla terra dei cardamomi e dei manghi [probabilmente l'odierna Thailandia orientale] ». Fu l'inizio di una campagna di conquiste dinastiche che avrebbero unificato gran parte del Sud-Est asiatico continentale in un unico regno, prospero e notevolmente urbanizzato. A differenza dei precedenti imperi sorti nel delta del Mekong, che si erano concentrati sul commercio estero, questo regno rivolse lo sguardo all'entroterra, privilegiando la costruzione e la sapiente gestione di dighe e la coltivazione di ingenti quantità di riso.[7] All'apice della sua grandezza, la regione urbanizzata della Grande Angkor contava ben oltre un milione di abitanti, in un'epoca in cui Londra ne aveva meno di ventimila. Eppure, il luogo della sua fondazione è oggi coperto dalla giungla, e il nome del suo fondatore rimane poco conosciuto al di fuori della Cambogia.

Dal maestoso massiccio di arenaria di Phnom Kulen sgorga la falda acquifera di Kbal Spean che alimenta il fiume Siem Reap, le cui acque bagnano Angkor Wat. Le iscrizioni khmer paragonano al Gange questo fiume, che ancora oggi è particolarmente sacro ai buddhisti cambogiani.

Un mattino d'inverno, mentre passeggiavo nei pressi della sorgente, mi imbattei in un monaco esile, scalzo e con la testa rasata, avvolto in una tunica bruno arancio. Quando lo vidi, riposava su un'amaca tesa tra due alberi di teak. Udendo i miei passi, sorrise e balzò giù per salutarmi.

Indicò il fiume con un dito. In un primo momento, non capii cosa volesse mostrarmi: pesci? alghe? ciottoli? Nulla di tutto ciò. Sul letto del torrente, inizialmente celata dalla vivace corrente, si delineò gradualmente la sagoma inconfondibile di un volto scolpito. A poco a poco, mettendo a fuoco l'immagine attraverso le acque turbolente, mi resi conto che il volto era attaccato a un corpo dotato di molte braccia, ciascuna delle quali brandiva un'arma. Sopra il volto svettava un alto copricapo a cupola, in forma di una corona khmer. Era una raffigurazione di Shiva, scolpita nella viva roccia del letto del fiume. Tutt'intorno, il monaco mi segnalò le sagome di centinaia di *yoni-linga*, simboli sacri del potere creativo associato a Shiva e alla sua consorte Shakti, disposti in gruppi geometrici quadrangolari, ciascuno formato da dieci *linga*, che riempivano l'intero spazio tra le due rive.

Queste straordinarie sculture costituivano, come appresi in seguito, una componente cruciale del processo di conversione religiosa della Cambogia da una molteplicità di culti animisti all'induismo puranico, un percorso già avviato nel III secolo d.C. ma che subì una brusca accelerazione in concomitanza con le conquiste di Jayavarman II.[8]

Sebbene i monaci buddhisti e le gilde mercantili indù avessero spesso preceduto i brahmani nei loro viaggi missionari verso il Sud-Est asiatico, e nonostante il rigido divieto dei viaggi per mare oltre le « Acque Nere » contenuto in antichi testi indù come *Le Leggi di Manu,* i Dharmashastra e alcuni Purana, molti induisti cominciarono a navigare verso i porti di Suvarnabhumi già dal III o IV secolo d.C. I Dharmashastra dovevano avere una diffusione limitata, e la minaccia di perdere lo status castale avrebbe comunque avuto un impatto trascurabile sulla maggioranza contadina, che nei testi brahmanici occupava già l'ultimo gradino della gerarchia sociale.[9] Le proibizioni dei viaggi per mare contenute in questi testi, inoltre, non avrebbero avuto alcun effetto reale sulle comunità costiere non brahmaniche, alle quali appartenevano sia i marinai sia i mercanti. Malgrado ciò, anche un numero sorprendentemente alto di brahmani iniziò ad arrivare nella regione, e in quantità sempre maggiori.[10] Alcuni di essi affermarono persino di esservi giunti magicamente « con mezzi yogici ».[11]

Sempre a questo periodo risale anche il mito delle origini khmer, che sembra essere basato su una leggenda dell'India meridionale. Stando alle antiche fonti cinesi, gli abitanti del Funan credevano che il loro regno fosse stato fondato da un brahmano dell'India meridionale di nome Kaundinya. Si narrava che egli fosse giunto portando con sé un giavellotto o, stando a un'altra versione, un arco magico donatogli da un eroe del *Mahabharata*, Ashvatthaman, figlio di Drona, al quale anche i principi pallava di Kanchipuram facevano risalire la propria ascendenza. Una principessa delle ninfe, Mera – nome dal quale potrebbe derivare il termine « Khmer » –, figlia del re *naga* locale, remò incontro alla nave di Kaundinya non appena questa apparve all'orizzonte. Allora Kaundinya scoccò una freccia contro l'imbarcazione di Mera, spaventandola e costringendola a sposarlo. Lui le donò degli abiti, e Shiva stesso presiedette alla cerimonia.

In cambio, il padre di Mera, Soma, il Re Drago, « ampliò i possedimenti del genero trangugiando l'acqua che ricopriva il Paese ». Sulle terre così emerse edificò una capitale per la coppia e cambiò il nome del regno in Kambuja (Cambogia): « Quindi Kaundinya modificò tutte le leggi, conformandole a quelle dell'India ».[12] Secondo la leggenda, i due diedero origine alla dinastia reale khmer del Funan. Molti grandi re cambogiani avrebbero in seguito affermato di discendere da questa coppia mitica – simbolo, tra le altre cose, dell'unione tra il sole e la luna, tra la natura e la civiltà, tra l'India e la Cambogia.[13]

Dietro questa mitologia d'importazione si celava una verità storica inoppugnabile: a partire dal IV o V secolo d.C. le nascenti città-stato dell'Asia monsonica iniziarono a guardare ai modelli politici e religiosi indiani e ad adottare, in misura variabile, le concezioni sull'arte del governo introdotte dai brahmani indiani che approdavano sempre più numerosi nei loro porti.

Il concetto indù di regalità per diritto divino si rivelava particolarmente vantaggioso per i capi locali, desiderosi di ampliare i propri domini e consolidare autorità e prestigio. Questo modello politico non soltanto conferiva loro un'aura cosmopolita, ma offriva anche un'utile legittimazione divina al loro governo. Questo accordo conveniva anche ai brahmani, che vi trovavano un'occasione per arricchirsi rendendosi indispensabili alle corti di questi sovrani: grazie alla loro esperienza nella gestione di regni analoghi sull'altra sponda del Golfo del Bengala, i brahmani agivano come consiglieri politici e officiavano i medesimi riti sacri.[14]

Le più antiche testimonianze di brahmani indiani al seguito dei mercanti che facevano vela per le Terre dell'Oro provengono dalle fonti cinesi. Un testo risalente al 400 d.C. documenta la presenza di mille brahmani indiani presso la piccola corte costiera di Tun Sun, nella penisola malese: «La gente del luogo pratica la loro dottrina e dà loro in matrimonio le proprie figlie. Di conseguenza, molti di questi brahmani non vanno più via».[15]

Un testo diplomatico cinese di poco posteriore descrive il re di Kedah, in Malesia, seduto di fronte a un toro d'oro accovacciato, probabilmente un'immagine della cavalcatura di Shiva, Nandi. «Davanti al toro, un singolo parasole ingioiellato; e sui due lati del parasole, ventagli ingioiellati. Centinaia di brahmani sedevano in file contrapposte a destra e a sinistra». Questi brahmani, prosegue il resoconto, erano oggetto di una «particolare venerazione». Molti dei più illustri sovrani khmer sceglievano per regine le figlie dei brahmani appena giunti «dalla terra in cui Krishna giocava lungo la Yamuna ... da quella terra eccellente ... per purificare la terra degli Khmer».[16]

Per gli inviati cinesi, si trattava di uno spettacolo sconcertante. Soltanto nel Nord del Vietnam, in Corea e in Giappone i popoli dell'Asia orientale avevano abbracciato le usanze, i costumi, gli stili architettonici e i sistemi di scrittura del Regno di Mezzo. Qui invece, a migliaia di chilometri dall'India, le genti del Sud-Est asiatico sembravano attratte, come per una misteriosa alchimia, da un'indosfera in continua espansione, nella quale idee, forme e storie originariamente concepite nel Sudasia venivano non solo accolte, ma anche discusse, apprezzate, adottate e rielaborate, lontanissimo dalla loro terra d'origine.

Di queste prime corti brahmaniche ci sono pervenute diverse testimonianze scultoree, tra cui un'antica immagine di una consacrazione reale scolpita su un architrave khmer a Kampong Thom, nella Cambogia centrale. In questa scena, il re è raffigurato seduto in un padiglione aperto, affiancato da due lunghe file di brahmani barbuti. Questi portano i capelli annodati in intricate acconciature e lunghi orecchini pendenti, e indossano solo un *sampot* ordinatamente avvolto intorno alla vita e il cordone brahmanico a tracolla. Due di loro, in piedi accanto al re, gli versano sopra dell'acqua santa in un rito di purificazione o consacrazione.[17] Nei secoli successivi, i brahmani incoraggiarono i sovrani a prestare giuramento di devozione agli dèi indù e consolidarono il proprio ruolo nelle strutture di potere locali attraverso matrimoni misti.[18]

Non è chiaro se questi dotti brahmani partissero per il Sud-Est asiatico su invito dei capi locali o di propria iniziativa. In ogni caso, portarono con sé le loro epopee e letterature, le loro mitologie e teologie, oltre a nuove tecniche spirituali e yogiche. Portarono anche gli Shilpa Shastra, manuali che delineavano le concezioni indù su cosa fosse corretto e appropriato nella scultura e nell'architettura; e potrebbero avere introdotto il *Natyashastra*, che stabiliva norme analoghe per le arti performative, come musica, danza e teatro.

Portarono inoltre le loro conoscenze astrologiche e astronomiche, il sistema calendariale Shaka allora in uso in India, vari testi scientifici, la loro esperienza nell'amministrazione e nell'arte di governo, nonché i metodi di calcolo e la matematica avanzata sviluppati nel Subcontinente. In un'iscrizione cambogiana è stato recentemente individuato un punto che rappresenta il più antico zero databile al mondo. Questa iscrizione precede di duecento anni la più antica testimonianza analoga conosciuta in India – dove il concetto ebbe origine –, rinvenuta nel forte di Gwalior. (In quest'ultima, all'interno del punto compare per la prima volta un foro: è il simbolo dello «0» che usiamo tuttora).[19]

I capi e i re del Sud-Est asiatico escogitarono un modo singolare per esprimere il proprio legame sia con i grandi dèi indù, sia con i propri omologhi regali in India: intorno al V secolo, se non prima, quasi tutti cominciarono ad adottare per sé i nomi delle divinità indù. Questi terminavano di solito con il suffisso *-varman*, che significa «sotto la protezione di», come in Rudravarman («Protetto da Rudra»), o Jayavarman («Protetto dalla Vittoria»). Erano gli appellativi prescritti dalle *Leggi di Manu* per la casta guerriera, o *kshatriya*, da cui provenivano i sovrani indù dell'India, e rappresentavano la nomenclatura d'elezione in diverse regioni dell'India, in particolare tra i Pallava del Sud.[20]

Secondo certi indizi, le corti del Sud-Est asiatico iniziarono ad assimilare usanze indù di natura più intima e personale: già dal II secolo d.C., ad esempio, avevano adottato la cremazione dei defunti e, successivamente, presero a evitare l'uso della mano sinistra per mangiare. Cominciarono anche a lavarsi i denti con bastoncini di legno di nim.[21]

Alcuni aspetti della civiltà indiana ebbero sul Sud-Est asiatico un impatto solo marginale. La gerarchia castale, ad esempio, non si cristallizzò nella regione come invece avvenne in India, mentre le concezioni legate all'impurità rituale e i complessi divieti relativi alla commensalità tra i membri di caste differenti non attecchirono affatto. La maggior parte della popolazione respinse anche il vegetarianismo e mantenne una spiccata predilezione per la carne di maiale.

Sulle pareti del Tempio Bayon ad Angkor Thom è scolpita una scena di cucina in cui i cuochi si preparano a immergere un maialino intero in un calderone bollente, mentre uno di loro soffia sulla legna per ravvivare le fiamme. Vi sono anche raffigurazioni di uomini intenti a pescare con le reti. Le fonti cinesi aggiungono che gli Khmer allevavano polli, anatre, pecore e oche per il macello, e che la loro dieta includeva torte di riso simili agli *idli* inzuppate in un sugo di carne. Tutto questo avrebbe scandalizzato alcuni dei loro omologhi regali in India, molti dei quali (benché non tutti) seguivano *Le Leggi di Manu*, che prescrivevano una rigorosa astensione dal pesce e vietavano severamente il consumo di carne di maiale e di gallina, pena la perdita della casta.[22] Al contrario, un'iscrizione khmer menziona un banchetto che richiese « duemila ciotole, due maiali, ottocento pesci di grandi dimensioni, sugo di carne e un'ingente quantità di birra ».[23]

Un altro aspetto della vita nel Sud-Est asiatico che rimase immune dall'influenza indiana fu l'elevato status sociale delle donne. In Cambogia le donne continuarono a possedere e ad amministrare i propri beni, un diritto che *Le Leggi di Manu* e la tradizione brahmanica indiana in generale negavano loro. Vi sono addirittura riferimenti a sacerdotesse che officiavano nei templi cambogiani, e prove che tali ruoli fossero trasmessi per via matrilineare. Un principio che fu mantenuto da Jayavarman II anche per il lignaggio dei brahmani imperiali che officiavano le cerimonie di incoronazione.[24]

Considerando tutte queste deviazioni dalla tradizione brahmanica, è importante sottolineare che, sebbene i brahmani fossero indubbiamente i più visibili tra gli immigrati indiani nel Sud-Est asiatico e abbiano lasciato le più solide testimonianze epigrafiche della propria presenza, vi si trovavano anche molti altri gruppi castali indiani non alfabetizzati, che potrebbero addirittura essere stati predominanti. Recenti analisi del DNA condotte su resti ossei rinvenuti ad Angkor Borei e risalenti al I-III secolo d.C. suggeriscono nuove prospettive sull'antica popolazione immigrata indiana e sul processo di trasmissione culturale associato alla sua presenza.

Gli archeologi che hanno condotto lo studio hanno rilevato che, per l'individuo cambogiano i cui resti sono stati analizzati, «l'ascendenza dall'India meridionale è stata stimata tra il 42% e il 49%». In particolare, le caste «Irula, Mala e Vellalar» sono state identificate come i gruppi sudindiani che con maggiore probabilità hanno contribuito al suo genoma. Queste comunità, appartenenti a caste non brahmaniche e di bassa estrazione sociale, fanno pensare a un fenomeno migratorio ampio e diversificato di individui provenienti dall'India. Tale migrazione avrebbe favorito matrimoni misti con la popolazione cambogiana locale e l'emergere di famiglie di origine composita.

Tutto ciò suggerisce l'esistenza di una diaspora mercantile variegata, piuttosto che la sola presenza di brahmani alfabetizzati che registravano la propria attività attraverso iscrizioni. Questo potrebbe spiegare anche la presenza, sin dalle prime fasi, di divinità guardiane popolari tamil – non vediche e non brahmaniche – come Aiyanar, venerato nei santuari dell'intera regione quale protettore dei viaggiatori e guardiano notturno delle riserve d'acqua.[25]

A prescindere dall'entità del loro contributo genetico al Sud-Est asiatico, i brahmani portarono dall'India tre doni cruciali che si rivelarono irresistibili in tutta la regione: il sanscrito, l'arte della scrittura e le storie dei grandi poemi epici indiani.

Nessun apporto culturale indiano ebbe un impatto più profondo e duraturo delle gesta eroiche narrate nel *Mahabharata* e nel *Ramayana*. Dal V secolo fino alle moderne rappresentazioni di danza e teatro delle ombre, questi racconti hanno costituito un elemento imprescindibile dell'arte e della cultura del Sud-Est asiatico.[26] Persino la toponomastica della regione iniziò a essere progressivamente influenzata dalle grandi epopee indiane e dalle vicende dei loro protagonisti: i fratelli Pandava e il dio Rama.

La più antica iscrizione rinvenuta nei territori khmer, risalente al V secolo, attesta che un sovrano dell'attuale Laos adottò il nome indiano di Devanika e l'altisonante titolo sanscrito di *maharajadhiraja*, « re dei re ». Questo avvenne in una cerimonia durante la quale il re installò un'immagine di Shiva ai piedi della montagna a forma di *linga* che sovrastava la sua capitale, Champasak. In quell'occasione, il re consacrò una vasca d'acqua che chiamò Kurukshetra, in omaggio alla pianura a nord di Delhi, teatro dell'epica battaglia del *Mahabharata*.[27]

Non si trattava solo del fatto che le nuove religioni indiane erano state accolte nella regione: anche il paesaggio stesso veniva ripensato. I fiumi sacri dell'India, l'apocalittico campo di battaglia del *Mahabharata* e le grandi capitali del *Ramayana* venivano ora reimmaginati a migliaia di chilometri a est, tra le risaie del Mekong e i vulcani di Giava. Come William Blake, molti secoli dopo, avrebbe sognato di riedificare una metaforica Gerusalemme nelle verdi e amene campagne inglesi, così questo antico re khmer sognava di trasformare le sue montagne tropicali in un'estensione orientale della terra santa indiana. L'iscrizione recita:

> Tutte le azioni [del *maharaja*] sono infuse della grazia virtuosa e benefica che egli ha accumulato nelle sue vite precedenti, e trascendono l'umano. Egli è come Yudhishthira [il capo dei fratelli Pandava] nella sua dedizione al buon *dharma*, come il re degli dèi [Indra] nella protezione dei suoi sudditi, come Arjuna nella sconfitta dei suoi nemici ... come l'oceano per profondità, come il monte Meru per fermezza ... Possa il frutto celeste proclamato un tempo a Kurukshetra ... manifestarsi qui, in questo nuovo Kurukshetra.[28]

Prima dell'arrivo dei brahmani e della loro civiltà letteraria, sembra che nel Sud-Est asiatico non esistesse alcun sistema di scrittura autoctono. Per colmare questa lacuna, il sanscrito – « la lingua degli dèi nel mondo degli uomini » – divenne la lingua ufficiale del governo, della letteratura e della liturgia nell'intera regione.[29] Le iscrizioni realizzate nella nuova lingua sacra d'importazione possono essere datate con buona approssimazione in base ai caratteri indiani utilizzati.[30]

La più antica venne incisa probabilmente intorno al 250 d.C. su una stele alta quasi due metri e mezzo a Vo Canh, sulla costa del Vietnam. Pare che i Cham della zona intrattenessero stretti rapporti con mercanti che provenivano dall'area di Amaravati, nell'Andhra Pradesh, poiché i caratteri impiegati nella stele sono simili alla variante andhra dell'alfabeto brahmi meridionale. L'uso di determinati termini sanscriti suggerisce che il *Ramayana* fosse già diffuso lungo questa costa e fungesse da modello per l'ideale di regalità celebrato nell'iscrizione.[31]

La stele menziona un regnante dal nome indiano, probabilmente tamil, di Raja Sri Mara e fa riferimento al concetto tipicamente indiano di « compassione per tutte le creature ». Tuttavia, il testo riguarda un tributo di elefanti bianchi offerto dal re alla corte cinese. Sebbene Raja Sri Mara rientrasse dunque nell'orbita politica cinese, intorno al 250 d.C. una lingua, una scrittura e titoli regali di origine indiana erano già sufficientemente radicati lungo la costa del Mar Cinese Meridionale da essere utilizzati per documentare un atto politico di rilievo.[32] Intorno al 400 d.C. un altro capo cham, Bhadravarman I, si definì in un'iscrizione rinvenuta nell'antico sito sacro shivaita di My Son come « Dharma Maharaja », ossia il « Giusto Sovrano ». Lo stesso tempio custodisce inoltre la più antica immagine della regione che raffigura lo Shiva danzante (ha corso il rischio di andare perduta per sempre: negli anni Sessanta, durante la guerra del Vietnam, le rovine del tempio furono colpite da bombe al fosforo sganciate da aerei americani, e molte altre pregevoli sculture vennero distrutte).[33]

Queste due iscrizioni rivestono un'importanza cruciale, poiché segnano il momento in cui i sovrani della regione adottarono i caratteri brahmi in stile pallava dell'India meridionale.[34] Questi caratteri sarebbero diventati, col tempo, la base di quasi tutti gli alfabeti preislamici del Sud-Est asiatico: khmer, giavanese, kawi, lontara, lao, thai, cham e malese. Insieme alla lingua e ai sistemi di scrittura, si diffusero le medesime convenzioni poetiche, il gusto per i giochi di parole elaborati e le allusioni agli stessi testi fondamentali della letteratura sanscrita che, in quel periodo, informavano la vita delle corti indiane. È sorprendente come, sin dalle prime fasi, le iscrizioni del Sud-Est asiatico rivelino una piena padronanza delle dottrine filosofiche e religiose indiane.[35]

Un'altra iscrizione, scolpita nell'alfabeto brahmi meridionale intorno al 400 d.C., fu eretta nella regione di Kutei, nel Borneo, una delle principali fonti d'oro per i mercanti indiani. Qui un sovrano dal nome sanscrito di Raja Rajendra Mulavarman è celebrato in un'epigrafe incisa su sette pali sacrificali vedici, o *yupa*.[36] Anche questa iscrizione allude al *Mahabharata*, e paragona Mulavarman, « il Signore dei re ... il re dalla fama gloriosa e radiosa », all'« eroe Yudhishthira », il quale celebrò a sua volta « un sacrificio del fuoco ». Il testo racconta di come Mulavarman, seguendo l'esempio del padre Ashvavarman, « il fondatore di una nobile stirpe », e del nonno Kadungga, « il Signore degli Uomini », sconfisse i suoi nemici e li costrinse a versare un tributo. Il re si vanta inoltre di avere accolto nel suo regno molti brahmani provenienti dall'India, offrendo loro « un albero che esaudisce i desideri e vasti possedimenti terrieri ». Furono proprio loro a erigere gli *yupa* « per commemorare questi numerosi atti di pietà ».

Il testo è redatto in un sanscrito impeccabile e nell'alfabeto brahmi dell'India meridionale, ma i dettagli relativi al sacrificio appaiono piuttosto improbabili. L'affermazione di Mulavarman di avere donato ai brahmani della sua corte novantamila bovini, su un'isola coperta dalla giungla e priva di una tradizione di allevamento del bestiame, sembra poco plausibile e suggerisce che l'elenco dei doni fosse simbolico piuttosto che una descrizione letterale di un sacrificio reale, e ricalcasse formule e convenzioni simili utilizzate in India. Ciononostante, l'iscrizione testimonia l'esecuzione di una qualche forma di rito vedico, l'adozione dei simboli della regalità indù e la presenza di un gruppo di brahmani di corte in un remoto porto minerario nell'entroterra del Borneo nel IV secolo d.C. È probabile che fosse un luogo in cui ben poche persone, oltre agli stessi brahmani, sarebbero state in grado di leggere quelle iscrizioni.[37]

L'iscrizione di Mulavarman contiene un'informazione cruciale sulla famiglia che eresse la stele. Sebbene il re portasse un nome sanscrito dal suono sudindiano, il nome di suo nonno, Kadungga, il capo al quale è attribuita la fondazione della dinastia, è chiaramente giavanese. Questo suggerisce che la stessa famiglia reale abbia continuato a governare, cambiando tuttavia i propri nomi e la lingua di corte. La trasformazione, in altre parole, non avvenne con la forza o a seguito di una conquista, ma in modo pacifico, probabilmente attraverso matrimoni misti e la graduale adozione, da parte dei capi locali, della nuova religione portata dai brahmani, con i relativi nomi, titoli e rituali indù. In altre parole, l'assimilazione delle pratiche indiane fu un processo volontario e intergenerazionale, caratterizzato da conversione e acculturazione piuttosto che da un'imposizione militare, come ipotizzato in passato da alcuni storici indiani.[38]

La più antica iscrizione di Giava fu incisa intorno al 500 d.C. su un grande masso fluviale nei pressi dell'attuale Giacarta.[39] Ricorrendo al sistema calendariale indiano più avanzato dell'epoca, l'iscrizione celebra il « Signore del Taruma » (*tarumam* in tamil significa *dharma*), Raja Purnavarman, la cui « armatura non può essere penetrata dalle frecce dei nemici ». In un sanscrito perfetto e con sorprendente spavalderia, Purnavarman si presenta non solo come un devoto di Vishnu, ma quasi come un'incarnazione del dio stesso, definendosi « il Grande Re, il Sovrano del Mondo, le cui impronte sono le stesse di Vishnu ». A suggello di questa affermazione, accanto all'iscrizione è scolpita una coppia di impronte, simbolo della presenza divina. È evidente che il sanscrito non era solo la lingua della liturgia induista, ma anche una lingua politica d'élite, inseparabile da un'ideologia preconfezionata del potere regale che, associando il governo alla sfera divina, rafforzava il prestigio e l'autorità dei capitribù che ne adottavano i princìpi.[40]

L'iscrizione riflette le tendenze più recenti del culto devozionale della *bhakti* – la stessa temperie religiosa che sarebbe stata evocata da Mahendravarman Pallava nel Tamil Nadu un secolo dopo – e dimostra la rapidità con cui le nuove idee indiane si diffondevano oltremare verso est. In questo caso particolare, Giava sembra addirittura anticipare gli sviluppi che si sarebbero poi verificati nel Tamil Nadu.

Verso la fine dell'VIII secolo il paesaggio del Sud-Est asiatico era costellato di templi e santuari indù e buddhisti di recente costruzione, dedicati alle divinità e alle religioni importate dal Sudasia. Nei secoli successivi, tuttavia, questa marcata influenza indiana si sviluppò in forme architettoniche distintamente locali, percorrendo una traiettoria autonoma e originale. L'architettura indù e buddhista della regione avrebbe seguito una direzione teologica ed estetica sempre più indipendente, affatto diversa dai templi e dalla scultura dell'India stessa. Così come molti dei più celebri monumenti della civiltà ellenistica si trovano al di fuori dei confini della Grecia moderna, allo stesso modo a Giava, in Cambogia, in Vietnam, in Thailandia e in Myanmar furono eretti alcuni dei più grandi monumenti ispirati alla letteratura e alle religioni indiane. E proprio come il terminale delle rotte commerciali indiane si trovava al di fuori dell'India, così nel Sud-Est asiatico vennero prodotte straordinarie opere d'arte ispirate alle sue filosofie, idee e storie.

Le più notevoli tra queste, a Giava, furono i duecentoquaranta santuari e templi di Prambanan, costruiti verso la fine dell'VIII secolo. Prambanan è il complesso templare reale della dinastia Sanjaya di Mataram e sorge sotto l'acropoli del loro palazzo, nella periferia dell'odierna Yogyakarta.[41] Le imponenti guglie a *shikhara* di questi templi, riccamente scolpiti e ornati come cattedrali, raggiungono l'altezza sorprendente di quasi cinquanta metri e risalgono ad appena un secolo dopo la costruzione dei primi templi indù, ben più austeri e modesti, eretti tra i vulcani e i geyser dell'altopiano di Dieng.

Al centro del complesso sorge il tempio di Loro Jonggrang, che conserva alcune tra le più antiche e certamente le più complete sequenze di rilievi del *Ramayana* mai scolpite. I circa cento pannelli di Loro Jonggrang riescono a trasmettere tutto il pathos, la voluttà, l'angoscia e l'eroismo del poema, e offrono una rappresentazione del *Ramayana* decisamente più completa rispetto a qualsiasi altro ciclo scultoreo noto in India. Qui l'intera e favolosa vicenda di esilio, lotta, perdita, guerra e redenzione si dispiega davanti a noi in un livello di dettaglio enciclopedico. Nulla di paragonabile era stato mai tentato in India fino ad allora. Anzi, questi rilievi precedono di diversi secoli qualsiasi altro ciclo scultoreo indiano superstite dedicato al *Ramayana*.[42]

La sequenza narrativa segue le avventure del principe Rama: i suoi poteri magici e il suo sacro destino si rivelano per la prima volta quando l'eroe spezza l'arco di Shiva e conquista la mano della splendida principessa Sita. La situazione precipita nel momento in cui, a causa degli intrighi di una perfida matrigna, la coppia è esiliata nella foresta insieme a Lakshmana, il leale fratello di Rama. Durante l'esilio, Sita viene rapita dal demone Ravana, dotato di dieci teste e venti braccia. La storia narra le gesta eroiche di Rama per liberare la sua amata dalle grinfie di Ravana con l'aiuto di un esercito di scimmie guidato dal dio scimmia Hanuman e dal re delle scimmie Sugriva, il quale invia una spedizione alla ricerca di Sita a oriente, fino alla «splendente Yavadvipa [Giava], con i suoi sette regni colmi di miniere d'oro».

La vicenda culmina con l'assalto campale alla fortezza di Ravana, situata sull'isola di Lanka, da parte delle forze congiunte di Rama e Hanuman. Dopo la vittoria, la coppia si riunisce e torna trionfalmente nella capitale Ayodhya, dando inizio all'Età dell'Oro del *Ram Rajya*, il «Regno di Rama». Tuttavia, sul regno si abbatterà la tragedia: a causa di perfide maldicenze, Sita è nuovamente esiliata nella foresta, dove darà alla luce i loro figli nell'eremo di Valmiki, l'autore del *Ramayana* stesso.[43]

A Loro Jonggrang è possibile ammirare splendide immagini dell'eroico dio Rama, l'uomo perfetto e il sovrano ideale, raffigurato con un'eleganza e una grazia da danzatore mentre tende il suo lungo arco contro il cervo d'oro e una varietà di mostri ringhianti, zannuti e baffuti, e di orrendi demoni con zazzere incolte e volti ghignanti che spuntano dai loro ventri. Un pannello dopo l'altro, si squaderna un intero universo: gruppi di saggi meditanti e di asceti rugosi e barbuti che siedono a gambe incrociate sui *ghat* di un fiume sacro, intenti alle loro pratiche ascetiche, i capelli raccolti in alti chignon e trecce aggrovigliate; un re affranto che muore tormentato dal dolore; sensuali dame di corte che si rilassano nei loro palazzi o chiacchierano nei loro alloggi; barcaioli che traghettano villici su fiumi ingrossati dalle piene monsoniche; ballerini che danzano, tamburini che suonano e amanti che si abbandonano alla passione. Di particolare impatto sono le scene che raffigurano la marcia dell'esercito alleato di Hanuman su Lanka, con le scimmie che avanzano in ondate successive, come frangenti che si abbattono sulla spiaggia di un'isola.

Quest'arte non ha nulla di provinciale e non costituisce una lontana eco di un originale indiano, nonostante sia quasi certamente opera di artisti locali di Mataram e si basi su una versione del *Ramayana* recentemente composta in antico giavanese – la prima opera nota in questa lingua.[44] I rilievi del *Ramayana* a Prambanan esprimono un'estetica indiana all'apice del classicismo, dell'eleganza e della perfezione post-Gupta. Si tratta di una testimonianza straordinaria non solo della maestria degli scultori giavanesi dell'epoca Sanjaya, ma anche della continua evoluzione e rielaborazione dell'influenza indiana nella regione, nonché della potenza del poema epico di Valmiki e della sua capacità di incantare, appassionare, commuovere e ispirare grandi artisti a migliaia di chilometri dalla sua terra d'origine.[45]

Intorno al VI secolo d.C. una setta di asceti shivaiti dissidenti, nota come Pashupata, giunse dall'India in Cambogia. Qui diede vita a una nuova corrente dello shivaismo che, sotto la guida carismatica dei suoi esponenti, si sarebbe progressivamente imposta come la fede dominante nella regione.[46]

I pashupata erano asceti brahmanici eterodossi e itineranti che si cospargevano il corpo con il « candido splendore » della cenere. Si lavavano con le ceneri tre volte al giorno e dormivano su un giaciglio di cenere. La setta, menzionata brevemente nel *Mahabharata* e nel *Natyashastra*, sembra essere nata nelle grotte lungo le rive del fiume Narmada, nell'India centrale.[47] Asceti pashupata furono avvistati dal monaco cinese Xuanzang, che li descrisse come figure spettrali, bianche come cenere, che vagavano nelle remote lande settentrionali del Khotan e dell'Afghanistan. Il loro comportamento sconveniente viene ricordato anche nel romanzo di Dandin, il *Dashakumaracharita*, e nella farsa di Mahendravarman Pallava, *Il gioco degli ubriachi*.[48]

Questi santi inebriati dalla *bhakti* erano noti per voltare le spalle alle convenzioni sociali e comportarsi da fuoricasta, o persino da folli. Si vestivano di stracci, pelli o perizomi d'erba, si adornavano con ghirlande appassite e brandivano bastoni sormontati da teschi o mazze appuntite. Si atteggiavano a cani rabbiosi o animali selvaggi, « muggendo come tori » e ignorando deliberatamente i « confini tra purezza e impurità, tra vizio e virtù ».[49] Attraverso la rinuncia, le pratiche ascetiche e le visioni, credevano di poter penetrare il velo che separa questo mondo dall'aldilà e fondersi con Shiva al momento della morte.[50] Predicavano una devozione particolarmente intensa verso Shiva come Signore del Bestiame (*pashu*) e Yogin Supremo, il Primo degli Asceti.[51] Lo adoravano con canti, danze, risa isteriche e la recitazione di mantra segreti. E offrivano sé stessi ai re come forma suprema di protezione cosmica.[52]

Giunti in Cambogia in gran numero nel VI secolo, i pashupata fecero una profonda impressione sui loro ospiti. Inizialmente, sembra che si siano inseriti nelle corti come poeti, cantori, musicisti, flautisti, suonatori di ossa e maestri di danza, oltre che come asceti e teologi. In breve tempo, però, alcuni di loro conquistarono posizioni di prestigio in qualità di consiglieri, precettori, conoscitori della grammatica sanscrita, specialisti di rituali e, soprattutto, maghi e stregoni tantrici al servizio dei re khmer, ai quali assicuravano il successo e l'invincibilità in battaglia.[53]

I brahmani indiani erano presenti già da secoli nelle corti della regione, dove contribuivano a consolidare l'autorità dei sovrani locali mediante consacrazioni rituali e predizioni astrologiche, oltre a dimostrare abilità più terrene, come l'alfabetismo e competenze matematiche avanzate. I pashupata, tuttavia, promettevano di più: nella veste di controparti induiste dei grandi maestri tantrici buddhisti, affermavano di possedere conoscenze spirituali segrete e abilità yogiche straordinarie, che spaziavano da un'« incrollabile capacità di concentrazione e autocontrollo derivante dall'ascesi » a veri e propri poteri magici, come la capacità di rimpicciolirsi o ingrandirsi a piacimento, volare e ascoltare conversazioni a grande distanza.[54]

Nel corso del VII secolo, il culto di Shiva giunse a dominare la vita religiosa della regione. A corte, le dottrine pashupata trovavano espressione nelle iscrizioni reali, dove Shiva era definito « onnisciente » e « accessibile ai saggi mediante una meditazione rivolta esclusivamente a Lui ». Un asceta è descritto come « pervaso dalla *shakti* [potere spirituale] di Shiva ».[55]

Nel 615, lo stesso anno in cui, nel lontano Afghanistan, gli scultori iniziavano a lavorare al secondo Buddha di Bamiyan, il re khmer del regno di Chenla, nella Cambogia centrale, avviò la costruzione di una nuova capitale che chiamò Ishanapura, la « Città di Shiva ».[56] Oggi questo complesso templare è irrimediabilmente rinserrato da una vegetazione lussureggiante e selvaggia, come una Bella Addormentata stretta nell'abbraccio soffocante di una fitta trama di radici aeree e rampicanti. La maggior parte degli antichi templi di mattoni soccombe alla foresta che li inghiotte, mentre le radici aeree dei baniani, le liane e i fichi strangolatori li avvolgono come ragni intenti a imbalsamare nella loro ragnatela prede ancora vive. I viticci tortuosi delle piante di pepe si insinuano nelle cornici delle finestre e si arrampicano sugli stipiti delle porte. Architravi fessurati, ricoperti di muschi e licheni dai colori vivaci, sono sorretti unicamente dalle radici di baniani millenari, che avviluppano i portici in rovina e serpeggiano a spirale intorno a guglie crollate e fregi sgretolati raffiguranti danzatrici a seno nudo con cinture e cavigliere, guerrieri armati di lancia a bordo di carri da guerra come quelli del *Mahabharata* e asceti shivaiti seduti a gambe incrociate, immersi in una profonda meditazione.

Ai suoi tempi, questo complesso shivaita costituiva di gran lunga la città più grande della regione. I templi erano affidati ai pashupata, e il re stesso potrebbe essere stato iniziato alla setta: leggiamo infatti che ottenne il potere grazie all'energia scaturita dalla sua *tapasya* (« ascesi ») e dalla « sua *shakti* personale ».[57]

I pashupata giocarono un ruolo cruciale anche nelle sorti di re Jayavarman II dopo il suo ritorno da Giava nel 790. Un santo shivaita di nome Hiranyadama, definito da una fonte « uno scienziato dell'arte magica », gli avrebbe offerto « una magica *siddhi* [un incantesimo tantrico] che nessun altro aveva mai ottenuto » per concedergli la vittoria sui suoi nemici.[58] In seguito, Jayavarman II viene descritto come « una porzione incarnata del dio, che è Shiva », inaugurando in tal modo il culto del Re-Dio, o Devaraja, che in breve tempo sarebbe divenuto il principale culto reale indù in Cambogia e il pilastro della regalità khmer.[59] Parallelamente, le dottrine pashupata cominciarono a fondersi con quelle dei culti locali preesistenti, rivolti alle divinità della natura e agli spiriti del luogo. I pashupata condividevano con questi culti pratiche quali le danze funebri e l'uso rituale delle percussioni per evocare gli spiriti: il ritmo frenetico dei *damaru* o tamburi shivaiti si integrò perfettamente con quello degli antichi timpani di bronzo della regione, utilizzati per richiamare a nuova vita i defunti.[60]

Come recita un'iscrizione cambogiana di questo periodo (XII secolo):

La danza del Dio che ha la luna per diadema [Shiva], il cui glorioso vorticar di piedi scuote e fa tremare la terra nelle otto direzioni, la danza che spinge Indra, dio dei venti, a turbinare e gemere e che fa ondeggiare i palazzi degli dèi, la danza che annulla l'immensità dello spazio con i raggi sprigionati dallo splendore dei suoi nove modi estetici [erotico, furioso, eroico, odioso, comico, patetico, meraviglioso, terribile e pacifico].[61]

Questo era un dio che gli abitanti della regione potevano comprendere e apprezzare pienamente.

Legandosi a Shiva, il Signore delle Montagne, e fondando la sua nuova capitale sul monte Mahendra, sacro agli spiriti degli antenati, Jayavarman II unì le divinità e i culti ancestrali indigeni con le forme religiose indiane, riservando a sé stesso il ruolo di sommo intermediario, capace di canalizzare il regno soprannaturale a vantaggio dei suoi sudditi.[62] Il Devaraja, il simbolo sacro del Re-Dio, era inoltre inteso in modo pregnante sia come il *linga* shivaita dello Stato, sia come il supremo spirito cambogiano della fertilità, il nume tutelare *anak ta*.[63] Prima di Jayavarman, l'élite khmer, composta da cortigiani e sacerdoti, si vedeva come parte integrante di un universo induista, mentre la massa dei contadini continuava a praticare una più arcaica religione animista, popolata da antenati defunti, divinità di villaggio e spiriti guardiani degli alberi, dei fiumi e dei campi. Ora, invece, con l'aiuto dei pashupata e degli shivaiti in generale, questi due distinti mondi soprannaturali iniziarono a mescolarsi.[64]

I pashupata al servizio di Jayavarman celebravano riti che spesso includevano musica, danza, percussioni e sacre rappresentazioni. Sovrintendevano inoltre alla realizzazione di sculture nei fiumi, sui templi e sulle cime delle montagne, estendendo così la terra santa dell'induismo dall'India, il Paese « tra i due oceani », fino alla Cambogia. In questo modo, trasformarono i domini di Jayavarman in un paesaggio sacro indù, costellato di luoghi dal valore spirituale e di segni della presenza di Shiva: laghi artificiali a lui consacrati, *linga* che corrispondevano simbolicamente a quelli della sua terra d'origine e, soprattutto, templi piramidali modellati sulla sua dimora montana e spesso intitolati ai più importanti siti di pellegrinaggio shivaiti dell'India.[65]

Il più antico di questi templi, un santuario a forma di ziggurat, fu eretto dal giovane principe Jayavarman per la propria consacrazione sulla sommità sacra di Phnom Kulen. È sorprendente che un luogo di tale importanza per la storia della Cambogia giaccia oggi abbandonato, soffocato dalla giungla e disseminato di mine terrestri risalenti al periodo degli Khmer Rossi. Non c'è neppure una strada che vi conduca. Per visitarlo, dovetti chiedere un passaggio a una persona in scooter.

Seduto in equilibrio precario sul sedile posteriore, attraversai il letto di un torrente asciutto e chilometri di piantagioni di anacardi e pepe, fino a raggiungere la prima delle grandi piramidi a gradoni khmer, dimenticata in mezzo al nulla, a quindici chilometri dalla strada asfaltata più vicina. Sul livello superiore, immerso nel folto della giungla, sorgeva il plinto a forma di *yoni* sul quale un tempo, presumibilmente, era situato il Devaraja originale. Questo era tutto ciò che restava dello spazio sacro in cui l'Impero di Angkor era stato fondato.

A quel tempo si credeva che i riti magici celebrati sulla piramide nell'802 dal gran sacerdote Hiranyadama avessero annullato tutti i passati giuramenti di lealtà verso Giava e proclamato Jayavarman monarca universale e «imperatore del mondo». Il culto del Devaraja gravitava attorno a questa vetta, situata al centro dell'ormai scomparsa capitale reale, dove sorgeva il principale tempio del regno. La sua immensa estensione, celata dall'avanzare della giungla, è stata rivelata solo di recente grazie a una nuova tecnologia di scansione del terreno, il LIDAR.[66] È qui che fu istituito il culto di Stato che celebrava l'unità del popolo khmer sotto la protezione di Shiva, integrandovi al contempo le pratiche religiose indigene pre-induiste, come l'adorazione di divinità locali, spiriti, dèi fluviali, semidei e antenati divinizzati.[67]

Ebbe così inizio un'èra di conquiste, grandi opere irrigue e costruzione di templi e piramidi a gradoni che i sovrani khmer avrebbero portato avanti per quattrocento anni.[68] Verso la fine del suo regno, Jayavarman II edificò una seconda capitale khmer nelle pianure di Angkor, a Hariharalaya, nei pressi dell'odierna Siem Reap. Qui, ai margini del Grande Lago, fece scavare il primo dei grandi bacini artificiali che, col tempo, avrebbero consentito agli Khmer di controllare le acque su una scala senza precedenti, mitigando l'irregolarità delle precipitazioni e trasformando Angkor in una delle grandi civiltà idrauliche della storia.[69]

Gli Khmer furono eccezionali ingegneri agricoli e, stando alla testimonianza di un ambasciatore cinese, gestivano l'irrigazione con tale perizia da ottenere fino a quattro raccolti all'anno di riso, che consumavano insieme all'abbondante pescato del Grande Lago. Grazie ai bacini reali, che consentirono di raddoppiare la produzione del riso e di portare a raccolto oltre cinquanta milioni di campi tramite la coltivazione in acqua profonda e altre tecniche di risicoltura avanzata, gli Khmer furono in grado di sfamare centinaia di migliaia di persone in più. Questi surplus agricoli costituirono le fondamenta della loro prosperità economica.[70] Un po' alla volta, un'area di oltre mille chilometri quadrati tra il Grande Lago e le alture di Phonm Kulen si trovò attraversata da una fitta rete di villaggi, campi, strade, canali, ponti, argini e bacini. Questo sistema idraulico regolava con precisione le acque di piena dei monsoni, garantendo le condizioni ideali per la coltivazione del riso in sommersione.[71]

La rapida crescita della popolazione e dell'economia favorì un aumento esponenziale nella scala delle costruzioni,[72] dando vita a quello che, all'epoca, era probabilmente lo spazio urbano più vasto e densamente abitato del mondo. Nel nucleo centrale dell'Impero khmer, la popolazione potrebbe aver superato il milione e mezzo di abitanti, molti dei quali venivano reclutati come manodopera per le attività edilizie tra un raccolto e l'altro.[73]

Jayavarman lasciò un'ulteriore eredità duratura. Alla sua morte, nell'850, fu il primo re khmer a essere deificato, assumendo il titolo shivaita di Parameshvara o « Signore Supremo ». Fu l'inizio di quell'identificazione tra i sovrani defunti e il dio Shiva che sarebbe diventata una peculiarità unica e sempre più importante dello shivaismo cambogiano.[74]

Nel 967, al culmine della potenza e della prosperità degli Khmer, Yajnavaraha, l'elegante e colto primo ministro del re di Angkor, avviò la costruzione di un piccolo tempio in arenaria rosa, riccamente decorato e finemente scolpito, noto come « il gioiello dell'arte khmer ».

A differenza della maggior parte delle fondazioni khmer, quella del tempio di Banteay Srei non fu un'iniziativa reale. Fu invece ideato e finanziato personalmente da Yajnavaraha, il quale, oltre a essere un fidato consigliere del re e precettore del principe ereditario, era un eminente devoto shivaita e un raffinato studioso di sanscrito, di grande erudizione e cultura. Il tempio era concepito come la sua cappella privata.[75]

Banteay Srei si distingue per le magnifiche sculture che lo adornano: giovani guardiane ornate di orecchini pendenti e cavigliere da danzatrice, accanto a incantevoli figure di giovani dee, tra cui una flessuosa Durga, ritratta mentre danza trionfante sul demone bufalo « con un sinuoso intreccio di membra tornite dalla linfa della giovinezza », come scrisse poeticamente Stella Kramrisch.

Tuttavia, il fascino di Banteay Srei non risiede solo nella squisita bellezza delle sue sculture. Pare che sia stato Yajnavaraha stesso a progettare il tempio, in parte come un gioco letterario, in parte come sfoggio della sua erudizione. In ogni caso, esso dice molto sui testi sanscriti, sia sacri sia profani, che circolavano nella Cambogia del X secolo, e offre uno spaccato sulla loro trasmissione e conservazione. Il tempio include infatti due splendidi padiglioni, identificati con riserva come le biblioteche personali di Yajnavaraha.

Che ciò sia vero o no, la biblioteca di Yajnavaraha sembra essere stata straordinariamente ben fornita. Quasi tutti i generi della letteratura indiana sono rappresentati nelle sculture che adornano il tempio. Oltre agli immancabili poemi epici, si trova una selezione di scene molto più idiosincratica ed erudita del consueto: un Ravana dalle molte braccia che scuote disperatamente il monte Kailash per attirare l'attenzione di Shiva, il quale, quasi indifferente, lo tiene fermo con un tocco del piede; il terribile incendio, simile al fosforo bianco, appiccato da Agni per ardere la foresta di Khandava; Krishna che uccide il malvagio zio Kamsa; Bhima che balza con la spada levata per colpire il subdolo Duryodhana, capo del clan dei Kaurava, il quale si appresta a ricevere il colpo.[76]

Alcuni pannelli rivelano una familiarità con i poemi e i drammi di Kalidasa, « lo Shakespeare sanscrito », come quello che raffigura Shiva mentre assume le sembianze di un brahmano per tentare la propria moglie Parvati. La dea, fedele e insensibile alle lusinghe del brahmano civettuolo, si tappa subito le orecchie con le dita; quando Shiva infine si rivela, Parvati gli rende omaggio. Altri pannelli presentano scene tratte da vari Purana: in una di esse Kama, il dio dell'amore, scocca le sue frecce tra i rami di un boschetto di mango contro uno Shiva assiso in trono, mentre, poco distante, il temibile Yama, dio della morte e signore degli inferi, incede in groppa al suo bufalo. Pannello dopo pannello, emergono raffigurazioni inedite di scene insolite, accuratamente selezionate dal vasto canone della poesia sanscrita, dagli Shastra, dal *Raghuvamsha.* Non esiste testimonianza più eloquente della diffusione letteraria e culturale dell'indosfera, radicatasi e fiorita a migliaia di chilometri a est dell'India.[77]

L'elemento più notevole, tuttavia, è un'iscrizione posta all'ingresso del tempio, che attesta l'istruzione letteraria in sanscrito impartita da Yajnavaraha al fratello minore: « Di questo Yajnavaraha, che aveva raggiunto l'altra sponda del[l'oceano del] sapere, il fratello minore si chiamava Vishnukumara » esordisce il testo.

La ninfea delle sue labbra si dischiuse ampiamente, assaporando a più riprese il nettareo chiarore lunare della conoscenza che colava dalla bocca del suo guru. Dal fratello maggiore apprese tutte le discipline, a cominciare dalla grammatica, [oltre a] tutte le arti e le forme dello yoga insegnate da Shiva e dal Guru [Patanjali, il padre della grammatica sanscrita e un grande mistico e filosofo]. Per assicurare la trasmissione ininterrotta del sapere, egli trascrisse integralmente la *Kashikavritti* [uno dei testi fondamentali della grammatica sanscrita] e la *Shiva Samhita* [un importante testo shivaita sullo yoga, che illustra le posizioni yogiche e i poteri magici che generano]. Ispirato da queste letture, egli compose versi, apprese varie lingue e scritture e si esibì in numerosi drammi.[78]

È estremamente raro che curricula di questo genere venissero messi per iscritto in quell'epoca, ed è sorprendente riscontrare una così vasta erudizione sanscrita a tale distanza dall'India. Lungi dal trovarsi ai margini del mondo letterario indiano, la Cambogia appare invece come un fulcro di poesia, teatro ed epigrafia di singolare raffinatezza, oltre che come uno dei principali centri di studio e applicazione di una grammatica sanscrita impeccabile, in un periodo in cui questa lingua sacra costituiva il veicolo universale del sapere in un'area che spaziava dalle montagne dell'Afghanistan alle coste di Bali. Inoltre, gli Khmer sembrano aver nutrito una passione smodata per la cultura libresca: nel corpus piuttosto esiguo delle iscrizioni cambogiane si registra un numero significativamente più alto di riferimenti a biblioteche, alfabeti, ortografia, recitazione di testi e produzione di manoscritti rispetto al ben più vasto corpus epigrafico coevo superstite in India.[79] Lo stesso sembra valere per i loro vicini, i Cham dell'odierno Vietnam: quando un esercito cinese saccheggiò la capitale cham nel 605 d.C., portò via dalle biblioteche locali milletrecentocinquanta volumi di scritture buddhiste.[80]

Forse ancora più sorprendente è un pannello di Banteay Srei che testimonia la conoscenza di Karaikkal Ammaiyar, un'oscura poetessa tamil del V secolo appartenente alla tradizione dei Nayanar. Si narra che Karaikkal avesse rinunciato alla sua straordinaria bellezza per abbracciare la vita ascetica, diventando una delle più grandi poetesse devozionali shivaite. Assai venerata nel Tamil Nadu, Karaikkal è pressoché sconosciuta pure nel vicino Andhra;

eppure eccola qui, scolpita nella pietra: zannuta e avvizzita, siede ai piedi di uno Shiva danzante nel lontano Impero khmer. Potrebbe persino trattarsi della sua più antica rappresentazione superstite.[81]

Questo non è l'unico indizio che gli Khmer intrattenessero stretti rapporti intellettuali con i re e gli studiosi dell'India meridionale. Shivasoma, il capo dei brahmani di Indravarman I, affermava di aver studiato sotto la guida di « Shankara, il nettare dei cui piedi di loto è lambito dalle lingue simili ad api di tutti i dotti » – probabilmente un riferimento al grande riformatore indù dell'VIII secolo, Adi Shankara, originario dell'India meridionale. Ciò farebbe supporre che gli studiosi khmer si recassero in India per approfondire la filosofia e le scritture indù.[82]

Tra le figure più rare che appaiono nelle sculture del tempio si trova Valin, fratello del re delle scimmie Sugriva e uno dei protagonisti del *Ramayana.* A Banteay Srei è raffigurato mentre lotta con il fratello, una scena frequente nelle rappresentazioni dell'epopea. Quel che più sorprende, però, è trovarlo raffigurato per ben tre volte ad Angkor in un contesto decisamente insolito: il mito della Frullatura dell'Oceano di Latte alla ricerca del nettare dell'immortalità. La presenza di Valin in questa scena è del tutto inconsueta, e trova paralleli solo nei templi chalukya a Pattadakal, poco a nord del regno dei Pallava.[83]

Questa e altre influenze specificamente sudindiane sollevano interrogativi sull'intensità dei legami tra la Cambogia e l'India meridionale. È possibile che tali relazioni non si limitassero alla sola trasmissione linguistica e culturale, ma si estendessero anche alla sfera politica? Alcuni indizi suggeriscono che questa ipotesi sia plausibile, e sin da epoche molto antiche.

Nel 731 d.C., a Kanchipuram, si aprì una disputa per la successione. Il re pallava Paramesvaravarman II era morto improvvisamente, senza lasciare un erede diretto. Aveva regnato per meno di tre anni e potrebbe essere stato vittima di un attacco a sorpresa dei Chalukya di Badami, nemici giurati dei Pallava. Un'assemblea di studiosi e nobili eminenti si riunì per esaminare la situazione e deliberò di appellarsi a un ramo collaterale della dinastia, insediato in un regno lontano. Cinque generazioni prima, un giovane principe di nome Bhima aveva lasciato Kanchipuram per cercare fortuna oltremare. Si diceva che avesse sposato una principessa di quelle terre e ne fosse diventato il re. L'assemblea sperava di persuadere uno dei discendenti di Bhima a tornare a Kanchipuram e reclamare il trono dei Pallava.

Inviarono dunque una delegazione, che « viaggiò a lungo in cerca del successore al trono, superando montagne, fiumi, foreste e abissi », finché raggiunse l'erede perduto e lo riportò a Kanchipuram. Qui il principe riuscì a sconfiggere i suoi rivali e divenne, col tempo, forse il più celebre fra tutti i re pallava: Nandivarman II, costruttore di uno dei più maestosi templi dell'India meridionale, il Vaikuntha Perumal, dove la sua storia è narrata sia per immagini, sia in un'iscrizione incisa sulla parete meridionale del tempio.[84]

Scultura e iscrizione fanno parte di un eccezionale fregio narrativo: trenta grandi pannelli disposti come una monumentale striscia a fumetti dinastica, con le dame di corte che incedono a coppie in groppa a elefanti, mentre i messaggeri arrivano trafelati nelle affollate sale d'udienza in cui gli ambasciatori cinesi negoziano pace e alleanze. Sovrani sconfitti cercano riparo nell'esilio per sfuggire alle frecce degli arcieri pallava su carri da guerra; enormi casse colme di bottino vengono riportate in patria da spedizioni navali; e file di prigionieri incatenati sono ridotte in schiavitù, mentre i cortigiani festeggiano e le danzatrici si esibiscono per celebrare la vittoria.

In tutto il fregio – dalle missioni diplomatiche alle battaglie tra elefanti, fino alla costruzione dei templi – queste attività si svolgono in un mondo in cui, a ogni livello, il confine tra l'umano e il divino appare infinitamente permeabile. Vishnu, Brahma e, soprattutto, Shiva si presentano alla corte pallava per offrire consiglio e intervengono regolarmente nei conflitti. Le raffigurazioni della famiglia divina di Shiva richiamano in modo evidente quelle della dinastia Pallava, distinguendosene unicamente per il numero di braccia e di teste.

Oggi il tempio di Vaikuntha Perumal è semideserto e parzialmente in rovina. Tanto è vasto il patrimonio culturale di Kanchipuram, con i suoi innumerevoli santuari, che questo piccolo santuario dinastico viene spesso ignorato sia dai visitatori che dai pellegrini locali. Uno dei cortili esterni è stato persino trasformato in un deposito di cemento per la vicina fabbrica. Eppure, questo piccolo tempio potrebbe custodire la chiave di uno degli eventi più straordinari della storia dell'India meridionale. Secondo alcuni studiosi infatti le sue sculture suggeriscono che il giovane Nandivarman non sia tornato a Kanchipuram da un'altra regione dell'India, ma dalla lontana Cambogia, e che da allora sia stato un ramo khmer della dinastia Pallava a governare gran parte dell'India meridionale.

Le prove a sostegno di questa ipotesi sono tutt'altro che decisive, e molti studiosi si dicono profondamente scettici. È più plausibile che Nandivarman II sia cresciuto semplicemente oltre il delta del Kaveri, in un'area remota dell'India meridionale. Tuttavia, oltre alle molte e altrimenti inspiegabili affinità culturali tra la Cambogia e la costa del Coromandel, vi sono indizi circostanziali che i Pallava mantenessero stretti legami con il Sud-Est asiatico: iscrizioni di Nandivarman II sono state rinvenute sia a Kedah, in Malesia, sia a Takua Pa, in Thailandia, dove è presente anche una grande immagine di Vishnu scolpita in puro stile pallava, affiancata dalle figure inginocchiate della sua consorte Bhudevi e del saggio Markandeya – un'iconografia che altrove si ritrova esclusivamente nel Tamil Nadu.[85]

Se i legami politici diretti tra i Pallava e gli Khmer restano incerti, è invece indiscutibile l'alleanza politica ed economica che unì questi ultimi ai successori dei Pallava, i grandi Chola di Thanjavur.

I sovrani di questa dinastia diedero vita al più potente impero della storia dell'India meridionale dopo avere sconfitto tutti i loro rivali: i Pallava, i loro signori di un tempo, furono sbaragliati nel 903; i Pandya di Madurai caddero di fronte alle loro armate nel 920; e i Chera del Kerala furono annientati nel 993. Il loro controllo sull'intero litorale meridionale dell'India è tuttora riflesso dal termine tamil per la costa orientale: Coromandel deriva infatti da una corruzione di *Chola mandala*, «la sfera [di influenza] dei Chola».[86]

Nell'XI secolo i mercanti khmer e le flotte commerciali armate dei Chola, controllate dalle potenti gilde mercantili tamil, dominavano l'economia del Golfo del Bengala. Le gilde tamil avevano stabilito un insediamento fortificato a Takua Pa, mentre gli Khmer puntavano a deviare i redditizi traffici dallo Stretto di Malacca, allora sotto il controllo di Srivijaya, verso l'istmo di Kra, che rientrava nella loro giurisdizione.[87] Chola e Khmer compresero che i loro interessi convergevano, e iscrizioni dell'epoca attestano le relazioni amichevoli tra di loro, oltre ai doni di gioielli e di un carro d'oro scambiati tra i due regni nel 1020.[88]

Entrambi trassero grande beneficio dalla prosperità e dall'aumento della domanda di beni di lusso in Cina, dove la popolazione era quasi raddoppiata sotto il pacifico governo della dinastia Song. Inoltre, si trovavano ad avere un rivale in comune: i buddhisti di Srivijaya, la potente confederazione navale di Signori del Mare e Padroni dei Porti del Sud-Est asiatico. I Signori del Mare di Srivijaya controllavano congiuntamente lo Stretto di Malacca, imponendo un dazio a tutte le navi dirette in Cina che lo attraversavano. Le imbarcazioni che tentavano di eludere il pedaggio venivano prontamente attaccate e distrutte dalle rapide navi della loro marina, che operava da una base nel porto fluviale di Palembang. Questa città, dalla ricchezza leggendaria e dalle mitiche riserve d'oro, era costruita, come una Venezia d'Oriente, su pali e palafitte nel fiume Musi. Oltre a offrire riparo dalle violente tempeste monsoniche, Palembang si era affermata anche come un importante polo di studi buddhisti.[89]

Pare che i re di Srivijaya avessero suscitato l'inimicizia dei Chola adottando una politica ambigua. Nell'XI secolo inviarono loro messaggi di amicizia e finanziarono persino la costruzione di un monastero buddhista nel porto chola di Nagapattinam. Al contempo, riferirono ai cinesi di Chang'an che i Chola non erano altro che un piccolo e insignificante Stato vassallo, sottoposto alla loro sovranità e « soggetto a Srivijaya ».[90] Tuttavia, nel 1015, i Chola avviarono relazioni diplomatiche dirette con la Cina. Quando la notizia del doppio gioco raggiunse Tanjore, Rajendra Chola, il « Signore dei Re », decise di punire il sovrano di Srivijaya e affermare la propria supremazia militare.

È probabile che i re di Srivijaya non avessero compreso appieno il nemico che si erano fatti mettendosi contro Rajendra Chola. Quest'ultimo era già una figura di spicco nella storia dell'India meridionale, e le sue numerose conquiste erano tristemente note per la loro ferocia. I nemici lo accusavano di violare le regole consolidate della guerra: i Chalukya gli imputavano di aver « devastato l'intero Paese, perpetrando omicidi di donne e brahmani ». Le cronache dello Sri Lanka, dal canto loro, riferiscono che i suoi soldati si comportarono come « *yakkha* succhiasangue [spiriti malevoli della natura] », poiché catturarono e rapirono donne di sangue reale, saccheggiarono i gioielli della corona di Anuradhapura, incendiarono i monasteri buddhisti e si appropriarono delle immagini d'oro e dei tesori monastici, arrivando persino a distruggere gli stupa per impossessarsi dei preziosi reliquiari custoditi al loro interno.[91]

Rajendra Chola succedette al potente padre, Rajaraja Chola, nel 1014. Per prima cosa, sedò le rivolte dei suoi vicini più prossimi, i Pandya e i Chera. Nel 1017 lanciò una nuova invasione dello Sri Lanka, apparentemente motivata, stando alle sue iscrizioni, dal desiderio di accumulare quanto più oro e bottino possibile. Questa campagna sancì per la prima volta il completo dominio dei Chola sull'intera isola. Nel 1018 il sovrano guidò piccole spedizioni navali contro le isole Maldive e Laccadive, trasformandole di fatto in colonie.

Nel 1019 Rajendra inviò un'altra spedizione contro il Karnataka settentrionale e il Maharashtra meridionale, e nel 1021 sconfisse i Chalukya di Kalyana, che allora dominavano gran parte del Deccan. L'anno successivo guidò personalmente il suo esercito per quasi duemila chilometri fino al Gange e oltre, soggiogando i potenti sovrani dell'Orissa e del Bengala. Tornò nel Sud carico di tesori: montagne di gioielli, sacri e preziosi idoli delle divinità tutelari degli Stati assoggettati e giare colme dell'acqua santa del Gange. Per commemorare quell'impresa, Rajendra assunse il titolo di Gangaikondachola, ossia «il Chola che conquistò il Gange».[92]

Grazie alla sua capacità di proiettare il proprio potere oltremare, dimostrata dalle redditizie incursioni contro le Maldive e lo Sri Lanka, Rajendra Chola prese una decisione senza precedenti: inviare una flotta chola fino a Sumatra, forse in un'operazione congiunta con le navi delle gilde mercantili tamil. Un primo scontro militare tra i Chola e Srivijaya potrebbe essere avvenuto già nel 1017, anno in cui un'iscrizione definisce Rajendra il «Vincitore di Kataha», una località identificata con l'odierna Kedah, in Malesia.[93] Nel 1025 Rajendra inviò la sua flotta di navi da guerra a saccheggiare e distruggere i porti di Srivijaya, il rivale commerciale buddhista sia dei Chola sia dei loro alleati Khmer. I ricchi doni inviati ai Chola da Suryavarman di Angkor sembrano indicare l'esistenza di un trattato, di cui questa spedizione rappresentò l'epilogo concordato.[94]

La flotta militare chola, che doveva essere grandiosa, si radunò presumibilmente a Nagapattinam, il loro porto principale, dove la cavalleria e forse anche gli elefanti furono imbarcati nelle stive. È probabile che le navi siano salpate con i venti favorevoli di aprile, facendo tappa in uno dei porti coloniali chola nello Sri Lanka. Da lì lanciarono un attacco a sorpresa e saccheggiarono i porti di Sumatra, Takua Pa in Thailandia e Kedah in Malesia. Lo spietato Rajendra sconfisse e fece prigioniero l'ultimo dei potenti re Shailendra, in quella che fu forse la prima operazione navale a lungo raggio compiuta da uno Stato sudasiatico. Comprensibilmente orgoglioso delle sue imprese militari d'oltremare e del ricco bottino accumulato, nel 1027 Rajendra Chola fece incidere un resoconto dettagliato della spedizione sulla parete meridionale del suo Grande Tempio a Tanjore.

Quasi tutte le informazioni di cui disponiamo sull'assalto navale dei Chola contro Srivijaya, la più grande potenza marittima dell'epoca, provengono da questa iscrizione; e sebbene essa presenti certamente le conquiste di Rajendra sotto una luce estremamente lusinghiera, non vi è alcun motivo concreto per dubitare della sostanza dei fatti narrati.

L'iscrizione si apre con la cronaca delle campagne vittoriose di Rajendra in India, culminate nella sua lunga marcia fino al Gange, per poi soffermarsi sulla sua eccezionale e ambiziosa spedizione navale verso le Terre dell'Oro. « Dopo aver inviato numerose navi in mezzo ai mari agitati » si legge « e aver catturato il re di Kedaram insieme agli elefanti del suo glorioso esercito, egli [Rajendra] conquistò Srivijaya con le immense ricchezze che quel re aveva accumulato, la "Porta della guerra" della città, la "Porta dei gioielli" decorata con sommo fasto e la "Porta dei grandi gioielli" ».[95] Tutte e tre queste porte ornate di gemme furono prese come bottino e inviate trionfalmente a Tanjore, la capitale del regno chola. Successivamente, l'iscrizione elenca una serie di porti conquistati da Rajendra nel Sud-Est asiatico, tra cui:

Pannai, con le acque che lambiscono i suoi *ghat* d'approdo...
l'antica Malaiyur, a cui un solido monte fa da baluardo,
Yirudingam la grande, a cui il profondo mare funge da fossato...
Lankasokam, indomita nelle feroci battaglie...
Pappalam la grande, difesa da acque alte e abbondanti...
Valaippanduru, con i suoi campi coltivati e le sue giungle...
Takkolam, lodata dagli uomini versati nelle scienze,
Tamalingam la grande, salda nelle grandi e feroci battaglie...
Lamuridesam [Aceh], dalla forza formidabile e la natura indomita...
Nakkavaram la grande, colma di giardini fioriti traboccanti di miele...
Kedaram [Kedah], dalla forza formidabile, protetta dal mare profondo.[96]

Sei dei luoghi menzionati si troverebbero nella penisola malese, quattro a Sumatra e uno nelle isole Nicobare.[97] I Chola potrebbero essere approdati anche nell'odierna Singapore, dove un'iscrizione su un masso sembra riportare uno dei molti titoli di Rajendra Chola.[98]

La situazione è molto incerta, ma per circa un secolo i Chola sembrano aver imposto il loro dominio e, forse, persino aver governato sull'estremità settentrionale della penisola malese.[99] Ancora più significativo è il fatto che potrebbero aver controllato lo Stretto di Malacca, trasformandolo in una colonia mercantile e d'insediamento, così come, nello stesso periodo, dominavano gran parte dello Sri Lanka, delle Laccadive e delle Maldive. I poeti di corte celebravano i propri mecenati come i «Chola possessori di Kedaram». Per onorare quella impresa, diversi insediamenti nel delta del Kaveri furono ribattezzati Kedaramkondan, «Conquistatore di Kedaram», in omaggio ai capitani locali che avevano guidato i fanti della marina chola in quella rischiosa missione a lungo raggio.[100]

Per alcuni anni dopo la spedizione, la regione fu amministrata da un viceré chola, solitamente un principe della dinastia, che rivendicava anche l'egemonia su Giava. Uno di questi viceré, il principe Kulottungga, sarebbe poi asceso al trono dei Chola.[101] Tuttavia, l'impatto della campagna chola su Sumatra sembra essere stato modesto. Dopo tre anni di relativa calma, durante i quali l'imperatore cinese lamentò il fatto che «di rado giungevano a Canton navi straniere», Srivijaya sembra essersi ripresa dalle sconfitte subite, al punto da inviare nuovamente una grande missione diplomatica in Cina.[102]

È probabile che l'obiettivo principale dell'incursione della marina chola nel Sud-Est asiatico non fosse mai stato un'effettiva conquista territoriale, come ipotizzato da precedenti generazioni di storici. Piuttosto, sarebbe stata una dimostrazione calcolata di potenza militare nel contesto di una guerra commerciale, volta a ridurre il controllo di Srivijaya sugli stretti e sulle altre rotte della regione. Il fine ultimo era quello di accedere al redditizio commercio con la Cina, che in quel periodo era in preda a una passione per il pepe nero, le spezie, le risorse forestali e i tessuti di cotone che i Chola e le loro potenti gilde mercantili ambivano a fornire con grandi profitti.[103]

Fieri di aver costretto Srivijaya a restare sulla difensiva, i Chola inviarono una sfarzosa ambasceria a Chang'an, carica di doni per l'imperatore cinese: « Zanne d'elefante, incenso, perle, acqua di rose, corni di rinoceronte, broccati, vetro e fiori di pruno ».[104] In breve tempo, a Guangzhou furono istituiti tre templi brahmanici, tra cui un tempietto chola dedicato a Shiva, che è ancora parzialmente conservato.[105] Una rara stele cinese riporta che il principe chola Divakara, viceré di Kedaram, fornì i fondi e gli artigiani per il suo restauro tra il 1067 e il 1069.[106]

I principali beneficiari delle spedizioni chola furono però le gilde mercantili tamil, come quella dei Cinquecento. La loro presenza nel Sud-Est asiatico crebbe significativamente dopo il 1025, e la loro influenza sui commerci regionali è attestata da numerose iscrizioni, rinvenute nei loro insediamenti fortificati, bacini idrici e templi a Barus nel Nord-Ovest di Sumatra, in un santuario shivaita a Kedah, e a Kota Cina in Malesia; altri loro avamposti sono sparsi in Thailandia e in Myanmar.[107] Sebbene le gilde non abbiano mai ottenuto il monopolio dei commerci con la Cina, come forse avevano sperato nel 1025, riuscirono comunque a stabilire una rete di insediamenti armati e di enclave mercantili a Sumatra, Kedah e nel resto della regione, affermandosi come precursori della futura Compagnia delle Indie Orientali.

Da questi avamposti, le flotte commerciali delle gilde, sfruttando i venti monsonici, solcavano le trafficate rotte marittime fino ai loro porti del Coromandel, riportando preziosi carichi di resine e legni aromatici, incenso, canfora, perle, ceramiche cinesi e, soprattutto, oro.[108]

L'ascesa degli Khmer, alleati dei Chola, culminò un secolo dopo con la costruzione, ad Angkor Wat, del più grande e magnifico tempio indù al mondo. Il solo edificio centrale si estende su oltre duecento ettari ed è circondato da un complesso palaziale, da laghi ornamentali e dai quartieri della capitale khmer, così vasta da risultare visibile persino dallo spazio. Angkor Wat era una città-tempio basata quasi interamente su forme architettoniche originariamente sviluppate in India e traeva ispirazione dal genio religioso, tecnologico, letterario e artistico indiano. Eppure, non fu mai una città indiana. Angkor rappresenta l'espressione suprema della capacità degli Khmer di assorbire la cultura indiana e farla propria. Come osservò Rabindranath Tagore dopo una visita nel Sud-Est asiatico nel 1927: «Vedevo l'India ovunque, eppure non riuscivo a riconoscerla».

All'epoca, in effetti, non esisteva nulla che potesse eguagliare le dimensioni di Angkor in India, il centro del mondo induista a cui gli stessi Khmer guardavano come a una terra santa. Angkor Wat è pressappoco coevo ai grandi templi chola di Tanjore e Chidambaram, e le due grandi potenze dell'Oceano Indiano, gli Khmer e i Chola, erano stretti alleati e mantenevano costanti rapporti diplomatici. Eppure, per quanto i più imponenti templi chola fossero circa cinque volte più grandi di qualsiasi altro edificio costruito in India fino ad allora, i grandiosi templi khmer li fanno apparire modesti. Con la sua estensione senza precedenti, Angkor non è solo il più spettacolare fra tutti i templi indù, ma anche la più vasta struttura religiosa dell'intero mondo antico e medioevale.

Il suo costruttore fu il più grande tra i sovrani del Sud-Est asiatico, Raja Suryavarman II, «Colui che è protetto dal Sole», incoronato re nel 1113 dal venerabile brahmano Divakara Pandita. Durante la cerimonia, il monarca celebrò sacrifici agli spiriti degli antenati. Tra le offerte figuravano «due ventagli di piume di pavone con i manici dorati, quattro parasole bianchi, orecchini e coppe d'oro, maestranze, elefanti e sacri bovini bruni».[109]

Suryavarman dovette conquistare il trono con la forza, eliminando metà della sua famiglia e ascendendo al potere «quando era ancora molto giovane, al termine degli studi ».[110] Fu inoltre costretto a muovere guerra ai grandi rivali degli Khmer: i Cham del Vietnam e i re del Dai Viet, insediando al loro posto il proprio cognato e creando così il più vasto impero della storia del Sud-Est asiatico. Sotto il suo regno, l'Impero khmer si estendeva su gran parte della regione, esercitando il controllo, con vari gradi di autorità, sugli attuali Vietnam, Cambogia, Thailandia e Laos. Era la superpotenza indiscussa del Golfo del Siam e dell'intero Sud-Est asiatico continentale.

Dopo aver sconfitto i suoi nemici interni ed esterni, Suryavarman avviò la progettazione del complesso architettonico destinato a immortalarlo. I lavori ad Angkor Wat iniziarono nel 1122. La statua centrale, curiosamente dedicata a Vishnu anziché a Shiva, fu consacrata nel luglio 1131, nel giorno del trentatreesimo compleanno di Suryavarman.[111] Il complesso fu portato a compimento solo dopo la sua morte – avvenuta nel 1150 –, dopo tre decenni di lavoro incessante. Soltanto per scavare il fossato furono necessari dieci anni e cinquemila uomini, mentre il tempio centrale contiene più pietra della piramide di Cheope. Nonostante questo, non fu utilizzata malta: le pietre vennero assemblate mediante tenoni e mortase anziché con malta di calce, e quasi ogni centimetro fu minuziosamente scolpito sul posto da artigiani di grande abilità e immaginazione. Sorprende che un progetto di tale vastità sia stato completato in soli trentadue anni, una frazione del tempo che ci volle per costruire le cattedrali medioevali europee, di dimensioni notevolmente inferiori.

Dalla fitta volta della giungla cambogiana emerge una montagna di pietra, che si innalza in creste successive – un immenso cumulo detritico di plinti e capitelli, pilastri ottagonali e stipiti a fiore di loto. I tetti embricati del tempio coprono intricati rilievi raffiguranti *naga*, leoni ed elefanti, dèi e semidei, spiriti, geni degli alberi e asceti dalle trecce aggrovigliate – tutti elementi di origine indiana – oltre a chilometri di fregi popolati da musici e danzatrici celesti, ciascuno raffigurato con vibrante realismo, quasi fossero ritratti autentici. Il complesso fu concepito sia per rappresentare un microcosmo dell'universo induista, sia per fungere da cappella funeraria e mausoleo privato del suo costruttore deificato, che vi avrebbe goduto della comunione con il dio: i resti del re furono accuratamente deposti in un contenitore di pietra nella torre più alta di Angkor, al centro del complesso. Questo concetto, che non ha paralleli diretti nei monumenti indiani, sembra riecheggiare la tradizione buddhista di porre reliquie all'interno degli stupa.[112]

Attorno al tempio sorge un *mandala* di cortili concentrici che circonda la piramide centrale, sulla cui sommità si ergono cinque torri disposte a quinconce – una configurazione che riproduce fedelmente le descrizioni scritturali del monte Meru, la dimora mitica degli dèi indù circondata dagli oceani, simboleggiati dall'enorme fossato che abbraccia il tempio. Il tutto è animato da una complessa aritmetica celeste: una numerologia cifrata e una serie di allineamenti solari e lunari che lo collegano a eventi astronomici, in particolare all'equinozio di primavera. Tra le molteplici funzioni del complesso vi è anche quella, unica nel suo genere, di osservatorio astronomico. Sulla facciata nord del tempio è addirittura rappresentata l'esatta configurazione planetaria al momento della cerimonia di consacrazione, celebrata alla fine di luglio del 1131.[113]

All'interno del tempio, la galleria ovest è decorata con quello che costituisce non solo il più vasto rilievo narrativo khmer ma anche, senza dubbio, la più vasta rappresentazione scultorea mai realizzata dei due grandi poemi epici indiani. Nelle altre sezioni del complesso si può ammirare una ricca selezione di miti della tradizione indiana, come il trionfo di Vishnu sugli *asura*, la Frullatura dell'Oceano e il Giudizio di Yama. I re khmer si percepivano chiaramente come parte di un mondo ispirato alla mitologia indiana e popolato da tutti gli dèi e gli eroi delle epopee.

Il fatto che tale mondo sia stato ricreato con successo tra le risaie della Cambogia trova conferma nello straordinario fregio, lungo quasi un chilometro, che raffigura la battaglia apocalittica di Kurukshetra – deliberatamente collocato accanto a un altro fregio simile, che mostra le armate vittoriose e gli elefanti da guerra di Suryavarman II. L'osservatore è invitato a sovrapporre mentalmente le due immagini e a riflettere sul potere del sovrano e sulla sua rilevanza storica.[114] L'intero ciclo scultoreo è stato interpretato alla stregua di una rappresentazione simbolica del modo in cui Suryavarman avrebbe posto fine al Kali Yuga, l'Era della Calamità iniziata a Kurukshetra, rinnovando l'ordine cosmico e inaugurando una nuova Età dell'Oro khmer.[115]

Mentre in Cambogia sorgeva il più grande tempio indù mai edificato, un diverso insieme di nozioni indiane era in viaggio verso occidente. Queste idee – più pratiche e utilitarie rispetto a quelle trasmesse a oriente – avrebbero avuto un effetto ancora più dirompente delle idee che avevano ridisegnato le forme di vita nel Sud-Est asiatico.

Proprio mentre il quinconce di Angkor emergeva dalla giungla cambogiana, infatti, i numeri indiani, il concetto di zero e l'algoritmo raggiungevano le lontane sponde della Spagna e dell'Italia, dove avrebbero trasformato per sempre il modo in cui non solo gli europei, ma in seguito il mondo intero, avrebbero concepito gli arcani della matematica superiore. Queste innovazioni avrebbero innescato una rivoluzione commerciale e posto le fondamenta per la nascita delle compagnie mercantili europee – le stesse che, per ironia della sorte, avrebbero aperto la strada al dominio coloniale europeo sull'Asia nei secoli successivi.

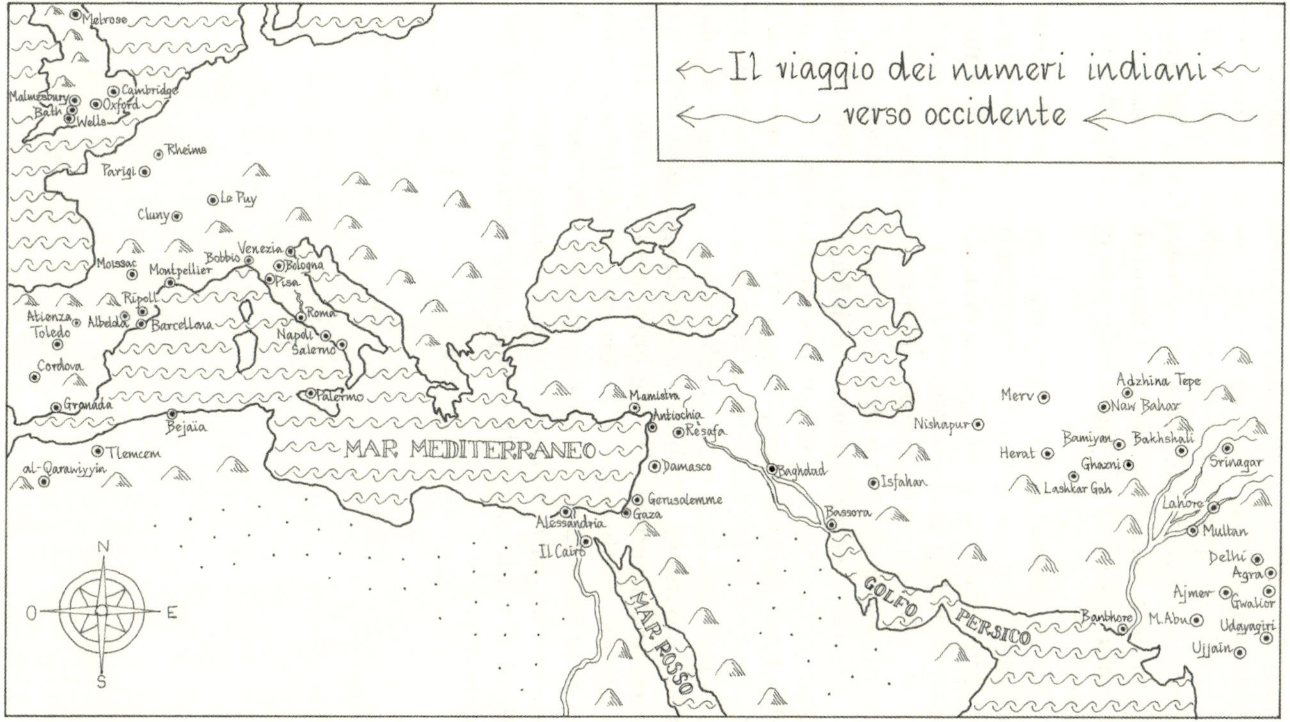
Il viaggio dei numeri indiani
verso occidente
Melrose
Cambridge
Malmesbury
Oxford
Bath
Wells
Rheims
Parigi
Le Puy
Cluny
Moissac
Montpellier
Bobbio
Venezia
Bologna
Pisa
Ripoll
Atienza
Albelda
Barcellona
Toledo
Roma
Napoli
Salerno
Cordova
Palermo
Granada
Bejaïa
Tlemcem
al-Qarawiyyin
MAR MEDITERRANEO
Mamistra
Antiochia
Resafa
Damasco
Gerusalemme
Gaza
Alessandria
Il Cairo
MAR ROSSO
Baghdad
Bassora
GOLFO
PERSICO
Isfahan
Nishapur
Merv
Herat
Bamiyan
Ghazni
Lashkar Gah
Adzhina Tepe
Naw Bahar
Bakhshali
Srinagar
Lahore
Multan
Delhi
Agra
Ajmer
Gwalior
Banbhore
M. Abu
Udayagiri
Ujjain
N
O
E
S

9
IL TESORO DEI LIBRI DELLA SAPIENZA

Nell'inverno del 773, una delegazione del raja del Sindh fece il suo ingresso nella neonata città di Baghdad.

La grande metropoli circolare, capitale del giovane Califfato abbaside e fulcro del mondo islamico, aveva solo nove anni, ma era già una delle più grandi conurbazioni del globo. Con una popolazione cosmopolita che superava il mezzo milione di anime, Baghdad era un crogiolo di etnie: non solo le varie tribù arabe, ma anche persiani, turchi, africani, armeni, indiani, ebrei, siriani, slavi e greci bizantini. Era uno spettacolo mozzafiato, che incantava i viaggiatori con i suoi sontuosi palazzi, le moschee, i collegi e le biblioteche di nuova fondazione e con i suoi giardini delle delizie, che spaziavano per chilometri lungo le fertili sponde del Tigri.

La corte del Sindh, che aveva inviato l'ambasceria, aveva ottime ragioni per mantenere rapporti amichevoli con il califfo Mansur: i suoi domini si estendevano fino alle coste della Tunisia a ovest e sino ai confini della Cina Tang a nord.

Le frontiere del suo impero erano state definite circa un secolo e mezzo prima, quando, in risposta alla predicazione del profeta Maometto, i primi eserciti arabi dell'islam si erano avventurati fuori dall'Hijaz. Queste armate non solo avevano abbattuto l'Impero persiano sasanide in tutta la sua antica gloria, ma avevano anche conquistato la metà orientale dell'Impero bizantino, assoggettando gran parte delle terre più prospere tra i Pirenei e il Karakorum. Il confine con la Cina, tuttavia, era assai più recente, essendo stato tracciato solo ventidue anni prima, nel 751, quando gli arabi inflissero una dura sconfitta alle truppe Tang nella sanguinosa battaglia di Talas. Il fiume Indo, che segnava il confine con il mosaico di corti indù situate a oriente, era facile da attraversare durante la stagione secca, e i Sindhi si guardavano bene dal provocare gli Abbasidi o dall'offrire loro un qualsiasi pretesto che li spingesse a oltrepassare il fiume e invadere i loro territori.

Di conseguenza, la delegazione recava sontuosi omaggi. Un dono in particolare, però, era atteso con trepidazione, essendo stato espressamente richiesto dal gran visir in persona, che aveva persino inviato degli emissari per rintracciarlo. Non erano gioielli, oro, manghi, spezie, pregiati tessuti di cotone o altri beni per cui il Sindh era rinomato, bensì un unico manoscritto. Ad accompagnarlo, un gruppo di astrologi e sapienti brahmani, giunti dalla città indiana di Ujjain, selezionati appositamente per illustrare i contenuti dell'opera. Tra loro figurava un certo Kanika, detto « l'Indiano », destinato a occupare un posto di rilievo nelle cronache dell'astronomia islamica.[1]

Il manoscritto, che gli arabi avrebbero poi chiamato *Tavole astronomiche del Sindhind*, rappresentava un dono alquanto insolito, trattandosi essenzialmente di un testo di teoria matematica avanzata. Conteneva un'ampia gamma di idee innovative in ambito scientifico, astronomico, astrologico e matematico, ma – com'era consuetudine in India per simili opere – era scritto in versi sanscriti. La forma poetica ne facilitava la memorizzazione da parte degli studenti, ma i suoi versi concisi, tersi e altamente tecnici rendevano ancora più ardua la comprensione delle idee esposte. Di norma, versi del genere erano corredati da voluminosi commentari esplicativi in prosa. In questo caso, tuttavia, Kanika e gli altri brahmani erano arrivati di persona per fornire le necessarie spiegazioni.

Il testo originale di questa edizione del *Sindhind* non è giunto fino a noi; ne sopravvivono soltanto versioni manoscritte assai più tarde, presumibilmente rielaborate, mentre la forma originaria dell'opera resta avvolta nell'incertezza. Tuttavia, secondo il resoconto del geografo e viaggiatore arabo al-Mas'udi, vissuto nel X secolo, il testo raccoglieva tutto il sapere degli indiani sulle sfere celesti e gli astri. Si trattava di una collezione di importanti testi scientifici, e perciò, in un'epoca in cui tali conoscenze erano sparse e frammentate, costituiva un dono di inestimabile valore.

L'autore e compilatore del *Sindhind* fu una delle menti scientifiche più brillanti della storia della civiltà indiana, il grande Brahmagupta (598 - ca 670). Nato nei pressi della località collinare di Monte Abu, nel Rajasthan, Brahmagupta trascorse gran parte della giovinezza a Bhillamala – l'odierna Bhinmal. Nel 628, a trent'anni, compose un trattato di matematica in venticinque capitoli, intitolato *Lo schiudersi dell'universo*, immediatamente riconosciuto come un capolavoro di straordinaria finezza e ingegno.[2]

Brahmagupta vi rifletteva a lungo, e per la prima volta, sulle proprietà del numero zero. L'opera discuteva anche altre nozioni matematiche fondamentali elaborate da generazioni precedenti di dotti brahmani, come il sistema di notazione posizionale, ossia l'idea di scrivere tutti i numeri con sole dieci cifre, disposte in colonne distinte per le decine, le centinaia, le migliaia e così via. Il testo comprendeva inoltre una serie completa di tavole trigonometriche di seni e senoversi, dalle quali gli arabi ricavarono tavole astronomiche di grande precisione.

Le innovazioni scientifiche e matematiche indiane avevano da tempo affascinato e stupito gli intellettuali del Medio Oriente. Già alla fine del II secolo a.C. un'iscrizione rinvenuta nella città greca di Mileto, sulla lontana costa dell'Anatolia, menzionava il dotto indiano Kallaneus – probabilmente una trasposizione greca del sanscrito Kalyana – come un'autorità sui moti astrali e la meteorologia.[3] Ottocento anni dopo, nel 662 d.C., il vescovo siriaco monofisita Severo Sebokht scriveva con analoga ammirazione della « scienza degli indiani, incluse le loro sofisticate scoperte in astronomia, più ingegnose di quelle dei greci e dei babilonesi, e i loro impareggiabili metodi di calcolo che superano ogni descrizione ... che si avvalgono di nove segni ».[4]

Ma il *Sindhind* offriva ancora di più. In età avanzata, Brahmagupta divenne direttore dell'osservatorio astronomico di Ujjain, il più importante centro per lo studio degli astri dell'India antica. Circa un secolo prima dell'arrivo dell'ambasceria a Baghdad, nel 664-665, all'età di sessantasette anni, Brahmagupta redasse un manuale pratico di astronomia indiana: una guida alle tecniche e agli strumenti osservativi. In quest'opera sintetizzò le sue teorie sugli astri e sul firmamento, fornendo indicazioni per prevedere le eclissi e raccogliendo le sue principali scoperte astronomiche e astrologiche. Il *Sindhind* sembrerebbe essere stato un volume che riuniva in un'unica edizione entrambi i testi fondamentali di Brahmagupta.[5]

Il califfo Mansur (714-775), celebre mecenate degli studi, accolse il libro con grande entusiasmo. Intuendone immediatamente l'importanza, ne affidò la traduzione al suo illustre astronomo di corte, Muhammad al-Fazari, « affinché gli arabi potessero comprendere i moti planetari ». Al-Fazari, filosofo, matematico e primo consigliere scientifico della corte abbaside, era noto ai suoi tempi come « un luminare nella scienza degli astri, predittore di eventi futuri e conoscitore delle proprietà dei pianeti ».[6]

Al-Fazari aveva già costruito il primo astrolabio del mondo islamico, elaborato le prime tavole astronomiche e composto dieci volumi di poesie astrologiche. Pare che avesse perfino imparato un po' di sanscrito, considerato all'epoca un requisito imprescindibile per chiunque desiderasse tenersi aggiornato sui più recenti progressi nella scienza degli astri. Fu lui, con l'aiuto di Kanika e degli altri brahmani di Ujjain, tutti « esperti nei moti planetari e nel meccanismo delle sfere e delle eclissi », a intraprendere per primo l'arduo compito di tradurre i complessi e a tratti enigmatici versi sanscriti del *Sindhind* in una prosa araba chiara e accessibile, in modo tale che anche le più sottili sfumature del testo originale venissero preservate.[7]

A Baghdad, tuttavia, c'era un uomo che non aveva bisogno di alcuna traduzione: Khalid ibn Barmak, il potente gran visir. Pare infatti che Barmak fosse perfettamente in grado di leggere il *Sindhind* con disinvoltura, avendo già ricevuto una solida formazione in matematica e astronomia indiane. Anzi, sarebbe stata proprio la sua eccezionale abilità con i numeri a favorire la sua rapida ascesa al potere, dapprima come tesoriere del califfo e, in seguito, come suo plenipotenziario. Il nome stesso del visir, Barmak, era un'arabizzazione del termine sanscrito *pramukha*, che significa «priore» o semplicemente «capo».

Il visir e i suoi figli, che gli sarebbero succeduti alla guida dell'impero, padroneggiavano la scienza indiana più di quanto i loro sudditi potessero immaginare. Prima della loro conversione all'islam, infatti, i Barmecidi erano stati rettori ereditari di una delle più prestigiose istituzioni di insegnamento dell'indosfera: Naw Bahar – o *Nava-vihara*, in sanscrito –, il «Nuovo Monastero» di Balkh. Situato nell'attuale Afghanistan, questo complesso monastico era il più grande centro di studi buddhisti del tempo, una sorta di Nalanda dell'Asia Centrale.[8] Per secoli i Barmecidi vi avevano svolto il ruolo di mediatori intellettuali tra l'India e l'Asia Centrale persianizzata. Sotto la loro direzione, Naw Bahar si era affermato come un importante polo per la traduzione e la revisione dei testi buddhisti che dall'India viaggiavano lungo le rotte mercantili verso nord e verso est, fino alla Cina.

Il capo della famiglia barmecide era il sovrano ereditario dell'oasi di Balkh per conto del principato monastico buddhista al governo. I Barmecidi avevano stretto alleanze matrimoniali con numerose famiglie reali della regione dell'alto Oxus, e «tutti gli abitanti di quel distretto erano loro schiavi, sui quali esercitavano il potere a propria discrezione ... L'edificio era considerato alla stregua di Mecca [per importanza e prestigio] ... Era consuetudine, per chiunque giungesse al monastero, prostrarsi dinanzi all'idolo più grande e baciare la mano del Barmak».[9]

Molto prima della sua conversione all'islam, quand'era ancora un giovane studente buddhista, il padre del visir –

il Barmak originario – si era recato in un altro dei principali centri del sapere indiano: la Valle del Kashmir, dove trascorse diversi anni immerso nello studio «dell'astrologia, della medicina e dei diversi rami della filosofia».[10] In altre parole, i Barmecidi non erano semplicemente interessati alle meraviglie della matematica e della scienza indiane: erano essi stessi parte integrante di quella tradizione, avendo ricevuto la loro formazione in alcuni tra i più prestigiosi centri di sapere dell'India dell'epoca.[11]

Per due generazioni, tra l'VIII e l'inizio del IX secolo, furono questo raffinato indofilo, Khalid ibn Barmak, e il suo erudito figlio Yahya a trasmettere al mondo arabo quanto di più straordinario offrissero la cultura e la scienza dell'India e della cosmopoli sanscrita, il cui orizzonte si estendeva dall'Asia Centrale buddhista fino a Bali.

Sempre Khalid aveva contribuito personalmente alla pianificazione di Baghdad secondo una pianta circolare, un modello comune nella sua nativa Asia Centrale e probabilmente ispirato al concetto indiano di *mandala*.[12] Una volta edificata la nuova capitale, lui e suo figlio si adoperarono per procurarsi i saperi dell'India antica e infonderli nel cuore pulsante della giovane capitale islamica. Dai loro salotti e studi, i Barmecidi contribuirono a instillare nella corte abbaside quello spirito di ricerca intellettuale che la rese un crocevia di idee provenienti sia da oriente che da occidente e le permise di assorbire del tutto il lascito delle grandi civiltà dell'antichità classica – greca, egizia, babilonese, persiana e cinese. Tra i più recenti contributi provenienti dalla Cina vi fu la cruciale innovazione della carta: i Barmecidi istituirono la prima cartiera di Baghdad, che, secondo le cronache, era gestita da prigionieri di guerra cinesi catturati durante la battaglia di Talas.[13]

Nonostante l'ampiezza dei loro interessi, però, il mondo sanscrito dell'India rimase la principale passione dei Barmecidi, al punto che alcuni rivali invidiosi insinuarono che fossero in segreto ancora buddhisti e che si entusiasmassero a ogni menzione delle religioni indiane: «Quando si discute di politeismo in un'assemblea dotta, i volti dei Barmecidi si illuminano / ma se si recita un versetto [del Corano] in loro presenza, rispondono con storie su Mazdak [un noto eretico preislamico] ».[14] In ogni caso, i Barmecidi divennero il ponte, oggi dimenticato ma essenziale, tra gli antichi sistemi di sapere indiani e quelli in via di formazione nel mondo arabo. Le opere da loro commissionate furono decisive anche per la trasmissione di quelle conoscenze all'Europa mediterranea.

Molti anni più tardi, nella Toledo dell'XI secolo, il *Sindhind* fu tradotto dall'arabo in ebraico e latino. Da quel momento, insieme alle opere di Euclide e degli antichi astronomi greci, esso formò « la base dell'astronomia dell'Europa occidentale [medioevale] », secondo il maggiore studioso dell'argomento.[15] È dunque in larga misura grazie ai vasti interessi e all'illuminato mecenatismo della famiglia dei Barmecidi che non solo l'astronomia, ma anche i numeri e la matematica indiani passarono agli arabi, e da lì al resto del mondo, dandoci così le cifre, il sistema decimale e i metodi di calcolo di base che tuttora utilizziamo.[16]

Le discipline matematiche e astrologiche che Barmak aveva appreso nel Kashmir – le antiche arti indiane dei numeri, dell'osservazione celeste e della predizione astrale – affondavano le proprie radici in tradizioni millenarie.

Sin dalla fine del primo millennio a.C. i testi sanscriti iniziano a rivelare le sofisticate tecniche di geometria e astronomia matematica necessarie per sincronizzare con precisione i rituali vedici con i moti celesti.[17] Nei secoli successivi, il sapere matematico indiano si arricchì ulteriormente, recependo le scoperte dei babilonesi e dei persiani achemenidi, le cui idee circolavano nell'India del Nord già prima dell'invasione di Alessandro Magno.

L'arrivo delle falangi macedoni nel 326 a.C. mise gli studiosi indiani in contatto diretto con le scoperte astronomiche dell'antica Grecia. Ai tempi dell'imperatore Ashoka, verso la metà del III secolo a.C., l'India aveva già adottato i dodici segni dello zodiaco di origine babilonese, oltre alla geometria sferica, ai sistemi di coordinate celesti e alla trigonometria delle corde, tutte conoscenze sviluppate nell'antica Grecia e perfezionate in età ellenistica.

Tuttavia, già nelle iscrizioni in brahmi di Ashoka, risalenti al 250 a.C. ca, si colgono i primi indizi dell'innovazione scientifica indiana, in particolare l'invenzione dei nove simboli numerici ancora oggi in uso. Quelli corrispondenti alle cifre 2, 5 e 7, nello specifico, sono rimasti pressoché invariati da allora. Poco più tardi compaiono iscrizioni che includono anche un simbolo per lo zero. Nei mille anni successivi, la matematica indiana visse la sua Età dell'Oro, un'epoca in cui i suoi studiosi svilupparono quella che al tempo era la tradizione matematica più ricca e avanzata del mondo, compiendo progressi straordinari in aritmetica, algebra, geometria, trigonometria e, soprattutto, astronomia.[18]

Molti di questi progressi ebbero luogo sotto il dominio di una delle dinastie più celebrate dell'India, i Gupta, che governarono vaste aree della pianura gangetica tra l'inizio del IV e la fine del VI secolo d.C. Per la civiltà indiana fu un'epoca di suprema fiducia in sé stessa: arti, filosofie e saperi suscitavano ammirazione ovunque. Fu in questo contesto che i Purana, le scritture fondamentali dell'induismo moderno, assunsero la loro forma definitiva, che Dignaga sviluppò la scienza della logica buddhista e che le opere mediche di Sushruta si dimostrarono per molti aspetti più avanzate di quelle di Galeno e dei testi cinesi coevi. L'epoca gupta rappresentò inoltre l'apogeo della prosa, del teatro e della poesia sanscriti. Fu allora che il grande drammaturgo Kalidasa (ca 400-455 d.C.) compose capolavori come *Shakuntala* e *Il nuvolo messaggero,* e che, tra molte altre opere, fu redatto il *Kamasutra,* destinato ad affinare i piaceri della vita urbana dei giovani indiani benestanti.[19]

Nonostante il suo immenso lascito culturale, le testimonianze materiali del dominio gupta sono frustranti per scarsità e frammentarietà. Nel repertorio archeologico, i Gupta risultano addirittura meno visibili dei loro predecessori Kushana. Ma uno dei luoghi che ancora oggi testimoniano la loro straordinaria curiosità e consapevolezza culturale è il complesso sacro che costruirono a Udayagiri, nell'India centrale. È qui che, intorno al 400 d.C., un vittorioso Chandragupta II celebrò il trionfo sugli invasori Shaka provenienti da nord-ovest, facendo scavare una serie di grotte nella Montagna dell'Aurora e adornandole con sculture raffiguranti le diverse incarnazioni della sua divinità prediletta, Vishnu.[20]

La più imponente è la statua colossale, tronfia e nerboruta del dio-cinghiale Varaha, che si erge maestoso, vigoroso e fiero di fronte al sovrano Gupta (oggi senza testa), mentre con un piede schiaccia le spire di un re *naga* prostrato e atterrito. A torso nudo, solo con un succinto drappo intorno ai fianchi, Varaha incarna la vittoria divina, mentre emerge grondante e senza fiato dalle acque del Diluvio universale che avevano sommerso il mondo. Aggrappata alla sua zanna si scorge la figura esile e vulnerabile della Madre Terra, seminuda, i cui piedi poggiano su uno stelo di loto che affiora dagli abissi. È una rappresentazione magistrale della fragilità indifesa del nostro mondo di fronte alla violenza imprevedibile del cosmo.

Queste magnifiche sculture delle incarnazioni di Vishnu trionfante sui suoi avversari demoniaci sono sempre state oggetto di ammirazione. Solo di recente, però, si è compreso che Udayagiri non era soltanto un luogo sacro per i riti religiosi dei Gupta, ma anche un importante centro dell'antica scienza indiana, situato esattamente lungo il Tropico del Cancro dell'epoca.[21] La Montagna dell'Aurora, oltre a ricoprire una funzione rituale, era quindi un laboratorio per l'osservazione astronomica, la misurazione del tempo e la calendaristica, dotato di orologi ad acqua, meridiane, allineamenti astrali e piattaforme d'osservazione, oltre a immagini astronomiche scolpite su petali di loto in pietra e a capitelli incisi con figure zodiacali tratte da due diversi sistemi astrologici. È probabile che vi sorgesse anche la celebre Colonna di ferro, oggi conservata a Delhi, la cui misteriosa resistenza alla ruggine è spesso annoverata tra i più notevoli progressi scientifici dell'epoca gupta.[22]

A Udayagiri si celebravano rituali brahmanici legati agli equinozi, ai solstizi e al festival della stagione delle piogge, che onorava il risveglio di Vishnu, il nume tutelare del sito. Questa ricorrenza era associata non solo alla rinascita della terra dopo le piogge, ma anche ai riti vedici di consacrazione regale. Sotto il patrocinio di due dei più potenti sovrani indù dell'India antica, il « re dei re » Chandragupta II e suo figlio Kumaragupta I, i riti monsonici di rigenerazione confluirono nel culto di Vishnu, venerato come fonte della creazione e principio del tempo cosmico.

Questi due mondi, scientifico e religioso, non erano ritenuti distinti, poiché i Gupta, come ogni altra dinastia indiana, fondevano la matematica, l'astronomia, la calendaristica, la divinazione e l'astrologia in un'unica disciplina, il *jyotisha*.[23] Tale sistema di conoscenze mirava a comprendere l'influenza delle stelle e dei pianeti sulle vicende umane, al fine di penetrare il velo che separa il mondo umano da quello divino. Era opinione diffusa, infatti, che il moto degli astri e delle sfere celesti influisse non solo su clima e stagioni, pestilenze e carestie, ma su ogni aspetto dell'esistenza: dalla personalità e dal temperamento degli individui agli esiti delle vicende di Stato, come battaglie, matrimoni e persino l'ascesa e il declino delle dinastie.[24]

Come il sito di Udayagiri dimostra, i Gupta fondevano il moto degli astri anche con il proprio destino politico, cercando di attingere al potere di Vishnu e dei corpi celesti per trasferirne la forza e l'efficacia al corpo del re *chakravartin* attraverso il rituale vedico. La maturità dell'astronomia indiana, su cui poggiavano queste nuove concezioni, è testimoniata dalle meridiane, gli orologi ad acqua e gli allineamenti solstiziali ancora oggi scolpiti nelle rocce erose dal tempo di Udayagiri.[25]

Proprio mentre a Udayagiri venivano scolpiti gli allineamenti e gli orologi ad acqua, i matematici indiani iniziarono a esplorare in profondità il concetto di zero, « una delle più grandi astrazioni mai concepite dalla mente umana ».[26]

Questo balzo concettuale avvenne in due fasi distinte. Con il rifiorire dei commerci e degli scambi sotto i Kushana e, in seguito, i Gupta, i matematici indiani padroneggiarono anzitutto il sistema decimale e l'aritmetica posizionale, basata su colonne separate per unità, decine, centinaia e migliaia. Tale sistema permetteva una rappresentazione estremamente compatta ed efficiente dei numeri, semplificando al contempo calcoli aritmetici complessi che fino ad allora erano stati assai difficili da eseguire.[27]

La più antica iscrizione indiana superstite che attesti il sistema di numerazione posizionale in base dieci è ancora oggetto di dibattito. Alcuni studiosi attribuiscono il primato a una lastra di rame rinvenuta nel Gujarat, che altri però considerano un falso, preferendole un'iscrizione templare a Gwalior, non lontano da Udayagiri. In ogni caso, un riferimento assai antico alla notazione posizionale decimale si trova nei celebri *Yogasutra* di Patanjali, composti intorno al 150 d.C. Nel volgere di pochi secoli, il sistema decimale indiano si diffuse in tutto il Subcontinente e fu persino esportato ai templi indù del Sud-Est asiatico, dove lo zero, rappresentato da un punto, appare in numerose iscrizioni arcaiche.[28]

Inizialmente, i matematici risolsero il problema di rappresentare gli spazi vuoti nella notazione posizionale decimale utilizzando un punto come segnaposto per indicare l'assenza di una cifra. Questa tecnica era stata sperimentata per la prima volta probabilmente intorno al 3000 a.C. nei templi di Sumer, non lontano da dove sarebbe sorta Baghdad. L'innovazione fu trasmessa sia ai babilonesi sia ai persiani, ma è in India che l'uso di un cerchio come segnaposto diede origine all'attuale simbolo « 0 » per rappresentare lo zero. Furono sempre gli indiani a dare a quel simbolo il nome di *shunya*, che significa « vuoto » o « vacuità », collegandolo in tal modo a un concetto fondamentale della filosofia buddhista.[29] Da *shunya* derivò successivamente la parola araba *sifr*, da cui discendono i nostri « cifra » e « zero ».[30]

Solo pochi testi scientifici indiani antichi sono giunti integralmente fino a noi, ma la loro raffinatezza continua a stupire. Il più antico tra questi a riportare il nome dell'autore è l'opera del grande matematico Aryabhata (476-550), che visse a Pataliputra, l'odierna Patna, nel Bihar, dopo aver trascorso l'infanzia più a sud, ad Asmaka, lungo le rive del fiume Narmada. « Per grazia di Brahma, » scrisse « mi sono tuffato nel vasto oceano delle teorie astronomiche, vere e false, e con la barca del mio intelletto ho riportato alla luce il prezioso gioiello sommerso dell'autentica conoscenza ».[31]

L'opera di Aryabhata, composta all'età di soli ventitré anni, rappresenta la prima compilazione sistematica delle conoscenze matematiche e astronomiche indiane. L'autore espose questi arcani in una serie di regole e di arguti indovinelli scientifici di una brevità cristallina, racchiusi in sole trentadue strofe sanscrite che distillano con straordinaria concisione dati complessi e raffinati tecnicismi. Per agevolare la memorizzazione del testo da parte dei suoi studenti, Aryabhata ideò un proprio alfabeto mnemonico nel quale i numeri sono rappresentati da lettere, dando origine a « parole » uniche.[32]

L'*Aryabhatiya* affronta un'ampia gamma di argomenti, tra cui aritmetica, quadrati, cubi, radici quadrate, radici cubiche, triangoli, proprietà del cerchio, algebra, frazioni, equazioni quadratiche e seni, e utilizza il sistema di numerazione posizionale in base dieci. Include una stima molto accurata del valore del pi greco (3,1416) e perfeziona la « regola del tre », tuttora impiegata per il calcolo delle proporzioni. Inoltre, tratta la trigonometria sferica. La facilità di calcolo resa possibile dal sistema matematico indiano aveva dirette implicazioni per l'astronomia e consentì ad Aryabhata di calcolare con precisione i moti planetari, le eclissi, la dimensione della Terra e perfino la durata esatta dell'anno solare, con un'approssimazione fino alla settima cifra decimale.

Aryabhata si distinse anche per la sua brillante descrizione della relatività del moto: « Proprio come un uomo su una barca che si muove in avanti vede gli oggetti fermi [sulla riva] come se si muovessero all'indietro,» scrisse «così le stelle fisse sembrano muoversi verso ovest per chi si trovi sulla Terra». Da queste osservazioni Aryabhata dedusse correttamente, mille anni prima di Copernico e Galileo, che la Terra ruota attorno al proprio asse ogni giorno e che il movimento apparente delle stelle è un moto relativo dovuto alla rotazione terrestre, contrariamente all'opinione dominante a quell'epoca, secondo cui era il cielo a ruotare. Tuttavia, ritenne erroneamente che il Sole girasse intorno alla Terra anziché il contrario.

Il secondo passo decisivo verso la piena comprensione del concetto di zero si dovette a Brahmagupta, l'autore di quel *Sindhind* che sarebbe giunto a Baghdad in epoca abbaside. Circa un secolo dopo la morte di Aryabhata, Brahmagupta si impegnò a proseguirne e a correggerne l'opera. Fu lui il primo a trattare il simbolo dello zero non più come semplice vuoto o assenza, ma come un numero a tutti gli effetti, al pari degli altri nove.[33] Questo nuovo approccio, per essere utilizzato, richiese l'elaborazione di regole aritmetiche specifiche.

Brahmagupta definì lo zero come il risultato che si ottiene sottraendo un numero da sé stesso. Elaborò poi alcune delle sue proprietà fondamentali, come il fatto che, quando viene aggiunto o sottratto a un numero, non ne altera il valore, e che qualsiasi numero moltiplicato per zero dà per risultato zero. Brahmagupta codificò in versi sanscriti un insieme di regole aritmetiche per gestire non solo lo zero, ma anche i numeri positivi e negativi, un'altra delle sue innovazioni. «Il positivo diviso per il positivo, e il negativo per il negativo, è positivo» scrisse. «Il positivo diviso per il negativo è negativo. Il negativo diviso per il positivo è negativo». Queste fondamentali regole matematiche consentirono per la prima volta di rappresentare qualsiasi numero, sino all'infinito, utilizzando solo dieci simboli: le nove cifre indiane e lo zero. Ancora oggi, i princìpi stabiliti da Brahmagupta vengono insegnati nelle scuole di tutto il mondo.[34]

Questo secondo passo rappresentò un progresso straordinario, mai tentato prima in nessun'altra cultura, e fu proprio la reinterpretazione indiana dello zero come un vero e proprio numero anziché come una semplice assenza a trasformarlo e a conferirgli il suo straordinario potere. Questo passaggio cruciale avvenne probabilmente un paio di secoli dopo la realizzazione delle meridiane e delle sculture di Udayagiri, quando tali strutture erano ancora in uso.

Il sistema numerico indiano consentiva ai matematici di adottare semplici espedienti per eseguire somme, sottrazioni, moltiplicazioni e divisioni più rapidamente che con qualsiasi abaco. I numeri, liberati dal tradizionale legame con la geometria, acquisirono nuove funzioni oltre alla mera misurazione. Questo modo innovativo di concepire l'interazione tra i numeri gettò le basi per la nascita dell'algebra.

In quest'epoca gli indiani padroneggiavano già il calcolo delle radici quadrate, come dimostra l'eccezionale sopravvivenza di un manoscritto su corteccia di betulla rinvenuto a un'ottantina di chilometri da Peshawar, nell'attuale Pakistan. Il testo fu scritto da un versatile matematico che si firmava «Chajaka» e si autodefiniva «il re dei matematici». Affermava inoltre di avere scritto l'opera per l'uso di un certo «Hasika, figlio di Vasishtha» e dei suoi discendenti, in un luogo chiamato Martikavati, nel Gandhara.

Rinvenuto nel 1882, sepolto in un campo nei pressi del villaggio di Bakhshali, il manoscritto è redatto in un sanscrito fortemente influenzato dalle lingue vernacolari della regione. La scrittura utilizzata è la sharada, una variante nordindiana della brahmi di epoca gupta. Purtroppo, la maggior parte del manoscritto andò perduta al momento della scoperta, e la ridotta sezione superstite versa oggi in condizioni estremamente deteriorate.

Il manoscritto di Bakhshali è di gran lunga il più antico testo matematico indiano superstite e il più antico manoscritto conosciuto al mondo a utilizzare lo zero e il sistema posizionale in base dieci. Questo reperto straordinario, oggi conservato a Oxford, è composto da settanta fragili e delicatissimi fogli di corteccia di betulla. Da tempo il manoscritto è al centro di accesi dibattiti accademici circa la datazione, lo scopo, il contesto religioso dei suoi autori e la possibilità che si tratti di un'opera unica oppure di una raccolta di testi. Nel corso del tempo, le ipotesi sulla data di redazione hanno oscillato tra il III e il XII secolo d.C.; studi recenti al radiocarbonio, tuttavia, suggeriscono che il manoscritto sia stato vergato intorno al 700 d.C.[35]

L'autore, Chajaka, si interessava a questioni di natura pratica, come la pesatura dei metalli, la composizione di leghe e metalli impuri, la rifusione, il calcolo delle perdite di materiali grezzi durante i processi di fusione e la gestione di salari e donativi per i suoi lavoratori. È probabile, pertanto, che operasse nel commercio dei metalli; data la sua vicinanza al grande monastero gandharico di Takht-i-Bahi, è plausibile che si occupasse della realizzazione di statue metalliche destinate ai monaci. Per questo carattere fortemente pragmatico, il suo manoscritto si distingue nettamente dalle più astratte speculazioni brahmaniche di Aryabhata o dal più marcato interesse astronomico e astrologico del *Sindhind.*[36]

La coerenza paleografica del manoscritto ha portato gli studiosi a concludere che si tratti di un'opera unica, redatta da una sola mano, probabilmente quella dello stesso Chajaka, eccetto una sezione scritta da una seconda mano, forse quella del suo allievo Hasika. Il manoscritto è un compendio di formule matematiche, algoritmi ed esempi, presentati sotto forma di regole in versi (*sutra*) e problemi pratici, accompagnati da un commentario in prosa. Il testo adotta la notazione posizionale in base dieci e include i numeri negativi, le frazioni e le radici quadrate, nonché il più antico esempio manoscritto conosciuto dello zero, rappresentato da un grande punto circolare. Qui gli zeri non sono solo dei segnaposto, ma funzionano come operatori aritmetici, ossia come numeri a tutti gli effetti. Sono anche utilizzati per rappresentare le incognite.[37] Il manoscritto testimonia come la matematica astratta fosse già ampiamente applicata nella pratica quotidiana all'epoca della sua redazione, al punto che persino semplici metallurgi ricorrevano a calcoli avanzati nel loro lavoro.

Le opere dei grandi matematici come Aryabhata, Brahmagupta e Varahamihira – quest'ultimo noto per avere introdotto in India ulteriori concetti di origine greca attraverso un testo chiamato *Yavana sutra* – costituivano le fondamenta della scienza matematica e astronomica dell'India antica. È assai probabile che vi siano altri nomi importanti oggi caduti nell'oblio, dato che meno di un decimo dei manoscritti scientifici sanscriti giunti fino a noi è stato ad oggi studiato e pubblicato. Persino l'opera di Aryabhata era poco conosciuta prima della sua riscoperta, e del riconoscimento della sua importanza, negli anni Cinquanta del XX secolo.[38]

Al contrario, gli arabi compresero subito il valore di questi straordinari matematici indiani. La loro fama e influenza si diffusero oltre i confini dell'India e, già nell'VIII secolo, ispirarono astronomi e scienziati della fiorente e raffinata corte abbaside di Baghdad.

L'anno 664 d.C. rappresenta, con ogni probabilità, il momento in cui l'indosfera raggiunse l'apice della sua influenza. Fu anche l'anno in cui tutto cominciò a cambiare.

A Ujjain, Brahmagupta stava dando gli ultimi ritocchi al suo grande trattato di astronomia, mentre in Cina l'imperatrice buddhista Wu Zetian osservava attentamente i cieli seguendo i consigli del gruppo di scienziati indiani che aveva convocato a Chang'an, guidati dal suo astronomo di corte, Gautama Siddhartha. Approfittando di una congiunzione astrale favorevole, l'imperatrice celebrò i sacri riti del Fengshan, un antico omaggio cinese al cielo e alla terra, sulla vetta della montagna sacra Tai. Fu la prima donna nella storia a eseguire quel rituale.[39]

Nello stesso anno, più a sud, le flotte dei Pallava, all'ancora presso Mamallapuram, si preparavano a sferrare un attacco navale contro Anuradhapura, la capitale del regno buddhista dello Sri Lanka. Nello stesso periodo, alla corte pallava di Kanchipuram il poeta Dandin, incantato dalla bella di Avanti, trasponeva la propria passione in alcuni dei versi sanscriti più raffinati mai composti. Nel frattempo, più a est, sull'altra sponda del Golfo del Bengala, sotto l'influenza dei pashupata, uno dei primi sovrani khmer dava inizio alla costruzione della Città di Shiva a Sambor Prei Kuk, lasciandoci iscrizioni tra le più antiche redatte in una variante della scrittura pallava.[40]

Fu allora, in quel momento cruciale in cui il prestigio culturale dell'indosfera sembrava dominare incontrastato su gran parte dell'Asia, che un vasto esercito arabo, composto in parte da truppe cammellate, cominciò a piantare le tende e a schierare le macchine d'assedio di fronte alle mura della ricca e sofisticata città buddhista di Balkh, con il suo stupa « di cento cubiti di diametro, cinto da un portico circolare » decorato con dipinti e pietre preziose e impreziosito da erbe aromatiche, broccati e bandiere di seta.[41]

L'esercito arabo conquistò agevolmente il grande monastero buddhista di Naw Bahar. Vent'anni prima, Xuanzang vi aveva sostato durante il suo viaggio verso l'India, rimanendone incantato, e aveva espresso la sua ammirazione per la vasta cultura dei monaci. Fu uno degli ultimi viaggiatori a poterlo visitare. Le imponenti rovine di Naw Bahar sono ancora visibili presso le mura diroccate di Balkh. Fu proprio la posizione vulnerabile del monastero, situato all'esterno delle mura cittadine, in un principato monastico senza re e senza forze armate, a decretarne la resa immediata all'inizio dell'assedio posto da uno dei primi eserciti dell'islam.[42]

Eppure, proprio come la conquista dell'India settentrionale da parte dei Kushana aveva spianato la strada alla diffusione del buddhismo in Cina, così la conquista araba omayyade dell'Asia Centrale, e la sua integrazione nel più ampio mondo islamico, consentirono ai saperi indiani di affascinare la mente occidentale con il loro ingegno e la loro sofisticatezza. I rettori ereditari, o *pramukha*, di Naw Bahar erano uomini pragmatici, oltre che brillanti studiosi e amministratori. Avendo intuito da che parte tirava il vento del cambiamento globale, consegnarono la città e, poco dopo, abbracciarono formalmente la nuova fede islamica, che aveva spinto quei guerrieri fino a lì dal lontano

Hijaz in una delle rivoluzioni più gravide di conseguenze della storia.

L'unico membro dell'aristocrazia sacerdotale terriera di Naw Bahar a non convertirsi nel 664 fu il figlio primogenito ed erede del rettore, Barmak, che non era presente all'assedio di Balkh perché impegnato nella valle del Kashmir, l'altro grande centro del sapere dell'Asia Centrale, dove si trovava per proseguire gli studi. Nel Kashmir, Barmak si immerse profondamente nello studio della matematica indiana, della medicina ayurvedica, dell'astrologia induista e buddhista e delle varie branche della filosofia indiana.

Dopo il suo ritorno a Balkh, Barmak fu inviato dai nuovi padroni arabi al centro del loro impero: Resafa, a sud dell'Eufrate, in Siria, dove il califfo Hisham ibn 'Abd al-Malik (691-743) aveva eretto la sua residenza preferita. Ufficialmente, Barmak e suo figlio, Khalid ibn Barmak, avrebbero dovuto esservi istruiti nella nuova fede islamica e nella lingua araba. In realtà, vi furono trattenuti come ostaggi, una misura volta a garantire la lealtà e la buona condotta della loro famiglia, che avrebbe continuato ad amministrare Balkh sotto il nuovo regime.

Quello che all'epoca dovette sembrargli un esilio forzato si rivelò, a tempo debito, un incredibile colpo di fortuna. A Resafa, infatti, Khalid divenne amico e compagno di studi del figlio del califfo. Fu però il legame con un altro giovane principe arabo, Abu Ja'far al-Mansur, a rivelarsi fatidico. L'intimità tra i due era tale che, in seguito, le loro mogli avrebbero allattato l'una i figli dell'altra, consolidando un vincolo che avrebbe unito i clan abbaside e barmecide per ben quattro generazioni.[43]

Due decenni più tardi, molto tempo dopo il ritorno di padre e figlio a Balkh, Khalid combatté al fianco dell'amico al-Mansur, quando questi, nel 750 d.C., guidò la rivoluzione che depose la dinastia omayyade e instaurò al suo posto quella abbaside. Un ruolo decisivo per il successo della rivolta fu giocato dalle truppe persofone del Khurasan, in Asia Centrale, alcune delle quali erano state reclutate a Balkh dai Barmecidi.

La rivoluzione abbaside scoppiò nel 747 d.C. a Merv, in

Asia Centrale, e culminò nello scontro tra i due eserciti sulle rive del fiume Zab, a sud di Mosul. I fanti del Khurasan formarono una muraglia di lance, inginocchiandosi in perfetto ordine e puntando le armi contro l'impeto della cavalleria omayyade. La formazione resistette all'assalto, e gli eserciti abbasidi travolsero Damasco, la capitale degli Omayyadi, nel 750.[44]

Per certi aspetti, la rivolta abbaside può essere interpretata come una controrivoluzione persiana orientale per abbattere il dominio arabo, la quale portò alla riemersione di una civiltà che era stata temporaneamente sommersa con la conquista della Persia appena una o due generazioni prima.[45] Quando la rivoluzione giunse al culmine, Khalid ibn Barmak assunse il ruolo di primo segretario del movimento. Una fonte coeva ne elogia le competenze finanziarie e aritmetiche, sottolineando come fosse riuscito a riorganizzare le scritture contabili dell'esercito abbaside, sostituendo ai disordinati rotoli sciolti, fino ad allora in uso, dei libri rilegati.[46]

È probabile che Khalid, come suo padre e verosimilmente il resto della famiglia, fosse stato istruito nei metodi aritmetici indiani. Una volta ristabilita la pace, fu nominato governatore del Fars, il cuore dell'antico Impero sasanide, dove «compì miracoli» come il ritrovamento dei preziosi tesori nascosti tra le montagne dai re persiani in fuga di fronte alle armate arabe.[47] Poco dopo, Khalid fu promosso visir di fatto dal primo califfo abbaside e, successivamente, divenne consigliere del secondo, il suo vecchio amico e compagno di studi di Resafa, al-Mansur (r. 754-775).

Il suo primo incarico fu di progettare e costruire per gli Abbasidi una nuova capitale permanente, che sarebbe stata conosciuta come la Città della Pace.

Khalid ibn Barmak progettò la nuova capitale su scala grandiosa, utilizzando ampiamente l'ingente gettito fiscale che proveniva da ogni angolo del nuovo e prospero Califfato abbaside.

Il califfo al-Mansur scelse un'area strategica sulla riva occidentale del Tigri, nei pressi della cittadina cristiana di Baghdad, nome che la nuova capitale avrebbe poi adottato. Secondo il resoconto dello storico al-Tabari, al-Mansur avrebbe affermato: « Questo è il sito adatto ... Qui scorre il Tigri, e nulla ci separa dalla Cina, poiché tutto ciò che arriva dal mare può giungere a noi via fiume, come i rifornimenti della Jazira, dell'Armenia e delle zone limitrofe. E lì scorre l'Eufrate, sul quale può arrivare tutto ciò che proviene dalla Siria, da Raqqa e dalle aree circostanti ». Quindi smontò da cavallo e, « dopo essersi accampato presso il canale Sarat, tracciò il piano della città e nominò un soprintendente per ciascuno dei quartieri previsti ».[48]

Su indicazione di Khalid, la nuova capitale fu concepita secondo la pianta perfettamente circolare della città-palazzo, un modello caratteristico dell'Asia Centrale e già utilizzato in passato per la capitale sasanide di Ctesifonte, per la ricca città commerciale di Merv e per la stessa Naw Bahar, la dimora ancestrale di Khalid.[49]

Al momento di posare la prima pietra, gli astrologi di corte si riunirono per individuare il giorno propizio. Alla consultazione presero parte, oltre all'astronomo imperiale al-Fazari, anche Mash'allah, un erudito ebreo persiano, e Nawbakht, uno zoroastriano, prefigurando in tal modo la natura multiculturale della città che si accingevano a fondare. Insieme, tracciarono i diagrammi astrologici per identificare il momento più favorevole per gettarne le fondamenta.[50]

La costruzione di Baghdad iniziò nel 762 e l'anno successivo al-Mansur si trasferì nella città-palazzo, protetta da una doppia cinta muraria in mattoni e da porte fortificate. Progettata per essere la capitale di un immenso impero che spaziava dalla Tunisia all'Indo, Baghdad fu realizzata in proporzioni monumentali, commisurate alla sua importanza. Sebbene in principio fosse poco più di un accampamento militare permanente, nel giro di un decennio la sua popolazione superò il milione di abitanti. Un visitatore cinese, affascinato dall'opulenza della città, scrisse: «Qui affluisce ogni prodotto della terra. Carri colmi di merci d'ogni sorta raggiungono i mercati, dove si trova di tutto a prezzi accessibili: broccati, sete ricamate, perle e altre gemme sono esposti ovunque, nei mercati come nelle botteghe che costeggiano le strade».[51]

Ma non era solo la prosperità a contraddistinguerla. La città attirava uomini ambiziosi da tutto l'impero, e in breve tempo sostituì Bassora e Damasco come centro intellettuale del mondo islamico. I nuovi arrivati provenivano da contesti estremamente vari. La famiglia Bukhtishu', ad esempio, era composta da cristiani nestoriani (il suo nome, in persiano, significa «Salvati da Gesù»). Membri della scuola medica sasanide di Gundishapur, i Bukhtishu' conquistarono il favore della corte abbaside curando il califfo da un'intossicazione alimentare. Rimasti a Baghdad come medici di corte, col tempo composero trattati su vari argomenti medici, compreso un testo autorevole sul mal d'amore.[52]

Oltre a medici e chirurghi, la corte abbaside accoglieva anche cuochi, calligrafi, miniaturisti e un'intera comunità che si sviluppò attorno alle cartiere dei Barmecidi, composta da rilegatori, librai e bibliotecari. Il giovane e dinamico visir barmecide, insieme al califfo, suo amico d'infanzia, si mise all'opera per trasformare i suoi domini, tanto vasti quanto eterogenei, in una superpotenza scientifica e intellettuale. Il loro intento era fare del nuovo Stato il continuatore delle grandi tradizioni classiche che l'avevano preceduto, armonizzandole tra loro e valorizzandone i saperi per promuovere il progresso della conoscenza.

I Barmecidi divennero famosi per la loro generosità verso studiosi, scrittori, artisti, poeti e cantanti. Si racconta che Khalid avesse donato diecimila dinari a un poeta per una sola eulogia; un altro poeta ne celebra «la profonda saggezza, l'energia, il sapere e la determinazione», mentre un altro ancora lo descrive come «generoso, fedele alla parola data, pio, umano, risoluto e brillante».[53] I Barmecidi, autentici spiriti eruditi, volsero lo sguardo non solo a oriente, ma anche a occidente. Accanto ai testi sanscriti, patrocinarono la traduzione di opere greche, introducendo per la prima volta nel mondo arabo testi fondamentali come gli *Elementi* di Euclide e *Sulle facoltà naturali* di Galeno, oltre a scritti di Ippocrate, Aristotele e Dioscoride.[54] Così facendo, resero accessibili agli studiosi di Baghdad, avidi di sapere, i più importanti classici occidentali di matematica, geometria e astronomia, gettando i semi di una straordinaria epoca di rigoglio degli studi.

Il califfo condivideva la passione del suo visir. Secondo il grande storico del XIV secolo Ibn Khaldun, al-Mansur scrisse personalmente all'imperatore bizantino per ottenere un manoscritto di Euclide, che gli venne inviato insieme ad altre opere di fisica greche: « Fu il primo testo greco a essere tradotto nel mondo islamico durante il regno di al-Mansur ».[55] Poco dopo, un'ambasceria inviata a Costantinopoli sotto la guida del bibliotecario personale del califfo recuperò opere di Aristotele sulla metafisica e le scienze naturali, oltre ai testi medici di Galeno e di Ippocrate.[56] Successivamente, la consegna di una copia dell'*Almagesto*, il capolavoro astronomico di Tolomeo, fu posta quale condizione per la firma di una tregua e di un trattato di pace richiesti dai bizantini dopo uno scontro di confine.[57]

Secondo il giurista e storico della scienza arabo dell'XI secolo Sa'id al-Andalusi, « si assistette a un'esplosione dello spirito e a un risveglio dell'intelletto. Il primo sovrano della dinastia a coltivare le scienze fu il secondo califfo, al-Mansur ... Mostrava un vivo interesse per la filosofia e l'astronomia osservativa, discipline che lo appassionavano profondamente, così come coloro che vi si dedicavano ». Negli anni seguenti, testi medici, filosofici, astronomici e matematici furono tradotti dal greco, dal siriaco, dal persiano e dal sanscrito, in un clima fervido di entusiasmo intellettuale – una temperie che rifletteva lo spirito dell'ingiunzione del Profeta, riportata in un *hadith*: « Cercate la conoscenza quand'anche fosse in Cina ».[58] Questa fu anche la « prima età dell'oro della letteratura gastronomica araba ».[59]

Per gestire l'immensa mole di lavoro necessaria per tradurre, ricopiare, studiare e conservare i numerosi testi sanscriti, aramaici, ebraici, persiani, armeni e greci che andavano accumulandosi a Baghdad, al-Mansur, suo nipote al-Ma'mun e il pronipote Harun al-Rashid sovvenzionarono lautamente una biblioteca reale e un osservatorio astronomico, modellati su quelli dei grandi re persiani. Col tempo, questa istituzione divenne nota in arabo come *Bayt al-hikma,* la « Casa della Sapienza » o, talvolta, il « Tesoro dei Libri della Sapienza »,[60] e giunse a rivaleggiare con Nalanda come la più grande biblioteca del mondo altomedioevale.[61]

La *Bayt al-hikma* comprendeva un ufficio dedicato alle traduzioni, una biblioteca, uno scrittorio e un'accademia che riuniva studiosi provenienti da tutto l'impero.[62] Si diceva che gli abitanti di Baghdad ne fossero profondamente orgogliosi: « Le opere degli indiani vengono tradotte [in arabo], la saggezza dei greci [ci] è resa accessibile, e anche la letteratura dei persiani è stata trasferita [a noi]. Il risultato è che alcune di queste opere hanno persino guadagnato in bellezza ».[63]

Nonostante la sua conversione all'islam e il ruolo centrale che ricopriva nel nuovo mondo islamico, Khalid ibn Barmak non rinnegò mai le sue radici buddhiste.

Lui e i suoi figli mantennero un vivo interesse per la raccolta di manoscritti sanscriti su temi che spaziavano dall'agricoltura all'alchimia, dall'astronomia all'astrologia, dalla farmacologia alla matematica, dalla medicina all'architettura.[64] Khalid investì in questa passione tutte le risorse offerte dal potente Impero abbaside, proseguendo l'opera di traduzione avviata dai suoi predecessori a Naw Bahar, ma su una scala di gran lunga superiore. L'epoca del governo barmecide a Baghdad coincise con quella che alcuni ricercatori hanno definito « la fase indiana dell'islam delle origini ». In seguito, gli studiosi di Baghdad si sarebbero rivolti ai greci per indagare i segreti degli astri, ma da principio, sotto i Barmecidi, furono gli astronomi indiani e i loro trattati in sanscrito a guidare la ricerca degli astronomi arabi. «Impararono da Brahmagupta prima ancora che da Tolomeo» osservò il grande scienziato al-Biruni.

Sotto questo aspetto, gli Abbasidi potrebbero essere stati influenzati dal modello della corte cinese Tang, all'epoca la maggiore potenza sul confine orientale del Califfato. Fin dai tempi dell'imperatrice Wu Zetian, il governo cinese aveva attribuito grande prestigio ai saperi indiani, in particolare all'astronomia. È possibile che fosse proprio questo esempio a ispirare al-Mansur, quando lui e i Barmecidi iniziarono a invitare alla sua corte intellettuali indiani da tutto il Sudasia.[65]

Secondo un resoconto molto più tardo, redatto nella Spagna dell'XI secolo, Khalid inviò come primo emissario nella città santa induista di Ujjain un ebreo. Consapevole che Ujjain era il principale centro dell'astronomia indù e il punto di riferimento per le misurazioni astronomiche, analogamente a quanto oggi avviene con il Meridiano di Greenwich, Khalid incaricò il suo emissario di invitare gli studiosi indiani a recarsi a Baghdad per condividere il loro sapere.

La delegazione indiana del Sindh che nel 733 portò a Baghdad il *Sindhind* includeva anche esperti di ayurveda, la scienza medica indiana. Lo storico al-Tabari (m. 923) racconta che i medici della corte abbaside non riuscivano a trovare una soluzione ai problemi digestivi del califfo e che questi, forse su consiglio dei Barmecidi, decise di provare con la medicina indiana. Secondo al-Tabari, il califfo aveva inizialmente chiesto ai medici arabi un digestivo, ma essi glielo sconsigliarono, temendo che avrebbe aggravato il disturbo, e gli suggerirono invece di ridurre l'assunzione di cibo. Fu allora che intervenne un anonimo medico indiano, il quale confermò che i digestivi avrebbero potuto peggiorare la condizione del califfo, ma gli preparò un rimedio ayurvedico: una polvere digestiva arricchita con spezie piccanti e sostanze lenitive, pensata per alleviare i dolori. Al-Mansur assunse il preparato e riuscì finalmente a digerire i pasti. Il califfo lodò il guaritore indiano e la tradizione medica che rappresentava.[66]

Non passò molto tempo prima che i Barmecidi fondassero a Baghdad un ospedale, il Bimaristan al-Barmika, il quale, secondo alcune fonti, sarebbe stato il modello per tutti i futuri ospedali del mondo islamico. Vi si applicavano sia la medicina sia l'organizzazione sanitaria indiana, secondo i princìpi esposti negli scritti del grande medico indiano Charaka, ricordato come il padre dell'ayurveda. I Barmecidi impiegarono diversi medici indiani, e incaricarono due traduttori di volgere in arabo le opere sanscrite di Charaka, tra cui il suo celebre trattato sui veleni e i relativi antidoti.[67]

Uno di questi studiosi indiani assunse il ruolo di supervisore dell'ospedale e si dedicò alla traduzione di testi medici per Yahya, figlio di Khalid.[68] Fu affiancato da «Manka l'indiano»,[69] che prestò servizio come medico personale di Yahya fino alla sua morte. Tra i testi medici indiani che tradusse figuravano il *Compendio sul cuore delle otto branche* di Vagbhata e altre due opere composte originariamente in Kashmir e risalenti alla metà del VII secolo. È possibile che tali testi rientrassero tra quelli studiati dal primo Barmak durante la sua formazione nella Valle.[70]

Yahya ereditò tutte le passioni intellettuali di suo padre, in particolare l'interesse per la medicina indiana. Anche lui inviò un emissario al di là dell'Indo, nel Sindh, per confrontarsi con medici e studiosi indiani, approfondire la teoria e la pratica della loro arte e raccogliere informazioni sulla matematica, l'astronomia, la cosmologia e la religione indiane. Tuttavia, il compito principale dell'emissario era quello di procurarsi testi medici, erbe e rimedi farmaceutici.

Il resoconto originale è andato perduto, ma alcuni estratti si sono preservati nel *Kitab al-fihrist*, che costituisce una delle prime testimonianze in arabo sulla medicina indiana. Quest'opera contiene anche alcuni tra i più antichi resoconti islamici sulla filosofia e la religione dell'India, incluse una relazione dettagliata della visita dell'emissario a un tempio indù «nel quale gli idoli parlano ai devoti» e la descrizione di celebri luoghi sacri, come il Tempio del

Sole di Multan e i grandi Buddha di Bamiyan.[71] « A dedicarsi alla questione indiana fu soprattutto Yahya; a dire il vero, questa ossessione accomunò tutti i Barmecidi, che convocavano regolarmente medici e filosofi indiani » scrisse un intellettuale di Baghdad.[72]

Al pari del padre, Yahya coltivò molteplici interessi. È ricordato per aver commissionato una traduzione in versi persiani di una *Vita del Buddha*, oltre a versioni di *Sindbad il marinaio* e delle favole indiane del *Panchatantra*, che divennero popolari in arabo con il titolo *Kalila wa-Dimnah*.[73] Fu attraverso traduzioni come queste che storie di origine buddhista, ad esempio quella dei ciechi che cercano di descrivere un elefante, superarono i confini religiosi e culturali per trasformarsi in edificanti racconti sufi.[74]

Fu probabilmente per influenza di Yahya che in questo periodo un'altra innovazione indiana guadagnò grande popolarità alla corte abbaside: gli scacchi. Il gioco era stato introdotto nell'ambiente cortese persiano sin da quando, secondo lo *Shahnameh*, il poema epico di Ferdowsi, un emissario del re Harsha di Kannauj, il patrono di Xuanzang, aveva sfidato a una partita gli intellettuali della Persia sasanide. Che questa storia sia autentica o no, gli scacchi hanno origine in India, dove erano inizialmente conosciuti come *caturanga*, un termine che fa riferimento alle « quattro membra » dell'esercito indiano tradizionale: la fanteria, la cavalleria, i carri e gli elefanti. Il gioco si diffuse in Persia e in Mesopotamia con il nome di *shatranj*, con regole e pezzi leggermente modificati. Molti pezzi conservano ancora oggi in Occidente un nome di origine persiana: l'alfiere, ad esempio, deriva da *al-fil*, che significa « elefante ». Allo stesso modo, l'esclamazione « scacco matto! » trae origine dalla locuzione arabo-persiana *shah mat*, letteralmente « il re è morto ».

Potrebbero essere stati proprio i Barmecidi a introdurre la moda degli scacchi alla corte abbaside, dove si racconta che il giovane Harun al-Rashid ne fosse particolarmente entusiasta.[75] Il suo precettore, che potrebbe avere alimentato questa passione, fu infatti Yahya al-Barmak. Quando

Harun salì al trono nel 786, Yahya succedette al padre Khalid come gran visir dell'Impero abbaside.

Per diciotto anni Yahya mantenne un controllo quasi assoluto sull'amministrazione, coadiuvato dai suoi capaci figli, Ja'far e Fadl, che sedevano al suo fianco durante le udienze pubbliche. « Si racconta » scrisse Mas'udi « che i giorni del loro governo somigliassero a un banchetto nuziale perpetuo, colmo di felicità e di gioia ininterrotte ».[76]

Quando Yahya si ritirò, il figlio Ja'far al-Barmak gli succedette come visir.

Come Khalid ibn Barmak era stato il migliore amico d'infanzia del futuro califfo al-Mansur, così Ja'far fu l'amico inseparabile di Harun al-Rashid.

Le mille e una notte abbondano di racconti sulle avventure notturne e le intemperanze giovanili della coppia. I due si aggiravano per Baghdad in incognito, gozzovigliando nelle taverne, le case di piacere e i vicoli della città, discutendo di poesia e musica, assaporando i cibi e i vini migliori che l'impero potesse offrire.[77] Uno storico ha definito la loro relazione « un'amicizia molto intima, quasi erotica ».[78] Ja'far, giovane di straordinaria bellezza, era ritenuto l'arbiter elegantiarum di Baghdad, sempre impeccabile nel gusto e nello stile dell'abbigliamento. Si diceva che fosse stato lui a introdurre la moda dei colletti alti, per esaltare la grazia del suo lungo collo. (Ja'far appare impeccabilmente vestito anche nel film d'animazione della Disney, *Aladdin*, dove incarna il più elegante dei cattivi).

Ja'far possedeva palazzi sparsi per tutta Baghdad e vasti possedimenti in Mesopotamia, Persia e Khorasan, così numerosi che l'espressione « ricco come Ja'far » divenne proverbiale durante il suo mandato. Una sola delle sue residenze a Baghdad gli costò venti milioni di pezzi d'oro.[79] Nonostante il lusso ostentato, Ja'far fu un brillante amministratore e giurista, un abile calligrafo e musicista, nonché un raffinato estimatore di cantanti e poeti. Aveva una particolare predilezione per i racconti e le favole, specialmente di origine indiana, e, come tutti i Barmecidi, continuò a sovvenzionare la traduzione di opere scientifiche e filosofiche sanscrite.

Ja'far rappresentava la quarta generazione di Barmecidi a collaborare strettamente con i loro fratelli di latte, i califfi abbasidi. La tradizione dell'allattamento condiviso si mantenne fino alla fine: il figlio di Harun fu nutrito al seno dalla moglie di Ja'far, mentre una figlia di Ja'far ricevette il latte di Zubeida, consorte del califfo. Tuttavia, non vi fu una quinta generazione.

Tra l'802 e l'803, per ragioni ancora oscure, il rapporto tra il califfo e il visir si incrinò progressivamente. Harun al-Rashid iniziò a manifestare irritazione verso quello che era stato il suo amico più fidato e a provare risentimento per la propria dipendenza dai vari rami della famiglia barmecide.[80] Alla fine, decise non solo di annientare il suo alleato divenuto troppo potente, ma di distruggere una volta per tutte l'intera famiglia del visir.

Gli storici successivi cercarono di spiegare le sue azioni ricorrendo a pettegolezzi su una presunta relazione tra Ja'far e Abbasah, la bellissima sorella di Harun. Secondo una versione dei fatti, i due avrebbero avuto un figlio illegittimo, che sarebbe stato mandato a Mecca per evitare che la notizia dello scandalo si diffondesse.[81] Altri attribuirono la caduta dei Barmecidi all'invidia e alla malizia di Zubeida, l'ammirata e temuta moglie di Harun al-Rashid. In ogni caso, i drammatici eventi che posero fine alla carriera dei Barmecidi colsero chiaramente di sorpresa i contemporanei, e le loro ragioni restano tuttora avvolte nel mistero.[82]

Non vi furono segni premonitori di quanto stava per accadere. Il colpo di stato si consumò nottetempo e senza alcun preavviso. Ja'far fu assassinato quella stessa notte, decapitato dalla guardia del corpo di Harun. Sulle prime, la guardia stentò a credere agli ordini ricevuti e si recò dallo stesso Ja'far per chiedergli come procedere.

Yasir raggiunse la residenza di Ja'far, che trovò immerso nei suoi piaceri, e gli disse:

« Il Comandante dei Fedeli mi ha ordinato di portargli la tua testa ».

« Il Comandante dei Fedeli ama burlarsi di me » rispose Ja'far. « Questo è senza dubbio uno dei suoi scherzi ».

« Per Dio, » replicò l'ufficiale « non l'ho mai visto più serio di così ».

« Se non è uno scherzo, allora sarà stato ubriaco ».

« No, per Dio, mi è sembrato perfettamente lucido, e poiché oggi l'ho visto recitare le preghiere, non posso credere che abbia bevuto ».

Ja'far continuò: « Se mai ti ho reso un favore, non vi sarà occasione migliore di questa per ricambiarlo ».

« Sono al tuo completo servizio, per tutto ciò che non contrasti con la volontà del Comandante dei Fedeli ».

« Torna da lui » disse Ja'far « e digli che hai eseguito i suoi ordini. Se mostrerà rimorso, mi avrai salvato la vita e potrai contare su nuovi favori da parte mia. Se, invece, la sua decisione resterà immutata, domani compirai il tuo dovere ».

L'ufficiale rispose che ciò non era possibile.

Ja'far replicò: « Allora ti accompagnerò dal Comandante dei Fedeli e mi nasconderò in modo tale da poter udire le sue parole e la tua risposta. Se, dopo che avrai esaurito ogni scusa, non sarà soddisfatto se non della mia testa, verrai subito da me e porterai a termine il tuo compito ».

« Accetto » rispose Yasir. Si recarono dunque all'accampamento di Rashid. Yasir entrò e si avvicinò al califfo, dicendo:

« Ho portato la testa, o Comandante dei Fedeli. È qui ».

« Mostramela subito, figlio di puttana! » gridò Rashid. « O sarà la tua a cadere all'istante! ».[83]

Ja'far ormai sapeva quale fosse il proprio destino. Chiese a Yasir il permesso di rientrare a casa per redigere il testamento e concedere la libertà a tutti i suoi schiavi. Tuttavia, i messaggeri del califfo continuavano ad arrivare per sincerarsi che l'ordine fosse stato eseguito, e Yasir appariva via via più inquieto.[84] « Fa' come ti è stato ordinato » disse Ja'far.

Poi, estratto un fazzoletto dalla manica, si bendò gli occhi e porse il collo. Yasir gli tagliò la testa, la portò a Rashid e la depose ai suoi piedi. Il califfo si avvicinò e iniziò a elencare uno a uno i peccati di Ja'far. Poi disse: «Yasir, portami il tal dei tali».

Quando questi arrivò, Rashid ordinò: «Mozza il capo a Yasir. Non sopporto la vista dell'assassino di Ja'far!».[85]

Ma lo spargimento di sangue non si fermò lì. Il corpo di Ja'far fu smembrato in tre parti ed esposto su pali issati al centro dei tre ponti sul Tigri. L'ex visir Yahya, già precettore di Harun e ormai anziano, e il fratello di Ja'far, Fadl, furono arrestati e incarcerati. Entrambi morirono in prigione, dopo essere stati torturati affinché rivelassero l'ubicazione delle ricchezze di famiglia. Tutti i beni e gli schiavi dei Barmecidi passarono nelle mani di Zubeida.[86]

Nessuno osò esprimere apertamente il proprio dolore, e ai poeti non rimase che comporre in segreto le loro eulogie per i mecenati scomparsi:

Guarda come la lama dei Barmecidi, forgiata nell'acciaio indiano,
è stata infranta dall'acciaio degli Hashemiti!
Le stelle della prodigalità si sono eclissate;
la mano della benevolenza si è richiusa.
I mari della munificenza si sono prosciugati,
ora che i Barmecidi sono scomparsi.
Il fato ha tradito i figli di Barmak:
non governava Yahya la terra intera?
Eppur si è risvegliato sotto di essa.[87]

Dopo la caduta dei Barmecidi, gli intellettuali arabi si rivolsero sempre più al recupero dell'antico sapere greco, trascurando quello indiano e persiano. La ricerca di nuove conoscenze provenienti dall'India, forse troppo legata al ricordo dei visir caduti in disgrazia, lasciò il passo allo studio dei classici greci.

Tuttavia, i manoscritti indiani custoditi nella Casa della Sapienza trovarono un campione eccezionale in Muhammad ibn Musa Khwarizmi (780-850), filosofo e matematico di lingua persiana originario dell'Asia Centrale. Non si può escludere che la sua famiglia, come quella dei Barmecidi, provenisse da un ambiente colto buddhista, ma è più probabile che fosse di stirpe zoroastriana; una fonte, infatti, lo definisce «al-Majusi», termine che indicava i Magi, i sacerdoti della religione zoroastriana. Costoro erano noti per le loro competenze astronomiche, come testimonia la loro comparsa al seguito della stella di Betlemme nella narrazione evangelica della nascita di Gesù.

Comunque sia, Khwarizmi crebbe in una città-oasi nei deserti della Corasmia (in persiano, Khwarazm), a est del Mar Caspio e a nord-ovest di Samarcanda, un'area di cultura persiana ma fortemente influenzata dall'arte, dalla religione e dalla civiltà dell'India. È molto probabile che Khwarizmi avesse già familiarità con la matematica indiana prima del suo arrivo a Baghdad, e non è escluso che abbia appreso tali tecniche dai buddhisti di Merv.[88]

Invitato a Baghdad nell'817, una quindicina d'anni dopo la caduta dei Barmecidi, Khwarizmi assunse l'incarico di capo astronomo presso la Casa della Sapienza. Stabilitosi nella prestigiosa accademia, con pieno accesso a tutte le traduzioni commissionate dai Barmecidi, fu lui a immergersi più a fondo e con i risultati più strabilianti nel tesoro di manoscritti conservati nella *Bayt al-Hikma.*[89]

Dopo avere studiato e analizzato i testi sanscriti di scienza, matematica e astronomia, e in particolare le opere di Brahmagupta, Khwarizmi rimase affascinato dalla semplicità del sistema di numerazione indiano. Innanzitutto tradusse i sottili e complessi versi matematici di Aryabhata in una prosa araba chiara e accessibile, quindi ne riformulò i concetti con una precisione superiore sia all'ermetico sanscrito dell'originale, sia all'elaborata versione araba di al-Fazari.

«Abbiamo deciso di illustrare le tecniche di calcolo indiane,» dichiarava ai suoi lettori «che utilizzano nove caratteri. Dimostreremo come, grazie alla loro semplicità e concisione, questi caratteri siano in grado di rappresentare qualsiasi numero». L'opera più celebre di Khwarizmi, *Il compendio sul calcolo per completamento e bilanciamento*, conosciuta popolarmente come *Kitab al-Jabr*, segnò una svolta epocale nella storia della matematica, consacrando l'algebra come disciplina autonoma nel mondo islamico. Non a caso, il termine stesso di «algebra» deriva dal titolo di quest'opera.[90]

Il principale contributo di Khwarizmi fu l'integrazione delle teorie di Euclide con la matematica indiana. La straordinaria chiarezza della sua scrittura e la semplicità con cui riuscì a spiegare nozioni complesse ispirarono intere generazioni di matematici, favorendo rapidi progressi in algebra, geometria e trigonometria in tutto il mondo islamico. Innovazioni indiane come le equazioni lineari e quadratiche, le soluzioni geometriche e le tavole di seni, tangenti e cotangenti divennero improvvisamente disponibili a un vasto pubblico.

Soprattutto, Khwarizmi insegnò agli arabi l'importanza dello zero, utilizzando un linguaggio singolarmente chiaro e accessibile. Egli offrì la prima spiegazione dettagliata e comprensibile del principio posizionale della numerazione decimale, dell'origine indiana dei nove simboli numerici e della «decima cifra a forma di cerchio, ideata per evitare ambiguità riguardo alla posizione delle cifre».[91] Khwarizmi diede inoltre il proprio nome a un concetto indiano che egli per primo introdusse in Occidente: l'algoritmo (dalla forma araba del suo nome, al-Khwarizmi). Da Baghdad, queste idee si diffusero rapidamente nell'intero mondo arabo e islamico.

Nel volgere di una generazione, gli scritti di Khwarizmi vennero letti con entusiasmo, copiati e ampliati, in particolare nei grandi centri intellettuali emergenti ai margini dell'Europa cristiana, come Cordova e Toledo, all'estremità occidentale del mondo arabo, nelle terre che gli arabi chiamavano al-Andalus.

Nel 1068, mentre Guglielmo il Conquistatore portava a termine la conquista dell'Inghilterra anglosassone, Sa'id al-Andalusi, *qadi* (giudice supremo) di Toledo, redigeva uno dei primi studi globali sulla storia della scienza, incentrato sul debito degli arabi nei confronti dei pensatori dell'Asia meridionale. Quest'opera rappresenta una delle più rilevanti testimonianze dell'epoca sul potere delle idee indiane e sul prestigio dell'indosfera nel mondo arabo medioevale. «La prima nazione ad avere coltivato le scienze è l'India» scrisse al-Andalusi.

Si tratta di una nazione potente, con una popolazione numerosa e un regno prospero. L'India è rinomata per la saggezza della sua gente. Nel corso dei secoli, tutti i sovrani del passato hanno riconosciuto l'eccellenza degli indiani in ogni ramo del sapere.

Gli indiani, com'è noto a tutte le nazioni da molti secoli, rappresentano l'essenza della saggezza, la fonte dell'equità e dell'obiettività – dotati di profonda riflessività, creatori di invenzioni utili e rare. Sebbene il colore della loro pelle abbia una tonalità tendente al nero, Allah, nella Sua gloria, non ha attribuito loro il carattere meschino, i modi gretti e i princìpi inferiori associati a questa condizione, ma li ha invece elevati al di sopra dei popoli bianchi e bruni...

Gli indiani, a loro merito, hanno compiuto progressi straordinari nello studio dei numeri e della geometria. Hanno accumulato conoscenze immense e raggiunto vette altissime del sapere sui movimenti delle stelle [astronomia], sui misteri dei cieli [astrologia] e in altri ambiti matematici. Inoltre, hanno superato tutti gli altri popoli nella padronanza della scienza medica e nella conoscenza delle proprietà dei farmaci, delle caratteristiche dei composti e delle peculiarità delle sostanze ... Quanto alla teologia, sono unanimi nell'affermare l'unità di Dio...

Al-Andalusi proseguiva elogiando due innovazioni a lui particolarmente care:

Quello che ci è pervenuto del loro lavoro sui numeri è l'*hisab al-ghubar* [«aritmetica della tavoletta di sabbia», praticata utilizzando un abaco e tracciando le cifre nella polvere o nella sabbia], successivamente semplificato da Khwarizmi. Questo metodo di calcolo è il più semplice, rapido e intuitivo da comprendere e applicare, ed è dotato di una struttura mirabile. È una testimonianza dell'ingegno degli indiani, della chiarezza della loro creatività, della forza della loro inventiva.

Un altro esempio delle loro brillanti intuizioni e meravigliose invenzioni giunto fino a noi è il gioco degli scacchi. Gli indiani, nella creazione delle sue caselle, della sua simmetria, dei suoi simboli e dei suoi segreti, hanno raggiunto il vertice della conoscenza. Ne hanno distillato i misteri attingendo a forze soprannaturali. Durante una partita, mentre i pezzi vengono mossi, si rivelano la bellezza della sua struttura e la grandezza della sua armonia. Il gioco esprime alti ideali e nobili gesta, offrendo al contempo ammonimenti contro i nemici e stratagemmi e tattiche per evitare i pericoli. E in questo vi è un notevole guadagno e beneficio.[92]

Fu solo con la caduta di Toledo e, in seguito, del resto della Spagna sotto la Reconquista cristiana alla fine dell'XI secolo che le biblioteche di al-Andalus si aprirono agli studiosi provenienti dal Nord e queste geniali idee di origine indiana fecero il loro ingresso nell'Europa cristiana, rivoluzionando per sempre non solo le tecniche commerciali e contabili, ma anche la concezione stessa dei numeri, del tempo, della fisica e della metafisica.

17. Nel VI secolo d.C. il monaco Xuanzang (pagina precedente) si i-
scrisse alla prestigiosa università monastica buddhista di Nalanda per
poter accedere ai manoscritti custoditi nella più vasta biblioteca bud-
dhista del mondo (a sinistra). Qui studiò non solo i testi delle varie scuo-
le del buddhismo, ma anche i Veda, la logica, la grammatica sanscri-

ta, la filosofia, la medicina, la metafisica, la divinazione, la matematica, l'astronomia, la letteratura e persino la magia. Al suo arrivo a Nalanda, Xuanzang visitò le aule di lezione, gli stupa, i cinque templi e le corti che ospitavano le celle dei diecimila monaci e studiosi residenti (a destra).

18. Gli scavi di Nalanda hanno restituito rare iconografie mahayana dei diversi bodhisattva, che in seguito ispirarono statue e bronzi diffusi in tutto il Sud-Est asiatico.

19. Un intero collegio monastico di Nalanda fu edificato e finanziato dai « Signori delle Montagne », i raja Shailendra della lontana Indonesia, ferventi buddhisti, com'è registrato nell'iscrizione su lastra di rame di Devapaladeva.

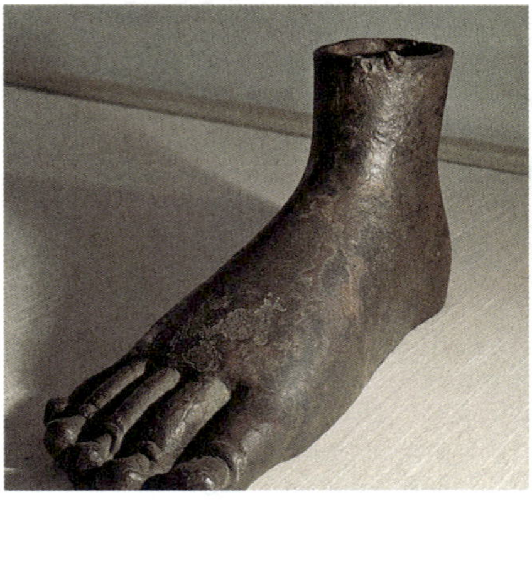

20. Il piede di una monumentale statua in bronzo di un bodhisattva rinvenuta a Nalanda.

21. Il buddhismo divenne religione di corte in Cina grazie all'influenza della prodigiosa Wu Zetian, prima e unica donna a essersi fregiata del titolo di « imperatore » della Cina. In alto a sinistra e a destra: gli imperatori Taizong e Gaizong della dinastia Tang. Wu Zetian iniziò la sua carriera come quinta concubina di Taizong; divenne poi l'amante, quindi la moglie e infine l'imperatrice consorte di suo figlio Gaizong. In basso a sinistra: statuetta Tang raffigurante una donna a cavallo, risalente al periodo di Wu Zetian. In basso a destra: ritratto dell'imperatrice Wu Zetian in età avanzata, da un *Album di ritratti di 86 imperatori della Cina* del XVIII secolo.

22. La statua monumentale di Mahendravarman Pallava (in alto a sinistra), scolpita nella roccia della grotta di Adi Varaha a Mamallapuram, è un'opera di straordinaria precisione esecutiva e potenza espressiva. Raffigura un uomo alto e imponente, dalle spalle larghe, con una *dhoti* avvolta attorno ai fianchi e lunghi orecchini. La sua mano sinistra si posa sul polso della giovane e sinuosa regina che gli sta timidamente accanto, mentre una secon-

da, bellissima regina, adorna di orecchini pendenti, sta deferente alla sinistra di quest'ultima. Altre sculture includono la dea Durga che si lancia in battaglia contro il demone-bufalo Mahishasura (in basso a sinistra) o che viene ritualmente purificata da elefanti (in basso a destra). Sulle pareti dei templi, che si affacciavano sul porto, campeggiano altre figure, probabilmente ispirate ai sovrani Pallava e alla loro corte (in alto a destra).

23. Un'imbarcazione a vela finemente scolpita sulle pareti di Borobodur. Navi come questa solcavano i mari sospinte dai venti monsonici, collegando l'India al Sud-Est asiatico.

24. Durante la stagione delle piogge, nel delta del Mekong, una rete di canali alimenta un'ampia laguna d'acqua dolce, lasciando emergere dalla piana alluvionale solo le colline più elevate – ad esempio quella che ospita l'antico sito templare di Phnom Da, presso Angkor Borei –, che affiorano come isole coniche. Nel I secolo d.C. questa laguna divenne il terminale di una rotta commerciale che si estendeva a ovest fino all'India, alla Persia e ai porti del Mar Rosso romano, a est fino alla Cina.

25. La collina boscosa di Phnom Da custodisce alcuni tra i più antichi santuari vishnuiti conosciuti del Sud-Est asiatico, tra cui l'Asram Moha Rosei, risalente al VII secolo.

26. Nei dintorni dei rilievi di Phnom Da e Angkor Borei sono emerse varie statue straordinarie raffiguranti le molteplici incarnazioni di Vishnu. La più imponente – oggi considerata uno dei capolavori del Museo Nazionale di Phnom Penh – rappresenta un Vishnu con otto braccia, il torso nudo e la figura slanciata, che si erge fiero in un *sarong* khmer. Nelle mani stringe una serie di simboli del potere e armi da guerra: il fuoco, uno scettro, una pelle di antilope, una mazza, un piedistallo spezzato, un ciuffo d'erba, una saetta e una brocca contenente il nettare dell'immortalità.

27. Questa statua della dea indù Durga, proveniente da Tuol Kamnap in Cambogia, risale al VII-VIII secolo e fu probabilmente modellata sulle fattezze di una regina khmer dell'epoca.

28. Una serie di templi-santuario in mattoni a cella unica, situati sul Phnom Kulen e risalenti al regno di Jayavarman II, è associata a splendide sculture, tra cui questo Vishnu, che si ritiene modellato sui tratti dello stesso sovrano.

29. Scena di consacrazione reale scolpita su un antico architrave khmer a Kampong Thom, nella Cambogia centrale. Il re è raffigurato seduto in un padiglione aperto, affiancato da due lunghe file di brahmani barbuti.

30. I più antichi templi ancora esistenti a Giava, come quello di Gedong Songo (in basso), presentano uno stile sorprendentemente affine a quello del Tempio della Spiaggia del porto pallava di Mamallapuram. Tuttavia, non si tratta di mere imitazioni. Sebbene molte idee e motivi architettonici pallava ricompaiano a grande distanza dalla loro terra d'origine, numerosi elementi – come i portali elegantemente slanciati – appartengono alla tradizione giavanese. Inoltre, i piani superiori di questi templi mostrano spesso angoli rialzati, forse ispirati a prototipi lignei locali, che richiamano le gronde ricurve tipiche dell'architettura cinese.

31. Borobodur (in alto a destra e in basso) è probabilmente la struttura buddhista più vasta e filosoficamente complessa al mondo. Iniziato intorno al 760 d.C. e completato circa settant'anni dopo, nell'830 d.C., Borobodur è una piramide a gradoni concepita come un *mandala* monumentale, che traduce in pietra una serie di nozioni buddhiste oscure ed esoteriche. Le sue gallerie si articolano in diversi livelli decorati da sculture buddhiste finemente scolpite. Quest'opera segna l'apice della tradizione buddhista indiana di erigere stupa monumentali all'interno di vasti *mandala* di pietra, come quello di Kesariya, nel Bihar (in alto a sinistra).

32. Nessuna esportazione culturale indiana ebbe un impatto più profondo e duraturo delle epopee del *Mahabharata* e del *Ramayana*. Il tempio di Loro Jonggrang a Prambanan, risalente al IX secolo, conserva alcuni tra i più antichi e straordinari cicli di rilievi ispirati al *Ramayana* mai scolpiti. Tra le scene più celebri e amate figurano Rama che scocca la freccia contro il cervo d'oro (in alto) e i demoni intenti a svegliare Kumbhakarna, il fratello di Ravana, grande come una montagna (in basso).

33. Nel tempio di Banteay Srei, nei pressi di Angkor Wat, sono raffigurate numerose scene tratte dalla letteratura indiana. La scultura in alto rappresenta la lotta tra i demoni Sunda e Upasunda per il possesso dell'*apsaras* Tilottama, un episodio tratto dal *Mahabharata*. La scena incisa in basso, invece, proviene dal *Ramayana* e raffigura un Ravana dalle molte braccia nell'atto di scuotere disperatamente il monte Kailash per attirare l'attenzione di Shiva, il quale, impassibile, lo tiene fermo con un semplice tocco del piede.

34. Le imponenti torri a quinconce di Angkor Wat costituiscono il fulcro di un complesso tanto esteso da risultare visibile persino dallo spazio. Solo per scavare il fossato, che racchiude un'area quattro volte più ampia della Città del Vaticano, furono necessari cinquemila uomini e dieci anni di lavoro. Il tempio centrale, che contiene più pietra della piramide di Cheope, non è soltanto il più grande e magnifico tempio indù al mondo, ma forse anche la più imponente e spettacolare struttura religiosa mai realizzata.

10
I FRUTTI DELLA SCIENZA DEI NUMERI

In una mattina d'inizio estate del 1085, il re cristiano Alfonso VI di León attraversò il fiume Tago sul vetusto ponte romano di Alcántara. Alla testa delle sue truppe, varcò trionfalmente l'antica porta visigota di Bisagra e si inoltrò lungo le ripide e tortuose strade di Toledo. Al suo fianco incedeva il celebre generale Rodrigo Díaz, soprannominato El Cid – appellativo di origine araba che significa « Il Signore ». In cima all'abitato sorgeva la grande Jama Masjid, la Moschea congregazionale. Quella che era stata la capitale visigota della Spagna cristiana fino alla conquista araba del 711 d.C. diventava così la prima grande città di al-Andalus a ricadere sotto il dominio cristiano. L'evento sarà ricordato come la prima grande vittoria della Reconquista cristiana della Spagna sugli eserciti dell'islam.

Toledo aveva aperto le sue porte ad Alfonso, offrendogli il governo dopo un lungo periodo di guerra civile. Del resto, il re conosceva bene quella città: in gioventù, durante un esilio forzato imposto dal fratello, vi aveva trovato rifugio e persino serenità per alcuni mesi. Ma al-Qadir, l'ultimo emiro musulmano di Toledo, si era rivelato un sovrano debole e inetto, e ora le parti si erano invertite. Vedendo vacillare la propria autorità, al-Qadir fuggì dalla città e chiese con urgenza l'intervento di Alfonso, che divenne il suo «protettore» militare castigliano. Mentre l'emirato si sfaldava e al-Qadir appariva sempre più come un fantoccio nelle mani dei castigliani, Alfonso si ritrovò progressivamente coinvolto nelle vicende politiche di Toledo, dapprima per tenere in piedi l'autorità vacillante dell'emiro, poi come governante di fatto. Alla fine, al-Qadir strinse un accordo con Alfonso: se il re cristiano lo avesse insediato in un principato a Valencia, Toledo sarebbe diventata sua.

Il 25 maggio 1085, dopo aver atteso il momento propizio per sette anni, Alfonso passò finalmente all'azione. La prospettiva di un assedio prolungato, con il suo inevitabile strascico di violenze, venne scongiurata grazie alla corruzione delle élite cittadine e alla promessa di ampie concessioni alla maggioranza musulmana. In cambio del regolare pagamento delle imposte, Alfonso garantì alla popolazione che la vita sarebbe proseguita come prima e che lui avrebbe protetto persone e beni. La grande moschea sarebbe rimasta sotto il controllo dei musulmani. Alfonso assunse il titolo di «Imperatore delle due religioni» e la città mantenne il suo caratteristico bilinguismo, in cui all'arabo si affiancava il volgare romanzo locale, diretto antenato dello spagnolo. Così come in passato le autorità ecclesiastiche avevano amministrato la giustizia per la minoranza cristiana, ora il *qadi*, o giudice supremo, avrebbe continuato a sovrintendere alla legge islamica per la sua comunità, nonostante il sovrano fosse di religione cristiana.[1]

Pertanto, l'ingresso del nuovo re e del Cid in città avvenne senza scontri né spargimenti di sangue. Dopo trecentosettant'anni come capitale islamica, Toledo tornava sotto il controllo cristiano, ma i suoi abitanti non cristiani – musulmani ed ebrei – furono autorizzati a restare, mantenendo proprietà e privilegi. La corte di Alfonso, pur dichiaratamente cristiana, rimaneva permeata dall'eredità intellettuale islamica.[2] Il passaggio pacifico e graduale sotto il dominio castigliano fece sì che la caduta della città venisse quasi trascurata dai cronisti cristiani dell'epoca, che non concordano neppure sulla sua data esatta. Gli arabi, invece, ne compresero appieno la portata. Nei canti di al-Andalus, la Caduta di Toledo è ricordata come una tragedia immensa e un presagio di sciagure ancora più grandi per gli arabi di Spagna. Poeti e cantori non si sbagliavano.[3]

Prima della riconquista, Toledo era stata governata a lungo dalla colta e raffinata dinastia dei Banu Nun. Il loro *qadi*, Sa'id al-Andalusi (1029-1070), eminente storico della scienza, aveva scritto con profonda emozione e grande entusiasmo sul contributo degli indiani alla matematica e all'astronomia, attingendo ai testi custoditi nella vasta e dotta collezione libraria che aveva accumulato a Toledo. Questa biblioteca, a sua volta, era stata alimentata dalla straordinaria fioritura degli studi, della matematica e soprattutto dell'astronomia che si era verificata in al-Andalus durante l'infanzia del *qadi*.

Nel suo *Libro delle categorie delle nazioni*, al-Andalusi parla con particolare fervore di uno studioso di nome Maslama al-Majriti (cioè originario di Madrid, all'epoca un piccolo centro a nord di Toledo), che descrive come «il più grande matematico di al-Andalus del suo tempo, superiore a tutti gli astronomi che lo avevano preceduto ... Lasciò una brillante scuola di allievi ... Compose anche un'opera intitolata *I frutti della scienza dei numeri*, in cui illustrava la "matematica delle transazioni commerciali"».[4]

Maslama consacrò gran parte dei suoi studi alle opere astronomiche che Khwarizmi aveva adattato dai testi sanscriti custoditi nella Casa della Sapienza di Baghdad, tra cui le celebri *Tavole astronomiche del Sindhind*. Nel 978 d.C. realizzò una versione aggiornata delle centosedici tavole stellari di origine indiana di Khwarizmi, che tracciavano i moti del sole, della luna e dei cinque pianeti visibili.[5] Si dedicò inoltre allo studio dell'*Almagesto* e del *Planisfero*, entrambe opere di Tolomeo giunte in Spagna tramite Baghdad e il mondo islamico orientale. Maslama ne promosse la copiatura, lo studio e l'aggiornamento sistematico. Sa'id, a sua volta, trasferì i più importanti di questi testi a Toledo prima della propria morte, nel 1070.[6]

Sebbene sia Maslama sia Sa'id fossero già morti nel 1085, quando Alfonso conquistò Toledo, il brillante assistente e collaboratore di Sa'id, seppure in età avanzata, era ancora in vita. Si trattava di Ibrahim al-Zarqali, noto come « l'Incisore » per avere realizzato alcuni tra i migliori astrolabi mai prodotti in Europa, e soprannominato anche « il piccolo dagli occhi azzurri ». Per molti anni aveva costruito per il *qadi* complessi strumenti scientifici per l'osservazione astronomica, tra cui orologi ad acqua in marmo di straordinaria precisione e la *saphaea*, un rivoluzionario astrolabio « universale » il cui progetto sarebbe stato poi imitato in tutta la cristianità. Al-Zarqali era inoltre un astronomo di fama: le sue tavole stellari, conosciute come *Tavole toledane*, erano ammirate e studiate ovunque.[7]

Celebrato da Chaucer e onorato in epoca moderna con un cratere lunare a lui intitolato, al-Zarqali scelse, come molti membri dell'élite musulmana di Toledo, di trasferirsi a Cordova, a sud, dopo la capitolazione della città. Portò con sé i suoi strumenti astronomici, considerati i più accurati del mondo islamico. Tuttavia, gran parte dei manoscritti di Sa'id, insieme alla biblioteca dei Banu Nun e ai più pregiati frutti degli studi astronomici e della vorace bibliofilia di Maslama, rimasero per forza di cose a Toledo, finendo nelle mani di studiosi assetati di sapere accorsi da tutta la cristianità occidentale.[8]

Le circostanze uniche della conquista di Toledo, che lasciarono pressoché intatti edifici, tesori e biblioteche, fecero in breve tempo della città il principale centro di diffusione della cultura e della civiltà islamiche verso il resto d'Europa. Alfonso inviò alla grande abbazia benedettina di Cluny, in Borgogna, allora all'apice della sua influenza, ingenti quantità di opere d'arte provenienti da al-Andalus: cofanetti in avorio, sete persiane, raffinati incensieri in metallo, ceramiche e piastrelle di pregio. Il ricavato della vendita di alcuni di questi oggetti contribuì a finanziare circa metà della costruzione della nuova e monumentale chiesa abbaziale, nota agli storici dell'arte come Cluny III. Gli oggetti che i monaci scelsero invece di conservare nel tesoro dell'abbazia introdussero nel vocabolario artistico cluniacense numerosi motivi islamici, che sarebbero poi riapparsi negli intricati capitelli e nei timpani finemente scolpiti che, a partire da questo periodo, iniziarono a decorare le abbazie cluniacensi lungo le vie del Cammino di Santiago. Il grande portale dell'abbazia di Moissac, in Borgogna, scolpito dopo la caduta di Toledo, ne offre un esempio emblematico. L'impressionante visione della corte di Cristo che presiede all'Apocalisse evoca più le raffigurazioni dei sovrani sasanidi o dei califfi abbasidi assisi in trono a Baghdad che le corti dell'Europa cristiana. Le bestie contorte e zannute che divorano sé stesse, e le intricate spirali di leoni persiani appaiati e intersecati che riempiono i medaglioni arabescati del *trumeau* scolpito, attingono a motivi ornamentali presenti sulle sete e sugli avori orientali. Gli anziani dell'Apocalisse, raffigurati mentre suonano liuti e viole, altro non sono che musicisti persiani con i loro strumenti a corde tradizionali – *oud* e *kamancheh* –, misteriosamente giunti in Occitania mediante un pezzo d'argenteria sasanide, una piastrella smaltata di Kashan o una raffinata ceramica persiana, battezzati in fretta e furia e posti al servizio di questo Cristo cluniacense.

Un capitello di Moissac presenta un fregio decorato in cufico; nella cattedrale di Le Puy, costruita nello stesso periodo, un'altra iscrizione cufica è incisa su un paio di portali in legno; nelle vicinanze si possono osservare archi polilobati a cuspide, affiancati da conci in muratura moresca alternati in rosso e bianco, analoghi a quelli della Grande Moschea di Cordova, le cui origini architettoniche potrebbero risalire alle cuspidi policrome dei primi templi indù del Kashmir. Diversi capitelli del chiostro del grande monastero cluniacense di Santo Domingo de Silos, in Spagna, mostrano un evidente influsso dello stile moresco e richiamano talvolta il vocabolario decorativo selgiuchide. Un'altra chiesa romanica, situata subito oltre il confine spagnolo, ad Atienza, presenta una misteriosa iscrizione cufica che recita *al-Mulk li-llah* (« Il regno appartiene a Dio »).[9] Anche l'« Uomo foglia », curiosa figura con tralci che le escono dalla bocca, un elemento distintivo dell'arte romanica, fa la sua comparsa in Europa in questo periodo. Le sue origini si ricollegano ai *kirtimukha*, teste decorative scolpite nei templi indù, introdotte in Occidente dagli scultori arabi.[10]

Le concessioni promesse da Alfonso ai musulmani di Toledo ebbero vita breve. Il suo inviato in città, un toledano di vedute aperte chiamato Sisnando, fu subito sostituito dalla regina borgognona di Alfonso, Costanza, e dal suo confessore, il monaco cluniacense Bernardo di Sahagún. Entrambi mostrarono una profonda avversione per i musulmani rimasti in città, e Bernardo si distinse in seguito come un crociato di tale intransigenza da essere richiamato, in via eccezionale, alla sua cattedrale da papa Urbano II.[11] Una volta nominato arcivescovo di Toledo, Bernardo si appropriò immediatamente della moschea, vi installò degli altari, collocò le campane nel minareto e la trasformò in una cattedrale.[12] Tuttavia, non tentò di distruggere né di limitare l'accesso al vasto tesoro di manoscritti arabi custoditi nella biblioteca della sua nuova cattedrale. Poco tempo dopo, i monaci cluniacensi realizzarono la prima traduzione latina del Corano, basandosi su un manoscritto spagnolo proveniente proprio dalla biblioteca di Toledo.[13]

L'influenza dei tesori di Toledo esercitò un impatto straordinario sulle corti e sui nascenti collegi d'Europa. L'Accademia di Toledo, fondata successivamente da Alfonso X, detto «il Saggio» (1221-1284), divenne in breve tempo un polo d'attrazione per studenti che provenivano da ogni angolo della cristianità, comprese l'Inghilterra e la Scozia. Al loro arrivo, restavano sbalorditi di fronte all'eccezionale patrimonio di sapere che vi era custodito.

A quell'epoca, un erudito europeo come Bernardo di Chartres poteva vantarsi di possedere ventiquattro libri, mentre l'Abbazia di Cluny ne serbava qualche centinaio. Nel frattempo, la biblioteca di Cordova contava quattrocentomila manoscritti, di gran lunga la collezione più vasta d'Europa, mentre Baghdad annoverava trentasei biblioteche pubbliche e più di cento librai. Perfino una città relativamente periferica come Merv, nelle steppe dell'odierno Turkmenistan, vantava decine di mercanti di libri e organizzava aste di manoscritti così rinomate da spingere lo studioso mediorientale Yaqut ad attraversare metà dell'Eurasia per esplorarne i tesori.[14]

Una frazione di questo immenso sapere divenne finalmente accessibile agli studiosi del Nord Europa. Ben presto, opere fondamentali come le traduzioni di Euclide e Tolomeo, scomparse in Occidente dopo la caduta di Roma nel V secolo, cominciarono a diffondersi dall'avamposto intellettuale cristiano di Toledo. Muli e cavalli da soma trasportavano i codici appena tradotti oltre i Pirenei, verso le nascenti università europee. Tra questi figuravano anche le rielaborazioni dei testi matematici indiani a opera di Khwarizmi.

Intorno al 1140, un dotto monaco del monastero di Bobbio, nell'Italia settentrionale, intraprese la lunga e ardua traversata delle Alpi e dei Pirenei per giungere infine, con i piedi piagati dal viaggio, alle porte di Toledo. Bobbio era celebre per la sua collezione di testi scientifici, la più prestigiosa della cristianità occidentale, nonché il modello della biblioteca monastica descritta da Umberto Eco nel *Nome della rosa.* Eppure, nemmeno tra i suoi scaffali si trovavano i testi che il monaco andava cercando.

A Toledo, Gerardo da Cremona (1114-1187) ottenne l'incarico di canonico nella nuova cattedrale. Nonostante il tradimento delle promesse fatte ai musulmani al momento della conquista, molti di loro avevano scelto di rimanere sotto il dominio castigliano; anzi, Toledo continuò probabilmente a essere una città a maggioranza musulmana per almeno cinquant'anni. Tra loro vi era uno studioso noto come Ghalib «il Mozarabo». Non è chiaro in che modo Gerardo e Ghalib si fossero conosciuti né come avessero stretto amicizia, ma poco dopo l'arrivo di Gerardo i due iniziarono a collaborare alla traduzione di una serie di opere custodite nella biblioteca araba di Toledo.[15]

Il metodo traduttivo di Gerardo e Ghalib farebbe inorridire gli studiosi moderni: secondo Daniele di Morley, un britannico che proseguì il lavoro di Gerardo dopo la sua morte, Ghalib traduceva i testi dall'arabo classico al castigliano, e Gerardo li ritraduceva poi in latino. Considerando che molti di quei testi erano versioni arabe di classici sanscriti e greci, spesso mediati attraverso il persiano o il siriaco, il margine di errore era notevole. Eppure, sembra aver funzionato.

Nel mezzo secolo successivo, Ghalib e Gerardo tradussero non meno di ottantotto opere di astronomia, matematica, medicina, filosofia e logica – le stesse discipline che avrebbero alimentato la grande fioritura culturale europea nota come il Rinascimento del XII secolo.[16] Si dedicarono in particolare alla traduzione delle opere fondamentali degli scienziati greci dell'antichità, come Tolomeo e Aristotele, ma lavorarono anche alla resa in latino di testi originali indiani e arabi. Tra questi spiccavano il *Libro sull'addizione e la sottrazione secondo il sistema di calcolo indiano* di Khwarizmi e il suo *Kitab al-Jabr*, l'opera che avrebbe definito l'algebra per gli europei.[17]

Le generazioni successive di studiosi riconobbero in Gerardo il modello dell'erudito umile e instancabile, che lavora senza ambire a ricompense, animato unicamente dal desiderio di trasmettere la fiaccola del sapere. « Poiché, sebbene Gerardo disdegnasse la gloria mondana » scrisse uno dei suoi seguaci

e rifuggisse gli encomi servili e la vana pompa del secolo ... nondimeno, il frutto delle sue opere continua a risplendere attraverso i secoli. Sin dalla prima età, nutrito nel grembo della filosofia, ne aveva esplorata ogni parte secondo la dottrina dei latini. Tuttavia, acceso dal desiderio dell'*Almagesto* [di Tolomeo], che invano aveva cercato fra i latini, si recò a Toledo. Qui, vedendo l'abbondanza di opere arabe su ogni scienza, e commiserando la povertà di libri che aveva riscontrato fra i latini, sentì nascere in sé il desiderio di tradurli e si dedicò a padroneggiare la lingua araba.

Divenuto esperto tanto della lingua quanto delle materie trattate, si immerse nei voluminosi scritti degli arabi. Non desistette mai da quest'opera e, fino all'ultimo giorno, traspose in latino – quasi come a un erede prediletto – una serie di testi su molteplici argomenti, scegliendo con cura i migliori e restituendoli nella forma più chiara e accessibile. Concluse infine il suo viaggio terreno all'età di settantatré anni, nell'anno del Signore 1187.[18]

Dopo la morte di Gerardo, il suo allievo britannico Daniele di Morley incluse alcuni dei suoi lavori nella « mole di libri preziosi » che portò con sé in Inghilterra e che, a suo tempo, sarebbero confluiti nelle biblioteche della neonata Università di Oxford.[19]

Gerardo e Ghalib furono i più prolifici e infaticabili protagonisti del nuovo movimento di traduzione, ma non furono né i primi né i soli. Nello stesso periodo, in molti altri luoghi dove al dominio arabo si sostituiva quello cristiano, si realizzavano traduzioni dall'arabo: nell'Italia meridionale, in Sicilia e nei vari Stati crociati d'Oltremare che, verso la fine dell'XI secolo, punteggiavano la costa mediterranea, da Antiochia (oggi nel Sud-Est della Turchia) fino a Gaza (in Palestina).

Nel loro complesso, queste traduzioni arricchirono le biblioteche europee con un patrimonio di sapere impensabile appena un secolo prima: edizioni di Aristotele, Euclide, Platone e Tolomeo, i commentari del genio universale persiano Ibn Sina (987-1038, noto in Occidente come Avicenna) e del suo omologo andaluso Ibn Rushd (1126-1298, noto come Averroè), oltre a enciclopedie di astronomia e astrologia, trattati sulle pietre preziose e le loro proprietà e, tra le opere più rivoluzionarie, una raccolta di testi astronomici e astrologici di Khwarizmi. Ci erano voluti quasi tre secoli, ma i tesori intellettuali accumulati dai Barmecidi nella Casa della Sapienza di Baghdad avevano finalmente varcato i confini dell'Europa occidentale.

Verso la fine dell'XI secolo, la Reconquista cristiana di al-Andalus era in pieno svolgimento e la frontiera occidentale del mondo islamico stava arretrando. Con l'emergere di un mosaico di piccoli regni cristiani a sud dei Pirenei, molti cristiani spagnoli (o « mozarabi »), formatisi a Cordova, Toledo e Granada, iniziarono a emigrare verso le roccaforti cristiane della Spagna settentrionale, portando con sé molte delle raffinatezze e delle scoperte che gli arabi avevano introdotto: limoni, arance di Siviglia, canna da zucchero, oltre al cotone e ai gelsi per la bachicoltura. Realizzarono anche magnifici giardini e i sofisticati sistemi di irrigazione necessari a mantenerli.

Tra le innovazioni che trasmisero vi era il sistema numerico indo-arabo, quelle cifre le cui forme originarie erano state sviluppate in India sotto Ashoka e che si erano poi diffuse in tutto il mondo islamico in versioni leggermente modificate. Queste stesse cifre furono prontamente adottate dagli studiosi più accorti del Nord della Spagna.

Già circa un secolo prima della caduta di Toledo, nel 976, il monaco Vigila, del monastero asturiano di Albelda, nella Rioja, iniziò a lavorare a un testo oggi noto come *Codex Vigilanus*. Questo manoscritto è generalmente ritenuto il più antico documento latino datato che riporti i numeri indo-arabi: « Bisogna sapere che gli indiani possiedono un grandissimo talento » scrisse Vigila « e che tutte le altre nazioni cedono loro il passo in aritmetica, geometria e nelle altre arti liberali. E questo è chiaro dalle nove cifre con cui riescono a rappresentare ciascun grado di ogni ordine di grandezza numerico ».[20]

Tra gli studiosi europei itineranti che si avventurarono in al-Andalus in questo periodo spicca il matematico francese Gerberto di Aurillac (945-1003). Giovane monaco originario degli altipiani della Francia centrale, Gerberto aveva scelto di entrare nella dotta comunità del monastero di Bobbio, come Gerardo. Nel 967 si recò al monastero di Ripoll, in Catalogna, nell'entroterra di Barcellona, dove per tre anni approfondì lo studio della matematica e dell'astronomia indo-arabe sotto la guida di Attone, vescovo di Vic. Quest'ultimo in precedenza era stato a Cordova, nel cuore di al-Andalus, per incontrare il califfo, e ne era tornato profondamente affascinato dalla straordinaria sofisticatezza della cultura araba andalusa. La biblioteca monastica di Ripoll conserva tuttora numerosi antichi testi astronomici islamici.[21]

Fu qui a Ripoll che Gerberto apprese la forma occidentale, o maghrebina, delle cifre indo-arabe, da cui derivano i numeri oggi in uso in Occidente. La variante orientale delle stesse cifre indiane seguì invece un percorso diverso, dando origine ai simboli numerici attualmente utilizzati nel mondo arabo.[22] Gerberto adottò le cifre maghrebine per rappresentare i valori dei segnalini su un abaco da lui progettato, sebbene sembri che in questa fase iniziale mancasse ancora lo zero.[23] Quindi riattraversò i Pirenei portando con sé il suo nuovo abaco, che utilizzò per insegnare matematica nella scuola cattedrale di Reims – dove contribuì a istituire il *quadrivium*, un nuovo curriculum che introdusse gradualmente i numeri decimali indo-arabi nei circoli scolastici dell'Europa settentrionale.[24]

A Reims, Gerberto continuò a scrivere di aritmetica, geometria, musica e meridiane, e nel tempo libero fu tra i primi a cimentarsi nella costruzione di sfere celesti per illustrare i moti di stelle e pianeti. Mantenne una fitta corrispondenza erudita con i suoi vecchi amici in Spagna, ai quali, nel 984, scrisse di essere alla ricerca di un'opera intitolata *De Astrologia* e di un'altra attribuita a un certo Joseph Hispanus « sulla moltiplicazione e la divisione dei numeri ... Sapete bene con quanto zelo io cerchi ovunque copie di libri ».[25] In seguito tornò a Bobbio come abate, e nelle sue lettere agli amici racconta con entusiasmo di avere recentemente scoperto nella biblioteca otto volumi del *De Astrologia* di Boezio, oltre ad « alcune magnifiche figure geometriche ».[26]

Le innovazioni tecniche di Gerberto si fondavano sulle nuove idee giunte dalla Spagna, tra cui una tavola d'abaco decimale perfezionata, l'astrolabio e diversi strumenti astrologici, come le sfere armillari utilizzate per osservare e analizzare i cieli. La sua fama crescente lo portò a diventare precettore del giovane imperatore Ottone III, quindi vescovo di Reims e, infine, arcivescovo di Ravenna. Nel 999, grazie all'intervento di Ottone, fu incoronato papa con il nome di Silvestro II. Tuttavia, persino in quel ruolo la sua reputazione fu offuscata dal sospetto di legami con l'islam: si mormorava che avesse studiato le arti magiche sotto la guida di uno stregone musulmano e che fosse fuggito sottraendogli un grimorio di incantesimi.

Altri insinuavano che fosse in combutta con un demone femminile o, addirittura, con il Diavolo in persona, che lo avrebbe condotto all'inferno e riportato indietro. Persino Guglielmo di Malmesbury, solitamente misurato e razionale, scrivendo dal suo umido studio nel Wiltshire avallò l'idea che Gerberto avesse siglato un patto eterno con le forze infernali. «Gerberto superò Tolomeo con l'astrolabio» riconobbe, ma in Spagna studiò «la perniciosa magia saracena ... Vi apprese ciò che il canto e il volo degli uccelli preannunciano, e imparò l'arte di evocare gli spiriti degli inferi».[27]

Duecento anni dopo, vi fu tra i più improbabili pionieri dell'introduzione dei saperi indo-islamici nell'Europa cristiana un solitario scozzese, probabilmente originario di Melrose, nei Borders. Come Gerberto, Michele Scoto (1175-1232) è ricordato nella sua terra natale – e nelle pagine di Sir Walter Scott – come un potente mago; in realtà fu un precursore della matematica e delle scienze.[28] Dai Borders si trasferì a Parigi, quindi a Roma, dove divenne precettore di un futuro papa. Dopo un lungo soggiorno a Bologna si trasferì a Toledo, città in cui apprese fluentemente l'arabo. Presto iniziò a vestire secondo il costume arabo e sviluppò una passione per la letteratura esoterica orientale.[29]

La sua padronanza delle lingue gli diede accesso alle versioni arabe delle opere di Aristotele e ai testi originali di Ibn Sina e Ibn Rushd. Scoto coltivò un profondo interesse, oltre che per la matematica e la medicina, per la letteratura araba sull'occulto: non soltanto l'astronomia, l'astrologia e l'alchimia, ma anche – a quanto si diceva – la stregoneria. Trascorse alcuni anni a Toledo, traducendo le opere di Ibn Sina, tra le quali il magistrale *Canone della medicina*, destinato a rivoluzionare la scienza medica in Europa. Quindi si trasferì in Sicilia, dove lavorò sui testi arabi presso la corte di Federico II di Svevia (1194-1250), un altro sovrano alla guida di un regno profondamente intriso di cultura araba.[30]

La terza figura di spicco del movimento di traduzione fu il poliedrico viaggiatore Adelardo di Bath (ca 1080-1142), talvolta considerato il primo scienziato britannico. Nato a Bath, era probabilmente di origine anglosassone da parte di madre, ma apparteneva alla famiglia allargata di Giso, vescovo di Wells, giunto nel Somerset dalla Lorena.[31] Ambizioso, avventuroso e carismatico, Adelardo si distingueva per l'abbigliamento sgargiante: mantello verde, camicia blu lapislazzuli, cappello a strisce rosse bordato di ermellino e un luccicante anello di smeraldi. Abile nella caccia col falcone, era noto anche per la grazia con cui suonava il liuto. La sua prosa insolitamente vivace era ricca di battute, giochi di parole e aneddoti.[32]

Intorno al 1105 si recò per la prima volta in Francia, ma trovò gli intellettuali francesi estremamente pretenziosi, capaci solo di «fare corde con la sabbia dell'intelletto».[33] Da lì proseguì per la Sicilia, dove studiò sotto la guida di Guglielmo, vescovo di Siracusa, descritto come un «luminare delle arti matematiche», al quale in seguito dedicò un libro.[34] Verso il 1107 si imbarcò da Salerno per le Terre d'Oltremare crociate e trascorse sette anni nei dintorni di Antiochia, perfezionando la lingua e la medicina arabe. Nel 1114 si trovava a Mamistra, vicino Adana, nel Sud-Est dell'odierna Turchia, quando la regione fu scossa da un terremoto così violento che, nelle sue parole, «non ci si sentiva più al sicuro sulla terra che sull'acqua». Il ponte di Misis, che Adelardo vide oscillare sotto le scosse, è ancora in piedi.[35]

Nel corso dei suoi viaggi in Oriente, Adelardo non solo acquisì testi scientifici greci e indo-islamici, ma anche la padronanza dell'arabo necessaria a tradurli. La sua versione degli *Elementi* di Euclide introdusse la cristianità occidentale al libro di geometria più influente di tutti i tempi, destinato a diventare il testo scolastico di riferimento per i successivi otto secoli.

Tornato nel Somerset, Adelardo fu accolto come una sorta di celebrità, preso d'assalto da amici e studiosi bramosi di sapere ciò che aveva visto e appreso. «Tra coloro che mi fecero visita» scrisse «vi era un mio nipote che, nel tentativo di indagare le cause delle cose, si impelagava nei problemi anziché risolverli. Egli mi pregò di scrivere un libro che svelasse qualcosa di nuovo dagli studi degli arabi e spiegasse il motivo del mio travagliato e tortuoso viaggio ... verso i maestri di terre lontane».[36] Adelardo acconsentì.

L'esito furono le sue *Questioni naturali*, un'opera in forma di dialogo tra il confuso nipote e Adelardo. «Ecco come operano le cause delle cose» esordisce l'autore. «Cominciamo dagli argomenti più vili per giungere a quelli più elevati».[37] Adelardo scrisse anche un libro sull'abaco, un discorso sulla falconeria e un trattato sull'astrolabio dedicato al principe Enrico, il futuro Enrico II d'Inghilterra (1154-1189): egli lo esortò ad «apprendere non solo quanto è contenuto nei testi latini, ma anche ciò che gli arabi hanno da insegnarci riguardo al moto delle sfere e alle orbite degli astri».[38]

Adelardo tradusse dall'arabo *Il libro dei talismani*, prestò servizio come astrologo di corte e redasse oroscopi per Enrico e altri membri della casa reale. Dieci di queste predizioni, apparentemente scritte di suo pugno, sono tuttora conservate presso la British Library.[39] Al tempo stesso, la sua traduzione delle tavole astronomiche di Khwarizmi, rivedute in Spagna da Maslama, introdusse in Inghilterra il testo astronomico più avanzato dell'epoca.

Nel 1120, mentre si trovava a Wells, nel Somerset, e traduceva dall'arabo al latino le opere astronomiche di Khwarizmi e le relative mappe stellari indiane, Adelardo continuava a utilizzare come meridiano di riferimento la longitudine di un luogo che chiamava «Arin». Si trattava, naturalmente, della capitale culturale dei Gupta, Ujjain, nel Madhya Pradesh, dove nel VII secolo, ben cinquecento anni prima, all'apice dell'astronomia indiana, Brahmagupta aveva effettuato le osservazioni originali.[40]

Quello che avvenne nelle marche spagnole a cavallo del millennio fu un episodio spesso dimenticato ma cruciale nello sviluppo della civiltà occidentale: il rifiorire del sapere nell'Europa medioevale grazie a una massiccia trasfusione di conoscenze dal mondo indo-islamico, resa possibile dalla collaborazione tra studiosi musulmani, ebrei e cristiani. L'importanza di questo evento, che rivoluzionò l'Europa medioevale e contribuì alla rinascita della cultura scientifica in Occidente, non può essere sopravvalutata.

La poesia romanza dell'Europa mediterranea, in particolare i canti dei trovatori patrocinati dai re di Toledo, fu pesantemente influenzata dalla lirica e dai canti ispano-arabi, così come dall'intero humus culturale di al-Andalus, intriso di leggende, racconti e proverbi arabi, aneddoti e parabole morali sufi. Vi sono buone ragioni per ritenere che persino alcuni aspetti della *Divina Commedia* di Dante rechino l'impronta di queste storie islamiche, tra cui il *Viaggio notturno* di Maometto e il racconto andaluso noto come *Il bagno di Zarieb.*[41]

Fu sempre in questo periodo che il gioco indiano degli scacchi – un'arte della guerra tradotta in gioco da tavolo – oltrepassò i confini del mondo arabo-islamico per entrare nella cultura cortese dell'Europa mediterranea, divenendo rapidamente il passatempo prediletto della nobiltà.[42] Non è un caso che *Il libro dei giochi,* il primo manuale occidentale dedicato all'arte degli scacchi, sia stato redatto a Toledo durante il regno di Alfonso il Saggio. L'opera, arricchita da illustrazioni di giocatori intenti a sfidarsi, riflette l'eccezionale multiculturalismo della città in quell'epoca: tra i personaggi raffigurati compaiono musulmani, cristiani ed ebrei; caucasici, indiani e « mori » con la carnagione scura e il turbante bianco; uomini e donne; aristocratici e prelati, musicisti e falconieri, persino danzatrici.[43]

Probabilmente fu attraverso la Spagna islamica che elementi fondamentali della civiltà occidentale, come la carta, l'ideale dell'amor cortese, la cavalleria, l'algebra, la polvere da sparo, la stampa e l'abaco, fecero il loro ingresso in Europa. L'arco a sesto acuto e la medicina greco-indo-araba (nota come *unani,* dal termine arabo per « greco ») giunsero invece attraverso la grande scuola medica di Salerno.

Parallelamente, in Sicilia, osservatori dell'epoca, sia cristiani sia musulmani, si stupivano nel constatare come i re normanni dell'isola mantenessero una corte cristiana profondamente permeata di usanze islamiche. Un testimone d'eccezione, Ibn Jubayr di Granada, un musulmano spagnolo naufragato sulla costa siciliana nel XII secolo, ci ha lasciato una vivida descrizione di quella che ai suoi occhi appariva come una corte suggestivamente cosmopolita, dove musulmani, cristiani ed ebrei interagivano quotidianamente a ogni livello:

> Presso di sé [il re] ha medici e astrologi, di cui ha gran cura, ed è bramoso di averne al suo fianco, al punto che se giunge al suo orecchio che un medico o un astrologo è di passaggio nelle sue terre, dà ordine di trattenerlo e lo colma di ogni bene al fine di indurlo a dimenticare il Paese natale...
>
> Somiglia ai sovrani musulmani per il vivere immerso nei piaceri del regnare, per l'ordinamento delle sue leggi, il cerimoniale, la distribuzione dei gradi ai cortigiani, per la magnificenza del regno e l'esibizione dei suoi ornamenti.[44]

Questo era particolarmente vero per Ruggero II, soprannominato il « Sultano battezzato », che affidò al dotto tunisino al-Idrisi la stesura di un'opera geografica enciclopedica. Alla sua corte furono creati alcuni dei più antichi pezzi di scacchi esistenti in Europa.[45] L'influenza dei testi tradotti in Sicilia in questo periodo fu determinante per l'evoluzione della medicina, della filosofia e persino della poesia occidentali.

Alcuni studiosi si spingono oltre. George Makdisi ha sostenuto in modo persuasivo che l'apporto dell'Oriente per la nascita delle prime università dell'Occidente medioevale fu determinante. Ha evidenziato come l'idea che degli « associati » ricoprano una « cattedra » e gli studenti conseguano « gradi » accademici, così come pratiche quali le lezioni inaugurali e l'uso delle toghe, affondino le proprie radici nelle tradizioni islamiche. Analogamente, l'organizzazione delle università sotto una nuova istituzione

– un fondo patrimoniale amministrato da un ente fiduciario per coprire le spese dell'ateneo e degli studiosi – sembrerebbe ricalcare direttamente il sistema islamico del *waqf*.[46]

La facoltà di conferire un titolo avanzato, come ad esempio la «licenza di insegnamento» (*licentia docendi*), riprende fedelmente l'*ijaza li-'l-tadris* islamica, il certificato richiesto agli studiosi musulmani per intraprendere una carriera didattica nelle madrase. In effetti, è ormai ampiamente riconosciuto che l'idea stessa di università in senso moderno – un luogo di apprendimento in cui gli studenti si raccolgono intorno a una biblioteca ben fornita per studiare una vasta gamma di discipline sotto la guida di più insegnanti – sia giunta in Europa attraverso il mondo arabo. Come ha messo in luce Makdisi, furono le città situate ai margini del mondo islamico – Bologna, Salerno, Napoli, Montpellier e infine Parigi – a ospitare le prime università europee, dando origine a un modello destinato a diffondersi progressivamente verso nord.[47]

Ma da dove presero l'idea gli arabi? Ricerche recenti condotte in Asia Centrale hanno suggerito, con buone ragioni, che le prime madrase islamiche si siano ispirate ai *vihara* buddhisti, come il Naw Bahar dei Barmecidi, che gli arabi incontrarono nel VII secolo durante la loro conquista dell'Afghanistan e del Sindh.[48] Anzi, la prima madrasa documentata fu costruita a pochi giorni di viaggio da Naw Bahar, nell'improbabile località di Bost – l'odierna Lashkar Gah, nell'Afghanistan occidentale. Come i *vihara* buddhisti dell'epoca, era dotata di studentati, offriva borse di studio agli allievi, locali e stranieri, e disponeva di una ricca biblioteca.[49]

La pianta a corte di queste prime università monastiche buddhiste fu descritta per la prima volta in dettaglio da Xuanzang a Nalanda ed è tuttora visibile in quel sito, così come in altri complessi buddhisti, tra cui il *vihara* di epoca kushana di Ajina Tepe, in Tagikistan, il monastero gandharico di Takht-i-Bahi, vicino a Peshawar, e ancora a Taxila, nei pressi di Islamabad. Quindi il modello si diffuse in Persia: nella Nishapur dell'XI secolo esistevano già trentotto madrase di questo tipo prima della fondazione, nel 1038, della più celebre fra esse, la Nizamiyya. In seguito, l'idea del collegio si trasmise ad al-Azhar, al Cairo, e da lì, attraverso il Nord Africa, fino all'università al-Qarawiyyin, nell'attuale Marocco, fondata nel 956 e oggi riconosciuta come la più antica università ancora attiva al mondo.[50]

Dal Maghreb, tanto l'idea del collegio quanto il modello architettonico del chiostro – con archi a volta e una corte centrale su cui si affacciavano le stanze di studenti e docenti – si diffusero attraverso la Spagna fino a Parigi, dove nel 1180 fu fondato il Collège des Dix-Huit, o «Collegio dei diciotto sapienti». Il suo promotore, Jocius de Londoniis, un ricco mercante inglese, lo istituì subito dopo il suo ritorno da Gerusalemme, dove le madrase costruite intorno a una corte erano un tempo numerose. Questo collegio è considerato il più antico tra quelli che più tardi confluirono nell'Università di Parigi. Il Collège des Dix-Huit e il suo successore, la Sorbona, fondata da Robert de Sorbon circa ottant'anni dopo, verso il 1257, conservarono le caratteristiche distintive dei loro predecessori diretti: la madrasa e, prima ancora, il *vihara*. Tra queste figuravano la dotazione pia che garantiva il sostegno economico agli studenti residenti e ai professori, una biblioteca e la pianta a corte.[51]

Da Parigi, il passaggio ai chiostri e alle corti ben curate di Oxford (che ottenne la sua carta reale nel 1248) e di Cambridge (1264) fu breve.

Alcuni studiosi non esitano a proporre ipotesi più audaci. Christopher Beckwith sostiene che non furono solo l'architettura e le strutture istituzionali a passare dai *vihara* dell'Asia Centrale buddhista alle madrase del Medio Oriente islamico e da lì alle università dell'Europa cristiana, ma anche le idee e i modi di esprimerle. In particolare, una tecnica di dibattito intellettuale – il metodo della disputa ricorsiva – potrebbe aver seguito lo stesso percorso.[52]

Questa forma di contesa accademica tanto peculiare quanto inusuale, fondata su una dialettica rigidamente formalizzata di argomentazione e controargomentazione, fu originariamente sviluppata dagli studiosi buddhisti dell'Asia Centrale. Ne troviamo traccia, ad esempio, nelle opere sanscrite di cui Xuanzang si mise in cerca durante il suo viaggio a Nalanda, come la *Mahavibhasha* o il *Tesoro dell'Abhidharma* di Vasubandhu. Secondo Beckwith, tale metodo raggiunse Baghdad all'epoca dei Barmecidi e, stando a vari studiosi, costituì poi il modello per la forma argomentativa adottata da Ibn Sina, che a sua volta la trasmise ai suoi seguaci tra gli intellettuali di al-Andalus, come Ibn Rushd.

Con la traduzione delle opere di questi due grandi maestri, avvenuta nella Toledo del XII secolo, il metodo approdò infine in Europa. Il trattato *al-Nafs* di Ibn Sina – parte della sua vasta summa, il *Kitab al-shifa,* o « Libro della guarigione » – fu reso in latino con il titolo *De anima* e divenne ben presto celebre e influente. Fu così che il metodo della disputa ricorsiva si radicò nei nuovi centri di insegnamento dell'Occidente, trasformando le forme di scrittura e confronto su temi scientifici, filosofici e teologici.[53]

Le modalità argomentative di Ibn Sina divennero via via una componente essenziale della scolastica aristotelica medioevale, contribuendo a ispirare il metodo dialettico adottato da intellettuali come Abelardo, Tommaso d'Aquino, Alberto Magno e Ruggero Bacone. Non tutti gli studiosi sono però convinti da queste argomentazioni, e la tesi di Beckwith è stata contestata da diversi autori. È certamente possibile che la pianta architettonica a corte centrale e i metodi di dibattito si siano sviluppati indipendentemente nei collegi d'Oriente e d'Occidente. Ciononostante, l'idea di un legame tra essi rimane perlomeno un'ipotesi intrigante.[54]

In quest'ottica, sarebbe possibile individuare un sottile filo conduttore che, attraverso Ibn Sina/Avicenna, collega il metodo dialettico buddhista alla scolastica medioevale delle prime università europee. Se così fosse, lo spettro dei testi buddhisti yogacara tanto cari a Xuanzang potrebbe celarsi sullo sfondo delle idee e degli argomenti fondamentali che hanno contribuito a plasmare il pensiero occidentale nel Medioevo.[55]

Nel XII secolo, i numeri indo-arabi erano noti in Europa da più di cent'anni; eppure, malgrado gli sforzi di papa Silvestro II, il loro utilizzo restava limitato a una ristretta cerchia di eruditi, confinati nei monasteri e nelle nascenti università. A cambiare questa situazione fu Leonardo Bonacci da Pisa (ca 1175-1250), noto come « Fibonacci », probabilmente il più grande matematico dell'Europa medioevale.

Fibonacci trascorse la giovinezza nell'emporio pisano di Béjaïa, nell'odierna Algeria. Suo padre, Guglielmo, membro di una prestigiosa dinastia di mercanti pisani, amministrava i magazzini della colonia e inoltre ricopriva il ruolo di rappresentante commerciale e di ufficiale doganale. Da ragazzo, Fibonacci accompagnò il padre nei suoi viaggi, e proprio a Béjaïa, nel 1185, fu introdotto dai suoi insegnanti arabi al sistema numerico indo-arabo. Studiò anche le più avanzate tecniche contabili in uso tra i mercanti arabi, le stesse che avrebbero poi costituito la base dell'arte italiana della contabilità in partita doppia.[56]

In seguito, Fibonacci viaggiò per il Mediterraneo, proseguendo i suoi studi in Egitto, Siria, Grecia e Spagna, entrando in contatto con mercanti di vari Paesi e osservando i loro metodi aritmetici. Comprese così i numerosi vantaggi del sistema numerico indo-arabo, che, rispetto alle cifre romane ancora ampiamente utilizzate in Europa, rendeva i calcoli molto più agevoli grazie alla notazione posizionale.

Nel 1205 rientrò in Italia insieme al padre e, poco dopo, a soli trentadue anni, compose il *Liber abaci* o « Libro dell'abaco », più propriamente « Libro del calcolo ». Nella Prefazione, Fibonacci scriveva:

> Quando mio padre, scrivano pubblico presso la dogana di Bugia per conto dei mercanti pisani, fu incaricato di dirigerla, essendo io ancora fanciullo mi fece andare presso di lui. Essendosi reso conto dell'utilità e dei vantaggi che me ne sarebbero venuti, volle che vi rimanessi per un certo tempo a studiare l'abaco e su di esso venissi istruito. Ivi fui introdotto a un mirabile insegnamento per mezzo delle nove figure degli Indi ... Con queste nove figure, e con il segno 0 che gli arabi chiamano zephir [*al-sifr*], si può scrivere qualsiasi numero ... La conoscenza di tale arte

molto mi piacque rispetto alle altre ... Considerai [tutto il resto] quasi un errore in confronto al procedimento degli Indi. Pertanto, applicandomi con attenzione a questo metodo, studiandolo con cura, aggiungendovi qualcosa di mio e altro ancora apponendovi delle sottigliezze dell'arte geometrica di Euclide, mi sforzai di comporre questo libro nel modo più chiaro possibile, perché coloro che cercano il sapere vengano istruiti in questo metodo perfetto, e in futuro la razza latina non risulti carente di conoscenze matematiche.[57]

Il libro costituiva il primo resoconto completo e dettagliato in latino del *modus Indorum*, il metodo degli indiani, che Fibonacci considerava superiore persino a quello di Pitagora. Tale metodo introduceva i lettori al sistema di numerazione indo-arabo sviluppato da Khwarizmi e, prima di lui, da Brahmagupta. *Al-sifr* altro non è che la traduzione del termine sanscrito *shunya*, il concetto del «vuoto» che Brahmagupta per primo associò allo zero. Il *Liber abaci* era la prima opera organica e sistematica dedicata all'algebra, alla geometria e alle cifre indo-arabe nell'Europa cristiana.[58]

In un capitolo del libro, Fibonacci proponeva un indovinello sulla crescita di una popolazione di conigli: « Un tale possedeva una coppia di conigli in un'area recintata. Si vuol sapere quanti conigli ne saranno generati in un anno, supponendo che, per sua natura, ogni coppia generi una nuova coppia ogni mese e che, a partire dal secondo mese, anche i nuovi nati inizino a procreare ».[59]

La soluzione, generazione dopo generazione, dava origine a una serie numerica divenuta celebre come la successione di Fibonacci. Questa, a sua volta, era intimamente connessa alla sezione aurea, che Fibonacci riconobbe come un principio ricorrente in natura: la disposizione a spirale delle camere della conchiglia del nautilus, ad esempio, presenta tale rapporto.[60] Il *Liber abaci* contiene la prima descrizione conosciuta della successione di Fibonacci al di fuori dell'India, sebbene fosse già stata descritta da Aryabhata nel VI secolo.

La prima edizione del *Liber abaci*, tuttavia, non raggiunse un vasto pubblico, e lo stesso Fibonacci sembra averla considerata solo un punto di partenza. Continuò a dedicarsi con fervore agli studi matematici, immergendosi completamente nella ricerca, al punto da trascurare gli affari di famiglia e condurre una vita da erudito solitario, rinchiuso nelle sue stanze a Pisa.

Nel 1225, però, la situazione mutò radicalmente quando la sua opera attirò l'attenzione del geniale nuovo imperatore del Sacro Romano Impero, re di Gerusalemme e di Sicilia, Federico II di Svevia, noto con l'appellativo di *Stupor mundi*, la « Meraviglia del mondo ».

Federico II, nipote di Ruggero II, il « Sultano battezzato », ereditò dall'illustre antenato una mente aperta e ricettiva. Statista, filosofo e studioso, era un grande appassionato di ornitologia e parlava fluentemente cinque lingue, tra cui il greco e l'arabo. Il suo carisma straordinario e la sua prontezza di spirito incantavano chiunque, mentre l'audacia delle sue idee non mancava di sorprendere i contemporanei. « Ho trovato che eccelle nelle scienze razionali, » riferiva un ambasciatore arabo « e si distingue tra tutti i Franchi per il talento, l'intelligenza e l'amore per la filosofia, la logica e la medicina ». Un altro osservò: « Era dai tempi di Alessandro [Magno] che non si vedeva nella cristianità un principe simile, non solo per il suo immenso potere, ma per l'abilità con cui ha osato sfidare il papa, il loro califfo ».[61]

Federico amava circondarsi di uomini di genio – arabi, greci, ebrei e latini – e sosteneva con munificenza le ricerche e le traduzioni di eruditi di ogni fede da tutto il Mediterraneo. Ci fu un'occasione in cui, dopo aver commissionato la traduzione di alcune rare opere di Aristotele, Ibn Rushd e Ibn Sina, ne fece inviare copie ai professori e agli studenti delle nascenti università di Parigi e Bologna, accompagnandole con una lettera in cui affermava di aver sempre ricercato la conoscenza, « respirandone instancabilmente il dolce e balsamico profumo ».

Tuttavia, proseguiva, la conoscenza, lungi dal diminuire quando è condivisa, diventa più feconda e duratura: « Per questo non terremo nascosti questi frutti, raccolti con tanto impegno ... Voi, uomini di sapere, che saggiamente attingete acqua fresca da antiche sorgenti ... ne avete pieno diritto. Vogliate, dunque, degnarvi di accettare questi libri come un dono dell'imperatore, vostro amico ».[62]

Tra i consiglieri più fidati di Federico in quegli anni vi era Michele Scoto, giunto a Palermo da Toledo intorno al 1220 per assumere il ruolo di astrologo di corte, recando con sé molti segreti della scienza arabizzata di Castiglia. Fu proprio la sua fama di profeta a valergli l'incarico, e si racconta che, poco dopo il suo arrivo, riuscì a predire con successo l'esito di una guerra contro la Lega Lombarda.[63] Di conseguenza, Federico gli affidò il compito di redigere una descrizione completa dell'universo, « dalle sue fondamenta sino alle sfere più alte del cielo, includendo l'ubicazione del paradiso, del purgatorio e dell'inferno ».

Questa curiosità e ampiezza di vedute erano tratti distintivi di Federico. Una volta chiese a un filosofo ebreo se i riti di purificazione della giovenca rossa, descritti nella Torah, potessero avere radici nelle pratiche induiste – una domanda che probabilmente nessun altro monarca cristiano del suo tempo avrebbe nemmeno concepito. Il suo trattato sulla falconeria si apre con una semplice massima: « Nostra intenzione è far conoscere le cose che sono, come sono ... Si dovrebbe accettare per vero solo ciò che la forza della ragione e la natura dimostrano ».[64]

Sebbene governasse un territorio che si estendeva dal Reno alle coste siciliane, la residenza prediletta di Federico era Palermo. Qui i re di Sicilia mantenevano vasti e splendidi giardini delle delizie, molti dei quali ereditati dai loro predecessori arabi, dove allevavano leopardi e falchi e ospitavano serragli con giraffe, elefanti, cammelli, leoni, linci, scimmie, orsi, pavoni e struzzi.[65] Oltre i giardini si estendevano un lago brulicante di pesci e un parco di caccia ricco di animali come daini e cinghiali. Il viaggiatore ebreo Beniamino di Tudela riferisce che il sovrano amava compiere escursioni « con le sue donne » sul lago del palazzo, a bordo di imbarcazioni decorate d'oro e d'argento.

Intorno a questo straordinario complesso, setaioli arabi continuavano a produrre raffinati tessuti in stile islamico per i nuovi sovrani cristiani, spesso impreziositi da bordure ricamate con iscrizioni in arabo. Maestri artigiani, anch'essi di origine araba, costruirono il soffitto dorato della Cappella Palatina, un capolavoro ligneo a nido d'ape realizzato con la raffinata tecnica del *muqarnas* e decorato con immagini di giocatori di scacchi e musicisti. Al piano superiore, mosaici dorati commissionati da Ruggero II raffigurano coppie di leopardi araldici maculati che si aggirano con passo felpato sotto alberi da frutto, centauri che danzano tra palme e cipressi, leoni dall'aspetto araldico che inseguono cervi dai palchi maestosi e pavoni che si arrampicano sinuosi tra le volute dei tralci ornamentali.

L'imperatore incarnava un modello di tolleranza, curiosità intellettuale e multiculturalismo in un'epoca dominata dall'assolutismo religioso. Essere bollato in certi ambienti clericali come l'anticristo o la bestia dell'Apocalisse non faceva che divertirlo. Alla sua già controversa reputazione presso il clero non giovavano né la presenza di una guardia del corpo composta da arcieri arabi, né l'abitudine di accompagnarsi a un precettore arabo per lo studio della logica, né il fatto che intrattenesse una regolare corrispondenza con i sovrani arabi di Siria, Egitto e Nord Africa, con i quali discuteva di filosofia, religione, algebra, astrologia, matematica e geometria, cercando il supporto dei loro studiosi per chiarire i suoi dubbi sulla natura del mondo e dell'aldilà.[66]

Questo atteggiamento gli derivava in parte dall'essere cresciuto in quel fecondo crocevia delle culture araba, greca e occidentale che era la Sicilia. Proprio qui, nel 1138, il nonno di Federico aveva coniato una moneta che riportava la più antica data ufficiale in Europa espressa non nei tradizionali numeri romani, ma nelle più recenti cifre indo-arabe. Sul dritto della moneta campeggia un busto di Cristo che richiama quello nell'abside della Cappella Palatina. Sul rovescio sono incise quattro righe di testo arabo che recitano: « Per ordine di Ruggero il Magnifico, il Potente per grazia di Dio », seguite dalla data 533 del calendario islamico in numeri indo-arabi.

Alla morte di Ruggero II, il suo tesoriere, Thomas Brown, fece ritorno in Inghilterra, dove prestò servizio come ministro delle finanze sotto Enrico II e tentò di introdurre l'uso dei numeri indo-arabi. Tuttavia, almeno in questa fase, i suoi sforzi non ebbero successo.

Fu solo sotto il regno di Federico II, e grazie al suo incontro con Fibonacci, che questa esotica innovazione indo-araba trovò terreno fertile e iniziò a diffondersi nel resto d'Europa.

Nel 1225, durante una visita a Pisa, Federico viaggiava come di consueto in una carovana popolata di elefanti, giraffe, cammelli e con una voliera di falconi da caccia, oltre ai gioielli della corona e a gran parte della sua biblioteca. Fu in quell'occasione che l'imperatore venne presentato a Fibonacci da uno studioso spagnolo arabofono, tale Dominicus, che si era imbattuto per caso in una rara prima edizione del *Liber abaci.* Dominicus la condivise con l'imperatore, che la lesse tutta d'un fiato.

I due si intrattennero a lungo, discutendo una serie di problemi di geometria e algebra che da tempo assillavano la mente di Federico. Dopo cena, l'imperatore mise alla prova Fibonacci in una sorta di torneo intellettuale, sottoponendogli tre quesiti matematici con l'intermediazione di Dominicus e del suo filosofo di corte, il maestro Giovanni da Palermo. I problemi, di straordinaria complessità, spaziavano dall'algebra alle equazioni cubiche alle frazioni sessagesimali. Con grande stupore di Federico, Fibonacci riuscì a risolverli seduta stante.[67]

Su richiesta dell'imperatore, Fibonacci in seguito trascrisse i quesiti in un libro destinato a Federico e rimase in rapporto epistolare con gli studiosi della sua corte. Tra questi, strinse un legame particolare con Michele Scoto: entrambi erano forestieri, cresciuti lontano dal raffinato ambiente di corte di Palermo, ed entrambi provavano un vivo entusiasmo per le innovazioni scientifiche e matematiche provenienti dall'India e dal mondo islamico. Michele inviò a Fibonacci un commento dettagliato sulla prima edizione del suo manoscritto, corredato di numerose proposte di modifiche e correzioni.[68]

Fibonacci dedicò a Federico il suo successivo trattato, il *Liber quadratorum*. Tre anni dopo, nel 1228, il pisano dedicò a Michele Scoto una versione riveduta del *Liber abaci*, recandosi personalmente in Sicilia per consegnargliela.[69] Nel testo, Fibonacci ringraziava Scoto per tutto ciò che aveva fatto per lui:

> Voi, mio Maestro, Michele Scoto, sommo filosofo, scriveste al mio Signore [Federico II] intorno al libro sui numeri che io, tempo addietro, composi e trascrissi per voi ... In esso esposi l'intera dottrina dei numeri secondo il metodo degli Indi, che in questa scienza tengo per superiore agli altri ... [Ora], ricevuti i vostri giudizi, il vostro esame sottile e accorto, a onore vostro e utilità di molti ho riveduto quest'opera con gran giovamento ... E se in essa si trovasse alcuna mancanza o imperfezione, la rimetto alla vostra correzione.[70]

Fibonacci non aveva alcun motivo di preoccuparsi: l'edizione del 1228 del suo manoscritto fu copiata e ricopiata con entusiasmo per anni, trovando un'accoglienza calorosa sia negli ambienti accademici sia tra i mercanti di tutta Italia. Grazie anche al patrocinio della corte imperiale, l'opera ebbe un impatto significativo sul pensiero e sulla pratica europea. In particolare, sotto l'influenza del pragmatico e concreto Michele Scoto, la seconda parte del libro fu concepita non solo per gli eruditi, ma anche per il pubblico mercantile italiano. Essa illustrava con chiarezza l'utilità e i vantaggi del sistema numerico indo-arabo, applicandolo alla contabilità, alla conversione di pesi e misure, al cambio delle valute e ad altre operazioni essenziali per il commercio.

Il *Liber abaci* forniva inoltre sistemi per convertire le diverse valute e calcolare profitti e interessi, e includeva metodi e algoritmi di calcolo risolvibili con carta e matita, liberando così i mercanti dalla necessità di usare l'abaco e rendendo i calcoli commerciali più rapidi e agevoli. Le sezioni aritmetiche dell'opera, in particolare, finirono per essere insegnate in tutta Italia, offrendo agli studenti non solo le basi dell'algebra e della geometria, ma anche le competenze contabili richieste nel mondo degli affari. Vi furono occasionali battute d'arresto: nel 1299, ad esempio, la città di Firenze vietò temporaneamente l'uso delle nuove cifre, sostenendo che fossero più facilmente alterabili rispetto ai tradizionali numeri romani – bastava modificare uno 0 in un 6 o un 9, ad esempio, per commettere frodi e falsificazioni.[71]

Tuttavia, l'affermazione del nuovo sistema si rivelò inarrestabile. Oggi quegli stessi numeri sono d'uso quotidiano in ogni parte del globo, e costituiscono forse la più compiuta forma di lingua universale che l'umanità abbia mai conosciuto.

Nello stesso periodo in cui le cifre e le nozioni matematiche indiane iniziavano a diffondersi in Europa attraverso il mondo arabo, trasformando per sempre la scienza e la matematica occidentali, in Asia, per ironia della storia, l'influenza della cultura indiana andava rapidamente declinando. Tra l'XI e il XIII secolo, infatti, l'indosfera – quell'area di influenza culturale attiva da oltre un millennio – implose in modo improvviso e drammatico.

L'islam era giunto alle frontiere dell'India pochi decenni dopo la morte del profeta Maometto. Nell'VIII secolo i conquistatori omayyadi edificarono la prima moschea del Sudasia a Banbhore, presso la foce dell'Indo, non lontano dall'odierno aeroporto di Karachi. Quest'area costituì per circa tre secoli il confine tra il mondo islamico e quello indiano.

Nell'XI secolo, piccole comunità commerciali musulmane punteggiavano il Subcontinente. Oltre la frontiera dell'Indo, lungo le zone costiere – soprattutto sulle sponde del Malabar e del Coromandel – cominciarono a sorgere luoghi di culto islamici, spesso edificati sotto il patrocinio di sovrani indù locali. Tra questi spicca la moschea in pietra di Kallupalli a Srirangam, nel Tamil Nadu, datata con certezza al 116 hijri (734 d.C.) grazie a un'iscrizione dell'epoca. Un'altra, situata a Bhadreshvar, nel Gujarat, fu costruita nel 1160. Questi edifici competono con altri tre nel Sud dell'India per il titolo di moschea più antica del Paese.[72]

All'epoca, nel Nord dell'India esistevano già floride comunità islamiche, con moschee congregazionali in città come Gwalior, nel Madhya Pradesh, e santuari sufi sparsi in tutto il Gujarat.[73] Nonostante le sporadiche scorrerie di eserciti arabi e turchi provenienti da oltre l'Indo – tra cui una significativa incursione intorno al 730 d.C., quando un'armata turca «vomitò frecce, mazze e altre armi» prima di essere «fatta a brani dalle lance» dei Chalukya del Gujarat –, queste antiche comunità mercantili islamiche sembrano aver mantenuto rapporti di pacifica convivenza con i loro vicini. Lo stile architettonico di queste prime moschee era spesso indistinguibile da quello dei templi indù e jainisti circostanti.[74]

Nell'XI secolo, tuttavia, questa coesistenza lasciò il posto a una realtà ben diversa. I turchi persianizzati di Ghazni, nell'attuale Afghanistan centrale, attaccarono Lahore nel 1021 e Agra nel 1080.[75] Nel secolo successivo irruppe sulla scena un'altra tribù di allevatori nomadi afghani, i Ghuridi, noti per avere eretto l'imponente minareto di Jam. Rovesciarono i sovrani di Ghazni e conquistarono città persiane di prima grandezza come Herat, Merv e Nishapur.

Nell'ultimo quarto del XII secolo, Muhammad bin Sam, più noto come Muhammad di Ghur, che amministrava la parte orientale del nuovo impero per conto di suo fratello il sultano, lanciò una serie di campagne militari oltre il passo Khyber. Dopo aver annientato gli ismailiti di Multan e i Ghaznavidi di Lahore, rivolse le sue mire contro i Chauhan di Ajmer, un regno indù che ospitava una cospicua popolazione musulmana.

A differenza dei Ghaznavidi, che erano soliti razziare l'India per poi ritirarsi in Afghanistan con il bottino, i Ghuridi si insediarono stabilmente nel Subcontinente, facendo di Lahore la loro base a partire dal 1186. In varie località, le loro armate demolirono i templi dei nemici, reimpiegandone poi le macerie per erigere moschee. Oggi, Muhammad di Ghur è ricordato come uno dei maggiori distruttori di templi della storia dell'India, e nel giro di un secolo le cronache persiane lo avrebbero celebrato come un *ghazi* – un eroe della guerra santa. La realtà, tuttavia, è come sempre più sfumata. Muhammad di Ghur apparteneva a una setta poco nota, i Karramiya, considerata eretica dall'islam sunnita ortodosso, e le sue monete recavano sul rovescio l'immagine della dea indù Lakshmi – un elemento in netto contrasto con la sua fama postuma di implacabile iconoclasta.[76]

Fin dall'inizio, le iscrizioni sanscrite medioevali non definirono gli invasori come islamici, anche perché le comunità locali avevano già una lunga familiarità con i mercanti musulmani insediati tra loro. I nuovi arrivati, invece, venivano descritti in base alla loro identità linguistica ed etnica, entrambe realtà inedite per gli abitanti delle pianure indiane. Solitamente erano chiamati « Signori dei cavalli », oppure *turushka*, cioè « turchi ». Questo fa pensare che all'epoca essi fossero percepiti non tanto in termini religiosi, bensì come gli ultimi di una lunga serie di razziatori nomadi a cavallo provenienti dalle steppe al di là delle montagne.[77] Ciononostante, è indubbio che gli invasori turchi fossero considerati al tempo stesso estranei e fuoricasta, esclusi dal sistema sociale indiano. Né si può sottovalutare il profondo trauma provocato dalle loro scorrerie e conquiste.

Nel 1192, dopo alcuni rovesci iniziali, i turchi sconfissero i Chauhan nella decisiva Seconda battaglia di Tarain. Stando al resoconto dello storico coevo Firishta, trecentomila Chauhan supportati da tremila elefanti furono travolti e dispersi da un'élite di diecimila arcieri turchi a cavallo. Più tardi, i turchi conquistarono l'avamposto chauhan di Delhi e, da ultimo, catturarono e decapitarono il loro sovrano, Prithviraj Chauhan.[78]

Lo scontro tra Prithviraj e i turchi è il tema centrale di un poema epico dell'epoca, il *Prithvirajavijaya*, composto dal bardo Jayanaka. Il poema descrive con vivido realismo l'orrore provato dalle classi dominanti dell'India settentrionale di fronte all'avanzata di questi invasori.[79] Esso si apre evocando i profanatori che violano i sacri recinti del lago di Pushkar, mentre il bardo si rivolge a Vishnu con queste parole:

Le tue lacrime di gioia, che formano i fiumi Narmada
e Yamuna, un tempo confluivano a Pushkar.
Ma ora vi scorrono incessanti solo i fetidi miasmi
dei Ghuridi che dimorano nei paraggi.

Un tempo, le cortigiane celesti sorridevano maliziose
perché Shaci aveva loro interdetto le acque di Pushkar,
affinché lei sola – la diletta di Indra – vi si bagnasse.
Ora vi si tuffano le spose mestruanti di questi uomini immondi.[80]

Per Jayanaka, i nuovi arrivati erano rozzi filistei. Il poeta lamenta il loro totale disinteresse per le regole consacrate del rituale e della cortesia. Persino la loro dieta e, soprattutto, la loro lingua, erano aliene e sgradevoli: «Stridula come il grido degli uccelli selvatici ... zeppa di suoni aspri».

Per secoli, chiunque fosse giunto in India da terre straniere aveva aspirato a padroneggiare la complessa grammatica del sanscrito, «la lingua degli dèi nel mondo degli uomini». Ora, con sgomento del poeta, nel cuore dell'India erano giunti invasori incolti e distruttivi, privi di ogni senso della bellezza e del decoro, che non solo sovvertivano l'ordine politico, ma minacciavano l'esistenza stessa della civiltà.

Tra il XII e il XIV secolo, i turchi proseguirono la loro opera di conquista e insediamento. Nel 1323, grazie alla loro superiore tecnologia militare – arcieri a cavallo equipaggiati con staffe di ferro e selle pesanti, e appoggiati da nuove macchine d'assedio come il trabucco –, i turchi avevano ormai instaurato un sultanato che si estendeva fino a Madurai, nell'estremo Sud della penisola. Altri sultanati si spartivano il resto del Subcontinente, dal Gujarat a ovest fino al Bengala a est.[81]

Queste conquiste furono spesso segnate da violenze e dalla sistematica distruzione di siti sacri induisti, jainisti e buddhisti. Nella futura capitale del Sultanato di Delhi, il generale schiavo Qutb al-Din Aybak fece demolire ventisette templi per innalzare il Qutb Minar. Ancora più drammatica fu la distruzione inflitta ai pochi monasteri buddhisti rimasti nel Bihar.

Il destino di Nalanda è tuttora oggetto di accese discussioni. Il sito era in declino da secoli, e gli scavi archeologici mostrano tracce di ripetuti incendi, alcuni dei quali risalenti di certo a epoche anteriori all'arrivo dei turchi.[82]

Ad ogni modo, il monaco tibetano Dharmasvamin, che visitò Nalanda nel 1235, descrive i soldati *turushka* aggirarsi tra le macerie, mentre lui e il suo guru restavano nascosti in un monastero abbandonato.[83] Esistono prove che Nalanda abbia continuato a operare, seppur in forma drasticamente ridotta, fino agli inizi del XIV secolo, quando gli ultimi monaci tibetani si recarono tra le sue rovine per studiare filosofia. A quell'epoca, solo due piccoli *vihara* – su quattordici monasteri maggiori e ottantaquattro minori – risultavano ancora attivi, forse ricostruiti. Vi risiedevano settanta docenti, che continuavano a trasmettere i propri insegnamenti agli studenti dopo avere raggiunto un qualche tipo di accordo con i nuovi dominatori turchi. Il monastero riceveva ancora il modesto sostegno di alcuni ricchi mercanti e di Buddhasena, raja del Magadha, che era rimasto al potere dopo avere accettato la sovranità dei sultani di Delhi. Stando a un'iscrizione coreana, il monaco Dhyanabhadra, originario del Bihar, fu ordinato a Nalanda nel XIV secolo, prima di assumere un incarico alla corte dell'imperatore mongolo Kublai Khan.[84]

Non vi sono dubbi, invece, su ciò che accadde al grande

monastero di Odantapura, vicino a Nalanda. Nel 1202, lo stesso anno in cui il giovane Fibonacci rientrava dall'Algeria in Italia, le truppe turche guidate da Bakhtyar Khalji assaltarono il monastero, che era una fondazione reale. Dopo averne massacrato i residenti, rinvennero una montagna di manoscritti, custoditi in una delle torri monastiche. «Un vasto bottino cadde nelle mani dei vincitori» annota un cronista. «Gli abitanti del luogo erano brahmani dalla testa rasata. Furono messi a morte. Nel monastero vennero trovate enormi quantità di libri; quando i maomettani li videro, cercarono qualcuno che gliene spiegasse il contenuto. Ma tutti gli uomini erano stati uccisi e non restava più nessuno in grado di leggerli. Soltanto allora si scoprì che la rocca e l'intera città erano, in realtà, luoghi di insegnamento».[85] I turchi trasformarono il monastero in una fortezza, presidiata da soldati e posta sotto il comando di un loro generale.[86]

Una sorte analoga toccò al vicino monastero di Vikramashila, divenuto il principale centro di studi del buddhismo tantrico. Nel XIII secolo, «di esso non restava più traccia: i soldati *turushka* lo avevano raso al suolo, gettandone le pietre di fondazione nel Gange».[87] Anche in questo caso, alcuni studiosi riuscirono a fuggire in Nepal e in Tibet, portando con sé una parte dei testi della biblioteca. Tra loro vi era l'ultimo abate di Vikramashila, che nel 1204 giunse in Tibet con i manoscritti che era riuscito a salvare.

Nonostante queste sporadiche sopravvivenze e i tentativi di recupero, la perdita delle collezioni manoscritte custodite in queste grandi istituzioni di sapere rappresenta una catastrofe per la civiltà, paragonabile all'incendio della Biblioteca di Alessandria. Secoli dopo, lo storico tibetano Taranatha non nutriva dubbi sulle conseguenze di quelle razzie: «La Legge» scrisse «rischiò di estinguersi completamente» nell'Hindustan.[88]

La sistematica profanazione dei monumenti induisti, jainisti e buddhisti proseguì in tutta l'India tra il XIII e il XIV secolo. Diversi tra i primi sultani turchi, animati da un fervente spirito iconoclasta, si premurarono di costruire le proprie moschee utilizzando le macerie dei templi distrutti. In alcune di esse si distinguono ancora oggi le sculture mutilate dei loro predecessori induisti e jainisti.

Durante il periodo nehruviano, tra gli anni Cinquanta e i primi Sessanta, i testi scolastici indiani e gran parte della storiografia accademica furono redatti da autori di sinistra vicini al Congresso. Questi storici tendevano a minimizzare la violenza e l'iconoclastia associate alle invasioni turche, in parte nell'interesse di quella che consideravano un'opera di « costruzione della nazione » dopo le terribili violenze interreligiose della Partizione. Oggi, sotto il governo di destra del BJP, si assiste al fenomeno opposto: la distruzione dei templi induisti è diventata per molti indiani l'unico aspetto conosciuto del ben più complesso e affascinante periodo medioevale della storia indo-islamica.

Si può tuttavia affermare che un altro grande evento della storia mondiale abbia avuto un impatto altrettanto devastante sull'indosfera, contribuendo al contempo a segnare la fine dell'Età dell'Oro dell'influenza economica e culturale dell'India antica.

Tra il 1219 e il 1221, Temujin (« il Fabbro »), più noto come Gengis (o Chinggis) Khan, il fondatore dell'Impero mongolo, si abbatté sulle terre centroasiatiche dei Ghuridi, mettendo a ferro e fuoco le grandi città carovaniere della regione. A quell'epoca, Gengis aveva già annientato il più grande e potente esercito del mondo, quello della dinastia Jin, che allora governava la Cina. Gli invasori, « innumerevoli come locuste » e « rivestiti di pelli di cane e di topo », si dimostrarono inarrestabili. « Vennero, aggredirono, bruciarono, uccisero, saccheggiarono e ripartirono ». I mongoli, annotò un altro cronista, « non risparmiarono nessuno: trucidarono donne, uomini e bambini, squarciarono il ventre delle donne incinte e uccisero i nascituri ». Anziani, donne, bambini, bestiame e persino i cani: tutti furono massacrati. Una città-fortezza nell'Afghanistan centrale, che conobbe tale sorte, è ancora oggi conosciuta come la Città delle Urla.

Dalla Cina, i mongoli portarono con sé le più avanzate tecnologie d'assedio e d'artiglieria dell'epoca: enormi catapulte di straordinaria potenza, macchine incendiarie e balestre giganti. Avevano anche appreso l'uso della polvere da sparo cinese per proiettili ed esplosivi – un'arma terrificante, mai vista prima in quelle regioni.[89] Intere città furono rase al suolo, intere popolazioni sterminate. Secondo una fonte, nella sola Merv furono passate a fil di spada un milione e trecentomila persone.[90]

Gengis Khan aveva senza dubbio l'intenzione di invadere e saccheggiare l'India, ma il Subcontinente fu risparmiato da un evento fortuito. Gengis non temeva nulla di umano, ma nel 1224, nei pressi di Multan, si imbatté in un rinoceronte, che interpretò come un presagio demoniaco di sventura. Decise così di dirottare il suo esercito verso ovest, in direzione della Crimea e della Russia.[91] L'India scampò all'invasione mongola, ma le ripercussioni delle campagne di Gengis ne avrebbero comunque trasformato il volto per sempre.[92]

Decine di migliaia di rifugiati persofoni si riversarono, in preda al terrore, dalle città dell'Asia Centrale nelle pianure intorno a Delhi.[93] Quando il polverone si posò, Delhi era diventata una delle metropoli più grandi del mondo e il cuore di un sultanato cosmopolita e culturalmente persianizzato. La città si arricchì di prestigiose madrase animate da studiosi, *shaykh*, artigiani e poeti in fuga dall'Asia Centrale. Il sanscrito e i suoi derivati vernacolari – la khari boli, l'antico punjabi e la braj bhasha – rimasero in uso, ma la lingua dominante della corte, della diplomazia e della cultura era ormai il persiano.[94]

I versi composti a Delhi nel XIII secolo continuavano a essere letti fino in Asia Centrale, e le opere di Bedil e Jamali erano celebrate per la loro bellezza. Tuttavia, quei versi non erano più scritti in sanscrito, ma nel persiano di corte. Allo stesso modo, sebbene mercanti, letterati e altri migranti indiani continuassero a diffondere le proprie idee religiose nel Sud-Est asiatico, queste non erano più le dottrine del Buddha o le concezioni indù della regalità. Nel

XIV secolo, invece, erano i mistici sufi del Gujarat a portare il loro messaggio a Giava e nelle isole dell'Indonesia. Così, per ironia della sorte, l'ultimo grande contributo culturale che l'India esportò lungo la Via dell'Oro verso il Sud-Est asiatico fu l'islam. Oggi, proprio grazie a questa attività, l'Indonesia conta più musulmani dell'intero mondo arabo.[95]

Un aspetto decisivo delle conquiste mongole fu la distruzione delle antiche reti commerciali. L'India si trovò tagliata fuori dal vasto Impero mongolo e isolata dai suoi vicini settentrionali, con i quali era spesso in guerra. Nei secoli successivi, i vari sultanati e regni indiani seguirono un percorso di sviluppo relativamente autonomo.[96] Contemporaneamente, la Pax Mongolica creò per la prima volta un collegamento diretto tra il Mediterraneo e il Mar della Cina, unificando gran parte dell'Asia sotto l'autorità di un unico khan, l'imperatore mongolo, e della sua rete di re vassalli. Al posto della Via dell'Oro, incentrata sul commercio marittimo indiano e alimentata dai venti monsonici stagionali, emerse una nuova rete commerciale terrestre, che privilegiava il trasporto delle merci via terra, attraverso i deserti dell'Asia Centrale ora riuniti sotto un unico dominio.

In precedenza, le merci avevano percorso questa rotta solo a tappe, passando di mano in mano in una sorta di staffetta mercantile. Tuttavia, le numerose frontiere politiche avevano sempre ostacolato il commercio transcontinentale su larga scala tra il Mediterraneo e il Mar della Cina. Le conquiste mongole abbatterono queste barriere, creando per la prima volta le condizioni per un corridoio commerciale continuo. Fu lungo questa via che Marco Polo, tra il 1271 e il 1275, raggiunse la corte di Kublai Khan nel suo epico viaggio da Venezia a Gerusalemme e, attraverso il Pamir, fino a Xanadu, la residenza dell'imperatore mongolo.

La via terrestre percorsa dal veneziano restò senza nome fino al 1877, quando un geografo tedesco coniò il termine *die Seidenstraßen*: « le Vie della Seta ».

Nonostante le carneficine iniziali, l'India riuscì infine ad assimilare e a trasformare i nuovi arrivati turchi, così come aveva fatto in passato con altri invasori provenienti dall'Asia Centrale, come gli Shaka e i Kushana. Nel giro di alcuni secoli, dall'incontro di questi due mondi nacque una civiltà ibrida indo-islamica, caratterizzata da lingue miste come il deccani e l'urdu, che combinavano i vernacoli indiani di origine sanscrita con elementi lessicali turchi, persiani e arabi.

Già nel 1264 un'iscrizione bilingue su una moschea appena costruita a Veraval, nel Gujarat, non lontano dal grande tempio induista di Somnath, offre l'immagine di una città in cui questi due mondi intrecciavano legami sempre più stretti. Il testo persiano fa riferimento alla divinità venerata nella moschea come Allah e descrive il suo patrono come «il sultano dei marinai, il sole dell'islam e dei musulmani». Il testo sanscrito, invece, identifica la divinità della moschea come Vishvanatha («Signore dell'universo»), Shunyarupa («Colui la cui forma è il vuoto») e Vishvarupa («Colui che ha molte forme»), mentre il patrono musulmano è definito *dharmabandhava* – «sostenitore del *dharma*», l'ordine cosmico che regola la giustizia e il dovere morale secondo il pensiero classico indiano.[97]

Un mondo analogo emerge dall'iscrizione in sanscrito incisa da un brahmano nel 1276 sul pozzo che un proprietario terriero indù fece scavare a Palam, nei pressi di Delhi. Dopo avere reso omaggio a Ganesha e Shiva, il brahmano esalta il nuovo sultano, Balban, per avere garantito al suo popolo una stabilità e una prosperità tali che persino Vishnu, scrive, «sgravato da ogni affanno, riposa sereno sull'oceano di latte», protetto dal serpente Shesha. Almeno per lui, Balban non era altro che un successore dei rajput Tomar e Chauhan che lo avevano preceduto: nell'iscrizione non vi è traccia di una radicale trasformazione culturale.

Ciò è confermato dagli scritti di Ziya al-Din Barani, intellettuale musulmano di orientamento conservatore, che si dice inorridito dal fatto che il sultano Balban «non solo permetta, ma addirittura si compiaccia che infedeli, politeisti, idolatri e adoratori di sterco di vacca costruiscano case grandi come palazzi [a Delhi] ... I musulmani mendicano alle loro porte; e nella capitale dell'islam ... gli infedeli praticano apertamente i loro costumi, venerano pubblicamente i loro idoli ... li adornano e celebrano le loro festività al suono di tamburi e *dhol*».[98]

Il poeta, compositore, cortigiano e intellettuale poliglotta indiano Amir Khusraw (1253-1325) rappresenta per molti versi il simbolo della confluenza tra queste due culture apparentemente contrapposte. Figlio di un padre del Khurasan e di una madre di Delhi, Khusraw è considerato il primo ad aver conferito alla cultura islamica dell'India una sua identità specifica, fondendo la musica classica indiana e il misticismo islamico con l'invenzione del *qawwali*, il canto devozionale dei sufi. Fu inoltre una figura chiave nella fioritura letteraria della lingua hindavi, dalla quale sarebbero emerse in seguito sia l'hindi sia l'urdu. Come scrisse lui stesso:

> Non vi è più opposizione tra turco e indù,
> poiché l'Hindustan si è fuso con il Khorasan.[99]

Il periodo successivo della storia indiana si caratterizzò per un'interazione complessa, multilinguistica, plurale e sincretica tra le culture persiana e sanscrita. Il persiano divenne la lingua predominante delle corti e della diplomazia, ma il sanscrito e i suoi derivati vernacolari conservarono un ruolo di primo piano, mantenendo intatta la loro influenza. In questo nuovo mondo, i racconti e i miti sanscriti continuarono a essere letti, trasmessi e amati, mentre le storie del sommo poeta persiano Ferdowsi, come quella di Khusraw e Shirin, iniziarono a convivere con gli eroi del *Mahabharata*, come i Pandava e i Kaurava.[100] Fu sempre in questo periodo che il samosa (dall'uzbeko *sams*) e il naan giunsero nell'India settentrionale dall'Asia Centrale.

Per diversi secoli, l'India non fu più solo il cuore pulsante di quello che restava della cosmopoli sanscrita, ma divenne anche parte integrante di una civiltà transregionale persianizzata, dominata dalla lingua e dalla cultura persiana e unificata da un canone testuale condiviso, che si diffuse progressivamente in gran parte dell'Asia occidentale. All'inizio del XVIII secolo, l'India era probabilmente il principale polo culturale al mondo per il patrocinio, la produzione e lo studio della letteratura persiana, con un numero stimato di persone alfabetizzate in persiano sette volte superiore a quello dell'Iran stesso.[101]

Sovrani moghul come Akbar (1542-1605) e Dara Shikoh (1615-1659) promossero ambiziosi programmi di traduzione dei testi sacri sanscriti. Il primo manuale illustrato di posture yoga fu realizzato ad Allahabad (oggi Prayagraj) per Jahangir, la cui corte commissionò anche le traduzioni persiane dei grandi poemi epici *Mahabharata* e *Ramayana*. Parallelamente, nel resto del Subcontinente i romanzi d'amore persiani, come il *Layla wa Majnun* di Nizami e lo *Yusuf wa Zulaykha* di Jami, vennero tradotti in diverse lingue indiane.[102] Dara Shikoh compose addirittura un singolare trattato sul rapporto tra l'induismo e l'islam, *La congiunzione dei due oceani*, in cui metteva in luce le affinità tra le due fedi e sosteneva l'origine vedica del Corano.

Ibrahim 'Adil Shah II, sultano di Bijapur nel Deccan e quasi contemporaneo di Akbar, portò questa tendenza alle sue estreme conseguenze. All'inizio del suo regno, Ibrahim smise di indossare gioielli e adottò invece il *rudraksha*, il tipico rosario dei *sadhu* indù. Visitava sia i templi shivaiti sia i monasteri degli yogin Nath e padroneggiava il sanscrito meglio del persiano. Secondo uno storico dell'arte, « è difficile definirlo musulmano o indù; piuttosto, nutriva un'ammirazione estetica per la bellezza di entrambe le culture ».[103]

Nei suoi canti, Ibrahim impiega una lingua fortemente sanscritizzata per rendere omaggio, con pari devozione, a Sarasvati, la dea indù della conoscenza, al profeta Maometto e al santo sufi Gisudaraz di Gulbarga. Nel canto cinquantasei, in particolare, il musulmano Ibrahim arriva a presentarsi quasi come una divinità indù: « Indossa una veste color zafferano, i suoi denti sono neri, le unghie rosse ... e ama tutti gli esseri senzienti. Ibrahim, il cui padre è il dio Ganesha e la cui madre è Sarasvati, porta al collo un rosario di cristallo ... e ha un elefante per veicolo». Il suo titolo sanscrito prediletto era *Jagadguru*, «Maestro del mondo». Promosse la convivenza tra induisti e musulmani in un'atmosfera culturale eterodossa, attrasse alla sua corte cosmopolita artisti persiani, africani ed europei e fece della meritocrazia e del mecenatismo artistico i pilastri del suo governo illuminato.

Questo processo di integrazione, peraltro, si svolse in entrambi i sensi. I grandi raja induisti di Vijayanagara si definivano «sultani tra i re indù» e adottarono elementi dell'abbigliamento islamico, come le tuniche persiane di seta cinese, dette *qaba*, e l'alto copricapo di broccato persiano senza tesa, noto come *kulah*.[104] Allo stesso tempo, l'imperatore moghul Akbar scelse una dieta vegetariana e si fece tagliare i capelli alla maniera degli asceti religiosi. Abolì la tassa sui pellegrinaggi verso le istituzioni religiose non islamiche, eliminò la *jizya* (il testatico imposto ai non musulmani) e proibì l'uccisione delle vacche e dei pavoni. Inoltre, concesse generose donazioni fondiarie ai templi induisti, tra cui trentacinque nella sola regione di Braj, la terra natale del dio Krishna.

In Europa, l'uso sempre più ampio dei numeri indiani (o indo-arabi) favorì lo sviluppo della contabilità e dell'attività bancaria, inizialmente in Italia, sotto dinastie come i Medici, e successivamente nel resto del continente. Queste innovazioni contribuirono a innescare la rivoluzione commerciale e bancaria che finanziò il Rinascimento e, con la loro progressiva diffusione, alimentarono l'ascesa dell'Europa, sospingendola infine nuovamente verso le ricchezze dell'India, la fonte originaria di quegli stessi saperi.

Tre secoli dopo Fibonacci, il matematico perugino Luca Pacioli (1447-1517) rinvenne a Venezia un manoscritto del *Liber abaci* e lo incluse nella sua *Summa de arithmetica*. Conosciuto come «il padre della ragioneria» per il suo ruolo nella diffusione della contabilità in partita doppia, Pacioli è in realtà una figura molto più interessante di quanto tale etichetta lasci intendere: fu amico intimo dell'architetto ed erudito universale Leon Battista Alberti e, per un breve periodo, condivise una casa con Leonardo da Vinci. La *Summa* di Pacioli, un vasto compendio di matematica scritto in italiano, raccoglieva in un unico volume le idee di Euclide, Khwarizmi e Fibonacci. Quest'opera fondamentale fu pubblicata in una delle prime tipografie veneziane nel 1494, appena quattro anni prima che Vasco da Gama sbarcasse a Calicut, per poi bombardarla, inaugurando l'èra del colonialismo europeo e prendendo il controllo del commercio delle spezie, che un tempo aveva riversato sull'India le immense ricchezze dell'Impero romano.[105] È una delle grandi ironie della storia il fatto che l'India abbia fornito all'Europa gli strumenti finanziari e commerciali con cui quest'ultima l'avrebbe in seguito assoggettata.

In effetti, furono probabilmente l'abilità e l'intraprendenza commerciale degli europei, non meno della loro superiorità militare, a garantire all'Europa il predominio sull'India. Dalla metà del XVIII secolo, una società commerciale europea, la Compagnia delle Indie Orientali, amministrata da mercanti e ragionieri della city di Londra con i loro meticolosi registri contabili, si lanciò alla conquista di un'India frammentata e divisa, perpetrando quello che può essere considerato il più grande atto di violenza aziendale della storia.[106]

Fu sempre la Compagnia delle Indie Orientali a mettere fine all'èra della coesistenza tra sanscrito e persiano, durata quasi ottocento anni, fin dai tempi di Amir Khusraw. Soltanto allora, infatti, agli inizi del XIX secolo, il prestigio del persiano iniziò a declinare, mentre l'inglese ne prese gradualmente il posto come lingua dell'amministrazione, della diplomazia e dell'istruzione, trascinando l'India, volente o nolente, nell'orbita dell'anglosfera.[107]

Oggi, a oltre tre quarti di secolo dall'indipendenza dalla Gran Bretagna, molti ritengono che per l'India sia nuovamente giunto il suo momento: che essa stia riconquistando il suo ruolo storico di fulcro del commercio globale, ponte tra Oriente e Occidente e crocevia di civiltà. Mai prima d'ora l'India era stata tanto unita e centralizzata sul piano politico. La sua economia si è quadruplicata nell'arco di una sola generazione.

La sua fama come centro d'eccellenza in ambito matematico e scientifico perdura tuttora, e gli ingegneri informatici indiani trovano sempre più spazio nelle moderne Case della Sapienza della Silicon Valley. Le sole incognite riguardano chi, alla fine di questo secolo, dominerà il mondo – se l'India, la Cina o gli Stati Uniti – e quale volto avrà allora l'India. Già ora, mentre scrivo queste righe, il Paese conta la popolazione più numerosa del pianeta ed è fermamente avviato a diventare la terza superpotenza economica globale. Ha già superato il Regno Unito e, nel prossimo decennio, è destinato a sorpassare anche Germania e Giappone.

La storia insegna che l'India ha conosciuto i suoi momenti di maggiore creatività e influenza quando è stata più connessa, plurale, ibrida, aperta e ricettiva verso le idee provenienti dai suoi vicini; quando ha incarnato la coesistenza, anziché lo scontro, tra civiltà. Il suo più grande talento risiede nella capacità di assorbire le influenze esterne e trasformarle in modi radicali, creativi, eterodossi e innovativi; di reinventarsi e reincarnarsi senza mai smarrire la propria identità. È qui che si rivela la sua vera forza.

Per oltre un millennio, le idee dell'India si propagarono lungo la Via dell'Oro al seguito dei suoi mercanti, trasformando il mondo e dando origine a un'indosfera: un'area culturale che travalicava i confini politici, paragonabile al mondo ellenizzato forgiato da Alessandro Magno, con la differenza che l'espansione indiana non avvenne con la spada, ma con la sola forza delle idee. All'interno di quest'area, la cultura e la civiltà indiane lasciarono un'impronta profonda su tutto ciò con cui entrarono in contatto.

Si affaccia così una domanda che nel 1947, anno dell'indipendenza dalla Gran Bretagna, sarebbe parsa impensabile: potrebbe riuscirci ancora?

NOTE

INTRODUZIONE. L'INDOSFERA

1. Xuanzang, *The Great Tang Dynasty*, p. 41.

2. Huili Sramana e Yancong Shi, *A Biography of the Tripiṭaka*, pp. 94-95.

3. Fogelin, *An Archaeological History*, pp. 204-205.

4. Xuanzang, *The Great Tang Dynasty*, p. 250.

5. Wang Xiang, *From Nālandā to Chang'an*, p. 210.

6. Pollock, *The Language of the Gods*, p. 123.

7. C'è una precisazione importante da fare riguardo all'idea che l'indosfera, estesa dall'Hindu Kush al Pacifico, non sia mai stata riconosciuta come una regione omogenea: i primi scrittori arabi compresero chiaramente l'unità di questa superficie terracquea, e le diedero anche un nome: al-Hind, che indica tutto ciò che si trova a est del fiume Indo.

8. Amrith, *Crossing the Bay of Bengal*, pp. 8-14.

9. Cobb, *Rome and the Indian Ocean Trade*, p. 139.

10. Muthukumaran, *The Tropical Turn*, p. 26.

11. *Loc. cit.*

12. Plinio sembra qui riferirsi ad argento per un controvalore di cinquantacinque milioni di sesterzi. Va notato che le fonti danno cifre diverse – Cobb, per esempio, parla di cinquanta milioni. I numeri sono notoriamente instabili nella trasmissione testuale. Si ve-

da la discussione in Ray, *The Archaeology of Seafaring*, p. 170; Abulafia, *The Boundless Sea*, p. 109; Robin, *The Date*, p. 46; De Romanis, *Rome and the «Nótia» of India*, pp. 84-85, 97; Evers, *Worlds Apart*, pp. 52, 68.

13. *The Geography of Strabo*, p. 455. Si vedano anche Parker, *The Making*, p. 179; Wilkinson, *Oikumenisation*, p. 144; Evers, *Worlds Apart*, pp. 140-41; Turner, *Spice*, p. 59.

14. Andrew Wilson, membro dell'All Souls College di Oxford e direttore del Roman Economy Project, ha affermato che « con cento carichi di questo tipo all'anno (una stima prudente, poiché Strabone, un secolo prima, parlava di centoventi navi in partenza da Myos Hormos per l'India ogni anno), le entrate doganali derivanti dal solo commercio di importazione attraverso il Mar Rosso sarebbero potute ammontare forse a un quarto o a un terzo dell'intero bilancio militare dell'Impero », Wilson *et al.*, *A Forum on Trade*, pp. 287-320. Si vedano anche Cobb (a cura di), *The Indian Ocean Trade*, pp. 121, 134; McLaughlin, *The Roman Empire and the Indian Ocean*; McLaughlin, *The Roman Empire and the Silk Routes*; Evers, *Worlds Apart*, p. 108.

15. Howard-Johnston, *The India Trade*, pp. 287, 294-95. Sidebotham, *Berenike*, pp. 259-82. Agli inizi del VI secolo, Procopio osservava che era « impossibile per gli etiopi acquistare seta dagli indiani, dato che i mercanti persiani si insediano sempre nei porti in cui le navi indiane approdano per prime (poiché essi abitano nel Paese confinante) e sono soliti acquistarne l'intero carico » (*La guerra persiana*, 1, 20, 12). Tuttavia, il medesimo passo conferma che le navi indiane continuavano a salpare verso i porti dell'Oceano Indiano occidentale.

16. Abraham, *Two Medieval Merchant Guilds*; Mukund, *Merchants of Tamulakam*; Munoz, *Early Kingdoms*, pp. 122-23. Si veda anche McKinnon, *Merchant Guilds.*

È probabile che la caccia all'oro fosse il principale motivo della presenza indiana nel Sud-Est asiatico, ma sicuramente non fu l'unica ragione della marcata svolta verso oriente che si osserva tra il 400 e il 550 d.C. Vi sono prove archeologiche della lavorazione dell'oro da parte di artigiani indiani nel Sud-Est asiatico già a partire dagli ultimi secoli a.C., pertanto non vi era nulla di inaudito nell'interesse degli indiani per l'oro di quell'area. Tuttavia, l'entità dei contatti tra la costa orientale dell'India e il Sud-Est asiatico in questo periodo aumentò enormemente.

Il fenomeno proseguì nei secoli seguenti. Dopo l'incursione dei Chola nel 1025, si hanno prove certe di prospezioni aurifere da parte dei tamil nell'entroterra di Sumatra. Si veda McKinnon, *Mediaeval Tamil Involvement.*

17. Sureshkumar Muthukumaran sottolinea come gran parte del commercio antico tra l'Egitto e il Mekong fosse in mano a mercanti tamil: «L'ingresso di Roma nell'Oceano Indiano alla fine del primo millennio a.C. coincise inoltre con l'emergere di nuovi vettori commerciali panoceanici, in particolare i tamil del profondo Sud dell'India e del Nord dello Sri Lanka, il cui invio di ambascerie a Roma all'epoca di Augusto suggerisce un loro precedente coinvolgimento nell'Oceano Indiano occidentale. Dati archeologici ed epigrafici in scrittura brahmi tamil dei primi secoli d.C. indicano che le comunità mercantili tamil operavano dallo Stretto di Malacca, nel Sud-Est asiatico, sino alla frontiera egiziana del Mar Rosso, una rete commerciale estesa su oltre settemila chilometri – una scala fino allora impensata. Come altre comunità mobili, i mercanti e i coloni tamil trasportavano prodotti vegetali sia come merci di scambio, sia per il consumo personale. I macro-resti di cocco, riso, pepe e fagioli mung rinvenuti nei porti romani di Berenice e Myos Hormos sul Mar Rosso (I secolo d.C.), e di fagioli mung e kulthi a Khao Sam Kaeo nel Sud della Thailandia (ca 300 a.C.), sono stati interpretati come alimenti trasportati da marinai e mercanti tamil ad uso personale». E aggiunge: «Iscrizioni in brahmi tamil [sono state scoperte] a Phu Kao Thong (II secolo d.C.) e Khuan Luk Pat (III secolo d.C.) nel Sud della Thailandia, a Khor Rori in Oman (I secolo d.C.) e a Berenice e Quseir al-Qadim lungo la costa egiziana del Mar Rosso (I secolo d.C.). Ceramiche dell'India meridionale risalenti agli ultimi secoli a.C. e ai primi d.C. sono state rinvenute dalla regione del Mar Rosso fino all'Indonesia». Muthukumaran, *The Tropical Turn,* p. 104.

18. Saran e Khanna, *The Ramayana in Indonesia,* pp. 20-21. Hoogervorst, *Southeast Asia,* pp. 17-18, 23. Wink, *Al-Hind,* vol. I, pp. 336-37.

19. Rajan, *Emergence of Early Historic Trade,* pp. 190-91, e Guy, *Tamil Merchants and Hindu,* pp. 248-50. Selvakumar, *Material Evidence.*

20. Muthukumaran, *The Tamil Diaspora,* p. 29.

21. Miksic, *Introduction: The Beginning of Trade,* pp. 18-19. Un'analoga profusione di ornamenti d'oro è stata rinvenuta in antichi siti thailandesi, come Phu Khao Thong; si veda Chaisuwan, *Early Contacts,* pp. 90-91.

22. Folz, *Religions of the Silk Road*, p. 54.

23. Mannikka, *Angkor Wat*, p. 1.

24. Plofker, *Mathematics in India*, p. 317.

25. Burnett, *Fibonacci's Method*, p. 87.

26. Lévi, *L'Inde civilisatrice*, cit. in Coedès, *The Indianized States*, p. XVI; e cit. in Kwa Chong-Guan (a cura di), *Early Southeast Asia Viewed from India*, pp. XXII, XXXVIII.

27. Raghavan, *Temptations*.

28. Majumdar, *Hindu Colonies*, p. 27.

29. Cit. in Kwa Chong-Guan, *Early Southeast Asia*, p. XXX.

30. *Ibid.*, p. XVI.

31. Comunicazione personale di Éric Bourdonneau. Si vedano anche Manguin, Mani e Wade (a cura di), *Early Interactions*; Guy (a cura di), *Lost Kingdoms*, p. 3.

32. Sulla storiografia della Grande India, si veda Raghavan, *Etched in Stone*. Si vedano anche Kulke, *History of Precolonial India*, pp. 267-71, e Bayly, *Imagining « Greater India »*, pp. 703-44. Due storici occidentali che hanno fatto i salti mortali per minimizzare l'influenza indiana nel Sud-Est asiatico sono Claude Jacques e Michael Vickery.

33. Acri e Sharrock (a cura di), *The Creative South*, p. 4.

34. Diamond, *Yoga*.

35. Richthofen era il nonno dell'asso dell'aviazione della prima guerra mondiale noto come il « Barone Rosso », che portava lo stesso nome. Non tutti concordano sul fatto che sia stato lui a coniare il termine, e negli ultimi tempi è stato suggerito che fosse già corrente negli studi accademici e che Richthofen si sia limitato a renderlo popolare. Si vedano Mertens, *Did Richthofen Really Coin « the Silk Road »?*; Chin, *The Invention*; Wen Xin, *The King's Road*.

36. Gli scritti di Richthofen, incluso il suo rilevamento geologico della Cina in più volumi, aiutarono la conquista coloniale tedesca del porto nord-orientale di Qingdao. Si veda Chin, *The Invention*, p. 196.

37. Billé, Mehendale e Lankton (a cura di), *The Maritime Silk Road*, Introduzione, p. 11; Frankopan, *The New Silk Roads*; Saran, *How China Sees India*, pp. 31-32.

38. Leslie e Gardiner, *The Roman Empire*, p. 15.

39. Casson (a cura di), *The Periplus*, 64, p. 91, cit. in Baumer, *The History of Central Asia*, p. 49.

40. Quinn, *How the World*, p. 271.

41. Ball, *Rome in the East.*

42. Kenoyer, *Textiles and Trade*, pp. 18-24.

43. Quinn, *How the World*, p. 271.

44. Viene da chiedersi che cosa ne abbia fatto: lo distribuì ai suoi uomini o lo rivendette sul mercato ai romani? Si vedano Mayer, *Tanti non emo*, p. 576; Turner, *Spice*; Frankopan, *The Silk Roads*; Muthukumaran, *The Tropical Turn*, p. 62.

45. Rimane incerto se tali ritrovamenti siano effettivamente il frutto di antiche transazioni, anche supponendo che le informazioni ottocentesche in merito siano accurate. Per i riferimenti, si veda Li Qiang, *Roman Coins Discovered in China*, p. 280, online all'indirizzo: https://www.academia.edu/19512723/roman_coins_discovered_in_China_and_their_research. Si veda anche Ball, *Rome in the East*, p. 154.

46. Cit. in Stone, *Reflections of Roman Art*, p. 60; Evers, *Worlds Apart*, p. 158. Un'ampia discussione sui ritrovamenti di monete romane in India si legge in Tomber, *Indo-Roman Trade*, pp. 30-37, che riferisce la cifra di seimila denari e ottocento aurei recentemente riportati alla luce nel contesto di rinvenimenti monetali, oltre a un grandissimo numero di monete di rame, in circa settantacinque siti principali. La maggior parte è databile all'epoca giulio-claudia. Si veda anche Parker, *The Making.*

47. S. Suresh e Upinder Singh stimano che siano stati rinvenuti circa centosettanta tesori monetali romani in circa centotrenta siti; l'ottanta per cento risalirebbe all'epoca giulio-claudia, in particolare ai regni di Augusto (27 a.C. - 14 d.C.) e Tiberio (14-37 d.C.). La maggior parte è stata ritrovata nel Sud dell'India, soprattutto nella zona di Coimbatore e nella valle del fiume Krishna, nell'Andhra Pradesh. Si vedano Suresh, *Symbols of Trade*, pp. 26-81, e Singh, *A History*, pp. 412-17. Upinder Singh ipotizza che, in altre aree con intensi contatti con Roma ma che hanno restituito un numero inferiore di tesori, come l'Impero kushana o i territori governati dalla dinastia Satavahana, le monete romane potrebbero essere state fuse e riconiate. L'ipotesi trova conforto nel fatto che entrambe le aree possedevano sistemi monetari già consolidati.

48. Così afferma la classicista Mary Beard, comunicazione personale, maggio 2023. Si veda anche Singh, *A History*, pp. 408-10.

49. Chin, *The Invention*; Sen, *Inventing the Maritime Silk Road*, pp. 1059-104.

50. Frankopan, *The New Silk Roads.*

51. L'IMEC (India-Middle East-Europe Economic Corridor) è stato annunciato a settembre 2023 e poi apparentemente accantonato tre mesi dopo. L'idea verrà senza dubbio ripresa in futuro. Murray, *Plans for an India-to-Europe Trade Route.*

52. I concetti di « India » e « Cina » sono entrambi notevolmente fluidi nel contesto pre-novecentesco, con confini vaghi e in costante mutamento. L'area che oggi forma la Repubblica dell'India ha sempre ospitato una pluralità di regni e nazioni, anche durante quei rari periodi in cui vaste porzioni del suo territorio si trovavano sotto l'egemonia di un unico impero o di un singolo *chakravartin* dominante. Alcuni di questi imperi, come quelli dei Maurya e dei Moghul, si estesero ben oltre i confini dell'India contemporanea, sino all'Afghanistan. In altri periodi, imperi stranieri, ad esempio quello dei Kushana, penetrarono in profondità nel territorio dell'attuale Repubblica Indiana. In questo libro, pertanto, il termine « India » non si riferisce a un'entità politica, bensì alla regione geografica che oggi comprende l'India, il Bangladesh, il Pakistan, il Nepal, il Bhutan e l'Afghanistan a sud dell'Hindu Kush. Il termine « Cina », invece, indica le aree governate dalla dinastia Tang.

53. Il monastero di Nagarahara, situato nei pressi dell'odierna Jalalabad, era considerato il confine dell'antico Gandhara, ma secondo gli interlocutori di Xuanzang il « Paese di Mezzo », ossia l'India brahmanica propriamente detta, iniziava a Mathura. Xuanzang, *The Great Tang Dynasty*, p. 41.

54. Beal (a cura di), *Travels of Fah-Hian and Sung-Yun.* Il miglior resoconto delle antiche concezioni sull'India è il capitolo « What is India? », in Eck, *India: A Sacred Geography.*

55. Cit. in Hamilton, *The Ancient Geography*, pp. 1-3.

56. *Mahabharata*, 6, 9. Formulazioni simili si leggono in *Agni Purana*, 118, 1; *Brahma Purana*, 19, 1; *Vayu Purana*, 45, 75-77; *Vishnu Purana*, 2, 3, 1.

1. UN TURBINE DI QUIETE

1. Uno dei compagni di caccia di Smith era un mio antenato, il maggiore Sam Dalrymple, la cui tomba in stile moghul giace ai piedi del Monte di San Tommaso, lungo la strada che collega Chennai e l'aeroporto. Desidero ringraziare Dieter Schlingloff, che è stato così gentile da informarmi del ruolo di Sam nel ritrovamento di Ajanta. Nonostante avessi già scritto in varie occasioni della scoperta di Smith, prima di ricevere la lettera di Dieter non avevo idea che un mio parente vi avesse preso parte.

2. Keay, *India Discovered*, pp. 148-58. Alcuni indizi suggeriscono che le grotte fossero già note a livello locale.

3. Gli affreschi più antichi delle Grotte 9 e 10 sono stati restaurati solo di recente e sono ancora poco studiati. Si vedano Dalrymple, *Fragile Legacy*, pp. 12-21; Dalrymple, *The Greatest Ancient Picture Gallery*. I più celebri murali della Grotta 1 sono alquanto posteriori e risalgono al 550 d.C. ca.

4. Miller (a cura di), *Exploring India's Sacred Art*, p. 301.

5. Dalrymple, *The Ajanta Cave Paintings*.

6. Le date del Buddha storico sono molto dibattute, ma attualmente gli studiosi sembrano propendere per la datazione 563-483 a.C., sebbene almeno un'autorità di spicco, Richard Gombrich, ne preferisca una significativamente più tarda, intorno al 380 a.C.

7. Chakravarti, *The Social Dimensions*, p. 19; Elverskog, *The Buddha's Footprint*, pp. 14-15.

8. Guy, *Early Buddhist Landscape*, p. 22; Dehejia, *Indian Art*; Chakravarti, *The Social Dimensions*, p. 35.

9. «Il racconto della monaca», il primo capitolo del mio libro *Nove vite*, traccia un ritratto della fede jainista: Dalrymple, *Nine Lives*.

10. Cit. in Khilnani, *Incarnations*, p. 7; Gethin, *The Foundations*, pp. 14-15.

11. *Vinaya Pitaka*, 1, 181-82, cit. in Dehejia, *Indian Art*, p. 40.

12. *Mahaparinirvanasutra*, cit. in Kieschnick, *The Impact of Buddhism on Chinese Material Culture*, pp. 2-3.

13. Gombrich, *What the Buddha Thought*, p. 49.

14. Zürcher, *Buddhism*; Behrendt, *How to Read Buddhist Art*, p. 23.

15. Schlingloff, *Studies in the Ajanta Paintings*, pp. 1-13; Schlingloff, *Ajanta: Handbook*, vol. I, pp. 17-73.

16. Bopearachchi, *Indian Ocean Trade*; Brancaccio, *The Buddhist Caves*, p. 80.

17. Ray, *Archaeology and Buddhism*, p. 3. Cfr. Elverskog, *The Buddha's Footprint*, p. 13: « Il più antico corpus di insegnamenti buddhisti, il Canone Pali, non fu messo per iscritto fino al I secolo a.C., e solo nel lontano Sri Lanka; pertanto, ciò che sappiamo del Buddha proviene da materiali compilati diversi secoli dopo la sua vita ».

18. Ray, *The Archaeology of Seafaring*, p. 251; Fogelin, *An Archaeological History*, pp. 82-83. Gli scavi a Lumbini sono stati diretti da Robin Coningham dell'Università di Durham: Coningham *et al.*, *The Earliest Buddhist Shrine*, pp. 1104-23.

19. Patrick Olivelle, nella sua pregevole biografia recente di Ashoka, sostiene che il buddhismo fosse già ampiamente diffuso in India e Sri Lanka ai tempi di Ashoka, ma le prove mi sembrano, al più, frammentarie. Si veda il cap. III del suo *Ashoka*.

20. Fox, *Alexander the Great*, p. 479.

21. Sen, *Ashoka*, p. 58.

22. Stoneman, *Naked Philosophers*, p. 103.

23. *Ibid.*, pp. 102-105.

24. Beckwith, *Greek Buddha*, pp. 16-19, 73; Halkias, *When the Greeks Converted the Buddha*, pp. 74-77; Flintoff, *Pyrrho*, pp. 88-109; Seldeslachts, *Greece, the Final Frontier?*, p. 133.

25. Dani, *The Historic City of Taxila.*

26. Plutarco, *Vitae: Alexander*, p. 62.

27. Sen, *Ashoka*, p. 54.

28. Jansari, *Chandragupta Maurya*, p. 15.

29. Ghosh, *From the Oxus*, p. 25.

30. Thapar, *Aśoka*, p. 22. Patrick Olivelle afferma che anche Chandragupta potrebbe aver sposato una donna greca, una pratica comune all'epoca, volta a sancire i trattati di pace: si vedano il suo *Ashoka*, p. 11, e Quinn, *How the World.* John Boardman osserva che i Seleucidi svilupparono per i loro elefanti uno howdah dotato di torretta, « rendendoli simili a carri armati »: si veda Boardman, *The Greeks in Asia*, p. 64.

31. Ghosh, *From the Oxus*, pp. 30-31. Neelis, *Early Buddhist Transmission*, p. 81. Muthukumaran, *The Tropical Turn*, p. 58.

32. Thapar, *Early Mediterranean Contacts*, p. 19.

33. Sushma Jansari sostiene che le tradizioni secondo cui Chandragupta divenne un monaco jainista e si lasciò morire di fame sono tardive e inaffidabili. Si veda Jansari, *Chandragupta Maurya*, pp. 20-23.

34. Lamotte, *History*, pp. 216-22; Fogelin, *An Archaeological History*, p. 75.

35. Olivelle, *Ashoka*, p. 10; Elverskog, *The Buddha's Footprint*, pp. 102-103.

36. Olivelle, *Ashoka*, p. XXI.

37. Nel quarto capitolo del suo influente bestseller, *The Ocean of Churn: How the Indian Ocean Shaped Human History*, Sanjeev Sanyal ha messo in discussione la storiografia tradizionale su Ashoka, offrendo un ritratto molto meno lusinghiero dell'imperatore e suggerendo che forse era già buddhista quando intraprese la sanguinosa campagna contro il Kalinga. Sanyal mette in dubbio anche la sincerità dell'impegno di Ashoka a favore della non violenza e suggerisce che l'epiteto di Ashoka, o «senza afflizione», alludesse originariamente alla sua «assenza di rimorso» – un'accusa a cui le sue iscrizioni su pilastri avrebbero inteso porre rimedio nell'ambito di una campagna imperiale di pubbliche relazioni.

Le datazioni sono incerte, e gli studiosi sono divisi sull'esatta cronologia di gran parte del regno di Ashoka. Sebbene il dibattito sia di certo destinato a proseguire, è interessante notare che nella sua recente biografia, da tutti ritenuta autorevole, Patrick Olivelle sposa la narrazione tradizionale della conversione di Ashoka come reazione al massacro della campagna nel Kalinga: si veda Olivelle, *Ashoka*.

38. Neelis, *Early Buddhist Transmission*, p. 88.

39. Editto maggiore su roccia 13. Thapar, *Aśoka*, p. 255.

40. Richard Salomon ha evidenziato come Ashoka rimanga una figura insolita nella storia indiana, e quanto poco le sue innovazioni epigrafiche furono riprese dai sovrani successivi. Si veda Salomon, *Aśoka*, pp. 45-52.

41. Lahiri, *Ashoka*, p. 12.

42. Salomon, *Aśoka*, p. 46.

43. Singh, *Political Violence*, pp. 40-46, 54-56; Singh, *Ancient India*, pp. 172-77; Olivelle, *Ashoka*, pp. 24-25.

44. *The Dipavamsa*, 6, 45, cit. in Lahiri, *Ashoka*, pp. 109-10. Il testo

risale a molti secoli più tardi, e alcuni studiosi ritengono che debba essere preso con cautela.

45. Editto minore su roccia di Rupnath. Salomon, *Aśoka*, p. 45.

46. Falk, *Aśokan Sites*, p. 55.

47. Questo, almeno, è il modo in cui Patrick Olivelle interpreta i più tardi editti su pilastro: Olivelle, *Ashoka*, pp. 151-205. Si veda anche Guy, *Early Buddhist Landscape*, p. 20.

48. Editto maggiore su roccia 12.

49. Primo editto minore su roccia. Falk, *Aśokan Sites*, p. 55.

50. Olivelle (a cura di), *Aśoka*, p. 1; Thapar, *Aśoka*, pp. 41, 51, 216; Folz, *Religions of the Silk Road*, p. 38; Lamotte, *History*, pp. 223-59.

51. Swearer, *The Buddhist World of Southeast Asia*, p. 68.

52. Editto maggiore su roccia 13, trad. di Thapar, *Aśoka*, p. 255.

53. Olivelle, *Ashoka*, pp. 202-203, che rimanda a Adrados, *Aśoka's Inscriptions*, pp. 1-15. Il modo in cui Antioco di Commagene utilizza il termine greco *eusebeia* sembra richiamare l'uso che Ashoka fa del termine *dharma*.

54. Lo suggeriscono i recenti scavi nei primi siti buddhisti del Sud dello Sri Lanka, come Tissa e Rajagala (ringrazio Himanshu Prabha Ray per aver portato alla mia attenzione questo fatto).

55. Frasch, *A Buddhist Network*, pp. 72, 75, 78.

56. Le reliquie di Mahinda sono ancora venerate in uno dei più antichi stupa superstiti, situato nell'antico complesso monastico di Rajagala, in cima a una montagna nello Sri Lanka centrale.

57. *The Dipavamsa*, 12, 5-6. Thapar, *Aśoka*, pp. 58, 179. Coningham *et al.*, *Archaeology and Cosmopolitanism*, pp. 19-43; Coningham, *Monks, Caves and Kings*, pp. 222-42; Berkwitz, *The Expansion of Buddhism*, pp. 223-34.

58. Kapukotuwa *et al.*, *Preliminary report*, pp. 101-37.

59. Fino ad allora le sue parole erano state preservate oralmente da specialisti della recitazione monastica. Si veda Guy, *Early Buddhist Landscape*, p. 18.

60. Boardman, *The Greeks in Asia*, pp. 130-31. Nella mostra di arte buddhista *Tree & Serpent*, ospitata nel 2023 dal Metropolitan Museum di New York, il curatore John Guy ha collocato un capitello maurya a forma di testa di leone proveniente dal Bihar accanto a un *rhyton* (recipiente per libagioni) persiano acheme-

nide d'oro a forma di corno con testa di leone: i due erano virtualmente identici. Si veda Guy (a cura di), *Tree & Serpent*, pp. 170-71.

61. Bopearachchi, *Indian Ocean Trade*, p. 246.

62. *Vinaya Pitaka*, cit. in Neelis, *Early Buddhist Transmission*, p. 1.

63. Guy, *Early Buddhist Landscape*, p. 22.

64. Naturalmente, questi due cammini non erano mutuamente esclusivi. Monasteri e rifugi servivano da riparo per i monaci durante la stagione delle piogge, mentre nel resto dell'anno essi tornavano alla loro vita errante. È probabile che questa alternanza tra stanzialità e itineranza fosse presente fin dall'inizio. Anche il Buddha, infatti, sostava durante i mesi del monsone. Si veda Fogelin, *An Archaeological History*, p. 26.

65. Ray, *Monastery and Guild*, pp. 34-35, 50; Brancaccio, *The Buddhist Caves*, p. 51.

66. Schopen, *Bones, Stones*, p. 75.

67. *Ibid.*, pp. 116, 34, 93, 126.

68. Dehejia, *Indian Art*, pp. 103-107.

69. Schopen, *Buddhist Nuns*, p. 229.

70. Spink, *Ajanta*, vol. I, p. 1.

71. Guy, *Early Buddhist Landscape*, p. 24; Brancaccio, *The Buddhist Caves*, p. 134.

72. Sebbene siano stati probabilmente i buddhisti a diffondere per primi il culto delle immagini in pietra in tutta l'Asia meridionale, è tuttora oggetto di dibattito se le prime immagini scolpite dell'India siano state create da buddhisti, jainisti, ajivika, induisti o dai seguaci dei culti animisti di *naga* e *yaksha*. È inoltre controverso quale gruppo abbia per primo edificato templi in pietra. Si veda Ray, *The Apsidal Shrine*, pp. 343-59. Su *naga* e *yaksha*, si veda *infra*, cap. 2.

73. *Atanatiya sutta*, cit. in DeCaroli, *Haunting the Buddha*, p. 123.

74. Questo mondo era governato da *yaksha raja*, i re degli *yaksha*, creature agghindate in modo regale le quali, se adeguatamente onorate, potevano essere persuase a proteggere i monasteri buddhisti. Un testo afferma che « gli dèi, i *naga* [divinità serpentine] e gli *yaksha* ... devoti al Buddha » difendevano i suoi monasteri dai « famelici fantasmi » erranti e malevoli che desideravano entrarvi. Per ogni *yaksha raja* vi è una *yakshi* che gli sta accanto con perfetta eleganza, tanto affascinante quanto lo *yaksha* è ner-

boruto. DeCaroli, *Haunting the Buddha*, p. 82; Guy, *Celebrating the Buddha*, pp. 88-95.

75. Erano venerati con particolare sfarzo nell'India del Sud, dove i loro culti si integrarono pienamente nella vita e nelle pratiche devozionali dei monasteri buddhisti.

76. Tournier, *Buddhist Patronage*, p. 125; Fogelin, *An Archaeological History*, p. 28; Ray, *Monastery and Guild*; Ray, *Archaeology and Buddhism*, pp. 32-34.

77. Brancaccio, *The Buddhist Caves*, p. 84.

78. Schopen, *The Business Side*, a p. 119.

79. Gregory Schopen è lo studioso che più di ogni altro ha contribuito a svelare la realtà quotidiana, e in particolare la vita economica, dei monaci buddhisti che costruirono i primi monasteri rupestri del Deccan. Pur non essendo mai stato in India, i suoi brillanti saggi, basati su un'analisi meticolosa delle iscrizioni rinvenute nei primi siti buddhisti finora pubblicate, hanno probabilmente affinato la nostra comprensione del buddhismo delle origini più di qualsiasi altro lavoro dai tempi di James Ferguson nel XIX secolo. Schopen, autore di grande arguzia oltre che di profonda erudizione, si diletta nel dimostrare quanto gli studiosi del buddhismo abbiano spesso romanzato il loro oggetto di studio basandosi su testi che, nella loro forma attuale, risalgono sovente a molti secoli dopo la fondazione dei primi monasteri. Egli osserva che la maggior parte dei testi oggi utilizzati per studiare il buddhismo « potrebbe essere stata del tutto sconosciuta dalla stragrande maggioranza dei praticanti buddhisti, che fossero monaci o laici ».

Schopen evidenzia come le iscrizioni ritrovate nei siti buddhisti offrano un quadro molto meno idealizzato della vita nell'antica India buddhista rispetto ai documenti successivi, sui quali si sono concentrati gli studi tradizionali. Ad esempio, egli mostra che i monaci buddhisti, lungi dall'essere le figure ascetiche e ultraterrene immaginate da molti studiosi occidentali, erano spesso uomini di mondo e « di considerevole ricchezza », intenti a gestire attività commerciali e zecche. Molti di loro erano chiaramente dei libertini, prestavano denaro, scrivevano trattati su temi insoliti come il diritto successorio, la medicina e l'erotismo; altri partecipavano a conflitti settari, accumulavano armi, distruggevano gli stupa di ordini rivali e abusavano delle monache, talora tentando persino di ucciderle. In breve, non erano dei santi, ma normali esseri umani. I saggi di Schopen sono raccolti in quattro volumi: *Bones, Stones and Buddhist Monks*; *Buddhist Monks and Business Matters*; *Figments and Fragments*; *Buddhist Nuns.*

80. Che questo ci sorprenda dimostra come il buddhismo sia stato introdotto in Occidente attraverso una serie di filtri moderni: i pregiudizi protestanti di inizio Ottocento (i puri e austeri buddhisti contro i degenerati « papisti » indù), l'idealismo panasiatico di fine Ottocento, le lenti distorsive del New Age di inizio Novecento, e così via.

81. Tatelman, *The Heavenly Exploits.*

82. Neelis, *Early Buddhist Transmission*, pp. 31-38; Miksic, *Borobudur.* Secondo Elverskog, lo *Shardulakarnavadana* osserva che l'unità di peso del Magadha, il *mashaka*, equivale a dodici grani d'oro. Ray, *Archaeology and Buddhism*, p. 63.

83. Elverskog, *Buddhism and Islam*, p. 18; Elverskog, *The Buddha's Footprint*, p. 19; Ray, *Winds of Change*, p. 122; Liu Xinru, *Ancient India*, p. 162; Frankopan, *The Silk Roads*, p. 30.

84. Ray, *Winds of Change*, p. 126, cita un'indagine sull'estrazione sociale dei primi monaci e monache buddhisti, basata sui dettagli biografici rivelati dalle iscrizioni. Due terzi provenivano da grandi città, il 40% aveva origini brahmaniche, il 22% era di casta *kshatriya*: « Dunque, quasi la metà dei primi membri del Sangha proveniva da famiglie influenti e benestanti ». Si vedano anche Bailey e Mabbett, *The Sociology*, p. 17; Guy, *Early Buddhist Landscape*, p. 24.

85. Bopearachchi, *Indian Ocean Trade*, p. 245.

86. *Loc. cit.*

87. Parkin e Barnes, *Ships and the Development*, p. 86.

88. Elverskog, *The Buddha's Footprint*, p. 18; Olivelle (a cura e trad. di), *Dharmasūtras*, pp. 105, 168; Ray, *Winds of Change*, p. 126; Ray, *Monastery and Guild*, p. 202; Fogelin, *An Archaeological History*, p. 108.

89. Brancaccio, *The Buddhist Caves*; Dessein, *The First Turning*, p. 34.

90. Dehejia, *Indian Art*, p. 57. Evers, *Worlds Apart*, pp. 150-58.

91. Guy, *Celebrating the Buddha*, p. 89. In un saggio ancora inedito presentato al simposio *Tree & Serpent*, tenutosi al Metropolitan Museum di New York nel settembre 2023, Pia Brancaccio sostiene che i complessi monastici di Kanheri e Sopara, oggi assorbiti

dalla periferia di Mumbai, furono originariamente collocati in modo tale da essere visibili alle navi in arrivo nelle profonde acque del porto di Mumbai, così da sfruttare « il patrocinio, l'ampio raggio di influenza e l'inserimento nelle reti buddhiste transregionali » che i mercanti in transito potevano garantire.

92. Brancaccio, *The Silk Road*, p. 61.

93. Ray, *Monastery and Guild*, pp. 60-61, registra un totale di cinquecentotrenta antiche grotte buddhiste nelle vicinanze di Bombay. Brancaccio, *The Buddhist Caves*, p. 76; Ray, *Archaeology and Buddhism*, p. 35.

94. Ray, *Ethnographies of Sailing*, a p. 74; Bopearachchi, *Indian Ocean Trade*, p. 249; Brancaccio, *The Silk Road*.

95. Guy, *Celebrating the Buddha*, p. 89. In un articolo ancora inedito presentato al simposio *Tree & Serpent* tenutosi al Metropolitan Museum di New York nel settembre 2023 e intitolato *Early Historic Andhra: Coast-Interior Association and the Buddhist Patronage Network*, Suchandra Ghosh ricorre a prove epigrafiche per dimostrare come i *navika*, mercanti navali della comunità buddhista dell'Andhra, fossero legati tramite reti familiari ai prosperi contadini *gahapati* dell'entroterra, che erano tra i principali investitori sia dei commerci a lunga distanza, sia dei complessi monastici costieri. Ghosh evidenzia anche i legami storico-artistici tra l'Andhra costiero e il Sud-Est asiatico, che sembrano aver percorso le medesime reti commerciali. A sostegno della sua tesi, osserva come l'iconografia del Buddha stante di Amaravati, con il mantello che lascia scoperta una spalla, si ritrovi anche in Thailandia. Vi sono inoltre parallelismi tra i *chakra* lapidei che caratterizzano le colonne di Dvaravati, in Thailandia, e quelli presenti sul tamburo dello stupa di Amaravati.

96. Thapar, *Early Mediterranean Contacts*, p. 34.

97. Cimino (a cura di), *Ancient Rome and India*, p. 71.

98. Fogelin, *An Archaeological History*, p. 127; Ray, *The Archaeology of Seafaring*, pp. 259, 263; Abulafia, *The Boundless Sea*, pp. 115-16; Seldeslachts, *Greece, the Final Frontier?*, p. 147; Evers, *Worlds Apart*, pp. 158-63; Dehejia, *Indian Art*, p. 111; Ray, *Monastery and Guild*, pp. 194-96; Parker, *The Making*, p. 173.

99. Ball, *Rome in the East*, pp. 126-27, 144.

100. Ghosh, *From the Oxus*, pp. 101-17; Ball, *Rome in the East*, pp. 144-45.

101. McLaughlin, *Indian Ocean Commerce*, p. 125.

102. Tomber, *Indo-Roman Trade*, pp. 30-37; McLaughlin, *The Roman Empire and the Indian Ocean*, p. 344; Weinstein, *The Indian Figurine*, p. 192.

103. Brancaccio, *The Buddhist Caves*, pp. 61, 87; Thapar, *Early Mediterranean Contacts*, p. 17; Evers, *Worlds Apart*, p. 150.

104. Ray, *Monastery and Guild*, p. 208; Fogelin, *An Archaeological History*, pp. 108, 126-27; Ray, *Archaeology and Buddhism*, pp. 32-33.

2. INDIA: « LA SENTINA DEI METALLI PIÙ PREZIOSI AL MONDO »

1. La somiglianza più stretta è probabilmente con la divinità solare palmirena, che condivide con il Buddha di Berenice anche i riccioli a chiocciola e la forma del volto.

2. Papiro di Ossirinco 1380. Si veda Parker, *The Making*, p. 300.

3. L'iscrizione, per ortografia e lingua, presenta somiglianze con altre provenienti dal Gujarat del III secolo. Una lettura alternativa potrebbe essere: «Vasulena, un mercante di casta *kshatriya*». Comunicazioni personali di Steve Sidebotham, Marianne Bergmann, Shailen Bhandare e Peter Stewart. Shailen Bhandare sostiene che i paralleli più prossimi alla triade divina si ritrovano sulle monete di Mathura, il che lo porta a datare con cautela la stele tra il 50 e il 150 d.C.

4. Power, *The Red Sea*, p. 39.

5. Tomber, *Indo-Roman Trade*, p. 153; McEvilley, *The Shape of Ancient Thought*, p. 383; Cobb, *Rome and the Indian Ocean Trade*, pp. 153, 225; Muthukumaran, *The Tropical Turn*, pp. 62-63 e 104, osserva quanto fossero estese in questo periodo le reti commerciali tamil (si veda l'Introduzione, nota 16). Si vedano anche Muthukumaran, *The Tamil Diaspora*, p. 29, e Marchant, *A Buried Ancient Egyptian Port*.

6. Conversazione con P.J. Cherian, archeologo a Pattinam/Muziris, All Souls, Oxford, aprile 2024. Si vedano Cherian, *Interim*, e Cherian, *Unearthing Pattinam*.

7. McLaughlin, *Indian Ocean Commerce*, pp. 122, 125. McLaughlin esegue calcoli molto complessi per avvalorare la tesi qui esposta, come sarà discusso più avanti. Una stima più cauta, avanzata da Andrew Wilson nel suo saggio del 2014, *Cambridge Companion to the Roman Economy*, suggerisce che il dazio doganale sui beni importati dall'Oriente, che corrisponde a un quarto del loro va-

lore, rappresentasse un terzo della spesa annuale necessaria al mantenimento dell'esercito. Si veda *infra*, nota 13.

8. Dalrymple, *From the Holy Mountain*, p. 387.

9. L'esatta provenienza del Papiro di Muziris è incerta, e il legame con Ossirinco, benché possibile, è tutt'altro che dimostrato.

10. Un sesterzio romano, pari a un quarto di denario, equivale a circa un dollaro di oggi.

11. *Gv*, 12, *3-5*. Ernst Emanuel Mayer commenta: « Se la storia fosse vera, il nardo usato da Maria avrebbe avuto un costo equivalente al salario annuo di un legionario ». Mayer, *Tanti non emo*, p. 573.

12. McLaughlin, *Indian Ocean Commerce*, pp. 122-25. Young, *Rome's Eastern Trade*, p. 15.

13. De Romanis, *The Indo-Roman Pepper Trade*; Ray, *The Archaeology of Seafaring*, p. 231. Evers, *Worlds Apart*, pp. 45, 78, 97-116, 171.

14. Cobb, *Rome and the Indian Ocean Trade*, p. 85

15. McLaughlin, *The Roman Empire and the Indian Ocean*.

16. Si vedano anche Mayer, *Tanti non emo*; Peacock e Blue (a cura di), *Myos*.

17. Lankton, *From Regional to Global*, p. 73. Nel periodo più antico, parte di questi scambi potrebbe essersi svolta mediante catene di baratti, piuttosto che con singole transazioni.

18. Muthukumaran, *The Tropical Turn*, pp. 28, 30-31, 37.

19. *Ibid.*, p. 32; Abulafia, *The Boundless Sea*, p. 62.

20. Muthukumaran, *The Tropical Turn*, pp. 32-33, 39.

21. Thapar, *Early India*; Thapar, *Aśoka*, p. 285; Sanyal, *The Ocean of Churn*, p. 53; Abulafia, *The Boundless Sea*, p. 62; Asher, *India Abroad*, p. 157.

22. Muthukumaran, *The Tropical Turn*, p. 43.

23. Mayer, *Tanti non emo*, p. 562; Possehl, *Meluhha*; Muthukumaran, *The Tropical Turn*, p. 37.

24. *Ibid.*, p. 29. « Il biologo molecolare Henryk Witas e i suoi colleghi hanno esaminato le sequenze di DNA mitocondriale estratte dai resti dentali di quattro individui: due risalenti all'Antica (ca 2650-2450 a.C.) e alla Media (2200-1900 a.C.) Età del Bronzo rinvenuti a Terqa, in Siria, e due di epoca romana (200-300 d.C.) e tardoantica (500-700 d.C.) ritrovati a Tell Masaikh,

sempre in Siria. Tutti e quattro gli individui presentavano aplotipi di DNA mitocondriale appartenenti agli aplogruppi M4b1, M49 e/o M61, che sono assenti nella Siria moderna ma presenti in popolazioni trans-himalayane e sudasiatiche. Si ritiene che l'aplogruppo M si sia diversificato nel Subcontinente indiano tra i 5800 e i 2500 anni fa». Witas ha suggerito che le ossa appartenessero a mercanti indiani itineranti, mentre Muthukumaran ipotizza che costituiscano le «prove di un'antica migrazione da est».

25. *Ibid.*, p. 47. Per maggiori informazioni sulla storia antica dei diamanti indiani e sulla loro esportazione in Occidente, si veda Darlymple e Anand, *Koh-i-Noor.* Sul pepe nel naso di Ramses II – fiori di cassia, per la precisione –, si veda Evers, *Worlds Apart,* p. 83.

26. Broodbank, *The Making of the Middle Sea,* pp. 333, 337; Whitfield, *Silk, Slaves, and Stupas,* p. 52; Stoneman, *The Greek Experience,* p. 117.

27. Ray, *Coastal Shrines,* p. 72; Bellina e Glover, *The Archaeology of Early Contact,* pp. 68-85, e Manguin, *The Archaeology of Early,* pp. 288-89; Sen, *Buddhism and Maritime Crossings,* pp. 39-62.

28. Hall, *Economic History,* pp. 184-85.

29. Lankton, *From Regional to Global,* pp. 80-82. Lankton pone l'accento sull'importanza dei primi porti thai di Khao Sam Kaeo e Khao Sek, sull'istmo di Kra. Coedès, *The Indianized States,* pp. 20-21.

30. Halkias, *When the Greeks,* pp. 66-67; Abulafia, *The Boundless Sea,* p. 88.

31. Muthukumaran, *The Tropical Turn,* pp. 50-51, 60.

32. Muthukumaran, *The Tamil Diaspora,* p. 26.

33. Cobb, *Rome and the Indian Ocean Trade,* p. 59.

34. McEvilley, *The Shape of Ancient Thought,* p. 383; Ball, *Rome in the East,* p. 454.

35. Cobb, *Rome and the Indian Ocean Trade,* p. 37.

36. Turner, *Spice,* p. 62; Abulafia, *The Boundless Sea,* p. 97; McLaughlin, *The Roman Empire and the Silk Routes,* p. XVIII; Muthukumaran, *The Tropical Turn,* p. 60.

37. Abulafia, *The Boundless Sea,* p. 90; Thapar, *Early Mediterranean Contacts,* p. 25; Casson (a cura di), *The Periplus,* 57, p. 87, cit. in Baumer, *The History of Central Asia,* p. 55.

38. Parker, *The Making*, p. 179; Wilkinson, *Oikumenisation*, p. 144; Evers, *Worlds Apart*, pp. 140-41; Turner, *Spice*, p. 59.

39. McEvilley, *The Shape of Ancient Thought*, p. 384; Muthukumaran, *The Tamil Diaspora*, p. 28.

40. Ray, *Winds of Change*, p. 175; Ball, *Rome in the East*, p. 150; Cobb, *Rome and the Indian Ocean Trade*, p. 151.

41. Cimino, (a cura di) *Ancient Rome and India*, pp. 38-39. Per le navi raffigurate ad Ajanta, si veda Kimura, *Archaeological Evidence*, pp. 97-125.

42. Young, *Rome's Eastern Trade*, pp. 51-52, 62, 72-75. Gli autori citati da Young sono Dione Crisostomo e Senofonte di Efeso. Evers, *Worlds Apart*, p. 90; Cobb, *Rome and the Indian Ocean Trade*, p. 154.

43. Si veda Penn, Russell e Wilson, *On the Roman-Byzantine adoption*, pp. 129-39.

44. Evers, *Worlds Apart*, pp. 23-47; Abulafia, *The Boundless Sea*, p. 99; Parker, *The Making*, p. 179.

45. Cobb, *Rome and the Indian Ocean Trade*, pp. 204, 208.

46. Doris Srinivasan sostiene in modo convincente che la celebre *yakshi* di Didarganj, oggi conservata al Museo di Patna, rappresenti in realtà una cortigiana (o *gaik*). Lo stesso potrebbe valere per questa statuetta in avorio. Si veda Srinavasan, *The Mauryan*, pp. 345-62.

47. La maggior parte degli elefanti utilizzati dai romani proveniva dal Marocco e dalla Libia, fino a quando la popolazione locale non fu cacciata fino all'estinzione. La figurina è stata rinvenuta nella Casa della statuetta indiana, situata nella Regio I di Pompei (I, 8.5). Cobb, *Rome and the Indian Ocean Trade*, p. 188. Weinstein, *The Indian Figurine*, p. 188.

48. Abulafia, *The Boundless Sea*, p. 111; De Romanis, *Rome and the «Nótia» of India*, p. 82; Young, *Rome's Eastern Trade*, p. 62.

49. Sidebotham, *Berenike*; Tomber, *Indo-Roman Trade*; Beaujard, *The Worlds*; McLaughlin, *Indian Ocean Commerce*, p. 214.

50. Evers, *Worlds Apart*, p. 73; Turner, *Spice*, pp. 57-58. Poco più tardi, sempre in Northumbria, il pepe risultava essere uno dei pochi beni terreni posseduti da Beda il Venerabile al momento della sua morte. Ernst Emanuel Mayer osserva: « Non possiamo sapere se i due denari [di Gambax] gli permisero di acquistare una *selibra*, cioè 160 grammi circa, di pepe nero alla frontiera

scozzese dell'Impero; ma il fatto che un semplice soldato romano potesse procurarsi una piccola quantità di spezia indiana nella Britannia settentrionale è di per sé straordinario. Questo dato testimonia non solo l'ampia disponibilità, ma anche l'accessibilità economica del pepe». Si veda Mayer, *Tanti non emo*, p. 566. Muthukumaran, *The Tropical Turn*, p. 62.

51. Cobb, *Rome and the Indian Ocean Trade*, p. 204.

52. *Ibid.*, p. 187.

53. Evers, *Worlds Apart*, p. 5; Begley, *Arikamedu Reconsidered*, pp. 461-81; Cobb, *Rome and the Indian Ocean Trade*, pp. 6, 22, 66, 69, 90, 304; Cobb (a cura di), *The Indian Ocean Trade*, pp. 30-31; Mayer, *Tanti non emo*, p. 562.

54. Asher, *India Abroad*, pp. 151, 158; Abulafia, *The Boundless Sea*, p. 128; Strauch, *Foreign Sailors*; Tomber, *Indo-Roman Trade*, p. 108; Ray, *Monastery and Guild*, pp. 2-3; Cobb, *Rome and the Indian Ocean Trade*, pp. 150-51.

55. Parker, *The Making*, p. 173; Cobb, *Rome and the Indian Ocean Trade*, p. 80.

56. Plinio, *Naturalis Historia*, trad. di J. André, vol. XII, p. 29.

57. Si veda la discussione in Ray, *The Archaeology of Seafaring*, p. 170; Abulafia, *The Boundless Sea*, p. 109; Robin, *The Date*, p. 46; De Romanis, *Rome and the «Nótia» of India*, pp. 84-85, 97; Evers, *Worlds Apart*, pp. 52, 68.

58. De Romanis, *Rome and the «Nótia» of India*, p. 96; Ray, *Monastery and Guild*, pp. 9, 146; Tomber, *Indo-Roman Trade*, p. 25; Muthukumaran, *The Tropical Turn*, p. 62, nota 266; Muthukumaran, *The Tamil Diaspora*, p. 28.

59. Wink, *Al-Hind*, vol. I, pp. 336-37; Munoz, *Early Kingdoms*, p. 54.

60. McLaughlin, *The Roman Empire and the Indian Ocean*. Il testo è alquanto posteriore e descrive contatti di epoca tardo-romana o addirittura bizantina.

61. Begley, *Arikamedu Reconsidered*; Thapar, *Early Mediterranean Contacts*, p. 36; De Romanis, *Rome and the «Nótia» of India*, p. 116; Evers, *Worlds Apart*, pp. 1, 5, 165; Tomber, *Indo-Roman Trade*, pp. 144, 132-34; Fogelin, *An Archaeological History*, p. 21; Ball, *Rome in the East*, p. 150.

62. Cobb, *Rome and the Indian Ocean Trade*, pp. 49-51.

63. Gupta, *Archaeology of Globalization*, p. 138; Cobb, *Rome and the Indian Ocean Trade*, p. 237.

64. Casson (a cura di), *The Periplus*; Brancaccio, *The Buddhist Caves*, p. 86; Tomber, *Indo-Roman Trade*, p. 153; Strauch, *Foreign Sailors*, p. 368.

65. Knox, *Amaravati*, pp. 10-11; Tchernia, *The Dromedary*, p. 239; Brancaccio, *The Buddhist Caves*, p. 53.

66. Molte delle sculture di Amaravati sono attualmente conservate al British Museum di Londra, ma quelle che ritraggono gli ambasciatori etiopi sono custodite presso il Government Museum di Chennai, dove sono esposte al pubblico solo dal 2018, in modo del tutto inadeguato, dopo essere rimaste in deposito per settant'anni. Non mi risulta che le immagini degli inviati di Axum siano state identificate come tali o pubblicate prima d'ora. Sulle monete kushana in Etiopia, si vedano Strauch, *Foreign Sailors*, p. 375; Evers, *Worlds Apart*, pp. 124-26; Brancaccio, *The Buddhist Caves*, p. 53; Whitfield, *Silk, Slaves, and Stupas*, pp. 57-80. Su Axum, si veda l'illuminante saggio di Bowersock, *The Throne of Adulis*. Si vedano, inoltre, Parker, *The Making*, pp. 182-83, e Strauch, *Foreign Sailors*, p. 375.

67. Ray, *The Archaeology of Seafaring*, pp. 206-207; Evers, *Worlds Apart*, pp. 165-66. Nel Musée Guimet di Parigi è custodito un frammento di anfora rinvenuto ad Arikamedu, che un tempo conteneva del vino proveniente da Arezzo. Mayer, *Tanti non emo*, p. 577; Singh, *A History*, pp. 412-17; Marganadhu, *Trade Contacts*, pp. 316-22.

68. McEvilley, *The Shape of Ancient Thought*, p. 380.

69. Seldeslachts, *Greece, the Final Frontier?*, p. 149.

70. È altrettanto plausibile che alcune somiglianze tra le favole di Esopo e i Jataka derivino da una radice comune, forse indoeuropea. D'altronde, è evidente che alcuni racconti presenti nei Jataka provengono da una tradizione narrativa pre-buddhista. Thundy, *Buddha and Christ*, pp. 259-63. Il nome Ioasaf è una corruzione del termine « bodhisattva ». Ball, *Rome in the East*, p. 455; Lopez Jr, *From Stone to Flesh*, pp. 22-23, 29. Christopher Beckwith si spinge oltre, proponendo che i « gimnosofisti » con cui Pirrone di Elide ebbe contatti praticassero una forma primitiva di buddhismo e che la filosofia da lui introdotta al suo ritorno in Grecia sia stata influenzata in modo decisivo dalle esperienze vissute tra i filosofi del Gandhara. Si veda Beckwith, *Greek Buddha*. Per *I pivieri*, si veda Muthukumaran, *The Tropical Turn*, p. 59.

71. Gregorios, *The Monastic Tradition*, pp. 29-34. Seldeslachts, *Greece, the Final Frontier?*, offre una serie di esempi affascinanti

del modo in cui il pensiero buddhista potrebbe aver influenzato i filosofi greci, romani e bizantini. Si veda anche Thundy, *Buddha and Christ.*

72. Evers, *Worlds Apart*, p. 165; Turner, *Spice*, p. 64; Cobb, *Rome and the Indian Ocean Trade*, p. 158.

73. Klinj, *The Acts of Thomas*, I, 1; Lopez, *From Stone to Flesh*, p. 64; Cobb, *Rome and the Indian Ocean Trade*, p. 165.

74. Parker, *The Making*, p. 298.

75. Una discussione approfondita sull'esportazione di schiavi da Roma all'India si trova in Andrade, *The Journey of Christianity*, p. 217.

76. Baumer, *The Church of the East*, pp. 25-27; Klinj, *The Acts of Thomas*, I, 1; Lopez, *From Stone to Flesh*, p. 64; Cobb, *Rome and the Indian Ocean Trade*, p. 165; Parker, *The Making*, p. 195.

77. Baumer, *The Church of the East*, pp. 26-28; Ball, *Rome in the East*, p. 147; Parker, *The Making*, p. 299; Menachery, *Thomapedia*; Andrade, *The Journey of Christianity*, p. 218.

78. Abraham, *Two Medieval Merchant Guilds*, p. 15.

79. «La tomba dell'apostolo Tommaso ... In quella regione dell'India dove fu originariamente sepolto si trovano un monastero e una chiesa straordinariamente grande, costruita e decorata con cura. In questa chiesa Dio compì un grande miracolo: una lampada fu posta davanti al luogo della sepoltura dell'apostolo e, per volere divino, una volta accesa ardeva incessantemente, giorno e notte. Nessuno vi aggiungeva olio né sostituiva lo stoppino. Né il vento né alcun incidente potevano spegnerla, e la sua luminosità non diminuiva mai. La lampada continuava a bruciare grazie al potere dell'apostolo, un potere sconosciuto agli uomini ma dovuto alla potenza divina. Teodoro, che visitò quel luogo, mi raccontò tutto questo». Van Dam (trad. di), *Gregory of Tours*, p. 51. Si veda anche Andrade, *The Journey of Christianity*, p. 218.

80. Dalrymple, *The Incredible Journey*. San Tommaso è menzionato come martire in India nell'*Antico martirologio inglese*, così come nelle poesie di Aldelmo di Malmesbury, il poeta preferito di re Alfredo. Caitlin R. Green sta attualmente preparando un articolo sui riferimenti a san Tommaso nella *Cronaca anglosassone*. I risultati preliminari delle sue ricerche sono disponibili online sul suo blog, dove la studiosa cita altri antichi riferimenti a una fiorente comunità cristiana in India. Tra questi, nella *Cronaca di*

Seert si menziona il vescovo di Rev-Ardashir, nel Fars (Persia), che intorno al 470 d.C. inviò materiali liturgici destinati ai cristiani indiani. In India vi sono prove locali della presenza cristiana: concessioni a favore dei cristiani indiani incise su lastre di rame risalenti all'849 d.C. Tali documenti riportano firme in scrittura pahlavi, kufica ed ebraica. Per ulteriori dettagli, si veda https://www.caitlingreen.org/2019/04/king-alfred-and-india.html.

3. IL GRANDE RE, RE DEI RE, FIGLIO DI DIO

1. Marquis *et al.*, *Recent Archaeological Work in Afghanistan*; Baumer, *The History of Central Asia*, p. 75.

2. Comunicazione personale di Philippe Marquis. Si vedano anche Deborah Klimburg-Salter, *Contextualising Mes Aynak*, pp. 213-38; Dalrymple, *Mes Aynak*.

3. Cribb, *Rediscovering the Kushans*.

4. Benjamin, *Empires of Ancient Eurasia*, p. 177; Falk (a cura di), *Kushan Histories*.

5. Stewart, *Kushan Art*.

6. Lecuyot, *Ai Khanoum*, pp. 539-53; Baumer, *The History of Central Asia*, p. 47.

7. Aruz e Valtz Fino, *Afghanistan*, p. 89. Alcuni studiosi ritengono che gli occupanti di Tilya Tepe fossero Shaka anziché Kushana.

8. *Ibid.*, pp. 78-101.

9. Boardman, *The Greeks in Asia*, pp. 110-13.

10. Tremblay, *The Spread of Buddhism*, p. 81.

11. In questo contesto, è opportuno menzionare anche gli elusivi Indo-sciti, che precedettero i Kushana e potrebbero aver posto le basi delle vie di comunicazione e del patrocinio delle religioni locali, collegando la regione dell'Hindu Kush all'India occidentale.

12. Falk, *Kushan Rule*, pp. 265-94.

13. Fussman, *Kushan Power*, p. 194. Questo importante saggio mette seriamente in dubbio la diretta partecipazione della dinastia Kushana al patrocinio del buddhismo. Sebbene esista un consenso generale sul fatto che i Kushana vi abbiano svolto un ruolo significativo, l'effettiva portata del loro impatto sulla cre-

scita del buddhismo potrebbe essere stata sopravvalutata dalla ricerca passata. Ciò sarebbe avvenuto a scapito delle dinastie precedenti, come gli Shaka (o Indo-sciti), gli Indo-parti e le altre che si avvicendarono tra gli Indo-greci e i Kushana, nonché degli intermediari regionali e locali sotto il dominio kushana, che spesso agirono in qualità di patroni diretti dei monasteri, come a Mes Aynak.

14. Sebbene nomi distintamente greci compaiano in molti contesti buddhisti, incluse le iscrizioni reliquiarie.

15. McEvilley, *The Shape of Ancient Thought*, p. 376.

16. Questa interpretazione presuppone una datazione tardiva del presunto Menandro II e la sua identificazione con Milinda, in luogo del Menandro del II secolo a.C. È la posizione sostenuta nel più recente lavoro di Olga Kubica, ma non vi sono certezze in merito. La struttura del *Milindapanha*, articolato in domande e risposte, pur non configurandosi come un dialogo socratico in senso stretto rivela chiaramente un'influenza greca, dato che pochissimi testi della tradizione indiana adottano una forma simile.

17. Neelis, *Early Buddhist Transmission*, p. 105. Menandro è qui identificato con Menandro II Dikaios.

18. Vi sono prove che l'insediamento di buddhisti indiani nella regione fosse già iniziato sotto i re indo-sciti, come Azes, ma subì una significativa accelerazione durante il dominio kushana.

19. Bopearachchi, *Indian Ocean Trade*, p. 247.

20. McEvilley, *The Shape of Ancient Thought*, pp. 372-74. Il Gandhara si distingueva per vari aspetti peculiari: i testi erano scritti nella lingua locale, il gandhari, e in caratteri kharoshthi, un sistema di scrittura correlato all'aramaico e, come quest'ultimo, tracciato da destra a sinistra. L'area divenne un importante centro di studi sull'*abhidharma*, una sistematizzazione astratta e molto tecnica della dottrina buddhista che rivela influenze della filosofia greca e che fiorì tra i monaci eruditi di Taxila. Sebbene Taxila fosse senza dubbio un noto centro di insegnamento, riconosciuto come tale in diversi racconti dei Jataka, la tradizione che la descrive come una «città universitaria», generalmente accettata nella letteratura secondaria, sembra poggiare su prove piuttosto fragili.

21. Huart, *Le Livre de Gerchâsp*, vol. II, p. 111, cit. in Frankopan, *The Silk Roads*, p. 3; Rosenfield, *The Dynastic Arts*.

22. Gondofare è menzionato nell'iscrizione dedicatoria del grande monastero buddhista gandharico di Takht-i-Bahi, vicino a Peshawar.

23. La cronologia è oggetto di vivaci discussioni tra gli studiosi, e sembra che i successori di Gondofare abbiano utilizzato il suo nome come un titolo dinastico.

24. Bopearachchi e Pieper, *Ancient Indian Coins.*

25. Benjamin, *Empires of Ancient Eurasia,* p. 185.

26. Brancaccio, *The Silk Road.*

27. Quintanilla, *History of Early Stone*; Ray, *Archaeology and Buddhism,* p. 107; Harle, *Gupta Sculpture,* pp. 15-18.

28. DeCaroli, *Image Problems,* pp. 99-100.

29. Lakshminarayanan, *Globalization,* p. 228.

30. Ball, *Rome in the East,* p. 166.

31. I Kushana non furono i primi a raffigurare Shiva sulle proprie monete. Già un secolo prima, i re Audumbara del Punjab si proclamavano devoti di Mahadeva e adottavano simboli inequivocabilmente shivaiti nella loro monetazione. La prima rappresentazione di Shiva stesso su moneta risale al sovrano indo-partico Gondofare. Cribb, *Greekness,* p. 672. Harry Falk contesta l'associazione tra Vima Kadphises e Shiva e sostiene invece che sulle sue monete sia rappresentato Agni: Falk, *Kushan Religion,* pp. 1-55. In Jayaswal (a cura di), *Glory of the Kushans.*

32. Poiché l'immagine di Shiva si trova in un vestibolo, potrebbe aver fatto parte di un percorso di avvicinamento a un'altra immagine di culto coeva (vale a dire, tarda), forse induista, che non è sopravvissuta. I Dioscuri, invece, risalgono a un'epoca assai più antica. Ciro Lo Muzio, nel suo *Archeologia dell'Asia Centrale preislamica,* sostiene che le raffigurazioni di Shiva e Parvati non siano anteriori al VI secolo d.C., sebbene tale datazione possa essere eccessivamente bassa; in ogni caso, occorre cautela nell'affermare che risalgano all'epoca di Vima. Nonostante tale ipotesi sia del tutto plausibile, è supportata da evidenze piuttosto esigue. Si veda Tremblay, *The Spread of Buddhism,* p. 84.

33. *Loc. cit.*

34. Muthukumaran, *The Tamil Diaspora,* p. 29.

35. La scena si svolge a Drobeta, in Dacia, il che avrebbe reso il viaggio degli ambasciatori kushana ancora più lungo, soprattutto se fossero passati prima per Roma. Underwood, *Rome and its Connections.*

36. Hill, *Through the Jade*, pp. 266 sgg.

37. Underwood, *Rome and its Connections*, p. 163.

38. Falk, *Indian Gold Crossing*, pp. 97-113.

39. Ahuja, *One Mother*, pp. 32-52. Si veda anche Ahuja, *The British Museum Hariti*, pp. 247-63. Hariti è tuttora venerata nella valle di Kathmandu come protettrice da vaiolo, varicella e altre malattie simili.

40. Un'altra figurina di Arpocrate è stata scoperta a Taxila, e l'influenza di queste rappresentazioni si nota sia a Mathura, dove la sua iconografia potrebbe essersi sovrapposta a quella del timido e celibe eremita brahmanico Rishyashringa, menzionato nel *Mahabharata*, sia nel Gandhara, dove Arpocrate è raffigurato accanto alla *yakshi* Hariti. La figura di Hariti stessa ha radici egizie, come ha notato Naman Ahuja. La celebre immagine della *yakshi*, oggi custodita al British Museum, sembra infatti modellata direttamente sull'iconografia di Isis Lactans (Iside nutrice), una figura che proiettò la sua influenza anche verso occidente e che potrebbe aver ispirato il tema cristiano della Madonna col Bambino. Ahuja, *One Mother*, p. 35. Si vedano anche Rachel R. Mairs, *Egyptian Artefacts from Central and South Asia*, https://www.academia.edu/209814/Egyptian_Artefacts_from_Central_and_South_Asia; Stewart, *Alexandria and Gandhara*, pp. 181-96; Dalrymple, *From Berenike to Ajanta*.

41. Boardman, *The Greeks in Asia*, pp. 162-63.

42. Aruz e Valtz Fino, *Afghanistan*; Ball, *Rome in the East*, p. 153.

43. *Gandhara: A Confluence of Cultures*.

44. Elverskog, *Buddhism and Islam*, p. 26; Cunliffe, *By Steppe*, p. 315.

45. Sebbene questo aspetto vari a seconda dell'area presa in esame; la regione dello Swat, ad esempio, presenta particolarità proprie.

46. DeCaroli, *Image Problems*, pp. 95, 112-14. Sonya Rhie Quintanilla ritiene che una piccola immagine del Buddha proveniente da una modesta balaustra di Isapur, presso Mathura, possa essere datata al 15 d.C.: *History of Early Stone*, pp. 128, 133, 205, 249-53. La studiosa la fa risalire al regno del satrapo settentrionale indo-scita Sodasa, che governò Mathura poco prima dell'arrivo dei Kushana, verso la fine del I secolo a.C. Nel suo lavoro, propone un'affascinante interpretazione delle piccole immagini del Buddha seduto, in forma umana, che considera una risposta alle

innovazioni dei jainisti ardhaphalaka, le cui rappresentazioni avevano già trovato una notevole diffusione a Mathura ma, apparentemente, non altrove. Le piccole immagini pre-kushana del Buddha stante di Mathura erano ispirate alle raffigurazioni dei sovrani dell'epoca, private dei gioielli e del turbante.

47. Questo argomento fu avanzato per la prima volta da Ananda Coomaraswamy nel 1926. Si veda Coomaraswamy, *The Indian Origin*, pp. 165-70.

48. DeCaroli, *Haunting the Buddha*, pp. 62-63; DeCaroli, *Image Problems*, p. 180.

49. *Loc. cit.* Ad esempio, lo stupa di Bharhut, databile al 120 a.C. ca, era sorvegliato da una serie di *yaksha raja* quasi a grandezza naturale, ciascuno identificato con un nome proprio. Le iscrizioni celebrano il successo dei monaci nel domare e convertire alla dottrina del Buddha questi feroci giganti. Nel frattempo, piccoli *yaksha* simili a folletti, con le orecchie a punta, riemergono come difensori armati al seguito del dio indiano della ricchezza e come custodi dei tesori della terra. Questi spiritelli assumono le sembianze del principe degli *yaksha* Kubera, raffigurato con una borsa e spesso attorniato da sacchi d'oro, e dei suoi due attendenti, Shankha e Padma. Questi ultimi, nani tozzi e paffuti, sono rappresentati con fiumi di monete che scorrono dalle loro teste, simbolo della prosperità che elargiscono ai loro più fedeli devoti. Si veda Guy (a cura di), *Tree & Serpent*, in particolare le voci del catalogo alle pp. 48-52.

50. Schopen, *Bones, Stones*, pp. 244-53; DeCaroli, *Image Problems*, pp. 171, 183-85; Fogelin, *An Archaeological History*, pp. 156-57. Sonya Rhie Quintanilla ritiene che la già citata immagine del Buddha proveniente da una modesta balaustra di Isapur, vicino a Mathura, debba essere datata al 15 d.C., diversi decenni prima dell'immagine di Bala. *History of Early Stone*, pp. 128, 133, 205, 249-53.

51. Sul rovescio è raffigurato un leone accanto a un *triratna* buddhista, simbolo dei «tre gioielli» (il Buddha, il *dharma*, il Sangha). L'immagine è accompagnata da un'iscrizione in kharoshthi che recita: «Il leone che scaccia la paura», un chiaro riferimento al primo sermone del Buddha. Gli articoli di Joe Cribb e Stefan Baums sul medaglione di Tilya Tepe, pubblicati in «Journal of the American Oriental Society» nella primavera del 2023, arricchiscono in misura significativa la letteratura su questo oggetto di straordinaria importanza.

52. Piuttosto che toghe, sarebbe più accurato descriverle come *himatia* o mantelli greci.

53. Snellgrove, *The Image of the Buddha*, p. 63. È importante evidenziare anche lo sviluppo significativo dell'immagine antropomorfa del Buddha nello «stile disegnativo» della valle dello Swat, uno dei primi luoghi a transitare dalle immagini aniconiche a quelle iconiche del Buddha.

54. L'iconografia condivisa del Buddha nelle due regioni costituisce tuttavia una chiara testimonianza di contatti, e forse di una stretta collaborazione, tra Mathura e il Gandhara. Entrambe le aree, ad esempio, si limitarono a rappresentare solo alcuni dei trentadue segni distintivi maggiori e degli ottanta minori del Buddha elencati nelle scritture buddhiste.

55. Nehru, *Origins of the Gandhāran Style*; Hallade, *Gandharan Art*.

56. Maurizio Taddei, nella sua raccolta *On Gandhāra*, insieme ad altri archeologi e storici dell'arte italiani ed europei specializzati nel Gandhara, ha evidenziato quanto fossero innovative le tecniche narrative degli artisti del Gandhara del primo periodo iconico, in particolare di quelli che adottavano il cosiddetto «stile disegnativo».

57. Peter Stewart ha sostenuto questa tesi in modo particolarmente convincente. Si vedano Stewart, *Roman Sarcophagi*, pp. 50-85, e Stewart, *Kushan Art*. Si veda anche Ball, *Rome in the East*.

58. Naman P. Ahuja formula un argomento molto convincente in proposito nel suo *One Mother*, pp. 44-45, menzionando il lavoro di Susan E. Alcock in *Graecia Capta*. Boardman propone una tesi simile in *The Greeks in Asia*, pp. 164-67, e osserva come l'influenza che raggiunse il Gandhara «sapesse più di Alessandria e di Afrodisia che dell'Italia». Se gli scultori stavano effettivamente fuggendo dalla cristianizzazione, questo potrebbe aver avuto un impatto significativo sull'arte buddhista post-kushana e tardo-antica, ossia sulla successiva produzione di sculture in stucco e argilla, come quelle rinvenute a Hadda e in altre località dell'Afghanistan: erano infatti materiali molto apprezzati nei monasteri copti dello stesso periodo.

59. Sparsi per l'Afghanistan si trovano numerosi e suggestivi frammenti raffiguranti divinità indù, tra cui spicca una gigantesca testa di Durga rinvenuta nella provincia di Ghazni. Ancora nell'XI secolo, i sovrani della dinastia Hindu Shahi di Kabul patrocinarono la costruzione di un notevole gruppo di templi induisti in mattoni nell'odierno Pakistan nord-occidentale, molti

dei quali decorati con sculture di squisita fattura, in particolare nel sito sacro di Hund, vicino ad Attock. Qui, immagini esoteriche e tantriche di Vishnu, Shiva, Surya e di un Ganesha danzante che dimena la proboscide continuano a sviluppare gli stilemi dell'arte del Gandhara e del Kashmir dei secoli precedenti, ma con una libertà, una fluidità e una musicalità senza precedenti, che infondono nelle sculture sonorità e dinamismo. Si vedano Henss, *The Hund Statues*, pp. 73-81; Ghosh, *From the Oxus*, p. 142.

60. Paul Harrison sostiene che il Mahayana sia emerso in un contesto di monaci silvestri nell'India settentrionale. Si veda *Searching for the Origins*. Si veda anche Folz, *Religions of the Silk Road*, pp. 41-42. Gregory Schopen offre una prospettiva leggermente diversa, sostenendo che nell'India antica il Mahayana fosse inizialmente limitato a un ristretto circolo di filosofi e che la sua diffusione tra la gente comune sia avvenuta solo molto più tardi, intorno al V secolo. Aggiunge che il Mahayana non riuscì a radicarsi saldamente in India, spingendo i suoi devoti a cercare sostenitori laici altrove, in particolare in Asia Centrale, in Cina e nel Sud-Est asiatico; si veda Schopen, *Figments and Fragments*. Si vedano anche Boucher, *Bodhisattvas of the Forest*, e Nattier, *A Few Good Men*.

61. Questo sviluppo pone l'accento sull'ideale del bodhisattva come nuovo traguardo per il devoto buddhista. Naturalmente, il termine bodhisattva (o bodhisatta, in pali) era già in uso per designare il Buddha nelle sue 555 esistenze che precedevano l'Illuminazione; la novità era che tutti i pii buddhisti avrebbero fatto voto di diventare bodhisattva per salvare ogni essere senziente, come un Buddha, anziché concentrarsi unicamente sulla propria salvezza individuale.

I bodhisattva – figure divine specificamente buddhiste ancora immerse nel *samsara*, e che pertanto potevano essere invocate e consultate per ricevere aiuto terreno – divennero ora i destinatari della maggior parte delle preghiere dei buddhisti. Fino a quel momento, e ancora oggi nella tradizione Theravada (come spiega magistralmente Richard Gombrich nel suo *Buddhist Precept and Practice*), il Buddha si trova nel *nirvana* e non può dunque essere raggiunto attraverso la preghiera. Le preghiere a lui rivolte portano benefici all'orante, poiché aiutano a domare la mente e a richiamare alla memoria le qualità positive del Buddha; tuttavia, non sono di alcuna utilità se al Buddha si richiede un aiuto di natura terrena. Chi desideri tali favori dovrà ricorrere a divinità o spiriti – principalmente indù – che risiedano nel nostro mondo, e dovrà corromperli o trattare con loro come farebbe con altri esseri umani.

L'innovazione del Mahayana consiste dunque nell'introduzione di oggetti di culto mondani esclusivamente buddhisti. Tra questi figurano Avalokiteshvara (il « Signore che guarda verso il basso [con compassione] »), noto anche come Karunamaya (« Fatto di compassione »), e la sua controparte femminile, Tara (« Colei che salva »). In Cina, i due si fondono in un'unica figura femminile, Guanyin (chiamata Kannon in Giappone).

La figura del bodhisattva è così centrale nel buddhismo mahayana che potrebbe esservi stata presente sin dall'inizio, ed è allettante ipotizzare che questa evoluzione sia avvenuta in un periodo di grave crisi nel Nord dell'India, quando i buddhisti svilupparono un pressante bisogno di figure salvifiche.

62. *The Lotus of the Wonderful Law*, pp. 107, 114; Frankopan, *The Silk Roads*, p. 529.

63. Sebbene l'abbondanza di Buddha e bodhisattva sia indubbiamente un elemento centrale del Mahayana, la nozione dei sette Buddha, così come quella di Maitreya, si ritrova già nelle più antiche tradizioni dei Nikaya. Inoltre, è importante sottolineare che il *Sutra del loto* sembra avere avuto un impatto limitato in India prima dell'epoca Gupta.

64. Buswell Jr e Lopez Jr (a cura di), *The Princeton Dictionary of Buddhism*, pp. 69, 1033-34; Williams, *Mahāyāna Buddhism*, pp. 84-87.

65. Brose, *Xuanzang*, pp. 18, 49-50.

66. Boardman, *The Greeks in Asia*, p. 185.

67. Ball, *Rome in the East*, p. 163; Cimino (a cura di), *Ancient Rome and India*, p. 23; Benjamin, *Empires of Ancient Eurasia*, p. 192.

68. DeCaroli, *Image Problems*, p. 99. Secondo Harry Falk, « il pantheon [kushana] si presenta molteplice, ma i molti dèi rimandano a un'unica forza suprema, di cui il re kushana è il rappresentante "in terra". Questo implica che il sovrano non sia tanto un "fedele", un "seguace" o un "devoto" di una divinità specifica, quanto piuttosto un emissario della sfera celeste, una sorta di ambasciatore, investito di responsabilità ma anche degno degli onori riservati a coloro che gli sono superiori. In breve, egli non "ha" una religione, egli "è" la religione che gli altri seguono ». Falk, *Kushan Religion*, pp. 1-55.

69. Boardman, *The Diffusion of Classical Art*, p. 124.

70. Kanishka afferma esplicitamente di essere « ariano », ovverosia iranico. Neelis, *Early Buddhist Transmission*, pp. 135-40; Baumer, *The History of Central Asia*, p. 32; Ghose, *Nana*, p. 99.

71. *Ibid.*, p. 96; Harmatta, *Religions in the Kushan Empire*; Cribb, *Greekness*, pp. 653-82; Srinivasan, *Many Cultures, Many Gods.*

72. Ghose, *Nana.* Si veda anche Baumer, *The History of Central Asia*, p. 58.

73. Mukherjee, *Nana on Lion*; Ghose, *Nana.*

74. Ch'en, *Buddhism in China.*

75. Molti di questi monaci potrebbero essere stati originari dell'India. «Uno studio dei primi tre capitoli del *Gaosengzhuan*, un resoconto cinese compilato nel 518 d.C. che raccoglie le biografie di eminenti monaci i quali introdussero il buddhismo in Cina, ha permesso a Shoshin Kuwayama di dimostrare che, tra il IV e il V secolo, un numero significativo di monaci indiani intraprese il viaggio dall'India alla Cina (Kuwayama, *Pilgrimage Route*). Secondo queste fonti, molti monaci diretti in Cina soggiornavano, almeno temporaneamente, nell'Afghanistan orientale, un'area dove, in quel periodo, sono attestati importanti monasteri buddhisti. Un caso significativo è quello del monaco Dharmakshema, originario dell'India centrale, che nel 421 tradusse a Khotan il *Mahaparinirvana sutra.* La migrazione dei monaci indiani verso nord sembra essere proseguita per diversi secoli: il *Gaosengzhuan* di epoca Tang, ad esempio, include la biografia di Dharmagupta, un monaco originario di Lata, un'area situata tra i corsi inferiori dei fiumi Narmada e Tapi e strettamente legata al complesso di Ajanta. Dharmagupta si recò a Taxila e successivamente in Cina, dove tradusse il *Saddharmapundarika sutra.* I resoconti cinesi, sebbene si concentrino ovviamente sui soli viaggi dei monaci indiani verso nord, confermano l'esistenza di un importante viavai di buddhisti tra l'India occidentale, la regione del Gandhara e il bacino del Tarim. Questo intenso movimento di monaci potrebbe aver portato linfa vitale alle grotte del Deccan occidentale, che verso la fine del V secolo conobbero una fase di rinascita». Brancaccio, *The Silk Road.*

76. Zürcher, *Han Buddhism and the Western Region.*

77. L'arte di Miran, complessa e cosmopolita, rivela una molteplicità di influenze. L'elemento iranico si manifesta nel «gesto persiano», descritto da Carol Bromberg, mentre l'iconografia delle storie del *Vessantara Jataka*, riconducibile a Bharhut, attesta la presenza di influenze indiane. L'impronta gandharica è evidente, e le immagini del Buddha a Miran presentano strette affinità iconografiche con le sculture di Butkara e Saidu Sharif, come sottolineato da Luca Olivieri. Tuttavia, i paralleli stilistici più marcati si riscontrano nell'arte copta, come già osservò l'archeo-

logo britannico Aurel Stein nel primo studio del monastero. A mio avviso, i legami più significativi emergono con i tessuti copti: questi, insieme a piccoli manufatti facilmente trasportabili – terracotte, figurine, statuette e bronzi di dimensioni ridotte – probabilmente giocarono un ruolo più incisivo nella diffusione di iconografie e idee rispetto ai costosi articoli di lusso rinvenuti a Bagram. Si vedano Bromberg, *An Iranian Gesture at Miran*; Olivieri, *Stoneyards*, pp. 62, 181-89. È importante sottolineare come Olivieri rilevi che il patrocinio kushana non sia stato né l'unico né il principale motore delle trasformazioni architettoniche, iconologiche e culturali osservabili nel complesso sacro di Saidu Sharif.

78. Yaldiz, *Evaluation of the Chronology*.

79. Lu Yang, *Narrative and Historicity*. Si veda anche Adshead, *T'ang China*, p. 141.

80. Lu Yang, *Narrative and Historicity*.

81. *Ibid.*, p. 7.

82. *Ibid.*, p. 8.

83. Hansen, *The Silk Road*, p. 66.

84. Cit. in Ch'en, *Buddhism in China*, cap. III.

85. Lu Yang, *Narrative and Historicity*, p. 18.

86. *Ibid.*, p. 22.

87. Ch'en, *Buddhism in China*, cap. III.

88. Lu Yang, *Narrative and Historicity*, p. 22.

89. Hansen, *The Silk Road*, p. 68.

90. Zürcher, *The Buddhist Conquest*, p. 226.

91. Lu Yang, *Narrative and Historicity*, p. 31; Wood, *The Silk Road*, p. 96.

92. Wright, *Buddhism in Chinese History*.

93. Lu Yang, *Narrative and Historicity*, pp. 40-41; Li Shenghai, *Mirrors and Twinning: Patterns*, p. 486.

4. IL MARE DI GIOIELLI

1. Kotyk, *Chinese State*, pp. 513-44.

2. Huili Sramana e Yancong Shi, *A Biography of the Tripiṭaka*, pp. 11-12; Brose, *Xuanzang*.

3. Huili Sramana e Yancong Shi, *A Biography of the Tripiṭaka*, p. 11.

4. *Ibid.*, pp. 4-5, 11-14.

5. Hwui Li Shaman, *The Life of Hiuen-Tsiang*, pp. 16-18.

6. Huili Sramana e Yancong Shi, *A Biography of the Tripiṭaka*, p. 227; Brose, *Xuanzang*, p. 2.

7. *Ibid.*, pp. 4, 76.

8. *Ibid.*, p. 3.

9. È cruciale sottolineare l'immensa portata del fenomeno avviato da Xuanzang, che intraprese la traduzione in cinese di un vastissimo corpus di testi buddhisti e di opere in sanscrito, pali e pracrito. Lo sforzo collettivo e prolungato richiesto per realizzare un trasferimento di conoscenze di tale portata rappresenta un'impresa senza precedenti nella storia del mondo antico.

10. Huili Sramana e Yancong Shi, *A Biography of the Tripiṭaka*, p. 227.

11. Poceski, *Buddhism in Chinese History*, pp. 40-63; Zürcher, *The Buddhist Conquest*, p. 22; Howard, *From Han*, pp. 201, 203.

12. Sen (a cura di), *Buddhism across Asia*, p. XIV.

13. Wright, *Buddhism in Chinese History*, p. 21.

14. Watt, *Art and History in China*, p. 5.

15. Zürcher, *The Buddhist Conquest*, pp. 30-35; Sen, *The Spread of Buddhism*, pp. 11-27.

16. Zürcher, *The Buddhist Conquest*, p. 28

17. Nickel (a cura di), *Return of the Buddha*, pp. 23-25.

18. Howard, *From Han*, p. 201; Sen, *Buddhism and Maritime Crossings*, p. 43; Sen, *Buddhism, Diplomacy and Trade*, pp. 4-5; Wright, *Buddhism in Chinese History*, p. 34; Behrendt, *How to Read Buddhist Art*, p. 39.

19. Per semplicità, uso l'etnonimo Unni in luogo del più preciso Xiongnu.

20. Juliano e Lerner, *Monks and Merchants*, pp. 15, 47; Wright, *The Sui Dynasty*.

21. Wright, *Buddhism in Chinese History*, pp. 30-35; Howard, *Buddhist Art in China*, p. 89; Poceski, *Buddhism in Chinese History*, p. 43; Zürcher, *The Buddhist Conquest*, p. 45.

22. Sen, *The Spread of Buddhism*, pp. 11-27.

23. Schafer, *The Golden Peaches*, pp. 275-76.

24. Sebbene la presenza di templi a pagoda a Kathmandu e a Bali suggerisca che tali strutture possano aver avuto origine nell'India del primo millennio.

25. Wright, *Buddhism in Chinese History*, p. 41; Sen, *India, China and the World*, p. 40; Gregory e Ebry, *The Religious and Historical Landscape*, p. 22; Mair, *Tun-huang Popular Narratives*; Mair, *T'ang Transformative Texts*; Mair, *Painting and Performance.*

26. Sen, *Buddhism, Diplomacy and Trade*, p. 7; Sen, *The Spread of Buddhism*, p. 23; Rhie, *Early Buddhist Art*, vol. II, p. 247.

27. Adshead, *T'ang China*, p. 37.

28. Ball, *Gandhāra Perceptions*, pp. 1-25; Ball, *Monuments of Afghanistan*, p. 85; Howard, *Buddhist Art in China*, p. 16.

29. Sen (a cura di), *Buddhism across Asia*, p. XIV.

30. Wright, *Buddhism in Chinese History*, p. 51; Sen, *Buddhism, Diplomacy and Trade*, p. 68.

31. Sia Bodhidharma sia i monaci Shaolin sono stati oggetto di un'intensa mitizzazione. Per un'analisi più rigorosa e accademicamente fondata, si vedano McRae, *Seeing Through Zen*, e Shahar, *The Shaolin Monastery*.

32. Macrae, *The Hagiography of Bodhidharma*, pp. 125-38; Foulk, *The Spread of Chan*, pp. 439-45.

33. Wright e Twitchett (a cura di), *Perspectives on the T'ang*, p. 2.

34. Wright, *The Sui Dynasty*, pp. 54-63, 139-56; Wright, *Buddhism in Chinese History*, p. 65.

35. Chen Jinhua, *Monks and Monarchs*, pp. 229-30; Ch'en, *Buddhism in China*, pp. 196-98.

36. Sen, *Buddhism, Diplomacy and Trade*, p. 68; Wright, *Buddhism in Chinese History*, p. 67; Ch'en, *Buddhism in China*, p. 199.

37. Wright, *Buddhism in Chinese History*, p. 67.

38. Ch'en, *Buddhism in China*, p. 200.

39. Kieschnick, *The Impact*, pp. 40-41; Weinstein, *Buddhism Under the T'ang*, pp. 4-5; Sen, *Buddhism, Diplomacy and Trade*, pp. 68-69.

40. Twitchett e Fairbank (a cura di), *The Cambridge History of China*, pp. 54-55.

41. Sen, *Buddhism, Diplomacy and Trade*, pp. 69, 80-81.

42. È bene notare che Vikramashila fu fondata più tardi rispetto

alle altre, nell'VIII secolo, molto tempo dopo la visita di Xuanzang.

43. Huili Sramana e Yancong Shi, *A Biography of the Tripiṭaka*, p. 24; Brose, *Xuanzang*, p. 2.

44. Huili Sramana e Yancong Shi, *A Biography of the Tripiṭaka*, pp. 26-28.

45. *Ibid.*, p. 28.

46. *Ibid.*, p. 29.

47. *Ibid.*, p. 41.

48. *Ibid.*, p. 50.

49. Xuanzang, *The Great Tang Dynasty*, p. 62.

50. Wink, *Al-Hind*, vol. I, p. 227. Alcuni indizi suggeriscono che Mihirakula potrebbe non essere stato così fermamente antibuddhista come credeva Xuanzang. Una fonte cinese contemporanea agli Eftaliti o Unni Bianchi, il *Luoyang qielan ji* (« Registro dei monasteri di Luoyang »), documenta un periodo di prosperità del buddhismo in quell'epoca. Inoltre, tavolette di rame superstiti attestano che almeno alcuni membri della dinastia di Mihirakula patrocinarono monasteri buddhisti.

51. Nel Sud, i Satavahana e gli Ikshvaku continuarono a offrire un generoso patrocinio alle istituzioni buddhiste, e probabilmente fu intorno al periodo della visita di Xuanzang che molte delle grotte più recenti di Ajanta furono scavate e affrescate.

52. Nella loro forma attuale e definitiva, i Purana sono di epoca tarda: i più antichi risalgono al 600 d.C. ca, ma raccolgono tradizioni orali molto più antiche.

53. Lehnert, *Tantric Threads*, p. 251; Kanisetti, *Lords of the Deccan*, pp. 62-63.

54. Fogelin, *An Archaeological History*, p. 180.

55. Si veda Bronkhorst, *Buddhism in the Shadow*. Alcune intuizioni molto interessanti riguardo alle possibili ragioni del declino del buddhismo si leggono in Eltschinger, *Apocalypticism*.

56. La questione del declino del buddhismo in India rimane un argomento controverso. Alcuni, soprattutto negli ambienti legati all'*hindutva* [il nazionalismo indù. *N.d.T.*], sostengono che l'induismo e il buddhismo, entrambe religioni del *dharma*, siano essenzialmente la stessa fede, che il Buddha sia un'incarnazione di Vishnu e che le differenze tra le due fedi siano state enfatizzate. Altri, in prevalenza buddhisti, affermano invece che

il buddhismo fu espulso dall'India in seguito a una rinascita dell'induismo e citano i casi di importanti santuari buddhisti, tra cui quello di Badrinath, che furono assorbiti dal culto induista. La maggior parte degli studiosi, tuttavia, concorda sul fatto che il declino del buddhismo come fede popolare abbia fornito all'induismo l'occasione di affermarsi, e che i casi di repressione violenta del buddhismo siano stati piuttosto rari. Permangono, però, racconti sull'impalamento di massa dei jainisti nel Sud, un episodio rappresentato con vivida drammaticità in diversi templi meridionali, dove, in certi casi, i pali originali sono ancora visibili e venerati. A mio avviso, vi fu quasi sempre competizione fra le due tradizioni religiose, e alla fine l'induismo prevalse nella maggior parte dell'India. Ai tempi di Xuanzang, questa supremazia si stava già delineando con chiarezza nell'India settentrionale. Sebbene vi fossero sovrani induisti, come re Harsha, che patrocinavano istituzioni sia induiste sia buddhiste, Xuanzang constatò che in India il buddhismo stava ormai diventando una religione minoritaria, in netto contrasto con la situazione di due o tre secoli prima, quando pellegrini come Faxian avevano visitato i luoghi sacri buddhisti trovandoli ancora vitali e fiorenti.

57. Huili Sramana e Yancong Shi, *A Biography of the Tripiṭaka*, p. 65.

58. *Ibid.*, pp. 75-78.

59. *Ibid.*, p. 89.

60. Xuanzang, *The Great Tang Dynasty*, p. 250.

61. Huili Sramana e Yancong Shi, *A Biography of the Tripiṭaka*, p. 91.

62. *Loc. cit.*

63. *Ibid.*, p. 94.

64. Wang Xiang, *From Nālandā to Chang'an*, p. 210.

65. Fogelin, *An Archaeological History*, pp. 204-205.

66. Basham, *The Wonder That was India*, p. 165.

67. Xuanzang, *The Great Tang Dynasty*, p. 250.

68. Huili Sramana e Yancong Shi, *A Biography of the Tripiṭaka*, pp. 94-95.

69. Sen, *Buddhism, Diplomacy and Trade*, pp. 18-19, 251; Kanisetti, *Lords of the Deccan*, pp. 50-51.

70. Bakker, *The World of the Skandapurana*, pp. 18, 124-25; Sen, *Buddhism, Diplomacy and Trade*, p. 33.

71. Brose, *Xuanzang*, p. 45.

72. Sen, *Buddhism, Diplomacy and Trade*, p. 117; Singh, *Gifts from Other Lands*, p. 46.

73. Sen, *Buddhism, Diplomacy and Trade*, p. 117.

74. Acri (a cura di), *Esoteric Buddhism*, Introduzione, pp. 11, 17.

75. Wang Xiang, *From Nālandā to Chang'an*, p. 210. Taranatha (1575-1634) fu un lama della scuola Jonang del buddhismo tibetano.

76. Brose, *Xuanzang*, pp. 46-47.

77. Huili Sramana e Yancong Shi, *A Biography of the Tripiṭaka*, p. 139.

78. *Ibid.*, pp. 138-39; Brose, *Xuanzang*, p. 62.

79. Sen, *Buddhism, Diplomacy and Trade*, pp. 18-22, 216; Bakker, *The World of the Skandapurana*, p. 122.

80. Brose, *Xuanzang*, pp. 55-61.

81. *Ibid.*, p. 63.

82. *Ibid.*, pp. 63-65.

83. Huili Sramana e Yancong Shi, *A Biography of the Tripiṭaka*, pp. 168-69; Gordon, *When Asia was the World*, p. 17.

84. Brose, *Xuanzang*, pp. 70-71.

85. Sen, *Buddhism, Diplomacy and Trade*, p. 33.

86. Weinstein, *Buddhism under the T'ang*, p. 6.

87. *Ibid.*, p. 12.

88. *Ibid.*, p. 24; Weinstein, *Imperial Patronage in T'ang Buddhism*, p. 294.

89. Sen, *India, China and the World*, pp. 59-60; Gordon, *When Asia was the World*, p. 19.

90. Weinstein, *Buddhism under the T'ang*, pp. 12-24; Brose, *Xuanzang*, p. 81.

91. Sen, *Buddhism, Diplomacy and Trade*, p. 38.

5. LA QUINTA CONCUBINA

1. Per semplicità, mi riferirò a Wu come « imperatrice » anche dopo che avrà assunto il titolo di « imperatore ».

2. Rothschild, *Emperor Wu Zhao*, pp. 38-39; Karetsky, *Wu Zetian and Buddhist Art*, p. 125; Twitchett e Fairbank (a cura di), *The Cambridge History of China*, pp. 244-45.

3. Guisso, *Wu Tse-t'ien*, pp. 11-15, 27; Rothschild, *Wu Zhao*, pp. 1-21; Karetsky, *Wu Zetian and Buddhist Art*, p. 125; Barrett, *The Woman Who Discovered Printing*, pp. 73-75; Adshead, *T'ang China*, pp. 40-41.

4. Fitzgerald, *The Empress Wu*, p. 1; Rothschild, *Wu Zhao*, p. 23.

5. *Ibid.*, pp. 2, 25.

6. Fitzgerald, *The Empress Wu*, p. 13; Rothschild, *Wu Zhao*, p. 27.

7. Lattimore, *Allusion and T'ang Poetry*, p. 436.

8. Barrett, *The Woman Who Discovered Printing*, pp. 73-75.

9. Weinstein, *Buddhism under the T'ang*, p. 6.

10. Brose, *Xuanzang*, p. 26.

11. Sen, *Buddhism, Diplomacy and Trade*, pp. 40-42; Brose, *Xuanzang*, p. 79; Schafer, *The Golden Peaches*, p. 50.

12. Twitchett e Fairbank (a cura di), *The Cambridge History of China*, p. 239; Weinstein, *Buddhism under the T'ang*, pp. 25-27.

13. Guisso, *Wu Tse-t'ien*, pp. 16-17.

14. Rothschild, *Wu Zhao*, p. 29.

15. Fitzgerald, *The Empress Wu*, p. 19; Rothschild, *Wu Zhao*, pp. 28-30.

16. Doran, *Transgressive Typologies*, pp. 5-6, 65-67; Rothschild, *Wu Zhao*, pp. XI-XIV; Twitchett e Fairbank (a cura di), *The Cambridge History of China*, p. 245; Barrett, *The Woman Who Discovered Printing*, p. 6.

17. Brose, *Xuanzang*, pp. 84-85.

18. Fitzgerald, *The Empress Wu*, p. 22; Rothschild, *Wu Zhao*, pp. 34-36.

19. Rothschild, *Wu Zhao*, pp. 35-38.

20. Sen, *Buddhism, Diplomacy and Trade*, p. 93.

21. Weinstein, *Buddhism under the T'ang*, p. 38.

22. Fitzgerald, *The Empress Wu*, p. 31.

23. *Ibid.*, p. 32.

24. Guisso, *Wu Tse-t'ien*, pp. 19, 28.

25. *Ibid.*, pp. 17-19, 156; Twitchett e Fairbank (a cura di), *The Cambridge History of China*, pp. 247-49; Barrett, *The Woman Who Discovered Printing*, p. 83; Lewis, *China's Cosmopolitan Empire*, p. 37.

26. Guisso, *Wu Tse-t'ien*, p. 28.

27. Weinstein, *Buddhism under the T'ang*, p. 38.

28. Rothschild, *Wu Zhao*, p. 50.

29. Sima Guang, *Zizhi tongjian*, trad. in Guisso, *Wu Tse-t'ien*, p. 20; Chen Jinhua, *Monks and Monarchs*, p. 126.

30. Karetsky, *Wu Zetian and Buddhist Art*, p. 115.

31. Ch'en, *Buddhism in China*, p. 221; Guisso, *Wu Tse-t'ien*, p. 150.

32. Poceski, *Buddhism in Chinese History*, pp. 49-50.

33. Rothschild, *Emperor Wu Zhao*, pp. 207-208; Barrett, *The Woman Who Discovered Printing*, p. 78.

34. Chemburkar, *Borobudur's Pāla Forebear*, p. 204. Si veda anche *Ennin's Diary: The Record of a Pilgrimage*, p. 253.

35. Karetsky, *Wu Zetian and Buddhist Art*, pp. 113-21; Weinstein, *Buddhism Under the T'ang*, p. 39.

36. Patricia Karetsky ha ipotizzato che i testi relativi a Vairocana possano invece essere stati portati dall'India da Yijing; si veda il suo *Wu Zetian and Buddhist Art*, p. 120.

37. Si vedano Gong Dazhong, *Longmen shiku yishu*, pp. 141-42; Howard, *Buddhist Art in China*, p. 98; Howard, *From Han*, pp. 201, 298-99; Rothschild, *Emperor Wu Zhao*, pp. 224-25; Karetsky, *Wu Zetian and Buddhist Art*, pp. 117, 120.

38. Brose, *Xuanzang*, p. 100.

39. Weinstein, *Imperial Patronage*, p. 296.

40. Guisso, *Wu Tse-t'ien*, p. 35.

41. Brose, *Xuanzang*, p. 102. È impossibile sopravvalutare la portata dell'impresa di Xuanzang. Anche tralasciando i suoi straordinari viaggi, la sua opera di traduzione del sapere buddhista e indiano in lingua cinese rappresenta senza dubbio uno dei primi trasferimenti di conoscenza su vasta scala tra universi di pensiero differenti nella storia dell'umanità.

42. Fitzgerald, *The Empress Wu*, p. 38; Rothschild, *Emperor Wu Zhao*, p. 38.

43. Wechsler, *Offerings of Jade and Silk*, p. 233; Weinstein, *Buddhism under the T'ang*, p. 39; Doran, *Transgressive Typologies*, p. 68.

44. Weinstein, *Buddhism under the T'ang*, p. 39.

45. Rothschild, *Wu Zhao*, p. 81.

46. Guisso, *Wu Tse-t'ien*, p. 54; Barrett, *The Woman Who Discovered*

Printing, pp. 80-81; Fitzgerald, *The Empress Wu*, p. 90; Rothschild, *Wu Zhao*, pp. 82-85.

47. Twitchett e Fairbank (a cura di), *The Cambridge History of China*, p. 295; Guisso, *Wu Tse-t'ien*, pp. 4, 58.

48. *I detti di Confucio*, XVII, 25, cit. in Guisso, *Wu Tse-t'ien*, p. 4; Rothschild, *Wu Zhao*, p. 98.

49. Forte, *Political Propaganda*.

50. Weinstein, *Buddhism under the T'ang*, p. 41; Doran, *Transgressive Typologies*, p. 115; Fitzgerald, *The Empress Wu*, p. 128; Schafer, *Pacing the Void*, pp. 165-66; Rothschild, *Wu Zhao*, pp. 70, 158; Guisso, *Wu Tse-t'ien*, p. 68.

51. Chen Jinhua, *Monks and Monarchs*, p. 127; Guisso, *Wu Tse-t'ien*, pp. 66-69.

52. Cit. in Tung, *Fables for the Patriarchs*, pp. 61-62; Forte, *Political Propaganda*, p. 263. Si vedano anche Twitchett e Fairbank (a cura di), *The Cambridge History of China*, p. 305; Sen, *Buddhism, Diplomacy and Trade*, p. 95; Guisso, *Wu Tse-t'ien*, p. 37; Rothschild, *Emperor Wu Zhao*, pp. 211-13.

53. Kieschnick, *The Impact*, p. 101. Su Huaiyi come amante di Wu, si vedano Guisso, *Wu Tse-t'ien*, pp. 62-63; Doran, *Transgressive Typologies*, pp. 208-10; Rothschild, *Wu Zhao*, pp. 98-99, e Barrett, *The Woman Who Discovered Printing*, p. 82.

54. Schafer, *The Golden Peaches*, p. 50.

55. Karetsky, *Wu Zetian and Buddhist Art*, p. 118.

56. Weinstein, *Buddhism under the T'ang*, p. 43; Rothschild, *Emperor Wu Zhao*, p. 191.

57. Weinstein, *Buddhism under the T'ang*, pp. 42-43.

58. Fitzgerald, *The Empress Wu*, pp. 120-123.

59. Wechsler, *Offerings of Jade and Silk*, pp. 195, 200, 210. Sull'ipotesi che il Mingtang, come Borobudur, fosse basato su uno *yantra*, si veda Woodward, *Bianhong*, pp. 25-62.

60. Guisso, *Wu Tse-t'ien*, p. 37.

61. Sen, *Buddhism, Diplomacy and Trade*, pp. 94-95.

62. Forte, *Mingtang and Buddhist Utopias*, pp. XI, 22-23, 36, 53, 82-83, 90-93, 109-10, 195, 262, 253-55.

63. *Locc. cit.*; Schafer, *Pacing the Void*, pp. 17-20. Si veda anche Rothschild, *Wu Zhao*, pp. 112-14.

64. Schafer, *Pacing the Void*, pp. 17-20. Sebbene ci sia ben poco

accordo tra gli studiosi riguardo al complesso del Mingtang, l'Asse del Cielo si è rivelato particolarmente controverso. Alcuni lo vedono come un monumento al pacifismo e alla cooperazione buddhista internazionale, « analogamente ai pilastri di Ashoka ». Altri, in netto contrasto, lo considerano un monumento trionfale, come la Colonna Traiana, mirante a celebrare la fondazione della dinastia Zhou da parte dell'imperatrice Wu. Uno studioso è addirittura convinto che rappresenti invece « un simbolo fallico, un'estensione della donna-imperatore Wu Zetian ... raffigurante erezione, eiaculazione e castrazione ». Rothschild, *Severing Grandma's Phallus.*

65. Sen, *Buddhism, Diplomacy and Trade,* p. 98.

66. Rothschild, *Emperor Wu Zhao,* pp. 219-21.

67. Rothschild, *Severing Grandma's Phallus,* p. 60.

68. Sen, *Buddhism, Diplomacy and Trade,* pp. 96-97, 251; Chemburkar, *Borobudur's Pāla Forebear?,* p. 203, nota 46.

69. Sen, *Buddhism, Diplomacy and Trade,* p. 97; Weinstein, *Buddhism under the T'ang,* p. 44; Buswell Jr e Lopez Jr (a cura di), *The Princeton Dictionary of Buddhism,* p. 153.

70. Van Bladel, *Eighth-Century Indian Astronomy,* pp. 257-94; Sen, *Buddhism, Diplomacy and Trade,* pp. 97-98; Sen, *India, China and the World,* pp. 84-87; Schafer, *Pacing the Void,* pp. 10-11; Schafer, *The Golden Peaches,* p. 275.

71. Heirman, *Abridged Teaching (Lüe Jiao),* p. 194; Karetsky, *Wu Zetian and Buddhist Art,* p. 128.

72. Sen, *Yijing and the Buddhist Cosmopolis,* p. 349.

73. Weinstein, *Imperial Patronage,* p. 299; Barrett, *The Woman Who Discovered Printing,* p. 88; Karetsky, *Wu Zetian and Buddhist Art,* p. 116.

74. *Loc. cit.*

75. Wang Xiang, *From Nālandā to Chang'an.*

76. Schafer, *The Golden Peaches,* p. 274.

77. Weinstein, *Buddhism under the T'ang,* p. 45; Guisso, *Wu Tse-t'ien,* p. 48.

78. Guisso, *Wu Tse-t'ien,* p. 48; Weinstein, *Buddhism under the T'ang,* p. 45; Wright, *Buddhism in Chinese History,* p. 79.

79. Rothschild, *Wu Zhao,* p. 142. Si vedano anche Weinstein, *Buddhism under the T'ang,* pp. 46-47; Weinstein, *Imperial Patronage,* pp. 302-303.

80. Kieschnick e Shahar (a cura di), *India in the Chinese Imagination*, Introduzione, pp. 1-2; Schafer, *The Golden Peaches*, pp. 50-52. Altre conoscenze e innovazioni, come l'alchimia, la carta e la polvere da sparo, si diffusero invece in senso contrario, dalla Cina all'India.

81. Rothschild, *Wu Zhao*, p. 151; Fitzgerald, *The Empress Wu*, pp. 133-35; Doran, *Transgressive Typologies*, p. 212.

82. Tung, *Fables for the Patriarchs*, p. 66; Fitzgerald, *The Empress Wu*, pp. 168-69; Guisso, *Wu Tse-t'ien*, p. 147; Doran, *Transgressive Typologies*, p. 161.

83. Watt, *Art and History in China*, pp. 39, 297; Rothschild, *Wu Zhao*, pp. 186-87.

84. *Ibid.*, pp. 156, 192, 196; Kieschnick, *The Impact*, p. 235; Watt, *Art and History in China*, p. 99.

85. Rothschild, *Wu Zhao*, p. 185.

86. Tung, *Fables for the Patriarchs*, p. 66; Twitchett e Fairbank (a cura di), *The Cambridge History of China*, p. 321; Fitzgerald, *The Empress Wu*, pp. 190-91.

87. *Ibid.*, pp. 195-97; Guisso, *Wu Tse-t'ien*, p. 154.

88. Tung, *Fables for the Patriarchs*, p. 68; Barrett, *The Woman Who Discovered Printing*, pp. 103, 118.

89. Tung, *Fables for the Patriarchs*, p. 67; Rothschild, *Wu Zhao*, p. 2.

6. LA DIASPORA DEGLI DÈI

1. Dehejia, *The Body Adorned*, p. 52; Kaimal, *The Problem of Portraiture*, pp. 59-133; Shulman, *Tamil*, p. 142.

2. Devadevan, *From the Cult of Chivalry*, pp. 127-59.

3. Hirsh, *Mahendravarman I Pallava*, pp. 109-30; Dehejia, *The Thief*, p. 242; Shulman, *Tamil*, pp. 142-44.

4. Kanisetti, *Lords of the Deccan*, pp. 79-80.

5. Shulman, *Tamil*, p. 144; Ray, *Coastal Shrines*, p. 158.

6. Mi riferisco qui all'antichissimo Shiva Natesha di Mayalagan, ancora privo del demone nano sotto di lui, che compare invece nelle versioni successive del Nataraja. Ringrazio S. Vijay Kumar, che mi ha accompagnato in questo sito poco visitato.

7. I guardiani di Mandagapattu potrebbero anche essere raffigu-

razioni antropomorfe del tridente e dell'ascia di Shiva: i rebbi del tridente emergono dal basamento dietro il guardiano di sinistra, mentre la lama dell'ascia sporge dalla parte anteriore del copricapo del guardiano di destra.

8. Dehejia, *Indian Art*, p. 185; Beck, *Pallava Rock Architecture*, pp. 46-47.

9. Sebbene vi siano tracce del culto induista nella poesia Sangam tamil del V secolo a.C. e nella pianta di alcuni templi absidati nei pressi di Nagarajunakonda, in Andhra Pradesh, risalenti forse al 150 a.C., i monumenti di Mahendra sono considerati le più antiche testimonianze induiste ancora esistenti nell'estremo Sud dell'India. Prima del suo regno, i monumenti induisti nel Tamil Nadu erano realizzati in materiali deperibili e sono quindi scomparsi nel corso del tempo. E, sempre prima del suo regno, esistevano monasteri buddhisti e jainisti in pietra, oltre a una profusione di megaliti ancora più antichi, eretti per onorare gli eroi defunti.

10. Non si conosce molto dei sovrani precedenti, ma Mahendravarman è senza dubbio il primo re pallava a esprimere la sua devozione mediante iscrizioni.

11. Antal/Andal, trad. di Vidya Dehejia, in Dehejia, *Antal and her Path of Love*, p. 105. Per altre splendide traduzioni di Antal/Andal, si veda Venkatesan (trad. e a cura di), *The Secret Garden*.

12. Srinavasan, *Kanchipuram*, pp. 28-29; Peterson, *Poems to Siva*, pp. 8-9; Dehejia, *The Thief*, p. 242; Davidson, *Indian Esoteric Buddhism*, p. 192; Singh, *Ancient India*.

13. Acri, *Hinduism in Pre-Modern Southeast Asia*, p. 64. Si veda anche Miksic, *Tamil Influence*, p. 75.

14. Nel tempio di Minakshi a Madurai, che all'epoca era la capitale della rivale dinastia Pandya, si celebra ancora oggi un festival annuale in memoria di un episodio piuttosto inquietante: il presunto impalamento di ottomila jainisti su istigazione del santo fanciullo Sambandar. Tale esecuzione di massa sarebbe stata una rappresaglia per il supposto complotto jainista volto a uccidere Sambandar, il guru del re Pandya.

15. Nammalvar, *Hymns for the Drowning*, trad. di A.K. Ramanujan, n. 5, 8.8.10, p. 41.

16. Naturalmente, i gesti della danza e della scultura furono denominati *mudra* – un termine mutuato dai gesti rituali delle opere del Mantramarga – soltanto molti secoli dopo.

17. Ray, nel suo *Coastal Shrines*, è l'unica voce di dissenso rispetto all'opinione comune che vede in Mamallapuram il principale porto pallava.

18. Mukund, *Merchants of Tamulakam*, p. 67; Dehejia, *Indian Art*, pp. 186-87.

19. Dandin, *What Ten Young Men Did*; DeCaroli, *An Analysis of Daṇḍin's Daśakumāracarita*; Bronner, *A Question of Priority*, pp. 67-118.

20. Dandin, *What Ten Young Men Did.*

21. Kanisetti, *Lords of the Deccan*, p. 133.

22. Dandin, *Avantisundari*, p. 198.

23. Così Pollock, *The Language of the Gods*, p. 163. Vi furono altri grandi stilisti, tra cui Kalidasa e Bana, il cui ascendente fu altrettanto significativo, sebbene non abbiano scritto opere dedicate alla poetica. Per un approfondimento sull'influenza determinante di Kalidasa sulle iscrizioni reali khmer, si veda Goodall, *Kālidāsa's Kingship.*

24. Bronner (a cura di), *A Lasting Vision.*

25. Pollock, *The Language of the Gods*, p. 123.

26. *Ibid.*, p. 163; Bronner, *Extreme Poetry*, p. 197. Yigal Bronner ha curato una pregevole raccolta di saggi che indagano le idee estetiche di Dandin in tutta l'indosfera: *A Lasting Vision*, pp. 1-6, 15-18, 23-24, 51-52, 308-16, 362, 412-23, 458-59, 466-80.

27. Smith, *The Viṣṇu Image*, p. 22.

28. Rabe, *The Māmallapuram Praśasti*, p. 200; Bronner, *Extreme Poetry*, p. 97; Nagaswamy, *New Light on Mamallapuram*, pp. 1-50; Lockwood, Siromoney e Dayanandan, *Mahabalipuram Studies.*

29. Dandin, *Avantisundari*, p. 198.

30. *Ibid.*, p. 199.

31. Kaimal, *Playful Ambiguity*, pp. 1-27; Dehejia e Davis, *Addition*, pp. 1-18; Dehejia, *Indian Art*, p. 192; Bronner, *Extreme Poetry*, pp. 92-102.

32. Devadevan, *From the Cult of Chivalry*, p. 143; Coedès, *The Indianized States*, pp. 20-21; Chattopadhyaya, *The Making.*

33. Champakalakshmi, *The Urban Configurations of Tondaimandalam*, pp. 185-207; Champakalakshmi, *Trade, Ideology and Urbanisation.*

34. Howard-Johnston, *The India Trade*, pp. 287, 294-95; Side-

botham, *Berenike*, pp. 259-82; Power, *The Red Sea*, pp. 23-24, 37-39. Power equipara i blemmi agli odierni beja (p. 35). Agli inizi del VI secolo, Procopio osservava che « era impossibile per gli etiopi acquistare seta dagli indiani, dato che i mercanti persiani si insediano sempre nei porti in cui le navi indiane approdano per prime (poiché essi abitano nel Paese confinante) e sono soliti acquistarne l'intero carico » (*La guerra persiana*, 1, 20, 12). Tuttavia, questo stesso passo conferma che le navi indiane continuavano a salpare verso i porti dell'Oceano Indiano occidentale.

35. Pion *et al.*, *Bead and Garnet Trade*, pp. 819-59, evidenzia come i granati provenienti da Rajmahal, nei pressi di Tonk, nel Rajasthan, e le perle di vetro prodotte nella regione di Arikamedu, entrambi elementi di spicco della gioielleria merovingia e degli arredi funerari di Sutton Hoo, scompaiano dalla circolazione tra il 530 e il 600, proprio quando il porto di Berenice fu abbandonato. Nel V e VI secolo, alcuni mercanti indiani erano ancora attivi nell'Oceano Indiano occidentale, e le merci indiane continuavano a circolare nell'Eurasia occidentale: perle di vetro indiane, ad esempio, sono state rinvenute in non meno di quarantaquattro cimiteri merovingi. I granati indiani e singalesi, le pietre predilette dei cloisonné merovingi, « smisero di essere trafficati in Occidente intorno al 600 ... perché alla fine del VI secolo, con il dominio persiano sul Mar Rosso, la situazione peggiorò sensibilmente ». Da quel momento, i granati indiani furono via via sostituiti da pietre di qualità inferiore, provenienti dalla Cecoslovacchia e dal Portogallo.

36. Evers, *Worlds Apart*, p. 120. Ovviamente, alcune navi continuarono a navigare in entrambe le direzioni sospinte dai monsoni. I mercanti indiani erano un gruppo eterogeneo, con capacità e intenzioni differenti. Nel corso del primo millennio d.C. vi era ancora una consistente diaspora commerciale indiana nel Golfo Persico: numerose pentole da cucina indiane riconducibili a essa sono state rinvenute in vari siti del Golfo Persico. Si veda Kennet, *Sasanian and Islamic Pottery*, pp. 94-96. Su Quseir, si veda Sidebotham, *Berenike*, pp. 259-82, specialmente p. 262.

La novità principale risiedeva nell'aumento della concorrenza che i mercanti indiani iniziarono ad affrontare a partire dal periodo sasanide, specialmente da parte di spedizionieri e mercanti persiani e arabi. Una testimonianza significativa in tal senso è l'iscrizione in medio persiano lasciata da un gruppo di mercanti zoroastriani sasanidi nel VI secolo sul muro esterno della cella n. 90 del sito buddhista di Kanheri, a nord di Mumbai. Nel primo periodo islamico, i mercanti arabo-persiani aumentarono progressivamente la loro presenza nei mercati del Sud-Est asiatico, una regione tradizionalmente dominata dai commercianti indiani. Questo fenomeno potrebbe spiegare la decisione del re pallava Narasimhavarman II di cercare un'alleanza con la corte Tang contro gli arabi all'inizio dell'VIII secolo. Per una trattazione più approfondita di questo complesso scenario, si vedano Kominko, *Beyond Empire*, pp. 173-97, e Howard-Johnston, *The India Trade*, pp. 284-304.

37. *Ibid.*, pp. 287-88.

38. Ray, *Ethnographies of Sailing*, p. 80; Wink, *Al-Hind*, vol. I, pp. 336-37; Howard-Johnston, *The India Trade*, p. 284; Sidebotham, *Berenike*, pp. 277-79; Power, *The Red Sea*.

Tra la fine del V e l'inizio del VI secolo, a partire dal regno di Giustino, si registra per la prima volta l'arrivo in Cina di un piccolo numero di monete bizantine, circa un centinaio. La loro distribuzione nell'entroterra e verso nord suggerisce che le carovane romane fossero costrette a percorrere la via terrestre attraverso l'Armenia e la Sogdiana per aggirare l'embargo navale imposto dai persiani, che bloccava l'accesso alla seta attraverso le rotte marittime del Mar Rosso e del Golfo Persico. Si veda Li Qiang, *Roman Coins*. La fig. 1 del suo articolo mostra la distribuzione delle monete bizantine in Cina in base all'epoca di conio, evidenziando un picco improvviso tra il 450 e il 550, seguito da un successivo calo. Si veda anche Kominko, *Beyond Empire*.

39. Abraham, *Two Medieval Merchant Guilds*; Mukund, *Merchants of Tamulakam*; Munoz, *Early Kingdoms*, pp. 122-23. Si veda McKinnon, *Merchant Guilds*, pp. 27, 136-44.

La corsa all'oro fu probabilmente la principale motivazione della presenza indiana nel Sud-Est asiatico, ma non rappresentò l'unico fattore che portò alla marcata svolta dei commerci verso oriente tra il 400 e il 550 d.C. Esistono infatti prove della lavorazione dell'oro da parte di indiani nel Sud-Est asiatico già a partire dagli ultimi secoli a.C., il che suggerisce come il loro interesse per l'oro di quella regione fosse radicato e di lunga data. Tuttavia, in questo periodo l'intensità dei contatti tra la costa orientale dell'India e il Sud-Est asiatico crebbe enormemente.

Questo fenomeno proseguì nei secoli successivi. In particolare, dopo le incursioni dei Chola, emergono testimonianze crescenti di attività di prospezione aurifera condotte dai tamil nell'entroterra di Sumatra (si veda McKinnon, *Mediaeval Tamil Involvement*, pp. 85-99).

40. Christie, *State Formation*, p. 252; Coedès, *The Indianized States*, pp. 20-21; Chattopadhyaya, *The Making*; Devadevan, *From the Cult of Chivalry*, p. 143; Findlay e O'Rourke, *Power and Plenty*, pp. 33-37.

41. Baker e Phongpaichit, *A History of Ayutthaya*, p. 15.

42. *Ibid.*, p. 8.

43. Sureshkumar Muthukumaran evidenzia come una parte consistente degli antichi traffici tra l'Egitto e il Mekong fosse nelle mani di mercanti tamil, in *The Tropical Turn*, p. 104 (si veda l'Introduzione, nota 16).

44. Singh, *A History*, pp. 408-10.

45. *Mahājanaka-Jātaka*, n. 539, trad. di E.B. Cowell e W.H.D. Rouse, cit. in Amrith, *Crossing the Bay of Bengal*, pp. 23-24; e Mabbett, *The «Indianization»*, pp. 143-61.

46. Ciò avvenne nelle antiche città Pyu di Beikthano e Sri Ksetra. Si vedano Stargardt, *The Great Silver Reliquary*, pp. 89-105; Yian *et al.*, *Bagan and the World*.

47. Stargardt, *From the Iron Age*, pp. 341-65; Stark, *Landscapes*, pp. 185, 192, 194-95; Miksic e Goh, *Ancient Southeast Asia*, pp. 196-201; Luce, *Phases of Pre-Pagạn Burma*; Muthukumaran, *The Tamil Diaspora*, p. 27.

48. Mabbett, *The «Indianization»*, pp. 143-61. Sunil Gupta ritiene che le prime immagini del Buddha possano essere ancora più tarde e non precedenti al VI secolo d.C. Si veda Gupta, *Evoking the Buddha*, pp. 166-69.

49. Robert L. Brown, *The Dvaravati Wheels of Law*, sostiene in modo persuasivo che le ruote di Dvaravati presentino inoltre una stretta relazione analogica con le sculture dei primi architravi khmer. Si veda anche Guy (a cura di), *Lost Kingdoms*, p. 3.

50. Comunicazione personale di Éric Bourdonneau. Si veda Bourdonneau, *Pour en finir avec la «cité hydraulique»?*, pp. 97-98, pp. 409-37. Si veda anche Manguin, *The Archaeology of Funan*, pp. 100-18.

51. Lankton, *From Regional to Global*, p. 89.

52. Ball, *Rome in the East*, p. 152; Chaisuwan, *Early Contacts*, pp. 84-85; Bellina e Glover, *The Archaeology of Early Contact*, p. 73.

53. Wolters, *Tambralinga*, pp. 587-607.

54. Tingley (a cura di), *Arts of Ancient Viet Nam*, Introduzione, pp. 3, 6, e Reinecke, *Early Cultures*, p. 23.

55. Snellgrove, *Khmer Civilization*, pp. 8-10.

56. Smith, «*Indianization*», pp. 5-10; Ray, *Coastal Shrines*, pp. 13, 46, 66-67; Christie, *State Formation*, pp. 235-88; Stark, *Landscapes*.

57. Manguin, *Trading Ships*.

58. Sen, *India, China and the World*, pp. 47, 119-20; Wheatley, *The Golden Khersonese*, pp. 114-15; Hall, *Economic History*, pp. 194-95.

59. Per una buona introduzione allo sviluppo e alla diffusione della brahmi tamil, si veda K. Rajan, *Evolution of the Tamil Script*, pp. 1-22.

60. Brown, *The Trouble*, pp. 37-51; Brown, «*Rules*» *for Change*, pp. 10-32.

61. Guy, *Shiva's Land*, pp. 253-74. Premesso questo, le figure o i volti sui *linga* precedono l'emergere del mito del *lingodbhava*. Per le trattazioni testuali di questo mito, si veda Kafle, *The Liṅgodbhava Myth*, pp. 241-63.

62. Stark, *Angkor Borei*, pp. 87-105; Rawson, *The Art of Southeast Asia*, p. 23; Coe e Evans, p. 92; Snellgrove, *Angkor*, p. 51.

63. Manguin, *Early Coastal States*; Bensiti, *Rapports*; Chihara, *Hindu-Buddhist Architecture*, pp. 47, 61-63, 67, 72-75; Stark, *Landscapes*, p. 185; Manguin, *The Archaeology of Funan*.

64. La citazione è tratta dalla voce « Gunavarman », in Buswell Jr e Lopez Jr (a cura di), *The Princeton Dictionary of Buddhism*, pp. 337-38. Si vedano anche Sen, *Buddhism and Maritime Crossings*, pp. 44-45; Saran e Khanna, *The Ramayana in Indonesia*, p. 24; Sarkar, *The Migration*, pp. 103-21; Wolters, *Early Indonesian Commerce*, pp. 35, 152, 246; Chemburkar, *Borobudur's Pāla Forebear?*, pp. 191-210.

65. Guy, *Tamil Merchants*, p. 253; Sen, *Buddhism and Maritime Crossings*, p. 48.

66. L'incisione è ancora visibile in una grotta a Tham Phra Phothi. Una splendida riproduzione è presente in Guy (a cura di), *Lost Kingdoms*, p. 6. Si veda anche Baker e Phongpaichit, *A History of Ayutthaya*, p. 11. Nel nuovo Stato Pyu, in Myanmar, vi sono iscrizioni risalenti al 688 d.C. associate alla più antica pagoda birmana, che fu eretta nella capitale di Sriksetra e che sembra essere ispirata allo stupa di Amaravati, sulla costa dell'Andhra. Si vedano Gutman e Hudson, *The Archaeology of Burma*, pp. 160-61; Stargardt, *Sri Ksetra*, pp. 220-65; Chihara, *Hindu-Buddhist Architecture*, p. 8.

67. Baker e Phongpaichit, *A History of Ayutthaya*, pp. 10-11.

68. Tingley (a cura di), *Arts of Ancient Viet Nam*, p. 160.

69. È interessante osservare come l'iconografia del Vishnu mitrato non sembri originaria dell'India meridionale, poiché la mitra appare piuttosto come un retaggio dell'arte gupta. Nel Sud di lingua tamil, infatti, il copricapo di Vishnu è tradizionalmente di forma cilindrica.

70. *Ibid.*, p. 156; Maxwell, *Religion at the Time*, pp. 81-83; O'Connor Jr, *Hindu Gods*, pp. 34-37.

71. Esiste una vastissima bibliografia sull'arte « indianizzata » del Sud-Est asiatico, prodotta a partire dagli anni Trenta da autori indiani, che interpretavano l'adozione di forme artistiche indiane come una sorta di colonizzazione culturale, e proseguita fino agli autori del Sud-Est asiatico post-coloniale, che hanno invece contestato la nozione stessa di « indianizzazione ». Una sintesi approfondita di questa controversia si legge nella conclusione di Brown, *The Dvaravati Wheels of Law*, nonché nel suo saggio *The Trouble with Convergence*, pp. 37-51. Si vedano anche Guy (a cura di), *Lost Kingdoms*, p. 6; Maxwell, *Religion at the Time*, pp. 72-122; *Brill's Encyclopedia of Hinduism*, vol. I, pp. 337-81.

72. Questa si trova nel Krishna Mandapa. Ray, *Coastal Shrines*, p. 131; Mace, *The Cleveland Krishna*, p. 33.

73. L'idea che la statua di Krishna fosse originariamente installata nella grotta di Phnom Da e che il sito segni il punto sacro in cui Kaundinya e Mera si incontrarono è stata sostenuta in modo convincente da Sonya Rhie Mace nel suo brillante saggio *The Cleveland Krishna*, specialmente p. 43. Si veda Coedès, *Études cambodgiennes.*

74. Coe e Evans, *Angkor*, pp. 94-96.

75. Goodall, *What Information Can Be Gleaned*, p. 131; Pollock, *The Language of the Gods*, p. 234; Saran e Khanna, *The Ramayana in Indonesia*, p. 10.

76. Maxwell, *Religion at the Time*, p. 121.

77. Chemburkar, *Introduction, Art of Cambodia*, pp. 13, 16.

78. Romain, *Indian Architecture*, pp. 299-316; Chihara, *Hindu-Buddhist Architecture*, pp. 98-112; Miksic, *The Classical Cultures of Indonesia*, p. 240. In *The Cleveland Krishna*, Sonya Rhie Mace propone una datazione assai alta e l'influenza di modelli architettonici propri dell'Orissa per il tempio oggi noto come Ashram Maha Rosei, situato a mezza costa sull'altura di Phnom Da.

Suresh Muthukumaran identifica un'altra eco dell'architettura di Mamallapuram nel Sud-Est asiatico: un incensiere in bronzo del VII secolo a forma di tempio in miniatura, rinvenuto a Kedah, nella penisola malese, il cui tetto presenta un profilo molto simile a quello del Bhima Ratha pallava: si veda Muthukumaran, *The Tamil Diaspora*, p. 33. Nello stesso volume, Andrea Acri discute il culto di Agastya: *Hinduism in Pre-Modern Southeast Asia*, p. 6.

79. Romain, *Indian Architecture*, pp. 299-316.

80. Questo punto è bene evidenziato nel cap. v di Acharya, *Civilizations in Embrace*. Si vedano anche Hunter, *The Building Blocks*, pp. 419-21; Michell, *The Hindu Temple*; e Michell, *Hindu Art and Architecture*.

81. Questa, almeno, è l'ipotesi più probabile: gli studiosi non sono ancora del tutto sicuri se le rovine in questione appartengano a un palazzo, un monastero o entrambi. Acri, *The Place of Nusantara*, p. 150; Acri (a cura di), *Esoteric Buddhism*, Introduzione, p. 17; Sen, *Buddhism and Maritime Crossings*, p. 53; Dumarçay, *Borobudur*, p. 11; Coningham *et al.*, *Archaeology and Cosmopolitanism*, pp. 19-43.

82. Il testo dell'iscrizione a tale riguardo, edito da Hirananda Sastri, si legge in *The Nālandā Copper-Plate of Devapāladeva*, e in *Nālandā and its Epigraphic Material*, p. 95. Si vedano anche Acri e Sharrock (a cura di), *The Creative South*, Introduzione, vol. II, p. 6; Chemburkar, *Visualising the Buddhist Mandala*, pp. 198-222; Saran e Khanna, *The Ramayana in Indonesia*, p. 25.

83. Questo aspetto è sottolineato da Acri in *Revisiting the Monsoon Asia Idea*, pp. 63-96. Si vedano anche, con specifico riferimento al buddhismo, le riflessioni di Hiram Woodward nel suo *Esoteric Buddhism*, p. 353, e Muthukumaran, *The Tamil Diaspora*, p. 27.

7. NELLE TERRE DELL'ORO

1. Gordon, *When Asia was the World*, pp. 59-60.

2. Flecker, *The Archaeological Excavation*.

3. Gordon, *When Asia was the World*, pp. 57-73.

4. Miksic, *Singapore and the Silk Road*, p. 86.

5. La straordinaria creatività del Sud-Est asiatico in questo periodo è analizzata con notevole acume da Andrea Acri e Peter Sharrok nella loro brillante raccolta di saggi in due volumi, *The Creative South*. Come scrivono i curatori nell'Introduzione: «Le ri-

cerche attuali mostrano che le "periferie" del Sud-Est asiatico erano più libere di innovare rispetto ai "centri" tradizionali, mentre le fiorenti rotte commerciali fornivano loro il necessario afflusso di risorse umane e materiali. Di conseguenza, i primi regni dell'Asia marittima furono all'origine di culti, tecnologie rituali, arti e architetture sacre ... La scala e l'originalità artistica che si manifestano nei monumentali centri rituali di Giava, della penisola malese, di Campa [Vietnam] e dei domini khmer [Cambogia] sono prove evidenti delle innovazioni religiose e politiche concepite e realizzate nel Sud. L'accesso privilegiato alle corti regali dei nuovi Stati meridionali di cui godevano i maestri buddhisti e shivaiti – un accesso che superava quello che i buddhisti, confinati nei loro monasteri nel Subcontinente, potevano offrire – favorì la realizzazione di monumenti su una scala mai vista prima». Acri e Sharrock (a cura di), *The Creative South,* Introduzione, p. 1.

6. Acri, *The Place of Nusantara,* pp. 139-66.

7. Altre fonti dissentono, e definiscono suo padre un «maestro brahmano dell'India meridionale e un re indiano». Si veda Buswell Jr e Lopez Jr (a cura di), *The Princeton Dictionary of Buddhism,* pp. 952-53.

8. Sundberg (in collaborazione con Giebel), *The Life of the Tang Court,* pp. 129-222.

9. Narasimhavarman fu un grande costruttore, musicista e intellettuale, sul modello del suo predecessore Mahendravarman. Nutrì un particolare interesse per lo shivaismo tantrico, al quale fu iniziato, e costruì un tempio tantrico a Kanchipuram, il magnifico Kailasanatha, oggi considerato uno dei massimi capolavori dell'arte pallava. Si vedano Kaimal, *Opening Kailasanatha;* Nagaswamy, *Innovative Emperor,* pp. 37-60.

10. Chemburkar, *Borobudur's Pāla Forebear?,* p. 217.

11. *Loc. cit.*; Acri (a cura di), *Esoteric Buddhism,* Introduzione, pp. 15-17.

12. Sundberg (in collaborazione con Giebel), *The Life of the Tang Court,* pp. 129-222.

13. *Loc. cit.*

14. Sharrock e Bunker, *Seeds of Vajrabodhi,* pp. 239-40.

15. Hall, *A History of Early Southeast Asia.* Desidero ringraziare Anirudh Kanisetti per avere condiviso con me il manoscritto della

sua opera in preparazione sulla storia dei Chola, dove ho letto per la prima volta di questo rituale.

16. Hall, *Maritime Trade*, pp. 72-77; Hall, *Economic History*, pp. 196-208; Sen, *Buddhism and Maritime Crossings*, pp. 45-48; Munoz, *Early Kingdoms*, pp. 117-23.

17. Yijing, cit. in Sen, *Buddhism and Maritime Crossings*, p. 50; Munoz, *Early Kingdoms*, pp. 122-23; Mukherjee, *The Indian Ocean World of Srivijaya*, pp. 170-97.

18. Woodward, *Esoteric Buddhism*, pp. 338-39.

19. Zhou Yiliang offre una traduzione annotata delle biografie canoniche di Vajrabodhi, Shubhakarasimha e Amoghavajra nel suo *Tantrism in China*, pp. 241-332. Si veda anche *The Instructions on the Gate of Teaching about the Secret State of Mind of the Great Yoga, the Vajra Pinnacle Scripture*, cit. in Lehnert, *Tantric Threads*, p. 258. Anche Andrea Acri ha discusso questo e altri passi simili in *Navigating the «Southern Seas»*, pp. 50-77.

20. Non è del tutto chiaro se i monaci fossero ancora insieme a questo punto. Sen, *Buddhism, Diplomacy and Trade*, p. 224.

21. Schafer, *The Golden Peaches*, p. 276.

22. Lehnert, *Tantric Threads*, pp. 262-65.

23. Khokhlov, *In the Footsteps of Amoghavajra*; Woodward, *Stylistic Trends*, pp. 128, 250-51.

24. *Testamento finale di Amoghavajra*, cit. in Goble, *The Politics of Esoteric Buddhism*, pp. 125-26.

25. Hansen, *Gods on Walls*, pp. 82-83.

26. Esiste un ampio e secolare dibattito su quasi ogni aspetto legato a Borobudur, inclusa la sua natura di *mandala* e l'eventuale presenza di concetti esoterici cifrati nelle sue pietre. Personalmente, mi colloco tra coloro che avallano entrambe queste ipotesi. In ogni caso, il complesso integra elementi esoterici ed essoterici: le gallerie inferiori, ad esempio, con le raffigurazioni delle vite del Buddha e dei bodhisattva, riflettono una visione del Mahayana di stampo piuttosto tradizionale.

27. Miksic, *Borobudur*, p. 49.

28. Kandahjaya, *The Scheme of Borobudur.*

29. Secondo la recente ipotesi di Hudaya Kandahjaya, esposta *ibid.*, Borobudur costituirebbe la rappresentazione del *garbhadhatumandala* delle divinità dello Yogatantra e, simultaneamente, l'apice del *vajradhatumandala.* Questi due cosmogrammi deli-

neavano la gerarchia metafisica buddhista che, a partire dall'VIII secolo, si diffuse in tutta l'Asia. Sebbene tale ipotesi attenda ancora conferme dalla ricerca buddhologica, personalmente la ritengo plausibile. Si vedano anche Sen, *Buddhism and Maritime Crossings*; Miksic, *Borobudur*, p. 21; Chemburkar, *Borobudur's Pāla Forebear?*, pp. 217-18.

30. Sundberg (in collaborazione con Giebel), *The Life of the Tang Court*, pp. 132-33.

31. Sinclair, *Coronation and Liberation*, pp. 29-66.

32. Se Bianhong non tornò a Giava, come ipotizza Iain Sinclair, allora il circolo buddhista giavanese che costruì Borobudur doveva essere pienamente consapevole degli sviluppi del buddhismo esoterico cinese di cui egli faceva parte. « Osservando Borobudur da tutti i lati, si scorgono centootto statue del Buddha collocate in nicchie su ogni lato orientato verso una direzione cardinale. Inoltre, il profilo della disposizione orizzontale, ovvero l'aspetto di ogni piattaforma poligonale sulle terrazze rettangolari, richiama le linee del *vajra* descritte da Vajrabodhi. È perciò probabile che gli architetti di Borobudur abbiano adottato, sin dalle prime fasi, il manuale di Vajrabodhi per la progettazione orizzontale, integrandolo con il manuale per la costruzione dello stupa nella definizione del progetto verticale ». Kandahjaya, *The Scheme of Borobudur*, pp. 14-15. Hudson, *The Body of God*, pp. 70-71.

33. Chemburkar, *Borobudur's Pāla Forebear?*, pp. 191-210.

34. Miksic, *Borobudur*, p. 45.

35. Woodward, *Bianhong*, pp. 25-62, e Chemburkar, *Borobudur's Pāla Forebear?*. Chemburkar scrive: « Come Borobudur, il progetto di Kesariya combina tre elementi: una collina naturale, uno stupa e un *mandala*. Entrambi i monumenti si presentano allo spettatore come strutture appiattite sul piano orizzontale. Chi si trovi alla base di ognuno dei due monumenti non riesce a scorgere lo stupa situato in cima. Analogamente a Borobudur, lo stupa di Kesariya presenta una rigorosa configurazione numerologica di stanze in mattoni, distribuite su ogni terrazza a intervalli regolari, con una statua del Buddha a grandezza naturale collocata in ciascuna di esse. Sopra la quinta terrazza si erge lo stupa, che raggiunge un'altezza di 9,38 metri e un diametro di 22 metri. La struttura a terrazze del monumento misura 123 metri di diametro e 37,5 metri di altezza. Le dimensioni di Borobudur sono praticamente identiche a quelle di Kesariya ».

36. Kandahjaya, *A Study on the Origin*; Kandahjaya, *The Scheme of*

Borobudur; Woodward, *On Borobudur's Upper Terraces*, pp. 34-43; Dumarçay, *Borobudur*, p. 40; Miksic, *Borobudur*; MacGregor, *A History of the World in 100 Objects*, pp. 379-84; Chihara, *Hindu-Buddhist Architecture*, pp. 113-24.

37. William, *Mahayana Buddhism*, p. 146; Hannigan, *A Brief History*.

38. Recentemente tradotto da D.E. Osto in *The Supreme Array Scripture*, Massey, 2021.

39. Il testo è noto come *Gandavyuha sutra* e fa parte della più ampia raccolta intitolata *Avatamsaka sutra*. Sudhana, il protagonista, è sempre rappresentato con un manoscritto stretto sotto l'ascella sinistra. Nel corso delle sue peregrinazioni incontra persino il dio Shiva, raffigurato con quattro braccia, intento a meditare sul monte Kailash, con il tridente e il rosario. Il racconto era particolarmente caro ai maestri buddhisti esoterici legati a Nalanda e Kanchipuram. Questi ultimi erano noti per mantenere rapporti insolitamente stretti con i tantristi shivaiti indù, il che potrebbe spiegare la presenza di Shiva in un contesto buddhista. Il *Gandavyuha sutra* appare anche nelle decorazioni del monastero himalayano indiano di Tabo, costruito da Atisha, un monaco indiano che trascorse la vita tra i buddhisti tantrici di Nalanda e Srivijaya. Si veda Ray, *Archaeology and Buddhism*, p. 98. Si racconta che un manoscritto autografo del *Gandavyuha* fu donato all'imperatore cinese nel 795 d.C. da un re dell'Orissa, probabilmente della dinastia Bhaumakara. Al suo arrivo in Cina, il testo fu subito tradotto da Prajna, un monaco indiano attivo tra il 785 e l'810. È possibile che proprio questa traduzione sia stata utilizzata dagli scultori e dagli epigrafisti di Borobudur. Ray, *Coastal Shrines*, p. 168. Cfr. Chemburkar, *Borobudur's Pāla Forebear?*, pp. 218-19, che individua una connessione tra Ratnagiri e Borobudur attraverso il culto di Manjushri e Samantabhadra; Woodward, *Bianhong*, p. 27. Kaimal, nel suo *Opening Kailasanatha*, mostra come Narasimha abbia integrato idee buddhiste nel proprio tempio tantrico.

40. Woodward, *Bianhong*, pp. 37-38, 41, 44, 47.

41. Fontein, *The Śarīra of Borobudur*, pp. 83-91.

8. «COLUI CHE È PROTETTO DAL SOLE»

1. Kulke, *The Devarāja Cult*, pp. 327-81.

2. Oppure di Si Thep, come sostiene Woodward, *Bianhong*, pp. 25-60.

3. Gran parte della storia politica della Cambogia di questo periodo si basa su prove incerte, fondate su un numero limitato di iscrizioni, una in particolare, assai controversa e di molto posteriore, risalente al 1052, ovvero duecentocinquant'anni dopo gli eventi narrati. L'iscrizione, rinvenuta nel sito templare di Sdok Kak Thom, è particolarmente tendenziosa, poiché potrebbe benissimo costituire una narrazione revisionista a posteriori per legittimare le pretese di potere di una specifica famiglia sacerdotale della corte riferite a secoli dopo. Tuttavia, è la principale fonte documentale a nostra disposizione e, in mancanza di certezze, la maggior parte degli studiosi ha scelto di accettarla con cautela. Secondo questa iscrizione, Jayavarman II avrebbe fondato l'Impero di Angkor nell'802, dopo il suo ritorno dall'esilio. Questo dato è stato a lungo ritenuto un fatto storico consolidato, ma negli anni Novanta due studiosi hanno sollevato dubbi significativi. Claude Jacques, dell'École française d'Extrême-Orient (EFEO), e Michael Vickery, studioso americano residente in Cambogia, hanno ipotizzato che il termine « Giava » menzionato nell'iscrizione possa riferirsi a un luogo del tutto diverso. Questa interpretazione è stata successivamente contestata dall'epigrafista Arlo Griffiths, il quale ha sostenuto con argomentazioni a mio avviso convincenti che Giava si riferisca effettivamente all'isola omonima. Per un riassunto del dibattito, si veda Coe e Evans, *Angkor*, pp. 115-21. Cfr. Griffiths, *The Problem of the Ancient Name*, pp. 42-81. Per la posizione di Jacques, si vedano i seguenti articoli: Jacques, *Études d'épigraphie cambodgienne*, pp. 205-20; Jacques, *On Jayavarman II*, pp. 1-5; Jacques, *Les Noms posthumes*, pp. 191-98; Jacques, *Deux Problèmes*, pp. 11-32. Per quella di Vickery, si veda il suo *Society, Economics, and Politics*. Si veda anche Vickery, *Resolving the Chronology*, pp. 17-23. Un'ulteriore controversia riguarda il ruolo di Jayavarman II: Dominic Goodall e Nicolas Revire hanno messo in discussione l'idea che questo sovrano abbia agito in modo realmente innovativo, sottolineando il ruolo dell'impero di Ishanavarman I, nel VII secolo, come un suo possibile antecedente: Goodall e Revire, *East and West*, pp. 257-301. Altri studiosi affermano che non è chiaro se Jayavarman II possa essere considerato il vero fondatore di Angkor, alla luce dei resti pre-angkoriani di Ak Yum, che potrebbero corrispondere al tempio shivaita di Gambhireshvara, fondato da Bhavavarman intorno al 600 d.C. all'interno dell'argine del Baray occidentale: si veda Pottier, *Nouvelles données*, pp. 43-79.

4. Goodall, *Two inscriptions*, pp. 3-38.

5. Coe e Evans, *Angkor,* pp. 115-21; Wolters, *Jayavarman II's Military Power,* pp. 21-30; Higham, *The Civilization of Angkor,* pp. 53-59; Lieberman, *Strange Parallels,* vol. I, pp. 217-18; Mabbett e Chandler, *The Khmers,* pp. 87-90; Miksic e Goh, *Ancient Southeast Asia,* pp. 268-71.

6. Il dibattito storiografico su chi o cosa sia esattamente il Devaraja è vasto e intricato. Si veda Kulke, *The Devarāja Cult.* Si vedano anche Mabbett e Chandler, *The Khmers,* pp. 89-90; Snellgrove, *Angkor,* pp. 48-51; Chihara, *Hindu-Buddhist Architecture,* pp. 23-25; Mannikka, *Angkor Wat,* pp. 6-7.

7. Vickery, *Society, Economics, and Politics,* pp. 143, 300, 404-406; Jacques, *Sources on Economic,* pp. 331-32; Wicks, *Money, Markets, and Trade,* pp. 183-209.

8. Detto ciò, le incisioni di Kbal Spean sono in stile Baphuon e risalgono all'XI-XII secolo, quindi a molto tempo dopo il regno di Jayavarman II.

9. Il pubblico dei Dharmashastra era probabilmente limitato ai brahmani maschi alfabetizzati.

10. Per un'analisi approfondita delle proibizioni relative ai viaggi che si leggono nelle *Leggi di Manu,* nei Dharmashastra e in alcuni Purana, si veda Narayanan, *Creating a South Indian,* p. 147. L'idea che attraversare le « Acque Nere » costituisse un « problema » appare qua e là nella letteratura secondaria, ma la maggior parte degli interventi su questo dibattito risale in realtà al XVIII e XIX secolo, poiché le fonti antiche che problematizzano tale pratica sono limitate e non sembrano riflettere un'opinione maggioritaria. Sull'argomento esiste una breve tesi discussa ad Amburgo: Mallick, *Zur Frage.*

11. Sanderson, *The Śaiva Religion,* pp. 401-402.

12. La storia di Kaundinya fu messa originariamente per iscritto dai visitatori cinesi Kang Tai e Zhu Ying nel III secolo e fu tradotta per la prima volta da Pelliot, *Le Fou-nan,* p. 252. Compare inoltre in un'iscrizione del X secolo nel tempio di Baksei Chamkrong (ca 968 d.C.). Si vedano anche Datta e Beynon, *Digital Archetypes,* p. 102; *Brill's Encyclopedia of Hinduism,* vol. I, p. 347; Karashima, *A Concise History*; Abulafia, *The Boundless Sea,* pp. 140-41; Rabe, *The Māmallapuram Praśasti,* pp. 189-241.

13. *Brill's Encyclopedia of Hinduism,* vol. I, p. 347.

14. Ali, *The Early Inscriptions,* p. 282; Wink, *Al-Hind,* vol. I, pp. 336-38; Skilling, *King, Sangha and Brahmans,* pp. 182-215.

15. Bhattacharya, *The Religions of Ancient Cambodia*, p. 37; Wheatley, *The Golden Khersonese*, p. 17; Hoogervorst, *Southeast Asia*, p. 15

16. Sanderson, *The Śaiva Religion*, p. 401.

17. Si tratta della cerimonia chiamata *abhisheka* in sanscrito.

18. Guy, *Shiva's Land*, pp. 263-64.

19. Nel cap. 9, *infra*, sono forniti maggiori dettagli sulla scoperta dello zero in India e sul suo primo utilizzo nel Sud-Est asiatico. Si veda anche Aczel, *Finding Zero*.

20. Guy, *Introducing Early Southeast Asia*, pp. 4-6; *Brill's Encyclopedia of Hinduism*, vol. I, p. 346; Coe e Evans, *Angkor*, pp. 80-83. Il termine *varman* indica innanzitutto un'armatura difensiva o una corazza; di conseguenza, un'interpretazione del nome Rudravarman potrebbe essere « colui che ha Rudra come armatura ». È opportuno sottolineare che *-varman* è un suffisso puramente convenzionale (in conformità con Manu), utilizzato nei nomi conferiti ai re durante la loro consacrazione, e quell'« avere Rudra come armatura » potrebbe essere semplicemente una lettura arguta a posteriori. Tuttavia, tale interpretazione appare esplicitamene per il nome Ishanavarman I all'inizio dell'iscrizione K. 1150 (VII secolo), dove è però accostata a un'altra lettura secondo cui il re stesso è la « corazza di Ishana », poiché custodisce il dio nel proprio cuore (e quindi nel petto) per meditare su di Lui. Si veda Goodall, *Nobles, Bureaucrats Or Strongmen?*, pp. 66-68, http://www.yosothor.org/uploads/images/Udaya/Udaya_pdf/Udaya-Yosothor/No-14-2019/05_Goodall_Udaya%2014_Final.pdf.

21. Sanderson, *The Śaiva Religion*, pp. 355-57.

22. Alcuni re *kshatriya* consumavano carne: la letteratura Sangam parla di re che mangiano carne di capra. La dieta del re Calukya Someshvara II includeva controfiletto, maiale fritto e carne di tartaruga e cervo. Si veda Collingham, *Curry*. Per ulteriori dettagli sulla dieta dei sovrani khmer, si veda Sanderson, *The Śaiva Religion*.

23. Iscrizione K. 353 N, cit. in Sanderson, *The Śaiva Religion*, p. 390.

24. *Brill's Encyclopaedia of Hinduism*, vol. I, p. 352; iscrizione K. 989 B, cit. in Sanderson, *The Śaiva Religion*, pp. 391-92.

25. Si veda Changmai *et al.*, *Ancient DNA*, https://www.nature.com/articles/s41598-022-26799-3#Sec2. Il processo di trasmissione religiosa in questi contesti potrebbe essersi svolto all'interno di unità domestiche e comunitarie, analogamente a quanto

avvenne in epoche successive con le comunità ibride Peranakan dello Stretto di Malacca, come i Chitti malesi o i Peranakan indiani, le cui pratiche induiste si caratterizzavano per l'assenza di mediatori brahmanici. Si veda anche Guy (a cura di), *Lost Kingdoms*, pp. 184-85.

26. La testimonianza più antica potrebbe essere la denominazione del *ghat* di Vat Phu, sul Mekong, come « Kurukshetra » nell'iscrizione K. 367, accanto a una citazione nella stessa iscrizione, rilevata da Claude Jacques.

27. Wink, *Al-Hind*, vol. I, pp. 338-39; Wolters, *Khmer « Hinduism »*, p. 189. Suresh Muthukumaran osserva che l'iscrizione menziona anche il « Pandya d'Oro », un riferimento all'eroe tamil « Pandya dalla Mano d'Oro », sottolineando ancora una volta come le prime interazioni tra l'induismo e il Sud-Est asiatico siano avvenute attraverso il Tamil Nadu. Si veda Muthukumaran, *The Tamil Diaspora*, p. 27.

28. Pollock, *The Language of the Gods*, pp. 137-38, 236.

29. *Loc. cit.*

30. Guy, *Introducing Early Southeast Asia*, p. 6.

31. È interessante notare che la più antica iscrizione politica in sanscrito in India, quella di Rudradaman a Junagadh, risale a soli cento anni prima: questo dato suggerisce che il trasferimento culturale avvenne con straordinaria rapidità. Si veda Pollock, *The Language of the Gods*, pp. 67-73.

32. Asher, *India Abroad*, pp. 157-67.

33. Hardy, Cucarzi e Zolese (a cura di), *Champa*, p. 141; Guy, *Tamil Merchants*, p. 249.

34. Per una buona introduzione allo sviluppo e alla diffusione della brahmi tamil, si vedano Rajan, *Evolution of the Tamil Script*, e Acri, *Hinduism in Pre-Modern Southeast Asia*.

35. Chemburkar, *Introduction, Art of Cambodia*, pp. 11, 16; Rajan, *Evolution of the Tamil Script*.

36. Saran e Khanna, *The Ramayana in Indonesia*, pp. 22-23.

37. Christie, *State Formation*, pp. 235-88. Cfr. Maxwell, *Religion at the Time*, pp. 72-122. Si vedano anche Guy, *Tamil Merchants*, p. 247, e Bronkhorst, *The Spread of Sanskrit*, p. 267.

38. Ray, *The Archaeology of Seafaring*, p. 150.

39. Per la ridatazione di questa celebre iscrizione all'inizio del VI secolo, si veda Manguin, *The Transmission of Vaiṣṇavism*, p. 60.

40. Muthukumaran, *The Tamil Diaspora*, pp. 27, 30, e Acri, *Hinduism in Pre-Modern Southeast Asia*, pp. 63-64. Le impronte potrebbero anche essere un riferimento al mito di Vishnu che percorre l'universo in tre passi.

41. Esiste un dibattito antico e complesso sulla relazione tra i Sanjaya e gli Shailendra: erano una sola dinastia oppure due distinte? Andrea Acri, *On Birds, Ascetics, and Kings*, abbraccia la teoria delle due dinastie, mentre vari altri studiosi propendono per la tesi opposta. Una recente pubblicazione di Yigal Bronner sembra ridare vigore all'ipotesi delle due dinastie: Bronner, *The Mirror of the Practice*, p. 415, nota 2. Per una dotta sintesi storica del dibattito sugli Shailendra, si veda Jordaan e Colless, *The Mahārājas of the Isles*.

42. Uno dei templi chalukya di Pattadakal, risalenti al VII secolo, presenta diversi pannelli con didascalie che illustrano scene del *Ramayana*. Questi, però, non costituiscono un ciclo narrativo completo come le sculture di Loro Jonggrang.

43. Sheldon Pollock, *The Language of the Gods*, p. 162, osserva che la versione del *Ramayana* scolpita a Prambanan sembra essere «il poema scientifico (*shastrakavya*) del VI secolo di Bhatti, [che] rivestiva un ruolo centrale a Giava ... e che, nel IX o X secolo, servì anche da modello per il *kakawin* che segnò l'inizio della vernacolarizzazione giavanese».

44. Bronner (a cura di), *A Lasting Vision*, Introduzione, p. 15.

45. Acri, Creese e Griffiths (a cura di), *From Lanka Eastwards*.

46. Bhattacharya, *La Secte des Pāçupata*, pp. 480-87; Chemburkar e Kapoor, *The Pāśupata Sect*, pp. 45-46; Sanderson, *The Śaiva Religion*, pp. 349-462; Sanderson, *The Śaiva Age*, pp. 41-349.

47. Acharya, *How to Behave Like a Bull?*, p. 102.

48. Secondo Diwakar Acharya (*loc. cit.*), i pashupata traevano origine dall'àmbito rituale vedico, e in particolare dall'osservazione imitativa del toro, radicata nel culto di Indra. Si veda anche Hara, *Pāśupata Studies*.

49. Acharya, *How to Behave Like a Bull?*, pp. 104, 109.

50. I pashupata sostenevano che, al momento della morte, sarebbero diventati identici a Shiva, poiché le proprietà del dio si trasferivano a loro, sorgevano spontaneamente dentro di loro o li «possedevano». Consideravano il mero raggiungimento di un altro mondo, persino dello *shivaloka* («il mondo di Shiva»), alla stregua di un destino inferiore, una tappa intermedia dalla

quale si poteva ricadere nello stato precedente. Si veda Watson, Goodall e Sarma, *An Enquiry into the Nature of Liberation.*

51. *Pashu* indica anche le « anime vincolate » al *karman.* Il gioco di parole è evidente.

52. Brancaccio, *The Buddhist Caves,* pp. 153-55; Bakker, *The World of the Skandapurana,* pp. 8-14, 148-53; Guy, *Shiva's Land,* pp. 253-74; Chemburkar, *Dancers, Musicians, Ascetics.*

53. Goodall, *Nandirāśi's Pāśupata Monastery,* pp. 325-43.

54. Wolters, *Restudying Some Chinese,* pp. 110-12.

55. *Loc. cit.* I pashupata, in particolare gli officianti shivaiti, offrivano ai sovrani l'iniziazione shivaita (*diksha*), seguita da una versione appositamente adattata del rituale di consacrazione regale shivaita (*abhisheka*), concepita per conferire un potere di governo superiore a quello derivante dalla tradizionale consacrazione regale brahmanica (*rajyabhisheka*). Inoltre, celebravano riti protettivi, terapeutici e offensivi a beneficio del sovrano e del regno. In un certo senso, usurparono il ruolo del *rajapurohita,* il brahmano specializzato nei riti dell'*Atharvaveda* che fungeva da sacerdote personale del re. Si veda Sanderson, *The Śaiva Religion,* pp. 349-462.

56. Goodall e Revire, *East and West,* pp. 257-301.

57. Wolters, *Restudying Some Chinese,* pp. 110-12.

58. Sebbene Hiranyadama fosse sicuramente uno shivaita, non è chiaro se appartenesse ai pashupata. Potrebbe, invece, essere stato legato agli shivaiti del Mantramarga. Le scritture connesse al suo nome sono testi tantrici appartenenti al canone dei cosiddetti *Vamasrotas* del Mantramarga. Nella Cambogia di epoca angkoriana, il Mantramarga shivaita sembra avere progressivamente sostituito l'Atimarga, sebbene alcuni nomi associati ai pashupata (caratterizzati dal suffisso *-rashi*) continuino a comparire nelle iscrizioni risalenti al periodo di Angkor.

59. Wolters, *Khmer « Hinduism »,* pp. 177-92.

60. Chemburkar, *Dancing Architecture at Angkor,* pp. 514-36; Goloubew, *Sur l'origine et la diffusion,* pp. 137-44; questa interpretazione è sostenuta da Bernet Kempers, *The Kettledrums,* pp. 1-59; si veda anche Loofs-Wissowa, *Dongson Drums,* pp. 39-49.

61. A Preah Khan Kompong Svay.

62. Hall, *Maritime Trade,* pp. 138-39.

63. Jacques, *Angkor,* pp. 44-45; Aeusrivongse, *The Devarāja Cult,* pp. 107-48; Coe e Evans, *Angkor,* pp. 120-21.

64. Wolters, *Khmer «Hinduism»*, pp. 177-92; Lieberman, *Strange Parallels*, vol. I, p. 231.

65. Sanderson, *The Śaiva Religion*, p. 403.

66. Coe e Evans, *Angkor*, pp. 120-21.

67. Sanderson, *The Śaiva Religion*, p. 356.

68. Hall, *Maritime Trade*, pp. 137, 160-61, sostiene che i templi di Angkor rientrassero in un programma regale di espansione delle terre coltivabili e di colonizzazione di nuovi territori, fungendo da «centri di raccolta delle risorse economiche».

69. Jayavarman II conquistò Vyadhapura (nel Sud-Est della Cambogia), poi Sambhupura (l'odierna Sambor) e quindi Wat Phu, a nord, prima di consolidare il suo potere ad Ananditapura e stabilirsi a Hariharalaya. Preah Ko e Bakong furono opera di Indravarman I. Sebbene l'impianto religioso della monarchia di Angkor sia solitamente attribuito a Jayavarman II, alcuni studiosi sostengono che fu sotto il suo secondo successore, Indravarman (877-889), che videro la luce le grandi fondazioni religiose caratteristiche dello Stato centralizzato di Angkor. È interessante notare che il capo brahmano di Indravarman, Shivasoma, affermava di avere studiato sotto la guida di «Bhagavan Shankara, il nettare dei cui piedi di loto è lambito dalle lingue simili ad api di tutti i dotti», all'apparenza un riferimento al grande riformatore indù, Adi Shankara. Muthukumaran, *The Tamil Diaspora*, p. 34.

70. Stark, *Pre-Angkorian*, p. 107; Lieberman, *Strange Parallels*, vol. I, p. 229.

71. Higham, *The Archaeology of Mainland*, pp. 348-52.

72. Groslier, *La Cité hydraulique angkorienne*, pp. 190-94.

73. Lieberman, *Strange Parallels*, vol. I, p. 219; Acker, *New Geographical Tests*, pp. 18, 37-38.

74. Hall, *Maritime Trade*, p. 141; *Brill's Encyclopedia of Hinduism*, vol. I, p. 348. Le testimonianze relative a Jayavarman III suggeriscono che la rinominazione postuma dei sovrani con titoli formalmente divini non fosse sempre intesa come una vera e propria divinizzazione. Questi titoli compaiono in prevalenza nelle sezioni in lingua khmer delle iscrizioni, caratterizzate da una sintassi essenziale. Tuttavia, nel caso di Jayavarman III, il suo nome postumo, «Vishnuloka», è attestato più volte anche in contesti sanscriti, dove l'uso di desinenze precise e obbligatorie fornisce maggior chiarezza. In questi casi, si incontrano formule

come *vishnulokasthita*, « Colui che risiede nel mondo di Vishnu », e *vishnulokaprayata*, « Colui che è andato nel mondo di Vishnu ». In altre parole, Jayavarman III non sarebbe stato propriamente deificato, ma avrebbe solo raggiunto il paradiso di Vishnu (Goodall *et al.*, *Sectarian Rivalry*, p. 274). Possiamo dunque inferire che Yashovarman (« Paramashivapada ») sia semplicemente giunto « nel luogo (*pada*) del Supremo Shiva », e che Jayavarman IV (« Paramashivaloka ») si trovi « nel mondo (*loka*) del Supremo Shiva ». Col tempo, l'uso di tali titoli sfumò nella divinizzazione, perché le concezioni shivaite relative alla liberazione ultima implicano spesso l'identificazione completa con Shiva o la fusione nell'essenza di Shiva.

75. Yajnavaraha fu assistito dal fratello minore, Vishnukumara.

76. Coe e Evans, *Angkor*, pp. 134-35.

77. Jessup e Zephir (a cura di), *Sculpture of Angkor*, pp. 123-28.

78. K. 842, cit. in Goodall, *What Information Can Be Gleaned*, p. 137.

79. *Ibid.*, p. 157; Pollock, *The Language of the Gods*, pp. 126-27, 162-63.

80. Muthukumaran, *The Tamil Diaspora*, p. 27.

81. Acri, *Hinduism in Pre-Modern Southeast Asia*, p. 66. Questa attribuzione non è esente da contestazioni. Studi recenti di Éric Bourdonneau (con cui concorda Dominic Goodall) hanno messo in dubbio tale identificazione, proponendo invece che si tratti di un'immagine della forma irata della dea. La questione rimane aperta: il motivo di Karaikkal potrebbe essere stato introdotto in un'epoca successiva, e appare simile a raffigurazioni precedenti della scena di Shiva con la dea. Si veda Bourdonneau, *La Fondation du culte du « Devarāja »*, p. 1378.

82. Muthukumaran, *The Tamil Diaspora*, p. 34. Sebbene diversi studiosi abbiano suggerito che lo Shankara sotto il quale studiò Shivasoma, *rajaguru* di Indravarman, possa essere Adi Shankaracarya (verso 39 di K. 809), tale ipotesi appare improbabile e priva di solidi indizi a sostegno. Shankara è un nome, ed un elemento onomastico, estremamente comune, essendo uno degli epiteti di Shiva. L'iscrizione, inoltre, non contiene alcun riferimento esplicito all'India, né richiami alla filosofia vedantica di Adi Shankara. (Peraltro, l'intero corpus khmer presenta solo sporadiche tracce della filosofia di Shankara).

83. Narayanan, *Who is the Strong*, pp. 3-28.

84. Iscrizione n. 8 sulla parete meridionale del *prakara*.

85. Muthukumaran, *The Tamil Diaspora*, pp. 33-34. I fautori più persuasivi dell'ipotesi di un'infanzia cambogiana di Nandivarman II includono Hudson, *The Body of God*, pp. 56-58, 72-73, e Sanyal, *The Ocean of Churn*, pp. 6-9. Hudson attribuisce l'idea allo storico tamil T.V. Mahalingam, che l'aveva esposta nel suo *Kañcīpuram*, pp. 137-85. Anche Noboru Karashima prende in considerazione questa ipotesi nella sua *Concise History*, pp. 87-88. Altri studiosi, però, restano scettici. Lo stesso Hudson osserva che « Hiram W. Woodward Jr, in una comunicazione personale, mi ha gentilmente messo in guardia sulla possibile "fragilità" di questo argomento. Tuttavia, visti i documentati legami liturgici tra il regno pallava e la Cambogia in quei secoli, ritengo che valga la pena avanzarlo ». In corrispondenza privata, quattro autorevoli studiosi – Vidya Dehejia, Vasudha Narayanan, Swati Chemburkar e Himanshu Prabha Rai – hanno espresso l'opinione che le prove siano insufficienti per considerare l'ipotesi più di una suggestiva congettura; e certamente tale rimane.

86. Eaton, *India in the Persianate Age*, p. 27.

87. Kulke, *The Naval Expeditions*, pp. 7-10.

88. Hall, *Khmer Commercial*, p. 334; Subbarayalu, *South India under the Cholas*, pp. 38-48; Miksic e Goh, *Ancient Southeast Asia*, p. 397.

89. Sen, *Buddhism, Diplomacy and Trade*, p. 232.

90. Sen, *The Military Campaigns*, p. 63.

91. *Cūḷavaṃsa: Being the More Recent Part of the Mahāvaṃsa*, trad. di Wilhelm Geiger e Mabel C. Rickmers, p. 186; Archaeological Survey of India, *Epigraphia Indica*, vol. XVI; Sastri, *The Cholas*, p. 176; Munoz, *Early Kingdoms*, p. 159; Kanisetti, *Lords of the Deccan*, pp. 265, 275.

92. Eaton, *India in the Persianate Age*, pp. 19-27.

93. Miksic e Goh, *Ancient Southeast Asia*, p. 397.

94. Munoz, *Early Kingdoms*, pp. 158-59.

95. Dehejia, *The Thief*, pp. 194-95; Abraham, *Two Medieval Merchant Guilds*, pp. 140 sgg.

96. Dehejia, *The Thief*, pp. 194-95; Kulke, *The Naval Expeditions*, p. 1; Sakhuja e Sakhuja, *Rajendra Chola I's Naval Expedition*, pp. 77-78.

97. *Ibid.*, pp. 78-79.

98. Una possibile lettura dell'iscrizione è Parakesharivarman,

« Colui che è protetto dal grande leone ». Si veda Sinclair, *Traces of the Cholas.*

99. Miksic e Goh, *Ancient Southeast Asia,* p. 397.

100. Muthukumaran, *The Tamil Diaspora,* p. 41.

101. *Ibid.*, pp. 35-39; Miksic, *Tamil Influence,* p. 77; Amrith, *Presence as Palimpsest,* vol. I, p. 27; Miksic e Goh, *Ancient Southeast Asia,* pp. 398-99.

102. Amrith, *Crossing the Bay of Bengal,* pp. 16-17; Kulke, *The Naval Expeditions,* p. 9.

103. Hall, *Khmer Commercial Development.*

104. Sen, *Buddhism, Diplomacy and Trade,* pp. 229-34; Sen, *The Military Campaigns,* p. 62.

105. *Ibid.*, p. 63; Lee, *Rethinking Community,* pp. 240-70.

106. Guy, *Tamil Merchants,* pp. 253-59; Guy, *The Lost Temples,* pp. 291-310; Muthukumaran, *The Tamil Diaspora,* pp. 39-40.

107. Karashima, *South Indian Merchant Guilds,* pp. 135-57; Miksic e Goh, *Ancient Southeast Asia,* p. 399; McKinnon, *Continuity and Change,* pp. 137-60.

108. Miksic e Goh, *Ancient Southeast Asia,* pp. 399-401; Munoz, *Early Kingdoms,* p. 160.

109. Higham, *The Civilization of Angkor,* pp. 114-16.

110. Mannikka, *Angkor Wat,* p. 22.

111. Suryavarman II non fu di certo il primo Khmer a essere devoto di Vishnu, e pare che anche il suo successore, Jayavarman III, nutrisse una profonda venerazione per lo stesso dio. Anche in questo caso, la testimonianza principale proviene da un'iscrizione postuma (come avviene per la maggior parte delle iscrizioni relative a Jayavarman III), che probabilmente risaliva a meno di un secolo dopo il suo regno. Si veda Goodall *et al.*, *Sectarian Rivalry,* pp. 266-95. Online all'indirizzo: https://doi.org/10.1553/medievalworlds_no13_2021s266.

112. Coedès, *Pour mieux comprendre Angkor*; Higham, *The Civilization of Angkor,* p. 118.

113. Mannikka, *Angkor Wat*; Coe e Evans, *Angkor,* p. 147.

114. Pollock, *The Language of the Gods,* pp. 234-35.

115. Jessup, *Art and Architecture of Cambodia,* pp. 149-50; Wolters, *History, Culture, and Region,* p. 63; Mannikka, *Angkor Wat.*

1. Gran parte di questo capitolo si basa sul brillante lavoro investigativo di Kevin van Bladel, che ha individuato nei Barmecidi l'anello mancante tra il mondo intellettuale indiano e quello arabo. Si veda van Bladel, *The Bactrian Background*, p. 83. Si vedano anche Lyons, *The House of Wisdom*, pp. 62, 70; Joseph, *The Crest of the Peacock*, pp. 462-63. Resoconti posteriori, provenienti anche da luoghi lontani come la Spagna del XII secolo, riferiscono che ad accompagnare l'ambasceria che portò il *Sindhind* c'era il solo Kanika (scritto anche Ganaka). Col passare del tempo, Kanika divenne il simbolo, addirittura la personificazione, dell'influenza dell'astronomia indiana (e talora della medicina indiana) sulla tradizione araba. Si vedano Pingree, *From Astral Omens to Astrology*, pp. 51-53; Joseph, *The Crest of the Peacock*, pp. 456-57; Plofker, *Mathematics in India*, p. 256.

2. Sembra che il *Sindhind* contenesse parti dell'opera di Brahmagupta nota in sanscrito come il *Siddhanta*. Secondo la voce redatta da David Pingree per l'*Encyclopaedia of Islam New Edition Online*, che sintetizza molti dei corposi scritti dello studioso sull'argomento, « il termine *Sindhind* fu interpretato dagli autori arabi come "eterno" in sanscrito, poiché il suo sistema astronomico era basato su un *kalpa* di 4.320.000.000 anni. In realtà si trattava di un arguto calco lessicale (da Sind e Hind) dal titolo *Siddhanta*, o *Mahasiddhanta*. Il *Siddhanta* originale era probabilmente o una sezione (gli *adhyaya* I-X) del *Brahmasphutasiddhanta*, composto nel 628 d.C. da Brahmagupta a Bhillamala, nel Rajasthan meridionale, per il re Capa Vyaghramukha (Fiyagraha in arabo), oppure un trattato a sé, l'ipotetico *Mahasiddhanta*, derivato dal primo ma arricchito da elementi di altre opere astronomiche sanscrite. La traduzione araba è nota solo attraverso i suoi derivati remoti, ognuno dei quali ha introdotto distorsioni rispetto all'originale ». In un diverso articolo, Pingree osserva che il *Mahasiddhanta* divulgato in seguito come *Brahmapaksha*. Pingree, *The Fragments*, pp. 103-23. Sul fatto che il *Siddhanta* fosse noto come *Lo schiudersi dell'universo*, si veda Moller, *The Map of Knowledge*, p. 69. Si vedano anche Joseph, *Indian Mathematics*, pp. 199-231, e Kokomoor, *The Status of Mathematics*, pp. 267-74.

3. Lehoux, *The Parapegma*, cit. in Muthukumaran, *The Tropical Turn*, p. 391. David Pingree osserva che Kallaneus adottava un metodo di previsione di matrice greca piuttosto che indiana, dato che in India erano le congiunzioni lunari con le stelle fisse a

essere impiegate come indicatori dei fenomeni meteorologici, e non i movimenti eliaci, citati invece nei *parapegmata* milesii. Pingree, *The Indian and Pseudo-Indian Passages*, pp. 141-95.

4. Plofker, *Mathematics in India*, p. 255; Joseph, *The Crest of the Peacock*, p. 462.

5. Moller, *The Map of Knowledge*, p. 69.

6. Ibn al-Qifti, cit. in Pingree, *The Fragments*, pp. 103-23; van Bladel, *The Bactrian Background*, p. 83.

7. Pingree, *The Fragments*, pp. 103-23.

8. Van Bladel, *The Bactrian Background*.

9. Queste notizie sono tratte dai frammenti superstiti della storia dei Barmecidi di Abu Hafs al-Kirmani, gli *Akhbar al-Baramika*, così come ricostruita da Kevin van Bladel in *The Bactrian Background*, pp. 60-64. Christopher I. Beckwith attinge anche alle descrizioni contenute negli *Hudud al-'Alam*. Si veda Beckwith, *The Plan of the City of Peace*, p. 150. Il geografo persiano del IX secolo, Ibn al-Faqih, giunse a paragonare il ruolo dei Barmecidi a quello del clan dei Quraysh quali custodi della Ka'ba in epoca preislamica. Si vedano al-Faqīh al-Hamadhānī, *Kitāb al-Buldān*, pp. 323-24; Bulliet, *Naw Bahār*, pp. 140-45. Si veda anche Kennedy, *When Baghdad Ruled the Muslim World*, pp. 38-39.

10. Van Bladel, *The Bactrian Background*, p. 66, attinge anche qui ai frammenti superstiti della storia dei Barmecidi di Abu Hafs al-Kirmani, gli *Akhbar al-Baramika*.

11. Van Bladel, *The Bactrian Background*, p. 66.

12. Beckwith, *The Plan of the City of Peace*.

13. Moller, *The Map of Knowledge*, p. 61. Frankopan è tra coloro che contestano l'idea che fossero i prigionieri di guerra cinesi a gestire le cartiere dei Barmecidi. Frankopan, *The Silk Roads*, p. 98.

14. Van Bladel, *The Bactrian Background*, p. 74. Pare che Aban al-Lahiqi, il poeta dei Barmecidi, avesse composto un poema sulla vicenda di Mazdak.

15. Pingree, voce «*Sindhind*», in *Encyclopaedia of Islam New Edition Online*.

16. *Loc. cit.*; si vedano anche van Bladel, *The Bactrian Background*, pp. 43-88; van Bladel, *Eighth-Century Indian Astronomy*, pp. 257-94.

17. Joseph, *The Crest of the Peacock*, p. 323.

18. Plofker, *Mathematics in India*, p. VII.

19. Per una serie di eccellenti saggi sulla civiltà gupta, si veda Smith, *Essays on Gupta Culture.* Si veda anche Pal, *The Ideal Image.*

20. Vi sono anche grotte dedicate a Shiva.

21. Willis, *The Archaeology of Hindu Ritual*, pp. 10-78, specialmente pp. 18-30, 75. I tropici si spostano di alcuni metri all'anno.

22. *Ibid.*, pp. 18-21, 75.

23. Khilnani, *Incarnations*, p. 71. Questo insieme di nozioni, di origine aristotelica, fu ulteriormente elaborato da Tolomeo; diversi studiosi ritengono che la sua diffusione in India sia riconducibile a un'influenza greca.

24. Moller, *The Map of Knowledge*, p. 51.

25. Willis, *The Archaeology of Hindu Ritual.*

26. Aczel, *Finding Zero*, p. 1.

27. *Ibid.*, pp. 26-27.

28. *Ibid.*, cap. VIII.

29. Joseph, *The Crest of the Peacock*, p. 345.

30. Seife, *Zero.*

31. Plofker, *Mathematics in India*, p. 317; Khilnani, *Incarnations*, pp. 66-67.

32. *Ibid.*, p. 71; Joseph, *The Crest of the Peacock*, pp. 372-75.

33. *Ibid.*, pp. 346, 375-77.

34. Seife, *Zero*, pp. 66-71; Plofker, *Mathematics in India*, pp. 76-82, 319; van Bladel, *Eighth-Century Indian Astronomy*, pp. 255-56.

35. Le analisi al carbonio 14 commissionate dalla Bodleian Library hanno erroneamente collocato il manoscritto di Bakhshali già al 200 d.C., ma questa datazione è stata fortemente contestata dalla maggior parte degli studiosi specialisti, i quali sostengono che gli elementi paleografici e il formato a codice del manoscritto lo collochino più verosimilmente tra il 650 e il 900 d.C., una stima ulteriormente corroborata da una nuova e più completa serie di analisi al radiocarbonio. Plofker *et al.*, *The Bakhshālī Manuscript*, pp. 134-50.

36. Joseph, *The Crest of the Peacock*, pp. 366-68.

37. Il manoscritto presenta molte somiglianze con il commento all'*Aryabhatiya* redatto dal matematico Bhaskara nel 629 d.C., un'ulteriore conferma della sua plausibile datazione intorno al 700 d.C.

38. Khilnani, *Incarnations*, pp. 66-75.

39. Van Bladel, *Eighth-Century Indian Astronomy*, pp. 265, 278-79, 287-88. Su questa cerimonia, si veda Bokenkamp, *Record of the Feng*, pp. 251-60.

40. Goodall e Revire, *East and West*, pp. 257-301.

41. Van Bladel, *The Bactrian Background*, p. 64.

42. In seguito, i Barmecidi ricostruirono Naw Bahar, e i danni che si osservano oggi furono inflitti perlopiù dai mongoli. Si veda Beckwith, *Warriors of the Cloisters*, pp. 79-81. Si veda anche la voce « Barmecidi » di Kevin van Bladel in *Encyclopedia of Islam*, 3ª ediz.

43. Clot, *Harun al-Rashid*, trad. di John Howe, p. 35. Van Bladel, *The Bactrian Background*, pp. 72-73; si veda anche la voce « Barmecidi » di van Bladel in *Encyclopedia of Islam*, 3ª ediz.

44. Kennedy, *When Baghdad Ruled*, p. 10.

45. Beckwith, *Warriors of the Cloisters*, p. 80.

46. Van Bladel, *The Bactrian Background*, p. 73.

47. Kennedy, *When Baghdad Ruled*, pp. 38-39.

48. Al-Tabarī, *The Early 'Abbāsī Empire*, vol. I, trad. di John Alden Williams, p. 143; Beckwith, *The Plan of the City of Peace*, p. 144.

49. La pianta circolare potrebbe avere avuto origine in India, con l'idea della città concepita come un *mandala*, un modello urbanistico che si sarebbe poi diffuso in Asia Centrale sulla scorta del buddhismo.

50. Starr, *Lost Enlightenment*, pp. 126-31; Moller, *The Map of Knowledge*, p. 59.

51. Frankopan, *The Silk Roads*, p. 96.

52. Shefer-Mossensohn e Hershkovitz, *Early Muslim Medicine*, pp. 274-79; Frankopan, *The Silk Roads*, p. 97; Moller, *The Map of Knowledge*, p. 73.

53. Clot, *Harun al-Rashid*, p. 25.

54. Kennedy, *When Baghdad Ruled*, pp. 249-52.

55. Ibn Khaldûn, *The Muqaddimah*, trad. di Franz Rosenthal, vol. III, pp. 115, 130; Gutas, *Greek Thought*, p. 32.

56. Fletcher, *The Cross and the Crescent*, p. 38; Moller, *The Map of Knowledge*, p. 68.

57. Lyons, *The House of Wisdom*, p. 97; van Bladel, *The Bactrian Background*, p. 83; Starr, *Lost Enlightenment*, p. 137.

58. Fletcher, *The Cross and the Crescent*, p. 38; Beckwith, *Warriors of the Cloisters*, p. 85.

59. Kennedy, *When Baghdad Ruled*, p. 249.

60. Sayılı, *The Observatory in Islam*, p. 53; Moller, *The Map of Knowledge*, p. 65; Lyons, *The House of Wisdom*, p. 97. Hugh Kennedy avverte che le fonti relative alla Casa della Sapienza sono frammentarie e sottolinea: « Disponiamo di pochissime informazioni certe su questa istituzione ». Kennedy, *When Baghdad Ruled*, p. 246.

61. Moller, *The Map of Knowledge*, p. 68.

62. Lyons, *The House of Wisdom*, pp. 61-63.

63. Frankopan, *The Silk Roads*, p. 98; Moller, *The Map of Knowledge*, p. 65.

64. Shefer-Mossensohn e Hershkovitz, *Early Muslim Medicine*, p. 294.

65. Van Bladel, *Eighth-Century Indian Astronomy*, pp. 255-56.

66. Shefer-Mossensohn e Hershkovitz, *Early Muslim Medicine*, p. 287.

67. *Ibid.*, p. 288; van Bladel, *The Bactrian Background*, p. 76; Beckwith, *Empires of the Silk Road*, p. 153.

68. Nelle fonti è citato con il nome arabo « Ibn Dahn al-Hindi ».

69. « Manka l'indiano » potrebbe essere la stessa persona altrove indicata come Kanika (o Ganika) al-Hindi.

70. Elverskog, *Buddhism and Islam*, pp. 60-61. Molti di questi testi confluirono nel compendio medico di Sahl at-Tabari, *Il paradiso della sapienza*. Shefer-Mossensohn e Hershkovitz, *Early Muslim Medicine*, p. 288. Van Bladel, *The Bactrian Background*, pp. 76-77, riporta i titoli di altri testi del Kashmir, come la *Sushruta Samhita* e il *Siddhasara*. Kevin van Bladel osserva come una di queste opere descriva i metodi utilizzati per tradurre i testi sanscriti: « Manka al-Hindi li interpretava dalla lingua indiana alla lingua persiana. Un uomo noto come Abu Hatim di Balkh fu incaricato di volgerli in scrittura persiana e interpretarli per Yahya ibn Khalid ibn Barmak. In seguito, furono tradotti [in arabo] per al-Ma'mun da al-'Abbas ibn Said al-Jawhari, che fu incaricato di leggerli ad alta voce ad al-Ma'mun ». Lo studioso aggiunge dettagli affascinanti su come questo passaggio sia sopravvissuto: « Alcuni decenni dopo, il celebre medico al-Razi divenne direttore di un ospedale a Baghdad – forse lo stesso ospedale attribuito in precedenza ai Barmecidi. Il suo grande compendio medico, *al-Hawi*, si basa in gran parte sulla medicina galenica

allora prevalente, oltre che sulle sue ricerche personali, ma include anche numerosi estratti dalle traduzioni arabe di opere sanscrite, tra cui frammenti del *Siddhasara* e dell'*Ashtangahrdaya.* Molto più tardi, nell'Andalusia di inizio XIII secolo, Ibn al-Baytar copiò alcune di queste citazioni dall'*Hawi* nel suo *Compendio dei medicamenti semplici.* In queste due opere troviamo frammenti delle prime traduzioni arabe di testi sanscriti». Van Bladel, *The Bactrian Background,* pp. 77-78. Si veda anche Beckwith, *Warriors of the Cloisters,* pp. 82-83.

71. Elverskog, *Buddhism and Islam,* pp. 59-82.

72. Al-Nadim, *Kitab al-fihrist,* cit. in van Bladel, *The Bactrian Background,* p. 75.

73. Elverskog, *Buddhism and Islam,* p. 61; van Bladel, *The Bactrian Background,* p. 81.

74. « C'era una volta una città abitata da soli ciechi. Un giorno si sparse la voce che un elefante stava passando fuori città, così gli abitanti decisero di inviare una delegazione per scoprire cosa fosse un elefante. Tre uomini si misero in cammino e, avanzando a tentoni, si imbatterono nell'animale. Lo tastarono e tornarono indietro per riferire ciò che avevano scoperto. Il primo disse: "Un elefante è come un enorme serpente!". Il secondo, contrariato, ribatté: "Sciocchezze! Io ho tastato l'elefante, e somiglia piuttosto a un'enorme colonna". Il terzo scosse la testa e affermò: "Mentono entrambi! Io ho tastato l'elefante, che è simile a un ampio ventaglio piatto". Ognuno rimase fermamente convinto della propria versione, e per il resto della vita i tre non si rivolsero più la parola. Ciascuno di loro asseriva di essere l'unico detentore della verità. In realtà, tutti e tre i ciechi avevano colto un frammento della verità. Il primo aveva tastato la proboscide dell'elefante, il secondo la zampa, il terzo l'orecchio; ma nessuno di loro aveva colto la totalità del grande animale. Se solo si fossero ascoltati l'un l'altro, avrebbero potuto comprendere la vera natura dell'elefante. Ma erano troppo orgogliosi e preferirono aggrapparsi alla propria mezza verità. "Così è anche per noi" dicono i sufi. "Noi [musulmani. *N.d.T.*] vediamo l'Onnipotente in un modo, gli ebrei ne hanno una visione leggermente diversa, e i cristiani un'altra ancora. A noi queste prospettive sembrano inconciliabili. Ma ciò che dimentichiamo è che, di fronte a Dio, siamo come ciechi che vagano nella totale oscurità..." ». Elverskog, *Buddhism and Islam,* p. 73. Analogamente, nell'islam popolare si constata l'apparizione di « quadrati magici » e di amuleti divina-

tori, entrambi di probabile origine buddhista. Si veda *ibid.*, pp. 104-14.

75. Levitt, *Chess*, pp. 533-47; Bakker, *The World of the Skandapurana*, pp. 64-65; Eales, *Chess: The History*, p. 31.

76. Masudi, *The Meadows of Gold*, p. 115; Clot, *Harun al-Rashid*, p. 36.

77. Starr, *Lost Enlightenment*, p. 132.

78. Kennedy, *When Baghdad Ruled*, p. 63.

79. Starr, *Lost Enlightenment*, p. 133.

80. Kennedy, *When Baghdad Ruled*, p. 73.

81. Masudi, *The Meadows of Gold*, pp. 115-17.

82. Starr, *Lost Enlightenment*, p. 139; Clot, *Harun al-Rashid*, pp. 85-86.

83. Masudi, *The Meadows of Gold*, pp. 118-19.

84. Kennedy, *When Baghdad Ruled*, pp. 72-73.

85. Masudi, *The Meadows of Gold*, pp. 118-20.

86. Clot, *Harun al-Rashid*, pp. 85-86; Starr, *Lost Enlightenment*, p. 139.

87. Masudi, *The Meadows of Gold*, p. 123.

88. Rashed, *The Development of Arabic Mathematics*, pp. 8-22; Starr, *Lost Enlightenment*, p. 74.

89. Joseph, *The Crest of the Peacock*, pp. 455-57.

90. Lyons, *The House of Wisdom*, pp. 71-73; Moller, *The Map of Knowledge*, p. 71.

91. Lyons, *The House of Wisdom*, p. 73.

92. Al-Andalusī, *Science in the Medieval World*, cap. v.

10. I FRUTTI DELLA SCIENZA DEI NUMERI

1. Reilly, *The Contest of Christian*, pp. 80-86; Burnett, *The Coherence*, pp. 249-88; Barton e Fletcher, *The World of El Cid*, pp. 4, 108-109. Fletcher, *The Quest for El Cid*, pp. 125-51.

2. Fletcher, *Moorish Spain*; Catlos, *Kingdoms of Faith*, pp. 231-33.

3. *Ibid.*, pp. 232-33.

4. Zuccato, *Arabic Singing Girls*, pp. 99-120.

5. Burnett, *King Ptolemy*, pp. 330-31; Lyons, *The House of Wisdom*, p. 117.

6. Zuccato, *Arabic Singing Girls*, p. 104; Burnett, *The Semantics of Indian Numbers*, p. 18.

7. Burnett, *The Coherence*, p. 250; Moller, *The Map of Knowledge*, p. 127.

8. Burnett, *The Coherence*, pp. 249-50; Moller, *The Map of Knowledge*, p. 127.

9. Beckwith, *The Influence of Islamic Art*, p. 279; Mâle, *Art and Artists of the Middle Ages*, pp. 34-78; Schapiro, *Romanesque Architectural Sculpture*, pp. 47, 151, 202; Watson, *French Romanesque and Islam*, pp. 116-20, 250-55, 257, nota 12; Conant, *Carolingian and Romanesque Architecture*, pp. 173, 199, 303-304; Beckwith, *Early Medieval Art*, pp. 206-18; Williams, *León and the Beginnings*, pp. 167-73.

10. Batsford, *The Green Man*. La tesi è stata ben argomentata da Ronald Hutton in una conferenza tenuta al Gresham College e intitolata *How Pagan Was Medieval Britain?*, 7 giugno 2023, online all'indirizzo: https://www.gresham.ac.uk/sites/default/files/transcript/2023-06-07-1800_Hutton-T.pdf.

11. Cantarino, *The Spanish Reconquest*, p. 98; Evans, *Cluniac Art*, pp. 38-40; MacKay, *Spain in the Middle Ages*, pp. 20-24.

12. Catlos, *Kingdoms of Faith*, p. 233.

13. Chejne, *The Role of al-Andalus*, p. 118; Moller, *The Map of Knowledge*, p. 144.

14. Starr, *Lost Enlightenment*, p. 13; Moller, *The Map of Knowledge*, p. 133. Nel suo *Western Views of Islam in the Middle Ages*, pp. 8-10, Sir Richard Southern confronta le risorse librarie disponibili a due dotti contemporanei: Gerberto di Aurillac in Francia (scarse e difficili da reperire) e Avicenna a Bukhara (ricche e abbondanti), e conclude: « Se Gerberto fosse nato a Bukhara anziché ad Aurillac, e avesse insegnato a Baghdad o a Isfahan invece che a Reims, si sarebbe trovato in una società intellettualmente molto più congeniale a lui rispetto a quella occidentale, e avrebbe avuto tutti i libri che poteva desiderare ».

15. Moller, *The Map of Knowledge*, p. 131.

16. Fletcher, *The Cross and the Crescent*, pp. 116-21. L'espressione « Rinascimento del XII secolo » fu coniata da Charles Homer Haskins nel suo libro omonimo del 1927. Burnett, *The Coherence*, pp. 252-53.

17. Moller, *The Map of Knowledge*, p. 142.

18. Burnett, *The Coherence*, p. 255.

19. Moller, *The Map of Knowledge*, p. 147.

20. Nau, *Notes d'astronomie indienne*, pp. 209-25; Burnett, *The Semantics of Indian Numbers*, pp. 15-30.

21. Burnett, *King Ptolemy*, p. 331; Burnett, *The Semantics of Indian Numbers*, p. 17; al-Khalili, *Pathfinders*, p. 202.

22. Questi numeri erano noti come *ghubar*, «polvere», perché potevano essere tracciati sulla polvere o sulla sabbia lisciata di una tavola d'abaco. Cochrane, *Adelard of Bath*, p. 24. Burnett, *Antioch as a Link*, pp. 13-14. Burnett ipotizza che le forme originali siano state modificate su iniziativa dei visigoti. Lemay, *The Hispanic Origins*, pp. 435-62.

23. Burnett, *The Semantics of Indian Numbers*, pp. 17-19.

24. Catlos, *Kingdoms of Faith*, p. 170.

25. Burnett, *King Ptolemy*, pp. 330-31.

26. Moller, *The Map of Knowledge*, p. 124.

27. Cochrane, *Adelard of Bath*, p. 7; Catlos, *Kingdoms of Faith*, p. 170.

28. Il poema di Scott *Il lamento dell'ultimo menestrello* (che la mia tata dei Borders mi recitava quand'ero ancora in culla) descrive una scena in cui la tomba di Michele Scoto, nell'abbazia di Melrose, viene profanata nella speranza di recuperare i suoi libri di magia. Sir Walter Scott osserva che «nel Sud della Scozia ogni opera monumentale viene attribuita al Veglio Michele [Scoto, il mago], a William Wallace o al Diavolo». Gli vennero attribuite numerose imprese stregonesche, e si racconta che fendette in tre parti le imponenti colline di Eildon.

29. Thorndike, *Michael Scot*; Burnett, *The Coherence*, p. 263; Catlos, *Kingdoms of Faith*, pp. 294-95; Moller, *The Map of Knowledge*, pp. 209-10.

30. Burnett, *The Coherence*, p. 253.

31. Cochrane, *Adelard of Bath.*

32. Moller, *The Map of Knowledge*, p. 198.

33. *Ibid.*, p. 200.

34. Adelard of Bath, *Conversations with his Nephew*, p. 3.

35. *Ibid.*, p. 185; Cochrane, *Adelard of Bath*, pp. 29-30; Lyons, *The House of Wisdom*, pp. 103-104.

36. Adelard of Bath, *Conversations with his Nephew*, pp. 5, 73.

37. *Ibid.*, p. 105.

38. Adelard of Bath, *De opere astrolapsus*, cit. in Cochrane, *Adelard of Bath*, p. 98; Burnett, *The Introduction of Arabic Learning into England*, pp. 31-32.

39. Fletcher, *The Cross and the Crescent*, p. 117.

40. Cochrane, *Adelard of Bath*, pp. 75-76, 103.

41. Beckwith, *Caskets from Cordoba*, p. 34; Chejne, *The Role of al-Andalus*, pp. 118-21.

42. Gamer, *The Earliest Evidence*, pp. 734-50.

43. Constable, *Chess and Courtly*, pp. 301-47.

44. Birk, *Norman Kings of Sicily*, p. 218. [Per la traduzione di questo brano, si veda Ibn Jubayr, *Viaggio in Sicilia*, Milano, 2022, pp. 44-45. *N.d.T.*].

45. Booms e Higgs, *Sicily*, p. 230.

46. Makdisi, *On the Origin and Development*, pp. 41-42.

47. *Ibid.*, pp. 26-49; Makdisi, *The Rise of Colleges*.

48. Seldeslachts, *Greece, The Final Frontier?*, p. 144; Beckwith, *Warriors of the Cloisters*; Bulliet, *Naw Bahār*, pp. 140-45.

49. Pedersen e Makdisi, *The Institution in the Arabic*; Beckwith, *Empires of the Silk Road*, pp. 153-54; Beckwith, *Warriors of the Cloisters*, p. 42.

50. *Ibid.*, pp. 40-42. Beckwith ritiene « assolutamente certo » che la pianta a quattro *iwan* della madrasa convenzionale abbia origine da esempi preislamici, come il *vihara* di Ajina Tepe, in Tagikistan: « È noto da quasi un secolo, sebbene poco riconosciuto dalla maggior parte degli studiosi, che il collegio islamico medioevale dell'Asia Centrale, la madrasa, rappresenta una forma islamizzata del più antico collegio buddhista dell'Asia Centrale, il *vihara.* Le due strutture sono pressoché identiche per forma, funzione, programma di studi e statuto giuridico. L'identità architettonica tra il *vihara* e la madrasa centroasiatici è stata inoltre confermata dagli archeologi, le cui scoperte hanno avvalorato le argomentazioni già avanzate a suo tempo da Barthold. Il tipico *vihara* dell'Asia Centrale aveva una pianta quadrata o rettangolare, replicata poi nella madrasa. Oltre alla combinazione di funzioni e di dotazione patrimoniale, la scoperta e lo scavo di un esempio preislamico di *vihara* ad Ajina Tepe, in Tagikistan, confermano con assoluta certezza che la ti-

pica madrasa rettangolare a quattro *iwan* è semplicemente una versione islamizzata dell'identico *vihara* a quattro *iwan*. Gli archeologi hanno riportato alla luce diversi *vihara*, tra i molti che un tempo sorgevano nella regione di Khuttal (nell'attuale Tagikistan meridionale), incluso quello di Ajina Tepe, distrutto durante le guerre che sconvolsero la regione intorno alla metà dell'VIII secolo. Questo *vihara* presentava già quello che sarebbe divenuto il tipico impianto architettonico delle madrase dell'Asia Centrale e dell'Iran: una corte centrale quadrangolare, circondata da uno o due piani di corridoi porticati affacciati su di essa. Dietro i portici si trovavano le celle degli studiosi residenti, mentre al centro di ciascun lato si apriva uno spazio coperto da una volta a semicupola – un *iwan* – il cui lato aperto era rivolto verso la corte. I più antichi esempi di *vihara* costruiti secondo il modello di Ajina Tepe sono stati rinvenuti tra le rovine della grande città di Taxila (sanscrito Takshashila) e risalgono all'epoca dell'Impero kushana (ca 50 a.C. - 225 d.C.)». *Ibid.*, pp. 40-41.

51. *Ibid.*, pp. 3, 37-40, 45-47.

52. Questa sezione si basa sugli argomenti, al tempo stesso stimolanti e provocatori, avanzati da Beckwith *ibid.*

53. Questa ipotesi è svolta in modo più approfondito e persuasivo *ibid.*

54. Per una dura critica agli argomenti di Beckwith, si veda, ad esempio, Bronkhorst, *Abhidharma and Indian Thinking*, pp. 39-42.

55. *Ibid.*, cap. II: «Il metodo della disputa ricorsiva nella scienza medioevale».

56. Burnett, *Antioch as a Link*, pp. 16-17; Lyons, *The House of Wisdom*, pp. 170-71.

57. Burnett, *Fibonacci's Method*, pp. 87-97.

58. *Fibonacci's Liber Abaci*, p. 17; Lyons, *The House of Wisdom*, p. 170; Joseph, *The Crest of the Peacock*, pp. 465-66; Joseph, *Indian Mathematics*.

59. *Fibonacci's Liber Abaci*, pp. 404-405.

60. Seife, *Zero*, p. 79.

61. Granara, *Narrating Muslim Sicily*, pp. 181-83; Van Cleve, *The Emperor Frederick II*, p. 225.

62. *Ibid.*, p. 303; Masson, *Frederick II of Hohenstaufen*, p. 32.

63. Charles Burnett, *Master Theodore*, p. 248.

64. Abulafia, *Frederick II*, p. 247; Van Cleve, *The Emperor Frederick II*, pp. 304-305.

65. Metcalfe, *Muslims of Medieval Italy*, p. 243.

66. Abulafia, *Frederick II*, p. 148; Burnett, *Master Theodore*, pp. 252-53, 264; Van Cleve, *The Emperor Frederick II*, pp. 304-306.

67. Devlin, *The Man of Numbers*, analizza i tre quesiti nel dettaglio.

68. Lyons, *The House of Wisdom*, pp. 170-71.

69. Si narra che Michele Scoto possedesse poteri magici così straordinari da riuscire persino a prevedere la propria morte, che attribuiva alla caduta di una pietra sulla sua testa. Per precauzione, indossava costantemente un elmetto di ferro. Tuttavia, almeno secondo il folklore dei Borders scozzesi, durante una messa a Melrose si tolse l'elmo e, proprio come aveva previsto, un sasso gli cadde sulla testa, causandone la morte nel 1235. Michele è l'unico scozzese ad apparire nell'*Inferno* di Dante, dove la sua fama di negromante gli valse una collocazione postuma nell'ottavo cerchio, nel quale è condannato a orribili tormenti accanto ad altri celebri stregoni, maghi e incantatrici.

70. *Fibonacci's Liber Abaci*, p. 17.

71. Joseph, *The Crest of the Peacock*, p. 466.

72. Oltre alla Kallupalli di Srirangam, datata con certezza al 734 d.C. grazie a un'iscrizione, altre due moschee dell'India meridionale vantano origini assai antiche, sebbene storicamente non verificabili. La prima è la Cheraman Juma Masjid di Thrissur, nel Kerala, attribuita ai Chera e datata, in modo poco plausibile, al 629 d.C.; la seconda è la Pallaiya Juma Masjid di Kilakarai, nel Tamil Nadu, edificata con il patrocinio dei Pandya di Madurai e anch'essa riferita, con dubbia attendibilità, al 628-629 d.C. Per un approfondimento sulle più antiche moschee dell'India, si vedano Shokoohy, *Muslim Architecture*; Mohamad, *Islamic Architecture*; e Patel, *The Mosque in South Asia*, pp. 3-28.

73. *Ibid.*, pp. 12-13.

74. Truschke, *The Language of History*, p. 6.

75. Wink, *Al-Hind*, vol. II, pp. 144-45; Eaton, *India in the Persianate Age*, p. 32.

76. Thomas, *The Ebb*, pp. 83-86.

77. Eaton, *India in the Persianate Age*, p. 5.

78. Wink, *Al-Hind*, vol. II, p. 144.

79. Truschke, *The Language of History*, p. 21.

80. *Prithvirajavijaya*, 1, 50-51, *ibid.*, p. 26.

81. Eaton, *India in the Persianate Age*, pp. 31, 64.

82. Bhattacharyya, *Varman's Incursion*, pp. 46-49; Kanisetti, *South Asia's greatest stupa.*

83. Darian, *Buddhism in Bihar*, p. 346.

84. Asher, *Nalanda*; Sen, *Buddhism, Diplomacy and Trade*, p. 117. Il dibattito sul destino di Nalanda è ancora aperto. Tra coloro che accusano Bakhtyar Khalji vi è Sanyal, *The Ocean of Churn*, pp. 145-46, mentre tra coloro che lo assolvono figurano Jha, *Against the Grain*, pp. 101-102, 186-92, e Elverskog, *Buddhism and Islam*, pp. 1-2, che sottolinea come «il *dharma* sopravvisse in India fino al XVII secolo. In altre parole, buddhisti e musulmani convissero nel Subcontinente per quasi mille anni. Perché questo fatto è così poco noto?». Lo studio più completo e documentato sugli ultimi giorni di Nalanda è di Darian, *Buddhism in Bihar*, p. 346. Sul monaco di Nalanda che giunse fino alla corte di Kublai Khan, si veda Waley, *New Light on Buddhism*, pp. 355-76.

85. Dutt, *Buddhist Monks*, pp. 357-58.

86. Wink, *Al-Hind*, vol. II, pp. 146-47; Eaton, *India in the Persianate Age*, p. 58.

87. Wink, *Al-Hind*, vol. II, p. 117.

88. *Ibid.*, pp. 146-57; Fogelin, *An Archaeological History*, p. 222.

89. Favereau, *The Horde*, p. 51.

90. Frankopan, *The Silk Roads*, pp. 158-63.

91. Wink, *Al-Hind*, vol. II, p. 202.

92. Le invasioni mongole dell'India – letteralmente decine, come documentato da Peter Jackson in *The Delhi Sultanate* – proseguirono per tutto il XIII e gran parte del XIV secolo. Questi attacchi ripetuti lasciarono un'impronta profonda sugli abitanti dell'India settentrionale, non solo su coloro che opposero resistenza ai mongoli, ma anche sulle masse di rifugiati sconvolti e sradicati, e sui loro discendenti. Si potrebbe sostenere che tali invasioni abbiano contribuito a ispirare un sentimento proto-nazionalista dell'India – perlomeno dell'India settentrionale – come un'entità statale unitaria: l'Hindustan. Un fenomeno analogo si sarebbe verificato in Giappone, dove le fallite invasioni mongole alimentarono un sentimento identitario proto-nazionalista tra i giapponesi.

A risparmiare l'India dalla devastazione mongola, oltre alla sua fauna dall'aspetto demoniaco, fu la politica accorta e mirata del Sultanato di Delhi, portata avanti per quasi due secoli. Le campagne nel Deccan condotte dai Khalji e dai Tughlaq rispondevano in gran parte alla necessità di raccogliere risorse finanziarie per presidiare militarmente i passi del Nord-Ovest e proteggere l'India dall'avanzata mongola. Non fu, dunque, soltanto un rinoceronte a fermare i mongoli, ma decenni di sforzi coordinati e di ingenti investimenti militari. Il successo di Delhi in questa impresa può essere considerato uno dei risultati più straordinari del Sultanato.

93. Eaton, *India in the Persianate Age*, pp. 47, 51.

94. *Ibid.*, p. 48.

95. Reid, *Islamicization and Christianization*, pp. 151-79.

96. In un primo momento, le conquiste mongole causarono ovunque gravi disagi ai commerci transregionali terrestri, ma queste reti – inclusa quella con l'India – si ripresero progressivamente. È vero che i mongoli misero a sacco Lahore nel 1241, ma Irfan Habib ha mostrato che, nel complesso, il Sultanato di Delhi nel XIII e XIV secolo ebbe un'economia fiorente che « dovette richiedere commerci su larga scala » (in *The Cambridge Economic History of India*, Cambridge, vol. I, 1982 pp. 82-86). Lo storico dei mongoli, Thomas T. Allsen, ha sostenuto che il commercio terrestre e quello marittimo fossero riusciti in qualche modo a coesistere e prosperare sotto il dominio mongolo, creando un sistema integrato che spostava merci sia da est a ovest, sia da nord a sud. Ha inoltre mostrato come le strategie commerciali dei mongoli sfruttassero le reti di comunicazioni marittime create dai mercanti indo-buddhisti e musulmani, più ferrati nel commercio interculturale (Allsen, *The Steppe and the Sea*).

Sulla base di elenchi tariffari prodotti nello Yemen, sappiamo inoltre che nel XIII secolo, all'epoca del dominio mongolo, le rotte commerciali dell'Oceano Indiano che collegavano il Medio Oriente all'India (Coromandel, Malabar, Gujarat) e alla Cina erano strettamente collegate alle vie terrestri che attraversavano l'Iraq e l'Iran. Ciò smentisce le ipotesi di un presunto declino economico in queste regioni (Yokkaichi, *Maritime and Continental Networks*, pp. 428-63).

97. Eaton, *India in the Persianate Age*, pp. 93-94.

98. *Ibid.*, pp. 53-54.

99. Sharma, *Amir Khusraw*, pp. 1, 7, 37-38.

100. Eaton, *India in the Persianate Age*, pp. 47-48.

101. *Ibid.*, pp. 60-61.

102. *Ibid.*, pp. 386-87.

103. Zebrowski, *The Architecture and Art*, p. 163.

104. Eaton, *India in the Persianate Age*, pp. 147-48.

105. Moller, *The Map of Knowledge*, pp. 235-37.

106. Dalrymple, *The Anarchy*.

107. Eaton, *India in the Persianate Age*, pp. 53-54.

BIBLIOGRAFIA

Abraham, Meera, *Two Medieval Merchant Guilds of South India*, Delhi, 1988
Abramson, Marc S., *Ethnic Identity in Tang China*, Philadelphia, 2008
Abulafia, David, *Frederick II: A Medieval Emperor*, London, 2002
Abulafia, David, *The Boundless Sea: A Human History of the Oceans*, London, 2019
Acharya, Amitav, *Civilizations in Embrace: The Spread of Ideas and the Transformation of Power – India and Southeast Asia in the Classical Age*, Singapore, 2013
Acharya, Diwaka, *How to Behave Like a Bull? New Insight into the Origin and Religious Traditions of the Pāśupatas*, in «Indo-Iranian Journal», 56, 2, 2013, pp. 101-31
Acker, Robert, *New Geographical Tests of the Hydraulic Thesis at Angkor*, in «South East Asia Research», 6, 1, 1998, pp. 18, 37-38
Acri, Andrea, *On Birds, Ascetics, and Kings in Central Java: Rāmāyaṇa Kakawin, 24.96-126 and 25* (open access article), in «Bijdragen tot de Taal-, Land- en Volkenkunde / Journal of the Humanities and Social Sciences of Southeast Asia», 166, 4, 2010, pp. 475-506
Acri, Andrea, *Esoteric Buddhism in Mediaeval Maritime Asia: Networks of Masters, Texts, Icons*, Singapore, 2016
Acri, Andrea, *Introduction: Esoteric Buddhist Networks along the Maritime Silk Routes, 7th-13th Century AD*, in Andrea Acri (a cu-

ra di), *Esoteric Buddhism in Mediaeval Maritime Asia: Networks of Masters, Texts, Icons,* Singapore, 2016, pp. 1-26

Acri, Andrea, *The Place of Nusantara in the Sanskritic Buddhist Cosmopolis,* in « Trans-Regional and -National Studies of Southeast Asia », 6, 2, luglio 2018, pp. 139-66

Acri, Andrea, *Hinduism in Pre-Modern Southeast Asia: Tamil Perspectives,* in Arun Mahizhnan e Nalini Gopal (a cura di), *Sojourners to Settlers: Tamils in Southeast Asia,* Singapore, 2019, vol. I, pp. 51-63

Acri, Andrea, *Navigating the « Southern Seas », Miraculously: Avoidance of Shipwreck in Buddhist Narratives of Maritime Crossings,* in Marina Berthet, Fernando Rosa e Shaun Viljoen (a cura di), *Moving Spaces: Creolisation and Mobility in Africa, the Atlantic and Indian Ocean,* Leiden - Boston, 2019, pp. 50-77

Acri, Andrea, *Revisiting the Monsoon Asia Idea: Old Problems and New Directions,* in David Henley e Nira Wickramasinghe (a cura di), *Monsoon Asia: A Reader on South and Southeast Asia,* Leiden, 2023, pp. 63-96

Acri, Andrea, Blench, Roger e Landmann, Alexandra (a cura di), *Spirits and Ships: Cultural Transfers in Early Monsoon Asia,* Singapore, 2017

Acri, Andrea, Creese, Helen e Griffiths, Arlo (a cura di), *From Lanka Eastwards: The Ramayana in the Literature and Visual Arts of Indonesia,* Leiden, 2011

Acri, Andrea e Sharrock, Peter (a cura di), *The Creative South: Buddhist and Hindu Art in Mediaeval Maritime Asia,* 2 voll., Singapore, 2022

Aczel, Amir D., *Finding Zero: A Mathematician's Odyssey to Uncover the Origins of Numbers,* New York, 2016

Adelard of Bath, *De opere astrolapsus,* Cambridge, Fitzwilliam Museum, McLean Ms 165, f. 81*r,* in Louise Cochrane, *Adelard of Bath: The First English Scientist,* London, 1994

Adelard of Bath, *Conversations with his Nephew: On the Same and the Different, Questions on Natural Science and On Birds,* a cura di Charles Burnett, Cambridge, 1998

Adrados, F.R., *Aśoka's Inscriptions and Persian, Greek and Latin Epigraphy,* in S.D. Joshi (a cura di), *Amrtadhara: Professor R. N. Dandekar Felicitation Volume,* Delhi, 1984, pp. 1-15

Adshead, S.A.M, *T'ang China: The Rise of the East in World History,* New York, 2004

Aeusrivongse, Nidhi, *The Devarāja Cult and Khmer Kingship at Angkor,* in Kenneth R. Hall e John K. Whitmore (a cura di), *Explo-*

rations in Southeast Asian History: The Origins of Southeast Asian Statecraft, Ann Arbor, 1976, pp. 107-48

Ahuja, Naman P., *The British Museum Hariti: Toward Understanding Transculturism in Gandhara*, in Susan E. Alcock, Mariana Egri e James F.D. Frakes (a cura di), *Beyond Boundaries: Connecting Visual Cultures in the Provinces of Ancient Rome*, Los Angeles, 2016, pp. 247-63

Ahuja, Naman P., *One Mother, Many Mother Tongues*, in *Gandhara: A Confluence of Cultures*, in « Marg: A Magazine of the Arts », 70, 4, giugno 2019, pp. 32-52

Akasoy, Anna, Burnett, Charles e Yoeli-Tlalim, Ronit, *Islam and Tibet: Interactions on the Musk Routes*, Farnham, 2011

al-Andalusṇ, *Ṣā'id, Science in the Medieval World: « The Book of the Categories of Nations »*, Austin, 1991

Alcock, Susan E., *Graecia Capta: The Landscapes of Roman Greece*, Cambridge, 1993

al-Faqīh al-Hamadhānī, Ibn, *Kitāb al-Buldān*, Leiden, 1967

Ali, Daud, *Courtly Culture and Political Life in Early Medieval India*, Cambridge, 2004

Ali, Daud, *The Early Inscriptions of Indonesia and the Problems of the Sanskrit Cosmopolis*, in Pierre-Yves Manguin, A. Mani e Geoff Wade (a cura di), *Early Interactions between South and Southeast Asia: Reflections on Cross-Cultural Exchange*, Singapore, 2011, pp. 277-98

al-Khalili, Jim, *Pathfinders: The Golden Age of Arabic Science*, London, 2010

Allsen, Thomas T., *The Steppe and the Sea: Pearls in the Mongol Empire*, Philadelphia, 2019

al-Tabarī, *The Early 'Abbāsī Empire*, vol. I: *The Reign of Abū Ja'far al-Mansūr, A.D. 754-775*, trad. di John Alden Williams, Cambridge, 1988

Amin, Jusna J.A, *Cultural Landscape in Java*, in Ken Taylor e Jane L. Lennon (a cura di), *Managing Cultural Landscapes*, London, 2012, pp. 73-89

Amrith, Sunil S., *Crossing the Bay of Bengal: The Furies of Nature and the Fortunes of Migrants*, Cambridge, Mass., 2013

Amrith, Sunil S., *Unruly Waters: How Mountain Rivers and Monsoons Have Shaped South Asia's History*, New York, 2018

Amrith, Sunil S., *Presence as Palimpsest: Tamil Diasporas in Southeast Asia*, in Arun Mahizhnan e Nalini Gopal (a cura di), *Sojourners to Settlers: Tamils in Southeast Asia*, 2 voll., Singapore, 2019

Andrade, Nathaniel J., *The Journey of Christianity to India in Late*

Antiquity: Networks and the Movement of Culture, Cambridge, 2018

Andrews, Fred H., *Wall Paintings from Ancient Shrines in Central Asia*, Oxford, 1948

Archaeological Survey of India (diversi curatori), *Epigraphia Indica*, voll. I-XXXII, New Delhi, 1888-1977

Arrian, *Anabasis of Alexander*, trad. di P.A. Brunt, 2 voll., Cambridge, Mass., 1976-1983

Arrian, *Indica*, trad. di P.A. Brunt, Cambridge, Mass., 1983

Aruz, Joan e Valtz Fino, Elizabeth, *Afghanistan: Forging Civilisations along the Silk Road*, New York, 2012

Asher, Frederick M., *The Art of Eastern India, 300-800*, Minneapolis, 1980

Asher, Frederick M., *Nalanda: Situating the Great Monastery*, New Delhi, 2015

Asher, Frederick M., *India Abroad: Evidence for Ancient Indian Maritime Activity*, in Matthew Adam Cobb (a cura di), *The Indian Ocean Trade in Antiquity: Political, Cultural and Economic Impacts*, London, 2019, pp. 157-67

Asher, Frederick M. e Gal, G.S. (a cura di), *Indian Epigraphy: Its Bearing on the History of Art*, New Delhi, 1985

Ashraf, Kazi K., *The Hermit's Hut: Architecture and Asceticism in India*, Honolulu, 2013

Assavavirulhakarn, Prapod, *The Ascendancy of Theravāda Buddhism in Southeast Asia*, Chiang Mai, 2010

Aung-Thwin, Michael e Hall, Kenneth R. (a cura di), *New Perspectives in the History and Historiography of Southeast Asia: Continuing Explorations*, London, 2011

Autiero, Serena e Cobb, Matthew A. (a cura di), *Globalization and Transculturality from Antiquity to the Pre-Modern World*, Oxford, 2022

Bagchi, Prabodh Chandra, *India and China: A Thousand Years of Cultural Relations*, New Delhi, 2008

Bailey, Greg e Mabbett, Ian, *The Sociology of Early Buddhism*, Cambridge, 2003

Baker, Chris e Phongpaichit, Pasuk, *A History of Ayutthaya: Siam in the Early Modern World*, Cambridge, 2017

Bakker, Hans T., *The World of the Skandapurana: Northern India in the Sixth and Seventh Centuries*, Leiden, 2014

Ball, Warwick, *Monuments of Afghanistan: History, Archaeology and Architecture*, London, 2008

Ball, Warwick, *Rome in the East*, London, 2016

35. Intorno al 400 d.C. Chandragupta II celebrò la sua vittoria sugli invasori adornando il proprio osservatorio presso Udayagiri, la « Montagna dell'Aurora », con sculture raffiguranti le diverse incarnazioni di Vishnu, la sua divinità d'elezione. La più ragguardevole è la colossale figura di Varaha, il dio cinghiale, che si erge maestoso e fiero di fronte a un *naga* prostrato e a un Chandragupta oggi privo della testa.

36. Le splendide monete d'oro di Chandragupta II (r. 380 - ca 415 d.C.) lo ritraggono sia come un conquistatore a cavallo, sia seduto su uno sgabello nell'atto di contemplare un fiore (in alto). Sul rovescio della prima appare il re con lo Stendardo di Garuda, emblema del veicolo di Vishnu, mentre sull'altra campeggia la figura della dea Lakshmi (in basso).

37. Le spettacolari sculture dell'età imperiale Gupta conservate nel Dashavatara Vishnu Mandir di Deogarh (ca 500 d.C.) offrono alcune delle più antiche rappresentazioni superstiti dei dieci *avatara* di Vishnu. Tra queste spiccano i rilievi che raffigurano Vishnu sul dorso di Garuda, mentre discende sulla terra per salvare l'elefante Gajendra (in alto), e Vishnu dormiente sul serpente Shesha (in basso).

38. È generalmente riconosciuto che la celebre stele K.127, rinvenuta a Sambor Prei Kuk in Cambogia, contenga il più antico zero datato al mondo (683 d.C.); si tratta del punto tra i due «girini» al centro della seconda riga.

39. Duecento anni dopo, a Gwalior, all'interno del punto viene praticato per la prima volta un foro, dando origine al simbolo dello zero che utilizziamo ancora oggi.

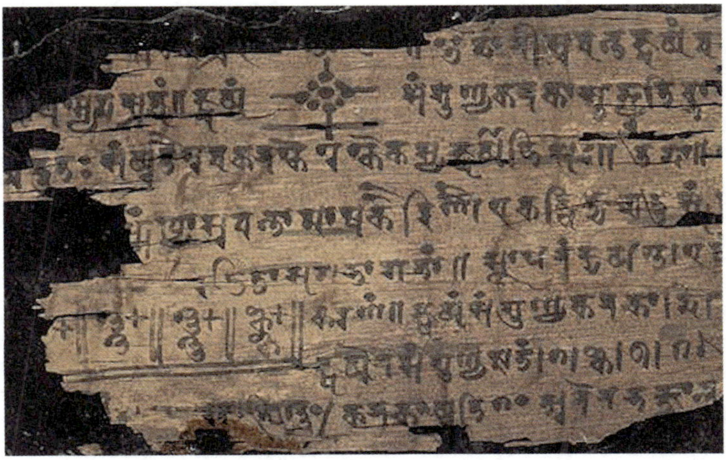

40. Il manoscritto di Bakhshali è, di gran lunga, il più antico testo matematico indiano giunto fino a noi, nonché il più antico manoscritto conosciuto al mondo a utilizzare lo zero e la notazione posizionale decimale. Si ritiene attualmente che sia stato redatto intorno al 700 d.C. In esso, gli zeri compaiono sotto forma di piccoli punti neri. Il suo autore, Chajaka, si occupava di questioni pratiche come la pesatura dei metalli e il calcolo delle perdite di materiale grezzo durante la fusione. Pare che fosse attivo nel commercio dei metalli e vivesse nei pressi del grande monastero gandharico di Takht-i-Bahi, dove potrebbe aver realizzato statue in metallo per i monaci.

41. Khalid ibn Barmak è raffigurato mentre si inginocchia alla destra del califfo al-Saffah, fondatore della dinastia abbaside, durante la sua proclamazione a Kufa. L'immagine è tratta dal *Tarikhnama* di Bal'ami, il più antico testo in prosa noto in lingua persiana.

42. L'ultimo dei Barmecidi, Ja'far, fu l'amico inseparabile di Harun al-Rashid. *Le mille e una notte* abbondano di racconti sulle loro avventure notturne, e Ja'far compare elegantemente vestito anche nel film d'animazione della Disney, *Aladdin*.

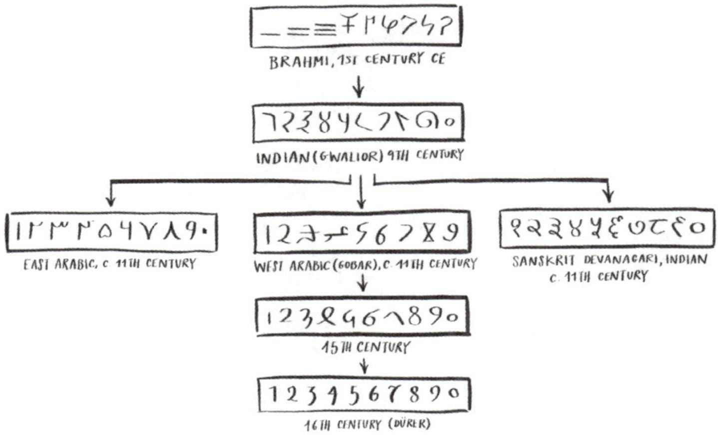

43. Il diagramma illustra l'evoluzione dei nostri numeri, dall'India di Ashoka fino all'Europa moderna.

44. *Il compendio sul calcolo per completamento e bilanciamento* di Khwarizmi fu un'opera fondamentale nella storia della matematica, ampiamente diffusa nel mondo islamico e in seguito tradotta in latino.

45. Khwarizmi combinò le teorie di Euclide con la matematica indiana. La chiarezza del suo stile e la semplicità con cui seppe spiegare concetti complessi ispirarono generazioni di matematici, favorendo rapidi progressi in algebra, geometria, trigonometria e astronomia in tutto il mon-

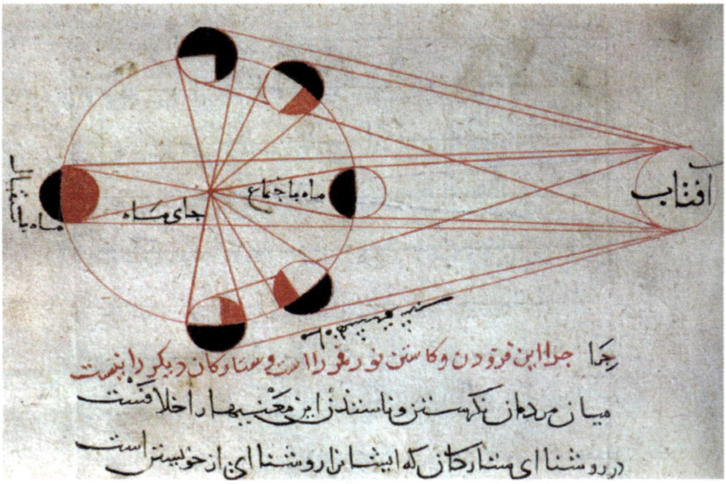

do islamico. Innovazioni indiane come le equazioni lineari e quadratiche, le soluzioni geometriche e le tavole di seni, tangenti e cotangenti divennero rapidamente accessibili a un vasto pubblico. Soprattutto, fu lui a trasmettere agli arabi l'importanza del concetto indiano dello zero.

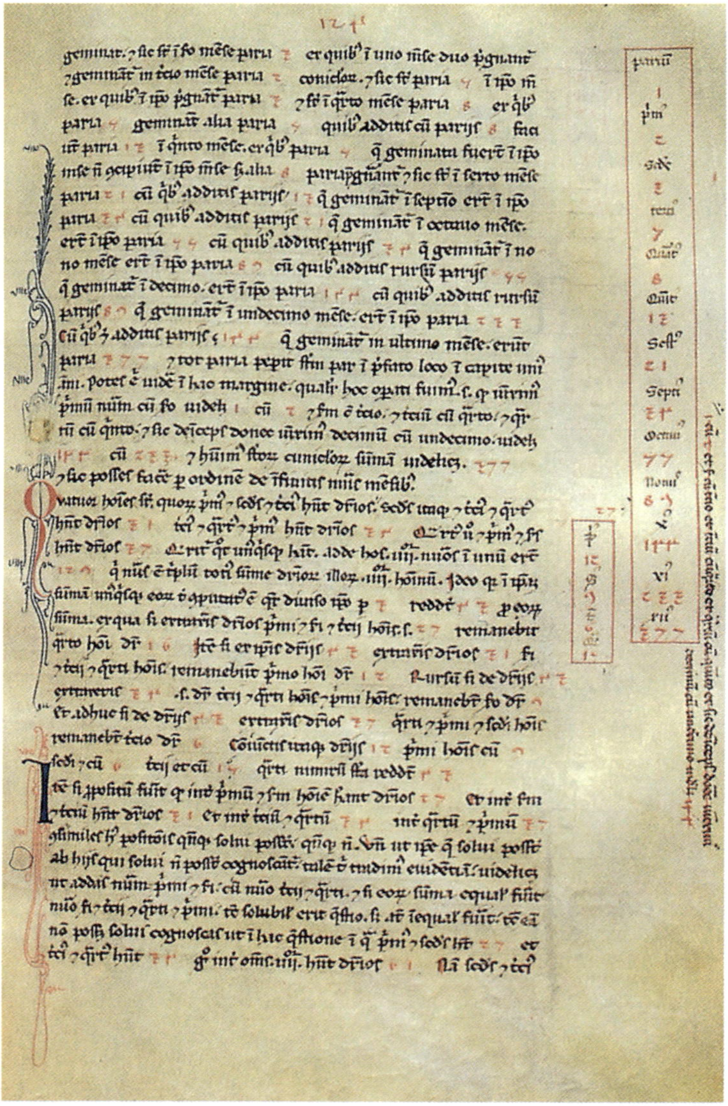

46. Il *Liber abaci*, o « Libro dell'abaco » – più propriamente « Libro del calcolo » – di Fibonacci offriva la prima descrizione dettagliata in latino del *modus Indorum*, il metodo degli indiani, che l'autore considerava superiore a tutti gli altri. Grazie a quest'opera, i numeri e i concetti matematici indiani si diffusero in seguito in tutta Europa.

47. Nel XII secolo, i numeri indo-arabi erano noti in Europa da oltre un secolo, ma il loro impiego rimaneva limitato a una ristretta cerchia di eruditi. A cambiare questa situazione fu Leonardo da Pisa (ca 1175-1250), meglio conosciuto come «Fibonacci».

48. Nel 1225 l'opera di Fibonacci attirò l'attenzione del nuovo imperatore del Sacro Romano Impero, re di Gerusalemme e di Sicilia, Federico II (1194-1250), che lo convocò alla sua corte. Lì, Fibonacci fu persuaso a rielaborare il *Liber abaci* per renderlo più pratico e accessibile ai mercanti italiani.

49. L'ossessione di Federico II per la geometria si riflette nella pianta ottagonale del suo padiglione di caccia preferito, Castel del Monte.

50. Adelardo di Bath (ca 1080-1142), talvolta definito il primo scienziato inglese, introdusse in Inghilterra i numeri e l'astronomia di origine indiana.

51. Il gioco degli scacchi e la matematica indiana misero radici in Europa a partire dalla città spagnola di Toledo, che nel X secolo era probabilmente il centro di studi più avanzato del continente.

52. Molti edifici moreschi di Toledo sono ancora oggi in piedi; tra questi, la moschea un tempo nota come Mezquita Bab al-Mardum, dal nome della porta cittadina accanto alla quale sorgeva, e la splendida sinagoga Ibn Shoshan.

53. In Europa, la diffusione crescente dei numeri indo-arabi contribuì in modo decisivo allo sviluppo dell'attività bancaria e della contabilità, inizialmente in Italia sotto dinastie come quella dei Medici, raffigurati qui nei panni dei Magi nel celebre capolavoro di Benozzo Gozzoli.

54. Fu l'abilità commerciale degli europei, non meno della loro superiorità militare, a garantire all'Europa il predominio sull'India. A partire dalla metà del XVIII secolo, una società commerciale europea – la Compagnia delle Indie Orientali – assoggettò un'India politicamente frammentata, perpetrando quello che fu forse il più grande atto di violenza aziendale della storia.

Ball, Warwick, *Gandhāra Perceptions: The Orbit of Gandhāran Studies*, in Wannaporn Rienjang e Peter Stewart (a cura di), *The Global Connections of Gandhāran Art*, Oxford, 2020, pp. 1-25

Bandaranayake, Senake *et al.* (a cura di), *Sri Lanka and the Silk Road of the Sea*, Colombo, 1990

Bandyopadhyay, B., *Excavations at Udayagiri-2, 1997-2000*, New Delhi, 2007

Baptiste, Pierre, *Early Cham Art: Indigenous Styles and Regional Connections*, in John Guy (a cura di), *Lost Kingdoms: Hindu-Buddhist Sculpture of Early Southeast Asia*, New York, 2014, pp. 69-73

Barrett, T.H., *Taoism under the T'ang: Religion and Empire during the Golden Age of Chinese History*, New Haven, 2006

Barrett, T.H., *The Woman Who Discovered Printing*, New Haven, 2008

Barrett Jones, A.M., *Early Tenth Century Java from the Inscriptions*, Dordrecht, 1984

Barth, A. e Bergaigne, A., *Inscriptions sanscrites de Campā et du Cambodge*, 2 voll., Paris, 1885-1893

Barton, Simon e Fletcher, Richard, *The World of El Cid: Chronicles of the Spanish Reconquest*, Manchester, 1988

Basham, A.L., *The Wonder That was India*, New Delhi, 1967

Bastin, John Sturgus e Roolvink, R. (a cura di), *Malayan and Indonesian Studies*, Oxford, 1964

Batsford, Kathleen, *The Green Man*, Cambridge, 1978

Baumer, Christoph, *The Church of the East: An Illustrated History of Assyrian Christianity*, London, 2006

Baumer, Christoph, *The History of Central Asia*, vol. II: *The Age of the Silk Roads*, London, 2014

Baums, Stefan, *The Inscriptions on the Tillya-tepe and Pushkalavati Coins*, in «Journal of the American Oriental Society», 143, 3, 2023, pp. 671-75

Baums, Stefan *et al.*, *Early Inscriptions of āndhradeśa: Results of Fieldwork in January and February 2016*, in «Bulletin de l'École française d'Extrême-Orient», 102, 2016, pp. 355-98

Bautze-Picron, Claudine, *Images of Devotion and Power in South and Southeast Bengal*, in Andrea Acri (a cura di), *Esoteric Buddhism in Mediaeval Maritime Asia: Networks of Masters, Texts, Icons*, Singapore, 2016, pp. 163-91

Bayly, Susan, *Imagining Greater India: French and Indian Visions of Colonialism in the Indic Mode*, in «Modern Asian Studies», 38, 3, luglio 2004, pp. 703-44

Bayly, Susan, *India's Empire of Culture: Sylvain Lévi and the Greater*

India Society, in Lyne Bansat-Boudon e Roland Lardinois (a cura di), *Sylvain Lévi (1863-1935): Études Indiennes, Histoire Sociale*, Paris, 2007, pp. 193-212

Beal, Samuel, (a cura di), *Travels of Fah-Hian and Sung-Yun, Buddhist Pilgrims, from China to India (AD 399-414) in Search of the Buddhist Books of Discipline*, New York, 1965

Beaujard, Philippe, *The Worlds of the Indian Ocean*, vol. I: *From the Fourth Millennium BCE to the Sixth Century CE*, Cambridge, 2009

Beck, Elizabeth, *Pallava Rock Architecture and Sculpture*, Madras, 2006

Beckman, G., *Foreigners in the Ancient Near East*, in «Journal of the American Oriental Society», 133, 2, 2013, pp. 203-16

Beckwith, Christopher I., *The Plan of the City of Peace: Central Asian Iranian Factors in Early 'Abbâsid Design*, in «Acta Orientalia Academiae Scientiarum Hungaricae», 38, 1-2, 1984, pp. 143-64

Beckwith, Christopher I., *Empires of the Silk Road: A History of Central Eurasia from the Bronze Age to the Present*, Princeton, 2009

Beckwith, Christopher I., *Warriors of the Cloisters: The Central Asian Origins of Science in the Medieval World*, Princeton, 2012

Beckwith, Christopher I., *Greek Buddha: Pyrrho's Encounter with Early Buddhism in Central Asia*, Princeton, 2015

Beckwith, John, *Caskets from Cordoba*, London, 1960

Beckwith, John, *Early Medieval Art: Carolingian, Ottonian, Romanesque*, London, 1964

Beckwith, John, *The Influence of Islamic Art on Western Medieval Art*, in «Apollo», 1° aprile 1976

Begley, Vimala, *Arikamedu Reconsidered*, in «American Journal of Archaeology», 87, 4, 1983, pp. 461-81

Begley, Vimala e Puma, Richard Daniel de (a cura di), *Rome and India: The Ancient Sea Trade*, Madison, 1991

Begley, Vimala *et al.*, *The Ancient Port of Arikamedu: New Excavations and Researches, 1989-1992*, 2 voll., Pondicherry, 1996-2004

Behrendt, Kurt A., *The Art of Gandhara in the Metropolitan Museum of Art*, New York, 2007

Behrendt, Kurt A., *Tibet and India: Buddhist Traditions and Transformations*, in «The Metropolitan Museum of Art Bulletin», 71, 3, inverno 2014, pp. 1-48

Behrendt, Kurt A., *How to Read Buddhist Art*, New York, 2019

Bellina, Bérénice (a cura di), *Khao Sam Kaeo: An Early Port-City between the Indian Ocean and the South China Sea*, Paris, 2017

Bellina, Bérénice e Glover, Ian, *The Archaeology of Early Contact with India and the Mediterranean World, from the Fourth Century*

BC to the Fourth Century AD, in Ian Glover e Peter Bellwood (a cura di), *Southeast Asia: From Prehistory to History*, London, 2004, pp. 66-88

Bellina, Bérénice *et al.*, *The Development of Coastal Polities in the Upper Thai-Malay Peninsula*, in Nicolas Revire e Stephen Murphy (a cura di), *Before Siam: Essays in Art and Archaeology*, Bangkok, 2014, pp. 68-89

Benjamin, Craig, *Empires of Ancient Eurasia: The First Silk Roads Era, 100 BCE-250 CE*, Cambridge, 2018

Bennett, Anna, *Suvarṇabhūmi Land of Gold*, relazione presentata alla conferenza dell'Associazione degli archeologi del Sud-Est asiatico in Europa Occidentale, Poznań, Poland, 4-7 luglio 2017

Bennison, Amira K., *The Great Caliphs: The Golden Age of the Abbasid Empire*, London, 2009

Bensiti, Mireille, *Rapports entre le premier art khmer et l'art indien*, 2 voll., Paris, 1970

Berkwitz, Stephen C., *The Expansion of Buddhism in South and the Southeast Asia*, in Volkhard Krech e Marion Steinicke (a cura di), *Dynamics in the History of Religions between Asia and Europe: Encounters, Notions, and Comparative Perspectives*, Leiden, 2012, pp. 223-34

Bernet Kempers, A.J., *The Kettledrums of Southeast Asia: A Bronze Age World and its Aftermath*, Rotterdam, 1988

Berthet, Marina, Rosa, Fernando e Viljoen, Shaun (a cura di), *Moving Spaces: Creolisation and Mobility in Africa, the Atlantic and Indian Ocean*, Leiden e Boston, 2019

Bhattacharyya, Bedasruti, *Varman's Incursion and Sacking and Burning of Somapura Mahavihara (Varendri)*, «Proceedings of the Indian History Congress», 73, 2012, pp. 46-49

Bhattacharya, Kamaleswar, *La Secte des Pāçupata dans l'ancien Cambodge*, in «Journal Asiatique», 243, 4, 1955, pp. 480-87

Bhattacharya, Kamaleshwar, *The Religions of Ancient Cambodia*, in Helen Ibbitson Jessup e Thierry Zephir (a cura di), *Sculpture of Angkor and Ancient Cambodia: Millennium of Glory*, Washington, DC, 1997

Bielenstein, Hans, *Diplomacy and Trade in the Chinese World, 589-1276*, Leiden, 2005

Billé, Franck, Mehendale, Sanjyot e Lankton, James W. (a cura di), *The Maritime Silk Road: Global Connectivities, Regional Nodes, Localities*, Amsterdam, 2022

Birk, Joshua C., *Norman Kings of Sicily and the Rise of the Anti-Islamic Critique*, London, 2017

Boardman, John, *The Diffusion of Classical Art in Antiquity*, London, 1994

Boardman, John, *The Greeks in Asia*, London, 2015

Bokenkamp, Stephen, *Record of the Feng and Shan Sacrifices*, in Donald S. Lopez Jr (a cura di), *Religions of China in Practice*, Princeton, 1996, pp. 251-60

Booms, Dirk e Higgs, Peter, *Sicily: Culture and Conquest*, London, 2016

Bopearachchi, Osmund, *Indian Ocean Trade through Buddhist Iconographies*, in Franck Billé, Sanjyot Mehendale e James W. Lankton (a cura di), *The Maritime Silk Road: Global Connectivities, Regional Nodes, Localities*, Amsterdam, 2022, pp. 243-66

Bopearachchi, Osmund e Pieper, Wilfried, *Ancient Indian Coins*, Turnhout, 1998

Boucher, Daniel, *Bodhisattvas of the Forest and the Formation of the Mahayana: A Study and Translation of the «Rāṣṭrapālaparipṛcchā-sutra»*, Honolulu, 2008,

Bouillier, Véronique, *Monastic Wanderers: Nath Yogi Ascetics in Modern South Asia*, New Delhi, 2017

Bourdonneau, Éric, *The Ancient Canal System of the Mekong Delta: A Preliminary Report*, in Anna Karlström e Anna Källén (a cura di), *Fishbones and Glittering Emblems: Southeast Asian Archaeology 2002*, Stockholm, 2003, pp. 257-70

Bourdonneau, Éric, *Culturalisme et historiographie du Cambodge ancien: à propos de la hiérarchisation des sources de l'histoire khmère*, in «Moussons», 7, 2003, pp. 39-70

Bourdonneau, Éric, *Pour en finir avec la «cité hydraulique»?*, in «Bulletin de l'École française d'Extrême-Orient», vol. 97-98, 2010-2011, pp. 409-37

Bourdonneau, Éric, *La Fondation du culte du «Devarāja»: danse, sacrifice et royauté au Prasat Thom de Koh Ker*, in «Comptes rendus de l'Académie des Inscriptions et Belles-Lettres», 155, 3, 2011, pp. 1343-82

Bowersock, G.W., *The Throne of Adulis: Red Sea Wars on the Eve of Islam*, Oxford, 2013

Bowman, A.K. e Thomas, J.D., *The Vindolanda Writing-Tablets*, London, 1994

Bowring, Philip, *Empires of the Winds: The Global Role of Asia's Great Archipelago*, London, 2019

Brancaccio, Pia, *The Buddhist Caves at Aurangabad: Transformations in Art and Religion*, Leiden, 2011

Brancaccio, Pia, *The Silk Road and the Cotton Road: Buddhist Art and Practice between Central Asia and the Western Deccan*, in Bruno Genito e Lucia Caterina (a cura di), *Archeologia delle Vie della Seta. Percorsi, immagini e cultura materiale*, 4 voll., Roma, 2017, vol. II, pp. 59-77

Brancaccio, Pia e Behrendt, Kurt (a cura di), *Gandhāran Buddhism: Archaeology, Art, Texts*, Vancouver, 2006

Brandauer, Frederick P. e Huang Chun-chieh (a cura di), *Imperial Rulership and Cultural Change in Traditional China*, Seattle, 1994

Brill's Encyclopedia of Hinduism, vol. I: *Regions, Pilgrimage, Deities*, e vol. II: *Sacred Texts, Ritual Traditions, Arts, Concepts*, a cura di Helene Basu, Angelika Malinar e Vasudha Narayanan, Leiden, 2009-2010

Bromberg, Carol A., *An Iranian Gesture at Miran*, in « Bulletin of the Asia Institute New Series », 5, 1991, pp. 45-58

Bronkhorst, Johannes, *Buddhist Teaching in India*, Boston, 2009

Bronkhorst, Johannes, *The Spread of Sanskrit in Southeast Asia*, in in Pierre-Yves Manguin, A. Mani e Geoff Wade (a cura di), *Early Interactions between South and Southeast Asia: Reflections on Cross-Cultural Exchange*, Singapore, 2011

Bronkhorst, Johannes, *Buddhism in the Shadow of Brahmanism*, Leiden, 2011

Bronkhorst, Johannes, *Abhidharma and Indian Thinking*, in Bart Dessein e Teng Weijen (a cura di), *Text, History and Philosophy: Abidharma across Buddhist Scholastic Traditions*, Leiden, 2016, pp. 39-42.

Bronner, Yigal, *Extreme Poetry: The South Asian Movement of Simultaneous Narration*, New York, 2010

Bronner, Yigal, *A Question of Priority: Revisiting the Bhāmaha-Daṇḍin Debate*, in «Journal of Indian Philosophy», 40, 1, 2012, pp. 67-118

Bronner, Yigal, (a cura di), *A Lasting Vision: Dandin's Mirror in the World of Asian Letters*, Oxford, 2023

Bronner, Yigal, *The Mirror of the Practice*, in Yigal Bronner (a cura di), *A Lasting Vision: Dandin's Mirror in the World of Asian Letters*, Oxford, 2023

Bronson, Bennet e Wisseman, Jan, *Palembang as Srivijaya: The Lateness of Early Cities in Southern Southeast Asia*, in « Asian Perspectives », 19, 2, 1976, pp. 220-39

Broodbank, Cyprian, *The Making of the Middle Sea: A History of the*

Mediterranean from the Beginning to the Emergence of the Classical World, London, 2013

Brose, Benjamin, *Xuanzang: China's Legendary Pilgrim and Translator*, Boulder, Colo., 2021

Brown, Nancy Marie, *The Abacus and the Cross: The Story of the Pope Who Brought the Light of Science to the Dark Ages*, New York, 2010

Brown, Robert L., *Rules for Change in the Transfer of Indian Art to Southeast Asia*, in Marijke J. Klokke e Pauline Lunsingh Scheurleer (a cura di), *Ancient Indonesian Sculpture*, Leiden, 1994, pp. 10-32

Brown, Robert L., *The Dvaravati Wheels of Law and the Indianization of Southeast Asia*, London, 1996

Brown, Robert L., *The Trouble with Convergence*, in Anna L. Dallapiccola e Anila Verghese (a cura di), *India and Southeast Asia: Cultural Discourses*, Mumbai, 2017, pp. 37-51

Buddhist Monastic Traditions of Southern Asia: A Record of the Inner Law Sent Home from the South Seas, trad. di Li Rongxi, Berkeley, 2000

Bulliet, Richard W., *Naw Bahār and the Survival of Iranian Buddhism*, in «Iran», 14, 1976, pp. 140-45

Burnett, Charles, *The Introduction of Arabic Learning into England*, London, 1996

Burnett, Charles, *The Semantics of Indian Numbers in Arabic, Greek and Latin*, in «Journal of Indian Philosophy», 34, 2006, pp. 15-30

Burnett, Charles, *Antioch as a Link between Arabic and Latin Culture*, in Charles Burnett, *Arabic into Latin in the Middle Ages*, Oxford, 2009, pp. 1-66

Burnett, Charles, *The Coherence of the Arabic-Latin Translation Program in Toledo in the Twelfth Century*, in Charles Burnett, *Arabic into Latin in the Middle Ages*, Oxford, 2009, pp. 249-88

Burnett, Charles, *King Ptolemy and Alchandreus the Philosopher: The Earliest Texts on the Astrolabe and Arabic Astrology at Fleury, Micy and Chartres*, in Charles Burnett, *Arabic into Latin in the Middle Ages*, Oxford, 2009, pp. 329-68

Burnett, Charles, *Master Theodore, Frederick II's Philosopher*, in Charles Burnett, *Arabic into Latin in the Middle Ages*, Oxford, 2009, pp. 225-85

Burnett, Charles, *Fibonacci's Method of the Indians*, in Charles Burnett, *Numerals and Arithmetic in the Middle Ages*, Farnham, 2010, pp. 87-97

Bussagli, Mario, *Central Asian Painting: From Afghanistan to Sinkiang,* Geneva, 1979

Buswell Jr, Robert E., *Currents and Countercurrents: Korean Influences on East Asian Buddhist Traditions,* Honolulu, 2005

Buswell Jr, Robert E. e Lopez Jr, Donald S. (a cura di), *The Princeton Dictionary of Buddhism,* Princeton, 2014

Canh, Ha Du e Khoo, James C.M., *Some Observations on Religious Sculptures in the Mekong Delta,* in James C.M. Khoo (a cura di), *Art and Archaeology of Fu Nan: Pre-Khmer Kingdom of the Lower Mekong Valley,* Bangkok, 2003, pp. 135-44

Cantarino, Vicente, *The Spanish Reconquest: A Cluniac Holy War against Islam?,* in Khalil I. Semaan (a cura di), *Islam and the Mediaeval West: Aspects of Intercultural Relations,* New York, 1980, pp. 82-109

Casson, Lionel, *Cinnamon and Cassia in the Ancient World,* in *Ancient Trade and Society,* Detroit, 1984, pp. 225-46

Casson, Lionel (a cura di), *The Periplus Maris Erythraei,* Princeton, 1989

Catlos, Brian A., *Kingdoms of Faith: A New History of Islamic Spain,* New York, 2018

Chaisuwan, Boonyarit, *Early Contacts between India and the Andaman Coast in Thailand from the Second Century BCE to Eleventh Century CE,* in Pierre-Yves Manguin, A. Mani e Geoff Wade (a cura di), *Early Interactions between South and Southeast Asia: Reflections on Cross-Cultural Exchange,* Singapore, 2011

Chakravarti, Uma, *The Social Dimensions of Buddhism,* New Delhi, 1987

Champakalakshmi, R., *The Urban Configurations of Tondaimandalam: The Kanchipuram Region c. AD 600-1300,* in « Studies in the History of Art », 31, 1993, pp. 185-207

Champakalakshmi, R., *Trade, Ideology and Urbanisation: South India 300 BC to AD 1300,* Oxford, 1996

Chandra, Satish e Himanshu Prabha Ray (a cura di), *The Sea, Identity and History: From the Bay of Bengal to the South China Sea,* New Delhi, 2013

Changmai, Piya *et al., Ancient DNA from Protohistoric Period Cambodia Indicates that South Asians Admixed with Local Populations as Early as 1st-3rd centuries CE,* in « Scientific Reports », 12, 2022, https://www.nature.com/articles/s41598-022-26799-3#Sec2

Charles, M.B., *Alexander, Elephants and Gaugamela,* in « Mouseion: Journal of the Classical Association of Canada », 8, 1, 2008, pp. 9-23

Charles, M.B., *Elephants, Alexander and the Indian Campaign*, in «Mouseion: Journal of the Classical Association of Canada», 10, 3, 2010, pp. 327-53
Chattopadhyaya, Brajadulal, *The Making of Early Medieval India*, Delhi, 1994
Chaudhuri, K.N., *Trade and Civilisation in the Indian Ocean: An Economic History from the Rise of Islam to 1750*, Cambridge, 1985
Chejne, Anwar, *The Role of al-Andalus in the Movement of Ideas between Islam and the West*, in Khalil I. Semaan (a cura di), *Islam and the Medieval West: Aspects of Intercultural Relations*, New York, 1980, pp. 110-33
Chemburkar, Swati, *Dancing Architecture at Angkor: «Halls with Dancers» in Jayavarman VII's Temples*, in «Journal of Southeast Asian Studies», 46, 3, 2015, pp. 514-36
Chemburkar, Swati, *Introduction, Art of Cambodia: Interactions with India*, in «Marg: A Magazine of the Arts», 67, 2, dicembre 2015 - marzo 2016, pp. 10-19
Chemburkar, Swati, *Borobudur's Pāla Forebear: A Field Note from Kesariya, Bihar, India*, in Andrea Acri (a cura di), *Esoteric Buddhism in Mediaeval Maritime Asia: Networks of Masters, Texts, Icons*, Singapore, 2016, pp. 191-210
Chemburkar, Swati, *Visualising the Buddhist Mandala: Kesariya, Borobudur and Tabo*, in Anna L. Dallapiccola e Anila Verghese (a cura di), *India and Southeast Asia: Cultural Discourses*, Mumbai, 2017, pp. 198-222
Chemburkar, Swati, *Dancers, Musicians, Ascetics, and Priests: Performance-Based Siva Worship and its Development in the Temple Culture of Angkor*, in Andrea Acri e Peter Sharrock (a cura di), *Creative South: Buddhist and Hindu Art in Mediaeval Maritime Asia*, Singapore, 2022, vol. I, pp. 192-221
Chemburkar, Swati e Kapoor, Shivani, *The Pāśupata Sect in Ancient Cambodia and Champa*, in Tran Phy Phuong, Vo Van Thang e Peter D. Sharrock (a cura di), *Vibrancy in Stone: Masterpieces of the Da Nang Museum of Cham Sculpture*, Bangkok, 2018, pp. 45-56
Chen Jinhua, *Kinship and Kingship: Tanqian in Sui Buddhism and Politics*, Kyoto, 2002
Chen Jinhua, *Śarīra and Scepter: Empress Wu's Political Use of Buddhist Relics*, in «Journal of the International Association of Buddhist Studies», 25, 1-2, 2002, pp. 33-150
Chen Jo-shui, *Empress Wu and Proto-Feminist Sentiments in T'ang China*, in Frederick P. Brandauer e Huang Chun-chieh (a cu-

ra di), *Imperial Rulership and Cultural Change in Traditional China*, Seattle, 1994, pp. 77-116

Ch'en, Kenneth, *Buddhism in China: A Historical Survey*, Princeton, 1964

Ch'en, Kenneth, *The Chinese Transformation of Buddhism*, Princeton, 1973

Chen, Ming, *The Transmission of Indian Ayurvedic Doctrines in Medieval China: A Case Study of Aṣṭāṅga and Tridoṣa Fragments from the Silk Road*, in *Annual Report of the International Research Institute for Advanced Buddhology at Soka University*, 2006, pp. 201-30

Cherian, P.J., *Interim Report of the Pattinam Excavations/Explorations*, Thuruvananthapuram, 2013

Cherian, P.J., *Unearthing Pattinam: Histories, Cultures, Crossings*, New Delhi, 2014.

Chihara, Daigoro, *Hindu-Buddhist Architecture in Southeast Asia*, Leiden, 1996

Chin, Tamara, *The Invention of the Silk Road 1877*, in «Critical Inquiry», 40, 1, 2013, pp. 194-219

Christie, Jan Wisseman, *State Formation in Early Maritime Southeast Asia: A Consideration of the Theories and the Data*, in «Bijdragen tot de Taal-, Land- en Volkenkunde / Journal of the Humanities and Social Sciences of Southeast Asia», 151, 2, 1995, pp. 235-88

Christie, Jan Wisseman, *The Medieval Tamil-Language Inscriptions in Southeast Asia and China*, in «Journal of Southeast Asian Studies», 29, 2, settembre 1998, pp. 239-68

Christie, Jan Wisseman, *Asian Sea Trade between the Tenth and Thirteenth Centuries and its Impact on the States of Java and Bali*, in Himanshu Prabha Ray (a cura di), *Archaeology of Seafaring: The Indian Ocean in the Ancient Period*, Delhi, 1999, pp. 221-70

Christie, Jan Wisseman, *Register of the Inscriptions of Java (from 732 to 1060 AD)*, London, 2002

Chutiwongs, Nandana, *The Iconography of Avalokiteśvara in Mainland South East Asia*, New Delhi, 2002

Cimino, R.M. (a cura di), *Ancient Rome and India: Commercial and Cultural Contacts between the Roman World and India*, New Delhi, 1994

Clark, Joyce (a cura di), *Bayon: New Perspectives*, Bangkok, 2007

Clarke, Shayne, *Family Matters in Indian Buddhist Monasticism*, Honolulu, 2014

Clot, André, *Harun al-Rashid and the World of the One Thousand and One Nights*, trad. di John Howe, London, 2005

Cobb, Matthew Adam, *Balancing the Trade: Roman Cargo Shipments to India,* in « Oxford Journal of Archaeology », 34, 2, 2015, pp. 185-203

Cobb, Matthew Adam, *From the Ptolemies to Augustus: Mediterranean Integration into the Indian Ocean Trade,* in Matthew Adam Cobb (a cura di), *The Indian Ocean Trade in Antiquity: Political, Cultural and Economic Impacts,* London, 2018, pp. 17-51

Cobb, Matthew Adam, *Rome and the Indian Ocean Trade from Augustus to the Early Third Century,* Leiden, 2018

Cobb, Matthew Adam (a cura di), *The Indian Ocean Trade in Antiquity: Political, Cultural and Economic Impacts,* Oxford, 2019

Cobb, Matthew Adam, *Mediterranean Goods in an Indian Context: The Use of Transcultural Theory for the Study of the Ancient Indian Ocean World,* in Serena Autiero e Matthew Adam Cobb (a cura di), *Globalization and Transculturality from Antiquity to the Pre-Modern World,* Oxford, 2022, pp. 165-82

Cochrane, Louise, *Adelard of Bath: The First English Scientist,* London, 1994

Coe, Michael D. e Evans, Damien, *Angkor and the Khmer Civilization,* London, 2018

Coedès, George, *La Stèle de Ta-Prohm,* in « Bulletin de l'École française d'Extrême-Orient », 6, 1906, pp. 44-81

Coedès, George, *Études cambodgiennes: la légende de la Nagi,* in « Bulletin de l'École française d'Extrême-Orient », 11, 1911, pp. 311-93

Coedès, George, *Les inscriptions malaises de Çrivijaya,* in « Bulletin de l'École française d'Extrême-Orient », 30, 1930, pp. 29-80

Coedès, George, *Deux inscriptions sanskrites du Fou-nan,* in « Bulletin de l'École française d'Extrême-Orient », 31, 1931, pp. 1-12

Coedès, George, *Inscriptions du Cambodge,* 8 voll., Hanoi - Paris, 1937-1966

Coedès, George, *Les hôpitaux de Jayavarman VII,* in « Bulletin de l'École française d'Extrême-Orient », 40, 1940, pp. 344-47

Coedès, George, *Pour mieux comprendre Angkor,* Paris, 1947

Coedès, George, *Nouvelles Données sur les origines du royaume khmèr: la stèle de Văt Luong Kău près de Văt Phu,* in « Bulletin de l'École française d'Extrême-Orient », 48, 1956, pp. 209-20

Coedès, George, *The Indianized States of Southeast Asia,* Honolulu, 1964

Coedès, George, *The Making of Southeast Asia,* Berkeley, 1966

Coedès, George e Damais, Louis-Charles, *Sriwijaya: History, Reli-*

gion and Language of an Early Malay Polity, a cura di Pierre-Yves Manguin e Mubin Sheppard, Kuala Lumpur, 1992

Cohen, Richard S., *Beyond Enlightenment: Buddhism, Religion, Modernity*, Oxford, 2006

Collingham, Elizabeth, *Curry: A Tale of Cooks and Conquerors*, London, 2010

Collon, D., *Mesopotamia and the Indus: The Evidence of the Seals*, in Julian Reade (a cura di), *The Indian Ocean in Antiquity*, London, 1996, pp. 209-25

Conant, Kenneth John, *Carolingian and Romanesque Architecture, 800-1200*, London, 1993

Condoleo, Paola, *The My Son Temples in Vietnam: Construction Techniques and Structural Issues*, in Maria Bostenaru Dan, Richard Přikryl e Ákos Török (a cura di), *Materials, Technologies and Practice in Historic Heritage Structures*, London, 2010, pp. 49-68

Confucius, *Analects*, trad. con Introduzione e commento di Chin Annping, London, 2014

Coningham, Robin A.E., *Monks, Caves and Kings: A Reassessment of the Nature of Early Buddhism in Sri Lanka*, in « World Archaeology », 27, 2, ottobre 1995, pp. 222-42

Coningham, Robin A.E. *et al.*, *Passage to India? Anuradhapura and the Early Use of the Brahmi Script*, in « Cambridge Archaeological Journal », 6, 1, 1996, pp. 73-97

Coningham, Robin A.E. *et al.*, *The Earliest Buddhist Shrine: Excavating the Birthplace of the Buddha, Lumbini (Nepal)*, in « Antiquity », 87, 338, dicembre 2013, pp. 1104-23

Coningham, Robin A.E. *et al.*, *Archaeology and Cosmopolitanism in Early Historic and Medieval Sri Lanka*, in Zoltán Biedermann e Alan Strathern (a cura di), *Sri Lanka at the Crossroads of History*, London, 2017, pp. 19-43

Constable, Olivia Remie, *Chess and Courtly Culture in Medieval Castile: The Libro de ajedrez of Alfonso X, el Sabio*, in « Speculum », 82, 2, aprile 2007, pp. 301-47

Coomaraswamy, Ananda K., *The Indian Origin of the Buddha Image*, in « Journal of the American Oriental Society », 46, 1926, pp. 165-70

Coomaraswamy, Ananda K., *History of Indian and Indonesian Art*, New York, 1965

Coomaraswamy, Ananda K., *Yaksas*, New Delhi, 1980

Cosmas Indicopleustes, *Christian Topography*, trad. di W. Wolska-Conus, 3 voll., Paris, 1968-1973

Cowell, E.B. (a cura di), *The Jātaka or Stories of the Buddha's Former*

Births, trad. di Robert Chalmers *et al.*, 6 voll., Cambridge, 1895-1907

Cribb, Joe, *Rediscovering the Kushans*, in Vidula Jayaswal (a cura di), *Glory of the Kushans: Recent Discoveries and Interpretations*, New Delhi, 2012, pp. 3-56

Cribb, Joe, *Greekness after the End of the Bactrian and Indo-Greek Kingdoms*, in Rachel Mairs (a cura di), *The Graeco-Bactrian and Indo-Greek World*, London, 2021

Cribb, Joe, *The Tillya Tepe Gold Coin and the Gandhāran Connections of the Tillya Tepe Burials*, in «Journal of the Oriental American Society», 143, 3, 2023, pp. 633-70.

Ctesias of Cnidus, *Indica*, trad. di D. Lenfant, Paris, 2004

Cūḷavaṃsa: Being the More Recent Part of the Mahavamsa, trad. di Wilhelm Geiger e Mabel C. Rickmers, New Delhi, 1992

Cunliffe, Barry, *By Steppe, Desert, and Ocean: The Birth of Eurasia*, Oxford, 2015

Czuma, Stanislaw J., *Kushan Sculpture: Images from Early India*, Cleveland, 1985

Dallapiccola, Anna L. e Verghese, Anila (a cura di), *India and Cross-Cultural Exchange*, Mumbai, 2017

Dallapiccola, Anna L. e Verghese, Anila, *India and Southeast Asia: Cultural Discourses*, Mumbai, 2017

Dalrymple, William, *From the Holy Mountain: A Journey in the Shadow of Byzantium*, London, 1998 [trad. it. *Dalla montagna sacra*, Milano, 1998]

Dalrymple, William, *The Incredible Journey: Did St Thomas found a church in south India?*, in « The Guardian », 15 aprile 2000

Dalrymple, William, *Nine Lives. In Search of the Sacred in Modern India*, London, 2009 [trad. it. *Nove vite*, Milano, 2011]

Dalrymple, William, *Mes Aynak: Afghanistan's Buddhist buried treasure faces destruction*, in « The Guardian », 31 maggio 2013.

Dalrymple, William, *The Ajanta Cave Paintings - Nothing less than the birth of Indian art*, in « The Guardian », 15 agosto 2014

Dalrymple, William, *The Greatest Ancient Picture Gallery*, in « The New York Review of Books », 23 ottobre 2014

Dalrymple, William, *Fragile Legacy: The Paintings of Ajanta Caves 9 and 10*, in « Marg: A Magazine of the Arts », 66, 3, marzo 2015, pp. 12-21

Dalrymple, William, *The Anarchy: The Relentless Rise of the East India Company*, London, 2019 [trad. it. *Anarchia*, Milano, 2022]

Dalrymple, William, *From Berenike to Ajanta: The Romano-Egyptian Connection to the Early Buddhist Art of South and Central A-*

sia, in *Classical Art and Ancient India*, « Proceedings of the Workshop Held in Oxford », a cura di Peter Stewart, 21-22 marzo 2023

Dalrymple, William e Anand, Anita, *Koh-i-Noor. The History of the World's Most Infamous Diamond*, London, 2017 [trad. it. *Koh-i-Nur*, Milano, 2020]

Dandapani, Kamini, *Rajaraja Chola: King of Kings*, New Delhi, 2022

Dandin, *Avantisundari* [*La bella di Avanti*], in Michael D. Rabe, *The Māmallapuram Praśasti: A Panegyric in Figures*, in « Artibus Asiae », 57, 3-4, 1997, pp. 189-241

Dandin, *What Ten Young Men Did*, trad. di Isabelle Onians, New York, 2005

Dani, A.H., *The Historic City of Taxila*, Paris, 1986.

Darian, Steven, *Buddhism in Bihar from the Eighth to the Twelfth Century with Special Reference to Nalanda*, in « Asiatische Studien / Études Asiatiques », 25, 1971, pp. 335-52

Datta, Sambit e Beynon, David, *Digital Archetypes: Adaptations of Early Temple Architecture in South and Southeast Asia*, Oxford, 2016

Davidson, Ronald, *Indian Esoteric Buddhism: A Social History of the Tantric Movement*, New York, 2002

Dayalan, D., *Early Temples of Tamilnadu: Their Role in Socio-Economic Life (ca. AD 550-925)*, New Delhi, 1992

Dayalan, D., *Punjeri: A Pallava Seaport near Mamallapuram*, in Natana Kashinathan (a cura di), *Seminar on Marine Archaeology*, Madras, 1992, pp. 52-56

Dayalan, D., *Buddhist Remains of South India*, New Delhi, 2016

DeCaroli, Robert, *An Analysis of Daṇḍin's Daśakumāracarita and its Implications for Both the Vākāṭaka and Pallava Courts*, in « Journal of the American Oriental Society », 115, 4, ottobre-dicembre 1995, pp. 671-78

DeCaroli, Robert, *Haunting the Buddha: Indian Popular Religions and the Formation of Buddhism*, Oxford, 2004

DeCaroli, Robert, *Image Problems: The Origin and Development of the Buddha's Image in Early South Asia*, Washington, DC, 2015

de Casparis, J.G., *Selected Inscriptions from the 7th to the 9th Century A.D.*, Bandung, 1956

Degroot, Véronique, *Candi, Space and Landscape: A Study on the Distribution, Orientation and Spatial Organization of Central Javanese Temple Remains*, Leiden, 2009

Dehejia, Vidya, *Early Buddhist Rock Temples: A Chronology*, London, 1972
Dehejia, Vidya, *The Persistence of Buddhism in Tamilnadu*, in « Marg: A Magazine of the Arts », 39, 4, 1988, pp. 53-74
Dehejia, Vidya (a cura di), *Royal Patrons and Great Temple Art*, Bombay, 1988
Dehejia, Vidya, *Antal and her Path of Love*, New York, 1990
Dehejia, Vidya, *Unseen Presence: The Buddha and Sanchi*, Bombay, 1996
Dehejia, Vidya, *Indian Art*, London, 1997
Dehejia, Vidya, *The Body Adorned: Dissolving Boundaries between Sacred and Profane in India's Art*, New York, 2019
Dehejia, Vidya, *The Thief Who Stole my Heart*, New York, 2020
Dehejia, Vidya e Davis, Richard, *Addition, Erasure, and Adaptation: Interventions in the Rock-Cut Monuments of Māmallapuram*, in « Archives of Asian Art », 60, 2010, pp. 1-18
De Romanis, Federico, *Rome and the « Nótia » of India: Relations between Rome and Southern India from 30 BCE to the Flavian Period*, in Federico De Romanis e André Tchernia (a cura di), *Crossings: Early Mediterranean Contacts with India*, New Delhi, 2005
De Romanis, Federico, *The Indo-Roman Pepper Trade and the Muziris Papyrus*, Oxford, 2020
De Romanis, Federico e Tchernia, André (a cura di), *Crossings: Early Mediterranean Contacts with India*, New Delhi, 2005
Deshpande, Vijaya, *Medieval Transmission of Alchemical and Chemical Ideas between India and China*, in « Indian Journal of History of Science », 22, 1, 1987, pp. 15-28
Deshpande, Vijaya, *Indian Influences on Early Chinese Ophthalmology: Glaucoma as a Case Study*, in « Bulletin of the School of Oriental and African Studies », 62, 2, 1999, pp. 306-22
Dessein, Bart, *The First Turning of the Wheel of Doctrine: Sarvāstivāda and Mahāsāṃghika Controversy*, in Ann Heirman e Stephan Peter Bumbacher (a cura di), *The Spread of Buddhism*, Leiden, 2012
Devadevan, Manu V., *From the Cult of Chivalry to the Cult of Personality: The Seventh-Century Transformation in Pallava Statecraft*, in « Studies in History », 33, 2, 2007, pp. 127-59
Devlin, Keith, *The Man of Numbers: Fibonacci's Arithmetic Revolution*, London, 2011
Dhar, Parul Pandya e Mevissen, Gerd J.R., *Temple Architecture and*

Imagery of South and Southeast Asia: Prāsādanidhi: Papers Presented to Professor M. A. Dhaky, New Delhi, 2016

Diamond, Debra, *Yoga: The Art of Transformation*, Washington, DC, 2014

Doran, Rebecca, *Transgressive Typologies: Constructions of Gender and Power in Early Tang China*, Cambridge, Mass., 2016

Dumarçay, Jacques, *Borobudur*, Oxford, 1978

Dumarçay, Jacques, *The Temples of Java*, Oxford, 1986

Dumarçay, Jacques e Royère, Pascal, *Cambodian Architecture, Eighth to Thirteenth Centuries*, a cura di Michael Smithies, Leiden, 2001

Dutt, Sukumar, *Buddhist Monks and Monasteries of India: Their History and their Contribution to Indian Culture*, Delhi, 1962

Eaton, Richard M., *The Rise of Islam and the Bengal Frontier, 1204-1760*, Berkeley, 1993

Eales, Richard M., *Chess: The History of a Game*, New York, 2019

Eaton, Richard M., *India in the Persianate Age: 1000-1765*, London, 2019

Eaton, Richard M. *et al.*, *Expanding Frontiers of South Asian History: Essays in Honour of John F. Richards*, Cambridge, 2013

Ebrey, Patrick Buckley e Gregory, Peter N., *Religion and Society in T'ang and Sung China*, Honolulu, 1993

Eck, Diana L., *India: A Sacred Geography*, New York, 2012

Eltschinger, Vincent, *Apocalypticism, Heresy and Philosophy*, in Piotr Balcerowicz (a cura di), *World View and Theory in Indian Philosophy*, New Delhi, 2012, pp. 29-85

Elverskog, Johan, *Buddhism and Islam on the Silk Road*, Philadelphia, 2010

Elverskog, Johan, *The Buddha's Footprint: An Environmental History of Asia*, Philadelphia, 2020

Ennin's Diary: The Record of a Pilgrimage to China in Search of the Law, trad. di E.O. Reischauer, New York, 1955

Errington, Elizabeth, *The Buddhist Remains of Passani and Bimaran and Related Relic Deposits from South-Eastern Afghanistan in the Masson Collection of the British Museum*, in Janice Stargardt e Michael Willis (a cura di), *Relics and Relic Worship in Early Buddhism: India, Afghanistan, Sri Lanka and Burma*, London, 2018, pp. 31-46

Errington, Elizabeth e Cribb, Joe, *The Crossroads of Asia: Transformation of Image and Symbol*, Cambridge, 1992

Eusebius, *Praeparatio evangelica*, trad. di E.H. Gifford, Oxford, 1903

Evans, Joan, *Cluniac Art of the Romanesque Period*, Cambridge, 1950

Evers, Kasper Grønlund, *Worlds Apart Trading Together: The Organisation of Long-Distance Trade between Rome and India in Antiquity*, Oxford, 2017

Falk, Harry, *Aśokan Sites and Artefacts: A Source Book with Bibliography*, Mainz am Rhein, 2006

Falk, Harry, *Owners' Graffiti on Pottery from Tissamaharama*, in « Zeitschrift für Archäologie Aussereuropäischer Kulturen », 6, 2014, pp. 45-94

Falk, Harry, *Indian Gold Crossing the Indian Ocean through the Millennia*, in Federico De Romanis e Marco Maiuro (a cura di), *Across the Ocean: Nine Essays on Indo-Mediterranean Trade*, Leiden, 2015, pp. 97-113

Falk, Harry (a cura di), *Kushan Histories: Literary Sources and Selected Papers from a Symposium at Berlin, December 5 to 7, 2013*, Berlin, 2015

Falk, Harry, *Kushan Rule Granted by Nana: The Background of a Heavenly Legitimation*, in Harry Falk (a cura di), *Kushan Histories: Literary Sources and Selected Papers from a Symposium at Berlin, December 5 to 7, 2013*, Berlin, 2015, pp. 265-94

Falk, Harry, *Kushan Religion and Politics*, in « Bulletin of the Asia Institute », 29, 2015-2019, pp. 1-55

Favereau, Marie, *The Horde: How the Mongols Changed the World*, Cambridge, Mass., 2021

Fibonacci's Liber Abaci: A Translation into Modern English of Leonardo Pisano's Book of Calculation, a cura di L.E. Sigler, New York, 2002

Findlay, Ronald e O'Rourke, Kevin H., *Power and Plenty: Trade, War and the World Economy in the Second Millennium*, Princeton, 2007

Fitzgerald, C.P., *The Empress Wu*, Melbourne, 1955

Fitzpatrick, M.P., *Provincializing Rome: The Indian Ocean Trade Network and Roman Imperialism*, in « Journal of World History », 22, 1, 2011, pp. 27-54

Flecker, Michael, *The Archaeological Excavation of the 10th Century Intan Shipwreck*, London, 2002

Fletcher, Richard, *The Quest for El Cid*, New York, 1990

Fletcher, Richard, *Moorish Spain*, London, 1992

Fletcher, Richard, *The Cross and the Crescent: Christianity and Islam from Muhammad to the Reformation*, London, 2003

Flintoff, Everard, *Pyrrho and India*, in « Phronesis », 25, 1, 1980, pp. 88-109

Fogelin, Lars, *An Archaeological History of Indian Buddhism*, Oxford, 2015

Folz, Richard C., *Religions of the Silk Road: Overland Trade and Cultural Exchange from Antiquity to the Fifteenth Century*, New York, 1999

Fontein, Jan, *The Śarīra of Borobudur*, in Marijke J. Klokke e Karel R. van Kooij (a cura di), *Fruits of Inspiration: Studies in Honour of Prof. J. G. de Casparis*, Groningen, 2001, pp. 83-91

Forte, Antonino, *Political Propaganda and Ideology in China at the End of the Seventh Century: Inquiry into the Nature, Authors and Function of the Tunhuang Document S. 6502 Followed by an Annotated Translation*, Napoli, 1976

Forte, Antonino, *Mingtang and Buddhist Utopias in the History of the Astronomical Clock: The Tower, Statue and Armillary Sphere Constructed by the Empress Wu*, Roma, 1988

Forte, Antonino, *T'ang China and Beyond: Studies on East Asia from the Seventh to the Tenth Century*, Kyoto, 1988

Foulk, T. Griffith, *The Spread of Chan (Zen) Buddhism*, in Ann Heirman e Stephan Peter Bumbacher (a cura di), *The Spread of Buddhism*, Leiden, 2012, pp. 439-45

Fox, Robin Lane, *Alexander the Great*, London, 1973

Frankopan, Peter, *The Silk Roads: A New History of the World*, London, 2015

Frankopan, Peter, *The New Silk Roads: The Present and Future of the World*, London, 2018

Frasch, Tilman, *A Buddhist Network in the Bay of Bengal: Relations between Bodhgaya, Burma and Sri Lanka, c300-1300*, in Claude Guillot, Denys Lombard e Roderich Ptak (a cura di), *From the Mediterranean to the China Sea: Miscellaneous Notes*, Wiesbaden, 1990, pp. 69-92

Frenez, D., *The Indus Civilization Trade with the Oman Peninsula*, in Serge Cleuziou e Maurizio Tosi (a cura di), *In the Shadow of the Ancestors: The Prehistoric Foundations of the Early Arabian Civilization in Oman*, 2ª ediz., Muscat, 2018, pp. 385-96

Fussman, Gérard, *Kushan Power and the Expansion of Buddhism beyond the Soleiman Mountains*, in Harry Falk (a cura di), *Kushan Histories: Literary Sources and Selected Papers from a Symposium at Berlin, December 5 to 7, 2013*, Berlin, 2015, pp. 153-202

Gamer, Helena M., *The Earliest Evidence of Chess in Western Literature: The Einsiedeln Verses*, in «Speculum», 29, 4, ottobre 1954, pp. 734-50

Gandhara: A Confluence of Cultures, in « Marg: A Magazine of the Arts », 70, 4, giugno 2019

Gernet, Jacques, *Buddhism in Chinese Society: An Economic History from the Fifth to the Tenth Centuries*, trad. di Franciscus Verellen, New York, 1995

Gethin, Rupert, *The Foundations of Buddhism*, Oxford, 1998

Ghose, Madhuvanti, *Nana: The « Original » Goddess on the Lion*, in « Journal of Inner Asian Art and Archaeology », 1, 2006, pp. 97-112

Ghosh, Suchandra, *From the Oxus to the Indus: A Political and Cultural Study, c. 300 BCE to 100 BCE*, New Delhi, 2017

Glover, Ian C. e Bellina, Bérénice, *Ban Don Ta Phet and Khao Sam Kaeo: The Earliest Indian Contacts Reassessed*, in Pierre-Yves Manguin, A. Mani e Geoff Wade (a cura di), *Early Interactions between South and Southeast Asia: Reflections on Cross-Cultural Exchange*, Singapore, 2011, pp. 17-46

Glover, Ian C. e Bellwood, Peter (a cura di), *Southeast Asia: From Prehistory to History*, London, 2014

Goble, Geoffrey C., *Chinese Esoteric Buddhism: Amoghavajra and the Ruling Elite*, tesi di dottorato inedita, Indiana University, 2012

Goble, Geoffrey, *The Politics of Esoteric Buddhism: Amoghavajra and the Tang State*, in Andrea Acri (a cura di), *Esoteric Buddhism in Mediaeval Maritime Asia: Networks of Masters, Texts, Icons*, Singapore, 2016, pp. 123-39

Gogte, V.D., *XRD Analysis of the Rouletted Ware and Other Fine Grey Ware from Tissamaharama*, in H.-J. Weisshaar, H. Roth e W. Wijeyapala (a cura di), *Ancient Ruhuna: Sri Lankan-German Archaeological Project in the Southern Province*, Mainz am Rhein, 2001, vol. I, pp. 197-202

Goitein, S.D. e Friedman, Mordechai Akiva, *India Traders of the Middle Ages: Documents from the Cairo Geniza (« India Book »)*, Leiden, 2008

Gokhale, Shobhana, *Kanheri Inscriptions*, Pune, 1991

Goloubew, Victor, *Sur l'origine et la diffusion des tambours métalliques*, in « Praehistorica Asiae Orientalis », 1, 1932, pp. 137-44

Gombrich, Richard F., *Theravada Buddhism: A Social History from Ancient Benares to Modern Colombo*, London, 1988 [trad. it. *Il ritmo irregolare del cambiamento. Il buddhismo Theravāda dalle origini a oggi*, Roma, 2024]

Gombrich, Richard F., *How Buddhism Began: The Conditioned Genesis of the Early Teachings*, New Delhi, 1995

Gombrich, Richard F., *Buddhist Precept and Practice*, New York, 2009

Gombrich, Richard F., *What the Buddha Thought*, London, 2009 [trad. it. *Il pensiero del Buddha*, Milano, 2012]

Gong Dazhong, *Longmen shiku yishu* [« L'arte delle grotte di Longmen »], Shanghai, 1981, pp. 141-42

Goodall, Dominic, *What Information Can Be Gleaned from Cambodian Inscriptions about Practices Relating to the Transmission of Sanskrit Literature?*, in Vincenzo Vergiani, Daniele Cuneo e Camillo Alessio Formigatti (a cura di), *Indic Manuscript Cultures through the Ages*, Berlin, 2017, vol. XIV, pp. 131-62

Goodall, Dominic, *Nobles, Bureaucrats or Strongmen? On the « Vassal Kings » or « Hereditary Governors » of Pre-Angkorian City-States: Two Sanskrit Inscriptions of Vidyāviśeṣa, Seventh-Century Governor of Tamandarapura (K. 1235 and K. 604), and an Inscription of Śivadatta (K. 1150), Previously Considered a Son of Īśānavarman I*, in « Udaya: Journal of Khmer Studies », 14, 2019, pp. 23-85, http://www.yosothor.org/uploads/images/Udaya/Udaya_pdf/Udaya-Yosothor/No-14-2019/05_Goodall_Udaya%2014_Final.pdf

Goodall, Dominic, *Nandirāśi's Pāśupata Monastery: K. 1352 (590 Śaka), a Non-Royal Sanskrit Inscription in Kampot from the Reign of Jayavarman I*, in Grégory Mikaelian, Ashley Thompson e Sophearith Siyonn (a cura di), *Liber Amicorum. Mélanges Réunis En Hommage à Ang Chouléan*, Paris, 2020, pp. 325-43

Goodall, Dominic, *Two inscriptions from Liṅgaparvata (Vat Phu), one dating to Jayavarman I's reign (K. 1059) and the other to Jayavarman II's (K. 1060), along with a re-edition of K. 762*, in « Udaya: Journal of Khmer Studies », 15, 2021, pp. 3-38

Goodall, Dominic, *Kālidāsa's Kingship among the Khmers*, Gonda Lecture 29, Amsterdam: Koninklijke Nederlandse Akademie van Wetenschappen, 2022

Goodall, Dominic e Nicolas Revire, *East and West: New Inscriptions from Funan, Zhenla and Dvāravatī*, in « Bulletin de l'École française d'Extrême-Orient », 107, 2021, pp. 257-301

Goodall, Dominic *et al.*, *Sectarian Rivalry in Ninth-Century Cambodia: A Posthumous Inscription Narrating the Religious Tergiversations of Jayavarman III (K. 1457)*, in « Medieval Worlds », 13, 2021, pp. 266-95: https://doi.org/10.1553/medieval-worlds_no13_2021s266

Gordon, Stewart, *When Asia Was the World*, Bury St Edmunds, 2008

Gordon, Stewart, *There and Back: Twelve Great Routes of History*, Oxford, 2018

Goyal, S.R., *The Imperial Guptas: A Multidisciplinary Political Study*, Jodhpur, 2005

Granara, William, *Narrating Muslim Sicily: War and Peace in the Medieval Mediterranean World*, London, 2019

Granoff, Phyllis e Shinohara, Koichi (a cura di), *Monks and Magicians: Religious Biographies in Asia*, Delhi, 1994

Gregorios, Paul, *The Monastic Tradition*, in Sarayu Doshi (a cura di), *India and Greece: Connections and Parallels*, Bombay, 1985, pp. 29-34

Gregory, Peter N. e Ebry, Patricia Buckley, *The Religious and Historical Landscape*, in Patricia Buckley Ebry e Peter N. Gregory (a cura di), *Religion and Society in T'ang and Sung China*, Honolulu, 1993

Griffiths, Arlo, *The Problem of the Ancient Name of Java and the Role of Satyavarman in Southeast Asian International Relations around the Turn of the Ninth Century CE*, in «Archipel», 85, 2013, pp. 42-81

Griffiths, Arlo, *Early Indic Inscriptions of Southeast Asia*, in John Guy (a cura di), *Lost Kingdoms: Hindu-Buddhist Sculpture of Early Southeast Asia*, New York, 2014, pp. 53-57

Griffiths, Arlo, *Inscriptions of Sumatra, III: The Padang Lawas Corpus Studied along with Inscriptions from Sorik Merapi (North Sumatra) and from Muara Takus (Riau)*, in Daniel Perret e Heddy Surachman (a cura di), *History of Padang Lawas, North Sumatra*, vol. II: *Societies of Padang Lawas (Mid-Ninth-Thirteenth Century CE)*, Paris, 2014, pp. 211-53

Griffiths, Arlo, *Written Traces of the Buddhist Past: Mantras and Dhāraṇīs in Indonesian Inscriptions*, in «Bulletin of School of Oriental and African Studies», 77, 1, 2014, pp. 137-94

Groslier, Bernard Philippe, *The Art of Indochina*, New York, 1962

Groslier, Bernard Philippe, *Inscriptions du Bayon*, Paris, 1973

Groslier, Bernard Philippe, *La Cité hydraulique angkorienne*, in «Bulletin de l'École française d'Extrême-Orient», 66, 1979, pp. 161-202

Guisso, W.L., *Wu Tse-T'ien and the Politics of Legitimation in T'ang China*, Bellingham, 1978

Gunawardana, R.A.L.H., *Cosmopolitan Buddhism on the Move: South India and Sri Lanka in the Early Expansion of Theravada in Southeast Asia*, in Marijke J. Klokke e Karel R. van Kooij (a cura di), *Fruits of Inspiration: Studies in Honour of Prof. J. G. de Casparis*, Groningen, 2001, pp. 135-55

Gupta, Dharmendra Kumar, *Society and Culture in the Time of Dandin*, Delhi, 1972

Gupta, Sunil, *Archaeology of Globalization: A Restrospective View of the Indian Ocean World and Implications for the Present (500 BCE-300 CE)*, in Serena Autiero e Matthew Cobb (a cura di), *Globalization and Transculturality from Antiquity to the Pre-Modern World*, Oxford, 2022

Gupta, Sunil, *Evoking the Buddha in Peninsular India, Sri Lanka, and Southeast Asia*, in John Guy (a cura di), *Tree & Serpent: Early Buddhist Art in India*, New York, 2023, pp. 166-69

Gutas, Dimitri, *Greek Thought, Arabic Culture: The Graeco-Arabic Translation Movement in Baghdad and Early 'Abbāsid Society (2nd-4th/8th-10th Centuries)*, Oxford, 1998

Gutman, Pamela e Hudson, Bob, *The Archaeology of Burma (Myanmar) from Neolithic to Pagan*, in Ian Glover e Peter Bellwood (a cura di), *Southeast Asia: From Prehistory to History*, London, 2014, pp. 149-76

Guy, John, *The Lost Temples of Nagapattinam and Quanzhou: A Study in Sino-Indian Relations*, in «Silk Road Archaeology», 3, 1994, pp. 291-310

Guy, John, *Tamil Merchant Guilds and the Quanzhou Trade*, in Angela Schottenhammer (a cura di), *Emporium of the World: Maritime Quanzhou, 1100-1400*, Leiden, 2001, pp. 283-308

Guy, John, *Tamil Merchants and the Hindu-Buddhist Diaspora*, in Pierre-Yves Manguin, A. Mani e Geoff Wade (a cura di), *Early Interactions between South and Southeast Asia: Reflections on Cross-Cultural Exchange*, Singapore, 2011, pp. 243-62

Guy, John, *Introducing Early Southeast Asia*, in John Guy (a cura di), *Lost Kingdoms, Hindu-Buddhist Sculpture of Early Southeast Asia*, New York, 2014

Guy, John (a cura di), *Lost Kingdoms: Hindu-Buddhist Sculpture of Early Southeast Asia*, New York, 2014

Guy, John, *Shiva's Land: Understanding the Religious Landscape of Early Southeast Asia*, in Shyam Saran (a cura di), *Cultural and Civilisational Links between India and Southeast Asia: Historical and Contemporary Dimensions*, New Delhi, 2018, pp. 253-74

Guy, John, *Celebrating the Buddha in Early Southern India*, in John Guy (a cura di), *Tree & Serpent: Early Buddhist Art in India*, New York, 2023, pp. 88-95

Guy, John, *Early Buddhist Landscape of Southern India*, in John Guy (a cura di), *Tree & Serpent: Early Buddhist Art in India,* New York, 2023, pp. 18-25

Guy, John (a cura di), *Tree & Serpent: Early Buddhist Art in India,* New York, 2023

Halkias, Giorgios T., *When the Greeks Converted the Buddha: Asymmetrical Transfers of Knowledge in Indo-Greek Cultures,* in Peter Wick e Volker Rabens (a cura di), *Religions and Trade: Religious Formation, Transformation and Cross-Cultural Exchange between East and West,* Leiden, 2014, pp. 65-116

Hall, Kenneth R., *International Trade and Foreign Diplomacy in Early Medieval South India,* in «Journal of the Economic and Social History of the Orient», 21, 1, 1975, pp. 75-98

Hall, Kenneth R., *Khmer Commercial Development and Foreign Contacts under Sūryavarman,* in «Journal of the Economic and Social History of the Orient», 18, 3, 1975, pp. 318-36

Hall, Kenneth R., *State and Statecraft in Early Srivijaya,* in Kenneth R. Hall e John K. Whitmore (a cura di), *Explorations in Southeast Asian History: The Origins of Southeast Asian Statecraft,* Ann Arbor, 1976, pp. 61-105

Hall, Kenneth R., *Trade and Statecraft in the Age of the Colas,* Delhi, 1980

Hall, Kenneth R., *Maritime Trade and State Development in Early Southeast Asia,* Honolulu, 1985

Hall, Kenneth R., *Economic History of Early Southeast Asia,* in Nicholas Tarling (a cura di), *The Cambridge History of Southeast Asia,* vol. I, parte prima: *From Early Times to c. 1500,* Cambridge, 2000, pp. 183-275

Hall, Kenneth R., *Temple Networks and Royal Power in Southeast Asia,* in James Heitzmann e Wolfgang Schenkluhn (a cura di), *The World in the Year 1000,* Lanham, Md, 2004, pp. 183-213

Hall, Kenneth R., *Buddhist Conversions and the Creation of Urban Hierarchies in Cambodia and Vietnam, c. 1000-1200,* in Kenneth R. Hall (a cura di), *The Growth of Non-Western Cities: Primary and Secondary Urban Networking, c. 900-1900,* Lanham, Md, 2010, pp. 79-106

Hall, Kenneth R., *A History of Early Southeast Asia: Maritime Trade and Societal Development 100-1500,* Plymouth, 2011

Hall, Kenneth R. *et al.* (a cura di), *Cross-Cultural Networking in the Indian Ocean Realm, c. 100-1800,* Delhi, 2019

Hallade, Madeleine, *Gandharan Art of North India and the Graeco-Buddhist Tradition in India, Persia and Central Asia,* New York, 1968

Hamilton, Alexander, *The Ancient Geography of India*, London, 1871

Hannigan, Tim, *A Brief History of Indonesia: Sultans, Spices and Tsunamis: The Incredible Story of Southeast Asia's Largest Nation*, Hong Kong, 2015

Hansen, Valerie, *Gods on Walls: A Case of Indian Influence on Chinese Lay Religion?*, in Patricia Buckley Ebrey e Peter N. Gregory (a cura di), *Religion and Society in T'ang and Sung China*, Honolulu, 1993, pp. 75-114

Hansen, Valerie, *The Silk Road: A New History*, Oxford, 2012

Hara, Minoru, *Pāśupata Studies*, a cura di Jun Takashima, Wien, 2002

Hardy, Adam, *Indian Temple Architecture: Form and Transformation*, New Delhi, 1995

Hardy, Adam (a cura di), *The Temple in South Asia*, London, 2007

Hardy, Adam, *Theory and Practice of Temple Architecture in Medieval India: Bhoja's Samarāṅgaṇasūtradhāra and the Bhojpur Line Drawings*, New Delhi, 2015

Hardy, Andrew, Cucarzi, Mauro e Zolese, Patrizia (a cura di), *Champa and the Archaeology of My Son (Vietnam)*, Singapore, 2009

Harle, J.C., *Gupta Sculpture: Indian Sculpture of the Fourth to the Sixth Centuries AD*, Oxford, 1974

Harle, J.C., *The Art and Architecture of the Indian Subcontinent*, London, 1986

Harmatta, J., *Religions in the Kushan Empire*, in B.N. Puri e G.F. Etemadi (a cura di), *History of Civilisations of Central Asia*, vol. II: *The Development of Settled and Nomadic Civilisations 700 B.C. to A.D. 250*, Delhi, 1999, pp. 313-30

Harris, Ian, *Cambodian Buddhism: History and Practice*, Honolulu, 2005

Harrison, Paul, *Searching for the Origins of the Mahāyāna: What Are We Looking for?*, in «The Eastern Buddhist», 28, 1, 1995, pp. 48-69

Härtel, Herbert e Yaldiz, Marianne, *Along the Ancient Silk Routes: Central Asian Art from the West Berlin State Museums*, New York, 1982

Heirman, Ann, *Abridged Teaching (Lüe Jiao): Monastic Rules between India and China*, in Tansen Sen (a cura di), *Buddhism across Asia: Networks of Material, Intellectual and Cultural Exchange*, Singapore, 2014

Heirman, Ann e Bumbacher, Stephan Peter (a cura di), *The Spread of Buddhism*, Leiden, 2012

Heitzman, James, *Gifts of Power: Lordship in an Early Indian State*, Oxford, 1997

Henss, Michael, *The Hund Statues: Recent Discoveries between Gandhara and Kashmir*, in *Gandhara: A Confluence of Cultures*, in «Marg: A Magazine of the Arts», 70, 4, giugno 2019, pp. 73-81

Hershock, Peter D., *Chan Buddhism: Dimensions of Asian Spirituality*, Honolulu, 2005

Higham, Charles, *The Archaeology of Mainland Southeast Asia*, Cambridge, 1989

Higham, Charles, *The Civilization of Angkor*, London, 2001

Hill, John E., *Through the Jade Gate to Rome*, Charleston, 2009

Hirsh, Marilyn, *Mahendravarman I Pallava: Artist and Patron of Māmallapuram*, in «Artibus Asiae», 48, 1, 1987, pp. 109-30

Hogendijk, Jan P., e Sabra, Abdelhamid I., *The Enterprise of Science in Islam*, Cambridge, 2003

Hoogervorst, Tom, *Southeast Asia in the Ancient Indian Ocean World*, London, 2013

Houben, Jan E.M., *Ideology and Status of Sanskrit: Contributions to the History of the Sanskrit Language*, Delhi, 1996

Howard, Angela Falco, *Planet Worship: Some Evidence, Mainly Textual, in Chinese Esoteric Buddhism*, in «Asiatische Studien», 37, 2, 1983, pp. 104-19

Howard, Angela Falco, *Buddhist Sculpture of Pujiang, Sichuan: A Mirror of the Direct Link between Southwest China and India in the High Tang*, in «Archives of Asian Art», 42, 1989, pp. 49-61

Howard, Angela Falco, *Buddhist Cave Sculpture of the Northern Qi Dynasty: Shaping a New Style, Formulating New Iconographies*, in «Archives of Asian Art», 49, 1996, pp. 6-25

Howard, Angela Falco, *Buddhist Art in China*, in James C.Y. Watt (a cura di), *China: Dawn of a Golden Age, 200-750 CE*, New York, 2004, pp. 89-99

Howard, Angela Falco, *From Han to the Southern Song*, in Angela Falco Howard *et al.* (a cura di), *Chinese Sculpture*, New York, 2006, pp. 201-356

Howard, Angela Falco, *Pluralism of Styles in Sixth-Century China: A Reaffirmation of Indian Models*, in «Ars Orientalis», 35, 2008, pp. 67-94

Howard-Johnston, James, *The India Trade in Late Antiquity*, in Eberhard Sauer (a cura di), *Sasanian Persia: Between Rome and the Steppes of Eurasia*, Edinburgh, 2017, pp. 284-304

Huart, Clément, *Le Livre de Gerchâsp, poème persan d'Asadî junior de Toûs*, 2 voll., Paris, 1926-1929

Hudson, D. Dennis, *The Body of God: An Emperor's Palace for Krishna in Eighth-Century Kanchipuram*, Oxford, 2008
Hudson, D. Dennis, *The Vaikunta Perumal Temple at Kanchipuram*, Chennai, 2009
Huili Sramana e Yancong Shi, *A Biography of the Tripiṭaka Master of the Great Ci'en Monastery*, trad. di Li Rongxi, Berkeley, 1995
Hunter, Thomas M., *The Building Blocks: Old Javanese Ramayana and the Founding of a New Literary Language*, in Yigal Bronner (a cura di), *A Lasting Vision: Dandin's Mirror in the World of Asian Letters*, Oxford, 2023, pp. 419-21
Huntington, Susan L., *The Pala Sena School of Sculptures*, Leiden, 1984
Huntington, Susan L., *The Art of Ancient India: Buddhist, Hindu, Jain*, New York, 1985
Hwui Li Shaman, *The Life of Hiuen-Tsiang*, trad. di Samuel Beal, London, 1911
Ibn Khaldûn, *The Muqaddimah*, trad. di Franz Rosenthal, 3 voll., Princeton, 1967
Indradjaya, Agustijanto, *Early Traces of Hinduism and Buddhism across the Java Sea*, in John Guy (a cura di), *Lost Kingdoms: Hindu-Buddhist Sculpture of Early Southeast Asia*, New York, 2014, pp. 116-17
Indrawooth, Phasook, *The Archaeology of the Early Buddhist Kingdoms of Thailand*, in Ian Glover e Peter Bellwood (a cura di), *Southeast Asia: From Prehistory to History*, London, 2004, pp. 120-48
Inglis, Douglas A., *The Borobudur Vessels in Context*, tesi di laurea inedita, Texas A&M University, 2014, http://hdl.handle.net/1969.1/153576
Jackson, Peter, *The Delhi Sultanate. A Military and Political History*, Cambridge, 1998
Jacq-Hergoualc'h, Michel, *The Malay Peninsula: Crossroads of the Maritime Silk Road (100 BC-1300 AD)*, Leiden, 2002
Jacques, Claude, *Études d'épigraphie cambodgienne, VIII. La carrière de Jayavarman II*, in «Bulletin de l'École française d'Extrême-Orient», 69, 1972, pp. 205-20
Jacques, Claude, *Sources on Economic Activities in Khmer and Cham Lands*, in David G. Marr e A.C. Milner (a cura di), *Southeast Asia in the 9th to 14th Centuries*, Singapore, 1986, pp. 327-34
Jacques, Claude, *Angkor*, Paris, 1990
Jacques, Claude, *On Jayavarman II, the Founder of the Khmer Empire*, in *Southeast Asian Archaeology 1990*, «Proceedings of the 3rd Conference of the European Association of Southeast Asian Archaeologists», Hull, 1990, pp. 1-5

Jacques, Claude, *Les Noms posthumes des rois dans l'ancien Cambodge*, in Marijke J. Klokke e Karel R. van Kooij (a cura di), *Fruits of Inspiration: Studies in Honour of Prof. J. G. de Casparis*, Groningen, 2001, pp. 191-98

Jacques, Claude, *Deux Problèmes posés par l'inscription de la stèle de Praḥ Khan K. 908*, in «Aséanie», 15, 2005, pp. 11-32

Jacques, Claude, *The Historical Development of Khmer Culture from the Death of Suryavarman II to the Sixteenth Century*, in Joyce Clark (a cura di), *Bayon: New Perspectives*, Bangkok, 2007, pp. 28-49

Jacques, Claude e Lafond, Philippe, *The Khmer Empire: Cities and Sanctuaries from the Fifth to the Thirteenth Century*, Bangkok, 2007

Jansari, Sushma, *Chandragupta Maurya: The Creation of a National Hero in India*, London, 2023

Jayaswal, Vidula, *Royal Temples of the Gupta Period: Excavations at Bhitari*, New Delhi, 2001

Jayaswal, Vidula (a cura di), *Glory of the Kushans: Recent Discoveries and Interpretations*, New Delhi, 2012

Jayyusi, Salma Khadra, *The Legacy of Muslim Spain*, 2 voll., Leiden, 1994

Jessup, Helen Ibbitson, *Art and Architecture of Cambodia*, London, 2004

Jessup, Helen Ibbitson e Zephir, Thierry (a cura di), *Sculpture of Angkor and Ancient Cambodia: Millennium of Glory*, Washington, DC, 1997

Jha, D.N., *Against the Grain*, New Delhi, 2018

Johns, Anthony, *The Role of Sufism in the Spread of Islam to Malaya and Indonesia*, in «Journal of the Pakistan Historical Society», 9, 1961, pp. 143-60

Jordaan, Roy E., *In Praise of Prambanan: Dutch Essays on the Loro Jonggrang Temple Complex*, Leiden, 1996

Jordaan, Roy E. e Colless, Brian, *The Mahārājas of the Isles: The Śailendras and the Problem of Śrivijaya*, Leiden, 2009

Joseph, George Gheverghese, *The Crest of the Peacock: Non-European Roots of Mathematics*, Princeton, 2011

Joseph, George Gheverghese, *Indian Mathematics: Engaging with the World from Ancient to Modern Times*, London, 2016

Juliano, Annette L. e Lerner, Judith A., *Monks and Merchants: Silk Road Treasures from Northwest China*, New York, 2002

Kafle, Nirajan, *The Liṅgodbhava Myth in Early Śaiva Sources*, in Nina Mirnig, Péter-Dániel Szántó e Michael Williams (a cura di), *Puṣpikā: Tracing Ancient India through Texts and Traditions. Con-*

tributions to Current Research in Indology, Oxford, vol. I, 2013, pp. 241-63

Kaimal, Padma, *Playful Ambiguity and Political Authority in the Large Relief at Māmallapuram*, in «Ars Orientalis», 24, 1994, pp. 1-27

Kaimal, Padma, *The Problem of Portraiture in South India, circa 870-970 AD*, in «Artibus Asiae», 59, 1-2, 1999, pp. 59-133

Kaimal, Padma, *Opening Kailasanatha: The Temple in Kanchipuram Revealed in Time and Space*, Washington, DC, 2020

Kālidāsa, *Abhijñānaśākuntalam*, trad. di Somadeva Vasudeva, New York, 2006 [ed. it. *Il riconoscimento di Śakuntalā*, a cura di Vincenzina Mazzarino, Milano, 1993]

Kālidāsa, *Mālavikāgnimitram*, trad. di M.R. Kale, New Delhi, 1960

Kandahjaya, Hudaya, *A Study on the Origin and Significance of Borobudur*, tesi di dottorato inedita, University of California, Berkeley, 2004

Kandahjaya, Hudaya, *The Scheme of Borobudur*, in Andrea Acri e Peter Sharrock (a cura di), *Creative South: Buddhist and Hindu Art in Mediaeval Maritime Asia*, Singapore, 2022, vol. II, pp. 55-73

Kanisetti, Anirudh, *Lords of the Deccan: Southern India from the Chalukyas to the Cholas*, New Delhi, 2022

Kanisetti, Anirudh, *South Asia's greatest stupa isn't in India but Bangladesh. This is its story*, in «The Print», 4 maggio 2023

Kaplan, Robert, *The Nothing That Is: A Natural History of Zero*, London, 1999

Kapukotuwa, Alexander *et al.*, *Preliminary Report on Rajagala Archaeological Research Project 2018-19*, in «Journal of Indian Ocean Archaeology», 13-14, 2017-2018, pp. 101-37

Karashima, Noboru, *South Indian Temple Inscriptions: A New Approach to their Study*, in «South Asia: Journal of South Asian Studies», 19, 1, 1996, pp. 1-12

Karashima, Noboru (a cura di), *Ancient and Medieval Commercial Activities in the Indian Ocean: Testimony of Inscriptions and Ceramic Sherds*, Tokyo, 2002

Karashima, Noboru, *Medieval Commercial Activities in the Indian Ocean as Revealed from Chinese Ceramic Sherds and South Indian and Sri Lankan Inscriptions*, in Hermann Kulke, K. Kesavapany e Vijay Sakhuja (a cura di), *Nagapattinam to Suvarnadwipa: Reflections on the Chola Naval Expeditions to Southeast Asia*, Singapore, 2009, pp. 20-60

Karashima, Noboru, *South Indian Merchant Guilds in the Indian Ocean and Southeast Asia*, in Hermann Kulke, K. Kesavapany e Vijay Sakhuja (a cura di), *Nagapattinam to Suvarnadwipa: Re-

flections on the Chola Naval Expeditions to Southeast Asia, Singapore, 2009, pp. 135-57

Karashima, Noboru, *South Indian Society in Transition: Ancient to Mediaeval*, New Delhi, 2009

Karashima, Noboru, *A Concise History of South India: Issues and Interpretations*, London, 2014

Karashima, Noboru e Subbarayalu, Y., *Ancient and Medieval Tamil and Sanskrit Inscriptions Relating to Southeast Asia and China*, in Hermann Kulke, K. Kesavapany e Vijay Sakhuja (a cura di), *Nagapattinam to Suvarnadwipa: Reflections on the Chola Naval Expeditions to Southeast Asia*, Singapore, 2009, pp. 271-91

Karetsky, Patricia, *Early Buddhist Narrative Art: Illustrations of the Life of the Buddha from Central Asia to China, Korea and Japan*, Oxford, 2000

Karetsky, Patricia, *Wu Zetian and Buddhist Art of the Tang Dynasty*, in « T'ang Studies », 20-21, 2002-2003, pp. 113-50

Karttunen, K., *India in Early Greek Literature*, Helsinki, 1989

Karttunen, K., *India and the Hellenistic World*, Helsinki, 1997

Karttunen, K., *Aśoka, the Buddhist Saṁgha and the Graeco-Roman World*, in « Studia Orientalia Electronica », 112, 2014, pp. 35-40

Kasetsiri, Charnvit, *The Rise of Ayudhya: A History of Siam in the Fourteenth and Fifteenth Centuries*, Kuala Lumpur, 1976

Keay, John, *India Discovered: The Recovery of a Lost Civilization*, London, 1981

Kennedy, Hugh, *The Court of the Caliphs: The Rise and Fall of Islam's Greatest Dynasty*, London, 2004

Kennedy, Hugh, *When Baghdad Ruled the Muslim World: The Rise and Fall of Islam's Greatest Dynasty*, London, 2005

Kennedy, Hugh, *The Great Arab Conquests: How the Spread of Islam Changed the World We Live In*, London, 2007

Kennedy, Hugh, *The Prophet and the Age of the Caliphates: The Islamic Near East from the Sixth to the Eleventh Century*, Oxford, 2016

Kennet, Derek, *Sasanian and Islamic Pottery from Ras al-Khaimah: Classification, Chronology and Analysis of Trade in the Western Indian Ocean*, Oxford, 2004

Kenoyer, J.M., *Textiles and Trade in South Asia during the Proto-Historic and Early Historic Period*, in B. Hildebrandt e C. Gills (a cura di), *Silk: Trade and Exchange along the Silk Roads between Rome and China in Antiquity*, Oxford, 2017, pp. 7-26

Khilnani, Sunil, *Incarnations: India in 50 Lives*, London, 2016

Khokhlov, Yury, *In the Footsteps of Amoghavajra (705-774): Southern Indian Artistic Mode in Tang China and its Transmission to Tibet*, in Andrea Acri e Peter Sharrock (a cura di), *The Creative South: Buddhist and Hindu Art in Mediaeval Maritime Asia*, Singapore, 2022, vol. II, pp. 66-125

Khoo, James C.M. (a cura di), *Art and Archaeology of Fu Nan: Pre-Khmer Kingdom of the Lower Mekong Valley*, Bangkok, 2003

Kieschnick, John, *The Impact of Buddhism on Chinese Material Culture*, Princeton, 2003

Kieschnick, John e Shahar, Meir (a cura di), *India in the Chinese Imagination: Myth, Religion and Thought*, Philadelphia, 2014

Klimburg-Salter, Deborah, *The Silk Route and the Diamond Path: Esoteric Buddhist Art on the Trans-Himalayan Trade Routes*, Los Angeles, 1982

Klimburg-Salter, Deborah, *Contextualising Mes Aynak*, in «Afghanistan», 1, 2, 2018, pp. 213-38

Kim, Jinah, *Receptacle of the Sacred: Illustrated Manuscripts and the Buddhist Book Cult in South Asia*, Berkeley, 2013

Kimura, Jun, *Archaeological Evidence of Shipping and Shipbuilding along the Maritime Silk Road*, in Franck Billé, Sanjyot Mehendale e James W. Lankton (a cura di), *The Maritime Silk Road: Global Connectivities, Regional Nodes, Localities*, Amsterdam, 2022, pp. 97-125

Kinney, Ann R., *Worshipping Siva and Buddha: The Temple Art of East Java*, Honolulu, 2003

Klinj, A.F.J., *The Acts of Thomas*, Leiden, 1962

Klokke, Marijke J. e van Kooij, Karel R. (a cura di), *Fruits of Inspiration: Studies in Honour of Prof. J. G. de Casparis*, Groningen, 2001

Klokke, Marijke J., *The Buddhist Temples of the Śailendra Dynasty in Central Java*, in «Arts Asiatiques», 63, 1, 2008, pp. 154-67

Klokke, Marijke J. e Scheurleer, Pauline Lunsingh (a cura di), *Ancient Indonesian Sculpture*, Leiden, 1994

Knox, Robert, *Amaravati: Buddhist Sculpture from the Great Stupa*, London, 1992

Kokomoor, F.W., *The Status of Mathematics in India and Arabia during the «Dark Ages of Europe»*, in Frank J. Swetz (a cura di), *From Five Fingers to Infinity: A Journey through the History of Mathematics*, Chicago, 1994, pp. 267-74

Kominko, Maja, *Beyond Empire: Kosmas Indikopleustes, the Church of the East and the Indian Trade in the Sixth Century AD*, in E.R. O'Connell (a cura di), *Egypt and Empire: The Formation of Religious Identity after Rome*, London, 2022, pp. 173-97

Kotyk, Jeffrey, *Chinese State and Buddhist Historical Sources on Xuanzang*, in « T'oung Pao », 105, 2019, pp. 513-44

Krahl, Regina, Guy, John e Raby, Julian (a cura di), *Shipwrecked: Tang Treasures and Monsoon Winds*, Washington, DC, 2011

Kulke, Hermann, *Early State Formation and Ritual Policy in Eastern Java*, in *Conference Papers of the Eighth Conference of the International Association of Historians of Asia*, Kuala Lumpur, Malaysia, 25-29 agosto 1980, pp. 2848-65

Kulke, Hermann, *Kings and Cults: State Formation and Legitimation in India and Southeast Asia*, New Delhi, 1993

Kulke, Hermann, *The Devarāja Cult: Legitimation and Apotheosis of the Ruler in the Kingdom of Angkor*, in Hermann Kulke, *Kings and Cults: State Formation and Legitimation in India and Southeast Asia*, New Delhi, 1993, pp. 327-81

Kulke, Hermann, *The Naval Expeditions of the Cholas in the Context of Asian History*, in Hermann Kulke, K. Kesavapany e Vijay Sakhuja (a cura di), *Nagapattinam to Suvarnadwipa: Reflections on the Chola Naval Expeditions to Southeast Asia*, Singapore, 2009, pp. 1-19

Kulke, Hermann *History of Precolonial India*, New Delhi, 2018

Kummu, Matti, *Water Management in Angkor: Human Impacts on Hydrology and Sediment Transportation*, in « Journal of Environmental Management », 90, 3, 2009, pp. 1413-21

Kuwayama, S., *Pilgrimage Route Changes and the Decline of Gandh*, in Pia Brancaccio e Kurt Behrendt (a cura di), *Gandhāran Buddhism: Archaeology, Art, Texts*, Vancouver, 2006, pp. 107-34

Kwa, Chong Guan, *Early Southeast Asia as Viewed from India: An Anthology of Articles from the Journal of the Greater India Society*, Delhi, 2013

Kwa, Chong Guan, *The Maritime Silk Road: History of an Idea*, in « NSC Working Paper », 23, ottobre 2016

Lahiri, Latika, *Chinese Monks in India: Biography of Eminent Monks Who Went to the Western World in Search of the Law during the Great T'ang Dynasty*, Delhi, 1986

Lahiri, Nayanjot, *Ashoka in Ancient India*, Ranikhet, 2015

Lakshminarayanan, Ashwini, *Globalization and Gandhāran Art*, in Serena Autiero e Matthew A. Cobb (a cura di), *Globalization and Transculturality from Antiquity to the Pre-Modern World*, Oxford, 2022, pp. 226-44

Lamb, Alastair, *Takuapa: The Probable Site of a Pre-Malaccan Entrepôt in the Malay Peninsula*, in John Sturgus Bastin e R. Roolvink (a cura di), *Malayan and Indonesian Studies*, Oxford, 1964, pp. 76-86

Lambourne, Elizabeth A., *Abraham's Luggage: A Social Life of Things in the Medieval Indian Ocean World*, Cambridge, 2018

Lamotte, Étienne, *History of Indian Buddhism*, Louvain, 1988

Lankton, James W., *From Regional to Global: Early Glass and the Development of the Maritime Silk Road*, in Franck Billé, Sanjyot Mehendale e James W. Lankton (a cura di), *The Maritime Silk Road: Global Connectivities, Regional Nodes, Localities*, Amsterdam, 2022, pp. 71-94

Lattimore, David, *Allusion and T'ang Poetry*, in Arthur F. Wright e Denis Twitchett (a cura di), *Perspectives on the T'ang*, New Haven - London, 1973

Lavy, Paul, *Conch-on-Hip Images in Peninsular Thailand and Early Vaisnava Sculpture in Southeast Asia*, in Nicolas Revire e Stephen A. Murphy (a cura di), *Before Siam: Essays in Art and Asian Art and Archaeology*, Bangkok, 2014, pp. 152-73

Lecuyot, Guy, *Ai Khanoum, between East and West: A Composite Architecture*, in Rachel Mairs (a cura di), *The Graeco-Bactrian and Indo-Greek World*, London, 2021, pp. 539-53

Lee, Risha, *Rethinking Community: The Indic Carvings of Quanzhou*, in Hermann Kulke, K. Kesavapany e Vijay Sakhuja (a cura di), *Nagapattinam to Suvarnadwipa: Reflections on the Chola Naval Expeditions to Southeast Asia*, Singapore, 2009, pp. 240-70

Lee-Kalisch, Jeong-hee, Papist-Marsuo, Antje (a cura di), *Ritual and Representation in Buddhist Art*, Berlin, 2005

Lehnert, Martin, *Tantric Threads between India and China*, in Ann Heirman e Stephan Peter Bumbacher (a cura di), *The Spread of Buddhism*, Leiden, 2012

Lehoux, D., *The Parapegma Fragments from Miletus*, in « Zeitschrift für Papyrologie und Epigraphik », 152, 2005, pp. 125-40

Leider, Jacques P., *Specialists for Ritual, Magic and Devotion: The Court Brahmins (Punna) of the Konbaung Kings (1752-1885)*, in « Journal of Burma Studies », 10, 2005-2006, pp. 159-202

Lemay, R., *The Hispanic Origins of our Current Number Forms*, in « Viator », 8, 1977, pp. 435-62

Leslie, D.D. e Gardiner, K.H.J., *The Roman Empire in Chinese Sources*, Rome, 1996

Lévi, Silvyan, *L'Inde civilisatrice: aperçu historique*, Paris, 1938

Levitt, Stephen Hillyer, *Chess: Its South Asian Origin and Meaning*, in « Annals of the Bhandarkar Oriental Research Institute », 72-73, 1-4, 1991-1992, pp. 533-47

Lewis, Mark Edward, *China's Cosmopolitan Empire: The Tang Dynasty*, Cambridge, Mass., 2009

Li Qiang, *Roman Coins Discovered in China and their Research*, in «Eirene: Studia Graeca et Latina», 51, 2015, pp. 279-99

Li Shenghai, *Mirrors and Twinning: Patterns of Syllabic Repetition in Kukai and Dandin*, in Yigal Bronner (a cura di), *A Lasting Vision: Dandin's Mirror in the World of Asian Letters*, Oxford, 2023

Lieberman, Victor, *Strange Parallels*, vol. I: *Integration of the Mainland: Southeast Asia in Global Context, c. 800-1830*, Cambridge, 2003

Litecka, Stepanka, Marquis, Philippe e Engel, Nicolas (a cura di), *Recent Archaeological Works in Afghanistan: Preliminary Studies on Mes Aynak Excavations and Other Field Works*, Kabul, 2013

Liu Xinru, *Ancient India and Ancient China: Trade and Religious Exchange AD 1-600*, Oxford, 1988

Liu Xinru, *Silk and Religion: An Exploration of Material Life and the Thought of People*, Delhi, 1996

Liu Xinru, *Migration and Settlement of the Yuezhi-Kushan: Interaction and Interdependence of Nomadic and Sedentary Societies*, in «Journal of World History», 12, 1, autunno 2001, pp. 261-92

Liu Xinru (a cura di), *India and Central Asia: A Reader*, Ranikhet, 2012

Lo Muzio, Ciro, *Archeologia dell'Asia Centrale preislamica*, Milano, 2017

Lockwood, Michael, Siromoney, Gift e Dayanandan, P., *Mahabalipuram Studies*, Madras, 1974

Loofs-Wissowa, Helmut, *Dongson Drums: Instruments of Shamanism or Regalia? A New Interpretation of their Decoration May Provide the Answer*, in «Arts Asiatiques», 46, 1991, pp. 39-49

Lopez Jr, Donald S., *Curators of the Buddha: The Study of Buddhism under Colonialism*, Chicago, 1995

Lopez Jr, Donald S., *From Stone to Flesh: A Short History of the Buddha*, Chicago, 2013

Lorenzen, David N., *The Kapalikas and the Kalamukhas: Two Lost Saivite Sects*, Delhi, 1972

Lowe, Roy e Yasuhara, Yoshihito, *The Origins of Higher Learning: Knowledge Networks and the Early Development of Universities*, London, 2017

Lu Yang, *Narrative and Historicity in the Buddhist Biographies of Early Medieval China: The Case of Kumārajīva*, in «Asia Major», 3ª serie, 17, 2, 2004, pp. 1-43

Luce, G.H., *Phases of Pre-Pagán Burma: Languages and History*, 2 voll., Oxford, 1985

Lwin, Thein, Kyain, Win e Stargardt, Janice, *The Pyu Civilization of Myanmar and the City of Śrī Kṣetra*, in John Guy (a cura di),

Lost Kingdoms: Hindu-Buddhist Sculpture of Early Southeast Asia, New York, 2014, pp. 63-68

Lyons, Jonathan, *The House of Wisdom: How the Arabs Transformed Western Civilisation*, London, 2009

Mabbett, I.W., *The «Indianization» of Southeast Asia: Reflections on the Historical Sources*, in «Journal of Southeast Asian Studies», 8, 2, settembre 1977, pp. 143-61

Mabbett, I.W., *Kingship in Angkor*, in «Journal of the Siam Society», 66, 2, 1978, pp. 1-58

Mabbett, Ian e Chandler, David P., *The Khmers*, Oxford, 1995

Mace, Sonya Rhie, *The Cleveland Krishna: Image, Site and Provenance*, in Sonya Rhie Mace e Bertrand Porte (a cura di), *Revealing Krishna: Essays on the History, Context and Conservation of Krishna Lifting Mount Goverdhan from Phnom Da*, Cleveland, 2021, p. 33

Mace, Sonya Rhie e Porte, Bertrand (a cura di), *Revealing Krishna: Essays on the History, Context and Conservation of Krishna Lifting Mount Goverdhan from Phnom Da*, Cleveland, 2021

MacGregor, Neil, *A History of the World in 100 Objects*, London, 2012 [trad. it. *La storia del mondo in 100 oggetti*, Milano, 2012]

Mackay, A., *Spain in the Middle Ages: From Frontier to Empire, 1000-1500*, London, 1977

Macrae, John, *The Hagiography of Bodhidharma: Reconstructing the Point of Origin of Chinese Chan Buddhism*, in John Kieschnick e Meir Shahar (a cura di), *India in the Chinese Imagination: Myth, Religion and Thought*, Philadelphia, 2014, pp. 125-38

Magee, Peter, *Revisiting Indian Rouletted Ware and the Impact of Indian Ocean Trade on Early Historic South Asia*, in «Antiquity», 84, 326, 2010, pp. 1043-54

Mahājanaka-Jātaka, n. 539, trad. di E.B. Cowell e W.H.D. Rouse, in E.B. Cowell (a cura di), *The Jātaka, or Stories of the Buddha's Former Births*, Cambridge, 1907, vol. VI, pp. 19-37

Mahalingam, T.V., *Kañcīpuram in Early South Indian History*, Bombay, 1969

Mahizhnan, Arun e Gopal, Nalini (a cura di), *Sojourners to Settlers: Tamils in Southeast Asia*, Singapore, 2019

Mair, Victor, *Painting and Performance: Picture Recitation and its Indian Genesis*, Honolulu, 1989

Mair, Victor, *T'ang Transformative Texts*, Cambridge, 1989

Mair, Victor, *Tun-huang Popular Narratives*, Cambridge, 1993

Mairs, Rachel (a cura di), *The Graeco-Bactrian and Indo-Greek World*, London, 2021

Majumdar, R.C., *Champa: History and Culture of an Indian Colonial Kingdom in the Far East*, Delhi, 1927

Majumdar, R.C., *Suvarnadvipa*, in *Ancient Indian Colonies in the Far East*, vol. II, Dacca, 1937

Majumdar, R.C., *Hindu Colonies in the Far East*, Calcutta, 1944

Majumdar, R.C., *History of the Hindu Colonization & Hindu Culture in South-East Asia*, New Delhi, 1996

Mak, Bill, *The Transmission of Buddhist Astral Science from India to East Asia: The Central Asian Connection*, in « Historia Scientiarum », 24, 2, 2015, pp. 59-75

Makdisi, George, *On the Origin and Development of the College in Islam and the West*, in Khalil I. Semaan (a cura di), *Islam and the Medieval West: Aspects of Intercultural Relations*, Albany, NY, 1980, pp. 26-49

Makdisi, George, *The Rise of Colleges: Institutions of Learning in Islam and the West*, Edinburgh, 1981

Mâle, Émile, *Art and Artists of the Middle Ages*, trad. di Sylvia Stallings Lowe, Redding Ridge, Conn., 1986

Malekandathil, Pius, *Maritime India: Trade, Religion and Polity in the Indian Ocean*, Delhi, 2010

Mallick, Sushmita, *Zur Frage des Seefahrtsverbot in den Dharmaśāstras*, 1993

Manguin, Pierre-Yves, *The Southeast Asian Ship: An Historical Approach*, in « Journal of Southeast Asian Studies », 11, 2, settembre 1980, pp. 266-76

Manguin, Pierre-Yves, *Palembang and Sriwijaya: An Early Malay Harbour-City Rediscovered*, in « Journal of the Malaysian Branch of the Royal Asiatic Society », 66, 1, 1993, pp. 23-46

Manguin, Pierre-Yves, *Trading Ships of the South China Sea: Shipbuilding Techniques and their Role in the History of the Development of Asian Trade Networks*, in « Journal of the Economic and Social History of the Orient », 36, 3, 1996, pp. 253-80

Manguin, Pierre-Yves, *The Archaeology of the Early Maritime Polities of Southeast Asia*, in Ian Glover e Peter Bellwood (a cura di), *Southeast Asia: From Prehistory to History*, London, 2004, pp. 282-313

Manguin, Pierre-Yves, *The Archaeology of Funan in the Mekong River Delta: The Oc Eo Culture of Vietnam*, in Nancy Tingley (a cura di), *Arts of Ancient Viet Nam: From River Plain to Open Sea*, New York, 2010, pp. 100-118

Manguin, Pierre-Yves, *Early Coastal States in Southeast Asia: Funan and Srivijaya*, in John Guy (a cura di), *Lost Kingdoms: Hindu-*

Buddhist Sculpture of Early Southeast Asia, New York, 2014, pp. 111-15

Manguin, Pierre-Yves, *Dialogues between Southeast Asia and India: A Necessary Reappraisal*, in Anna L. Dallapiccola e Anila Verghese (a cura di), *India and Cross-Cultural Exchange*, Mumbai, 2017, pp. 23-36

Manguin, Pierre-Yves, *The Transmission of Vaiṣṇavism across the Bay of Bengal: Trade Networks and State Formation in Early Historic Southeast Asia*, in Angela Schottenhammer (a cura di), *Early Global Interconnectivity across the Indian Ocean World*, vol. II: *Exchange of Ideas, Religions, and Technologies*, London, 2019, pp. 51-68

Manguin, Pierre-Yves, Mani, A. e Wade, Geoff (a cura di), *Early Interactions between South and Southeast Asia: Reflections on Cross-Cultural Exchange*, Singapore, 2011

Mannikka, Eleanor, *Angkor Wat: Time, Space, and Kingship*, Honolulu, 1996

Marchant, Jo, *A Buried Ancient Egyptian Port Reveals the Hidden Connections Between Distant Civilizations*, in « Smithsonian Magazine », luglio/agosto 2024.

Marganadhu, C., *Trade Contacts between Western India and the Graeco-Roman World in the Early Centuries of the Christian Era*, in « Journal of Economic and Social History of the Orient », 8, 3, 1965, pp. 316-22

Marquis, Philippe *et al.*, *Recent Archaeological Work in Afghanistan: Preliminary Studies on Mes Aynak Excavations and Other Field Works*, Kabul, 2013

Marr, David G. e Milner, A.C. (a cura di), *Southeast Asia in the Ninth to Fourteenth Centuries*, Singapore, 1986

Marshall, John, *A Guide to Taxila*, Delhi, 1936

Marshall, John, *The Buddhist Art of Gandhāra: The Story of the Early School: Its Birth, Growth and Decline*, Cambridge, 1960

Masson, Georgina, *Frederick II of Hohenstaufen: A Life*, London, 1957

Masudi, *The Meadows of Gold: The Abbasids*, a cura di Paul Lunde e Caroline Stone, Oxford, 1989

Maxwell, T.S., *Religion at the Time of Jayavarman VII*, in Joyce Clark (a cura di), *Bayon: New Perspectives*, Bangkok, 2007, pp. 72-135

Mayer, Ernst Emanuel, *Tanti non emo, Sexte, Piper: Pepper Prices, Roman Consumer Culture, and the Bulk of Indo-Roman Trade*, in « Journal of the Economic and Social History of the Orient », 61, 4, 2018, pp. 560-89

McBride II, Richard D., *Domesticating the Dharma: Buddhist Cults and the Hwaŏm Synthesis in Silla Korea*, Honolulu, 2008

McEvilley, Thomas, *The Shape of Ancient Thought: Comparative Studies in Greek and Indian Philosophies*, New York, 2002

McKinnon, E. Edwards, *Mediaeval Tamil Involvement in Northern Sumatra, c11-c14 (The Gold and Resin Trade)*, in «Journal of the Malaysian Branch of the Royal Asiatic Society», 69, 1, 1996, pp. 85-99

McKinnon, E. Edwards, *Continuity and Change in South Indian Involvement in Northern Sumatra: The Inferences of Archaeological Evidence at Kota Cina and Lamreh*, in Pierre-Yves Manguin, A. Mani e Geoff Wade (a cura di), *Early Interactions between South and Southeast Asia: Reflections on Cross-Cultural Exchange*, Singapore, 2011, pp. 137-60

McKinnon, E. Edwards, *Merchant Guilds: Merchant Links with Aceh and Northern Sumatra*, in Arun Mahizhnan e Nalini Gopal (a cura di), *Sojourners to Settlers: Tamils in Southeast Asia*, Singapore, 2019, vol. I, pp. 136-44

McLaughlin, Raoul John, *The Roman Empire and the Indian Ocean: The Ancient World Economy and the Kingdoms of Africa, Arabia and India*, Barnsley, 2014

McLaughlin, Raoul John, *The Roman Empire and the Silk Routes: The Ancient World Economy and the Empires of Parthia, Central Asia and Han China*, Barnsley, 2016

McLaughlin, Raoul John, *Indian Ocean Commerce in Context*, in Matthew Adam Cobb (a cura di), *The Indian Ocean Trade in Antiquity: Political, Cultural and Economic Impacts*, Oxford, 2019, pp. 117-34

McRae, John, *Seeing through Zen: Encounter, Transformation and Genealogy in Chinese Chan Buddhism*, Berkeley, 2004

McRae, John, *The Hagiography of Bodhidharma: Reconstructing the Point of Origin of Chinese Chan Buddhism*, in John Kieschnick e Meir Shahar (a cura di), *India in the Chinese Imagination: Myth, Religion and Thought*, Philadelphia, 2014, pp. 125-38

Meinert, Carmen (a cura di), *Transfer of Buddhism across Central Asian Networks (7th to 13th Centuries)*, Leiden, 2016

Menachery, George, *Thomapedia*, Ollur, 2000

Mertens, Matthias, *Did Richthofen Really Coin «the Silk Road»?*, in «The Silk Road», 17, 2019, pp. 1-9

Metcalfe, Alex, *Muslims of Medieval Italy*, Edinburgh, 2009

Meulenbeld, G. Jan e Wujastyk, Dominik (a cura di), *Studies in Indian Medical History*, Delhi, 2001

Michell, George, *The Hindu Temple: An Introduction to its Meaning and Forms,* Chicago, 1988

Michell, George, *Hindu Art and Architecture,* London, 2000

Miksic, John N., *Borobudur: Golden Tales of the Buddha,* Hong Kong, 1990

Miksic, John N., *Introduction: The Beginning of Trade in Ancient Southeast Asia: The Role of Oc Eo and the Lower Mekong Delta,* in James C.M. Khoo (a cura di), *Art and Archaeology of Fu Nan: Pre-Khmer Kingdom of the Lower Mekong Valley,* Bangkok, 2003, pp. 1-33

Miksic, John N., *The Buddhist-Hindu Divide in Pre-Modern Southeast Asia,* in « NSC Working Paper », 1, marzo 2010

Miksic, John N., *Singapore and the Silk Road of the Sea, 1300-1800,* Singapore, 2013

Miksic, John N., *The Classical Cultures of Indonesia,* in Ian Glover e Peter Bellwood (a cura di), *Southeast Asia: From Pre-History to History,* London, 2004

Miksic, John N., *Tamil Influence on Buddhism in Southeast Asia,* in Arun Mahizhnan e Nalini Gopal (a cura di), *Sojourners to Settlers: Tamils in Southeast Asia,* Singapore, 2019, vol. I

Miksic, John N. e Goh, Geok Yian, *Ancient Southeast Asia,* Oxford, 2017

Miller, Barbara Stoler (a cura di), *Exploring India's Sacred Art: Selected Writings of Stella Kramrisch,* Philadelphia, 1983

Miller, Barbara Stoler, *The Powers of Art: Patronage in Indian Culture,* Delhi, 1992

Minakshi, C., *Administration and Social Life of the Pallavas,* Chennai, 2023 (1ª ediz., 1938)

Mishra, Susan Verma e Ray, Himanshu Prabha, *The Archaeology of Sacred Spaces: The Temple in Western India (2nd Century BCE to 8th Century CE),* London, 2017

Mohamad, Raja, *Islamic Architecture in Tamil Nadu,* Chennai, 2004

Moller, Violet, *The Map of Knowledge: A Thousand-Year History of How Classical Ideas Were Lost and Found,* London, 2019

Monius, Anne E., *The Many Lives of Daṇḍin: The « Kāvyādarśa » in Sanskrit and Tamil,* in « International Journal of Hindu Studies », 4, 1, aprile 2000, pp. 1-37

Monius, Anne E., *Imagining a Place for Buddhism: Literary Culture and Religious Community in Tamil-Speaking South India,* New York, 2001

Moron, Eleanor, *Configurations of Time and Space at Angkor Wat*, in « Studies in Indo-Asian Art and Culture », 5, 1977, pp. 217-67

Mukherjee, B.N., *Nana on Lion: A Study in Kushana Numismatic Art*, Calcutta, 1969

Mukherjee, Rila, *The Indian Ocean World of Srivijaya*, in Kenneth R. Hall *et al.* (a cura di), *Cross-Cultural Networking in the Indian Ocean Realm, c. 100-1800*, Delhi, 2019, pp. 170-97

Mukherjee, Rila, *India in the Indian Ocean World: From the Earliest Times to 1800 CE*, Singapore, 2022

Mukund, Kanakalatha, *Merchants of Tamulakam: Pioneers of International Trade*, New Delhi, 2012

Munoz, Paul Michel, *Early Kingdoms: Indonesian Archipelago and the Malay Peninsula*, Singapore, 2006

Murphy, Stephen A., *The Case for Proto-Dvāravatī: A Review of the Art Historical and Archaeological Evidence*, in « Journal of Southeast Asian Studies », 47, 3, ottobre 2016, pp. 366-92

Murray, Brendan, *Plans for an India-to-Europe Trade Route Get Shelved*, in « Bloomberg », 24 gennaio 2024

Mus, Paul, *Angkor at the Time of Jayavarman VII*, in « Indian Arts and Letters », 2, 1937, pp. 65-75

Mus, Paul, *India Seen from the East: Indian and Indigenous Cults in Champa*, trad. di I.W. Mabbett e D. Chandler, Clayton, Victoria, 1975

Muthukumaran, Sureshkumar, *Between the Country of the Yavanas and the Continent of the Black Plum: Contact and Commerce between South Asia and the Hellenistic World*, tesi di laurea inedita, University of Oxford, 2012

Muthukumaran, Sureshkumar, *The Tamil Diaspora in Pre-Modern Southeast Asia: A Longue Durée Narrative*, in Arun Mahizhnan e Nalini Gopal (a cura di), *Sojourners to Settlers: Tamils in Southeast Asia*, Singapore, 2019, vol. I, pp. 26-44

Muthukumaran, Sureshkumar, *The Tropical Turn: Agricultural Innovation in the Ancient Middle East and the Mediterranean*, Oakland, 2023

Myint-U, Thant, *Where China Meets India: Burma and the New Crossroads of Asia*, London, 2011

Nagaswamy, R., *New Light on Mamallapuram*, in « Transactions of the Archaeological Society of South India », 1962, pp. 1-50

Nagaswamy, R., *Innovative Emperor and his Personal Chapel: Eighth Century Kanchipuram*, in Vidya Dehejia, *Royal Patrons and Great Temple Art*, Bombay, 1988, pp. 37-60

Nammalvar, *Hymns for the Drowning*, trad. di A.K. Ramanujan, New Delhi, 2005
Narayanan, Vasudha, *Creating a South Indian « Hindu » Experience in the United States*, in Raymond Bradley Williams (a cura di), *A Sacred Thread: Modern Transmission of Hindu Tradition in India and Abroad*, Chambersburg, Pa, 1992, pp. 147-76
Narayanan, Vasudha, *Who is the Strong-Armed Monkey Who Churns the Ocean of Milk?*, in « UDAYA: Journal of Khmer Studies », 11, febbraio 2014, pp. 3-28
Nattier, Jan, *A Few Good Men: The Bodhisattva Path According to The Inquiry of Ugra (« Ugraparipṛcchā »)*, Honolulu, 2003
Nau, F., *Notes d'astronomie indienne*, in « Journal Asiatique », 10ª serie, 16, 1910, pp. 209-25
Neelis, Jason, *Early Buddhist Transmission and Trade Networks: Mobility and Exchange within and beyond the Northwestern Borderlands of South Asia*, Leiden, 2011
Nehru, Lolita, *Origins of the Gandhāran Style: A Study of Contributory Influences*, Oxford, 1989
Nguyen, Cuong Tu, *Zen in Medieval Vietnam: A Study and Translation of the Thien Uyen Tap Anh*, Honolulu, 1997
Nickel, Lukas (a cura di), *Return of the Buddha: The Qingzhou Discoveries*, London, 2002
O'Connor Jr, Stanley J., *Hindu Gods of Peninsular Siam*, Ascona, 1972
Okada, Amina e Nou, Jean Louis, *Ajanta*, Parigi, 1992
O'Leary, De Lacy, *How Greek Science Passed to the Arabs*, London, 2001
Olivelle, Patrick, (a cura di), *Dharmasutras: The Law Codes of Apastamba, Gautama, Baudhayana, and Vasishta*, Oxford, 1999
Olivelle, Patrick, *Between the Empires: Society in India 300 BCE to 400 CE*, Oxford, 2006
Olivelle, Patrick (a cura di), *Aśoka in History and Historical Memory*, Delhi, 2020
Olivelle, Patrick, *Ashoka: Portrait of a Philosopher King*, New Delhi, 2023 [trad. it. *Ashoka. Ritratto di un re filosofo*, Milano, di prossima pubblicazione]
Olivieri, Luca M., *Stoneyards and Artists in Gandhara: The Buddhist Stupa of Saidu Sharif I, Swat (50 CE)*, Venice, 2022
Orr, Leslie C., *Temple Life at Chidambaram in the Chola Period: An Epigraphical Study*, in K.V. Ramesh (a cura di), *Śrī Puspāñjali*, Delhi, 2004, pp. 227-41
Orr, Leslie C., *Cholas, Pandyas, and « Imperial Temple Culture » in*

Medieval Tamilnadu, in Adam Hardy (a cura di), *The Temple in South Asia*, London, 2007, pp. 109-130
Orr, Leslie C., *Temple: Form and Function*, in *Brill's Encyclopaedia of Hinduism*, vol. II, Leiden, 2010, p. 497
Pal, Pratapaditya, *The Ideal Image: The Gupta Sculptural Tradition and its Influence*, New York, 1978
Pal, Pratapaditya, *Light of Asia: Buddha Sakyamuni in Asian Art*, Los Angeles, 1984
Pande, Anupa, *The Art of Central Asia and the Indian Subcontinent in Cross-Cultural Perspective*, New Delhi, 2009
Pande, Anupa e Dhar, Parul Pandya, *Cultural Interface of India with Asia: Religion, Art and Architecture*, New Delhi, 2004
Pāṇini, *Aṣṭādhyāyī*, trad. di S.D. Joshi e J.A.F. Roodbergen, 14 voll., New Delhi, 1991-2006
Parker, Grant, *Ex Oriente Luxuria: Indian Commodities and Roman Experience*, in «Journal of the Economic and Social History of the Orient», 45, 1, 2002, pp. 40-95
Parker, Grant, *The Making of Roman India*, Cambridge, 2008
Parkin, David e Barnes, Ruth, *Ships and the Development of Maritime Technology in the Indian Ocean*, London, 2002
Patel, Alka, *The Mosque in South Asia: Beginnings*, in Finbarr Barry Flood, *Piety and Politics in the Early Indian Mosque*, New Delhi, 2008, pp. 3-28
Patnaik, Sunil Kumar, *Buddhist Heritage of Orissa*, Bhubaneswar, 2012
Paul, Diana Y., *Empress Wu and the Historians: A Tyrant and Saint of Classical China*, in Nancy Auer Falk e Rita M. Gross, *Unspoken Worlds: Women's Religious Lives*, Belmont, 1989, pp. 145-54
Peacock, D. e Blue, Lucy (a cura di), *Myos Hormos - Quseir al-Qadim: Roman and Islamic Ports on the Red Sea*, vol. II: *Finds from the Excavations, 1999-2003*, Oxford, 2011
Pearson, Natali, *Belitung: The Afterlives of a Shipwreck*, Honolulu, 2023
Pedersen, J. e Makdisi, G.I., *The Institution in the Arabic, Persian and Turkish Lands*, in J. Pedersen *et al.*, *Madrasa*, in *Encyclopedia of Islam*, 2ª ediz., 1986, vol. V, pp. 1123-34
Pelliot, Paul, *Le Fou-nan*, in « Bulletin de l'École française d'Extrême Orient », 3, 1903, p. 252
Penn, T., Russell, B. e Wilson, A.I., *On the Roman-Byzantine adoption of the stirrup once more: A new find from seventh-century Aphrodisias*, in « Anatolian Studies », 71, 2021, pp. 129-39
Periplus Mari Erythraei, trad. di L. Casson, Princeton, 1989

Peterson, Indira Viswanathan, *Poems to Śiva: The Hymns of the Tamil Saints*, New Delhi, 2007

Phuong, Tran Ky, *The Coastal Temples of Vietnam: Sanctuaries of International Maritime Pilgrims on « The Silk Road of the Sea »*, in Himanshu Prabha Ray (a cura di), *Mausam: Maritime Cultural Landscapes across the Indian Ocean*, New Delhi, 2014, pp. 67-82

Phuong, Tran Ky e Nakamura, Rie, *The Mỹ Sơn and Pô Nagar Nha Trang Sanctuaries: On the Cosmological Dualist Cult of the Champa Kingdom in Central Vietnam as Seen from Art and Archaeology*, in « ARI Working Paper », 100, febbraio 2008

Phuong, Tran Ky, Thang, Vo Van e Sharrock, Peter D. (a cura di), *Vibrancy in Stone: Masterpieces of the Da Nang Museum of Cham Sculpture*, Bangkok, 2018

Pingree, David, *Astronomy and Astrology in India and Iran*, in « Isis: A Journal of the History of Science », 54, 1963, pp. 229-46

Pingree, David, *The Fragments of the Works of Al-Fazārī*, in « Journal of Near Eastern Studies », 29, 2, aprile 1970, pp. 103-23

Pingree, David, *The Indian and Pseudo-Indian Passages in Greek and Latin Astronomical and Astrological Texts*, in « Viator », 7, 1976, pp. 141-95

Pingree, David, *Jyotihsastra: Astral and Mathematical Literature*, New Delhi, 1981

Pingree, David, *From Astral Omens to Astrology: From Babylon to Bīkāner*, Roma, 1997

Pion, Constantin *et al.*, *Bead and Garnet Trade between the Merovingian, Mediterranean, and Indian Worlds*, in Bonnie Effros e Isabel Moreira (a cura di), *The Oxford Handbook of the Merovingian World*, Oxford, 2020, pp. 819-59

Plinio, *Naturalis Historia*, trad. di H. Rackham *et al.*, voll. I-IX, libri 1-35, Cambridge, Mass., 1938-1962

Plinio, *Naturalis Historia*, trad. di J. André *et al.*, Paris, 1947-2015

Plofker, Kim, *Mathematics in India*, Princeton, 2009

Plofker, Kim *et al.*, *The Bakhshālī Manuscript: A Response to the Bodleian Library's Radiocarbon Dating*, in « History of Science in South Asia », 5, 1, 2017, pp. 134-50

Plutarco, *Vitae: Alexander (« The Life of Alexander »)*, trad. di B. Perrin, Cambridge, Mass., 1919

Poceski, Mario, *Buddhism in Chinese History*, in Mario Poceski (a cura di), *The Wiley Blackwell Companion to East and Inner Asian Buddhism*, Oxford, 2014, pp. 40-63

Pollock, Sheldon, *The Sanskrit Cosmopolis, 300-1300 CE: Transculturation, Vernacularization and the Question of Ideology*, in Jan

E.M. Houben (a cura di), *Ideology and Status of Sanskrit: Contributions to the History of the Sanskrit Language*, Delhi, 1996, pp. 197-248

Pollock, Sheldon, *The Language of the Gods in the World of Men*, Berkeley, 2003

Pollock, Sheldon (a cura di), *A Rasa Reader: Classical Indian Aesthetics*, Ranikhet, 2016

Pollock, Sheldon e Elman, Benjamin, *What China and India Once Were: The Pasts That May Shape the Global Futures*, New York, 2018

Possehl, Gregory L., *Meluhha*, in Julian Reade (a cura di), *The Indian Ocean in Antiquity*, London, 1996, pp. 133-208

Pottier, Christophe, *Nouvelles données sur les premières cités angkoriennes*, in Azedine Beschaouch, Franciscus Verellen e Michel Zink (a cura di), *Deux décennies de coopération archéologique franco-cambodgienne à Angkor. Actes de la journée d'études organisée à la mémoire de Pascal Royère (1965-2014), sous le haut patronage de Sa Majesté NORODOM Sihamoni, Roi du Cambodge*, Académie des Inscriptions et Belles-Lettres, Paris, 2017, pp. 43-79

Power, Timothy, *The Red Sea from Byzantium to the Caliphate AD 500-1000*, Cairo, 2012

Powers, John, *A Bull of a Man: Images of Masculinity, Sex and the Body in Indian Buddhism*, Cambridge, Mass., 2009

Proser, Adriana (a cura di), *Pilgrimage and Buddhist Art*, New York, 2010

Quinn, Josephine, *How the World Made the West: A 4,000-Year History*, London, 2024

Quintanilla, Sonya Rhie, *History of Early Stone Sculpture at Mathura, ca. 150 BCE-100 CE*, Leiden, 2007

Rabe, Michael Dan, *The Māmallapuram Praśasti: A Panegyric in Figures*, in «Artibus Asiae», 57, 3-4, 1997, pp. 189-241

Rabe, Michael Dan, *The Great Penance at Māmallapuram: Deciphering a Visual Text*, Chennai, 2001

Raghavan, T.C.A., *Temptations of a Greater India*, in «Open Magazine» (New Delhi), 8 marzo 2018

Raghavan, T.C.A., *Etched in Stone: Archaeology and Geopolitics*, in «The Telegraph» (India), 14 agosto 2020

Raghavan, V., *The Rāmāyaṇa Tradition in Asia*, New Delhi, 1980

Rajan, K., *Emergence of Early Historic Trade in Peninsular India*, in Pierre-Yves Manguin, A. Mani e Geoff Wade (a cura di), *Early Interactions between South and Southeast Asia: Reflections on Cross-Cultural Exchange*, Singapore, 2011, pp. 177-96

Rajan, K., *Evolution of the Tamil Script: An Essential Beginning,* in Arun Mahizhnan e Nalini Gopal (a cura di), *Sojourners to Settlers: Tamils in Southeast Asia,* Singapore, 2019, vol. I, pp. 1-22

Rangachari, Devika, *The Mauryas: Chandragupta to Ashoka. The Backstories, The Sagas, The Legacies,* New Delhi, 2022

Raschke, M.G., *New Studies in Roman Commerce with the East,* in «Aufstieg und Niedergang der römischen Welt», 9, 2, 1978, pp. 604-1378

Rashed, Roshdi, *The Development of Arabic Mathematics: Between Arithmetic and Algebra,* Dordrecht, 1994

Rashed, Roshdi, *Al-Khwarizmi: The Beginnings of Algebra,* London, 2009

Rawson, Philip, *The Art of Southeast Asia,* New York, 1967

Ray, Himanshu Prabha, *Monastery and Guild: Commerce under the Satavahanas,* Delhi, 1986

Ray, Himanshu Prabha, *Winds of Change: Buddhism and the Maritime Links of Early South Asia,* Delhi, 1994

Ray, Himanshu Prabha, *The Archaeology of Seafaring in Ancient South Asia,* Cambridge, 2003

Ray, Himanshu Prabha, *The Apsidal Shrine in Early Hinduism: Origins, Cultic Affiliation, Patronage,* in «World Archaeology», 36, 3, settembre 2004, pp. 343-59

Ray, Himanshu Prabha, *Archaeology and Empire: Buddhist Monuments in Monsoon Asia,* in «Indian Economic and Social History Review», 45, 3, settembre 2008, pp. 417-49

Ray, Himanshu Prabha, *Narratives of Travel and Shipwreck,* in Peter Skilling e Justin McDaniel (a cura di), *Buddhist Narrative in Asia and Beyond,* Bangkok, 2013, pp. 47-66

Ray, Himanshu Prabha, *Archaeology and Buddhism in South Asia,* Oxford, 2018

Ray, Himanshu Prabha, *Buddhist Monuments across the Bay of Bengal: Cultural Routes and Maritime Networks,* in «TRaNS: Trans-Regional and -National Studies of Southeast Asia», 7, 2, 2019, pp. 159-80

Ray, Himanshu Prabha, *Ethnographies of Sailing: From the Red Sea to the Bay of Bengal in Antiquity,* in Matthew Adam Cobb (a cura di), *The Indian Ocean Trade in Antiquity: Political, Cultural and Economic Impacts,* Oxford, 2019, pp. 73-94

Ray, Himanshu Prabha, *Coastal Shrines and Transnational Maritime Networks across India and Southeast Asia,* London, 2020

Ray, Himanshu Prabha *et al.*, *The Routledge Handbook of Hindu Temples: Materiality, Social History and Practice,* Oxford, 2023

Ray, Himanshu Prabha e Potts, Daniel T., *Memory as History: The Legacy of Alexander in Asia,* New Delhi, 2007

Ray, Himanshu Prabha e Salles, Jean-François (a cura di), *Tradition and Archaeology: Early Maritime Contacts in the Indian Ocean,* Delhi, 1996

Reade, J. (a cura di), *The Indian Ocean in Antiquity,* London, 1996

Reid, Anthony, *Islamicization and Christianization in Southeast Asia: The Critical Phase, 1550-1650,* in Anthony Reid (a cura di), *Southeast Asia in the Early Modern Era: Trade, Power and Belief,* Ithaca, NY, 1993, pp. 151-79

Reid, Anthony, *A History of Southeast Asia: Critical Crossroads,* Oxford, 2015

Reilly, Bernard F., *The Contest of Christian and Muslim Spain, 1031-1157,* Oxford, 1992

Reinecke, Andreas, *Early Cultures (First Millennium B.C. to Second Century A.D.),* in Nancy Tingley, *Arts of Ancient Viet Nam: From River Plain to Open Sea,* New York, 2010

Revire, Nicolas e Murphy, Stephen (a cura di), *Before Siam: Essays in Art and Archaeology,* Bangkok, 2014

Reynolds, Craig J. (a cura di), *Early Southeast Asia: Selected Essays of O. W. Wolters,* Ithaca, NY, 2008

Ṛgveda, trad. di S.W. Jamison e J.P. Brereton, Oxford, 2014

Rhie, Marilyn, *Early Buddhist Art of China and Central Asia,* 3 voll., Leiden, 2002

Rice, Tamara Talbot, *Ancient Arts of Central Asia,* New York, 1965

Robin, Christian, *The Date of the «Periplus of the Erythraean Sea» in the Light of the South Arabian Evidence,* in Federico De Romanis e André Tchernia (a cura di), *Crossings: Early Mediterranean Contacts with India,* New Delhi, 2005

Romain, Julie, *Indian Architecture in the «Sanskrit Cosmopolis»: The Temples of the Dieng Plateau in Cosmopolis,* in Pierre-Yves Manguin, A. Mani e Geoff Wade (a cura di), *Early Interactions between South and Southeast Asia: Reflections on Cross-Cultural Exchange,* Singapore, 2011, pp. 299-316

Rosenfield, John M., *The Dynastic Arts of the Kushans,* Berkeley, 1993

Rothschild, Harry N., *Wu Zhao: China's Only Woman Emperor,* New York, 2008

Rothschild, Harry N., *Emperor Wu Zhao and her Pantheon of Devis, Divinities and Dynastic Mothers,* New York, 2015

Rothschild, Harry N., *Severing Grandma's Phallus: A Gendered Re-examination of the Raising and Razing of Female Emperor Wu*

Zhao's Axis of the Sky, in «Left History», 21, 2, autunno-inverno 2017-2018, pp. 51-72

Rowland, Benjamin, *The Art of Central Asia*, New York, 1970

Sakhuja, Vijay, Sakhuja, Sangeeta, *Rajendra Chola I's Naval Expedition to Southeast Asia: A Nautical Perspective*, in Hermann Kulke, K. Kesavapany e Vijay Sakhuja (a cura di), *Nagapattinam to Suvarnadwipa: Reflections on the Chola Naval Expeditions to Southeast Asia*, Singapore, 2009, pp. 76-90

Salguero, C. Pierce, *The Buddhist Medicine King in Literary Context: Reconsidering an Early Medieval Example of Indian Influence on Chinese Medicine and Surgery*, in «History of Religions», 48, 3, febbraio 2009, pp. 183-210

Salomon, Richard, *Indian Epigraphy*, Oxford, 1998

Salomon, Richard, *Aśoka and the Epigraphic Habit in India*, in Patrick Olivelle (a cura di), *Aśoka: In History and Historical Memory*, Delhi, 2009, pp. 45-52

Salomon, Richard, *Gandharan Reliquary Inscriptions*, in David Jongeward *et al.* (a cura di), *Gandharan Buddhist Reliquaries*, Seattle, 2012, pp. 164-99

Samad, Abdul, *The Emergence of Hinduism in Gandhara*, Lahore, 2020

Sanderson, Alexis, *The Śaiva Religion among the Khmers (Part I)*, in «Bulletin de l'École française d'Extrême-Orient», 90-91, 2003-2004, pp. 349-462

Sanderson, Alexis, *The Śaiva Age: The Rise and Dominance of Śaivism in the Early Medieval Period*, in Shingo Einoo (a cura di), *Genesis and Development of Tantrism*, Tokyo, 2009, pp. 41-349

Sankalia, Hasmukh D., *The University of Nalanda*, Madras, 1934

Sanyal, Sanjeev, *The Ocean of Churn: How the Indian Ocean Shaped Human History*, New Delhi, 2016

Saran, Malini e Khanna, Vinod C., *The Ramayana in Indonesia*, New Delhi, 2004

Saran, Shyam (a cura di), *Cultural and Civilisational Links between India and Southeast Asia: Historical and Contemporary Dimensions*, New Delhi, 2018

Saran, Shyam, *How China Sees India: The Authoritative Account of the India-China Relationship*, New Delhi, 2022

Sarianidi, V., *The Lapis Lazuli Route in the Ancient East*, in «Archaeology», 24, 1971, pp. 12-15

Sarkar, Himanshu Bhusan, *The Migration of the Rāmāyaṇa Story to Indonesia*, in V. Raghavan (a cura di), *The Rāmāyaṇa Tradition in Asia*, New Delhi, 1975, pp. 103-21

Sarkar, Himanshu Bhusan, *Cultural Relations between India and Southeast Asian Countries*, New Delhi, 1985
Sarkar, K. Kumar, *The Earliest Inscription of Indochina*, in «Sino-Indian Studies», 5, 2, 1956, pp. 77-87
Sastri, Hirananda, *Nālandā and its Epigraphic Material: Memoirs of the Archaeological Survey of India*, Delhi, 1942
Sastri, Hirananda, *The Nālandā Copper-Plate of Devapāladeva*, in «Epigraphia Indica», 17, 7, 1924, pp. 310-27
Sastri, Nilakanta K.A., *A Tamil Merchant Guild in Sumatra*, in «Tijdschrift voor Indische Taal-, Land- en Volkenkunde», 72, 1932, pp. 314-27
Sastri, Nilakanta K.A., *History of Srivijaya*, Madras, 1949
Sastri, Nilakanta K.A., *The Colas*, Madras, 1955
Sastri, Nilakanta K.A., *A History of South India: From Prehistoric Times to the Fall of Vijayanagar*, Delhi, 1975
Sayılı, Aydın, *The Observatory in Islam*, Ankara, 1960
Schafer, Edward H., *The Golden Peaches of Samarkand: A Study in T'ang Exotics*, Berkeley, 1967
Schafer, Edward H., *The Vermilion Bird: T'ang Images of the South*, Berkeley, 1967
Schafer, Edward H., *Pacing the Void: T'ang Approaches to the Stars*, Berkeley, 2005
Schapiro, Meyer, *Romanesque Architectural Sculpture: The Charles Eliot Norton Lectures*, a cura di Linda Seidel, Chicago, 2006
Schlingloff, Dieter, *Studies in the Ajanta Paintings: Identifications and Interpretations*, Delhi, 1987
Schlingloff, Dieter, *Ajanta: Handbook of the Paintings*, 3 voll., New Delhi, 2013
Schopen, Gregory, *On the Buddha and his Bones: The Conception of a Relic in the Inscriptions of Nāgarjunikoṇḍa*, in «Journal of the American Oriental Society», 108, 4, ottobre-dicembre 1988, pp. 527-37
Schopen, Gregory, *Bones, Stones and Buddhist Monks: Collected Papers on the Archaeology, Epigraphy and Texts of Monastic Buddhism in India*, Honolulu, 1997
Schopen, Gregory, *The Stupa Cult and the Extant Pali Vinaya*, in Gregory Schopen, *Bones, Stones and Buddhist Monks: Collected Papers on the Archaeology, Epigraphy and Texts of Monastic Buddhism in India*, Honolulu, 1997, pp. 86-98
Schopen, Gregory, *Buddhist Monks and Business Matters: Still More Papers on Monastic Buddhism in India*, Honolulu, 2004

Schopen, Gregory, *Figments and Fragments of Mahayana Buddhism in India: More Collected Papers,* Honolulu, 2005

Schopen, Gregory, *Buddhist Nuns, Monks, and Other Worldly Matters: Recent Papers on Monastic Buddhism in India,* Honolulu, 2014

Schopen, Gregory, *The Business Side of a Buddhist Monastery,* in John Guy (a cura di), *Tree & Serpent: Early Buddhist Art in India,* New York, 2023, pp. 118-22

Schottenhammer, Angela (a cura di), *The Emporium of the World: Maritime Quanzhou, 1000-1400,* Leiden, 2001

Seife, Charles, *Zero: The Biography of a Dangerous Idea,* London, 2000

Seldeslachts, Eric, *Greece, the Final Frontier? The Westward Spread of Buddhism,* in Ann Heirman e Stephan Peter Bumbacher (a cura di), *The Spread of Buddhism,* Leiden, 2012, pp. 131-66

Selvakumar, V., *Contacts between India and Southeast Asia in Ceramic and Boat Building Traditions,* in Pierre-Yves Manguin, A. Mani e Geoff Wade (a cura di), *Early Interactions between South and Southeast Asia: Reflections on Cross-Cultural Exchange,* Singapore, 2011, pp. 197-220

Selvakumar, V., *Material Evidence for Early Interactions between the South-East Coast of India and South-East Asia,* in Kenneth R. Hall *et al.* (a cura di), *Cross-Cultural Networking in the Eastern Indian Ocean Realm, c. 100-1800,* New Delhi, 2019, pp. 50-51.

Semaan, Khalil I. (a cura di), *Islam and the Mediaeval West: Aspects of Intercultural Relations,* New York, 1980

Sen, Colleen Taylor, *Ashoka and the Maurya Dynasty: The History and Legacy of Ancient India's Greatest Empire,* New Delhi, 2022

Sen, Tansen, *The Formation of Chinese Maritime Networks to Southern Asia, 1200-1450,* in «Journal of the Economic and Social History of the Orient», 49, 4, 2006, pp. 421-53

Sen, Tansen, *The Military Campaigns of Rajendra Chola, and the Chola-Srivijaya-China Triangle,* in Hermann Kulke, K. Kesavapany e Vijay Sakhuja (a cura di), *Nagapattinam to Suvarnadwipa: Reflections on the Chola Naval Expeditions to Southeast Asia,* Singapore, 2009, pp. 61-75

Sen, Tansen, *The Spread of Buddhism to China: A Re-examination of the Buddhist Interactions between Ancient India and China,* in «China Report», 48, 1-2, 2012, pp. 11-27

Sen, Tansen (a cura di), *Buddhism across Asia: Networks of Material, Intellectual and Cultural Exchange,* Singapore, 2014

Sen, Tansen, *Buddhism and Maritime Crossings,* in Dorothy C. Wong e Gustav Heldt (a cura di), *China and Beyond in the Me-*

diaeval Period: Cultural Crossings and Inter-Regional Connections, Amherst, 2014, pp. 39-62

Sen, Tansen, *Changing Regimes: Two Episodes of Chinese Military Interventions in Medieval South Asia*, in Upinder Singh e Parul P. Dhar (a cura di), *Asian Encounters: Exploring Connected Histories*, New Delhi, 2014, pp. 62-85

Sen, Tansen, *Chinese Sources on South Asia*, in Rila Mukherjee (a cura di), *Beyond National Frames: South Asia Pasts and the World*, New Delhi, 2015, pp. 52-73

Sen, Tansen, *Buddhism, Diplomacy and Trade: The Realignment of India-China Relations 600-1400*, London, 2016

Sen, Tansen, *India, China and the World: A Connected History*, London, 2017

Sen, Tansen, *Yijing and the Buddhist Cosmopolis of the Seventh Century*, in Haun Saussy (a cura di), *Texts and Transformations: Essays in Honor of the 75th Birthday of Victor H. Mair*, Amherst, 2018, pp. 345-68

Sen, Tansen, *Inventing the Maritime Silk Road*, in « Modern Asia Studies », 57, 2023, pp. 1059-104.

Sengupta, Arputha Rani, *The Silk Road Fabrics: The Stein Collection in the National Museum of India*, New Delhi, 2018

Shahar, Meir, *The Shaolin Monastery: History, Religion, and the Chinese Martial Arts*, Honolulu, 2008

Sharma, Sunil, *Amir Khusraw: The Poet of Sultans and Sufis*, Oxford, 2005

Sharrock, Peter D. e Bunker, Emma C., *Seeds of Vajrabodhi: Buddhist Ritual Bronzes from Java and Khorat*, in Andrea Acri (a cura di), *Esoteric Buddhism in Mediaeval Maritime Asia: Networks of Masters, Texts, Icons*, Singapore, 2016, pp. 237-52

Shaw, Julia, *Buddhist Landscapes in Central India: Sanchi Hill and Archaeologies of Religious and Social Change, c. 3rd Century BC to 5th Century AD*, London, 2007

Shefer-Mossensohn, M. e Hershkovitz, K. Abou, *Early Muslim Medicine and the Indian Context: A Reinterpretation*, in « Medieval Encounters », 19, 2013, pp. 274-99

Sheldon, John, *Commentary on George Coedès: Texts of Greek and Latin Authors of the Far East*, Turnhout, 2012

Shimada Akira, *Early Buddhist Architecture in Context: The Great Stūpa at Amarāvatī (ca. 300 BCE-300 CE)*, Leiden, 2013

Shimada Akira e Willis, Michael (a cura di), *Amaravati: The Art of an Early Buddhist Monument in Context*, London, 2016

Shokoohy, Mehrdad, *Muslim Architecture of South India: The Sul-*

tanate of Ma'bar and the Traditions of Maritime Settlers on the Malabar and Coromandel Coasts, London, 2011

Shulman, David, *Tamil: A Biography*, Cambridge, 2016

Sidebotham, Steven E., *Roman Economic Policy in the Erythra Thalassa, 30 BC-AD 217*, Leiden, 2011

Sidebotham, Steven E., *Berenike and the Ancient Maritime Spice Route*, Berkeley, 2012

Sidky, H., *The Greek Kingdom of Bactria: From Alexandria to Eucratides the Great*, Oxford, 2000

Silk, Jonathan A., *Managing Monks: Administrators and Administrative Roles in Indian Buddhist Monasticism*, Oxford, 2008

Silk, Jonathan A., *Buddhism in China: Collected Papers of Erik Zürcher*, Leiden, 2013

Sima Guang, *Zizhi tongjian*, trad. in W.L. Guisso, *Wu Tse-t'ien and the Politics of Legitimation in T'ang China*, Bellingham, 1978

Sims-Williams, Nicholas, *The Sogdian Merchants in China and India*, in Alfredo Cadonna e Lionello Lanciotti (a cura di), *Cina e Iran. Da Alessandro Magno alla Dinastia Tang*, Firenze, 1994, pp. 45-67

Sinclair, Iain, *Coronation and Liberation According to a Javanese Monk in China: Bianhong's Manual on the abhisheka of a chakravartin*, in Andrea Acri (a cura di), *Esoteric Buddhism in Mediaeval Maritime Asia: Networks of Masters, Texts, Icons*, Singapore, 2016, pp. 29-66

Sinclair, Iain, *Traces of the Cholas in Old Singapore*, in Arun Mahizhnan e Nalini Gopal (a cura di), *Sojourners to Settlers: Tamils in Southeast Asia*, Singapore, 2019, vol. I, pp. 45-58

Singh, Upinder, *A History of Ancient and Early Medieval India: From the Stone Age to the Twelfth Century*, New Delhi, 2009

Singh, Upinder, *Rethinking Early Medieval India: A Reader*, New Delhi, 2011

Singh, Upinder, *Gifts from Other Lands: Southeast Asian Royal Religious Endowments in India*, in Upinder Singh e Parul Pandya Dhar (a cura di), *Asian Encounters: Exploring Connected Histories*, New Delhi, 2014, pp. 45-61

Singh, Upinder, *Political Violence in Ancient India*, Cambridge, Mass., 2017

Singh, Upinder, *Ancient India: A Culture of Contradictions*, New Delhi, 2021

Singh, Upinder e Dhar, Parul Pandya (a cura di), *Asian Encounters: Exploring Connected Histories*, New Delhi, 2014

Singh, Upinder e Lahiri, Nayanjot, *Ancient India: New Research*, Oxford, 2009

Sirisena, W.M., *Sri Lanka and South-East Asia*, Leiden, 1978

Siudmak, John, *The Hindu-Buddhist Sculpture of Ancient Kashmir and its Influences*, Leiden, 2013

Skilling, Peter, *Dvaravati: Recent Revelations and Research*, in «Journal of the Siam Society», 91, 2003, pp. 87-112

Skilling, Peter, *King, Sangha and Brahmans: Ideology, Ritual and Power in Pre-Modern Siam*, in Ian Harris (a cura di), *Buddhism, Power and the Political Order*, London, 2007, pp. 182-215

Skilling, Peter, *Theravāda in History*, in «Pacific World: Journal of the Institute of Buddhist Studies», 3ª serie, 11, autunno 2009, pp. 61-93

Skilling, Peter, *Relics, the Heart of Buddhist Veneration*, in Janice Stargardt e Michael Willis (a cura di), *Relics and Relic Worship in Early Buddhism: India, Afghanistan, Sri Lanka and Burma*, London, 2018, pp. 4-17

Smith, Bardwell L., *Essays on Gupta Culture*, Delhi, 1983

Smith, David Eugene e Karpinski, Louis Charles, *The Hindu-Arabic Numerals*, London, 1911

Smith, Monica L., *«Indianization» from the Indian Point of View: Trade and Cultural Contacts with Southeast Asia in the Early First Millennium CE*, in «Journal of the Economic and Social History of the Orient», 42, 1, 1999, pp. 1-26

Smith, R.B. e Watson, W. (a cura di), *Early South East Asia: Essays in Archaeology, History and Historical Geography*, Oxford, 1979

Smith, Walter, *The Viṣṇu Image in the Shore Temple at Māmallapuram*, in «Artibus Asiae», 56, 1-2, 1996, pp. 19-32

Snellgrove, David L., *The Image of the Buddha*, Parigi, 1978

Snellgrove, David L., *Khmer Civilization and Angkor*, Bangkok, 2001

Snellgrove, David L., *Angkor Before and After: A Cultural History of the Khmers*, Bangkok, 2004

Southern, Sir Richard, *Western Views of Islam in the Middle Ages*, Cambridge, Mass., 1962

Spencer, George, *The Politics of Expansion: The Chola Conquest of Sri Lanka and Sri Vijaya*, Madras, 1983

Spink, Walter M., *Ajanta: History and Development*, 6 voll., Leiden, 2011

Srinavasan, C.R., *Kanchipuram through the Ages*, Delhi, 1979

Srinivasan, Doris Meth (a cura di), *Mathurā: The Cultural Heritage*, New Delhi, 1989

Srinavasan, Doris Meth, *The Mauryan Gaṇikā from Dīdārgañj (Pāṭaliputra)*, in «East and West», 55, 1-4, 2005, pp. 345-62.

Srinivasan, Doris Meth, *Many Cultures, Many Gods*, in Dorothy von Drachenfels e Christian Luczanits (a cura di), *Gandhara: The Buddhist Heritage of Pakistan: Legends, Monasteries, Paradise*, Mainz am Rhein, 2008, pp. 116-21

Stadtner, Donald M., *Ancient Pagan: Buddhist Plain of Merit*, Bangkok, 2005

Stargardt, Janice, *Burma's Economy and Diplomatic Relations with India and China from Early Medieval Sources*, in «Journal of the Economic and Social History of the Orient», 14, 1, 1971, pp. 28-62

Stargardt, Janice, *From the Iron Age to Early Cities at Sri Ksetra and Beikthano, Myanmar*, in «Journal of Southeast Asian Studies», 47, 3, ottobre 2016, pp. 341-65

Stargardt, Janice, *The Great Silver Reliquary from Sri Ksetra: Early Buddhist Art Meets Early Pali Inscriptions in the Pyu Culture of Burma (Myanmar)*, in Janice Stargardt e Michael Willis (a cura di), *Relics and Relic Worship in Early Buddhism: India, Afghanistan, Sri Lanka and Burma*, London, 2018, pp. 89-105

Stargardt, Janice, *Sri Ksetra 3rd Century BCE to 6th Century CE: Indianization, Synergies, Creation*, in Peter C. Bisschop e Elizabeth A. Ceci (a cura di), *Primary Sources and Asian Pasts: Beyond the Boundaries of the «Gupta Period»*, Berlin, 2020, pp. 220-65

Stargardt, Janice e Willis, Michael (a cura di), *Relics and Relic Worship in Early Buddhism: India, Afghanistan, Sri Lanka and Burma*, London, 2018

Stark, Miriam T., *The Transition to History in the Mekong Delta: A View from Cambodia*, in «International Journal of Historical Archaeology», 2, 3, 1998, pp. 175-203

Stark, Miriam T., *Angkor Borei and the Archaeology of Cambodia's Mekong Delta*, in James C.M. Khoo (a cura di), *Art and Archaeology of Fu Nan: Pre-Khmer Kingdom of the Lower Mekong Valley*, Bangkok, 2003, pp. 87-105

Stark, Miriam T., *Pre-Angkorian and Angkorian Cambodia*, in Ian Glover e Peter Bellwood (a cura di), *Southeast Asia: From Pre-History to History*, London, 2004, pp. 89-119

Stark, Miriam T., *Funan to Angkor: Collapse and Regeneration in Ancient Cambodia*, in Glenn M. Schwartz e John J. Nichols (a cura di), *After Collapse: The Regeneration of Complex Societies*, Tucson, 2006, pp. 144-67

Stark, Miriam T., *Landscapes, Linkages, and Luminescence: First-*

Millennium CE Environmental and Social Change in Mainland Southeast Asia, in Peter C. Bisschop e Elizabeth A. Ceci (a cura di), *Primary Sources and Asian Pasts: Beyond the Boundaries of the « Gupta Period »*, Berlin, 2020, pp. 184-219

Stark, Miriam e Bong, Sovath, *Recent Research on Emergent Complexity in Cambodia's Mekong,* in « Indo-Pacific Prehistory Association Bulletin », 21, 2001, pp. 85-98

Starr, Frederick S., *Lost Enlightenment: Central Asia's Golden Age from the Arab Conquest to Tamerlane,* Princeton, 2013

Stein, Emma Natalya, *All Streets Lead to Temples: Mapping Monumental Histories in Kanchipuram, ca. 8th to 12th Centuries CE,* tesi di dottorato inedita, Yale University, 2017

Stewart, Mary L., *Nalanda Mahavihara: A Critical Analysis of the Archaeology of an Indian Buddhist Site,* Delhi, 2018

Stewart, Peter, *Roman Sarcophagi and Gandhāran Sculpture,* in Wannaporn Rienjang e Peter Stewart (a cura di), *The Global Connections of Gandhāran Art,* Oxford, 2020, pp. 50-85

Stewart, Peter, *Alexandria and Gandhara: Cosmopolitan Connections and Comparisons,* in Hélène Fragaki, Marie-Dominique Nenna e Miguel John Versluys (a cura di), *Alexandria the Cosmopolis: A Global Perspective,* Alexandria, 2022, pp. 181-96

Stewart, Peter, *Gandharan Art and the Classical World: A Short Introduction,* Oxford, 2024

Stewart, Peter, *Kushan Art: Iranian, Mediterranean, and Indian Connections,* in Robert Bracey (a cura di), *The Kushans* (di prossima pubblicazione)

Stone, Elizabeth Rosen, *The Buddhist Art of Nagarjunakonda,* Delhi, 1994

Stone, Elizabeth Rosen, *Reflections of Roman Art in Southern India,* in Shimada Akira e Michael Willis (a cura di), *Amaravati: The Art of an Early Buddhist Monument in Context,* London, 2016, pp. 59-69

Stoneman, Richard, *Naked Philosophers: The Brahmans in the Alexander Historians and the Alexander Romance,* in « Journal of Hellenic Studies », 115, 1995, pp. 99-114

Stoneman, Richard, *The Greek Experience of India: From Alexander to the Indo-Greeks,* Princeton, 2019

Strabo, *Geography,* trad. di S. Radt, 10 voll., Göttingen, 2002-2011

Strauch, Ingo (a cura di), *Foreign Sailors on Socotra,* Bremen, 2012

Strong, John S., *The Buddha: A Short Biography,* Oxford, 2001

Strong, John S., *The Relics of the Buddha,* Princeton, 2004

Subbarayalu, Y., *Anjuvnnam: A Maritime Guild of Medieval Times,* in Hermann Kulke, K. Kesavapany e Vijay Sakhuja (a cura di), *Nagapattinam to Suvarnadwipa: Reflections on the Chola Naval Expeditions to Southeast Asia*, Singapore, 2009, pp. 158-67

Subbarayalu, Y., *South India under the Cholas*, New Delhi, 2012

Subramanian, T.S., *Stunning Indicators of Nagapattinam's Buddhist Legacy*, in « The Hindu », 25 dicembre 2011

Sundaresh, Gaur, A.S., *Marine Archaeological Investigations along the Tamil Coast and their Implications for Understanding Cultural Expansion to Southeast Asian Countries*, in Pierre-Yves Manguin, A. Mani e Geoff Wade (a cura di), *Early Interactions between South and Southeast Asia: Reflections on Cross-Cultural Exchange*, Singapore, 2011, pp. 211-39

Sundberg, Jeffrey Roger, *The Wilderness Monks of Abyayagirivihāra and the Origins of Sino-Javanese Esoteric Buddhism*, in « Bijdragen tot de Taal-, Land- en Volkenkunde / Journal of the Humanities and Social Sciences of Southeast Asia », 160, 1, 2004, pp. 95-123

Sundberg, Jeffrey Roger (in collaborazione con Ralph Giebel), *The Life of the Tang Court Monk Vajrabodhi as Chronicled by Lü Xiang: South Indian and Śrī Laṅkān Antecedents to the Arrival of the Buddhist Vajrayāna in 8th Century Java and China*, in « Pacific World: Journal of the Institute of Buddhist Studies », 3ª serie, 13, 2011, pp. 129-222

Suresh, S., *Symbols of Trade: Roman and Pseudo-Roman Objects Found in India*, New Delhi, 2004

Swearer, Donald K., *The Buddhist World of Southeast Asia*, New York, 1995

Taddei, Maurizio, *On Gandhāra*, Napoli, 2003

Tan Chung (a cura di), *In the Footsteps of Xuanzang: Tan Yun-shan and India*, New Delhi, 1999

Tarling, Nicholas (a cura di), *The Cambridge History of Southeast Asia*, vol. I, parte I: *From Early Times to c. 1500*, Cambridge, 1992

Tatelman, J., *The Heavenly Exploits: Buddhist Biographies from the Dívyavadána*, New York, 2005

Taylor, Keith W.T., *The Early Kingdoms*, in Nicholas Tarling (a cura di), *The Cambridge History of Southeast Asia*, vol. I, parte I: *From Early Times to c. 1500*, Cambridge, 1992, pp. 137-82

Tchernia, André, *The Dromedary of the Peticii and Trade with the East*, in Federico De Romanis e André Tchernia (a cura di), *Crossings: Early Mediterranean Contacts with India*, New Delhi, 2005, p. 239

Thapar, Romila, *Aśoka and the Decline of the Mauryas*, Oxford, 1997

Thapar, Romila, *Early India: From the Origins to AD 1300*, London, 2002

Thapar, Romila, *Early Mediterranean Contacts with India: An Overview*, in Federico De Romanis e André Tchernia (a cura di), *Crossings: Early Mediterranean Contacts with India*, New Delhi, 2005, p. 19

The Geography of Strabo, trad. di Horace Leonard Jones e J.R. Sitlington, London, 1917

The Journey of the Eminent Monk Faxian, in *Lives of Great Monks and Nuns*, trad. di Li Rongxi, Berkeley, 2002, pp. 155-214

The Lotus of the Wonderful Law, Or the Lotus Gospel, trad. di W.E. Soothill, Oxford, 1922

The Travels of Fa-hsien (399-414 A.D.), or Record of the Buddhist Kingdoms, trad. di H.A. Giles, Cambridge, 1923

Thomas, David C., *The Ebb and Flow of the Ghurid Empire*, Sydney, 2018

Thorndike, Lynn, *Michael Scot*, Edinburgh, 1965

Thundy, Zacharias P., *Buddha and Christ: Nativity Stories and Indian Traditions*, Leiden, 1993

Tingley, Nancy, *Arts of Ancient Viet Nam: From River Plain to Open Sea*, New York, 2010

Tomber, Roberta, *Indo-Roman Trade: From Pots to Pepper*, Bristol, 2008

Tournier, Vincent, *Buddhist Patronage and Monastic Institutions in Āndhra: Epigraphic Evidence*, in John Guy (a cura di), *Tree & Serpent: Early Buddhist Art in India*, New York, 2023, pp. 123-28

Trautman, Thomas R., *Arthashastra: The Science of Wealth*, New Delhi, 2012

Tremblay, Xavier, *The Spread of Buddhism in Serindia*, in Ann Heirman e Stephan Peter Bumbacher (a cura di), *The Spread of Buddhism*, Leiden, 2012, pp. 75-129

Truschke, Audrey, *The Language of History: Sanskrit Narratives of Muslim Pasts*, New Delhi, 2021

Tung, Jowen R., *Fables for the Patriarchs: Gender Politics in Tang Discourse*, Oxford, 2000

Turner, Jack, *Spice: The History of a Temptation*, London, 2004

Twitchett, Denis e Fairbank, John K. (a cura di), *The Cambridge History of China*, vol. III: *Sui and T'ang China, 589-906, Part 1*, Cambridge, 2008

Underwood, Norman, *Rome and its Connections with India*, in

John Guy (a cura di), *Tree & Serpent: Early Buddhist Art in India*, New York, 2023, pp. 160-65

Vaissière, Étienne de la, *Sogdian Traders: A History*, trad. di James Ward, Leiden, 2005

van Bladel, Kevin, *The Bactrian Background of the Barmakids*, in Anna Akasoy, Charles Burnett e Ronit Yoeli-Tlalim (a cura di), *Islam and Tibet: Interactions on the Musk Routes*, Farnham, 2011, pp. 43-88

van Bladel, Kevin, *Eighth Century Indian Astronomy in the Two Cities of Peace*, in Behnam Sadegi *et al.* (a cura di), *Islamic Cultures, Islamic Contexts: Essays in Honor of Professor Patricia Crone*, Leiden, 2014, pp. 257-94

van Bladel, Kevin, «Barmecidi», in *The Encyclopedia of Islam*, 3ª ediz., Leiden, 2021

Van Cleve, Thomas Curtis, *The Emperor Frederick II of Hohenstaufen: Immutator Mundi*, Oxford, 1972

Van Dam, R. (trad. di), *Gregory of Tours: Glory of the Martyrs*, Liverpool, 1988, p. 51

Van Lohuizen-de Leeuw, Johanna E., *Gandhara and Mathura: Their Cultural Relationship*, in Pratapaditya Pal (a cura di), *Aspects of Indian Art*, Leiden, 1972, pp. 27-43

Venkatesan, Archana (a cura di), *The Secret Garden: Andal's Tiruppavai and Nacciyar Tirumoli*, New Delhi, 2016

Verma, Archana, *Temple Imagery from Early Medieval Peninsular India*, Farnham, 2012

Vickery, Michael, *Cambodia after Angkor: The Chronicular Evidence from the Fourteenth to Sixteenth Centuries*, tesi di dottorato inedita, Yale University, 1977

Vickery, Michael, *The Reign of Sūryavarman I and Royal Factionalism at Angkor*, in «Journal of Southeast Asian Studies», 16, 2, 1985, pp. 226-44

Vickery, Michael, *Some Remarks on Early State Formation in Cambodia*, in David G. Marr e A.C. Milner (a cura di), *Southeast Asia in the 9th to 14th Centuries*, Singapore, 1986, pp. 95-115

Vickery, Michael, *Society, Economics, and Politics in Pre-Angkor Cambodia: The 7th-8th Centuries*, Tokyo, 1998

Vickery, Michael, *Resolving the Chronology and History of 9th Century Cambodia*, in «Siksācakr», 3, 2001, pp. 17-23

Vickery, Michael, *Funan Reviewed: Deconstructing the Ancients*, in «Bulletin de l'École française d'Extrême-Orient», 90-91, 2003-2004, pp. 101-43

Vo Si Khai, *The Kingdom of Funan and the Culture of Oc-Eo*, in James

C.M. Khoo (a cura di), *Art and Archaeology of Funan: Pre-Khmer Kingdom of the Lower Mekong Valley*, Bangkok, 2003, pp. 35-86

Vogel, J.Ph., *The Earliest Sanskrit Inscriptions of Java*, in « Publicaties van de Oudheidkundige Dienst in Nederlandsch-Indië », 1, 1925, pp. 15-35

Waley, Arthur, *New Light on Buddhism in Mediaeval India*, in « Mélanges Chinois et Bouddhiques », 1, 1931-1932, pp. 355-76

Wang Gungwu, *The Nanhai Trade: A Study of the Early History of Chinese Trade in the South China Sea*, in « Journal of the Malayan Branch of the Royal Asiatic Society », 31, 2, 1958, pp. 1-135

Wang Gungwu, *The Opening of Relations between China and Malacca*, in John Sturgus Bastin e R. Roolvink (a cura di), *Malayan and Indonesian Studies*, Oxford, 1964, pp. 87-104

Wang Xiang, *From Nālandā to Chang'an: A Survey of Buddhist Libraries in Medieval China (618-907)*, in Tansen Sen (a cura di), *Buddhism across Asia: Networks of Material, Intellectual and Cultural Exchange*, Singapore, 2014, pp. 207-32

Watson, Alex, Goodall, Dominic e Sarma, S.L.P. Anjaneya, *An Enquiry into the Nature of Liberation: Bhaṭṭa Rāmakaṇṭha's Paramokṣanirāsakārikāvṛtti, a Commentary on Sadyojyotiḥ's Refutation of Twenty Conceptions of the Liberated State (Mokṣa)*, Pondichéry, 2013

Watson, Katherine, *French Romanesque and Islam: Andalusian Elements in French Architectural Decoration, c. 1030-1180*, London, 1989

Watt, James C.Y., *Art and History in China from the Third through the Eighth Century*, in James C.Y. Watt (a cura di), *China: Dawn of a Golden Age, 200-750 CE*, New York, 2004, pp. 2-46

Watt, James C.Y. (a cura di), *China: Dawn of a Golden Age, 200-750 CE*, New York, 2004

Wechsler, Howard J., *Offerings of Jade and Silk: Ritual and Symbol in the Legitimation of the T'ang Dynasty*, New Haven - London, 1985

Weiner, Sheila L., *Ajanta: Its Place in Buddhist Art*, Berkeley, 1977

Weinstein, Laura R., *The Indian Figurine from Pompeii as an Emblem of East-West Trade in the Early Roman Imperial Era*, in Serena Autiero e Matthew A. Cobb (a cura di), *Globalization and Transculturality from Antiquity to the Pre-Modern World*, Oxford, 2022, pp. 183-204

Weinstein, Stanley, *Imperial Patronage in T'ang Buddhism*, in Arthur Wright e Denis Twitchett (a cura di), *Perspectives on the T'ang*, New Haven - London, 1981

Weinstein, Stanley, *Buddhism under the T'ang*, Cambridge, 1987

Wen Xin, *The King's Road: Diplomacy and the Remaking of the Silk Road*, Princeton, 2023

Wendrich, W.Z. *et al.*, *Berenike Crossroads: The Integration of Information*, in «Journal of the Economic and Social History of the Orient», 46, 1, 2003, pp. 46-87

Wheatley, Paul, *The Golden Khersonese: Studies in the Historical Geography of the Malay Peninsula before A.D. 1500*, Kuala Lumpur, 1961

Whitfield, Susan, *Life along the Silk Road*, Oakland, 2015

Whitfield, Susan, *Silk, Slaves, and Stupas: The Material Culture of the Silk Road*, Berkeley, 2018

Wicks, Robert S., *Money, Markets, and Trade in Early Southeast Asia*, Ithaca, NY, 1992

Wild, J.P. e Wild, F.C., *Early Indian Cotton Textiles from Berenike*, in Ellen M. Raven (a cura di), *South Asian Archaeology 1999*, Groningen, 1999, pp. 229-33

Wilkinson, Troy, *Oikumenisation and the Ptolemaic Beginnings of the Indian Ocean Trade*, in Serena Autiero e Matthew A. Cobb (a cura di), *Globalization and Transculturality from Antiquity to the Pre-Modern World*, Oxford, 2022

Williams, Joanna Gottfried, *The Art of Gupta India: Empire and Province*, Princeton, 1982

Williams, John W., *León and the Beginnings of the Spanish Romanesque*, in *The Art of Medieval Spain, A.D. 500-1200*, New York, 1994

Williams, Paul, *Mahāyāna Buddhism: The Doctrinal Foundations*, Oxford, 1989

Willis, Michael, *The Archaeology of Hindu Ritual: Temples and the Establishment of the Gods*, Cambridge, 2009

Wilson, Andrew *et al.*, *A Forum on Trade*, in Walter Scheidel (a cura di), *The Cambridge Companion to the Roman Economy*, Cambridge, 2014, pp. 287-320

Wink, André, *Al-Hind: The Making of the Indo-Islamic World*, vol. I: *Early Medieval India and the Expansion of Islam, 7th-11th Centuries*, Leiden, 1990

Wink, André, *Al-Hind: The Making of the Indo-Islamic World*, vol. II: *Slave Kings and the Islamic Conquest, 11th-13th Centuries*, Leiden, 1997

Wolters, O.W., *Tambralinga*, in «Bulletin of the School of Asian and African Studies», 21, 3, 1958, pp. 587-607

Wolters, O.W., *Early Indonesian Commerce: A Study of the Origins of Srivijaya*, Ithaca, NY, 1967

Wolters, O.W., *Jayavarman II's Military Power: The Territorial Foundation of the Angkor Empire*, in «Journal of the Royal Asiatic Society of Great Britain and Ireland», 1, 1973, pp. 21-30

Wolters, O.W., *History, Culture, and Region in Southeast Asian Perspectives*, Ithaca, NY, 1999

Wolters, O.W., *Khmer «Hinduism» in the Seventh Century*, in Craig J. Reynolds (a cura di), *Early Southeast Asia: Selected Essays of O. W. Wolters*, Ithaca, NY, 2008, pp. 177-92

Wolters, O.W., *Restudying Some Chinese Writings on Sriwijaya*, in Craig J. Reynolds (a cura di), *Early Southeast Asia: Selected Essays of O. W. Wolters*, Ithaca, NY, 2008, pp. 109-148

Wood, Frances, *The Silk Road: Two Thousand Years in the Heart of Asia*, Berkeley, 2002

Woodward, Hiram, *On Borobudur's Upper Terraces*, in «Oriental Art», 45, 3, 1999, pp. 34-43

Woodward, Hiram, *Esoteric Buddhism in Southeast Asia in the Light of Recent Scholarship*, in «Journal of Southeast Asian Studies», 35, 2, giugno 2004, pp. 329-54

Woodward, Hiram, *Bianhong, Mastermind of Borobudur?*, in «Pacific World: Journal of the Institute of Buddhist Studies», 3ª serie, 11, autunno 2009, pp. 25-62

Woodward, Hiram, *Stylistic Trends in Mainland Southeast Asia, 600-800*, in John Guy (a cura di), *Lost Kingdoms, Hindu-Buddhist Sculpture of Early Southeast Asia*, New York, 2014

Wriggins, Sally Hovey, *The Silk Road Journey with Xuanzang*, Boulder, Colo., 2004

Wright, Arthur F., *Buddhism in Chinese History*, Stanford, 1959

Wright, Arthur F., *The Sui Dynasty: The Unification of China, A.D. 581-617*, New York, 1978

Wright, Arthur F. e Twitchett, Denis (a cura di), *Perspectives on the T'ang*, New Haven - London, 1981

Wu Hung, *Buddhist Elements in Early Chinese Art (2nd and 3rd Centuries A.D.)*, in «Artibus Asiae», 47, 3-4, 1986, pp. 263-316

Xuanzang, *The Great Tang Dynasty Record of the Western Regions*, trad. di Li Rongxi, Berkeley, 1996

Yabuuti Kiyosi, *Researches on the Chiu-chih li: Indian Astronomy under the T'ang Dynasty*, in «Acta Asiatica: Bulletin of the Institute of Eastern Culture», 36, 1979, pp. 7-48

Yaldiz, Marianne, *Evaluation of the Chronology of the Murals in Kizil, Kucha Oasis*, in Eli Franco e Monika Zin (a cura di), *From Turfan to Ajanta: Festschrift for Dieter Schlingloff on the Occasion of his Eightieth Birthday*, Lumbini, 2010, pp. 1029-44

Yamauchi Kazuya, Taniguchi Yoko e Uno Tomoko (a cura di), *Mural Paintings of the Silk Road: Cultural Exchanges between East and West*, London, 2007
Yian, Goh Geok, Miksic, John N. e Aung-Twin, Michael (a cura di), *Bagan and the World: Early Myanmar and its Global Connections*, Singapore, 2018
Yokkaichi Yasuhiro, *Maritime and Continental Networks of Kish Merchants under Mongol Rule: The Role of the Indian Ocean, Fars and Iraq*, in «Journal of the Economic and Social History of the Orient», 62, 2019, pp. 428-63
Young, Gary K., *Rome's Eastern Trade: International Commerce and Imperial Policy, 31 BC-AD 305*, London, 2001
Yule, Henry (a cura di), *The Book of Ser Marco Polo the Venetian, Concerning the Kingdoms and Marvels of the East*, 2 voll., London, 1875
Zebrowski, Mark, *The Architecture and Art of the Deccan Sultanates*, Cambridge, 1999
Zhou Yiliang, *Tantrism in China*, in «Harvard Journal of Asiatic Studies», 8, marzo 1945, pp. 241-332
Zin, Monika, *Buddhist Narratives and Amaravati*, in Akira Shimada e Michael Willis (a cura di), *Amaravati: The Art of an Early Buddhist Monument in Context*, London, 2016, pp. 46-58
Zin, Monika, *The Kanaganahalli Stupa: An Analysis of the 60 Massive Slabs Covering the Dome*, New Delhi, 2018
Zuccato, Marco, *Arabic Singing Girls, the Pope, and the Astrolabe: Arabic Science in Tenth Century Europe*, in «Viator», 45, 1, 2014, pp. 99-120
Zürcher, E., *Buddhism: Its Origin and Spread in Words, Maps and Pictures*, London, 1962
Zürcher, E., *Han Buddhism and the Western Region*, in W.L. Idema e E. Zürcher (a cura di), *Thought and Law in Qin and Han China*, Leiden, 1990, pp. 158-82
Zürcher, E., *The Buddhist Conquest of China: The Spread and Adaptation of Buddhism in Early Medieval China*, Leiden, 2007

ELENCO DELLE IMMAGINI

1. Il bodhisattva Avalokiteshvara, dalla Grotta 1 di Ajanta, ca 475 d.C. È un essere dalla bellezza e dalla compassione sovrumane, raffigurato con gli occhi socchiusi, come sospeso sulla soglia dell'Illuminazione.

2. Quattro volti di recente riportati alla luce, appartenenti al più antico ciclo di affreschi buddhisti conosciuto, dalla Grotta 10 di Ajanta, ca 100 a.C. I dipinti illustrano lo *Shyama Jataka*, che narra la storia di Shyama, un virtuoso abitante della foresta colpito a morte dalla freccia avvelenata del re di Varanasi, ma riportato in vita per insegnare al sovrano il *dharma*.

3. Il celebre capitello leonino di Ashoka a Sarnath, ca 250 a.C.

4. Ashoka inviò suo figlio Mahinda e sua figlia Sanghamitta presso il raja dello Sri Lanka, suo alleato. Mahinda predicò per ventisei giorni in un parco reale nei pressi della capitale, Anuradhapura, attirando folle immense. Nel 250 a.C. il raja si convertì al buddhismo. Monasteri buddhisti furono fondati ad Anuradhapura nel Nord dell'isola (in basso a destra), a Tissamaharama nel Sud (in basso a sinistra), e nel sito recentemente scavato di Rajagala, sulla cima di una montagna al centro dell'isola, dove un'iscrizione in brahmi attesta che le reliquie di Mahinda furono deposte in un basso stupa (in alto a sinistra). Dopo la distru-

zione di Anuradhapura per mano dei Chola nel 993 d.C., la capitale fu trasferita a Polonnaruwa (in alto a destra).

5. Oltre un migliaio di antichi monasteri rupestri costellano ancora oggi i Ghati occidentali. Uno dei monasteri buddhisti più antichi e meglio conservati al mondo è la grande sala di Bhaja, vicino a Pune (in basso a destra). Accessibile attraverso un magnifico arco a ferro di cavallo alto nove metri, la sala conserva mirabilmente intatte le antiche travi in legno della volta, che ricordano la chiglia rovesciata di un'arca primordiale incagliata nel soffitto roccioso della grotta (in basso a sinistra). I capitelli delle vicine grotte di Bedsa mostrano l'influenza dell'antica scultura persiana, con cavalieri inturbantati che montano animali esotici (in alto a sinistra). A Karla, presso Pune, in una magnifica basilica scavata nella roccia, grande quanto una cattedrale, sei colonne furono donate da uomini che si definivano «Yavana», stranieri convertiti al buddhismo.

6. Le rotte commerciali attraverso il Mar Rosso e il Mar Arabico collegavano le coste dell'India con il mondo romano. Tra le merci scambiate nelle due direzioni vi erano una figurina scolpita in avorio indiano ritraente una cortigiana imbronciata, rinvenuta tra le ceneri di Pompei (prima figura da destra), e calici alessandrini di vetro intagliato, decorati con vivide scene di pesca, caccia e combattimenti tra gladiatori (seconda figura da destra). Rilievi di Amaravati suggeriscono che tra i viaggiatori che vi giunsero per commerciare e stipulare trattati diplomatici vi fossero anche etiopi provenienti da Axum e Adulis (le due figure a sinistra).

7. La realtà del commercio tra Oriente e Occidente in epoca classica. La mappa mostra l'ubicazione dei tesori monetali romani: nessuno è stato rinvenuto a est del Pamir o dell'Oxus. Si osserva invece una notevole concentrazione di oro romano lungo le coste dell'India e dello Sri Lanka, nonché a Aden e nei porti del Mar Rosso.

8. Un magnifico Buddha – il primo mai scoperto a ovest dell'Afghanistan – rinvenuto nel 2022 a Berenice, sulla costa del Mar Rosso, in Egitto. Scolpito nel pregiato marmo proconnesio, combina elementi stilistici indo-gandharici, egitto-romani e palmireni. Dallo stile dell'intaglio, gli archeologi che lo hanno sco-

perto ritengono che la scultura sia stata realizzata in una bottega di Alessandria nel II secolo d.C.
© S.E. Sidebotham (fotografia)

9. Una fortuna accumulata grazie al commercio del pepe potrebbe essere all'origine di un magnifico mosaico del IV secolo che adorna l'abside della lussuosa villa romana di Piazza Armerina, in Sicilia. Il mosaico raffigura una dea dalle sembianze indiane, probabilmente ispirata a un originale indiano, affiancata da un elefante e da una tigre e circondata da viti di pepe nero. L'opera illustra le principali merci d'esportazione dell'India verso il mondo romano: il pepe (che cresce sulle viti dietro la dea), l'avorio, le sete trasparenti e gli animali esotici destinati ai giochi circensi.
© Regione Siciliana, https://parchiarcheologici.regione.sicilia.it

10. Il Buddha digiunante, oggi conservato al Museo di Lahore, ca 400 d.C., è forse la più straordinaria – e senza dubbio la più impressionante – tra tutte le sculture del Gandhara.

11. Il monastero di Miran, situato sul margine meridionale del deserto del Taklamakan, nello Xinjiang, venne fondato intorno al 400 d.C. Le sue pareti furono decorate da un pittore che si firmava Tita, o Titus, forse un esule egitto-romano. Gli occhi grandi e luminosi dei suoi soggetti richiamano le raffigurazioni nei monasteri copti del deserto egiziano dello stesso periodo, e diversi pannelli mostrano evidenti affinità iconografiche con l'arte copta, come nel caso di questo papiro che rappresenta Cristo e i suoi discepoli (in basso).
© Angelo Hornak/Alamy Stock Photo (sopra)
© Magite Historic/Alamy Stock Photo (sotto)

12. L'arte del Gandhara era profondamente radicata nell'arte del primo buddhismo indiano, ma reca anche l'impronta dello stile scultoreo romano e, in particolare, egitto-romano del I e II secolo d.C. Queste mode furono probabilmente introdotte nel Gandhara attraverso beni di lusso importati, come quelli rinvenuti a Bagram, ma forse anche per mezzo di scultori itineranti. Le scene della vita del Buddha scolpite nel Gandhara sono spesso accompagnate da motivi iconografici romani: capitelli corinzi e scene dionisiache di musica, danza e gozzoviglie. Anche la scultura kushana di Mathura riflette influenze egitto-romane, lo si può vedere nella raffigurazione del giovane Rishyashringa (in basso a destra) – la cui storia è narrata sia nei Jataka buddhisti, sia nel *Mahabharata* –, che mostra l'influsso dell'iconografia di Arpocrate, divinità egizia di età tolemaica.

© CPA Media Pte Ltd/Alamy Stock Photo (Buddha del Gandhara)
© Erin Babnik/Alamy Stock Photo (statua di Augusto)

13. Hadda, nei pressi di Jalalabad, fu uno dei principali centri della tarda arte del Gandhara, il cui stile, realizzato soprattutto in terracotta dipinta e dorata, ma anche in gesso, si distingue per la raffinata eleganza e la delicatezza delle forme.
© Peter Horree/Alamy Stock Photo

14. Gli scavi di Mes Aynak, nella provincia di Logar, presso Kabul, hanno restituito un ricco patrimonio di sculture di epoca kushana. Sostenuta dai proventi della miniera di rame gestita dai monaci a scopo di lucro, questa enclave buddhista divenne un importante snodo commerciale e culturale. Da questo luogo, idee, religioni, arte, filosofia e saperi dell'India antica si irradiarono oltre l'Hindu Kush.
© SHAH MARAI/AFP via Getty Images

15. Le monete ellenistiche dei greci di Battriana, come questa di Demetrio I (ca 222-180 a.C.), furono seguite da quelle dei Kushana, che riflettono il loro interesse per molteplici divinità e sistemi religiosi indiani (figura a sinistra). Le monete di Kujula Kadphises (r. ca 40-90 d.C.) offrono alcune delle più antiche rappresentazioni di una figura identificabile con Shiva, ritratto accanto al toro Nandi e con il tridente in mano (seconda figura da sinistra). Sul rovescio di una moneta emessa da Kanishka (r. ca 127-150 d.C.) compare invece l'immagine eretta di un Buddha dai folti baffi, con la mano alzata nel gesto della protezione dalla paura. Sotto la figura, un'iscrizione in caratteri di derivazione greca recita semplicemente: BODDO. Si tratta della prima moneta al mondo a rappresentare il Buddha (figura a destra).
© Classical Numismatic Group, LLC, https://www.cngcoins.com/Coin.aspx?CoinID=132651 (moneta di Kanishka)

16. Le grotte rupestri di Kizil, nello Xinjiang, Cina occidentale, sono ricche di affreschi fantastici e di visioni surreali. Vi compaiono sant'uomini ritratti come sciamani in levitazione, con bastone e ciotola ancora stretti tra le mani. Altri si raccolgono intorno all'immagine di un Buddha volante, dai cui fianchi, spalle e piedi si sprigionano lingue di fuoco. Oltre a questi vi sono strane creature, come elefanti blu o stormi di oche bianche che si librano attorno a una falce di luna.
© Top Photo Corporation/Alamy Stock Photo (sopra)
© Reza/Getty Images (sotto)

17. Nel VI secolo d.C. il monaco Xuanzang (pagina precedente) si iscrisse alla prestigiosa università monastica buddhista di Nalanda per poter accedere ai manoscritti custoditi nella più vasta biblioteca buddhista del mondo (a sinistra). Qui studiò non solo i testi delle varie scuole del buddhismo, ma anche i Veda, la logica, la grammatica sanscrita, la filosofia, la medicina, la metafisica, la divinazione, la matematica, l'astronomia, la letteratura e persino la magia. Al suo arrivo a Nalanda, Xuanzang visitò le aule di lezione, gli stupa, i cinque templi e le corti che ospitavano le celle dei diecimila monaci e studiosi residenti (a destra).
© Pictures from History/Universal Images Group via Getty Images (ritratto di Xuanzang)

18. Gli scavi di Nalanda hanno restituito rare iconografie mahayana dei diversi bodhisattva, che in seguito ispirarono statue e bronzi diffusi in tutto il Sud-Est asiatico.

19. Un intero collegio monastico di Nalanda fu edificato e finanziato dai « Signori delle Montagne », i raja Shailendra della lontana Indonesia, ferventi buddhisti, com'è registrato nell'iscrizione su lastra di rame di Devapaladeva.

20. Il piede di una monumentale statua in bronzo di un bodhisattva rinvenuta a Nalanda.

21. Il buddhismo divenne religione di corte in Cina grazie all'influenza della prodigiosa Wu Zetian, prima e unica donna a essersi fregiata del titolo di « imperatore » della Cina. In alto a sinistra e a destra: gli imperatori Taizong e Gaizong della dinastia Tang. Wu Zetian iniziò la sua carriera come quinta concubina di Taizong; divenne poi l'amante, quindi la moglie e infine l'imperatrice consorte di suo figlio Gaizong. In basso a sinistra: statuetta Tang raffigurante una donna a cavallo, risalente al periodo di Wu Zetian. In basso a destra: ritratto dell'imperatrice Wu Zetian in età avanzata, da un *Album di ritratti di 86 imperatori della Cina* del XVIII secolo.
© CPA Media Pte Ltd/Alamy Stock Photo (ritratto di Taizong)

© Pictures from History/Bridgeman Images (ritratto di Gaizong)
© Ian Dagnall Computing/Alamy Stock Photo (ritratto di Wu Zetian)

22. La statua monumentale di Mahendravarman Pallava (in alto a sinistra), scolpita nella roccia della grotta di Adi Varaha a Mamallapuram, è un'opera di straordinaria precisione esecutiva e

potenza espressiva. Raffigura un uomo alto e imponente, dalle spalle larghe, con una *dhoti* avvolta attorno ai fianchi e lunghi orecchini. La sua mano sinistra si posa sul polso della giovane e sinuosa regina che gli sta timidamente accanto, mentre una seconda, bellissima regina, adorna di orecchini pendenti, sta deferente alla sinistra di quest'ultima. Altre sculture includono la dea Durga che si lancia in battaglia contro il demone-bufalo Mahishasura (in basso a sinistra) o che viene ritualmente purificata da elefanti (in basso a destra). Sulle pareti dei templi, che si affacciavano sul porto, campeggiano altre figure, probabilmente ispirate ai sovrani Pallava e alla loro corte (in alto a destra).
© Atlantide Phototravel (rilievo di Durga)

23. Un'imbarcazione a vela finemente scolpita sulle pareti di Borobodur. Navi come questa solcavano i mari sospinte dai venti monsonici, collegando l'India al Sud-Est asiatico.
© Michael J. Lowe/Pictures From History/Universal Images Group via Getty Images

24. Durante la stagione delle piogge, nel delta del Mekong, una rete di canali alimenta un'ampia laguna d'acqua dolce, lasciando emergere dalla piana alluvionale solo le colline più elevate – ad esempio quella che ospita l'antico sito templare di Phnom Da, presso Angkor Borei –, che affiorano come isole coniche. Nel I secolo d.C. questa laguna divenne il terminale di una rotta commerciale che si estendeva a ovest fino all'India, alla Persia e ai porti del Mar Rosso romano, a est fino alla Cina.

25. La collina boscosa di Phnom Da custodisce alcuni tra i più antichi santuari vishnuiti conosciuti del Sud-Est asiatico, tra cui l'Asram Moha Rosei, risalente al VII secolo.

26. Nei dintorni dei rilievi di Phnom Da e Angkor Borei sono emerse varie statue straordinarie raffiguranti le molteplici incarnazioni di Vishnu. La più imponente – oggi considerata uno dei capolavori del Museo Nazionale di Phnom Penh – rappresenta un Vishnu con otto braccia, il torso nudo e la figura slanciata, che si erge fiero in un *sarong* khmer. Nelle mani stringe una serie di simboli del potere e armi da guerra: il fuoco, uno scettro, una pelle di antilope, una mazza, un piedistallo spezzato, un ciuffo d'erba, una saetta e una brocca contenente il nettare dell'immortalità.

27. Questa statua della dea indù Durga, proveniente da Tuol Kamnap in Cambogia, risale al VII-VIII secolo e fu probabilmente modellata sulle fattezze di una regina khmer dell'epoca.

28. Una serie di templi-santuario in mattoni a cella unica, situati sul Phnom Kulen e risalenti al regno di Jayavarman II, è associata a splendide sculture, tra cui questo Vishnu, che si ritiene modellato sui tratti dello stesso sovrano.

29. Scena di consacrazione reale scolpita su un antico architrave khmer a Kampong Thom, nella Cambogia centrale. Il re è raffigurato seduto in un padiglione aperto, affiancato da due lunghe file di brahmani barbuti.
© Foto di Thierry Ollivier e The Metropolitan Museum of Art, per gentile concessione del Museo Nazionale della Cambogia

30. I più antichi templi ancora esistenti a Giava, come quello di Gedong Songo (in basso), presentano uno stile sorprendentemente affine a quello del Tempio della Spiaggia del porto pallava di Mamallapuram. Tuttavia, non si tratta di mere imitazioni. Sebbene molte idee e motivi architettonici pallava ricompaiano a grande distanza dalla loro terra d'origine, numerosi elementi – come i portali elegantemente slanciati – appartengono alla tradizione giavanese. Inoltre, i piani superiori di questi templi mostrano spesso angoli rialzati, forse ispirati a prototipi lignei locali, che richiamano le gronde ricurve tipiche dell'architettura cinese.

31. Borobodur (in alto a destra e in basso) è probabilmente la struttura buddhista più vasta e filosoficamente complessa al mondo. Iniziata intorno al 760 d.C. e completata circa settant'anni dopo, nell'830 d.C., Borobodur è una piramide a gradoni concepita come un *mandala* monumentale, che traduce in pietra una serie di nozioni buddhiste oscure ed esoteriche. Le sue gallerie si articolano in diversi livelli decorati da sculture buddhiste finemente scolpite. Quest'opera segna l'apice della tradizione buddhista indiana di erigere stupa monumentali all'interno di vasti *mandala* di pietra, come quello di Kesariya, nel Bihar (in alto a sinistra).

32. Nessun prodotto d'esportazione culturale indiano ebbe un impatto più profondo e duraturo delle epopee del *Mahabharata* e del *Ramayana.* Il tempio di Loro Jonggrang a Prambanan, risalente al IX secolo, conserva alcuni tra i più antichi e straordinari cicli di rilievi ispirati al *Ramayana* mai scolpiti. Tra le scene più celebri e amate figurano Rama che scocca la freccia contro il cervo d'oro (in alto) e i demoni intenti a svegliare Kumbhakarna, il fratello di Ravana, grande come una montagna (in basso).

33. Nel tempio di Banteay Srei, nei pressi di Angkor Wat, sono raffigurate numerose scene tratte dalla letteratura indiana. La

scultura in alto rappresenta la lotta tra i demoni Sunda e Upasunda per il possesso dell'*apsaras* Tilottama, un episodio tratto dal *Mahabharata.* La scena incisa in basso, invece, proviene dal *Ramayana* e raffigura un Ravana dalle molte braccia nell'atto di scuotere disperatamente il monte Kailash per attirare l'attenzione di Shiva, il quale, impassibile, lo tiene fermo con un semplice tocco del piede.

34. Le imponenti torri a quinconce di Angkor Wat costituiscono il fulcro di un complesso tanto esteso da risultare visibile persino dallo spazio. Solo per scavare il fossato, che racchiude un'area quattro volte più ampia della Città del Vaticano, furono necessari cinquemila uomini e dieci anni di lavoro. Il tempio centrale, che contiene più pietra della piramide di Cheope, non è soltanto il più grande e magnifico tempio indù al mondo, ma forse anche la più imponente e spettacolare struttura religiosa mai realizzata.
© R.M. Nunes/Alamy Stock Photo (veduta aerea)

35. Intorno al 400 d.C. Chandragupta II celebrò la sua vittoria sugli invasori adornando il proprio osservatorio presso Udayagiri, la « Montagna dell'Aurora », con sculture raffiguranti le diverse incarnazioni di Vishnu, la sua divinità d'elezione. La più ragguardevole è la colossale figura di Varaha, il dio cinghiale, che si erge maestoso e fiero di fronte a un *naga* prostrato e a un Chandragupta oggi privo della testa.
© Joseph David Beglar

36. Le splendide monete d'oro di Chandragupta II (r. 380 - ca 415 d.C.) lo ritraggono sia come un conquistatore a cavallo, sia seduto su uno sgabello nell'atto di contemplare un fiore (in alto). Sul rovescio della prima appare il re con lo Stendardo di Garuda, emblema del veicolo di Vishnu, mentre sull'altra campeggia la figura della dea Lakshmi (in basso).

© The Trustees of the British Museum (sopra)
© CMA/BOT/Alamy Stock Photo (sotto)

37. Le spettacolari sculture dell'età imperiale Gupta conservate nel Dashavatara Vishnu Mandir di Deogarh (ca 500 d.C.) offrono alcune delle più antiche rappresentazioni superstiti dei dieci *avatara* di Vishnu. Tra queste spiccano i rilievi che raffigurano Vishnu sul dorso di Garuda, mentre discende sulla terra per salvare l'elefante Gajendra (in alto), e Vishnu dormiente sul serpente Shesha (in basso).

38. È generalmente riconosciuto che la celebre stele K.127, rinvenuta a Sambor Prei Kuk in Cambogia, contenga il più antico zero datato al mondo (683 d.C.); si tratta del punto tra i due «girini» al centro della seconda riga.

39. Duecento anni dopo, a Gwalior, all'interno del punto viene praticato per la prima volta un foro, dando origine al simbolo dello zero che utilizziamo ancora oggi.

40. Il manoscritto di Bakhshali è, di gran lunga, il più antico testo matematico indiano giunto fino a noi, nonché il più antico manoscritto conosciuto al mondo a utilizzare lo zero e la notazione posizionale decimale. Si ritiene attualmente che sia stato redatto intorno al 700 d.C. In esso, gli zeri compaiono sotto forma di piccoli punti neri. Il suo autore, Chajaka, si occupava di questioni pratiche come la pesatura dei metalli e il calcolo delle perdite di materiale grezzo durante la fusione. Pare che fosse attivo nel commercio dei metalli e vivesse nei pressi del grande monastero gandharico di Takht-i-Bahi, dove potrebbe aver realizzato statue in metallo per i monaci.
© Zoom Historical/Alamy Stock Photo

41. Khalid ibn Barmak è raffigurato mentre si inginocchia alla destra del califfo al-Saffah, fondatore della dinastia abbaside, durante la sua proclamazione a Kufa. L'immagine è tratta dal *Tarikhnama* di Bal'ami, il più antico testo in prosa noto in lingua persiana.

42. L'ultimo dei Barmecidi, Ja'far, fu l'amico inseparabile di Harun al-Rashid. *Le mille e una notte* abbondano di racconti sulle loro avventure notturne, e Ja'far compare elegantemente vestito anche nel film d'animazione della Disney, *Aladdin*.
© Maximum Film/Alamy Stock Photo

43. Il diagramma illustra l'evoluzione dei nostri numeri, dall'India di Ashoka fino all'Europa moderna.

44. *Il compendio sul calcolo per completamento e bilanciamento* di Khwarizmi fu un'opera fondamentale nella storia della matematica, ampiamente diffusa nel mondo islamico e in seguito tradotta in latino.
© SPM

45. Khwarizmi combinò le teorie di Euclide con la matematica indiana. La chiarezza del suo stile e la semplicità con cui seppe spiegare concetti complessi ispirarono generazioni di matematici, favorendo rapidi progressi in algebra, geometria, trigonome-

tria e astronomia in tutto il mondo islamico. Innovazioni indiane come le equazioni lineari e quadratiche, le soluzioni geometriche e le tavole di seni, tangenti e cotangenti divennero rapidamente accessibili a un vasto pubblico. Soprattutto, fu lui a trasmettere agli arabi l'importanza del concetto indiano dello zero.
© Ángel M. Felicísimo (astrolabio di al-Sahli)
© Bridgeman Images (astronomi nell'osservatorio di Galata)
© Science History Images/Alamy Stock Photo (illustrazione delle diverse fasi lunari, da al-Biruni)
© Bridgeman Images (Aristotele mentre insegna)

46. Il *Liber abaci*, o «Libro dell'abaco» – più propriamente «Libro del calcolo» – di Fibonacci offriva la prima descrizione dettagliata in latino del *modus Indorum*, il metodo degli indiani, che l'autore considerava superiore a tutti gli altri. Grazie a quest'opera, i numeri e i concetti matematici indiani si diffusero in seguito in tutta Europa.
© The Picture Art Collection/Alamy Stock Photo

47. Nel XII secolo, i numeri indo-arabi erano noti in Europa da oltre un secolo, ma il loro impiego rimaneva limitato a una ristretta cerchia di eruditi. A cambiare questa situazione fu Leonardo da Pisa (ca 1175-1250), meglio conosciuto come «Fibonacci».
© Icas94/DeAgostini via Getty Images (sopra)
© Laura Lezza/Getty Images (sotto)

48. Nel 1225 l'opera di Fibonacci attirò l'attenzione del nuovo imperatore del Sacro Romano Impero, re di Gerusalemme e di Sicilia, Federico II (1194-1250), che lo convocò alla sua corte. Lì, Fibonacci fu persuaso a rielaborare il *Liber abaci* per renderlo più pratico e accessibile ai mercanti italiani.
© Bridgeman Images

49. L'ossessione di Federico II per la geometria si riflette nella pianta ottagonale del suo padiglione di caccia preferito, Castel del Monte.
© Vincenzo de Palo via Getty Images

50. Adelardo di Bath (ca 1080-1142), talvolta definito il primo scienziato inglese, introdusse in Inghilterra i numeri e l'astronomia di origine indiana.
© Leiden University Libraries

51. Il gioco degli scacchi e la matematica indiana misero radici in Europa a partire dalla città spagnola di Toledo, che nel X se-

colo era probabilmente il centro di studi più avanzato del continente.
© Bridgeman Images

52. Molti edifici moreschi di Toledo sono ancora oggi in piedi; tra questi, la moschea un tempo nota come Mezquita Bab al-Mardum, dal nome della porta cittadina accanto alla quale sorgeva, e la splendida sinagoga Ibn Shoshan.
© Album/Alamy Stock Photo (sopra)
© Giulio Ercolani/Alamy Stock Photo (sotto)

53. In Europa, la diffusione crescente dei numeri indo-arabi contribuì in modo decisivo allo sviluppo dell'attività bancaria e della contabilità, inizialmente in Italia sotto dinastie come quella dei Medici, raffigurati qui nei panni dei Magi nel celebre capolavoro di Benozzo Gozzoli.
© DeAgostini/Getty Images

54. Fu l'abilità commerciale degli europei, non meno della loro superiorità militare, a garantire all'Europa il predominio sull'India. A partire dalla metà del XVIII secolo, una società commerciale europea – la Compagnia delle Indie Orientali – assoggettò un'India politicamente frammentata, perpetrando quello che fu forse il più grande atto di violenza aziendale della storia.
© Bridgeman Images (Shah 'Alam concede il *Diwani* a Lord Clive)

GLOSSARIO DELLA VIA DELL'ORO

Bhakti Intenso sentimento devozionale verso una delle incarnazioni divine che caratterizza il nuovo induismo dei Purana a partire dall'epoca medioevale

Bodhisattva Nel buddhismo mahayana, un essere capace di raggiungere il *nirvana*, ma che sceglie di rinviarlo per compassione, al fine di alleviare la sofferenza degli altri esseri viventi

Brahmano Membro della casta sacerdotale induista, la più elevata della gerarchia sociale

Buddha Vairocana Il Buddha cosmico della Grande Illuminazione, il cui corpo è infinitamente grande e la vita infinitamente lunga

Buddhismo dei Nikaya Termine riferito alle tradizioni buddhiste più antiche, tra cui il Theravada, chiamato anche (con accezione spregiativa) l'Hinayana

Buddhismo esoterico L'interpretazione e la pratica mistiche del sistema di credenze fondato dal Buddha

Chakra Ruota, come in *dharmacakra*, la « ruota della legge ». Si riferisce anche ai centri energetici del corpo

Chan Termine cinese per lo Zen

Cielo di Tushita Uno dei sei mondi dei *deva* nel Regno del Desiderio (Kamadhatu), situato tra il cielo di Yama e quello dei Nirmanarati. Come gli altri cieli, è ritenuto accessibile attraverso la meditazione. È la dimora in cui risiedeva il bodhisattva Shvetaketu («Stendardo bianco») prima di rinascere in terra come Gautama, il Buddha storico; inoltre, è il cielo in cui risiede attualmente il bodhisattva Natha («Protettore»), destinato a rinascere come Maitreya, il Buddha futuro

Darshan Visione sacra, l'atto propizio di contemplare una divinità o un santo

Dharani Formula sacra, mantra o incantesimo buddhista

Hashemiti I discendenti arabi, diretti o collaterali, del profeta Maometto

Himation Indumento dell'antica Grecia, un mantello o drappo avvolto intorno al corpo, indossato da uomini e donne dall'età arcaica fino all'epoca ellenistica. L'equivalente greco della toga romana

Hinayana Termine sanscrito, dal significato lievemente spregiativo («Piccolo veicolo»), usato per designare il Theravada, la «Via degli anziani». Apparso tra il I e il II secolo, il termine si contrapponeva a Mahayana («Grande veicolo»), del quale rifletteva i pregiudizi

Kshatriya Membro della casta guerriera induista

Kumbh Mela Grande festività religiosa induista, celebrata sulle rive dei fiumi sacri, che attira milioni di pellegrini

Linga Oggetto votivo di forma fallica simboleggiante il dio Shiva, venerato come emblema del suo potere generativo

Mahayana Letteralmente «Grande veicolo», designa un vasto insieme di tradizioni, testi, filosofie e pratiche buddhiste sviluppatesi nell'India antica a partire dal I secolo a.C. È uno dei tre rami principali del buddhismo

Mandala Configurazione geometrica di simboli usata per creare uno spazio sacro

Mandato del Cielo Ideologia politica adottata nella Cina antica e imperiale per legittimare il governo del re o dell'imperatore

Nayanar Letteralmente «maestri», un gruppo di sessantatré santi tamil indù vissuti tra il VI e l'VIII secolo d.C., devoti al culto di Shiva

Pala Dinastia imperiale indiana che regnò nell'odierno Bengala dal 750 al 1174 d.C.

Puja Rituale devozionale induista eseguito per onorare una divinità, accogliere un ospite o celebrare un evento

Purana Sconfinato genere letterario induista. Composti originariamente in sanscrito e successivamente in altre lingue indiane, molti Purana recano il nome di importanti divinità indù come Vishnu, Shiva, Brahma e Shakti

Qawwali Genere di canto devozionale sufi, nato nel quartiere di Nizamuddin a Delhi e diffusosi in tutto il Sudasia. In origine eseguito nei santuari sufi, o *dargah*, della regione

Sadhu Asceti o santi rinuncianti induisti

Sampot Lungo rettangolo di tessuto avvolto intorno alla parte inferiore del corpo, indossato tradizionalmente in Cambogia

Sangha La comunità monastica buddhista

Shastra Termine sanscrito che significa «precetto, regola, manuale, compendio, libro o trattato» in senso generale. Usato spesso come suffisso nella letteratura indiana per indicare conoscenze di natura tecnica o specialistica in vari campi del sapere

Siddhi Incantesimo, potere soprannaturale

Stupa Letteralmente «mucchio», nel buddhismo indica una struttura a tumulo o emisferica, destinata a contenere reliquie sacre

Sutra Nell'induismo, breve composizione aforistica; nel buddhismo, testo più esteso che raccoglie insegnamenti e discorsi del Buddha, caratteristico delle tradizioni Theravada e Mahayana

Theravada «Via degli anziani». La più antica scuola buddhista tuttora esistente

Urna Nell'arte e nella cultura buddhiste, segno propizio a forma di spirale o di puntino, posto sulla fronte delle immagini del Buddha

Veda Vasto corpus di testi sacri dell'India antica. Composti in sanscrito vedico, rappresentano lo strato più antico della letteratura sanscrita e le più antiche scritture dell'induismo

Vinaya Termine sanscrito derivante da un verbo che significa «guidare, addestrare, domare, orientare» e anche «educare, insegnare». I testi del Vinaya, parte del canone buddhista (*Tripitaka*), contengono regole e precetti per monaci e monache del Sangha formulati tredici anni dopo l'Illuminazione del Buddha

Yantra Diagramma geometrico tantrico

Yoni Nella scultura templare induista, rappresentazione astratta o aniconica della dea Shakti, spesso raffigurata insieme al *linga*, sua controparte maschile. Simboleggiano la fusione tra il microcosmo e il macrocosmo, l'eterno processo divino della creazione e della rigenerazione, e l'unione tra principio femminile e maschile da cui ciclicamente trae origine tutto ciò che esiste

Yogacara Importante scuola della filosofia e della psicologia buddhiste, focalizzata sullo studio della cognizione, della percezione e della coscienza tramite la lente interiore della meditazione e il ragionamento filosofico. Fu una delle due correnti più significative del buddhismo mahayana in India

Zen Dal cinese Chan. Scuola del buddhismo Mahayana originaria dell'India, fu introdotta in Cina da Bodhidharma durante la dinastia Tang. Inizialmente nota come Chanzong («Scuola della meditazione») o Scuola della Mente del Buddha, si sviluppò in diversi sottogruppi e rami: dalla Cina si diffuse in Vietnam come Thien, in Corea come Seon e in Giappone come Zen

RINGRAZIAMENTI

Ho iniziato a scrivere questo libro nella quiete e nella serenità di Casa Ecco, sulle rive del Lago di Como, grazie alla generosità degli amministratori della Hawthornden Foundation. Quello che avrebbe dovuto essere un soggiorno di due settimane si è trasformato, a causa del lockdown, in tre mesi straordinariamente produttivi. Desidero quindi esprimere la mia gratitudine a David Campbell e Ellyn Toscano, che ci hanno offerto rifugio in un momento difficile e imprevedibile, e a Marie Elena e Marie Christina, per la loro premurosa e generosa cura, nonostante le numerose difficoltà che a loro volta si trovavano ad affrontare in quel periodo.

Quattro anni dopo, il libro è stato completato in una cornice altrettanto suggestiva: le corti dell'All Souls College di Oxford. Ringrazio il rettore e i fellow per avermi concesso una *visiting fellowship* per il 2023-2024, che mi ha permesso di perfezionare il manoscritto, beneficiando sia dell'accesso alla loro magnifica biblioteca, sia della vicinanza di alcuni tra gli studiosi più stimolanti del mondo. A loro, e all'insostituibile Richard Ovenden della Bodleian, va la mia più profonda riconoscenza.

Nel tempo intercorso tra questi due soggiorni, molte persone mi hanno guidato e sostenuto con suggerimenti, letture e informazioni, mentre mi confrontavo con un periodo storico per me inizialmente nuovo e con regioni del mondo a me relativamente poco note. Tra quanti mi hanno offerto supporto e consigli, desidero ringraziare in particolare:

Nel Regno Unito: Diwakar Acharya, Anita Anand, Maryam Aslany, Warwick Ball, Mary Beard, Shailen Bhandare, Matthew Cobb, Joe Cribb, Gianni Dubbini, Jack Davenport, Peter Frankopan, Jonardon Ganeri, Ruth Harris, Tom Holland, Callum Hill, Sushma Jansari, Hugh Kennedy, Frederick Lauritzen, Anoushka Lewis, Jim Mallinson, Sam Miller, Moin Mir, Aarathi Prasad, David Gellner, Robert Macfarlane, Josephine Quinn, Barnaby Rogerson, Anthony Sattin, Peter Stewart, Susan Stronge, Jack Turner, Tommy Wide, Michael Willis e Andrew Wilson.

Nell'indosfera: Andrea Acri, Deepika Ahlawat, Naman Ahuja, Sushant Bharti, Eric Bourdonneau, Swati Chemburkar, P.J. Cherian, Neha Dasgupta, Lucy Davidson, Namita Gokhale, Dominic Goodall, Suchandra Ghosh, il compianto B.N. Goswamy, Kritika Gupta, Anirudh Kanisetti, Vinod Khanna, S. Vijay Kumar, Nayanjot Lahiri, Philippe Marquis, Parth Mehrotra, Nandini Mehta, Shailendra Raj Mehta, George Michel, Sureshkumar Muthukumaran, T.C.A. Raghuvan, Himanshu Prabha Ray, Malini Saran, Chiki Sarkar, Sanjoy Roy, Sanjeev Sanyal, Shyam Saran, Tansen Sen, Upinder Singh, Ananya Vajpayee, Brice Vincent, Fleur Xavier e Simon Warrack.

Negli Stati Uniti: il compianto Frederick Asher, Osmund Bopearachchi, Pia Brancaccio, Robert Brown, Robert DeCaroli, Debra Diamond, Dick Eaton, Johan Elverskog, John Guy, Madhuvanti Ghose, Valerie Hansen, Navina Haidar, Elbrun e Peter Kimmelman, Sonya Rhie Mace, Vidya Dehejia, Padma Kaimal, Sunil Khilnani, Jeffrey Kotyk, Rana Mitter, Jason Neelis, Kalyani Madhura Ramachandran, il compianto Walter Spink e Steve Sidebotham.

Un ringraziamento speciale va al mio straordinario amico, Peter Frankopan. Questo libro è nato in parte da una lunga serie di discussioni e di vivaci divergenze di opinione con Peter, che hanno avuto luogo in vari continenti nell'arco di circa cinque anni. Sono consapevole che troverà molto da ridire su queste pagine, ma sono certo che non avrei mai cominciato a riflettere su questi temi senza il profondo amore nutrito per il suo splendido *Silk Roads* – pur ritenendo che il ruolo dell'India vi avrebbe meritato una maggiore centralità, per bilanciare quello attribuito alla Persia, all'Asia Centrale e alla Cina. Gli devo più di quanto possa esprimere. Peter – insieme a Kevin van Bladel, Peter Stewart, Johan Elverskog, Himanshu Prabha Ray, Dominic Goodall, Jim Mallinson e Tansen Sen – mi ha ispirato e arricchito oltre ogni misura. Vorrei ringraziare anche Simon Sebag Montefiore per avermi consentito di utilizzare il suo efficace e ingegnoso neologismo: «indosfera».

Ho avuto la straordinaria fortuna di lavorare con il miglior agente e i più eccellenti editori al mondo: l'instancabile e dinamico David Godwin, affiancato da Aparna Kumar, Rachel Taylor e Philippa Sitters della DGA; il mio fantastico revisore linguistico, Peter James; Michael Fishwick, Alexandra Pringle, Nigel Newton, Hayley Camis, Anna Massardi, Akua Boateng, Molly McCarthy, Francisco Vilhena, Ian Marshall, Paul Baggaley e, in particolare, il mio brillante e stimolante nuovo redattore, Alexis Kirschbaum della Bloomsbury UK. Per Bloomsbury India, un ringraziamento speciale alle eccezionali Meenakshi Singh e Sivapriya R. Per Bloomsbury US, la mia gratitudine va a Ben Hyman, Marie Coolman e Valentina Rice.

Infine, un pensiero speciale alla mia famiglia, che ha sopportato con infinita pazienza le innumerevoli versioni di questo libro. Non solo le ha tollerate e vi ha convissuto, ma le ha anche lette e rilette, offrendo commenti e suggerimenti preziosi. Grazie, grazie, grazie a Ibby, Sam, Adam e, soprattutto, alla mia Olivia. Senza di voi, nulla di tutto questo sarebbe stato possibile.

Como - Mehrauli - Oxford
ottobre 2019 - maggio 2024

INDICE ANALITICO

L'oceano delle storie

VOLUMI PUBBLICATI:

1. Richard Cobb, *Reazioni alla Rivoluzione francese*
2. Robert Hughes, *La riva fatale*
3. Luigi Foscolo Benedetto, *La Parma di Stendhal*
4. Robert Darnton, *Il bacio di Lamourette*
5. Peter Hopkirk, *Il Grande Gioco*
6. Benedetto Croce, *Taccuini di guerra*
7. Luciano Canfora, *Il papiro di Dongo*
8. Peter Hopkirk, *Diavoli stranieri sulla Via della Seta*
9. Jonathan D. Spence, *Il libro del tradimento*
10. Robert Darnton, *L'età dell'informazione*
11. John Maynard Keynes, *Le conseguenze economiche della pace*
12. Lawrence Wright, *Le altissime torri*
13. Peter Hopkirk, *Alla conquista di Lhasa*
14. Jonathan D. Spence, *Il Palazzo della memoria di Matteo Ricci*
15. René Grousset, *Il Conquistatore del mondo*
16. Robert Darnton, *Il grande affare dei Lumi*
17. V.S. Naipaul, *La perdita dell'Eldorado*
18. Luciano Mecacci, *La Ghirlanda fiorentina*
19. Gershom Scholem, *Le tre vite di Moses Dobrushka*
20. William Dalrymple, *Il ritorno di un re*
21. Fergus Fleming, *I ragazzi di Barrow*
22. Robert Darnton, *I censori all'opera*
23. Luciano Mecacci, *Besprizornye*
24. Carlo Ginzburg, *Il formaggio e i vermi*
25. Marshall G.S. Hodgson, *L'ordine degli Assassini*
26. Carlo Ginzburg, *I benandanti*
27. William Dalrymple, *Anarchia*
28. Betty Bouthoul, *Il Vecchio della Montagna*
29. David Thomson, *La formula perfetta*
30. Yang Jisheng, *Lapidi*
31. Patrick Winn, *Narcotopia*

STAMPATO DA STUDIO DUE S.A.S. - MILANO
NEL SETTEMBRE 2025